民法典

物权编释论

条文缕析、法条关联与案例评议

杨垠红　许小琴◎编著

中国法制出版社
CHINA LEGAL PUBLISHING HOUSE

前 言

2017年10月1日起正式施行的《民法总则》[①]拉开了中国民法典登上历史舞台的序幕。近三年来，我国民法典的编纂工作一直在紧锣密鼓地进行。2020年5月通过《民法典》，是中国法治史上一件具有划时代意义的事件。编纂一部新中国的民法典是几代国人的夙愿，而今终于实现。民法即生活本身，民法典即社会生活的百科全书，它是一部固根本、稳预期、利长远的基础性法律。其中，物权编反映出中国特色社会主义基本经济制度和市场经济体制的内在要求，坚持国家所有权、集体所有权的基本制度，同时更全面地保护私人的合法财产，从而为市场经济注入强大的可持续发展动力，实现物尽其用。

我国民法典物权编的编纂，是在对《物权法》适度修正的基础上完成的，这也是全面审视我国《物权法》实施成效的过程。对于《物权法》及相关法律和司法解释中的规定，经实践检验是先进的、科学的规则、制度和经验，在民法典中予以保留。同时，顺应社会的发展，删除那些不符合时代发展需要的规则，针对社会经济生活中发生的新问题，作出相应的规范。最终呈现的从《物权法》到"物权编"的立法过程，一方面是纠偏，即纠正《物权法》的不当之处；另一方面是补缺，即补充完善《物权法》规定的某些制度及其规则的不足之处。例如，物权编将改革开放以来与物权相关的重大改革政策法律化，新设置了居住权；吸收农村土地"三权分置"的改革经验，进一步完善了农村土地权利；权利质权章节删除重复规定，为动产统一登记制度的推行做好立法铺垫等。

本书逐条释评民法典物权编，设五个基本栏目：本条来源、立法演变、条

---

① 为便于阅读，本书相关法律文件名称中的"中华人民共和国"字样均予以省略。

文释义、法条关联、案例评议。具有如下特色：

第一，条文概述。本书将从【本条来源】、【立法演变】、【条文释义】中去探究每个条文的法源及立法过程，解释条文含义，阐述相关的物权制度和规则。【本条来源】栏目列出民法典物权编条文的立法来源，并简要说明对相关法律法规的借鉴之处。【立法演变】栏目介绍相关物权制度和规则在物权法立法及修订过程中的变化，并梳理每个条文在民法典物权编历次草案中的演变。【条文释义】栏目从规范意义、适用范围、构成要件、法律效果等各个方面解析各条文，同时评述国内学说和实务见解，比较域外相关立法规定及理论发展。

第二，现行法整理。《物权法》施行至今，其与我国现行民事基本法、民事特别法和相关司法解释、法规政策等，共同建立起较为完备的物权制度和规则。【法条关联】栏目尽可能梳理与民法典物权编条文有所关联的宪法、法律、行政法规与司法解释等法律渊源，阐明它们与民法典物权编条文的关联性，以便读者查阅。

第三，案例评议。我国虽是大陆法系国家，但从司法实践来看，最高人民法院指导案例因其法定参照效力，在类似案件的裁判中发挥着极其重要的作用。此外，最高人民法院公报案例、各地高级人民法院发布的参阅案例等裁判例，亦对法官在裁判类似案件时有一定参考意义。因此，设置【案例评议】栏目，整理出与民法典物权编条文相关的我国法院代表性裁判，梳理典型案例的裁判规则，辅以作者评议，构建起连接抽象法条与具体案件的桥梁。

此外，为了方便读者阅读，现对物权编涉及审议稿作一说明：

1. 物权编一审稿。2018 年 8 月 27 日，第十三届全国人大常委会第五次会议首次审议了《民法典各分编（草案）》（全国人大常委会委员长会议审议稿），其中《民法典各分编（草案）》中的“物权编”即为本书中的物权编一审稿。

2. 物权编二审稿。本书中的物权编二审稿，是指 2019 年 4 月 20 日由第十三届全国人大常委会第十次会议审议的《民法典物权编（草案）》（二次审议稿）。在民法典各分编草案的第二次审议中，没有像第一次审议那样对民法典草案全文同时进行审议，而是分编进行的二次审议。其中，《民法典合同编（草案）》《民法典侵权责任编（草案）》于 2018 年 12 月 23 日由第十三届全国人大常委会第七次会议进行了审议；《民法典物权编（草案）》《民法典人格权编（草案）》于 2019 年 4 月 20 日由第十三届全国人大常委会第十次会议进行了审议；《民法典婚姻家庭编（草案）》《民法典继承编（草案）》于2019年6月25日由第十三届全国人大常委会第十一次会议进行了审议。

3. 物权编征求意见稿。根据民法典编纂工作计划，到2019年12月，将2017年3月通过的《民法总则》同经过全国人大常委会审议和修改完善的民法典各分编草案合并为一部完整的民法典草案。2019年12月23日，第十三届全国人大常委会第十五次会议审议了“合体”而成的完整版民法典草案，并于2019年12月28日向全社会发布了《中华人民共和国民法典（草案）》以征求意见，其中《中华人民共和国民法典（草案）》中的“物权编”即为本书中的物权编征求意见稿。

4. 终稿。2020年5月28日，十三届全国人大三次会议高票表决通过了《民法典》，并由国家主席习近平签署第四十五号中华人民共和国主席令，予以公布。《民法典》中的“物权编”即为本书中的终稿。

最后，感谢研究生陈利娟、林敏喆、黄文超、韩燕玲、王雪薇（排名不分先后）对写作资料收集等提供的帮助。

民法典物权编的颁布是我国社会主义市场经济法治建设的一个重要里程碑，对相关具体规则的深入理解和准确把握是一个不断进步的过程，所以对于本书的疏漏和瑕疵之处，尚祈各位读者朋友不吝指正，以促推本书不断修改完善。

杨垠红、许小琴

2020年6月6日

目 录*

第一分编 通 则

第一章 一般规定 …… 3
第 二 百 零 五 条 【调整对象】 …… 4
★ 第 二 百 零 六 条 【坚持基本经济制度】 …… 6
第 二 百 零 七 条 【平等保护原则】 …… 8
第 二 百 零 八 条 【物权公示原则】 …… 12
第二章 物权的设立、变更、转让和消灭 …… 16
第一节 不动产登记 …… 16
第 二 百 零 九 条 【不动产物权登记生效】 …… 16
第 二 百 一 十 条 【不动产统一登记制度】 …… 20
第二百一十一条 【不动产登记的申请材料】 …… 27
第二百一十二条 【不动产登记机构的职责】 …… 32
第二百一十三条 【不动产登记机构不得从事的行为】 …… 37
第二百一十四条 【登记效力】 …… 39
第二百一十五条 【合同效力与物权效力的区分】 …… 41
第二百一十六条 【不动产登记簿的推定效力】 …… 45
第二百一十七条 【不动产权属证书】 …… 48
第二百一十八条 【不动产登记资料的查询与复制】 …… 51
★ 第二百一十九条 【合法使用不动产登记资料】 …… 56

* 带★号条文为实质修改条文或新增条文。

第二百二十条　【更正登记与异议登记】…… 58
★ 第二百二十一条　【预告登记】…… 64
第二百二十二条　【登记赔偿责任】…… 69
第二百二十三条　【不动产登记的收费标准】…… 86
第二节　动产交付 …… 87
第二百二十四条　【动产物权变动生效要件】…… 87
第二百二十五条　【特殊动产物权变动的登记对抗要件主义】…… 88
★ 第二百二十六条　【动产物权受让人先行占有】…… 98
★ 第二百二十七条　【指示交付】…… 99
第二百二十八条　【占有改定】…… 102
第三节　其他规定 …… 103
第二百二十九条　【基于法律文书和征收决定的物权变动】…… 103
★ 第二百三十条　【继承取得物权的生效时间】…… 107
第二百三十一条　【事实行为变动物权时的生效时间】…… 110
第二百三十二条　【非依法律行为享有的不动产物权变动】…… 113
第三章　物权的保护 …… 116
第二百三十三条　【物权的保护途径】…… 117
第二百三十四条　【确认物权请求权】…… 120
第二百三十五条　【返还原物请求权】…… 122
第二百三十六条　【排除妨害与消除危险请求权】…… 124
第二百三十七条　【修理、重作、更换或者恢复原状的请求权】…… 127
第二百三十八条　【损害赔偿请求权】…… 129
第二百三十九条　【物权保护方式的适用】…… 131

第二分编　所有权

第四章　一般规定 …… 135
第二百四十条　【所有权的权能】…… 136

第二百四十一条 【他物权的设立】 …… 137
第二百四十二条 【国家专有的物】 …… 140
★第二百四十三条 【征收】 …… 142
第二百四十四条 【耕地的特殊保护】 …… 148
第二百四十五条 【征用】 …… 151

第五章 国家所有权和集体所有权、私人所有权 …… 155

第二百四十六条 【国家所有权】 …… 156
第二百四十七条 【国家对矿藏、水流和海域的所有权】 …… 159
★第二百四十八条 【无居民海岛所有权】 …… 161
第二百四十九条 【国家所有的土地范围】 …… 163
第 二 百 五 十 条 【自然资源国家所有权】 …… 166
第二百五十一条 【野生动植物资源的国家所有权】 …… 168
第二百五十二条 【无线电频谱资源的国家所有权】 …… 169
第二百五十三条 【文物的国家所有权】 …… 170
第二百五十四条 【属于国家所有的国防资产和基础设施】 …… 172
第二百五十五条 【国家机关支配的动产与不动产】 …… 174
第二百五十六条 【国家举办的事业单位的物权】 …… 176
第二百五十七条 【国家出资的企业出资人代表制度】 …… 179
第二百五十八条 【国有财产的保护】 …… 182
第二百五十九条 【国有财产管理、监督的法律责任】 …… 184
第 二 百 六 十 条 【集体财产范围】 …… 187
第二百六十一条 【农民集体所有财产归属及重大事项集体决定】 …… 190
第二百六十二条 【农民集体所有权的行使】 …… 194
第二百六十三条 【城镇集体财产权利】 …… 196
★第二百六十四条 【公布集体财产状况】 …… 199
第二百六十五条 【集体财产权保护】 …… 203
第二百六十六条 【私人所有权】 …… 205
第二百六十七条 【私有财产保护】 …… 206
第二百六十八条 【企业出资人权利】 …… 208

第二百六十九条　【法人财产权】……………………………………210
★ 第二百七十条　【社会团体所有权】…………………………………213

第六章　业主的建筑物区分所有权 ……………………………………216

第二百七十一条　【建筑物区分所有权的内容】…………………………217
第二百七十二条　【业主对专有部分行使所有权】………………………218
第二百七十三条　【业主对共有部分的权利义务】………………………221
第二百七十四条　【建筑区划内的场所归属】……………………………225
第二百七十五条　【车位、车库的归属】…………………………………227
第二百七十六条　【车位、车库的规定】…………………………………230
★ 第二百七十七条　【业主大会、业主委员会设立】……………………231
★ 第二百七十八条　【业主决定建筑区划内重大事项及表决权】………234
第二百七十九条　【将住宅改变为经营性用房的规定】…………………240
第二百八十条　【业主大会、业主委员会决定效力】……………………242
★ 第二百八十一条　【建筑物及其附属设施的维修基金的归属和用途】……243
★ 第二百八十二条　【业主的共有部分产生的收入归属】………………247
第二百八十三条　【建筑物及其附属设施的费用分摊、收益分配】……249
第二百八十四条　【建筑物及其附属设施的管理】………………………251
★ 第二百八十五条　【物业服务企业或者其他管理人与业主的关系】……253
★ 第二百八十六条　【业主义务】…………………………………………256
第二百八十七条　【业主合法权益的保护】………………………………260

第七章　相邻关系 ……………………………………………………262

第二百八十八条　【处理相邻关系的原则】………………………………262
第二百八十九条　【处理相邻关系的依据】………………………………264
第二百九十条　【用水、排水相邻关系】…………………………………265
第二百九十一条　【相邻关系中的通行权】………………………………267
第二百九十二条　【利用相邻不动产的相邻关系】………………………268
第二百九十三条　【通风、采光和日照的相邻关系】……………………269
第二百九十四条　【禁止违规弃置固体废物、排放有害物质】…………270

第二百九十五条 【维护相邻不动产安全】 …… 272
第二百九十六条 【使用相邻不动产时避免造成损害】 …… 273

第八章 共 有 …… 275
第二百九十七条 【共有概念和共有形式】 …… 276
第二百九十八条 【按份共有】 …… 277
第二百九十九条 【共同共有】 …… 278
第 三 百 条 【共有物管理】 …… 280
★第三百零一条 【共有物处分或者重大修缮、变更性质或者用途】 …… 281
第三百零二条 【共有物管理费用负担】 …… 283
第三百零三条 【共有财产分割原则】 …… 284
第三百零四条 【共有物分割方式】 …… 286
第三百零五条 【共有人的优先购买权】 …… 288
★第三百零六条 【共有人的优先购买权】 …… 289
第三百零七条 【因共有财产产生的债权债务关系的效力】 …… 293
第三百零八条 【共有关系不明时对共有关系性质推定】 …… 295
第三百零九条 【按份共有人份额不明的确定原则】 …… 296
第三百一十条 【用益物权和担保物权的准共有】 …… 298

第九章 所有权取得的特别规定 …… 300
第三百一十一条 【善意取得】 …… 301
第三百一十二条 【遗失物的善意取得】 …… 307
第三百一十三条 【善意受让人取得动产后的原有权利消灭】 …… 310
第三百一十四条 【拾得遗失物返还】 …… 311
第三百一十五条 【收到遗失物的处理】 …… 313
第三百一十六条 【遗失物保管】 …… 314
第三百一十七条 【拾金不昧】 …… 315
★第三百一十八条 【无人认领的遗失物归国家所有】 …… 317
第三百一十九条 【拾得漂流物、发现埋藏物或者隐藏物的规定】 …… 319
第三百二十条 【从物随主物转让】 …… 322

第三百二十一条 【天然孳息及法定孳息归属】 …… 324
★ 第三百二十二条 【因添附而产生的物的归属】 …… 327

第三分编 用益物权

第十章 一般规定 …… 333
第三百二十三条 【用益物权人的基本权利】 …… 334
第三百二十四条 【国有和集体所有的自然资源，组织和个人可以取得用益物权】 …… 336
第三百二十五条 【自然资源有偿使用制度】 …… 340
第三百二十六条 【用益物权的行使】 …… 343
第三百二十七条 【征收、征用时对用益物权人的补偿】 …… 346
第三百二十八条 【海域使用权受法律保护】 …… 349
第三百二十九条 【合法探矿权等受法律保护】 …… 351
第十一章 土地承包经营权 …… 356
第三百三十条 【农村集体经济组织实行双层经营体制】 …… 358
第三百三十一条 【土地承包经营权人的权利】 …… 361
第三百三十二条 【土地承包期限】 …… 364
第三百三十三条 【土地承包经营权的设立和登记】 …… 366
★ 第三百三十四条 【土地承包经营权互换、转让】 …… 370
第三百三十五条 【土地承包经营权互换、转让登记】 …… 376
第三百三十六条 【承包地调整】 …… 380
第三百三十七条 【承包地收回】 …… 383
第三百三十八条 【承包地被征收的补偿】 …… 386
★ 第三百三十九条 【土地经营权的流转】 …… 390
★ 第三百四十条 【土地经营权人的权利】 …… 392
★ 第三百四十一条 【土地经营权的设立与登记】 …… 393
★ 第三百四十二条 【以其他方式承包的土地经营权流转】 …… 395

第三百四十三条 【国有农用地实行承包经营的法律适用】…………397

第十二章 建设用地使用权 ……………………………………400

第三百四十四条 【建设用地使用权的定义】……………………401

第三百四十五条 【建设用地使用权分层设立】…………………402

★ 第三百四十六条 【设立建设用地使用权的限制】……………405

第三百四十七条 【建设用地使用权出让方式】…………………408

第三百四十八条 【建设用地使用权出让合同内容】……………412

第三百四十九条 【建设用地使用权设立登记】…………………417

第三百五十条 【土地用途】……………………………………421

第三百五十一条 【建设用地使用权人支付出让金等费用的义务】…423

第三百五十二条 【建设用地使用权人建造的建筑物等设施的权属】…425

第三百五十三条 【建设用地使用权流转方式】…………………427

第三百五十四条 【处分建设用地使用权的合同形式和期限】………431

第三百五十五条 【建设用地使用权流转后变更登记】……………433

第三百五十六条 【建筑物等设施随建设用地使用权的流转而一并处分】……………………………………436

第三百五十七条 【建设用地使用权随建筑物等设施的流转而一并处分】……………………………………438

第三百五十八条 【建设用地使用权提前收回】…………………440

第三百五十九条 【建设用地使用权的续期】……………………446

第三百六十条 【建设用地使用权的注销登记】……………………450

第三百六十一条 【集体建设用地使用权的法律适用】……………455

第十三章 宅基地使用权 ……………………………………461

第三百六十二条 【宅基地使用权人的权利】……………………462

第三百六十三条 【宅基地使用权的法律适用】…………………466

第三百六十四条 【宅基地使用权的消灭】………………………472

第三百六十五条 【宅基地使用权的变更登记与注销登记】………474

第十四章 居住权 ……………………………………………478

★ 第三百六十六条 【居住权的含义】……………………………480

★ 第三百六十七条 【居住权合同】 …… 482
★ 第三百六十八条 【居住权的无偿性及其生效要件】 …… 484
★ 第三百六十九条 【居住权行使的限制】 …… 485
★ 第 三 百 七 十 条 【居住权的期限】 …… 487
★ 第三百七十一条 【以遗嘱方式设立居住权的法律适用】 …… 489

第十五章 地役权 …… 492

第三百七十二条 【地役权的含义】 …… 494
第三百七十三条 【地役权合同】 …… 497
第三百七十四条 【地役权的设立登记】 …… 500
第三百七十五条 【供役地权利人的义务】 …… 505
第三百七十六条 【地役权人的义务】 …… 507
第三百七十七条 【地役权的期限】 …… 510
★ 第三百七十八条 【用益物权人直接享有或负担地役权】 …… 512
第三百七十九条 【未经用益物权人同意不得设立地役权】 …… 514
第 三 百 八 十 条 【地役权转让的从属性】 …… 516
第三百八十一条 【地役权抵押上的从属性】 …… 518
第三百八十二条 【地役权在需役地部分转让时的不可分性】 …… 519
第三百八十三条 【地役权在供役地部分转让时的不可分性】 …… 523
第三百八十四条 【地役权合同的解除】 …… 525
第三百八十五条 【地役权的变更登记与注销登记】 …… 528

第四分编 用益物权

第十六章 一般规定 …… 533

第三百八十六条 【担保物权的含义】 …… 534
第三百八十七条 【担保物权的适用范围与反担保】 …… 539
★ 第三百八十八条 【担保合同与主合同的关系及担保合同无效后的法律责任】 …… 543

第三百八十九条 【担保物权的担保范围】 …… 546
第三百九十条 【担保物权的物上代位性】 …… 549
第三百九十一条 【主债务转移与第三人的担保责任】 …… 553
第三百九十二条 【混合共同担保实现规则】 …… 555
第三百九十三条 【担保物权的消灭】 …… 560

第十七章 抵押权 …… 563
第一节 一般抵押权 …… 564
第三百九十四条 【抵押权的含义】 …… 564
★ 第三百九十五条 【抵押财产的范围】 …… 567
★ 第三百九十六条 【动产浮动抵押】 …… 572
第三百九十七条 【房地一并抵押】 …… 575
第三百九十八条 【乡镇、村企业建设用地使用权的抵押】 …… 578
★ 第三百九十九条 【禁止抵押的财产】 …… 580
第四百条 【抵押合同的形式与内容】 …… 585
★ 第四百零一条 【流押契约】 …… 588
第四百零二条 【不动产抵押登记】 …… 590
★ 第四百零三条 【动产抵押登记】 …… 595
★ 第四百零四条 【动产抵押正常经营买受人规则】 …… 601
★ 第四百零五条 【抵押权与租赁权的关系】 …… 605
★ 第四百零六条 【抵押财产的转让】 …… 608
第四百零七条 【抵押权处分上的从属性】 …… 610
第四百零八条 【抵押权人保全抵押权的权利】 …… 613
第四百零九条 【抵押权及抵押权顺位的放弃与变更】 …… 616
第四百一十条 【抵押权的实现】 …… 619
第四百一十一条 【动产浮动抵押中抵押财产的确定】 …… 626
第四百一十二条 【抵押权人收取抵押财产孳息的权利】 …… 629
第四百一十三条 【抵押财产变价后价款的处理】 …… 634
★ 第四百一十四条 【同一财产上数个抵押权人的受偿顺序】 …… 635
★ 第四百一十五条 【同一财产上抵押权和质权的受偿顺序】 …… 641

★ 第四百一十六条 【动产价款抵押的特殊优先权】 …… 643
第四百一十七条 【新增建筑物不属于抵押财产】 …… 644
第四百一十八条 【集体所有的土地使用权抵押的特别规定】 …… 645
第四百一十九条 【主债权诉讼时效期间与抵押权的存续】 …… 647
第二节 最高额抵押权 …… 651
第四百二十条 【最高额抵押权的含义】 …… 651
第四百二十一条 【最高额抵押权的转让】 …… 656
第四百二十二条 【最高额抵押权的变更】 …… 658
★ 第四百二十三条 【最高额抵押权担保的债权被确定的情形】 …… 661
第四百二十四条 【最高额抵押权的法律适用】 …… 666

第十八章 质权 …… 668
第一节 动产质权 …… 669
第四百二十五条 【动产质权的含义】 …… 669
第四百二十六条 【禁止质押的动产】 …… 673
第四百二十七条 【质押合同的形式和内容】 …… 675
★ 第四百二十八条 【流质契约】 …… 677
第四百二十九条 【质权的设立】 …… 679
第四百三十条 【质权人收取孳息的权利】 …… 680
第四百三十一条 【质权人擅自使用、处分质物的责任】 …… 682
第四百三十二条 【质权人保管质物的义务与赔偿责任】 …… 683
第四百三十三条 【质权人保全质物的权利】 …… 685
第四百三十四条 【转质的赔偿责任】 …… 687
第四百三十五条 【共同担保中质权人放弃质权的法律后果】 …… 691
第四百三十六条 【返还质物以及质权的实现】 …… 693
第四百三十七条 【质权人及时行使质权的义务与赔偿责任】 …… 696
第四百三十八条 【质物变价后价款的归属】 …… 700
第四百三十九条 【最高额质权】 …… 701
第二节 权利质权 …… 702
第四百四十条 【可以质押的权利】 …… 702

★ 第四百四十一条 【票据等证券质权的设立】 …… 712
第四百四十二条 【票据等证券质权的实现】 …… 716
★ 第四百四十三条 【基金份额、股权质权的设立及效力】 …… 718
★ 第四百四十四条 【知识产权质权的设立及效力】 …… 721
★ 第四百四十五条 【应收账款质权的设立及效力】 …… 723
第四百四十六条 【权利质权的法律适用】 …… 726

第十九章 留置权 …… 727
第四百四十七条 【留置权的含义】 …… 728
第四百四十八条 【留置的限制】 …… 732
第四百四十九条 【不得留置的动产】 …… 734
第 四 百 五 十 条 【作为可分物的留置物】 …… 736
第四百五十一条 【留置权人的义务与赔偿责任】 …… 737
第四百五十二条 【留置权人收取孳息的权利】 …… 738
★ 第四百五十三条 【留置权的实现程序】 …… 739
第四百五十四条 【债务人有权请求留置权人行使权利】 …… 743
第四百五十五条 【留置物变价后价款的归属】 …… 745
第四百五十六条 【留置权与抵押权或者质权竞合】 …… 746
第四百五十七条 【留置权的消灭】 …… 749

第五分编 占 有

第二十章 占 有 …… 753
第四百五十八条 【有权占有的规则】 …… 754
第四百五十九条 【恶意占有人的赔偿责任】 …… 755
第 四 百 六 十 条 【无权占有人的返还义务及善意占有人的必要费用返还请求权】 …… 757
第四百六十一条 【占有物毁损、灭失的赔偿责任】 …… 758
第四百六十二条 【占有保护请求权】 …… 760

第一分编

通　则

第一章　一般规定

本章概要

编纂一部“体例科学、结构严谨、规范合理、内容协调的法典”是民法典编纂的基本目标。① 本章为物权编通则中的一般规定章节，为实现该基本目标奠定了基础。本章主要确定了物权编的调整对象，确定了平等保护原则、物权公示原则，并强调了我国当前的社会主义基本经济制度。这也体现了物权编的立法价值所在，作为上层建筑的法律由经济基础决定，同时也服务于经济基础，所以物权编应该体现我国基本经济制度，而且应该维护我国基本经济制度，维护我国的社会主义市场经济秩序。同时物权法律规范重点在于“物”，物权编通过制度明确物的归属，定分止争，以实现物的效用的充分发挥。从体例结构上看，本章基本承继了《物权法》的体例结构。但通则分编的一般规定有其特殊的体系地位，同时又考虑到总则编的既有规定，所以本章删除了《物权法》关于立法目的和依据、物及物权定义的规定。本章无论是在内容上还是体例结构上都更好地处理了物权编与民法典的衔接适应问题，更好地回答了物权编的调整对象是什么，基本原则有哪些，对当代中国社会又有什么意义。立法者也着眼于《物权法》施行至今我国经济、社会、法律等领域发展面临的新挑战，与时俱进地修改了物权法律规范的内容，全面提升了民法典物权编的实效性；同时将物权编置于民法体系和科学立法维度中，着力优化了民法典物权编的体系性。

① 朱广新：《民法典编纂：民事部门法典的统一再法典化》，载《比较法研究》2018 年第 6 期，第 178 页。

第二百零五条　【调整对象】①

本编调整因物的归属和利用产生的民事关系。

本条来源

《物权法》第二条规定："因物的归属和利用而产生的民事关系，适用本法。本法所称物，包括不动产和动产。法律规定权利作为物权客体的，依照其规定。本法所称物权，是指权利人依法对特定的物享有直接支配和排他的权利，包括所有权、用益物权和担保物权。"本条在此基础上删除了关于"物以及物权的含义"的规定，将"调整对象"单独列为一条。

立法演变

物权编一审稿第一条规定："因物的归属和利用而产生的民事关系，适用本编。"二审稿调整了一审稿的语句结构，规定："本编调整因物的归属和利用而产生的民事关系。"后终稿基本延续了二审稿的规定，仅删除了"而"字，以规范法律用语。

条文释义

本条是关于物权编调整对象的规定。

物权编在民法典中具有重要地位，从某种意义上说，直接决定着民法典的价值与作用。② 而确定调整对象，是处理好物权编与其他相关法律之间关系的重要前提。所以物权编第一条便规定，本编调整因物的归属和利用产生的民事关系。本条确定了物权编的调整范围，其内涵包含以下三个方面：

一、本编调整平等主体之间的民事关系

所谓民事关系，实际上就是平等主体之间的财产关系和人身关系的总称。总则编第二条规定，民法调整平等主体的自然人、法人和非法人组织之间的人

① 条文主旨为编者所加，下同。

② 孟勤国、蒙晓阳：《物权法：有体财产法还是财产的基本法》，载《人民司法》2004 年第 4 期，第 50 页。

身关系和财产关系。由此也再次确认了物权编是我国民法体系中的重要组成部分，物权编的调整对象实际上也是民法体系所调整的社会关系的组成部分。因此总则编的相关规定也适用于物权编。

自罗马法以来，民法就有着财产法和身份法的区别。虽然物权编的调整对象包含平等主体之间的财产关系和人身关系，但主要调整的是财产关系。物权编以规范人对财产的支配关系为主要内容，主要包含所有权、用益物权、担保物权等各种物权关系，物权编显然作为财产法的特征更为突出。

平等性是民事关系的基本特征，也是民法的基本原则。所谓平等，包含两个方面的含义，一是主体之间的平等性，参与民事法律关系的主体地位是平等的。二是受保护的平等性，参与民事法律关系的主体受到同等规则的保护。物权编调整对象的平等性，也是物权编区别于其他调整不平等主体之间法律关系的公法的主要特征。

二、本编调整因物的归属产生的关系

物的归属，狭义上是指对物权主体的确认；广义上还包括对物权内容、支配范围的界定。确认物权归属是物权编发挥定分止争作用的前提。只有确认物的归属，才能物尽其用，有效率地利用资源，因此物权法律规范常常被称为“归属规范”。

在市场经济条件下，物权法律规范与合同法律规范是调整交易关系最基本的法律规则，但是合同法律规范只能调整交易关系，对于交易的前提即界定物的归属的重任，合同法律规范却难以担负。因此，确认物的归属并对物权加以保护，是物权编应有的使命。而确定物的归属前提应是明确何为“物”，物权编没有同《物权法》一样对物作出定义，应该说物的定义是建构规范和科学的物权编必不可少的要素，① 通过“物”搭起学理研究和立法良性互动的桥梁。

因物的归属所产生的关系，主要是指三类关系：

1. 因物权的设定而产生的关系。按照物权法定的原则，物权的类型、种类都应当由法律规定，当事人应当严格依据法律规定设定各类物权。

2. 因物权的转让而产生的关系。物权转让是物尽其用、提高资源利用效率的一种重要方式。物权的转让必将会产生所有权或其他物权移转，导致原物权

---

① 孟勤国：《物的定义与〈物权编〉》，载《法学评论》2019 年第 3 期，第 1 页。

的相对消灭和新物权产生的法律效果。因此，通过物权转让引起的物权归属的变化，也同样受到物权编的调整。

3. 因确认和保护物权而产生的关系。当物权在归属上产生争议时，就需要发挥物权编的功能，根据其规定，确认物权归属，进而实现对权利人的保护。

三、本编调整物的利用关系

物的利用，是指对动产、不动产的使用价值与交换价值进行支配而享有的权益。物权编的一个重要功能就是保证有序高效地发挥物的价值，因此对物的利用所形成的各种法律关系也势必成为物权编的调整对象。

法条关联

◆ **《民法典》**

第二条 民法调整平等主体的自然人、法人和非法人组织之间的人身关系和财产关系。

第二百零六条 【坚持基本经济制度】

国家坚持和完善公有制为主体、多种所有制经济共同发展，按劳分配为主体、多种分配方式并存，社会主义市场经济体制等社会主义基本经济制度。

国家巩固和发展公有制经济，鼓励、支持和引导非公有制经济的发展。

国家实行社会主义市场经济，保障一切市场主体的平等法律地位和发展权利。

本条来源

《物权法》第三条规定："国家在社会主义初级阶段，坚持公有制为主体、多种所有制经济共同发展的基本经济制度。国家巩固和发展公有制经济，鼓励、支持和引导非公有制经济的发展。国家实行社会主义市场经济，保障一切市场主体的平等法律地位和发展权利。"本条在结合党中央最新文件表述的基础上延续了该规定。同时，本条也是对《宪法》第六条、第七条、第十一条、第十五条等关于我国社会主义经济制度相关规定的遵循。

立法演变

物权编一审稿第二条规定："国家在社会主义初级阶段，坚持公有制为主体、多种所有制经济共同发展的基本经济制度。国家巩固和发展公有制经济，鼓励、支持和引导非公有制经济的发展。国家实行社会主义市场经济，保障一切市场主体的平等法律地位和发展权利。"此后各稿延续一审稿的规定。而终稿结合《中共中央关于坚持和完善中国特色社会主义制度推进国家治理体系和治理能力现代化若干重大问题的决定》的最新表述，修改了第一款对社会主义基本经济制度的表述，改为"国家坚持和完善公有制为主体、多种所有制经济共同发展，按劳分配为主体、多种分配方式并存，社会主义市场经济体制等社会主义基本经济制度"。

条文释义

本条是关于坚持社会主义基本经济制度的规定。"立法者在制定法律时首先要明确法律的基本价值追求，并将该法律价值转化为若干个基本原则，然后由这些基本原则出发，构建具体的法律规范，从而不至于背离立法的目的。"① 坚持正确的政治方向，是物权编立法工作必须坚持的政治立场和总原则。我国的物权制度紧密联系我国国情与实际，以社会主义基本经济制度为基础，以保障一切市场主体的平等法律地位和发展权利为基本原则。

与其他法律制度相比，物权制度更具有"本土色彩"。物权制度的各项规定事关产权的确认、产权的保护，而产权乃人民群众安身立命之本，如果物权制度不能从人民群众最根本的利益出发、不能契合中国现有的国情与实际，则制定出的物权制度会与中国国情严重脱节。物权编是规范财产关系的民事基本法律，事关维护社会主义基本经济制度，维护社会主义市场经济秩序，维护广大人民群众的切身利益。物权编的立法工作不仅要符合我国实行社会主义市场经济的实际，还要与改革发展的进程相适应，在肯定改革发展的同时，为进一

① 席志国：《中国民法总论》，中国政法大学出版社 2013 年版，第 76－77 页。

步的改革留够空间。所以最终物权编以宪法为依据，沿袭了《物权法》确认的基本经济制度，并结合党中央文件的最新表述，规定了我国实行社会主义市场经济的基本原则。同时物权编确认了一切市场主体的平等保护原则，以维护其平等地位和基本财产权利，这是因为物权关系主体法律地位的平等性是其财产关系平等性的基础，也是物权编得以发挥社会价值的前提。这是社会主义初级阶段“两个毫不动摇”原则在民法典中的体现，为经济繁荣昌盛提供了制度支撑。

法条关联

◆《宪法》

第六条 中华人民共和国的社会主义经济制度的基础是生产资料的社会主义公有制，即全民所有制和劳动群众集体所有制。社会主义公有制消灭人剥削人的制度，实行各尽所能、按劳分配的原则。

国家在社会主义初级阶段，坚持公有制为主体、多种所有制经济共同发展的基本经济制度，坚持按劳分配为主体、多种分配方式并存的分配制度。

第七条 国有经济，即社会主义全民所有制经济，是国民经济中的主导力量。国家保障国有经济的巩固和发展。

第十一条 在法律规定范围内的个体经济、私营经济等非公有制经济，是社会主义市场经济的重要组成部分。

国家保护个体经济、私营经济等非公有制经济的合法的权利和利益。国家鼓励、支持和引导非公有制经济的发展，并对非公有制经济依法实行监督和管理。

第十五条 国家实行社会主义市场经济。

国家加强经济立法，完善宏观调控。

国家依法禁止任何组织或者个人扰乱社会经济秩序。

第二百零七条 【平等保护原则】

国家、集体、私人的物权和其他权利人的物权受法律平等保护，任何组织或者个人不得侵犯。

本条来源

《物权法》第四条规定："国家、集体、私人的物权和其他权利人的物权受法律保护，任何单位和个人不得侵犯。"本条延续了物权领域平等原则的立法精神，在《物权法》规定的基础上增加"平等"二字，并将"单位"改成"组织"，"和"改成"或者"。由此可以看出，本条较之原条文更直接明确、更大范围地保障了物权领域的平等性。此外，《民法典》总则编第三条也明确规定："民事主体的人身权利、财产权利以及其他合法权益受法律保护，任何组织或者个人不得侵犯。"

立法演变

物权编一审稿第三条规定："国家、集体、私人的物权和其他权利人的物权受法律平等保护，任何组织或者个人不得侵犯。"此后各稿延续一审稿的规定。

条文释义

本条是关于平等保护国家、集体、私人的物权和其他权利人的物权的规定。

物权编是民法典体系的重要组成部分。平等原则是民法的一项基本原则，民事法律规范受民法基本原则的指导并全面贯彻民法基本原则的意图。[①] 物权编的平等保护原则是民法平等原则的具体化，它是指国家、集体、私人等物权主体在法律地位上的平等性、适用规则的平等性、保护的平等性。本条强调了公有财产权利和私人财产权利受到平等的保护。将公有财产权利和私人财产权利置于同一保护地位，更能凸显人民当家作主的社会主义原则，有利于平衡当前公权力过于强大与民事权利较为弱小之间的矛盾。

一、法律地位的平等

我国宪法明确规定了"中华人民共和国公民在法律面前一律平等"，将平等原则规定为宪法的基本原则。所谓法律地位的平等，是指所有市场主体在物

① 董学立：《民法基本原则研究——在民法规范与民法理念之间》，载《政法论丛》2011年第6期，第5页。

权编的各项规定中都具有平等的地位，这也是对我国宪法所确认的法律面前人人平等原则的彰显。法律面前人人平等，也包含了财产权的平等，而财产权是公民基本权利的一种，依据平等原则，公民的财产权应当与国家的、集体的财产权受到平等的保护。

二、适用规则的平等

任何物权的主体在物权取得、设定和移转时都应当遵循共同的规则。所有权等物权的取得要合法，具有法律依据。物权的设定和转移必须采取法定的方式。如果不遵守同样的规则，则很难在真正意义上实现发展社会主义市场经济，并在此过程中坚持和完善社会主义基本经济制度。

三、保护的平等性

保护的平等性包含两个方面的内容：

1. 在物权的归属发生争议时，争议的主体均有权适用平等的规则解决争议。即使是国家与其他主体在权利归属上发生纠纷，每个争议主体也都有权请求法院明晰产权，确认归属。也就是说，在规则适用面前，当事人都平等地享有确权请求权，不因身份、地位的特殊性而存在法外特权。

2. 在物权受到侵害之后，物权主体受到平等的法律保护。即各个物权的主体在其物权受到侵害后，不管受侵害的是公有财产还是私人财产，也不管侵害方是国家还是个人，物权的权利人均有权平等地行使物权请求权、债权请求权及其他请求权，从而使自己的财产损害得以补偿、恢复。同时，对于遭受侵害的权利，不因其性质是公有或私有而在保护范围和保护力度上有所区分，均平等地予以保护。

法条关联

◆《民法典》

第三条　民事主体的人身权利、财产权利以及其他合法权益受法律保护，任何组织或者个人不得侵犯。

第一百一十三条　民事主体的财产权利受法律平等保护。

◆《中共中央关于全面深化改革若干重大问题的决定》

（5）完善产权保护制度。产权是所有制的核心。健全归属清晰、权责明确、保护严格、流转顺畅的现代产权制度。公有制经济财产权不可侵犯，非公有制经济财产权同样不可侵犯。

国家保护各种所有制经济产权和合法利益，保证各种所有制经济依法平等使用生产要素、公开公平公正参与市场竞争、同等受到法律保护，依法监管各种所有制经济。

◆《中共中央、国务院关于完善产权保护制度依法保护产权的意见》

一、总体要求

加强产权保护，根本之策是全面推进依法治国。要全面贯彻党的十八大和十八届三中、四中、五中、六中全会精神，深入学习贯彻习近平总书记系列重要讲话精神，按照党中央、国务院决策部署，紧紧围绕统筹推进“五位一体”总体布局和协调推进“四个全面”战略布局，牢固树立和贯彻落实新发展理念，着力推进供给侧结构性改革，进一步完善现代产权制度，推进产权保护法治化，在事关产权保护的立法、执法、司法、守法等各方面各环节体现法治理念。要坚持以下原则：

——坚持平等保护。健全以公平为核心原则的产权保护制度，毫不动摇巩固和发展公有制经济，毫不动摇鼓励、支持、引导非公有制经济发展，公有制经济财产权不可侵犯，非公有制经济财产权同样不可侵犯。

……

◆《最高人民法院关于依法平等保护非公有制经济促进非公有制经济健康发展的意见》

2. 贯彻党的十八届四中全会精神，依法平等保护各种所有制经济共同发展。法律面前人人平等是我国宪法确立的基本原则。非公有制经济与公有制经济一样，是社会主义市场经济的重要组成部分，都是我国经济社会发展的重要基础。党的十八届四中全会决定指出，平等是社会主义法律的基本属性。人民法院在依法保障公有制经济发展，不断增强国有经济活力、控制力和影响力的同时，要依法平等保护非公有制经济的合法权益，坚持各类市场主体的诉讼地位平等、法律适用平等、法律责任平等，为各种所有制经济提供平等司法保障。

第二百零八条　【物权公示原则】

不动产物权的设立、变更、转让和消灭，应当依照法律规定登记。动产物权的设立和转让，应当依照法律规定交付。

本条来源

《民法通则》第七十二条规定："财产所有权的取得，不得违反法律规定。按照合同或者其他合法方式取得财产的，财产所有权从财产交付时起转移，法律另有规定或者当事人另有约定的除外。"《合同法》第一百三十三条规定："标的物的所有权自标的物交付时起转移，但法律另有规定或者当事人另有约定的除外。"上述规定的"法律规定"或"法律另有规定"指什么呢？《物权法》第六条对此给予了明确的回答。该条规定："不动产物权的设立、变更、转让和消灭，应当依照法律规定登记。动产物权的设立和转让，应当依照法律规定交付。"物权编对于该内容进行了完整的保留。

立法演变

物权编一审稿第四条规定："不动产物权的设立、变更、转让和消灭，应当依照法律规定登记。动产物权的设立和转让，应当依照法律规定交付。"此后各稿延续一审稿的规定。

条文释义

本条是关于物权公示原则的规定。

何谓公示？公示就是公之于世，物权公示就是将物权设立或变动的事实公之于世。所谓公示原则，是指物权的设立、变动必须依据法定的公示方法予以公开，使第三人能够及时了解物权的变动情况。因此，公示原则所要求公示的是物权，而不是其他。① 由于任何人设立物权或移转物权时，都会涉及第三人的利益，因而物权的设立、移转必须公开、透明，以利于对第三人利益的保护，

① 郭明瑞：《关于物权法公示公信原则诸问题的思考》，载《清华法学》2017 年第 2 期，第 28 页。

维护交易秩序和安全。公示原则与公信原则是联系在一起的，公示的目的是使一般人能够从外观上确定何人享有何物权，公信则是对第三人信赖公示的物权状态的利益保护。① 物权的公示方法必须由法律明确规定，而不能由当事人随意创设，正因公示方法的严格法定性，公示产生的信赖利益才更需要保护。关于公示方法，原则上应当采用不动产登记、动产交付的原则。也就是说要看某一不动产的归属，应看其登记簿的内容；要看某一动产的归属，应看其归谁占有。公示是物权的基础，完备的公示制度是交易安全的重要保障。第三人在进行交易时，可以通过公示明确交易标的上是否有其他负担行为，是否为干净的权利，从而决定是否进行交易。

物权公示原则属于法律的强制性规则，不容许当事人通过合同加以变更或排斥适用。主要体现在：一是法律规定物权的设立和变动必须采用公示方法的，应当依据法律的规定。如法律规定房屋买卖必须办理登记的，办理登记就是当事人的法定义务，不允许当事人通过合同约定的方法加以排除。二是公示的方法必须由法律规定。为保障交易秩序的统一性，物权公示的方法必须统一，只能按照法律规定的方式进行公示。三是公示的效力必须法定。如登记的效力是采生效主义还是对抗主义，必须也只能由法律规定，不允许当事人自由约定变更。四是违反公示原则的法律后果必须由法律规定。即未按照法律规定的方式进行公示的，法律后果应当一致。

法条关联

◆《土地管理法》

第十二条　土地的所有权和使用权的登记，依照有关不动产登记的法律、行政法规执行。

依法登记的土地的所有权和使用权受法律保护，任何单位和个人不得侵犯。

◆《城市房地产管理法》

第六十条　国家实行土地使用权和房屋所有权登记发证制度。

第六十一条　以出让或者划拨方式取得土地使用权，应当向县级以上地方

① 郭明瑞：《关于物权法公示公信原则诸问题的思考》，载《清华法学》2017 年第 2 期，第 28 页。

人民政府土地管理部门申请登记，经县级以上地方人民政府土地管理部门核实，由同级人民政府颁发土地使用权证书。

在依法取得的房地产开发用地上建成房屋的，应当凭土地使用权证书向县级以上地方人民政府房产管理部门申请登记，由县级以上地方人民政府房产管理部门核实并颁发房屋所有权证书。

房地产转让或者变更时，应当向县级以上地方人民政府房产管理部门申请房产变更登记，并凭变更后的房屋所有权证书向同级人民政府土地管理部门申请土地使用权变更登记，经同级人民政府土地管理部门核实，由同级人民政府更换或者更改土地使用权证书。

法律另有规定的，依照有关法律的规定办理。

◆《海域使用管理法》

第六条 国家建立海域使用权登记制度，依法登记的海域使用权受法律保护。

国家建立海域使用统计制度，定期发布海域使用统计资料。

◆《草原法》

第十一条 依法确定给全民所有制单位、集体经济组织等使用的国家所有的草原，由县级以上人民政府登记，核发使用权证，确认草原使用权。

未确定使用权的国家所有的草原，由县级以上人民政府登记造册，并负责保护管理。

集体所有的草原，由县级人民政府登记，核发所有权证，确认草原所有权。

依法改变草原权属的，应当办理草原权属变更登记手续。

第十二条 依法登记的草原所有权和使用权受法律保护，任何单位或者个人不得侵犯。

◆《森林法》

第十五条 林地和林地上的森林、林木的所有权、使用权，由不动产登记机构统一登记造册，核发证书。国务院确定的国家重点林区（以下简称重点林区）的森林、林木和林地，由国务院自然资源主管部门负责登记。

森林、林木、林地的所有者和使用者的合法权益受法律保护，任何组织和个人不得侵犯。

森林、林木、林地的所有者和使用者应当依法保护和合理利用森林、林木、林地，不得非法改变林地用途和毁坏森林、林木、林地。

案例评议[①]

青岛源宏祥纺织有限公司诉港润（聊城）印染有限公司取回权确认纠纷案[②]

◆ **裁判规则**

涉案的七台设备属于动产，而动产的公示方法原则上是交付。所谓交付是指转移占有，即将自己占有的物或所有权凭证转移其他人占有的行为。根据《物权法》规定，交付作为动产物权变动的法定方式，具有强制性，该法共规定了现实交付、简易交付、指示交付和占有改定四种交付方式。本案当事人协议以占有改定完成交付，所谓占有改定是指让与人与受让人达成动产物权变动协议后，依照当事人之间订立的合同，仍然继续占有该动产使受让人因此取得间接占有，代替现实交付。根据《物权法》第二十七条规定，占有改定构成要件为：一、当事人之间达成动产物权变动协议。该协议是发生交付的基础。二、除了达成物权变动协议，就该动产另外达成让与人继续占有使用该动产的协议。本案中，虽然双方当事人签订的七台设备物权转让协议包含有所有权变动内容，但没有就被上诉人港润印染公司继续占有使用该七台设备另外达成协议。因此不构成占有改定交付，当事人签订的协议只是产生债权效力，并未发生物权变动效力，上诉人源宏祥纺织公司并没有实际取得该七台设备的所有权，故其在被上诉人港润印染公司破产案件中并不享有取回权。

◆ **评议**

《民法典》物权编第二百二十四条规定："动产物权的设立和转让，自交付时发生效力，但法律另有规定的除外。"同时，第二百二十八条规定："动产物权转让时，当事人又约定由出让人继续占有该动产的，物权自该约定生效时发生效力。"依据上述规定，动产物权的转让，以交付为公示要件，无论交付的方式是现实交付还是以占有改定方式交付。当事人之间仅仅就物权的转移达成协议，但未就该动产达成出让人继续占有该动产的占有改定协议的，不能构成《民法典》第二百二十八条规定的占有改定，故不能发生物权转移的效力。

---

① "案例评议"中的完整案例详情，请按照封面前勒口处的操作步骤，登录数据库逐一查阅，全书同。

② 《最高人民法院公报》2012 年第 4 期。

第二章　物权的设立、变更、转让和消灭

本章概要

物权规范体系的重要实践价值之一就是保证物尽其用、提高资源利用效率，更好地维护社会交易秩序，促进市场经济的发展。物权的变动是保证物尽其用的重要渠道。本章重点就物权变动应当遵守什么样的规则、产生何种法律后果等内容进行了规定。物权的变动，是物权的设立、变更、转让和消灭的总称，具体来说：就物权内容而言，是指物权的设立、变更、转让和消灭；就类型而言，主要分为不动产物权变动和动产物权变动；就变动原因而言，分为依法律行为、依事实行为以及依法律的直接规定，后二者即非依法律行为方式而产生的物权变动，不需以外部性公示要件为物权变动效果的限制条件。

在民法典编撰之际，从诸多提交的立法建议中可以看出，法学界大多数意见认为对于因法律行为发生的物权变动，采取公示生效主义作为原则是正确的选择。① 根据本章规定，公示原则是物权编的基本原则，涉及物权静止状态和运动状态的变动都应该遵守公示原则。从物权法理看，不动产物权和动产物权的享有和变动分别以登记和交付为公示方法，完成规定的公示行为后相应物权才能获得公信力和权利推定力。

第一节　不动产登记

第二百零九条　【不动产物权登记生效】

不动产物权的设立、变更、转让和消灭，经依法登记，发生效力；

---

① 龙俊：《物权变动模式的理想方案与现实选择》，载《法学杂志》2019 年第 7 期，第 21 页。

未经登记，不发生效力，但是法律另有规定的除外。

依法属于国家所有的自然资源，所有权可以不登记。

本条来源

《物权法》第九条规定："不动产物权的设立、变更、转让和消灭，经依法登记，发生效力；未经登记，不发生效力，但法律另有规定的除外。依法属于国家所有的自然资源，所有权可以不登记。"本条延续了物权法关于不动产物权登记的规定，其中国家所有的自然资源在《宪法》第九条已被确认所有权，所以作为所有权登记的例外。

立法演变

物权编一审稿第五条规定："不动产物权的设立、变更、转让和消灭，经依法登记，发生效力；未经登记，不发生效力，但法律另有规定的除外。依法属于国家所有的自然资源，所有权可以不登记。"二审稿将一审稿的"但"改为"但是"，此后各稿延续了二审稿的规定。

条文释义

本条是对不动产登记效力的规定。物权公示制度是物权法的基本制度之一。不动产一般采用登记公示方式，动产一般采用交付公示方式，上文已经进行了详细的说明。不动产登记，是指将不动产物权变动的法律事实登记于国家专门设立的不动产登记簿。本处主要针对不动产物权登记的效力进行说明。

所谓不动产物权登记的效力，是指登记这一法律事实对当事人的不动产物权所施加的实际作用。① 本条规定正式明确了登记要件主义作为不动产物权变动的一般原则，但也存在例外。

一、登记要件主义

不动产物权的设立、变更、转移和消灭都应当依法进行登记，登记后始能产生法律效力，未经登记的不产生法律效力。也就是说登记对于物权的变动具

① 孙宪忠：《论不动产物权登记》，载《中国法学》1996 年第 5 期，第 55 页。

有决定性的意义，是物权变动的生效要件，而绝非停留在公示的形式上。例如当事人依法订立了有效的房屋买卖合同，但涉案房屋未依法办理不动产所有权转让登记，则相关房屋所有权变动的法律效果未发生。

二、不动产登记的例外

1. 本条第二款明确规定，依法属于国家所有的自然资源，所有权可以不登记。依法属于国家所有的自然资源包括矿藏、水流、海域，城市的土地，法律规定属于国家所有的农村和城市郊区的土地，森林、山岭、草原、荒地、滩涂等自然资源，法律规定属于国家所有的野生动植物资源，无线电频谱资源等。很多国家所有的自然资源已经在法律中明文规定权属，该效力已比登记于不动产登记簿的效力更直接和更强大，同时国家所有的自然资源并不因为其他法律行为而发生所有权变动，所以可以不用登记。

2. 《民法典》第二百二十九条规定："因人民法院、仲裁机构的法律文书或者人民政府的征收决定等，导致物权设立、变更、转让或者消灭的，自法律文书或者征收决定等生效时发生效力。"人民法院、仲裁机构已经生效的法律文书或人民政府的征收决定本身已经具有一定的法律效力，已经足以起到物权公示的作用，所以上述文书导致物权变动的，无须登记即能发生物权变动的效力。该规定也属于不动产物权登记要件主义的一种例外情形。

法条关联

◆ **《最高人民法院关于人民法院民事执行中查封、扣押、冻结财产的规定》**

第十七条 被执行人将其所有的需要办理过户登记的财产出卖给第三人，第三人已经支付部分或者全部价款并实际占有该财产，但尚未办理产权过户登记手续的，人民法院可以查封、扣押、冻结；第三人已经支付全部价款并实际占有，但未办理过户登记手续的，如果第三人对此没有过错，人民法院不得查封、扣押、冻结。

◆ **《中共中央关于全面深化改革若干重大问题的决定》**

（51）健全自然资源资产产权制度和用途管制制度。对水流、森林、山岭、草原、荒地、滩涂等自然生态空间进行统一确权登记，形成归属清晰、权责明确、监管有效的自然资源资产产权制度。建立空间规划体系，划定生产、生活、生态空间开发管制界限，落实用途管制。健全能源、水、土地节约集约使用制度。

健全国家自然资源资产管理体制，统一行使全民所有自然资源资产所有者职责。完善自然资源监管体制，统一行使所有国土空间用途管制职责。

◆《自然资源统一确权登记暂行办法》（全文）①

案例评议

唐某诉李某某、唐某乙法定继承纠纷案②

◆ **裁判规则**

物权法以登记作为不动产物权变动的法定公示要件，赋予登记以公信力，同时物权法第二十八条至第三十条对于非基于法律行为所引起的物权变动亦进行了例示性规定，列举了无需公示即可直接发生物权变动的情形。这种例示性规定并未穷尽非因法律行为而发生物权变动的所有情形，婚姻法及其司法解释规定的相关情形亦应包括在内。夫妻之间达成的婚内财产分割协议是双方通过订立契约对采取何种夫妻财产制所作的约定，是双方协商一致对家庭财产进行内部分配的结果，在不涉及婚姻家庭以外第三人利益的情况下，应当尊重夫妻之间的真实意思表示，按照双方达成的婚内财产分割协议履行，优先保护事实物权人，不宜以产权登记作为确认不动产权属的唯一依据。

◆ **评议**

从我国物权法律的相关规定看，经过依法登记的不动产物权变动发生法律效力，未经过依法登记的不动产物权变动不发生法律效力。物权编第二百一十七条又进一步指出，除非有证据证明不动产登记簿确有错误，否则不动产物权的归属以不动产登记簿为判断依据。本案涉及夫妻之间不动产分割协议与不动产登记生效原则如何协调的问题，夫妻之间不动产分割协议是夫妻双方平等协商后对家庭财产的内部分配结果，当夫妻双方未以不动产登记公示落实财产分割协议时，本案认为在财产分割协议不涉及第三人利益时应当尊重夫妻双方的自由意志，而非简单以产权登记作为判断不动产物权归属的唯一依据。但从《最高人民法院公报》和《人民法院案例选》看，司法实践对于该问题仍然存在较大争议，有观点认为《婚内协议书》系双方对婚姻期间所得的夫妻共同财

① 因篇幅所限，部分文件仅列出文件名称供读者查询参考，不再收录法律条文，下同。

② 《最高人民法院公报》2014 年第 12 期。

产进行的约定，而非一方将个人房产给予另一方的单纯赠与行为，即使未完成物权变更登记，一方当事人亦可以依据协议获得相应所有权；① 也有观点认为夫妻双方对婚前和婚姻存续期间的财产进行分配的协议对双方有效，涉及不动产物权变动的，依法经登记发生效力，未经登记不发生效力，但法律另有规定的除外。②

第二百一十条 【不动产统一登记制度】

不动产登记，由不动产所在地的登记机构办理。

国家对不动产实行统一登记制度。统一登记的范围、登记机构和登记办法，由法律、行政法规规定。

本条来源

《物权法》第十条规定："不动产登记，由不动产所在地的登记机构办理。国家对不动产实行统一登记制度。统一登记的范围、登记机构和登记办法，由法律、行政法规规定。"本条延续了该规定，同时对于该问题，《土地管理法》《城市房地产管理法》《农村土地承包法》《森林法》《草原法》以及《不动产登记暂行条例》都进行了相应的规定。

立法演变

物权编一审稿第六条规定："不动产登记，由不动产所在地的登记机构办理。国家对不动产实行统一登记制度。统一登记的范围、登记机构和登记办法，由法律、行政法规规定。"此后各稿延续一审稿的规定。

条文释义

有学者认为，我国不动产登记不统一的根源在于部门利益之争，解决的根本途径是统一不动产登记机关。统一不动产登记机关，登记原则、根据、程序、

① 师小丽诉陈浩离婚纠纷案，载《人民法院案例选》2015 年第 4 辑。

② 臧旭霞执行异议审查案，载《人民法院案例选》2016 年第 2 辑。

效力、簿册自然便统一了。[①] 本条呼应了这一观点，就不动产登记机构、统一登记制度作出了规定。理解本条时应当注意以下内容：

一、统一的不动产登记机构

不动产登记，应当在登记机构办理。不动产登记机构是指在一定辖区内依法接受申请人递交的材料，办理所有权和其他物权登记的机构。

在我国，实行统一的不动产物权登记制度，首先要确立的就是不动产物权登记机构。本条一方面确立了不动产登记的属地原则，更加便利申请人和进行查阅的利害关系人；另一方面，确定了由统一的登记机构来负责登记事务。同时本条规定统一的登记范围、具体的登记机构和登记办法由法律、行政法规统一规定，例如《不动产登记暂行条例》统一了不动产登记制度，明确了不动产登记机构应当统一，统一了不动产登记的内容，统一了登记程序，统一了登记机构的职责，建立了统一的不动产信息查询平台。所以该规定使得物权编的内容更纯粹，实现“法律有专攻”。

二、统一的登记范围

不动产物权登记的范围包括两个方面：一是登记的不动产物权范围；二是不动产物权登记的内容范围。对于第一个问题，在《民法典》第二百零九条已经作出了规定，除国家所有自然资源的所有权可以不登记外，其他物权原则上都要进行登记。关于不动产物权登记的内容范围，在《民法典》第二百零九条也作出了回答。不动产物权登记主要包括四类：设立登记或取得登记、变更登记、转让登记以及消灭登记。不动产物权设立登记包括所有权登记、用益物权登记和担保物权登记。变更登记主要是指不动产物权内容变更的登记，不包括主体变更的登记。转让登记是指不动产物权出让时的登记。消灭登记又叫作涂销登记，即消灭不动产物权的登记。

三、统一登记办法

登记办法即登记的程序，主要包括登记申请、登记审查、不动产登记簿的管理、不动产权属证书发放、登记查询、登记异议、预告登记、错误登记的法律后果以及登记收费等各个方面。

---

① 王洪亮：《不动产物权登记立法研究》，载《法律科学》2000 年第 2 期，第 122 页。

法条关联

◆《土地管理法》

第十二条 土地的所有权和使用权的登记，依照有关不动产登记的法律、行政法规执行。

依法登记的土地的所有权和使用权受法律保护，任何单位和个人不得侵犯。

◆《城市房地产管理法》

第六十条 国家实行土地使用权和房屋所有权登记发证制度。

第六十一条 以出让或者划拨方式取得土地使用权，应当向县级以上地方人民政府土地管理部门申请登记，经县级以上地方人民政府土地管理部门核实，由同级人民政府颁发土地使用权证书。

在依法取得的房地产开发用地上建成房屋的，应当凭土地使用权证书向县级以上地方人民政府房产管理部门申请登记，由县级以上地方人民政府房产管理部门核实并颁发房屋所有权证书。

房地产转让或者变更时，应当向县级以上地方人民政府房产管理部门申请房产变更登记，并凭变更后的房屋所有权证书向同级人民政府土地管理部门申请土地使用权变更登记，经同级人民政府土地管理部门核实，由同级人民政府更换或者更改土地使用权证书。

法律另有规定的，依照有关法律的规定办理。

◆《农村土地承包法》

第二十四条 国家对耕地、林地和草地等实行统一登记，登记机构应当向承包方颁发土地承包经营权证或者林权证等证书，并登记造册，确认土地承包经营权。

土地承包经营权证或者林权证等证书应当将具有土地承包经营权的全部家庭成员列入。

登记机构除按规定收取证书工本费外，不得收取其他费用。

◆《森林法》

第十五条 林地和林地上的森林、林木的所有权、使用权，由不动产登记机构统一登记造册，核发证书。国务院确定的国家重点林区（以下简称重点林区）的森林、林木和林地，由国务院自然资源主管部门负责登记。

森林、林木、林地的所有者和使用者的合法权益受法律保护，任何组织和个人不得侵犯。

森林、林木、林地的所有者和使用者应当依法保护和合理利用森林、林木、林地，不得非法改变林地用途和毁坏森林、林木、林地。

◆《草原法》

第十一条　依法确定给全民所有制单位、集体经济组织等使用的国家所有的草原，由县级以上人民政府登记，核发使用权证，确认草原使用权。

未确定使用权的国家所有的草原，由县级以上人民政府登记造册，并负责保护管理。

集体所有的草原，由县级人民政府登记，核发所有权证，确认草原所有权。

依法改变草原权属的，应当办理草原权属变更登记手续。

第十二条　依法登记的草原所有权和使用权受法律保护，任何单位或者个人不得侵犯。

◆《不动产登记暂行条例》

第一条　为整合不动产登记职责，规范登记行为，方便群众申请登记，保护权利人合法权益，根据《中华人民共和国物权法》等法律，制定本条例。

第二条　本条例所称不动产登记，是指不动产登记机构依法将不动产权利归属和其他法定事项记载于不动产登记簿的行为。

本条例所称不动产，是指土地、海域以及房屋、林木等定着物。

第三条　不动产首次登记、变更登记、转移登记、注销登记、更正登记、异议登记、预告登记、查封登记等，适用本条例。

第四条　国家实行不动产统一登记制度。

不动产登记遵循严格管理、稳定连续、方便群众的原则。

不动产权利人已经依法享有的不动产权利，不因登记机构和登记程序的改变而受到影响。

第五条　下列不动产权利，依照本条例的规定办理登记：

（一）集体土地所有权；

（二）房屋等建筑物、构筑物所有权；

（三）森林、林木所有权；

（四）耕地、林地、草地等土地承包经营权；

（五）建设用地使用权；

（六）宅基地使用权；

（七）海域使用权；

（八）地役权；

（九）抵押权；

（十）法律规定需要登记的其他不动产权利。

第六条 国务院国土资源主管部门负责指导、监督全国不动产登记工作。

县级以上地方人民政府应当确定一个部门为本行政区域的不动产登记机构，负责不动产登记工作，并接受上级人民政府不动产登记主管部门的指导、监督。

第七条 不动产登记由不动产所在地的县级人民政府不动产登记机构办理；直辖市、设区的市人民政府可以确定本级不动产登记机构统一办理所属各区的不动产登记。

跨县级行政区域的不动产登记，由所跨县级行政区域的不动产登记机构分别办理。不能分别办理的，由所跨县级行政区域的不动产登记机构协商办理；协商不成的，由共同的上一级人民政府不动产登记主管部门指定办理。

国务院确定的重点国有林区的森林、林木和林地，国务院批准项目用海、用岛，中央国家机关使用的国有土地等不动产登记，由国务院国土资源主管部门会同有关部门规定。

◆《土地管理法实施条例》

第四条 农民集体所有的土地，由土地所有者向土地所在地的县级人民政府土地行政主管部门提出土地登记申请，由县级人民政府登记造册，核发集体土地所有权证书，确认所有权。

农民集体所有的土地依法用于非农业建设的，由土地使用者向土地所在地的县级人民政府土地行政主管部门提出土地登记申请，由县级人民政府登记造册，核发集体土地使用权证书，确认建设用地使用权。

设区的市人民政府可以对市辖区内农民集体所有的土地实行统一登记。

第五条 单位和个人依法使用的国有土地，由土地使用者向土地所在地的县级以上人民政府土地行政主管部门提出土地登记申请，由县级以上人民政府登记造册，核发国有土地使用权证书，确认使用权。其中，中央国家机关使用的国有土地的登记发证，由国务院土地行政主管部门负责，具体登记发证办法由国务院土地行政主管部门会同国务院机关事务管理局等有关部门制定。

未确定使用权的国有土地，由县级以上人民政府登记造册，负责保护管理。

第六条　依法改变土地所有权、使用权的，因依法转让地上建筑物、构筑物等附着物导致土地使用权转移的，必须向土地所在地的县级以上人民政府土地行政主管部门提出土地变更登记申请，由原土地登记机关依法进行土地所有权、使用权变更登记。土地所有权、使用权的变更，自变更登记之日起生效。

依法改变土地用途的，必须持批准文件，向土地所在地的县级以上人民政府土地行政主管部门提出土地变更登记申请，由原土地登记机关依法进行变更登记。

第七条　依照《土地管理法》的有关规定，收回用地单位的土地使用权的，由原土地登记机关注销土地登记。

土地使用权有偿使用合同约定的使用期限届满，土地使用者未申请续期或者虽申请续期未获批准的，由原土地登记机关注销土地登记。

◆**《森林法实施条例》**

第三条　国家依法实行森林、林木和林地登记发证制度。依法登记的森林、林木和林地的所有权、使用权受法律保护，任何单位和个人不得侵犯。

森林、林木和林地的权属证书式样由国务院林业主管部门规定。

第四条　依法使用的国家所有的森林、林木和林地，按照下列规定登记：

（一）使用国务院确定的国家所有的重点林区（以下简称重点林区）的森林、林木和林地的单位，应当向国务院林业主管部门提出登记申请，由国务院林业主管部门登记造册，核发证书，确认森林、林木和林地使用权以及由使用者所有的林木所有权；

（二）使用国家所有的跨行政区域的森林、林木和林地的单位和个人，应当向共同的上一级人民政府林业主管部门提出登记申请，由该人民政府登记造册，核发证书，确认森林、林木和林地使用权以及由使用者所有的林木所有权；

（三）使用国家所有的其他森林、林木和林地的单位和个人，应当向县级以上地方人民政府林业主管部门提出登记申请，由县级以上地方人民政府登记造册，核发证书，确认森林、林木和林地使用权以及由使用者所有的林木所有权。

未确定使用权的国家所有的森林、林木和林地，由县级以上人民政府登记造册，负责保护管理。

第五条 集体所有的森林、林木和林地，由所有者向所在地的县级人民政府林业主管部门提出登记申请，由该县级人民政府登记造册，核发证书，确认所有权。

单位和个人所有的林木，由所有者向所在地的县级人民政府林业主管部门提出登记申请，由该县级人民政府登记造册，核发证书，确认林木所有权。

使用集体所有的森林、林木和林地的单位和个人，应当向所在地的县级人民政府林业主管部门提出登记申请，由该县级人民政府登记造册，核发证书，确认森林、林木和林地使用权。

第六条 改变森林、林木和林地所有权、使用权的，应当依法办理变更登记手续。

◆《不动产登记暂行条例实施细则》

第一条 为规范不动产登记行为，细化不动产统一登记制度，方便人民群众办理不动产登记，保护权利人合法权益，根据《不动产登记暂行条例》（以下简称《条例》），制定本实施细则。

第三条 不动产登记机构依照《条例》第七条第二款的规定，协商办理或者接受指定办理跨县级行政区域不动产登记的，应当在登记完毕后将不动产登记簿记载的不动产权利人以及不动产坐落、界址、面积、用途、权利类型等登记结果告知不动产所跨区域的其他不动产登记机构。

案例评议

陈爱华诉南京市江宁区住房和城乡建设局不履行房屋登记法定职责行政纠纷案①

◆ **裁判规则**

国家对不动产实行统一登记制度。统一登记的范围、登记机构和登记办法，由法律、行政法规规定。司法部、建设部《关于房产登记管理中加强公证的联

① 《最高人民法院公报》2014年第8期。

合通知》不属于法律、行政法规、地方性法规、规章的范畴，且与《物权法》《继承法》《房屋登记办法》等有关法律法规相抵触，不能成为房屋登记主管部门不履行房屋登记法定职责的依据。

◆ **评议**

行政机关行使行政权力时需要有法律赋予的权限，房屋登记主管部门履行房屋登记法定职责时必须符合法律规定，不能在规定之外任意限制或剥夺行政相对人的合法权利。本案房屋登记主管部门对涉案房屋不予办理房屋所有权转移登记的规范依据是司法部和建设部联合发布的政府性规范文件，该文件一是不属于法律、行政法规、地方性法规或规章的范畴，二是内容也违反了物权编第二百一十条，继承编第一千一百三十三条和第一千一百三十四条等规定，所以依此作出的具体行政行为违法，应撤销并正确履行涉案房屋所有权转移登记的法定职责。

第二百一十一条　【不动产登记的申请材料】

当事人申请登记，应当根据不同登记事项提供权属证明和不动产界址、面积等必要材料。

本条来源

《物权法》第十一条规定："当事人申请登记，应当根据不同登记事项提供权属证明和不动产界址、面积等必要材料。"本条延续了物权法关于不动产登记所需申请材料的规定。本条规定在实务操作层面较为模糊，其他不同登记类型的具体规定见《不动产登记暂行条例》和《不动产登记暂行条例实施细则》。

立法演变

物权编一审稿第七条规定："当事人申请登记，应当根据不同登记事项提供权属证明和不动产界址、面积等必要材料。"此后各稿延续一审稿的规定。

条文释义

申请是不动产登记程序的启动机制。① 本条是关于当事人申请登记应当提交相关材料的规定，提交的材料主要分为关于申请登记物权的权属证明和关于不动产的具体信息两类材料。

关于权属证明，即证明申请人所申请物权的真实性、合法性的资料，又根据申请事项的不同有所区别。通过合同方式设立、变更、转让或消灭不动产物权的，需要提供的权属证明材料就是导致该不动产物权设立、变更、转让或消灭的原因行为，如不动产抵押合同、房地产买卖合同、建设用地使用权出让合同和农村土地承包经营合同等。如果是通过法院或仲裁机构的生效法律文书发生物权的设立、变更、转让和消灭的，提供的权属证明即为法院或仲裁机构的生效法律文书。通过建设、拆除等方式设立或消灭不动产物权的，一般应提供相关部门的建设批准文书等资料。除了上述资料外，申请人还需根据登记机构的具体要求提供资料。

关于不动产界址、面积等材料，该类材料是关于不动产特有的具体信息的证明资料，也是不动产物权登记的重要内容，必须由申请人提供相关的证明资料予以证明，同时申请人需为所申请登记物权事项内容的真实性、客观性负责。如申请房屋所有权登记的，一般要提供该房屋的具体位置信息、所在小区名称、具体的楼号和门牌号、建筑面积、房屋构造等相关材料。

法条关联

◆《不动产登记暂行条例》

第十四条 因买卖、设定抵押权等申请不动产登记的，应当由当事人双方共同申请。

属于下列情形之一的，可以由当事人单方申请：

（一）尚未登记的不动产首次申请登记的；

（二）继承、接受遗赠取得不动产权利的；

① 彭建新：《“双方申请原则”之下的不动产登记制度构建——以债权形式主义下的履行抗辩与利益平衡为中心》，载《政治与法律》2013年第4期，第79页。

（三）人民法院、仲裁委员会生效的法律文书或者人民政府生效的决定等设立、变更、转让、消灭不动产权利的；

（四）权利人姓名、名称或者自然状况发生变化，申请变更登记的；

（五）不动产灭失或者权利人放弃不动产权利，申请注销登记的；

（六）申请更正登记或者异议登记的；

（七）法律、行政法规规定可以由当事人单方申请的其他情形。

第十五条　当事人或者其代理人应当向不动产登记机构申请不动产登记。

不动产登记机构将申请登记事项记载于不动产登记簿前，申请人可以撤回登记申请。

第十六条　申请人应当提交下列材料，并对申请材料的真实性负责：

（一）登记申请书；

（二）申请人、代理人身份证明材料、授权委托书；

（三）相关的不动产权属来源证明材料、登记原因证明文件、不动产权属证书；

（四）不动产界址、空间界限、面积等材料；

（五）与他人利害关系的说明材料；

（六）法律、行政法规以及本条例实施细则规定的其他材料。

不动产登记机构应当在办公场所和门户网站公开申请登记所需材料目录和示范文本等信息。

第二十条　不动产登记机构应当自受理登记申请之日起30个工作日内办结不动产登记手续，法律另有规定的除外。

◆**《不动产登记暂行条例实施细则》**

第二条　不动产登记应当依照当事人的申请进行，但法律、行政法规以及本实施细则另有规定的除外。

房屋等建筑物、构筑物和森林、林木等定着物应当与其所依附的土地、海域一并登记，保持权利主体一致。

第九条　申请不动产登记的，申请人应当填写登记申请书，并提交身份证明以及相关申请材料。

申请材料应当提供原件。因特殊情况不能提供原件的，可以提供复印件，复印件应当与原件保持一致。

第十条　处分共有不动产申请登记的，应当经占份额三分之二以上的按份共有人或者全体共同共有人共同申请，但共有人另有约定的除外。

按份共有人转让其享有的不动产份额，应当与受让人共同申请转移登记。

建筑区划内依法属于全体业主共有的不动产申请登记，依照本实施细则第三十六条的规定办理。

第十一条 无民事行为能力人、限制民事行为能力人申请不动产登记的，应当由其监护人代为申请。

监护人代为申请登记的，应当提供监护人与被监护人的身份证或者户口簿、有关监护关系等材料；因处分不动产而申请登记的，还应当提供为被监护人利益的书面保证。

父母之外的监护人处分未成年人不动产的，有关监护关系材料可以是人民法院指定监护的法律文书、经过公证的对被监护人享有监护权的材料或者其他材料。

第十二条 当事人可以委托他人代为申请不动产登记。

代理申请不动产登记的，代理人应当向不动产登记机构提供被代理人签字或者盖章的授权委托书。

自然人处分不动产，委托代理人申请登记的，应当与代理人共同到不动产登记机构现场签订授权委托书，但授权委托书经公证的除外。

境外申请人委托他人办理处分不动产登记的，其授权委托书应当按照国家有关规定办理认证或者公证。

第十三条 申请登记的事项记载于不动产登记簿前，全体申请人提出撤回登记申请的，登记机构应当将登记申请书以及相关材料退还申请人。

第十四条 因继承、受遗赠取得不动产，当事人申请登记的，应当提交死亡证明材料、遗嘱或者全部法定继承人关于不动产分配的协议以及与被继承人的亲属关系材料等，也可以提交经公证的材料或者生效的法律文书。

案例评议

李某等与北京市规划和自然资源委员会房屋登记行政纠纷案①

◆ **裁判规则**

原市规土委作为办理涉案房屋登记时本市房产行政主管部门，对辖区内房

① 北京市朝阳区人民法院（2019）京0105行初267号一审行政判决书。

屋行政登记申请依法具有受理、审查并作出登记等行政职权，在收到完备的申请材料基础上，对相关材料进行查验后予以受理，经审核后认为申请符合登记条件，最终颁发了涉案《不动产权证书》，尽到了行政登记中合理审慎的审查职责。但当事人申请转移登记时所提交的相应申请材料存在不真实的情况，故被诉房屋所有权转移登记行为合法性的基础存在缺失，应当予以撤销。虽然涉案房屋所有权转移登记应予撤销，但本判决效力不自然及于涉案房屋抵押登记行为的合法性，本次裁判并不当然影响抵押登记行为的效力，亦不当然影响涉案房屋上已存在的查封等权利限制措施的效力。

◆ 评议

本案被诉的行政行为是房屋所有权转移登记。根据当时有效的《物权法》和《不动产登记暂行条例实施细则》的相关规定，当事人在申请对涉案房屋进行所有权转移登记时提交了相应的法定材料，原市规土委在审查申请材料的完备性后作出的行政登记并无不当。该审判结果表明法院倾向于认为我国登记机构采取的审查模式应是形式审查。这是一个理论上颇具争议的问题，概括来说存在四种观点：形式审查模式、实质审查模式、区分审查模式、形式审查为主实质审查为辅模式。依据现行物权法律规范和我国登记实践看，不动产登记机构更应采取的是形式审查为主实质审查为辅模式。这一判断的依据之一在于物权编第二百一十二条，该条对不动产登记机构职责的规定模式与我国不动产登记生效主义相匹配，所以审查模式上更倾向于实质性审查，即对登记机构行使职权要求较高，要求其在登记不动产时调查核实的内容比较多，最大化保证登记的真实性和准确性，以提高登记的公信力。但从我国登记实践看，实质审查所带来的对登记工作人员素质的高要求、审查难度的提升、登记成本的提高等问题，都是未来我们亟须提升的空间。换言之，在不动产登记时登记机构应该在现有条件下最大限度保证登记簿内容的真实性，履行兼顾安全和效率的登记职责，承担比形式审查标准更高一点的责任，这是当前较为符合我国国情的登记审查模式。

第二百一十二条 【不动产登记机构的职责】

登记机构应当履行下列职责：

（一）查验申请人提供的权属证明和其他必要材料；

（二）就有关登记事项询问申请人；

（三）如实、及时登记有关事项；

（四）法律、行政法规规定的其他职责。

申请登记的不动产的有关情况需要进一步证明的，登记机构可以要求申请人补充材料，必要时可以实地查看。

本条来源

《物权法》第十二条规定："登记机构应当履行下列职责：（一）查验申请人提供的权属证明和其他必要材料；（二）就有关登记事项询问申请人；（三）如实、及时登记有关事项；（四）法律、行政法规规定的其他职责。申请登记的不动产的有关情况需要进一步证明的，登记机构可以要求申请人补充材料，必要时可以实地查看。"本条延续了该规定，同时《不动产登记暂行条例》和《不动产登记暂行条例实施细则》也有对本条的细化规定。

立法演变

物权编一审稿第八条规定："登记机构应当履行下列职责：（一）查验申请人提供的权属证明和其他必要材料；（二）就有关登记事项询问申请人；（三）如实、及时登记有关事项；（四）法律、行政法规规定的其他职责。申请登记的不动产的有关情况需要进一步证明的，登记机构可以要求申请人补充材料，必要时可以实地查看。"此后各稿延续一审稿的规定。

条文释义

本条是关于不动产登记机构职责的规定，包括审查义务和登记义务等。所谓审查义务，是指登记机构在审查申请人有关的物权登记申请中，所承担的一种法定义务。一直以来，关于登记机构的审查应当是形式审查还是实质审查的争议不曾间断过。所谓实质审查，是指登记机关应就登记申请人所提供的登记申请材料的真实性、合法性负担实质调查和验收的义务，对物权的存在以及物权的类型和形成过程进行全面的核实。① 而所谓形式审查，是指登记机关仅就登记申请人所提交的登记申请材料进行形式上的比对，至于物权的变动过程与登记之状态是否相符，登记机关不负调查职责。② 本条采取了列举的方法对登记机构的审查义务进行规定，并在最后明确“法律、行政法规规定的其他职责”，这种立法技术体现了我国既未完全采取形式审查，也未完全偏向于实质审查，而是采取了折中的做法，建立了以形式审查为主、实质审查为辅的审查制度体系。具体来说，登记机构的职责主要包含以下几个方面：

一、查验申请人提交的必要材料

查验，即对申请人提交的材料进行检查、验收。登记机构除了检查申请人提交的材料是否符合形式要求外，还应当对申请人所提交材料的真实性在“力所能及”的范围内进行核查，如核查不动产权属登记证书的真实性，是否系伪造的，这是因为不动产权属登记证书本身就是由登记机构作出的，其具有核查真伪的能力与职责，以防止申请人伪造材料而导致登记错误。而对于法律关系的合法性，即法律价值的判断，无需登记机构进行审查，这应当是司法审查的范围。

二、就有关登记事项询问申请人

本条首先明确了询问的范围，即有关登记事项，登记机构不得就无关的事项进行询问；其次明确了询问的对象，即申请人，而不能是第三人。

本条规定的询问既是登记机构的权力，又是登记机构的义务。登记机构作为国家行政机关，不论在权力的行使中还是义务的履行中，都应当遵循“法无授权皆禁止、法定义务须履行”的原则。

三、如实、及时地登记有关事项

如实是指准确、客观地登记相关事项，不得出现错误。及时是指迅捷地记载不动产的相关事项。不动产的登记直接关系到不动产物权变动的时间节点，

---

① 参见朱岩：《形式审查抑或实质审查——论不动产登记机关的审查义务》，载《法学杂志》2006 年第 6 期，第 106 页。

② 参见高圣平：《动产担保交易制度比较研究》，中国人民大学出版社 2008 年版，第 322 页。

登记机构如无故拖延登记时间，则视为登记机构没有尽到合理的登记义务。

四、必要时实地查看

一些不动产由于历史因素或者现实因素，必要时需要登记机构现场查看，以确认登记事项的真实性、客观性。这既是登记机构的一项权力，即查看现场、确认真伪的权力，同时也是登记机构的一项义务，如有必要查看现场时登记机构怠于履行该义务，导致登记事项错误的，则视为登记机构未尽到审查义务，存在一定的过错。

五、法律、行政法规规定的其他职责

这一规定更多地体现了科学立法技术，为本条未规定之处留有余地，留由将来其他的法律法规进行细化。

法条关联

◆ **《不动产登记暂行条例》**

第十七条 不动产登记机构收到不动产登记申请材料，应当分别按照下列情况办理：

（一）属于登记职责范围，申请材料齐全、符合法定形式，或者申请人按照要求提交全部补正申请材料的，应当受理并书面告知申请人；

（二）申请材料存在可以当场更正的错误的，应当告知申请人当场更正，申请人当场更正后，应当受理并书面告知申请人；

（三）申请材料不齐全或者不符合法定形式的，应当当场书面告知申请人不予受理并一次性告知需要补正的全部内容；

（四）申请登记的不动产不属于本机构登记范围的，应当当场书面告知申请人不予受理并告知申请人向有登记权的机构申请。

不动产登记机构未当场书面告知申请人不予受理的，视为受理。

第十八条 不动产登记机构受理不动产登记申请的，应当按照下列要求进行查验：

（一）不动产界址、空间界限、面积等材料与申请登记的不动产状况是否一致；

（二）有关证明材料、文件与申请登记的内容是否一致；

（三）登记申请是否违反法律、行政法规规定。

第十九条　属于下列情形之一的，不动产登记机构可以对申请登记的不动产进行实地查看：

（一）房屋等建筑物、构筑物所有权首次登记；

（二）在建建筑物抵押权登记；

（三）因不动产灭失导致的注销登记；

（四）不动产登记机构认为需要实地查看的其他情形。

对可能存在权属争议，或者可能涉及他人利害关系的登记申请，不动产登记机构可以向申请人、利害关系人或者有关单位进行调查。

不动产登记机构进行实地查看或者调查时，申请人、被调查人应当予以配合。

◆《不动产登记暂行条例实施细则》

第十五条　不动产登记机构受理不动产登记申请后，还应当对下列内容进行查验：

（一）申请人、委托代理人身份证明材料以及授权委托书与申请主体是否一致；

（二）权属来源材料或者登记原因文件与申请登记的内容是否一致；

（三）不动产界址、空间界限、面积等权籍调查成果是否完备，权属是否清楚、界址是否清晰、面积是否准确；

（四）法律、行政法规规定的完税或者缴费凭证是否齐全。

第十六条　不动产登记机构进行实地查看，重点查看下列情况：

（一）房屋等建筑物、构筑物所有权首次登记，查看房屋坐落及其建造完成等情况；

（二）在建建筑物抵押权登记，查看抵押的在建建筑物坐落及其建造等情况；

（三）因不动产灭失导致的注销登记，查看不动产灭失等情况。

第十七条　有下列情形之一的，不动产登记机构应当在登记事项记载于登记簿前进行公告，但涉及国家秘密的除外：

（一）政府组织的集体土地所有权登记；

（二）宅基地使用权及房屋所有权，集体建设用地使用权及建筑物、构筑物所有权，土地承包经营权等不动产权利的首次登记；

（三）依职权更正登记；

（四）依职权注销登记；

（五）法律、行政法规规定的其他情形。

公告应当在不动产登记机构门户网站以及不动产所在地等指定场所进行，公告期不少于15个工作日。公告所需时间不计算在登记办理期限内。公告期满无异议或者异议不成立的，应当及时记载于不动产登记簿。

第十八条 不动产登记公告的主要内容包括：

（一）拟予登记的不动产权利人的姓名或者名称；

（二）拟予登记的不动产坐落、面积、用途、权利类型等；

（三）提出异议的期限、方式和受理机构；

（四）需要公告的其他事项。

第十九条 当事人可以持人民法院、仲裁委员会的生效法律文书或者人民政府的生效决定单方申请不动产登记。

有下列情形之一的，不动产登记机构直接办理不动产登记：

（一）人民法院持生效法律文书和协助执行通知书要求不动产登记机构办理登记的；

（二）人民检察院、公安机关依据法律规定持协助查封通知书要求办理查封登记的；

（三）人民政府依法做出征收或者收回不动产权利决定生效后，要求不动产登记机构办理注销登记的；

（四）法律、行政法规规定的其他情形。

不动产登记机构认为登记事项存在异议的，应当依法向有关机关提出审查建议。

案例评议

刘某某与北京市规划和国土资源管理委员会行政纠纷案[①]

◆ 裁判规则

依据《物权法》和《房屋登记办法》的规定，第三人在申请对×××号房

① 北京市房山区人民法院（2018）京0111行初206号一审行政判决书。

屋进行抵押权设立登记时提交了法定材料，房屋登记机关在收到完备的申请材料的基础上，对相关材料进行查验后予以受理，并就相关事项对第三人进行了询问，所以被告市规自委在职责范围内尽到了审慎审查的义务，但被诉房屋所有权转移登记行为的合法性基础存在缺失，故被依法撤销。而权属证书未被依法撤销之前，其作为抵押登记的要件之一对外具有法律效力，涉诉的抵押登记系基于对该房屋登记公信力的信赖基础而作出的。抵押权系设立在所有权之外受法律保护的他物权，抵押权因被担保债权的成立而成立，亦因被担保债权的消灭而消灭。因此房屋所有权证被撤销的法律效果并不当然及于该抵押权的效力，第三人因其善意与有偿依法取得抵押权。

◆ **评议**

当事人平等协商后达成抵押协议并且有效办理抵押登记时，被诉房屋所有权证尚未被撤销，根据不动产权属登记的权利推定效力和公示公信原则，当事人依据正当程序获得案涉房屋抵押权。其后房屋所有权证被依法撤销，但并不因此得以否认此前善意取得抵押权的抵押权人之权利。

第二百一十三条 【不动产登记机构不得从事的行为】

登记机构不得有下列行为：

（一）要求对不动产进行评估；

（二）以年检等名义进行重复登记；

（三）超出登记职责范围的其他行为。

本条来源

《物权法》第十三条规定："登记机构不得有下列行为：（一）要求对不动产进行评估；（二）以年检等名义进行重复登记；（三）超出登记职责范围的其他行为。"本条延续了该规定，为认定不动产登记机构的禁止性行为提供了法律依据。

立法演变

物权编一审稿第九条规定："登记机构不得有下列行为：（一）要求对不动产进行评估；（二）以年检等名义进行重复登记；（三）超出登记职责范围的其他行为。"此后各稿延续一审稿的规定。

条文释义

本条是关于登记机构在登记中禁止实施的行为的规定。《民法典》第二百一十二条明确了登记机构的相关职责，本条又规定了其禁止性行为，体现了作为行政机关的登记机构在其履行法定职责时应当遵守"法无授权皆禁止"的原则，不得任意作为。本条规定也是对登记实践中存在问题的立法回应，一些登记机构在履职履责时态度不端、以权谋私等。本条以不完全列举形式约束登记机构的不法行为，要求其不得对不动产进行评估、不得以年检等名义重复登记不动产，同时以兜底性条款防止登记机构钻法律空子，从而保护申请人的正当权益。

法条关联

◆ **《资产评估法》**

第二条　本法所称资产评估（以下称评估），是指评估机构及其评估专业人员根据委托对不动产、动产、无形资产、企业价值、资产损失或者其他经济权益进行评定、估算，并出具评估报告的专业服务行为。

第三条　自然人、法人或者其他组织需要确定评估对象价值的，可以自愿委托评估机构评估。

涉及国有资产或者公共利益等事项，法律、行政法规规定需要评估的（以下称法定评估），应当依法委托评估机构评估。

第二十二条　委托人有权自主选择符合本法规定的评估机构，任何组织或者个人不得非法限制或者干预。

评估事项涉及两个以上当事人的，由全体当事人协商委托评估机构。

委托开展法定评估业务，应当依法选择评估机构。

第二百一十四条 【登记效力】

不动产物权的设立、变更、转让和消灭，依照法律规定应当登记的，自记载于不动产登记簿时发生效力。

本条来源

《物权法》第十四条规定："不动产物权的设立、变更、转让和消灭，依照法律规定应当登记的，自记载于不动产登记簿时发生效力。"本条延续了该规定。此外，《不动产登记暂行条例》第二十一条进一步明确指出，登记事项自记载于不动产登记簿时完成登记。

立法演变

物权编一审稿第十条规定："不动产物权的设立、变更、转让和消灭，依照法律规定应当登记的，自记载于不动产登记簿时发生效力。"此后各稿延续一审稿的规定。

条文释义

本条是关于依法需要登记的不动产物权变动之生效时间的规定。根据本条的规定，依法需要登记的不动产物权变动，物权变动登记于不动产登记簿的时间是该物权变动生效的时间。

关于不动产物权变动发生效力的时间一直以来存有三种争议，一是不动产登记申请日，二是记载于不动产登记簿之日，三是发放权属证书的日期。

关于以不动产登记申请日为生效时间的说法。赞成该种说法的人主要理由是登记相较于申请具有滞后性，应当以申请人的申请时间为不动产物权变动生效时间，申请人向登记机构申请登记事项，意思表示已经作出，应以登记机构收到该意思表示即申请日为准，从时间节点上更加契合申请人主观上使得物权发生变动的预期。

关于以发放不动产权属证书的日期作为生效时间的说法。赞成该种说法的人持有较为"保守"的心态，认为发放不动产权属证书是一个客观事实，将物权的变动状态固定于一种事实状态，有利于减少争议性。但是由于发放权属证书需要一定的时间，对这段时间第三人的利益保护不利，所以该观点有比较大的局限性。

本条采纳了以记载于不动产登记簿之日作为生效时间的观点。这一规定主要是因为不动产登记簿有其明显特征，包括统一的登记区域内有统一的不动产登记簿，加之行政行为的强制力担保了不动产登记簿的权威性，而且不动产登记簿具有公开性，所以只有记载于不动产登记簿的不动产物权变动，才形成公示和排他的效力。所谓记载，必须是记入登记簿，仅仅申请还不能认为构成登记，也即权利人或利害关系人可以通过查阅登记簿获得相应的物权变动信息。这种做法对于申请人的保护不一定有利，因为申请人的申请时间更早，但是这种方式对于保护交易安全是十分有利的。如果发现没有权利记载的内容，就不能认为完成了登记，可以终止交易。同时本条的做法也更加契合物权的公示原则。类似规定也可见于诸多域外立法例中，例如瑞士民法典、德国民法典都体现了物权变动自登记于不动产登记簿始得成立的基本原则。

法条关联

◆《不动产登记暂行条例》

第二十一条 登记事项自记载于不动产登记簿时完成登记。

不动产登记机构完成登记，应当依法向申请人核发不动产权属证书或者登记证明。

◆《土地管理法实施条例》

第六条 依法改变土地所有权、使用权的，因依法转让地上建筑物、构筑物等附着物导致土地使用权转移的，必须向土地所在地的县级以上人民政府土地行政主管部门提出土地变更登记申请，由原土地登记机关依法进行土地所有权、使用权变更登记。土地所有权、使用权的变更，自变更登记之日起生效。

依法改变土地用途的，必须持批准文件，向土地所在地的县级以上人民政府土地行政主管部门提出土地变更登记申请，由原土地登记机关依法进行变更登记。

案例评议

四川省聚丰房地产开发有限责任公司与达州广播电视大学合资、合作开发房地产合同纠纷案①

◆ **裁判规则**

根据《物权法》的规定，不动产物权应当依不动产登记簿的内容确定，不动产权属证书只是权利人享有该不动产物权的证明。行政机关注销国有土地使用证但并未注销土地登记的，国有土地的使用权人仍然是土地登记档案中记载的权利人。国有土地使用权转让法律关系中的转让人以国有土地使用证被注销、其不再享有土地使用权为由主张解除合同的，人民法院不应支持。

◆ **评议**

不动产物权的权利人资格认定以不动产登记簿的登记为准，而非不动产权属证书，后者只是权利人享有相应不动产物权的外在证明。当不动产物权发生变动，而权属证书和登记簿未同步改变时，以不动产登记簿记载的内容为准，以此判断相应不动产物权的权利人。本案中国有土地使用证注销后没有同步注销土地登记，即未改变涉案土地的权属情况，所以土地登记档案中记载的权利人依旧是相应国有土地的使用权人，权利人不能以国有土地使用证被注销为由否认其享有相应的土地使用权。

第二百一十五条　【合同效力与物权效力的区分】

当事人之间订立有关设立、变更、转让和消灭不动产物权的合同，除法律另有规定或者当事人另有约定外，自合同成立时生效；未办理物权登记的，不影响合同效力。

本条来源

《物权法》第十五条规定："当事人之间订立有关设立、变更、转让和消灭

① 《最高人民法院公报》2014年第10期。

不动产物权的合同，除法律另有规定或者合同另有约定外，自合同成立时生效；未办理物权登记的，不影响合同效力。”同时，《合同法》第四十四条规定：“依法成立的合同，自成立时生效。法律、行政法规规定应当办理批准、登记等手续生效的，依照其规定。”二者都对不动产物权变动的合同效力问题作出了规定。本条在《物权法》第十五条的基础上将“合同另有约定外”改为“当事人另有约定外”，合同只是当事人合意的一种体现，并非唯一体现，所以这一修改更体现了物权法律规范充分尊重当事人意思自治的立法精神。同时这种表达方式也与物权、合同等领域的其他法律规范更加一致。

立法演变

物权编一审稿第十一条规定：“当事人之间订立有关设立、变更、转让和消灭不动产物权的合同，除法律另有规定或者合同另有约定外，自合同成立时生效；未办理物权登记的，不影响合同效力。”二审稿将一审稿的“合同另有约定外”修改为“当事人另有约定外”，此后各稿延续了二审稿的规定。

条文释义

本条是关于对不动产物权变动的原因与结果进行区分的规定，又称为物权的区分原则。民法典物权编规定了不动产的登记是不动产物权变动的必要要件，为了区分登记前、后的“权利”之性质，即使没有必要承认债权行为以及物权行为，但由于这两个概念在今后的条文解释中具有诸多的现实意义，所以至少应该对债权、物权的概念以及各自所具有的效力尽量明确，[①] 这是我国确定区分原则的出发点。所谓区分原则，是指在依据法律行为发生物权变动时，物权变动的原因与物权变动的结果作为两个法律事实，这两个法律事实的成立和生效依据不同的法律根据的原则。

将不动产物权变动的原因和结果进行区分是由债权和物权的性质不同所决定的。以最为典型的商品房买卖来进行举例：买卖双方就买卖标的商品房达成一致的意思表示所签订的《商品房买卖合同》就是不动产物权变动的原因，双

① 朱晔：《物权法中的“区分原则”与自由竞争原理》，载《浙江社会科学》2007 年第 4 期，第 117 页。

方之间建立债权债务关系；合同生效以后，买方依约支付价款，卖方依约将房屋过户至买方名下，是双方在此宗交易中积极追求的结果。然而，物权变动的原因即商品房买卖合同的成立、生效所依据的是合同相关的法律规定，而物权变动的结果则依据的是物权变动的相关规则。这两个法律事实的性质不同既是区分原则适用的原因，也是如何进行区分的依据。

要全面地理解和运用区分原则，必须注意以下几点内容：

一、物权变动原因行为的生效不产生物权变动的结果

继续以上述商品房买卖为例，买卖双方签订的《商品房买卖合同》自成立时生效，然而订立合同并保证合同有效并不是买卖双方所追求的交易目的，而是双方所积极追求结果的履行依据。易言之，签订合同的行为和履行合同的行为属于两个法律事实，第一个法律事实构成物权变动的原因，积极地履行合同，才能达到物权变动的结果。因此物权变动的原因只为物权变动结果提供依据，二者非等同关系。

二、物权变动必须符合法律规定的公示要件

一般情况下，公示方式是不动产登记与动产交付，但是法律有其他规定，当事人的物权变动符合其他法律规定的公示方式的，也应当予以许可。例如房屋买卖中当事人订立合同之后出卖人在登记过户之前将标的房屋实际交付给买受人的情形，当事人订立合同以后将该合同予以公证的情形，出卖人在登记之前将自己的房屋权属证书交付给对方的情形等，这些情形足以认定当事人的处分行为，物权的变动可以成立。①

三、保护非违约当事人的请求权

根据物权的区分原则，即便没有发生物权变动时，物权变动的原因行为依然是有效的。例如在一物二卖的场合下，违约方当事人拒绝履行合同义务，在适用区分原则的情景下，守约方当事人可以依据生效的合同要求对方继续履行，在物权不能变动时，保障了非违约方当事人的请求权。即便违约方继续履行，守约方依然可以要求违约方承担违约责任以补偿己方损失。

---

① 根据2008年《最高人民法院关于审理建筑物区分所有权纠纷案件具体应用法律若干问题的解释》第一条，对于业主（建筑物区分所有权人）的身份认定，并不仅仅限于不动产登记，其他具有公示性质的行为，也可以作为所有权的证明。

区分原则的构建有利于鼓励诚信市场的形成，如果对物权变动的结果与原因不进行区分，在未取得物权变动时，原因行为也无效，对交易双方的当事人毫无约束力，也会潜在地纵容当事人违约，不去履行义务达到物权变动的结果，不利于社会主义市场经济的完善。

法条关联

◆《民法典》

第五百零二条 依法成立的合同，自成立时生效，但是法律另有规定或者当事人另有约定的除外。

依照法律、行政法规的规定，合同应当办理批准等手续的，依照其规定。未办理批准等手续影响合同生效的，不影响合同中履行报批等义务条款以及相关条款的效力。应当办理申请批准等手续的当事人未履行义务的，对方可以请求其承担违反该义务的责任。

依照法律、行政法规的规定，合同的变更、转让、解除等情形应当办理批准等手续的，适用前款规定。

◆《最高人民法院关于审理涉及国有土地使用权合同纠纷案件适用法律问题的解释》

第八条 土地使用权人作为转让方与受让方订立土地使用权转让合同后，当事人一方以双方之间未办理土地使用权变更登记手续为由，请求确认合同无效的，不予支持。

案例评议

丁福如与石磊房屋买卖合同纠纷案①

◆ **裁判规则**

房屋行政主管部门对未经审批而改建、重建的房屋，可因现实状况与不动产登记簿记载的权利状况不一致，将其认定为附有违法建筑并结构相连的房屋而限制交易。如何认定这类房屋买卖合同的效力，实践中存在分歧。善意买受

① 《最高人民法院公报》2012年第10期。

人根据不动产登记的公示公信原则，确信登记的权利状态与现实状态相一致，此信赖利益应予保护；根据区分原则，房屋因附有违法建筑而无法过户属合同履行范畴，不应影响合同效力。因此，这类合同如不具备《合同法》第五十二条的无效情形，应当认定有效。出卖人负有将房屋恢复至原登记的权利状态并消除行政限制的义务。在买受人同意按现状交付并自愿承担恢复原状义务的情况下，出卖人应按诚实信用原则将房屋交付买受人，并于买受人将房屋恢复原状、消除行政限制后协助完成过户手续。

◆ **评议**

当买卖合同涉及违法建筑，而且该违法建筑的不动产登记权利状态与现实的权利状态不一致时，该买卖合同仍旧有效。因为买卖合同的效力与出卖人的无权处分行为的效力并不相关，根据不动产登记的公示公信原则，买受人是善意地与出卖人订立该买卖合同，则该负担行为有效。换言之，违法建筑的违法性并不能直接导致买卖合同的无效性，根据物权的区分原则，违法建筑无法进行初始登记造成产权过户登记无法办理的，也不会影响买卖合同的有效性。

第二百一十六条 【不动产登记簿的推定效力】

不动产登记簿是物权归属和内容的根据。

不动产登记簿由登记机构管理。

本条来源

《物权法》第十六条规定："不动产登记簿是物权归属和内容的根据。不动产登记簿由登记机构管理。"本条延续了该规定。此外，《不动产登记暂行条例》第八条也对不动产登记簿应当记载的事项进行了明确。

立法演变

物权编一审稿第十二条规定："不动产登记簿是物权归属和内容的根据。不动产登记簿由登记机构管理。"此后各稿延续一审稿的规定。

条文释义

本条是关于不动产登记簿的规定。本条赋予了不动产登记簿特殊的法律地位，即作为不动产物权的归属和内容的根据。不动产登记簿记载的权利本应与不动产事实权利相一致，但由于现实情况错综复杂，或因为登记机构未恰当履行职责，或因为申请人隐瞒了真实情况，或因为自然原因等，可能导致二者呈现不相符的权利状态，所以催生本条以解决不动产登记的实践问题。

首先，不动产登记簿是记载物权内容和物权变动的重要凭证，是权利人的证明文件。当不动产权属发生争议时，以不动产登记簿所确认的权利人为准。不动产登记簿也是确认不动产物权变动时间的有效根据。其次，不动产登记簿具有法律推定的效力。不动产登记簿推定力作为一种权利推定，其本质上只是对证明责任的分配。也就是说，法律对不动产登记簿推定力的规定只是一种证明责任或举证负担的规范而已，与实体权利的归属无关。① 该种推定力把对实体权利不存在或登记簿有错误的证明责任分配给了异议人。如果异议人不能有效证明登记簿内容存在错误，则视为登记簿推定的内容一直为真。再次，不动产登记簿具有公信力。不动产登记簿的公信力表现为，不动产交易的相对方对于不动产登记簿上记载的内容予以信赖，而不管所交易的不动产物权的实际情况如何，法律始终按照登记簿上登记的情况进行保护。登记簿之所以具有公信力，是因为登记簿由国家依法设置的登记机构管理，是国家公权力对私权的一种确认，即使在登记错误的情况下，无论是法律还是公权力层面都会保护善意信赖登记簿而进行交易的相对人的合法权益。最后，不动产登记簿便于国家对不动产的监督和管理，也便于与司法实践相统一，在发生损害赔偿纠纷时，以登记簿记载的物权变动时间为准来确定责任归属。

法条关联

◆《不动产登记暂行条例》

第八条 不动产以不动产单元为基本单位进行登记。不动产单元具有唯一

① 参见 Hans－Armin Weirich，Grundstuecksrecht，C. H. Beck，2006，Rn. 702；Hans Josef Wieling，Sachenrecht，5 Aufl.，Springer，2007，S. 294.

编码。

不动产登记机构应当按照国务院国土资源主管部门的规定设立统一的不动产登记簿。

不动产登记簿应当记载以下事项：

（一）不动产的坐落、界址、空间界限、面积、用途等自然状况；

（二）不动产权利的主体、类型、内容、来源、期限、权利变化等权属状况；

（三）涉及不动产权利限制、提示的事项；

（四）其他相关事项。

第九条 不动产登记簿应当采用电子介质，暂不具备条件的，可以采用纸质介质。不动产登记机构应当明确不动产登记簿唯一、合法的介质形式。

不动产登记簿采用电子介质的，应当定期进行异地备份，并具有唯一、确定的纸质转化形式。

第十条 不动产登记机构应当依法将各类登记事项准确、完整、清晰地记载于不动产登记簿。任何人不得损毁不动产登记簿，除依法予以更正外不得修改登记事项。

第十一条 不动产登记工作人员应当具备与不动产登记工作相适应的专业知识和业务能力。

不动产登记机构应当加强对不动产登记工作人员的管理和专业技术培训。

第十二条 不动产登记机构应当指定专人负责不动产登记簿的保管，并建立健全相应的安全责任制度。

采用纸质介质不动产登记簿的，应当配备必要的防盗、防火、防渍、防有害生物等安全保护设施。

采用电子介质不动产登记簿的，应当配备专门的存储设施，并采取信息网络安全防护措施。

第十三条 不动产登记簿由不动产登记机构永久保存。不动产登记簿损毁、灭失的，不动产登记机构应当依据原有登记资料予以重建。

行政区域变更或者不动产登记机构职能调整的，应当及时将不动产登记簿移交相应的不动产登记机构。

◆《最高人民法院关于人民法院办理执行异议和复议案件若干问题的规定》

第二十五条 对案外人的异议，人民法院应当按照下列标准判断其是否系权利人：

（一）已登记的不动产，按照不动产登记簿判断；未登记的建筑物、构筑物及其附属设施，按照土地使用权登记簿、建设工程规划许可、施工许可等相关证据判断；

（二）已登记的机动车、船舶、航空器等特定动产，按照相关管理部门的登记判断；未登记的特定动产和其他动产，按照实际占有情况判断；

（三）银行存款和存管在金融机构的有价证券，按照金融机构和登记结算机构登记的账户名称判断；有价证券由具备合法经营资质的托管机构名义持有的，按照该机构登记的实际投资人账户名称判断；

（四）股权按照工商行政管理机关的登记和企业信用信息公示系统公示的信息判断；

（五）其他财产和权利，有登记的，按照登记机构的登记判断；无登记的，按照合同等证明财产权属或者权利人的证据判断。

案外人依据另案生效法律文书提出排除执行异议，该法律文书认定的执行标的权利人与依照前款规定得出的判断不一致的，依照本规定第二十六条规定处理。

◆《最高人民法院关于审理房屋登记案件若干问题的规定》

第三条 公民、法人或者其他组织对房屋登记行为不服提起行政诉讼的，不受下列情形的影响：

（一）房屋灭失；

（二）房屋登记行为已被登记机构改变；

（三）生效法律文书将房屋权属证书、房屋登记簿或者房屋登记证明作为定案证据采用。

第二百一十七条 【不动产权属证书】

不动产权属证书是权利人享有该不动产物权的证明。不动产权属证书记载的事项，应当与不动产登记簿一致；记载不一致的，除有证据证明不动产登记簿确有错误外，以不动产登记簿为准。

本条来源

《物权法》第十七条规定："不动产权属证书是权利人享有该不动产物权的证明。不动产权属证书记载的事项，应当与不动产登记簿一致；记载不一致的，除有证据证明不动产登记簿确有错误外，以不动产登记簿为准。"本条延续了该规定。此外，《不动产登记暂行条例实施细则》第二十二条针对不动产权属证书污损、破损、遗失和灭失情况下权利人的救济进行了明确的规定。

立法演变

物权编一审稿第十三条规定："不动产权属证书是权利人享有该不动产物权的证明。不动产权属证书记载的事项，应当与不动产登记簿一致；记载不一致的，除有证据证明不动产登记簿确有错误外，以不动产登记簿为准。"此后各稿延续了一审稿的规定。

条文释义

本条是关于不动产权属证书的规定。不动产权属证书是不动产登记机关颁发给物权权利人作为其享有权利的证明文书，其具有一定的证据资格。根据我国物权法体系下的公示原则，不动产物权公示的要求是进行不动产登记，不动产物权的认定依据依然是行政登记机关所管理的不动产登记簿。不动产权属证书是不动产登记簿的外在书面形式，当事人交易时出示权属证书以示其权利状况。不动产登记簿和不动产权属证书均有诉讼中的证据资格，但不动产登记簿的证明能力高于不动产权属证书，当不动产登记簿与不动产权属证书记载不一致时，应以不动产登记簿为准。但是不动产登记簿不具有"绝对"的证据力，只有推定的证据效力，即不管是在诉讼层面还是法律层面，均视为不动产登记簿记载的内容是真实的，如果有证据证明不动产登记簿登记确有错误的，既可以向行政登记机关申请变更，也可以由法院查明后判决变更。

法条关联

◆《不动产登记暂行条例》

第二十一条 登记事项自记载于不动产登记簿时完成登记。

不动产登记机构完成登记，应当依法向申请人核发不动产权属证书或者登记证明。

◆《最高人民法院关于审理房屋登记案件若干问题的规定》

第一条 公民、法人或者其他组织对房屋登记机构的房屋登记行为以及与查询、复制登记资料等事项相关的行政行为或者相应的不作为不服，提起行政诉讼的，人民法院应当依法受理。

第二条 房屋登记机构根据人民法院、仲裁委员会的法律文书或者有权机关的协助执行通知书以及人民政府的征收决定办理的房屋登记行为，公民、法人或者其他组织不服提起行政诉讼的，人民法院不予受理，但公民、法人或者其他组织认为登记与有关文书内容不一致的除外。

房屋登记机构作出未改变登记内容的换发、补发权属证书、登记证明或者更新登记簿的行为，公民、法人或者其他组织不服提起行政诉讼的，人民法院不予受理。

房屋登记机构在行政诉讼法施行前作出的房屋登记行为，公民、法人或者其他组织不服提起行政诉讼的，人民法院不予受理。

◆《不动产登记暂行条例实施细则》

第二十条 不动产登记机构应当根据不动产登记簿，填写并核发不动产权属证书或者不动产登记证明。

除办理抵押权登记、地役权登记和预告登记、异议登记，向申请人核发不动产登记证明外，不动产登记机构应当依法向权利人核发不动产权属证书。

不动产权属证书和不动产登记证明，应当加盖不动产登记机构登记专用章。

不动产权属证书和不动产登记证明样式，由自然资源部统一规定。

第二十一条 申请共有不动产登记的，不动产登记机构向全体共有人合并发放一本不动产权属证书；共有人申请分别持证的，可以为共有人分别发放不动产权属证书。

共有不动产权属证书应当注明共有情况，并列明全体共有人。

第二十二条 不动产权属证书或者不动产登记证明污损、破损的，当事人可以向不动产登记机构申请换发。符合换发条件的，不动产登记机构应当予以换发，并收回原不动产权属证书或者不动产登记证明。

不动产权属证书或者不动产登记证明遗失、灭失，不动产权利人申请补发的，由不动产登记机构在其门户网站上刊发不动产权利人的遗失、灭失声明15个工作日后，予以补发。

不动产登记机构补发不动产权属证书或者不动产登记证明的，应当将补发不动产权属证书或者不动产登记证明的事项记载于不动产登记簿，并在不动产权属证书或者不动产登记证明上注明“补发”字样。

第二十三条 因不动产权利灭失等情形，不动产登记机构需要收回不动产权属证书或者不动产登记证明的，应当在不动产登记簿上将收回不动产权属证书或者不动产登记证明的事项予以注明；确实无法收回的，应当在不动产登记机构门户网站或者当地公开发行的报刊上公告作废。

◆**《公安机关办理刑事案件适用查封、冻结措施有关规定》**

第十条 土地、房屋等涉案不动产的权属确认以国土资源、房地产管理等有关部门的不动产登记簿或者不动产权属证书为准。不动产权属证书与不动产登记簿不一致的，除有证据证明不动产登记簿确有错误外，以不动产登记簿为准。

第二百一十八条 【不动产登记资料的查询与复制】

权利人、利害关系人可以申请查询、复制不动产登记资料，登记机构应当提供。

本条来源

《物权法》第十八条规定：“权利人、利害关系人可以申请查询、复制登记资料，登记机构应当提供。”该条为权利人、利害关系人申请查询、复制登记资料的权利提供了明确的法律依据，本条延续了该规定，同时又强调了“登记资料”是指“不动产登记资料”，以与本节“不动产登记”内容相一致。此外，《不动产登记暂行条例》第二十七条、第二十八条也有进一步细化的规定。

立法演变

物权编一审稿第十四条规定：“权利人、利害关系人可以申请查询、复制登记资料，登记机构应当提供。”二审稿将一审稿的“登记资料”改为“不动产登记资料”，此后各稿延续了二审稿的规定。

条文释义

本条是关于不动产登记资料查阅权的规定。从本质上来说，本条也是不动产物权公示原则的延续。不动产物权公示之所以在一定程度上能够保障交易安全，就是因为物权公示，权利人或利害关系人可以从法定的渠道查阅相关信息，并对之信赖，法律对于该种信赖又加以保护。因此，权利人或利害关系人关于不动产登记资料查阅权的保障是物权公示原则得以实现的前提。

权利人，是指对登记的不动产已享有所有权或他物权的人，权利人对不动产登记簿享有查阅权是没有争议的。

关于利害关系人并没有明确的范围规定，一般是指与登记的不动产有一定的现实利益关系，并有可能因为登记结果而影响其利益存在或实现的人。但是，在现实中，利害关系人查阅不动产登记资料的，应当自行举证自己与待查的不动产存在利害关系，如在诉讼或仲裁中是登记的不动产所有权人的债权人，或登记房屋的承租人，欲实现优先购买权需要查询登记信息等。

需要特别说明的是，除了权利人和利害关系人之外，人民法院、人民检察院、国家安全机关等公权力机关可以依据法律、行政法规的规定，查询、复制与调查和处理事项有关的不动产登记资料。

本条对于所申请查询的不动产登记资料的范围并没有进一步明确，对此一直存有争议：有学者认为，不动产登记资料是指所有与登记相关的文件材料，不仅包括不动产登记簿记载的内容，而且包括作为档案留存的登记资料，如当事人的登记申请表、不动产物权变动的原因事件；① 也有学者认为，不动产登记资料限于不动产登记簿；② 还有学者认为，不动产登记资料是登记活动中形成的一系列书面证明材料，用以推动登记程序的进行和完成，不包括不动产登记簿，不动产登记簿是登记活动终结的标志和结果。③ 不动产登记资料应属政府信息，④ 因而对于登记资料范围的明确可以通过援引其他的行政法规或部门

① 参见王利明：《物权法研究（上卷）》，中国人民大学出版社 2013 年版，第 336 页。

② 于海涌：《中国不动产登记法草案（学者建议稿）》第十条。

③ 参见朱程：《论不动产登记簿的法律构建》，载《房地产权产籍》2007 年第 12 期，第 23 页。

④ 高圣平：《政府信息公开视角下的不动产登记查询规则》，载《法学》2015 年第 1 期，第 66 页。

规章来确定。例如自然资源部制定的《不动产登记暂行条例实施细则》，对于不同的主体规定了不同的查询范围。

法条关联

◆《民事诉讼法》

第六十七条　人民法院有权向有关单位和个人调查取证，有关单位和个人不得拒绝。

人民法院对有关单位和个人提出的证明文书，应当辨别真伪，审查确定其效力。

◆《刑事诉讼法》

第五十四条　人民法院、人民检察院和公安机关有权向有关单位和个人收集、调取证据。有关单位和个人应当如实提供证据。

行政机关在行政执法和查办案件过程中收集的物证、书证、视听资料、电子数据等证据材料，在刑事诉讼中可以作为证据使用。

对涉及国家秘密、商业秘密、个人隐私的证据，应当保密。

凡是伪造证据、隐匿证据或者毁灭证据的，无论属于何方，必须受法律追究。

◆《反间谍法》

第九条　国家安全机关的工作人员依法执行任务时，依照规定出示相应证件，有权查验中国公民或者境外人员的身份证明，向有关组织和人员调查、询问有关情况。

◆《不动产登记暂行条例》

第二十七条　权利人、利害关系人可以依法查询、复制不动产登记资料，不动产登记机构应当提供。

有关国家机关可以依照法律、行政法规的规定查询、复制与调查处理事项有关的不动产登记资料。

第二十八条　查询不动产登记资料的单位、个人应当向不动产登记机构说明查询目的，不得将查询获得的不动产登记资料用于其他目的；未经权利人同意，不得泄露查询获得的不动产登记资料。

◆《土地管理法实施条例》

第三条　国家依法实行土地登记发证制度。依法登记的土地所有权和土地使用权受法律保护，任何单位和个人不得侵犯。

土地登记内容和土地权属证书式样由国务院土地行政主管部门统一规定。

土地登记资料可以公开查询。

确认林地、草原的所有权或者使用权，确认水面、滩涂的养殖使用权，分别依照《森林法》、《草原法》和《渔业法》的有关规定办理。

◆《不动产登记暂行条例实施细则》

第九十四条 不动产登记资料包括：

（一）不动产登记簿等不动产登记结果；

（二）不动产登记原始资料，包括不动产登记申请书、申请人身份材料、不动产权属来源、登记原因、不动产权籍调查成果等材料以及不动产登记机构审核材料。

不动产登记资料由不动产登记机构管理。不动产登记机构应当建立不动产登记资料管理制度以及信息安全保密制度，建设符合不动产登记资料安全保护标准的不动产登记资料存放场所。

不动产登记资料中属于归档范围的，按照相关法律、行政法规的规定进行归档管理，具体办法由自然资源部会同国家档案主管部门另行制定。

第九十五条 不动产登记机构应当加强不动产登记信息化建设，按照统一的不动产登记信息管理基础平台建设要求和技术标准，做好数据整合、系统建设和信息服务等工作，加强不动产登记信息产品开发和技术创新，提高不动产登记的社会综合效益。

各级不动产登记机构应当采取措施保障不动产登记信息安全。任何单位和个人不得泄露不动产登记信息。

第九十六条 不动产登记机构、不动产交易机构建立不动产登记信息与交易信息互联共享机制，确保不动产登记与交易有序衔接。

不动产交易机构应当将不动产交易信息及时提供给不动产登记机构。不动产登记机构完成登记后，应当将登记信息及时提供给不动产交易机构。

第九十七条 国家实行不动产登记资料依法查询制度。

权利人、利害关系人按照《条例》第二十七条规定依法查询、复制不动产登记资料的，应当到具体办理不动产登记的不动产登记机构申请。

权利人可以查询、复制其不动产登记资料。

因不动产交易、继承、诉讼等涉及的利害关系人可以查询、复制不动产自然状况、权利人及其不动产查封、抵押、预告登记、异议登记等状况。

人民法院、人民检察院、国家安全机关、监察机关等可以依法查询、复制与调查和处理事项有关的不动产登记资料。

其他有关国家机关执行公务依法查询、复制不动产登记资料的，依照本条规定办理。

涉及国家秘密的不动产登记资料的查询，按照保守国家秘密法的有关规定执行。

第九十八条　权利人、利害关系人申请查询、复制不动产登记资料应当提交下列材料：

（一）查询申请书；

（二）查询目的的说明；

（三）申请人的身份材料；

（四）利害关系人查询的，提交证实存在利害关系的材料。

权利人、利害关系人委托他人代为查询的，还应当提交代理人的身份证明材料、授权委托书。权利人查询其不动产登记资料无需提供查询目的的说明。

有关国家机关查询的，应当提供本单位出具的协助查询材料、工作人员的工作证。

第九十九条　有下列情形之一的，不动产登记机构不予查询，并书面告知理由：

（一）申请查询的不动产不属于不动产登记机构管辖范围的；

（二）查询人提交的申请材料不符合规定的；

（三）申请查询的主体或者查询事项不符合规定的；

（四）申请查询的目的不合法的；

（五）法律、行政法规规定的其他情形。

第一百条　对符合本实施细则规定的查询申请，不动产登记机构应当当场提供查询；因情况特殊，不能当场提供查询的，应当在5个工作日内提供查询。

第一百零一条　查询人查询不动产登记资料，应当在不动产登记机构设定的场所进行。

不动产登记原始资料不得带离设定的场所。

查询人在查询时应当保持不动产登记资料的完好，严禁遗失、拆散、调换、抽取、污损登记资料，也不得损坏查询设备。

第一百零二条 查询人可以查阅、抄录不动产登记资料。查询人要求复制不动产登记资料的，不动产登记机构应当提供复制。

查询人要求出具查询结果证明的，不动产登记机构应当出具查询结果证明。查询结果证明应注明查询目的及日期，并加盖不动产登记机构查询专用章。

第二百一十九条 【合法使用不动产登记资料】

利害关系人不得公开、非法使用权利人的不动产登记资料。

本条来源

本条为新增条款。本条在一定程度上是上一条的进一步延伸，上一条赋予了权利人、利害关系人申请查询、复制登记资料的权利，但是对通过行使该权利所获取的资料的使用方式并不是毫无限制的。本条中明确规定“不得公开、非法使用”，突出了对登记资料权利人更为周延的保护。此外，《不动产登记暂行条例》第二十八条也指出，查询不动产登记资料的单位、个人应当向不动产登记机构说明查询目的，不得将查询获得的不动产登记资料用于其他目的；未经权利人同意，不得泄露查询获得的不动产登记资料。

立法演变

物权编一审稿第十五条规定：“利害关系人不得非法使用、公开权利人的登记资料。”二审稿同样将一审稿中的“登记资料”改为“不动产登记资料”，此后各稿延续了二审稿的规定。

条文释义

本条主要是关于利害关系人应当合法使用查询获得的不动产登记资料的规定，是对上一条的补充性规定。虽然上一条规定了利害关系人具有查询、复制登记资料的权利，但是利害关系人不得滥用该信息资料。本条规定本质上属于不动产登记程序法上的规制，非与不动产物权变动直接相关。但本条规定中

“不得非法使用”的规定仍然具有笼统性，对于利害关系人使用用途上的规定应当进一步限缩为其向行政登记机关申请查询时的使用用途，即应当契合申请人在申请查询时所陈述的查询目的。

法条关联

◆《不动产登记暂行条例》

第二十八条 查询不动产登记资料的单位、个人应当向不动产登记机构说明查询目的，不得将查询获得的不动产登记资料用于其他目的；未经权利人同意，不得泄露查询获得的不动产登记资料。

◆《不动产登记暂行条例实施细则》

第九十八条 权利人、利害关系人申请查询、复制不动产登记资料应当提交下列材料：

（一）查询申请书；

（二）查询目的的说明；

（三）申请人的身份材料；

（四）利害关系人查询的，提交证实存在利害关系的材料。

权利人、利害关系人委托他人代为查询的，还应当提交代理人的身份证明材料、授权委托书。权利人查询其不动产登记资料无需提供查询目的的说明。

有关国家机关查询的，应当提供本单位出具的协助查询材料、工作人员的工作证。

第九十九条 有下列情形之一的，不动产登记机构不予查询，并书面告知理由：

（一）申请查询的不动产不属于不动产登记机构管辖范围的；

（二）查询人提交的申请材料不符合规定的；

（三）申请查询的主体或者查询事项不符合规定的；

（四）申请查询的目的不合法的；

（五）法律、行政法规规定的其他情形。

第一百零一条 查询人查询不动产登记资料，应当在不动产登记机构设定的场所进行。

不动产登记原始资料不得带离设定的场所。

查询人在查询时应当保持不动产登记资料的完好，严禁遗失、拆散、调换、抽取、污损登记资料，也不得损坏查询设备。

第二百二十条　【更正登记与异议登记】

权利人、利害关系人认为不动产登记簿记载的事项错误的，可以申请更正登记。不动产登记簿记载的权利人书面同意更正或者有证据证明登记确有错误的，登记机构应当予以更正。

不动产登记簿记载的权利人不同意更正的，利害关系人可以申请异议登记。登记机构予以异议登记，申请人自异议登记之日起十五日内不提起诉讼的，异议登记失效。异议登记不当，造成权利人损害的，权利人可以向申请人请求损害赔偿。

本条来源

《物权法》第十九条规定："权利人、利害关系人认为不动产登记簿记载的事项错误的，可以申请更正登记。不动产登记簿记载的权利人书面同意更正或者有证据证明登记确有错误的，登记机构应当予以更正。不动产登记簿记载的权利人不同意更正的，利害关系人可以申请异议登记。登记机构予以异议登记的，申请人在异议登记之日起十五日内不起诉，异议登记失效。异议登记不当，造成权利人损害的，权利人可以向申请人请求损害赔偿。"本条延续了该规定。此外，《不动产登记暂行条例实施细则》第七十九条至第八十四条，对于申请更正登记与异议登记的程序进行了细化规定，并明确了登记机构的办理时限等。

立法演变

物权编一审稿第十六条规定："权利人、利害关系人认为不动产登记簿记载的事项错误的，可以申请更正登记。不动产登记簿记载的权利人书面同意更正或者有证据证明登记确有错误的，登记机构应当予以更正。不动产登记簿记载的权利人不同意更正的，利害关系人可以申请异议登记。登记机构予以异议登记，申请人在异议登记之日起十五日内不起诉的，异议登记失效。异议登记不当，造成权利人损害的，权利人可以向申请人请求损害赔偿。”此后各稿延续了一审稿的规定。终稿将“不起诉”改为“不提起诉讼”，以规范法律用语。

条文释义

本条是关于不动产更正登记和异议登记的规定。不动产登记簿是物权归属和内容的依据，不动产登记是不动产物权的公示方式，其目的是为物权的变动提供统一的、具有公信力的法律基础，更正登记和异议登记的设置也正是不动产登记公信力的要求和体现。

更正登记是指权利人、利害关系人认为不动产登记簿记载的事项确有错误时，经其申请，经过权利人书面同意更正，或者有证据证明登记确有错误的，登记机构对错误事项进行更正的登记。因此，更正登记是对不动产登记簿上的瑕疵记载进行改正补充而进行的登记，根据更正登记程序的启动方式不同分为依申请的更正登记和依职权的更正登记两种。

异议登记是指真正的权利人及利害关系人针对不动产登记簿的正确性提出异议而向登记机关申请的登记。与更正登记不同，异议登记是暂时中断登记簿的公信力，维护真正权利人的合法权益。[①] 更正登记是彻底终止现实登记的权利推定效力，同时是对真正权利的初始登记。申请异议登记的目的主要在于打破现有登记的公信力，避免存在产权争议的不动产为第三人善意取得，同时异议登记也是为了防止登记权利人处分财产。通过异议登记的形式，可以使得第三人了解到现实的登记状态可能存在瑕疵，提示其与登记权利人进行交易的风险，从而防止登记权利人处分财产。异议登记还具有临时性的特征，申请人自异议登记之日起十五日内不起诉的，异议登记失效。

法条关联

◆《不动产登记暂行条例》

第三条 不动产首次登记、变更登记、转移登记、注销登记、更正登记、异议登记、预告登记、查封登记等，适用本条例。

① 梁慧星：《中国民法典草案建议稿附理由·物权编》，法律出版社 2004 年版，第 33 页。

◆《最高人民法院关于审理房屋登记案件若干问题的规定》

第六条 人民法院受理房屋登记行政案件后，应当通知没有起诉的下列利害关系人作为第三人参加行政诉讼：

（一）房屋登记簿上载明的权利人；

（二）被诉异议登记、更正登记、预告登记的权利人；

（三）人民法院能够确认的其他利害关系人。

◆《不动产登记暂行条例实施细则》

第七十九条 权利人、利害关系人认为不动产登记簿记载的事项有错误，可以申请更正登记。

权利人申请更正登记的，应当提交下列材料：

（一）不动产权属证书；

（二）证实登记确有错误的材料；

（三）其他必要材料。

利害关系人申请更正登记的，应当提交利害关系材料、证实不动产登记簿记载错误的材料以及其他必要材料。

第八十条 不动产权利人或者利害关系人申请更正登记，不动产登记机构认为不动产登记簿记载确有错误的，应当予以更正；但在错误登记之后已经办理了涉及不动产权利处分的登记、预告登记和查封登记的除外。

不动产权属证书或者不动产登记证明填制错误以及不动产登记机构在办理更正登记中，需要更正不动产权属证书或者不动产登记证明内容的，应当书面通知权利人换发，并把换发不动产权属证书或者不动产登记证明的事项记载于登记簿。

不动产登记簿记载无误的，不动产登记机构不予更正，并书面通知申请人。

第八十一条 不动产登记机构发现不动产登记簿记载的事项错误，应当通知当事人在30个工作日内办理更正登记。当事人逾期不办理的，不动产登记机构应当在公告15个工作日后，依法予以更正；但在错误登记之后已经办理了涉及不动产权利处分的登记、预告登记和查封登记的除外。

第八十二条 利害关系人认为不动产登记簿记载的事项错误，权利人不同意更正的，利害关系人可以申请异议登记。

利害关系人申请异议登记的，应当提交下列材料：

（一）证实对登记的不动产权利有利害关系的材料；

（二）证实不动产登记簿记载的事项错误的材料；

（三）其他必要材料。

第八十三条 不动产登记机构受理异议登记申请的，应当将异议事项记载于不动产登记簿，并向申请人出具异议登记证明。

异议登记申请人应当在异议登记之日起15日内，提交人民法院受理通知书、仲裁委员会受理通知书等提起诉讼、申请仲裁的材料；逾期不提交的，异议登记失效。

异议登记失效后，申请人就同一事项以同一理由再次申请异议登记的，不动产登记机构不予受理。

第八十四条 异议登记期间，不动产登记簿上记载的权利人以及第三人因处分权利申请登记的，不动产登记机构应当书面告知申请人该权利已经存在异议登记的有关事项。申请人申请继续办理的，应当予以办理，但申请人应当提供知悉异议登记存在并自担风险的书面承诺。

◆《不动产登记操作规范（试行）》

16 更正登记

16.1 依申请更正登记

16.1.1 适用

权利人、利害关系人认为不动产登记簿记载的事项有错误，或者人民法院、仲裁委员会生效法律文书等确定的不动产权利归属、内容与不动产登记簿记载的权利状况不一致的，当事人可以申请更正登记。

16.1.2 申请主体

依申请更正登记的申请人应当是不动产的权利人或利害关系人。利害关系人应当与申请更正的不动产登记簿记载的事项存在利害关系。

16.1.3 申请材料

申请更正登记提交的材料包括：

1 不动产登记申请书；

2 申请人身份证明；

3 证实不动产登记簿记载事项错误的材料，但不动产登记机构书面通知相关权利人申请更正登记的除外；

4 申请人为不动产权利人的，提交不动产权属证书；申请人为利害关系人的，证实与不动产登记簿记载的不动产权利存在利害关系的材料；

5 法律、行政法规以及《实施细则》规定的其他材料。

16.1.4 审查要点

不动产登记机构在审核过程中应注意以下要点：

1 申请人是否是不动产的权利人或利害关系人；利害关系人申请更正的，利害关系材料是否能够证实申请人与被更正的不动产有利害关系；

2 申请更正的登记事项是否已在不动产登记簿记载；错误登记之后是否已经办理了该不动产转移登记，或者办理了抵押权或地役权首次登记、预告登记和查封登记且未注销的；

3 权利人同意更正的，在权利人出具的书面材料中，是否已明确同意更正的意思表示，并且申请人是否提交了证明不动产登记簿确有错误的证明材料；更正事项由人民法院、仲裁委员会法律文书等确认的，法律文书等材料是否已明确不动产权利归属，是否已经发生法律效力；

4 本规范第 4 章要求的其他审查事项。

不存在本规范第 4.8.2 条不予登记情形的，将更正事项记载不动产登记簿，涉及不动产权证书或者不动产登记证明记载内容的，向权利人换发不动产权证书或者不动产登记证明。

16.2 依职权更正登记

16.2.1 适用

不动产登记机构发现不动产登记簿记载的事项有错误，不动产登记机构应书面通知当事人在 30 个工作日内申请办理更正登记，当事人逾期不办理的，不动产登记机构应当在公告 15 个工作日后，依法予以更正；但在错误登记之后已经办理了涉及不动产权利处分的登记、预告登记和查封登记的除外。

16.2.2 登记材料

不动产登记机构依职权更正登记应当具备下列材料：

1 证实不动产登记簿记载事项错误的材料；

2 通知权利人在规定期限内办理更正登记的材料和送达凭证；

3 法律、行政法规以及《实施细则》规定的其他材料。

16.2.3 审查要点

不动产登记机构启动更正登记程序后，还应该按照以下要点进行审核：

1 不动产登记机构是否已书面通知相关权利人在规定期限内申请办理更正登记，而当事人无正当理由逾期不申请办理；

2 查阅不动产登记资料，审查登记材料或者有效的法律文件是否能证实不动产登记簿记载错误；

3 在错误登记之后是否已经办理了涉及不动产权利处分的登记、预告登记和查封登记；

4 书面通知的送达对象、期限及时间是否符合规定；

5 更正登记事项是否已按规定进行公告；

6 本规范第 4 章要求的其他审查事项。

17　异议登记

17.1 异议登记

17.1.1 适用

利害关系人认为不动产登记簿记载的事项有错误，权利人不同意更正的，利害关系人可以申请异议登记。

17.1.2 申请主体

异议登记申请人应当是利害关系人。

17.1.3 申请材料

申请异议登记需提交下列材料：

1 不动产登记申请书；

2 申请人身份证明；

3 证实对登记的不动产权利有利害关系的材料；

4 证实不动产登记簿记载的事项错误的材料；

5 法律、行政法规以及《实施细则》规定的其他材料。

17.1.4 审查要点

不动产登记机构在审核过程中应注意以下要点：

1 利害关系材料是否能够证实申请人与被异议的不动产权利有利害关系；

2 异议登记事项的内容是否已经记载于不动产登记簿；

3 同一申请人是否就同一异议事项提出过异议登记申请；

4 不动产被查封、抵押或设有地役权的，不影响该不动产的异议登记；

5 本规范第 4 章要求的其他审查事项。

不存在本规范第4.8.2条不予登记情形的，不动产登记机构应即时办理。在记载不动产登记簿后，向申请人核发不动产登记证明。

17.2 注销异议登记

17.2.1 适用

1 异议登记期间，异议登记申请人可以申请注销异议登记；

2 异议登记申请人自异议登记之日起15日内，未提交人民法院受理通知书、仲裁委员会受理通知书等提起诉讼、申请仲裁的，异议登记失效。

17.2.2 申请主体

注销异议登记申请人是异议登记申请人。

17.2.3 申请材料

申请注销异议登记提交的材料包括：

1 不动产登记申请书；

2 申请人身份证明；

3 异议登记申请人申请注销登记的，提交不动产登记证明；或者异议登记申请人的起诉被人民法院裁定不予受理或者予以驳回诉讼请求的材料；

4 法律、行政法规以及《实施细则》规定的其他材料。

17.2.4 审查要点

不动产登记机构在审核过程中应注意以下要点：

1 申请注销异议登记的材料是否齐全、有效；

2 本规范第4章要求的其他审查事项。

不存在本规范第4.8.2条不予登记情形的，不动产登记机构应即时办理，将登记事项内容记载于不动产登记簿。

第二百二十一条　【预告登记】

当事人签订买卖房屋的协议或者签订其他不动产物权的协议，为保障将来实现物权，按照约定可以向登记机构申请预告登记。预告登记后，未经预告登记的权利人同意，处分该不动产的，不发生物权效力。

预告登记后，债权消灭或者自能够进行不动产登记之日起九十日内未申请登记的，预告登记失效。

本条来源

《物权法》第二十条规定："当事人签订买卖房屋或者其他不动产物权的协议，为保障将来实现物权，按照约定可以向登记机构申请预告登记。预告登记后，未经预告登记的权利人同意，处分该不动产的，不发生物权效力。预告登记后，债权消灭或者自能够进行不动产登记之日起三个月内未申请登记的，预告登记失效。"本条除了词语结构上的完善外完全延续了该规定。此外，预告登记制度也在《最高人民法院关于适用〈中华人民共和国物权法〉若干问题的解释（一）》以及《最高人民法院关于审理商品房买卖合同纠纷案件适用法律若干问题的解释》中得到统一确认和适用。

立法演变

物权编一审稿第十七条规定："当事人签订买卖房屋或者签订其他不动产物权的协议，为保障将来实现物权，按照约定可以向登记机构申请预告登记。预告登记后，未经预告登记的权利人同意，处分该不动产的，不发生物权效力。预告登记后，债权消灭或者自能够进行不动产登记之日起三个月内未申请登记的，预告登记失效。"此后各稿延续了一审稿的规定。而终稿将"三个月"改为"九十日"，将按月计算改为按日计算，体现了法律用语的严谨性。

条文释义

本条是关于预告登记的规定。与预告登记相对应的是本登记。预告登记是指为了确保一项旨在发生未来物权变动的债权请求权的实现，而向登记机构申请办理的预先登记。[①] 预告登记与本登记相比较，存在以下不同：

首先，预告登记并不是针对已经存在的物权进行变动的登记。就本登记而言，一般的登记大多是针对已经存在的物权的变动进行的登记，但是预告登记不同，在进行预告登记时，物权的客体尚未形成，因此，物权尚不存在。如当事人已经达成了约定，将来要发生物权变动，或者是对优先权进行设定，而优先权本身还不是真正的物权，在这种情况下，当事人为了实现自己未来的物权，

① 孙宪忠：《争议与思考——物权立法笔记》，中国人民大学出版社2006年版，第115页。

或者使现在已经享有的债权或某种优先权得到充分的保障，而进行预告登记，向不特定的人作出公示。其次，预告登记是基于债权的请求权而发生的，正因为债权的请求权，才可以进行预告登记。而本登记可不依附于债权本身，在某些情况下具有独立性。最后，预告登记具有临时性的特征。预告登记是为了保障未来取得的物权所采取的临时性登记，不具有确定物权归属的功能。在进行预告登记的时候，登记记载的还只是债权请求权。但是当不动产物权变动完成时，就应当将预告登记转化为本登记。而本登记是确定物权归属和内容的依据。

预告登记也正因为其独特的登记价值而对债权人将来实现债权有重要的保障作用，特别是对于商品房预售中“一房二卖”等类似问题，可以对房地产开发商等债务人处分其权利形成有效限制。但本条同时规定，预告登记后，债权消灭或者自能够进行不动产登记之日起九十日内未申请登记的，预告登记失效。这一规定体现了法律对各方当事人权益保护的平衡性。

法条关联

◆《城市房地产管理法》

第四十五条 商品房预售，应当符合下列条件：

（一）已交付全部土地使用权出让金，取得土地使用权证书；

（二）持有建设工程规划许可证；

（三）按提供预售的商品房计算，投入开发建设的资金达到工程建设总投资的百分之二十五以上，并已经确定施工进度和竣工交付日期；

（四）向县级以上人民政府房产管理部门办理预售登记，取得商品房预售许可证明。

商品房预售人应当按照国家有关规定将预售合同报县级以上人民政府房产管理部门和土地管理部门登记备案。

商品房预售所得款项，必须用于有关的工程建设。

第四十六条 商品房预售的，商品房预购人将购买的未竣工的预售商品房再行转让的问题，由国务院规定。

◆《最高人民法院关于人民法院办理执行异议和复议案件若干问题的规定》

第三十条 金钱债权执行中，对被查封的办理了受让物权预告登记的不动产，受让人提出停止处分异议的，人民法院应予支持；符合物权登记条件，受让人提出排除执行异议的，应予支持。

◆《最高人民法院关于审理房屋登记案件若干问题的规定》

第六条　人民法院受理房屋登记行政案件后，应当通知没有起诉的下列利害关系人作为第三人参加行政诉讼：

（一）房屋登记簿上载明的权利人；

（二）被诉异议登记、更正登记、预告登记的权利人；

（三）人民法院能够确认的其他利害关系人。

◆《最高人民法院关于审理商品房买卖合同纠纷案件适用法律若干问题的解释》

第一条　本解释所称的商品房买卖合同，是指房地产开发企业（以下统称为出卖人）将尚未建成或者已竣工的房屋向社会销售并转移房屋所有权于买受人，买受人支付价款的合同。

第二条　出卖人未取得商品房预售许可证明，与买受人订立的商品房预售合同，应当认定无效，但是在起诉前取得商品房预售许可证明的，可以认定有效。

第六条　当事人以商品房预售合同未按照法律、行政法规规定办理登记备案手续为由，请求确认合同无效的，不予支持。

当事人约定以办理登记备案手续为商品房预售合同生效条件的，从其约定，但当事人一方已经履行主要义务，对方接受的除外。

第九条　出卖人订立商品房买卖合同时，具有下列情形之一，导致合同无效或者被撤销、解除的，买受人可以请求返还已付购房款及利息、赔偿损失，并可以请求出卖人承担不超过已付购房款一倍的赔偿责任：

（一）故意隐瞒没有取得商品房预售许可证明的事实或者提供虚假商品房预售许可证明；

（二）故意隐瞒所售房屋已经抵押的事实；

（三）故意隐瞒所售房屋已经出卖给第三人或者为拆迁补偿安置房屋的事实。

◆《不动产登记暂行条例实施细则》

第七十八条　申请预购商品房抵押登记，应当提交下列材料：

（一）抵押合同与主债权合同；

（二）预购商品房预告登记材料；

（三）其他必要材料。

预购商品房办理房屋所有权登记后，当事人应当申请将预购商品房抵押预告登记转为商品房抵押权首次登记。

第八十五条 有下列情形之一的，当事人可以按照约定申请不动产预告登记：

（一）商品房等不动产预售的；

（二）不动产买卖、抵押的；

（三）以预购商品房设定抵押权的；

（四）法律、行政法规规定的其他情形。

预告登记生效期间，未经预告登记的权利人书面同意，处分该不动产权利申请登记的，不动产登记机构应当不予办理。

预告登记后，债权未消灭且自能够进行相应的不动产登记之日起3个月内，当事人申请不动产登记的，不动产登记机构应当按照预告登记事项办理相应的登记。

第八十六条 申请预购商品房的预告登记，应当提交下列材料：

（一）已备案的商品房预售合同；

（二）当事人关于预告登记的约定；

（三）其他必要材料。

预售人和预购人订立商品房买卖合同后，预售人未按照约定与预购人申请预告登记，预购人可以单方申请预告登记。

预购人单方申请预购商品房预告登记，预售人与预购人在商品房预售合同中对预告登记附有条件和期限的，预购人应当提交相应材料。

申请预告登记的商品房已经办理在建建筑物抵押权首次登记的，当事人应当一并申请在建建筑物抵押权注销登记，并提交不动产权属转移材料、不动产登记证明。不动产登记机构应当先办理在建建筑物抵押权注销登记，再办理预告登记。

第八十七条 申请不动产转移预告登记的，当事人应当提交下列材料：

（一）不动产转让合同；

（二）转让方的不动产权属证书；

（三）当事人关于预告登记的约定；

（四）其他必要材料。

第八十八条 抵押不动产，申请预告登记的，当事人应当提交下列材料：

（一）抵押合同与主债权合同；

（二）不动产权属证书；

（三）当事人关于预告登记的约定；

（四）其他必要材料。

第八十九条 预告登记未到期，有下列情形之一的，当事人可以持不动产登记证明、债权消灭或者权利人放弃预告登记的材料，以及法律、行政法规规定的其他必要材料申请注销预告登记：

（一）预告登记的权利人放弃预告登记的；

（二）债权消灭的；

（三）法律、行政法规规定的其他情形。

◆ **《城市商品房预售管理办法》**（全文）

第二百二十二条 【登记赔偿责任】

当事人提供虚假材料申请登记，造成他人损害的，应当承担赔偿责任。

因登记错误，造成他人损害的，登记机构应当承担赔偿责任。登记机构赔偿后，可以向造成登记错误的人追偿。

本条来源

《物权法》第二十一条规定："当事人提供虚假材料申请登记，给他人造成损害的，应当承担赔偿责任。因登记错误，给他人造成损害的，登记机构应当承担赔偿责任。登记机构赔偿后，可以向造成登记错误的人追偿。"本条除了语句结构的调整外延续了该规定，为被侵权人向登记机构主张赔偿责任提供了法律依据，同时本条与《行政诉讼法》和《国家赔偿法》的适用建立了有效衔接。

立法演变

物权编一审稿第十八条规定："当事人提供虚假材料申请登记，给他人造成损害的，应当承担赔偿责任。因登记错误，给他人造成损害的，登记机构应当承担赔偿责任。登记机构赔偿后，可以向造成登记错误的人追偿。"二审稿延续了一审稿的规定，征求意见稿调整了语句结构，将"给他人造成损害的"改为"造成他人损害的"。

条文释义

本条是关于登记赔偿责任的规定。行政登记机关管理的登记簿是物权内容和归属的依据，保持登记的正确性有利于维持正常的交易秩序，有利于保护真正的权利人和善意相对人的合法权益。关于登记错误的原因分为两种：一是当事人故意提供虚假材料申请登记，导致登记错误的；二是因登记人员的错误导致登记错误的。对于故意提供虚假材料的当事人导致登记错误给真正的权利人造成损失应当承担赔偿责任，关于该点没有争议，有争议的点是在当事人故意提供虚假材料申请登记时，登记机构应当尽到何种程度的审查职责，是形式审查还是实质审查，登记机构承担的是过错责任还是严格责任，对于该问题的解决有待于对登记机构审查职责的进一步细化。但没有争议的是，不论形式审查还是实质审查，当登记机构未尽到应有的审查义务，并因此导致权利人受到损失时，应当承担赔偿责任。① 登记机构赔偿后，可以向造成登记错误的人追偿。因登记错误而致权利遭受损害的当事人属于相对弱势群体，本条以两款不同情形的赔偿责任予以其更充分的权利保护。

值得注意的是，物权编对于登记机构具体如何承担赔偿责任未作出规定，但是从登记行为的性质看，虽然登记行为的完成可以产生私法效果，但是该行为并未介入当事人法律行为的形成过程，而是辅助性地完成不动产公示之行为，所以应是一种确认性行政行为。从目前多数司法实践看，在登记机构因其不当履行职权而造成相对人权益受损时，多以国家赔偿责任救济相对人，而非以侵权责任。

---

① 李明发：《论不动产登记错误的法律救济——以房产登记为重心》，载《法律科学》2005年第6期，第70页。

法条关联

◆《民法典》

第一百七十六条　民事主体依照法律规定或者按照当事人约定，履行民事义务，承担民事责任。

第一百七十七条　二人以上依法承担按份责任，能够确定责任大小的，各自承担相应的责任；难以确定责任大小的，平均承担责任。

第一百七十八条　二人以上依法承担连带责任的，权利人有权请求部分或者全部连带责任人承担责任。

连带责任人的责任份额根据各自责任大小确定；难以确定责任大小的，平均承担责任。实际承担责任超过自己责任份额的连带责任人，有权向其他连带责任人追偿。

连带责任，由法律规定或者当事人约定。

第一百七十九条　承担民事责任的方式主要有：

（一）停止侵害；

（二）排除妨碍；

（三）消除危险；

（四）返还财产；

（五）恢复原状；

（六）修理、重作、更换；

（七）继续履行；

（八）赔偿损失；

（九）支付违约金；

（十）消除影响、恢复名誉；

（十一）赔礼道歉。

法律规定惩罚性赔偿的，依照其规定。

本条规定的承担民事责任的方式，可以单独适用，也可以合并适用。

第一百八十六条　因当事人一方的违约行为，损害对方人身权益、财产权益的，受损害方有权选择请求其承担违约责任或者侵权责任。

第一百八十七条　民事主体因同一行为应当承担民事责任、行政责任和刑事责任的，承担行政责任或者刑事责任不影响承担民事责任；民事主体的财产不足以支付的，优先用于承担民事责任。

第一千一百六十五条 行为人因过错侵害他人民事权益造成损害的，应当承担侵权责任。

依照法律规定推定行为人有过错，其不能证明自己没有过错的，应当承担侵权责任。

第一千一百六十六条 行为人造成他人民事权益损害，不论行为人有无过错，法律规定应当承担侵权责任的，依照其规定。

第一千一百六十八条 二人以上共同实施侵权行为，造成他人损害的，应当承担连带责任。

第一千一百六十九条 教唆、帮助他人实施侵权行为的，应当与行为人承担连带责任。

教唆、帮助无民事行为能力人、限制民事行为能力人实施侵权行为的，应当承担侵权责任；该无民事行为能力人、限制民事行为能力人的监护人未尽到监护职责的，应当承担相应的责任。

第一千一百七十条 二人以上实施危及他人人身、财产安全的行为，其中一人或者数人的行为造成他人损害，能够确定具体侵权人的，由侵权人承担责任；不能确定具体侵权人的，行为人承担连带责任。

第一千一百七十一条 二人以上分别实施侵权行为造成同一损害，每个人的侵权行为都足以造成全部损害的，行为人承担连带责任。

第一千一百七十二条 二人以上分别实施侵权行为造成同一损害，能够确定责任大小的，各自承担相应的责任；难以确定责任大小的，平均承担责任。

第一千一百八十四条 侵害他人财产的，财产损失按照损失发生时的市场价格或者其他合理方式计算。

第一千一百八十七条 损害发生后，当事人可以协商赔偿费用的支付方式。协商不一致的，赔偿费用应当一次性支付；一次性支付确有困难的，可以分期支付，但是被侵权人有权请求提供相应的担保。

第一千一百九十一条 用人单位的工作人员因执行工作任务造成他人损害的，由用人单位承担侵权责任。用人单位承担侵权责任后，可以向有故意或者重大过失的工作人员追偿。

劳务派遣期间，被派遣的工作人员因执行工作任务造成他人损害的，由接受劳务派遣的用工单位承担侵权责任；劳务派遣单位有过错的，承担相应的责任。

◆《行政复议法》

第六条　有下列情形之一的，公民、法人或者其他组织可以依照本法申请行政复议：

（一）对行政机关作出的警告、罚款、没收违法所得、没收非法财物、责令停产停业、暂扣或者吊销许可证、暂扣或者吊销执照、行政拘留等行政处罚决定不服的；

（二）对行政机关作出的限制人身自由或者查封、扣押、冻结财产等行政强制措施决定不服的；

（三）对行政机关作出的有关许可证、执照、资质证、资格证等证书变更、中止、撤销的决定不服的；

（四）对行政机关作出的关于确认土地、矿藏、水流、森林、山岭、草原、荒地、滩涂、海域等自然资源的所有权或者使用权的决定不服的；

（五）认为行政机关侵犯合法的经营自主权的；

（六）认为行政机关变更或者废止农业承包合同，侵犯其合法权益的；

（七）认为行政机关违法集资、征收财物、摊派费用或者违法要求履行其他义务的；

（八）认为符合法定条件，申请行政机关颁发许可证、执照、资质证、资格证等证书，或者申请行政机关审批、登记有关事项，行政机关没有依法办理的；

（九）申请行政机关履行保护人身权利、财产权利、受教育权利的法定职责，行政机关没有依法履行的；

（十）申请行政机关依法发放抚恤金、社会保险金或者最低生活保障费，行政机关没有依法发放的；

（十一）认为行政机关的其他具体行政行为侵犯其合法权益的。

第七条　公民、法人或者其他组织认为行政机关的具体行政行为所依据的下列规定不合法，在对具体行政行为申请行政复议时，可以一并向行政复议机关提出对该规定的审查申请：

（一）国务院部门的规定；

（二）县级以上地方各级人民政府及其工作部门的规定；

（三）乡、镇人民政府的规定。

前款所列规定不含国务院部、委员会规章和地方人民政府规章。规章的审查依照法律、行政法规办理。

第九条 公民、法人或者其他组织认为具体行政行为侵犯其合法权益的，可以自知道该具体行政行为之日起六十日内提出行政复议申请；但是法律规定的申请期限超过六十日的除外。

因不可抗力或者其他正当理由耽误法定申请期限的，申请期限自障碍消除之日起继续计算。

第十条 依照本法申请行政复议的公民、法人或者其他组织是申请人。

有权申请行政复议的公民死亡的，其近亲属可以申请行政复议。有权申请行政复议的公民为无民事行为能力人或者限制民事行为能力人的，其法定代理人可以代为申请行政复议。有权申请行政复议的法人或者其他组织终止的，承受其权利的法人或者其他组织可以申请行政复议。

同申请行政复议的具体行政行为有利害关系的其他公民、法人或者其他组织，可以作为第三人参加行政复议。

公民、法人或者其他组织对行政机关的具体行政行为不服申请行政复议的，作出具体行政行为的行政机关是被申请人。

申请人、第三人可以委托代理人代为参加行政复议。

第十一条 申请人申请行政复议，可以书面申请，也可以口头申请；口头申请的，行政复议机关应当当场记录申请人的基本情况、行政复议请求、申请行政复议的主要事实、理由和时间。

第十二条 对县级以上地方各级人民政府工作部门的具体行政行为不服的，由申请人选择，可以向该部门的本级人民政府申请行政复议，也可以向上一级主管部门申请行政复议。

对海关、金融、国税、外汇管理等实行垂直领导的行政机关和国家安全机关的具体行政行为不服的，向上一级主管部门申请行政复议。

第十三条 对地方各级人民政府的具体行政行为不服的，向上一级地方人民政府申请行政复议。

对省、自治区人民政府依法设立的派出机关所属的县级地方人民政府的具体行政行为不服的，向该派出机关申请行政复议。

第十四条　对国务院部门或者省、自治区、直辖市人民政府的具体行政行为不服的，向作出该具体行政行为的国务院部门或者省、自治区、直辖市人民政府申请行政复议。对行政复议决定不服的，可以向人民法院提起行政诉讼；也可以向国务院申请裁决，国务院依照本法的规定作出最终裁决。

第十五条　对本法第十二条、第十三条、第十四条规定以外的其他行政机关、组织的具体行政行为不服的，按照下列规定申请行政复议：

（一）对县级以上地方人民政府依法设立的派出机关的具体行政行为不服的，向设立该派出机关的人民政府申请行政复议；

（二）对政府工作部门依法设立的派出机构依照法律、法规或者规章规定，以自己的名义作出的具体行政行为不服的，向设立该派出机构的部门或者该部门的本级地方人民政府申请行政复议；

（三）对法律、法规授权的组织的具体行政行为不服的，分别向直接管理该组织的地方人民政府、地方人民政府工作部门或者国务院部门申请行政复议；

（四）对两个或者两个以上行政机关以共同的名义作出的具体行政行为不服的，向其共同上一级行政机关申请行政复议；

（五）对被撤销的行政机关在撤销前所作出的具体行政行为不服的，向继续行使其职权的行政机关的上一级行政机关申请行政复议。

有前款所列情形之一的，申请人也可以向具体行政行为发生地的县级地方人民政府提出行政复议申请，由接受申请的县级地方人民政府依照本法第十八条的规定办理。

第十六条　公民、法人或者其他组织申请行政复议，行政复议机关已经依法受理的，或者法律、法规规定应当先向行政复议机关申请行政复议、对行政复议决定不服再向人民法院提起行政诉讼的，在法定行政复议期限内不得向人民法院提起行政诉讼。

公民、法人或者其他组织向人民法院提起行政诉讼，人民法院已经依法受理的，不得申请行政复议。

第二十九条　申请人在申请行政复议时可以一并提出行政赔偿请求，行政复议机关对符合国家赔偿法的有关规定应当给予赔偿的，在决定撤销、变更具体行政行为或者确认具体行政行为违法时，应当同时决定被申请人依法给予赔偿。

申请人在申请行政复议时没有提出行政赔偿请求的，行政复议机关在依法决定撤销或者变更罚款，撤销违法集资、没收财物、征收财物、摊派费用以及对财产的查封、扣押、冻结等具体行政行为时，应当同时责令被申请人返还财产，解除对财产的查封、扣押、冻结措施，或者赔偿相应的价款。

第三十条 公民、法人或者其他组织认为行政机关的具体行政行为侵犯其已经依法取得的土地、矿藏、水流、森林、山岭、草原、荒地、滩涂、海域等自然资源的所有权或者使用权的，应当先申请行政复议；对行政复议决定不服的，可以依法向人民法院提起行政诉讼。

根据国务院或者省、自治区、直辖市人民政府对行政区划的勘定、调整或者征收土地的决定，省、自治区、直辖市人民政府确认土地、矿藏、水流、森林、山岭、草原、荒地、滩涂、海域等自然资源的所有权或者使用权的行政复议决定为最终裁决。

第三十一条 行政复议机关应当自受理申请之日起六十日内作出行政复议决定；但是法律规定的行政复议期限少于六十日的除外。情况复杂，不能在规定期限内作出行政复议决定的，经行政复议机关的负责人批准，可以适当延长，并告知申请人和被申请人；但是延长期限最多不超过三十日。

行政复议机关作出行政复议决定，应当制作行政复议决定书，并加盖印章。

行政复议决定书一经送达，即发生法律效力。

第三十九条 行政复议机关受理行政复议申请，不得向申请人收取任何费用。行政复议活动所需经费，应当列入本机关的行政经费，由本级财政予以保障。

◆ **《行政诉讼法》**

第二条 公民、法人或者其他组织认为行政机关和行政机关工作人员的行政行为侵犯其合法权益，有权依照本法向人民法院提起诉讼。

前款所称行政行为，包括法律、法规、规章授权的组织作出的行政行为。

第六条 人民法院审理行政案件，对行政行为是否合法进行审查。

第十二条 人民法院受理公民、法人或者其他组织提起的下列诉讼：

（一）对行政拘留、暂扣或者吊销许可证和执照、责令停产停业、没收违法所得、没收非法财物、罚款、警告等行政处罚不服的；

（二）对限制人身自由或者对财产的查封、扣押、冻结等行政强制措施和行政强制执行不服的；

（三）申请行政许可，行政机关拒绝或者在法定期限内不予答复，或者对行政机关作出的有关行政许可的其他决定不服的；

（四）对行政机关作出的关于确认土地、矿藏、水流、森林、山岭、草原、荒地、滩涂、海域等自然资源的所有权或者使用权的决定不服的；

（五）对征收、征用决定及其补偿决定不服的；

（六）申请行政机关履行保护人身权、财产权等合法权益的法定职责，行政机关拒绝履行或者不予答复的；

（七）认为行政机关侵犯其经营自主权或者农村土地承包经营权、农村土地经营权的；

（八）认为行政机关滥用行政权力排除或者限制竞争的；

（九）认为行政机关违法集资、摊派费用或者违法要求履行其他义务的；

（十）认为行政机关没有依法支付抚恤金、最低生活保障待遇或者社会保险待遇的；

（十一）认为行政机关不依法履行、未按照约定履行或者违法变更、解除政府特许经营协议、土地房屋征收补偿协议等协议的；

（十二）认为行政机关侵犯其他人身权、财产权等合法权益的。

除前款规定外，人民法院受理法律、法规规定可以提起诉讼的其他行政案件。

第二十条　因不动产提起的行政诉讼，由不动产所在地人民法院管辖。

第二十五条　行政行为的相对人以及其他与行政行为有利害关系的公民、法人或者其他组织，有权提起诉讼。

有权提起诉讼的公民死亡，其近亲属可以提起诉讼。

有权提起诉讼的法人或者其他组织终止，承受其权利的法人或者其他组织可以提起诉讼。

人民检察院在履行职责中发现生态环境和资源保护、食品药品安全、国有财产保护、国有土地使用权出让等领域负有监督管理职责的行政机关违法行使职权或者不作为，致使国家利益或者社会公共利益受到侵害的，应当向行政机关提出检察建议，督促其依法履行职责。行政机关不依法履行职责的，人民检察院依法向人民法院提起诉讼。

第二十六条　公民、法人或者其他组织直接向人民法院提起诉讼的，作出行政行为的行政机关是被告。

经复议的案件，复议机关决定维持原行政行为的，作出原行政行为的行政机关和复议机关是共同被告；复议机关改变原行政行为的，复议机关是被告。

复议机关在法定期限内未作出复议决定，公民、法人或者其他组织起诉原行政行为的，作出原行政行为的行政机关是被告；起诉复议机关不作为的，复议机关是被告。

两个以上行政机关作出同一行政行为的，共同作出行政行为的行政机关是共同被告。

行政机关委托的组织所作的行政行为，委托的行政机关是被告。

行政机关被撤销或者职权变更的，继续行使其职权的行政机关是被告。

第二十七条 当事人一方或者双方为二人以上，因同一行政行为发生的行政案件，或者因同类行政行为发生的行政案件、人民法院认为可以合并审理并经当事人同意的，为共同诉讼。

第二十八条 当事人一方人数众多的共同诉讼，可以由当事人推选代表人进行诉讼。代表人的诉讼行为对其所代表的当事人发生效力，但代表人变更、放弃诉讼请求或者承认对方当事人的诉讼请求，应当经被代表的当事人同意。

第二十九条 公民、法人或者其他组织同被诉行政行为有利害关系但没有提起诉讼，或者同案件处理结果有利害关系的，可以作为第三人申请参加诉讼，或者由人民法院通知参加诉讼。

人民法院判决第三人承担义务或者减损第三人权益的，第三人有权依法提起上诉。

第三十条 没有诉讼行为能力的公民，由其法定代理人代为诉讼。法定代理人互相推诿代理责任的，由人民法院指定其中一人代为诉讼。

第三十四条 被告对作出的行政行为负有举证责任，应当提供作出该行政行为的证据和所依据的规范性文件。

被告不提供或者无正当理由逾期提供证据，视为没有相应证据。但是，被诉行政行为涉及第三人合法权益，第三人提供证据的除外。

第三十七条 原告可以提供证明行政行为违法的证据。原告提供的证据不成立的，不免除被告的举证责任。

第三十八条 在起诉被告不履行法定职责的案件中，原告应当提供其向被告提出申请的证据。但有下列情形之一的除外：

（一）被告应当依职权主动履行法定职责的；

（二）原告因正当理由不能提供证据的。

在行政赔偿、补偿的案件中，原告应当对行政行为造成的损害提供证据。因被告的原因导致原告无法举证的，由被告承担举证责任。

第三十九条　人民法院有权要求当事人提供或者补充证据。

第四十条　人民法院有权向有关行政机关以及其他组织、公民调取证据。但是，不得为证明行政行为的合法性调取被告作出行政行为时未收集的证据。

第四十四条　对属于人民法院受案范围的行政案件，公民、法人或者其他组织可以先向行政机关申请复议，对复议决定不服的，再向人民法院提起诉讼；也可以直接向人民法院提起诉讼。

法律、法规规定应当先向行政机关申请复议，对复议决定不服再向人民法院提起诉讼的，依照法律、法规的规定。

第四十五条　公民、法人或者其他组织不服复议决定的，可以在收到复议决定书之日起十五日内向人民法院提起诉讼。复议机关逾期不作决定的，申请人可以在复议期满之日起十五日内向人民法院提起诉讼。法律另有规定的除外。

第四十六条　公民、法人或者其他组织直接向人民法院提起诉讼的，应当自知道或者应当知道作出行政行为之日起六个月内提出。法律另有规定的除外。

因不动产提起诉讼的案件自行政行为作出之日起超过二十年，其他案件自行政行为作出之日起超过五年提起诉讼的，人民法院不予受理。

第四十七条　公民、法人或者其他组织申请行政机关履行保护其人身权、财产权等合法权益的法定职责，行政机关在接到申请之日起两个月内不履行的，公民、法人或者其他组织可以向人民法院提起诉讼。法律、法规对行政机关履行职责的期限另有规定的，从其规定。

公民、法人或者其他组织在紧急情况下请求行政机关履行保护其人身权、财产权等合法权益的法定职责，行政机关不履行的，提起诉讼不受前款规定期限的限制。

第四十九条　提起诉讼应当符合下列条件：

（一）原告是符合本法第二十五条规定的公民、法人或者其他组织；

（二）有明确的被告；

（三）有具体的诉讼请求和事实根据；

（四）属于人民法院受案范围和受诉人民法院管辖。

第六十条 人民法院审理行政案件，不适用调解。但是，行政赔偿、补偿以及行政机关行使法律、法规规定的自由裁量权的案件可以调解。

调解应当遵循自愿、合法原则，不得损害国家利益、社会公共利益和他人合法权益。

第六十一条 在涉及行政许可、登记、征收、征用和行政机关对民事争议所作的裁决的行政诉讼中，当事人申请一并解决相关民事争议的，人民法院可以一并审理。

在行政诉讼中，人民法院认为行政案件的审理需以民事诉讼的裁判为依据的，可以裁定中止行政诉讼。

第六十四条 人民法院在审理行政案件中，经审查认为本法第五十三条规定的规范性文件不合法的，不作为认定行政行为合法的依据，并向制定机关提出处理建议。

第七十条 行政行为有下列情形之一的，人民法院判决撤销或者部分撤销，并可以判决被告重新作出行政行为：

（一）主要证据不足的；

（二）适用法律、法规错误的；

（三）违反法定程序的；

（四）超越职权的；

（五）滥用职权的；

（六）明显不当的。

第七十一条 人民法院判决被告重新作出行政行为的，被告不得以同一的事实和理由作出与原行政行为基本相同的行政行为。

第七十四条 行政行为有下列情形之一的，人民法院判决确认违法，但不撤销行政行为：

（一）行政行为依法应当撤销，但撤销会给国家利益、社会公共利益造成重大损害的；

（二）行政行为程序轻微违法，但对原告权利不产生实际影响的。

行政行为有下列情形之一，不需要撤销或者判决履行的，人民法院判决确认违法：

（一）行政行为违法，但不具有可撤销内容的；

（二）被告改变原违法行政行为，原告仍要求确认原行政行为违法的；

（三）被告不履行或者拖延履行法定职责，判决履行没有意义的。

第七十五条 行政行为有实施主体不具有行政主体资格或者没有依据等重大且明显违法情形，原告申请确认行政行为无效的，人民法院判决确认无效。

第七十六条 人民法院判决确认违法或者无效的，可以同时判决责令被告采取补救措施；给原告造成损失的，依法判决被告承担赔偿责任。

第七十九条 复议机关与作出原行政行为的行政机关为共同被告的案件，人民法院应当对复议决定和原行政行为一并作出裁判。

◆《国家赔偿法》

第四条 行政机关及其工作人员在行使行政职权时有下列侵犯财产权情形之一的，受害人有取得赔偿的权利：

（一）违法实施罚款、吊销许可证和执照、责令停产停业、没收财物等行政处罚的；

（二）违法对财产采取查封、扣押、冻结等行政强制措施的；

（三）违法征收、征用财产的；

（四）造成财产损害的其他违法行为。

第五条 属于下列情形之一的，国家不承担赔偿责任：

（一）行政机关工作人员与行使职权无关的个人行为；

（二）因公民、法人和其他组织自己的行为致使损害发生的；

（三）法律规定的其他情形。

第六条 受害的公民、法人和其他组织有权要求赔偿。

受害的公民死亡，其继承人和其他有扶养关系的亲属有权要求赔偿。

受害的法人或者其他组织终止的，其权利承受人有权要求赔偿。

第七条 行政机关及其工作人员行使行政职权侵犯公民、法人和其他组织的合法权益造成损害的，该行政机关为赔偿义务机关。

两个以上行政机关共同行使行政职权时侵犯公民、法人和其他组织的合法权益造成损害的，共同行使行政职权的行政机关为共同赔偿义务机关。

法律、法规授权的组织在行使授予的行政权力时侵犯公民、法人和其他组织的合法权益造成损害的，被授权的组织为赔偿义务机关。

受行政机关委托的组织或者个人在行使受委托的行政权力时侵犯公民、法人和其他组织的合法权益造成损害的，委托的行政机关为赔偿义务机关。

赔偿义务机关被撤销的，继续行使其职权的行政机关为赔偿义务机关；没有继续行使其职权的行政机关的，撤销该赔偿义务机关的行政机关为赔偿义务机关。

第八条 经复议机关复议的，最初造成侵权行为的行政机关为赔偿义务机关，但复议机关的复议决定加重损害的，复议机关对加重的部分履行赔偿义务。

第九条 赔偿义务机关有本法第三条、第四条规定情形之一的，应当给予赔偿。

赔偿请求人要求赔偿，应当先向赔偿义务机关提出，也可以在申请行政复议或者提起行政诉讼时一并提出。

第十条 赔偿请求人可以向共同赔偿义务机关中的任何一个赔偿义务机关要求赔偿，该赔偿义务机关应当先予赔偿。

第十一条 赔偿请求人根据受到的不同损害，可以同时提出数项赔偿要求。

第十二条 要求赔偿应当递交申请书，申请书应当载明下列事项：

（一）受害人的姓名、性别、年龄、工作单位和住所，法人或者其他组织的名称、住所和法定代表人或者主要负责人的姓名、职务；

（二）具体的要求、事实根据和理由；

（三）申请的年、月、日。

赔偿请求人书写申请书确有困难的，可以委托他人代书；也可以口头申请，由赔偿义务机关记入笔录。

赔偿请求人不是受害人本人的，应当说明与受害人的关系，并提供相应证明。

赔偿请求人当面递交申请书的，赔偿义务机关应当当场出具加盖本行政机关专用印章并注明收讫日期的书面凭证。申请材料不齐全的，赔偿义务机关应当当场或者在五日内一次性告知赔偿请求人需要补正的全部内容。

第十三条 赔偿义务机关应当自收到申请之日起两个月内，作出是否赔偿的决定。赔偿义务机关作出赔偿决定，应当充分听取赔偿请求人的意见，并可以与赔偿请求人就赔偿方式、赔偿项目和赔偿数额依照本法第四章的规定进行协商。

赔偿义务机关决定赔偿的，应当制作赔偿决定书，并自作出决定之日起十日内送达赔偿请求人。

赔偿义务机关决定不予赔偿的，应当自作出决定之日起十日内书面通知赔偿请求人，并说明不予赔偿的理由。

第十四条　赔偿义务机关在规定期限内未作出是否赔偿的决定，赔偿请求人可以自期限届满之日起三个月内，向人民法院提起诉讼。

赔偿请求人对赔偿的方式、项目、数额有异议的，或者赔偿义务机关作出不予赔偿决定的，赔偿请求人可以自赔偿义务机关作出赔偿或者不予赔偿决定之日起三个月内，向人民法院提起诉讼。

第十五条　人民法院审理行政赔偿案件，赔偿请求人和赔偿义务机关对自己提出的主张，应当提供证据。

赔偿义务机关采取行政拘留或者限制人身自由的强制措施期间，被限制人身自由的人死亡或者丧失行为能力的，赔偿义务机关的行为与被限制人身自由的人的死亡或者丧失行为能力是否存在因果关系，赔偿义务机关应当提供证据。

第十六条　赔偿义务机关赔偿损失后，应当责令有故意或者重大过失的工作人员或者受委托的组织或者个人承担部分或者全部赔偿费用。

对有故意或者重大过失的责任人员，有关机关应当依法给予处分；构成犯罪的，应当依法追究刑事责任。

第三十二条　国家赔偿以支付赔偿金为主要方式。

能够返还财产或者恢复原状的，予以返还财产或者恢复原状。

第三十六条　侵犯公民、法人和其他组织的财产权造成损害的，按照下列规定处理：

（一）处罚款、罚金、追缴、没收财产或者违法征收、征用财产的，返还财产；

（二）查封、扣押、冻结财产的，解除对财产的查封、扣押、冻结，造成财产损坏或者灭失的，依照本条第三项、第四项的规定赔偿；

（三）应当返还的财产损坏的，能够恢复原状的恢复原状，不能恢复原状的，按照损害程度给付相应的赔偿金；

（四）应当返还的财产灭失的，给付相应的赔偿金；

（五）财产已经拍卖或者变卖的，给付拍卖或者变卖所得的价款；变卖的价款明显低于财产价值的，应当支付相应的赔偿金；

（六）吊销许可证和执照、责令停产停业的，赔偿停产停业期间必要的经常性费用开支；

（七）返还执行的罚款或者罚金、追缴或者没收的金钱，解除冻结的存款或者汇款的，应当支付银行同期存款利息；

（八）对财产权造成其他损害的，按照直接损失给予赔偿。

第三十七条 赔偿费用列入各级财政预算。

赔偿请求人凭生效的判决书、复议决定书、赔偿决定书或者调解书，向赔偿义务机关申请支付赔偿金。

赔偿义务机关应当自收到支付赔偿金申请之日起七日内，依照预算管理权限向有关的财政部门提出支付申请。财政部门应当自收到支付申请之日起十五日内支付赔偿金。

赔偿费用预算与支付管理的具体办法由国务院规定。

◆**《最高人民法院关于审理房屋登记案件若干问题的规定》**

第七条 房屋登记行政案件由房屋所在地人民法院管辖，但有下列情形之一的也可由被告所在地人民法院管辖：

（一）请求房屋登记机构履行房屋转移登记、查询、复制登记资料等职责的；

（二）对房屋登记机构收缴房产证行为提起行政诉讼的；

（三）对行政复议改变房屋登记行为提起行政诉讼的。

第八条 当事人以作为房屋登记行为基础的买卖、共有、赠与、抵押、婚姻、继承等民事法律关系无效或者应当撤销为由，对房屋登记行为提起行政诉讼的，人民法院应当告知当事人先行解决民事争议，民事争议处理期间不计算在行政诉讼起诉期限内；已经受理的，裁定中止诉讼。

第九条 被告对被诉房屋登记行为的合法性负举证责任。被告保管证据原件的，应当在法庭上出示。被告不保管原件的，应当提交与原件核对一致的复印件、复制件并作出说明。当事人对被告提交的上述证据提出异议的，应当提供相应的证据。

第十条 被诉房屋登记行为合法的，人民法院应当判决驳回原告的诉讼请求。

第十一条 被诉房屋登记行为涉及多个权利主体或者房屋可分，其中部分主体或者房屋的登记违法应予撤销的，可以判决部分撤销。

被诉房屋登记行为违法，但该行为已被登记机构改变的，判决确认被诉行为违法。

被诉房屋登记行为违法，但判决撤销将给公共利益造成重大损失或者房屋已为第三人善意取得的，判决确认被诉行为违法，不撤销登记行为。

第十二条　申请人提供虚假材料办理房屋登记，给原告造成损害，房屋登记机构未尽合理审慎职责的，应当根据其过错程度及其在损害发生中所起作用承担相应的赔偿责任。

第十三条　房屋登记机构工作人员与第三人恶意串通违法登记，侵犯原告合法权益的，房屋登记机构与第三人承担连带赔偿责任。

第十四条　最高人民法院以前所作的相关的司法解释，凡与本规定不一致的，以本规定为准。

农村集体土地上的房屋登记行政案件参照本规定。

案例评议

中国银行江西分行诉南昌市房管局违法办理抵押登记纠纷案①

◆ 裁判规则

办理房地产抵押登记是抵押合同生效的前提条件。南昌市房管局在本案中违反职业规范，未尽必要的注意义务，为持有假房产证实施诈骗的天龙公司办理抵押登记手续，并明示信托公司可以办理贷款。信托公司基于对房产登记机关所办抵押登记行为的信赖，为天龙公司发放贷款，致使信托公司遭受了财产损失。虽然本案贷款人天龙公司是造成信托公司财产损失的直接责任人，但是南昌市房管局的违法行为客观上为天龙公司骗取贷款提供了条件，其违法出具他项权利证明的行为与信托公司财产损失之间存在法律上的利害关系和因果关系。南昌市房管局对其违法办理抵押登记而酿成信托公司财产损失的后果，在天龙公司无法偿还贷款的情况下，应当承担相应的过失赔偿责任。

◆ 评议

房管局是国家法定的房产抵押登记行政机关，在履行房屋抵押登记职责时，应当根据相关的法律法规认真履行职责以保障相关权利人的合法权益。如果未尽到应有之必要注意义务，并因此造成他人财产损失的，应当依国家赔偿法承

① 《最高人民法院公报》2004 年第 2 期。

担相应的赔偿责任。这也意味着不动产抵押登记部门承担赔偿责任有其必要的构成要件，首先登记机关有不当作为存在，其次已经发生实际的损害结果，最后登记机关的不当作为与损害结果之间存在因果关系，因果关系的要求也代表着登记机关在其责任份额内赔偿损失。

第二百二十三条 【不动产登记的收费标准】

不动产登记费按件收取，不得按照不动产的面积、体积或者价款的比例收取。

本条来源

《物权法》第二十二条规定："不动产登记费按件收取，不得按照不动产的面积、体积或者价款的比例收取。具体收费标准由国务院有关部门会同价格主管部门规定。"物权编在该条基础上删除了"具体收费标准由国务院有关部门会同价格主管部门规定"的规定。此外，《国家发展改革委、财政部关于不动产登记收费标准等有关问题的通知》对具体的收费标准有相关细化规定。

立法演变

物权编一审稿第十九条规定："不动产登记费按件收取，不得按照不动产的面积、体积或者价款的比例收取。"此后各稿延续一审稿的规定。

条文释义

本条是关于不动产登记收费标准的规定。本条规定较于物权法而言收回了对国务院有关部门会同价格主管部门另行制定相关收费标准的授权。这一修改不影响开展不动产登记工作，有关部门将按照其各自职责办理相关业务。不动产登记的收费问题关乎广大人民群众的切身利益，本条对不动产登记费作出原则性规定，规定不动产登记费按件收取，不得按照不动产的面积、体积或者价款的比例收取，对于规范、统一我国不动产登记收费制度，鼓励当事人办理不动产登记具有重大意义。其他更具体的不动产登记相关事项可以关注未来的不动产登记法立法。

法条关联

◆《国家发展改革委、财政部关于不动产登记收费标准等有关问题的通知》（全文）
◆《财政部、国家发展改革委关于不动产登记收费有关政策问题的通知》（全文）

第二节　动产交付

第二百二十四条　【动产物权变动生效要件】

动产物权的设立和转让，自交付时发生效力，但是法律另有规定的除外。

本条来源

《民法通则》第七十二条规定："财产所有权的取得，不得违反法律规定。按照合同或者其他合法方式取得财产的，财产所有权从财产交付时起转移，法律另有规定或者当事人另有约定的除外。"《合同法》第一百三十三条规定："标的物的所有权自标的物交付时起转移，但法律另有规定或者当事人另有约定的除外。"然而，上述规定的"法律规定"或"法律另有规定"究竟是指什么呢？《物权法》第二十三条给予了明确的回答。该条规定："动产物权的设立和转让，自交付时发生效力，但法律另有规定的除外。"本条除了语句完善外延续了该规定。

立法演变

物权编一审稿第二十条规定："动产物权的设立和转让，自交付时发生效力，但法律另有规定的除外。"二审稿将"但"改为"但是"，此后各稿延续了二审稿的规定。

条文释义

本条是关于动产物权变动以交付作为生效要件的规定。我国物权法律体系确立了物权公示原则，并将登记和交付分别作为不动产和动产物权变动的公示方法，以此维护当事人交易安全，切实保障其利益。对本条的理解应当注意以下几点：

交付是动产物权变动的生效要件。当事人之间只形成合意未进行标的物交付的，不发生动产物权的变动。易言之，动产的交付是物权变动的生效要件，否则就不发生物权变动的预期的法律效果。当事人通过合同约定了转让动产所有权或者就动产设立质权后，需要依法交付物的直接占有。这里的交付必须是基于权利人的意思，如果权利人没有使受让人取得标的物物权的意思，而受让人自行占有标的物的，也不会发生物权变动的法律效果。按照物权法定原则，交付应当采取物权法律规定的形式，必须是可以明确识别的方式，并确保受让人取得对标的物的管领力和支配权。交付是否完成，要看受让人是否取得对标的物的管领力和支配权，不应当局限于表面上对标的物的占有情况。交付不一定要权利人亲力亲为，可以由他人辅助完成。同时本条又规定了“法律另有规定的除外”，主要指本节对于动产物权变动规定的一些特殊情形，以及本章第三节规定的非依法律行为产生动产物权变动的情形等。

第二百二十五条　【特殊动产物权变动的登记对抗要件主义】

船舶、航空器和机动车等的物权的设立、变更、转让和消灭，未经登记，不得对抗善意第三人。

本条来源

《物权法》第二十四条规定：“船舶、航空器和机动车等物权的设立、变更、转让和消灭，未经登记，不得对抗善意第三人。”本条延续了该规定，同时本条关于特殊动产物权变动的登记对抗要件主义在我国《海商法》《民用航空法》以及《道路交通安全法》中也有相应的体现。

立法演变

物权编一审稿第二十一条规定：“船舶、航空器和机动车等物权的设立、变更、转让和消灭，未经登记，不得对抗善意第三人。”二审稿将一审稿中的

"等物权"改为"等的物权"。船舶、航空器和机动车属于"物"，一审稿的表达相当于"物等物权"，属于表达不当，所以二审稿予以完善。此后各稿延续了二审稿的规定。

条文释义

本条是关于特殊动产的登记对抗效力的规定。根据物权公示原则的要求，前条规定了动产物权变动的交付生效主义，本条基于物之特殊性对船舶、航空器和机动车等动产作了例外规定，该类动产物权的变动以登记作为对抗善意第三人的对抗要件。所谓善意第三人是指不知道也不应当知道特殊动产物权发生变动的相对人。

之所以这样规定，可能是基于以下几点考虑：首先，虽然该类动产具有"准不动产"的特征，但究其本质则依然属于动产范畴，仍应当遵循动产物权变动的公示方法，[①] 但由于船舶、航空器和机动车等动产的价值大于一般动产，所以一般都会登记，如果仍遵循交付作为动产物权变动的生效要件则不足以贯彻物权公示原则；其次，如果对于该类动产一律采用登记生效主义，则会影响交易便捷性，增加交易成本；再次，我国现行的立法对船舶和民用航空器均以登记作为物权变动的对抗要件，如我国《海商法》第九条[②]、《民用航空器》第十六条[③]；最后，从世界范围来看，较多的国家在对该类动产的处理上也采用登记对抗主义，物权编保留该规定，也有利于与世界法治保持同一轨道。

法条关联

◆《海商法》

第三条　本法所称船舶，是指海船和其他海上移动式装置，但是用于军事

---

① 李小年、李攀：《〈物权法〉第24条规定对船舶所有权变动的影响》，载《法学》2009年第11期，第111页。

② 《海商法》第九条规定，船舶所有权的取得、转让和消灭，应当向船舶登记机关登记；未经登记的，不得对抗第三人。

③ 《民用航空法》第十六条规定，设定民用航空器抵押权，由抵押权人和抵押人共同向国务院民用航空主管部门办理抵押权登记；未经登记的，不得对抗第三人。

的、政府公务的船舶和20总吨以下的小型船艇除外。

前款所称船舶，包括船舶属具。

第九条 船舶所有权的取得、转让和消灭，应当向船舶登记机关登记；未经登记的，不得对抗第三人。

船舶所有权的转让，应当签订书面合同。

第十三条 设定船舶抵押权，由抵押权人和抵押人共同向船舶登记机关办理抵押权登记；未经登记的，不得对抗第三人。

船舶抵押权登记，包括下列主要项目：

（一）船舶抵押权人和抵押人的姓名或者名称、地址；

（二）被抵押船舶的名称、国籍、船舶所有权证书的颁发机关和证书号码；

（三）所担保的债权数额、利息率、受偿期限。

船舶抵押权的登记状况，允许公众查询。

◆《民用航空法》

第五条 本法所称民用航空器，是指除用于执行军事、海关、警察飞行任务外的航空器。

第十四条 民用航空器所有权的取得、转让和消灭，应当向国务院民用航空主管部门登记；未经登记的，不得对抗第三人。

民用航空器所有权的转让，应当签订书面合同。

第十六条 设定民用航空器抵押权，由抵押权人和抵押人共同向国务院民用航空主管部门办理抵押权登记；未经登记的，不得对抗第三人。

◆《道路交通安全法》

第八条 国家对机动车实行登记制度。机动车经公安机关交通管理部门登记后，方可上道路行驶。尚未登记的机动车，需要临时上道路行驶的，应当取得临时通行牌证。

第十二条 有下列情形之一的，应当办理相应的登记：

（一）机动车所有权发生转移的；

（二）机动车登记内容变更的；

（三）机动车用作抵押的；

（四）机动车报废的。

第十四条 国家实行机动车强制报废制度，根据机动车的安全技术状况和不同用途，规定不同的报废标准。

应当报废的机动车必须及时办理注销登记。

达到报废标准的机动车不得上道路行驶。报废的大型客、货车及其他营运车辆应当在公安机关交通管理部门的监督下解体。

第一百一十九条　本法中下列用语的含义：

（一）“道路”，是指公路、城市道路和虽在单位管辖范围但允许社会机动车通行的地方，包括广场、公共停车场等用于公众通行的场所。

（二）“车辆”，是指机动车和非机动车。

（三）“机动车”，是指以动力装置驱动或者牵引，上道路行驶的供人员乘用或者用于运送物品以及进行工程专项作业的轮式车辆。

（四）“非机动车”，是指以人力或者畜力驱动，上道路行驶的交通工具，以及虽有动力装置驱动但设计最高时速、空车质量、外形尺寸符合有关国家标准的残疾人机动轮椅车、电动自行车等交通工具。

（五）“交通事故”，是指车辆在道路上因过错或者意外造成的人身伤亡或者财产损失的事件。

◆《船舶登记条例》

第二条　下列船舶应当依照本条例规定进行登记：

（一）在中华人民共和国境内有住所或者主要营业所的中国公民的船舶。

（二）依据中华人民共和国法律设立的主要营业所在中华人民共和国境内的企业法人的船舶。但是，在该法人的注册资本中有外商出资的，中方投资人的出资额不得低于百分之五十。

（三）中华人民共和国政府公务船舶和事业法人的船舶。

（四）中华人民共和国港务监督机构认为应当登记的其他船舶。

军事船舶、渔业船舶和体育运动船艇的登记依照有关法规的规定办理。

第三条　船舶经依法登记，取得中华人民共和国国籍，方可悬挂中华人民共和国国旗航行；未经登记的，不得悬挂中华人民共和国国旗航行。

第四条　船舶不得具有双重国籍。凡在外国登记的船舶，未中止或者注销原登记国国籍的，不得取得中华人民共和国国籍。

第五条　船舶所有权的取得、转让和消灭，应当向船舶登记机关登记；未经登记的，不得对抗第三人。

船舶由二个以上的法人或者个人共有的，应当向船舶登记机关登记；未经登记的，不得对抗第三人。

第六条 船舶抵押权、光船租赁权的设定、转移和消灭，应当向船舶登记机关登记；未经登记的，不得对抗第三人。

第五十六条 本条例下列用语的含义是：

（一）“船舶”系指各类机动、非机动船舶以及其他水上移动装置，但是船舶上装备的救生艇筏和长度小于5米的艇筏除外。

（二）“渔业船舶”系指从事渔业生产的船舶以及属于水产系统为渔业生产服务的船舶。

（三）“公务船舶”系指用于政府行政管理目的的船舶。

◆《渔港水域交通安全管理条例》

第二条 本条例适用于在中华人民共和国沿海以渔业为主的渔港和渔港水域（以下简称“渔港”和“渔港水域”）航行、停泊、作业的船舶、设施和人员以及船舶、设施的所有者、经营者。

第四条 本条例下列用语的含义是：

渔港是指主要为渔业生产服务和供渔业船舶停泊、避风、装卸渔获物和补充渔需物资的人工港口或者自然港湾。

渔港水域是指渔港的港池、锚地、避风湾和航道。

渔业船舶是指从事渔业生产的船舶以及属于水产系统为渔业生产服务的船舶，包括捕捞船、养殖船、水产运销船、冷藏加工船、油船、供应船、渔业指导船、科研调查船、教学实习船、渔港工程船、拖轮、交通船、驳船、渔政船和渔监船。

第十二条 渔业船舶在向渔政渔港监督管理机关申请船舶登记，并取得渔业船舶国籍证书或者渔业船舶登记证书后，方可悬挂中华人民共和国国旗航行。

◆《民用航空器权利登记条例》

第二条 在中华人民共和国办理民用航空器权利登记，应当遵守本条例。

第三条 国务院民用航空主管部门主管民用航空器权利登记工作，设立民用航空器权利登记簿，统一记载民用航空器权利登记事项。

同一民用航空器的权利登记事项应当记载于同一权利登记簿中。

第四条 办理民用航空器所有权、占有权或者抵押权登记的，民用航空器权利人应当按照国务院民用航空主管部门的规定，分别填写民用航空器所有权、占有权或者抵押权登记申请书，并向国务院民用航空主管部门提交本条例第五条至第七条规定的相应文件。

办理民用航空器优先权登记的，民用航空器优先权的债权人应当自援救或者保管维护工作终了之日起3个月内，按照国务院民用航空主管部门的规定，填写民用航空器优先权登记申请书，并向国务院民用航空主管部门提交足以证明其合法身份的文件和有关债权证明。

第十五条 民用航空器权利登记事项发生变更时，民用航空器权利人应当持有关的民用航空器权利登记证书和变更证明文件，向国务院民用航空主管部门办理变更登记。

民用航空器抵押合同变更时，由抵押权人和抵押人共同向国务院民用航空主管部门办理变更登记。

第十七条 遇有下列情形之一时，民用航空器权利人应当持有关的民用航空器权利登记证书和证明文件，向国务院民用航空主管部门办理注销登记：

（一）民用航空器所有权转移；

（二）民用航空器灭失或者失踪；

（三）民用航空器租赁关系终止或者民用航空器占有人停止占有；

（四）民用航空器抵押权所担保的债权消灭；

（五）民用航空器优先权消灭；

（六）国务院民用航空主管部门规定的其他情形。

◆《船舶登记办法》

第二条 本办法所称船舶登记，是指船舶登记机关按照《中华人民共和国船舶登记条例》的规定，对船舶所有权、船舶国籍、船舶抵押权、光船租赁、船舶烟囱标志和公司旗进行登记的行为。

第三条 下列船舶的登记适用本办法：

（一）在中华人民共和国境内有住所或者主要营业所的中国公民所有或者光船租赁的船舶；

（二）依据中华人民共和国法律设立的主要营业所在中华人民共和国境内的企业法人所有或者光船租赁的船舶。但是，在该法人的注册资本中有外商出资的，中方投资人的出资额不得低于50%；

（三）外商出资额超过50%的中国企业法人仅供本企业内部生产使用，不从事水路运输经营的趸船、浮船坞；

（四）中华人民共和国政府公务船舶和事业法人、社团法人和其他组织所有或者光船租赁的船舶；

（五）在自由贸易试验区注册的企业法人所有或者光船租赁的船舶。

军事船舶、渔业船舶和体育运动船艇的登记依照有关法规的规定办理。

第四条 交通运输部海事局负责全国船舶登记管理工作。

各级海事管理机构依据职责具体开展辖区内的船舶登记工作，以下简称船舶登记机关。

第五条 船舶登记港为船籍港。各船舶登记机关进行登记的船籍港范围由交通运输部海事局统一确定并对外公布。

船舶登记港由船舶所有人依据其住所或者主要营业所所在地就近选择，但是不得选择两个或者两个以上的船舶登记港。

由企业法人依法成立的开展经营活动的分支机构经营的船舶，可以依据分支机构营业场所所在地就近选择船舶登记港。融资租赁的船舶，可以由租赁双方依其约定，在出租人或者承租人住所地或者主要营业所所在地就近选择船舶登记港。

光租外国籍船舶的，由船舶承租人依据其住所地或者主要营业所所在地就近选择船舶登记港，但是不得选择两个或者两个以上的船舶登记港。

第七条 船舶登记机关应当建立船舶登记簿。

船舶登记簿可以采用电子介质，也可以采用纸质介质。船舶登记簿采用电子介质的，应当定期进行异地备份，并具有唯一、确定的纸质转化形式。

船舶登记簿由船舶登记机关管理和永久保存。船舶登记簿损毁、灭失的，船舶登记机关应当依据原有登记资料予以重建。

第七十五条 长度小于5米的艇筏的登记可以参照本办法执行。

游艇登记另有规定的，从其规定。

◆**《渔业船舶登记办法》**

第二条 中华人民共和国公民、法人或非法人组织所有的渔业船舶，以及中华人民共和国公民、法人或非法人组织以光船条件从境外租进的渔业船舶，应当依照本办法进行登记。

第三条　农业部主管全国渔业船舶登记工作。中华人民共和国渔政局具体负责全国渔业船舶登记及其监督管理工作。

县级以上地方人民政府渔业行政主管部门主管本行政区域内的渔业船舶登记工作。县级以上地方人民政府渔业行政主管部门所属的渔港监督机关（以下称登记机关）依照规定权限负责本行政区域内的渔业船舶登记及其监督管理工作。

第四条　渔业船舶依照本办法进行登记，取得中华人民共和国国籍，方可悬挂中华人民共和国国旗航行。

第五条　渔业船舶不得具有双重国籍。凡在境外登记的渔业船舶，未中止或者注销原登记国籍的，不得取得中华人民共和国国籍。

第六条　渔业船舶所有人应当向户籍所在地或企业注册地的县级以上登记机关申请办理渔业船舶登记。

远洋渔业船舶登记由渔业船舶所有人向所在地省级登记机关申请办理。中央在京直属企业所属远洋渔业船舶登记由渔业船舶所有人向船舶所在地的省级登记机关申请办理。

渔业船舶登记的港口是渔业船舶的船籍港。每艘渔业船舶只能有一个船籍港。

省级登记机关应当根据本行政区域渔业船舶管理实际确定省级以下登记机关的登记权限和船籍港名称，并对外公告。

第七条　登记机关应当建立渔业船舶登记簿，并将渔业船舶登记的内容载入渔业船舶登记簿。

权利人和利害关系人有权依法查阅渔业船舶登记簿。

第八条　登记机关应当将登记的事项、依据、条件、程序、期限以及需要提交的全部材料目录和申请书示范文本在办公场所进行公示。

登记机关应当自受理申请之日起二十个工作日内作出是否准予渔业船舶登记的决定。不予登记的，书面通知当事人并说明理由。

第十四条　渔业船舶所有权的取得、转让和消灭，应当依照本办法进行登记；未经登记的，不得对抗善意第三人。

第二十四条　渔业船舶抵押权的设定、转移和消灭，抵押权人和抵押人应当共同依照本办法进行登记；未经登记的，不得对抗善意第三人。

第三十三条 下列登记事项发生变更的，渔业船舶所有人应当向原登记机关申请变更登记：

（一）船名；

（二）船舶主尺度、吨位或船舶种类；

（三）船舶主机类型、数量或功率；

（四）船舶所有人姓名、名称或地址（船舶所有权发生转移的除外）；

（五）船舶共有情况；

（六）船舶抵押合同、租赁合同（解除合同的除外）。

第五十二条 本办法所称渔业船舶，系指《中华人民共和国渔港水域交通安全管理条例》第四条规定的渔业船舶。

◆ **《民用航空器权利登记条例实施办法》**

第二条 中国民用航空总局民用航空器权利登记职能部门（以下称登记部门），负责办理民用航空器权利登记的具体事宜。

第三条 登记部门设立和保管民用航空器权利登记簿，统一记载民用航空器权利登记事项。

第四条 民用航空器权利人认为需要进行权利登记的，可申请办理民用航空器权利登记。

◆ **《机动车登记规定》**

第二条 本规定由公安机关交通管理部门负责实施。

省级公安机关交通管理部门负责本省（自治区、直辖市）机动车登记工作的指导、检查和监督。直辖市公安机关交通管理部门车辆管理所、设区的市或者相当于同级的公安机关交通管理部门车辆管理所负责办理本行政辖区内机动车登记业务。

县级公安机关交通管理部门车辆管理所可以办理本行政辖区内摩托车、三轮汽车、低速载货汽车登记业务。条件具备的，可以办理除进口机动车、危险化学品运输车、校车、中型以上载客汽车以外的其他机动车登记业务。具体业务范围和办理条件由省级公安机关交通管理部门确定。

警用车辆登记业务按照有关规定办理。

第五条 初次申领机动车号牌、行驶证的，机动车所有人应当向住所地的车辆管理所申请注册登记。

第十条　已注册登记的机动车有下列情形之一的，机动车所有人应当向登记地车辆管理所申请变更登记：

（一）改变车身颜色的；

（二）更换发动机的；

（三）更换车身或者车架的；

（四）因质量问题更换整车的；

（五）营运机动车改为非营运机动车或者非营运机动车改为营运机动车等使用性质改变的；

（六）机动车所有人的住所迁出或者迁入车辆管理所管辖区域的。

机动车所有人为两人以上，需要将登记的所有人姓名变更为其他所有人姓名的，可以向登记地车辆管理所申请变更登记。

属于本条第一款第（一）项、第（二）项和第（三）项规定的变更事项的，机动车所有人应当在变更后十日内向车辆管理所申请变更登记；属于本条第一款第（六）项规定的变更事项的，机动车所有人申请转出前，应当将涉及该车的道路交通安全违法行为和交通事故处理完毕。

第十八条　已注册登记的机动车所有权发生转移的，现机动车所有人应当自机动车交付之日起三十日内向登记地车辆管理所申请转移登记。

机动车所有人申请转移登记前，应当将涉及该车的道路交通安全违法行为和交通事故处理完毕。

第二十二条　机动车所有人将机动车作为抵押物抵押的，应当向登记地车辆管理所申请抵押登记；抵押权消灭的，应当向登记地车辆管理所申请解除抵押登记。

第二十七条　已达到国家强制报废标准的机动车，机动车所有人向机动车回收企业交售机动车时，应当填写申请表，提交机动车登记证书、号牌和行驶证。机动车回收企业应当确认机动车并解体，向机动车所有人出具《报废机动车回收证明》。报废的校车、大型客、货车及其他营运车辆应当在车辆管理所的监督下解体。

机动车回收企业应当在机动车解体后七日内将申请表、机动车登记证书、号牌、行驶证和《报废机动车回收证明》副本提交车辆管理所，申请注销登记。

车辆管理所应当自受理之日起一日内，审查提交的证明、凭证，收回机动车登记证书、号牌、行驶证，出具注销证明。

第二十八条 除本规定第二十七条规定的情形外，机动车有下列情形之一的，机动车所有人应当向登记地车辆管理所申请注销登记：

（一）机动车灭失的；

（二）机动车因故不在我国境内使用的；

（三）因质量问题退车的。

已注册登记的机动车有下列情形之一的，登记地车辆管理所应当办理注销登记：

（一）机动车登记被依法撤销的；

（二）达到国家强制报废标准的机动车被依法收缴并强制报废的。

属于本条第一款第（二）项和第（三）项规定情形之一的，机动车所有人申请注销登记前，应当将涉及该车的道路交通安全违法行为和交通事故处理完毕。

第四十七条 机动车所有人发现登记内容有错误的，应当及时要求车辆管理所更正。车辆管理所应当自受理之日起五日内予以确认。确属登记错误的，在机动车登记证书上更正相关内容，换发行驶证。需要改变机动车号牌号码的，应当收回号牌、行驶证，确定新的机动车号牌号码，重新核发号牌、行驶证和检验合格标志。

◆《最高人民法院研究室关于如何认定买卖合同中机动车财产所有权转移时间问题的复函》

……

关于如何认定买卖合同中机动车财产所有权转移时间问题，需进一步研究后才能作出规定，但请示中涉及的具体案件，应认定机动车所有权从机动车交付时起转移。

第二百二十六条 【动产物权受让人先行占有】

动产物权设立和转让前，权利人已经占有该动产的，物权自民事法律行为生效时发生效力。

本条来源

《物权法》第二十五条规定："动产物权设立和转让前，权利人已经依法占有该动产的，物权自法律行为生效时发生效力。"本条在此基础上删除了"依法"，其他延续了该规定。《合同法》第一百四十条也规定，标的物在订立合同之前已为买受人占有的，合同生效的时间为交付时间。

立法演变

物权编一审稿第二十二条规定："动产物权设立和转让前，权利人已经占有该动产的，物权自民事法律行为生效时发生效力。"此后各稿延续一审稿的规定。

条文释义

本条是关于动产物权受让人先行占有的规定。这是动产物权变动交付中的一种特殊情形，受让人在动产物权变动前已先行占有该动产的，出让人如再转让其动产物权或者就动产设立质权的，则无需再进行现实交付，双方订立的所有权转移合同或者质权合同生效时标的动产即发生物权变动的效力。这实质上是以动产物权让与合意代替现实交付，是一种观念上的交付。由于受让人在相关合同生效时已经占有了标的动产，随后又依据法律行为取得了动产物权，相当于动产交付的公示行为已经提前完成，所以该形式并没有破坏动产物权变动的一般原则。值得注意的是，本条采用了"民事法律行为"之概念，该行为应当满足相应要件，即行为人具备相应的民事行为能力；行为人作出行为时的意思表示真实，意图通过该行为实现设立、变更、终止民事权利义务的法律效果；同时该行为不得违反法律和公序良俗等。

第二百二十七条　【指示交付】

动产物权设立和转让前，第三人占有该动产的，负有交付义务的人可以通过转让请求第三人返还原物的权利代替交付。

本条来源

《物权法》第二十六条规定："动产物权设立和转让前，第三人依法占有该动产的，负有交付义务的人可以通过转让请求第三人返还原物的权利代替交付。"本条在此基础上删除了"依法"，其他延续了该规定。此外关于指示交付原则的适用，在《最高人民法院关于适用〈中华人民共和国担保法〉若干问题的解释》第八十八条也有相应规定："出质人以间接占有的财产出质的，质押合同自书面通知送达占有人时视为移交。占有人收到出质通知后，仍接受出质人的指示处分出质财产的，该行为无效。"

立法演变

物权编一审稿第二十三条规定："动产物权设立和转让前，第三人占有该动产的，负有交付义务的人可以通过转让请求第三人返还原物的权利代替交付。"此后各稿延续一审稿的规定。

条文释义

本条是关于指示交付的规定。所谓指示交付是指当事人在动产物权设立和转让时，如果该动产已经由第三人占有，负有交付义务的人可以将其对第三人的返还请求权转让给新的权利人，以代替物的实际交付。① 指示交付又被称为让与返还请求权或返还请求权的代位。对于本条的理解，应当掌握以下几点：

首先，关于让与人所让与的返还请求权的范围。在学术界存有三种说法，有的学者认为所让与的返还请求权是债权请求权，受让人基于与让与人之间达成的契约关系从而取得对标的物的间接占有的让与请求权，该请求权也是受让人行使合意项下债权的体现；有的学者认为所让与的返还请求权是一种物权返还请求权，通过让与物权返还请求权从而实现物权的交付；也有的学者认为前述两种权利皆有。本书更加赞同所让与的是原物返还请求权，如果让与人对所转让的标的物不享有原物返还请求权，则也不享有处分权，更谈不上以指示交

① 浙江省嘉兴市中级人民法院（2009）浙嘉商终字第473号民事判决书。

付的方式来达到动产物权变动的效果。

其次，让与人对特定的第三人享有返还请求权。如果占有该标的物的第三人为不特定的人，受让人则无从行使该受让的返还请求权，该种情况下，不能称之为指示交付。

再次，让与人与受让人达成让与返还请求权的合意生效时，请求权发生并代替交付。在指示交付的情景下，双方不以实际交付作为物权变动的生效要件，只要双方所达成的合意生效，则物权发生变动。

本次物权编删除了指示交付中第三人占有动产时“依法”之要求，按《物权法》规定，在第三人非依法占有之场合，只能由转让人先从占有动产之第三人处收回动产，再完成动产物权变动之交付，该过程会增加当事人间的交易成本。物权编的修改扩大了指示交付的适用场合，将“依法”之要求删除，使得第三人对动产占有由享有本权到无权占有等情形下，转让人均可以通过指示交付便捷地完成动产交付。

案例评议

中国建设银行股份有限公司广州荔湾支行诉广东蓝粤能源发展有限公司等信用证开证纠纷案①

◆ 裁判规则

提单具有所有权凭证和债权凭证的双重属性。基于不同的法律关系，提单持有人享有不同的权利。如果仅仅是基于委托保管提单的法律关系，提单持有人固然可凭单要求承运人交付货物，但如其主张对货物享有所有权或他物权，则显然不具有合法性和正当性；在基于货物买卖关系的情况下，交付提单，就是转让提单所表征的债权请求权及物权请求权，构成《物权法》第二十六条所规定的指示交付，产生提单项下货物所有权转移的法律效果；在基于设立提单权利质押关系的情况下，交付提单，产生提单权利质押设立的法律效果。也就是说，虽然提单的交付可以与提单项下货物的交付一样产生提单项下货物物权变动的法律效果，但提单持有人是否就因受领提单的交付而取得物权以及取得

① 最高人民法院（2015）民提字第126号，最高人民法院公布的指导案例第111号。

何种类型的物权，均取决于其所依据的合同如何约定。其中的道理与动产交付一样，动产占有人受领动产的交付，究竟是享有所有权、动产质权，还是基于合同关系的占有，均取决于当事人之间的合同如何约定。

◆ **评议**

根据本条规定，指示交付并不以通知实际占有动产的第三人作为完成交付的必要条件。即便是提单仅具有债权凭证属性，参照《民法典》合同编第五百四十六条第一款关于“债权人转让债权，未通知债务人的，该转让对债务人不发生效力”的规定，提单交付之时，即可发生债权请求权转让的效力，进而完成提单项下货物的指示交付。只是未经通知，其债权请求权的转让对提单项下货物实际占有人不能发生对抗效力而已，不能由此得出“不构成提单项下货物交付”的结论。

第二百二十八条　【占有改定】

动产物权转让时，当事人又约定由出让人继续占有该动产的，物权自该约定生效时发生效力。

本条来源

《物权法》第二十七条规定：“动产物权转让时，双方又约定由出让人继续占有该动产的，物权自该约定生效时发生效力。”本条延续了该规定。

立法演变

物权编一审稿第二十四条规定：“动产物权转让时，双方又约定由出让人继续占有该动产的，物权自该约定生效时发生效力。”二审稿延续了一审稿的规定。征求意见稿基于法律用语的严谨性，将“双方”改为“当事人”。

条文释义

本条是关于占有改定的规定，占有改定是交付中的一种特殊情形，相比其他的交付形式而言，也是公示性比较弱的一种交付形式。所谓占有改定，是指转让动产物权时，出让人与受让人约定，由出让人继续占有该动产，受让人取得该动产的间接占有，以代替现实交付。占有改定需要满足三个要件：一是出让人与受让人平等协商后达成动产物权转让的合意，二是当事人就受让人间接占有动产达成约定，三是占有改定前出让人已经直接或间接占有标的物。

由于占有改定并没有实质上转移标的物的占有，受让人并没有现实接受占有，所以占有改定并未形成物权法上所言的物权变动的外观，基于这一原因，占有改定是否能够成为物权公示的方法，一直也是存有争议的。但实际上占有改定是符合合同约定的交付方式，当事人之间通过意思自治的方式对物权变动的方式进行约定——占有改定前，出让人的占有意思为自主占有，即以所有人的意思占有该物；当该物所有权以占有改定的方式移转于受让人时，出让人的占有意思转变为他主占有，即不再以所有人的意思占有该物。[①] 物权编关于交付的规定系任意性规定，可以由当事人通过合意约定，也体现了市场经济条件下对当事人意思自治原则的尊重和倡导，有利于更好地实现物尽其用。

第三节 其他规定

第二百二十九条 【基于法律文书和征收决定的物权变动】

因人民法院、仲裁机构的法律文书或者人民政府的征收决定等，导致物权设立、变更、转让或者消灭的，自法律文书或者征收决定等生效时发生效力。

本条来源

《物权法》第二十八条规定："因人民法院、仲裁委员会的法律文书或者人民政府的征收决定等，导致物权设立、变更、转让或者消灭的，自法律文书或者人民政府的征收决定等生效时发生效力。"本条在修改部分法律用语的基础上延续了该规定。《最高人民法院关于适用〈中华人民共和国物权法〉若干问题

① MünchKommBGB/Joost, 5. Aufl., 2009, §868 Rn. 17.

的解释（一）》第七条也明确指出，人民法院、仲裁委员会在分割共有不动产或者动产等案件中作出并依法生效的改变原有物权关系的判决书、裁决书、调解书，以及人民法院在执行程序中作出的拍卖成交裁定书、以物抵债裁定书，应当认定为物权法第二十八条所称导致物权设立、变更、转让或者消灭的人民法院、仲裁委员会的法律文书。

立法演变

物权编一审稿第二十五条规定："因人民法院、仲裁委员会的法律文书或者人民政府的征收决定等，导致物权设立、变更、转让或者消灭的，自法律文书或者人民政府的征收决定等生效时发生效力。"二审稿将一审稿中的第二个"人民政府的征收决定"改为"征收决定"，避免法律用语的重复性；征求意见稿在二审稿基础上将"仲裁委员会"改为"仲裁机构"，扩大了法律文书的来源范围。

条文释义

本条是关于基于生效法律文书和征收决定引起的物权变动的规定。根据引起物权发生变动的原因不同，物权变动可以分为两类，一是基于法律行为的物权变动，二是基于法律规定的物权变动，本条明显属于后者。基于法律行为引起的物权变动，我们在前文中已经进行了论述，在法律行为引起物权变动的时候，需要通过登记或交付贯彻物权公示的原则，使物上的法律关系清晰明确，提高交易效率，维护交易安全。① 本条是物权变动的例外性规定。之所以要例外地对因生效法律文书、公用征收决定等引起物权变动的后果予以法律上的承认，一方面是由于因法律文书导致的物权变动并非基于法律行为的物权变动，因此不存在当事人变动物权的意思表示。既然不存在当事人变动物权的意思表示，就意味着没有物权交易，自然也不存在提高交易效率、维护交易安全的需要。② 另一方面则是因为上述行为有国家公权力的介入和确认，已经满足了物权进行公示的公信力的要求，具有较强的公示性。如果在有上述行为的确认

① Vgl. Wolfgang Lueke, Sachenrecht, Beck, 2009, Rn. 227.

② 程啸：《因法律文书导致的物权变动》，载《法学》2013 年第 1 期，第 80 页。

之下仍然要拘泥于不动产物权的登记主义和动产物权的交付主义，则存在一定程度上的资源浪费，且会导致就同一物权存在多份公权力的公示行为。故本条的规定是对物权公示原则的有益补充，而非对物权公示原则的破坏。这种二分式的物权变动规则立法模式并非我国独有，在诸多域外立法例中也有类似规定。

法条关联

◆《民事诉讼法》

第九十七条 调解达成协议，人民法院应当制作调解书。调解书应当写明诉讼请求、案件的事实和调解结果。

调解书由审判人员、书记员署名，加盖人民法院印章，送达双方当事人。

调解书经双方当事人签收后，即具有法律效力。

第一百五十四条 裁定适用于下列范围：

（一）不予受理；

（二）对管辖权有异议的；

（三）驳回起诉；

（四）保全和先予执行；

（五）准许或者不准许撤诉；

（六）中止或者终结诉讼；

（七）补正判决书中的笔误；

（八）中止或者终结执行；

（九）撤销或者不予执行仲裁裁决；

（十）不予执行公证机关赋予强制执行效力的债权文书；

（十一）其他需要裁定解决的事项。

对前款第一项至第三项裁定，可以上诉。

裁定书应当写明裁定结果和作出该裁定的理由。裁定书由审判人员、书记员署名，加盖人民法院印章。口头裁定的，记入笔录。

◆《仲裁法》

第九条 仲裁实行一裁终局的制度。裁决作出后，当事人就同一纠纷再申请仲裁或者向人民法院起诉的，仲裁委员会或者人民法院不予受理。

裁决被人民法院依法裁定撤销或者不予执行的，当事人就该纠纷可以根据双方重新达成的仲裁协议申请仲裁，也可以向人民法院起诉。

第四十九条 当事人申请仲裁后，可以自行和解。达成和解协议的，可以请求仲裁庭根据和解协议作出裁决书，也可以撤回仲裁申请。

第五十条 当事人达成和解协议，撤回仲裁申请后反悔的，可以根据仲裁协议申请仲裁。

第五十一条 仲裁庭在作出裁决前，可以先行调解。当事人自愿调解的，仲裁庭应当调解。调解不成的，应当及时作出裁决。

调解达成协议的，仲裁庭应当制作调解书或者根据协议的结果制作裁决书。调解书与裁决书具有同等法律效力。

第五十二条 调解书应当写明仲裁请求和当事人协议的结果。调解书由仲裁员签名，加盖仲裁委员会印章，送达双方当事人。

调解书经双方当事人签收后，即发生法律效力。

在调解书签收前当事人反悔的，仲裁庭应当及时作出裁决。

第五十七条 裁决书自作出之日起发生法律效力。

◆**《国有土地上房屋征收与补偿条例》**

第十三条 市、县级人民政府作出房屋征收决定后应当及时公告。公告应当载明征收补偿方案和行政复议、行政诉讼权利等事项。

市、县级人民政府及房屋征收部门应当做好房屋征收与补偿的宣传、解释工作。

房屋被依法征收的，国有土地使用权同时收回。

◆**《最高人民法院关于人民法院网络司法拍卖若干问题的规定》**

第二十二条 网络司法拍卖成交的，由网络司法拍卖平台以买受人的真实身份自动生成确认书并公示。

拍卖财产所有权自拍卖成交裁定送达买受人时转移。

◆**《最高人民法院关于适用〈中华人民共和民事诉讼法〉的解释》**

第四百九十三条 拍卖成交或者依法定程序裁定以物抵债的，标的物所有权自拍卖成交裁定或者抵债裁定送达买受人或者接受抵债物的债权人时转移。

◆**《最高人民法院关于人民法院民事执行中拍卖、变卖财产的规定》**

第二十九条 动产拍卖成交或者抵债后，其所有权自该动产交付时起转移给买受人或者承受人。

不动产、有登记的特定动产或者其他财产权拍卖成交或者抵债后，该不动产、特定动产的所有权、其他财产权自拍卖成交或者抵债裁定送达买受人或者承受人时起转移。

◆《最高人民法院关于印发〈关于执行案件移送破产审查若干问题的指导意见〉的通知》

17. 执行法院收到受移送法院受理裁定时，已通过拍卖程序处置且成交裁定已送达买受人的拍卖财产，通过以物抵债偿还债务且抵债裁定已送达债权人的抵债财产，已完成转账、汇款、现金交付的执行款，因财产所有权已经发生变动，不属于被执行人的财产，不再移交。

◆《第八次全国法院民事商事审判工作会议（民事部分）纪要》

16. 当事人达成以房抵债协议，并要求制作调解书的，人民法院应当严格审查协议是否在平等自愿基础上达成；对存在重大误解或显失公平的，应当予以释明；对利用协议损害其他债权人利益或者规避公共管理政策的，不能制作调解书；对当事人行为构成虚假诉讼的，严格按照民事诉讼法第一百一十二条和《最高人民法院关于适用〈中华人民共和国民事诉讼法〉的解释》第一百九十条、第一百九十一条的规定处理；涉嫌犯罪的，移送刑事侦查机关处理。

17. 当事人在债务清偿期届满后达成以房抵债协议并已经办理了产权转移手续，一方要求确认以房抵债协议无效或者变更、撤销，经审查不属于合同法第五十二条、第五十四条规定情形的，对其主张不予支持。

第二百三十条　【继承取得物权的生效时间】

因继承取得物权的，自继承开始时发生效力。

本条来源

《继承法》第二条规定：“继承从被继承人死亡时开始。”在确定了继承开始时间后，《物权法》第二十九条对因继承或遗赠取得物权的生效时间也作出了相应的规定：“因继承或者受遗赠取得物权的，自继承或者受遗赠开始时发生效力。”本条在《物权法》基础上，删除了“或者受遗赠”的规定。继承和遗赠属于不同性质的行为，前者是事实行为，后者则是一种民事法律行为。二者发生物权变动的时间点不同，因继承取得的物权变动时间是被继承人死亡时，而因遗赠取得的物权则以因一般民事法律行为发生物权变动的规则为准，所以本条删除了遗赠的规定。

立法演变

物权编一审稿第二十六条规定：“因继承取得物权的，自继承开始时发生效力。”此后各稿延续了一审稿的规定。

条文释义

本条是关于因继承而取得物权的规定。

物权变动需有能够引起物权变动的法律事实，此类法律事实又称作物权变动的原因，主要包括法律行为、事件和事实行为、公法上的原因等。因此，通常将物权变动分为基于法律行为的物权变动和非基于法律行为的物权变动，通过继承取得物权即为非基于法律行为的物权变动，这是导致物权变动的一种重要方式。根据我国《民法典》继承编第一千一百二十一条规定，继承从被继承人死亡时开始，既包括事实死亡，也包括宣告死亡。在宣告死亡的情形下，继承自判决所确定的死亡之时开始。被继承人死亡后，其民事权利能力即告终止，权利主体归于消灭。根据物权变动的一般原则，物权的取得自登记或交付时生效，但被继承人死亡后并无法协助继承人办理登记或者交付手续。因此，在因继承而取得物权的情形中若适用此一般原则，则遗产在被继承人死亡后、遗产登记或交付前的阶段将处于无主的状态。所以，被继承人于继承开始之际原享有的不动产物权，则由继承人承受，而不受不动产物权之变动须经登记始生效力规定之限制。① 继承人依照上述规定取得物权后，处分该物权时，依照法律规定需要办理登记的，未经登记，不发生物权效力。从域外立法例看，德国、意大利、日本等物权规范中也有类似规定。

---

① 刘耀东：《论基于继承与遗赠发生的不动产物权变动》，载《现代法学》2015 年第 1 期，第 47 页。

法条关联

◆《民法典》

第一千一百二十一条 继承从被继承人死亡时开始。

相互有继承关系的数人在同一事件中死亡，难以确定死亡时间的，推定没有其他继承人的人先死亡。都有其他继承人，辈份不同的，推定长辈先死亡；辈份相同的，推定同时死亡，相互不发生继承。

第一千一百二十七条 遗产按照下列顺序继承：

（一）第一顺序：配偶、子女、父母；

（二）第二顺序：兄弟姐妹、祖父母、外祖父母。

继承开始后，由第一顺序继承人继承，第二顺序继承人不继承；没有第一顺序继承人继承的，由第二顺序继承人继承。

本编所称子女，包括婚生子女、非婚生子女、养子女和有扶养关系的继子女。

本编所称父母，包括生父母、养父母和有扶养关系的继父母。

本编所称兄弟姐妹，包括同父母的兄弟姐妹、同父异母或者同母异父的兄弟姐妹、养兄弟姐妹、有扶养关系的继兄弟姐妹。

第一千一百三十三条 自然人可以依照本法规定立遗嘱处分个人财产，并可以指定遗嘱执行人。

自然人可以立遗嘱将个人财产指定由法定继承人中的一人或者数人继承。

自然人可以立遗嘱将个人财产赠与国家、集体或者法定继承人以外的组织、个人。

自然人可以依法设立遗嘱信托。

案例评议

过庭某、过炳某继承纠纷案①

◆ **裁判规则**

被继承人陈某某、过某泉分别过世，故发生了两次继承事实，基于过庭某

① 江西省高级人民法院（2018）赣民再19号判决书。

等六人的诉请依据系法定继承，故均应按照法定继承来审理。《继承法》第八条规定：继承权纠纷提起诉讼的期限为二年，自继承人知道或者应当知道其权利被侵犯之日起计算。但是，自继承开始之日起超过二十年的，不得再提起诉讼。过庭某等六人依据其系案涉房屋遗产的法定继承人而提出的系列诉请主张已超过最长诉讼时效二十年，已丧失继承案涉房屋遗产的胜诉权。

◆ **评议**

根据物权法之规定，因继承取得物权的，自继承开始时发生效力，继承开始的时间即为继承人取得物权的时间。法院认定本案为继承纠纷，而适用《继承法》第八条规定的两年诉讼时效，自继承开始之日起超过二十年的，不得再提起诉讼。过庭某等六人提出的系列诉请主张已超过最长诉讼时效二十年，已丧失继承案涉房屋遗产的胜诉权。但此次继承编删除了《继承法》第八条的规定，《民法典》对普通诉讼时效和最长权利保护期间的规定体现在总则编第一百八十八条。根据该条规定，向人民法院请求保护民事权利的诉讼时效期间为三年。但是，自权利受到损害之日起超过二十年的，人民法院不予保护。

第二百三十一条　【事实行为变动物权时的生效时间】

因合法建造、拆除房屋等事实行为设立或者消灭物权的，自事实行为成就时发生效力。

本条来源

《物权法》第三十条规定："因合法建造、拆除房屋等事实行为设立或者消灭物权的，自事实行为成就时发生效力。"本条延续了该规定。

立法演变

物权编一审稿第二十七条规定："因合法建造、拆除房屋等事实行为设立或者消灭物权的，自事实行为成就时发生效力。"此后各稿延续了一审稿的规定。

条文释义

本条是对因事实行为而发生的物权变动所作的规定。

所谓事实行为，是指行为人主观上不一定具有发生、变更或者消灭正常民事法律关系的意思，但客观上能够引起这种后果的行为①，如建造房屋、拆除房屋、制作家具、缝制衣服等。该行为与自然事实有明显区别，是行为人有意识完成的活动，但法律不考虑行为人在活动时的心理状态，而直接赋予某种法律效果。同样该行为也明显区别于以意思表示为核心的法律行为。所谓事实行为成就，指的是建造、拆除等行为完成。所谓发生效力，指的是发生物权变动的效果，即行为人取得或丧失物权。

依法建造、拆除房屋，属于因事实行为发生的物权变动，不适用基于法律行为取得物权的原则。因此，在房屋建造完成时，建造人即可自然地取得该房屋的不动产物权；房屋拆除时，权利人自然丧失权利。但该物权在未经登记的情形下，缺乏权利外观，不具有完全的所有权效力，还需经过合法登记才可以对抗第三人。我国存在许多因合法建造房屋等事实行为设立物权的情况，这些房屋建造人即使未对房屋进行登记，也不影响其取得房屋所有权，不应将这些房屋作为无主财产对待，例如农民在宅基地上建造的住房，自建成之日起就取得该住房的所有权。

法条关联

◆《城乡规划法》

第四十条 在城市、镇规划区内进行建筑物、构筑物、道路、管线和其他工程建设的，建设单位或者个人应当向城市、县人民政府城乡规划主管部门或者省、自治区、直辖市人民政府确定的镇人民政府申请办理建设工程规划许可证。

申请办理建设工程规划许可证，应当提交使用土地的有关证明文件、建设工程设计方案等材料。需要建设单位编制修建性详细规划的建设项目，还应当提交修建性详细规划。对符合控制性详细规划和规划条件的，由城市、县人民政府城乡规划主管部门或者省、自治区、直辖市人民政府确定的镇人民政府核发建设工程规划许可证。

城市、县人民政府城乡规划主管部门或者省、自治区、直辖市人民政府确定的镇人民政府应当依法将经审定的修建性详细规划、建设工程设计方案的总

① 佟柔:《中国民法学·民法总则》，中国人民公安大学出版社 1990 年版，第 63 页。

平面图予以公布。

第四十一条 在乡、村庄规划区内进行乡镇企业、乡村公共设施和公益事业建设的，建设单位或者个人应当向乡、镇人民政府提出申请，由乡、镇人民政府报城市、县人民政府城乡规划主管部门核发乡村建设规划许可证。

在乡、村庄规划区内使用原有宅基地进行农村村民住宅建设的规划管理办法，由省、自治区、直辖市制定。

在乡、村庄规划区内进行乡镇企业、乡村公共设施和公益事业建设以及农村村民住宅建设，不得占用农用地；确需占用农用地的，应当依照《中华人民共和国土地管理法》有关规定办理农用地转用审批手续后，由城市、县人民政府城乡规划主管部门核发乡村建设规划许可证。

建设单位或者个人在取得乡村建设规划许可证后，方可办理用地审批手续。

第四十三条 建设单位应当按照规划条件进行建设；确需变更的，必须向城市、县人民政府城乡规划主管部门提出申请。变更内容不符合控制性详细规划的，城乡规划主管部门不得批准。城市、县人民政府城乡规划主管部门应当及时将依法变更后的规划条件通报同级土地主管部门并公示。

建设单位应当及时将依法变更后的规划条件报有关人民政府土地主管部门备案。

第四十五条 县级以上地方人民政府城乡规划主管部门按照国务院规定对建设工程是否符合规划条件予以核实。未经核实或者经核实不符合规划条件的，建设单位不得组织竣工验收。

建设单位应当在竣工验收后六个月内向城乡规划主管部门报送有关竣工验收资料。

第六十四条 未取得建设工程规划许可证或者未按照建设工程规划许可证的规定进行建设的，由县级以上地方人民政府城乡规划主管部门责令停止建设；尚可采取改正措施消除对规划实施的影响的，限期改正，处建设工程造价百分之五以上百分之十以下的罚款；无法采取改正措施消除影响的，限期拆除，不能拆除的，没收实物或者违法收入，可以并处建设工程造价百分之十以下的罚款。

第六十五条 在乡、村庄规划区内未依法取得乡村建设规划许可证或者未按照乡村建设规划许可证的规定进行建设的，由乡、镇人民政府责令停止建设、限期改正；逾期不改正的，可以拆除。

案例评议

郭某某与虞城县人民政府、虞城县文集粮油有限公司土地行政纠纷案①

◆ **裁判规则**

郭某某与虞城县文集粮管所签订的《住房协议书》约定：家属院住房所有权归粮所，职工只有居住权，没有转让权；不论单位领导有无调换，住房抵押金都由单位负责退还，如单位不退还住房抵押金，职工可以转让所居住的房屋，但这不能证明郭某某享有涉案土地使用权和住房所有权。虞城县文集粮油有限公司同意郭某某建房三间的证明不能作为郭某某享有涉案土地使用权的根据。根据该证明，依据《物权法》第三十条规定其因“事实行为”而取得房屋所有权，并进而取得房屋所占土地的使用权。但《物权法》第三十条是对物权生效时间的规定，其前提是“合法建造”。本案当事人对涉案土地性质存在争议，但无论涉案土地属于何种性质，虞城县文集粮油有限公司都不是批准职工建房的法定职权部门，该批准行为没有法律效力。郭某某的房屋不属于合法建造，其关于物权的主张没有法律依据，不予支持。

◆ **评议**

我国存在许多因合法建造房屋等事实行为设立物权的情况，这种情形下的建房有些虽然缺少登记行为，但不能将这种行为形成的建筑物作为无主财产对待，对其所有权法律承认归建房人所有。例如农民在宅基地上建造的住房，自建成之日起就取得该住房的所有权。根据本条的规定，此类合法建造的房屋，固然因建造完成而取得所有权，但如果按照法律规定应当办理登记而未登记的，所有权人其后的处分行为，不发生物权效力。

第二百三十二条　【非依法律行为享有的不动产物权变动】

处分依照本节规定享有的不动产物权，依照法律规定需要办理登记的，未经登记，不发生物权效力。

---

① 河南省高级人民法院（2015）豫法行终字第00239号行政裁定书。

本条来源

《物权法》第三十一条规定："依照本法第二十八条至第三十条规定享有不动产物权的，处分该物权时，依照法律规定需要办理登记的，未经登记，不发生物权效力。"除了条文语句结构的调整之外，本条延续了该规定。此外，《不动产登记暂行条例实施细则》第二十四条也指出，未办理不动产首次登记的，不得办理不动产其他类型登记，但法律、行政法规另有规定的除外。

立法演变

物权编一审稿第二十八条规定："依照本法第二十五条至第二十七条规定享有不动产物权的，处分该物权时，依照法律规定需要办理登记的，未经登记，不发生物权效力。"二审稿调整了一审稿的语句结构，规定："处分依照本法第二十五条至第二十七条规定享有的不动产物权，依照法律规定需要办理登记的，未经登记，不发生物权效力。"征求意见稿在此基础上又将"本法第二十五条至第二十七条"改成"本节"，提高法律用语的简练性。

条文释义

物权变动的公示方式，一般来说动产以交付为标准，而不动产在诸多国家和地区的立法例中以登记为标准。该公示规则是整个物权体系中的重要内容，物权变动未经公示，对于物权归属没有从外部可以识别的表征，尤其在物权的实际状态与登记或占有所表现的状态不一致时，往往容易损害交易第三人的利益，不利于交易安全。但本节规定非依法律行为产生的物权变动直接发生变动效果，而不需通过一般的物权变动公示方法。这就可能导致物权归属表里不一的情形，所以为了促使物权公示原则在此类物权变动中的回归，本条要求不动产物权取得人在进一步处分物权前，要先进行登记，以充分贯彻不动产物权变动以登记为公示方法的原则，维护第三人的利益和交易安全。① 这也是域外诸多立法例都采用的方式，诸如《韩国民法典》第一百八十七条、《瑞士民法

① 最高人民法院物权法研究小组：《〈中华人民共和国物权法〉条文理解和适用》，人民法院出版社2007年版，第180页。

典》第六百五十六条等。需要注意的是，本条所要求的登记，是针对物权取得人在进一步处分物权时的要求。这意味着对于非基于法律行为取得的不动产物权，即使没有登记，物权取得人仍为真正的权利人，法律并不强制要求其进行登记，仍对该不动产物权进行保护。并且，依照本条规定，物权人进一步处分非基于法律行为取得的不动产物权时，未经登记的后果仅为不发生物权变动效力，但以该不动产为给付内容的债权合同只要符合法律规定，仍然受到法律保护。

法条关联

◆**《不动产登记暂行条例实施细则》**

第二十四条 不动产首次登记，是指不动产权利第一次登记。

未办理不动产首次登记的，不得办理不动产其他类型登记，但法律、行政法规另有规定的除外。

◆**《最高人民法院关于转发住房和城乡建设部〈关于无证房产依据协助执行文书办理产权登记有关问题的函〉的通知》**（全文）

◆**《不动产登记操作规范（试行）》**

1.2.3 连续登记原则

未办理不动产首次登记的，不得办理不动产其他类型登记，但下列情形除外：

1 预购商品房预告登记、预购商品房抵押预告登记的；

2 在建建筑物抵押权登记的；

3 预查封登记的；

4 法律、行政法规规定的其他情形。

第三章　物权的保护

本章概要

物权是指权利人依法对特定的物享有的直接支配和排他的权利，包括所有权、用益物权和担保物权。作为一种支配权，物权是通过权利人实施一定的支配行为而实现的。[①] 自然人、法人直接支配不动产或者动产的权利，包括所有权、用益物权和担保物权。不动产指土地以及建筑物等土地附着物；动产指不动产以外的物。本章规定物权的保护，对于明确物的归属，充分发挥物的效用，维护经济秩序，促进社会主义现代化建设具有重要意义。

物权的保护是指通过法律规定的方法和程序，保障权利人在法律许可的范围内，对财产行使占有、使用、收益、处分权利的制度。对物权的保护不仅仅是民法的内容，也是宪法、刑法、行政法的重要内容。民法中的物权保护方法，分为物权请求权与债权请求权。物权请求权又称物上请求权，它是以物权为基础的一种独立请求权。物权请求权依附于物权，且物权请求权的行使不要求相对人具有过错。物权请求权包括物权确认请求权，返还原物请求权，排除妨害、消除危险请求权，恢复原状请求权。而与以上请求权不同的是，损害赔偿请求权属于物权保护方法中的债权请求权。物权请求权与债权请求权有着类似的性质，在不与物权请求权相抵触的范围内可以适用债权的有关规定，如过失相抵、给付延迟、债的履行及转让等。本次民法典的编撰，坚持了《民法通则》《侵权责任法》《民法总则》等法律中确立的物权保护侵权责任模式，并进行了适当的修改。

① 温世扬：《物权法要义》，法律出版社2007年版，第41页。

第二百三十三条 【物权的保护途径】

物权受到侵害的，权利人可以通过和解、调解、仲裁、诉讼等途径解决。

本条来源

《物权法》第三十二条规定："物权受到侵害的，权利人可以通过和解、调解、仲裁、诉讼等途径解决。"本条延续了该规定。《人民调解法》《民事诉讼法》《土地管理法》等也分别规定了和解、调解、仲裁及诉讼等物权保护途径。

立法演变

物权编一审稿第二十九条规定："物权受到侵害的，权利人可以通过和解、调解、仲裁、诉讼等途径解决。"此后各稿延续了一审稿的规定。

条文释义

本条是关于物权受到侵害时，权利人救济途径的规定。

无救济则无权利，民法典物权编对于权利人享有物权这一实体性权利作出规定的同时，也对权利救济渠道进行了规定。根据本条规定，权利人在物权受到侵害时可以以和解、调解、仲裁、诉讼等途径保护自身权益。

和解指权利人在物权受到侵害时，与侵权方在尊重双方权益的基础上自由协商，就侵权事宜达成一致的救济权益的方式。和解是当事人自由选择的侵权救济方式，而非必经途径。调解指权利人在物权受到侵害时，通过第三方的主持而达成解决纠纷共识的方法。调解结果并没有法律强制执行力，如果侵权方不履行调解协议，权利人可以以其他途径保护自身权益。仲裁是当事人在争议发生前或者发生后协议将矛盾交由仲裁机构进行裁决的方式。而诉讼则是指权利人通过提起民事、刑事、行政诉讼请求法院依法判决的方式，就物权纠纷而言多采取民事诉讼。

法条关联

◆《土地管理法》

第十四条 土地所有权和使用权争议，由当事人协商解决；协商不成的，由人民政府处理。

单位之间的争议，由县级以上人民政府处理；个人之间、个人与单位之间的争议，由乡级人民政府或者县级以上人民政府处理。

当事人对有关人民政府的处理决定不服的，可以自接到处理决定通知之日起三十日内，向人民法院起诉。

在土地所有权和使用权争议解决前，任何一方不得改变土地利用现状。

◆《农村土地承包法》

第五十五条 因土地承包经营发生纠纷的，双方当事人可以通过协商解决，也可以请求村民委员会、乡（镇）人民政府等调解解决。

当事人不愿协商、调解或者协商、调解不成的，可以向农村土地承包仲裁机构申请仲裁，也可以直接向人民法院起诉。

◆《农村土地承包经营纠纷调解仲裁法》

第二条 农村土地承包经营纠纷调解和仲裁，适用本法。

农村土地承包经营纠纷包括：

（一）因订立、履行、变更、解除和终止农村土地承包合同发生的纠纷；

（二）因农村土地承包经营权转包、出租、互换、转让、入股等流转发生的纠纷；

（三）因收回、调整承包地发生的纠纷；

（四）因确认农村土地承包经营权发生的纠纷；

（五）因侵害农村土地承包经营权发生的纠纷；

（六）法律、法规规定的其他农村土地承包经营纠纷。

因征收集体所有的土地及其补偿发生的纠纷，不属于农村土地承包仲裁委员会的受理范围，可以通过行政复议或者诉讼等方式解决。

第三条 发生农村土地承包经营纠纷的，当事人可以自行和解，也可以请求村民委员会、乡（镇）人民政府等调解。

第四条 当事人和解、调解不成或者不愿和解、调解的，可以向农村土地承包仲裁委员会申请仲裁，也可以直接向人民法院起诉。

◆《森林法》

第二十二条　单位之间发生的林木、林地所有权和使用权争议，由县级以上人民政府依法处理。

个人之间、个人与单位之间发生的林木所有权和林地使用权争议，由乡镇人民政府或者县级以上人民政府依法处理。

当事人对有关人民政府的处理决定不服的，可以自接到处理决定通知之日起三十日内，向人民法院起诉。

在林木、林地权属争议解决前，除因森林防火、林业有害生物防治、国家重大基础设施建设等需要外，当事人任何一方不得砍伐有争议的林木或者改变林地现状。

◆《人民调解法》

第二条　本法所称人民调解，是指人民调解委员会通过说服、疏导等方法，促使当事人在平等协商基础上自愿达成调解协议，解决民间纠纷的活动。

◆《民事诉讼法》

第二条　中华人民共和国民事诉讼法的任务，是保护当事人行使诉讼权利，保证人民法院查明事实，分清是非，正确适用法律，及时审理民事案件，确认民事权利义务关系，制裁民事违法行为，保护当事人的合法权益，教育公民自觉遵守法律，维护社会秩序、经济秩序，保障社会主义建设事业顺利进行。

第三条　人民法院受理公民之间、法人之间、其他组织之间以及他们相互之间因财产关系和人身关系提起的民事诉讼，适用本法的规定。

案例评议

吴某某、廖某某财产损害赔偿纠纷案①

◆ **裁判规则**

本案原、被告均对争议地主张所有权，但双方均未能提交相关证据材料予以佐证自己对争议地权属的主张。原告廖某某为了方便生产管理，在权属不明

---

① 湘西土家族苗族自治州中级人民法院（2019）湘31民终727号民事判决书。

的荒地上硬化水池及搭建棚子，虽未有相关法律法规及行政审批依据，但其并未阻碍影响他人通行及生产生活，被告吴某某对争议地主张所有权，认为原告廖某某硬化水池搭建棚子侵犯了其合法权益，寻求权利救济，应当通过法律规定的正当途径寻求公力救济，仅有法律允许范围内的自力救济可作为不承担侵权责任的免责事由，被告庭审中表示已向政府申请确权，但未在规定期限提交相关受理通知或行政诉讼立案材料，被告本人并非有权拆除棚子的主体，其前后两次拆除原告棚子的行为不属于正当防卫行为，也不具有排除危险的紧迫性，故被告吴某某应对原告廖某某的损失承担侵权赔偿责任。被侵权人对损害的发生也有过错的，可以减轻侵权人的责任。

◆ **评议**

被告并非有权拆除棚子的主体，当其基于正当防卫的理由，主张权利人因正当防卫给侵害人造成损害，不承担民事责任时，理由不成立，不构成正当防卫。因此当本案中被告通过和解、调解、仲裁、诉讼以外的自主行为将原告棚子进行拆除，对原告造成的损害应当承担赔偿责任。

第二百三十四条　【确认物权请求权】

因物权的归属、内容发生争议的，利害关系人可以请求确认权利。

本条来源

《物权法》第三十三条规定："因物权的归属、内容发生争议的，利害关系人可以请求确认权利。"本条延续了该规定。此外《最高人民法院关于适用〈中华人民共和国物权法〉若干问题的解释（一）》第二条也指出，当事人有证据证明不动产登记簿的记载与真实权利状态不符、其为该不动产物权的真实权利人，请求确认其享有物权的，应予支持。

立法演变

物权编一审稿第三十条规定："因物权的归属、内容发生争议的，利害关系人可以请求确认权利。"此后各稿延续了一审稿的规定。

条文释义

本条是关于物权确认请求权的规定。如果对物权归属产生争议，利害关系人可以请求有关机构进行权属确认。

物权确认请求权是物权保护的一种方法，是物权保护的前提。① 将物权的确认置于物权的保护一章中，表明它是物权保护的一项重要内容。通常物权请求权的行使都是以物权人享有物权为基础的，也就是说，在物权人享有物权的情况下，才能行使该请求权。但在物权的归属发生争议的时候，当事人不能直接行使物权请求权，而必须首先请求确认物权的归属。也只有这样，才能发挥物权编确认产权、定分止争的功能。②

物权确认请求权只能向有关权力机关或法律授权的专门机关提出，这是物权确认请求权与其他物权保护方式的显著区别。通常情况下，物权的保护可以通过私力救济或者公力救济的渠道解决，但物权确认中，一般的公力救济与私力救济的方式并不能介入，只有向有关权力机关和法律授权的专门机关提出，物权的确认才能产生效力。物权的确认包括两方面：一是对物权归属的确认，二是对物权内容的确认。确认物权的归属就是确认物权的权利主体，即确认对特定的物享有直接支配和排他权利的权利人，所要确认的权利主体，既包括所有权的权利人，也包括用益物权和担保物权的权利人。③

法条关联

◆《确定土地所有权和使用权的若干规定》

第一条 为了确定土地所有权和使用权，依法进行土地登记，根据有关的法律、法规和政策，制订本规定。

第二条 土地所有权和使用权由县级以上人民政府确定，土地管理部门具体承办。

---

① 最高人民法院物权法研究小组：《〈中华人民共和国物权法〉条文理解和适用》，人民法院出版社 2007 年版，第 135 页。

② 王利明：《物权法研究（上卷）》，中国人民大学出版社 2007 年版，第 8 页。

③ 最高人民法院物权法研究小组：《〈中华人民共和国物权法〉条文理解和适用》，人民法院出版社 2007 年版，第 136 页。

土地权属争议，由土地管理部门提出处理意见，报人民政府下达处理决定或报人民政府批准后由土地管理部门下达处理决定。

第二百三十五条　【返还原物请求权】

无权占有不动产或者动产的，权利人可以请求返还原物。

本条来源

《民法通则》第二十五条规定了被撤销死亡宣告的人之返还原物请求权；此外《最高人民法院关于贯彻执行〈中华人民共和国民法通则〉若干问题的意见（试行）》第四十条在前述条文的基础上进一步规定原物已被第三人合法取得的，第三人可不予返还。而《物权法》第三十四条突破了被撤销死亡宣告的人这一主体限制，规定无权占有不动产或者动产的，权利人可以请求返还原物。本条延续了该规定。

立法演变

物权编一审稿第三十一条规定："无权占有不动产或者动产的，权利人可以请求返还原物。"此后各稿延续了一审稿的规定。

条文释义

本条是关于返还原物请求权的规定。

返还原物请求权是各国立法和实践确立的物权基本保护方法之一，我国早在《民法通则》中就加以规定。[①] 无权占有，是指没有本权的占有。所谓本权，是指基于法律上的原因，可对物进行占有的权利。无权占有人占有了本权人的失却之物时，无权占有人负有返还原物的义务，本权人可以要求无权占有人以原物本来的状态予以返还。基于本权的返还原物请求权，主要指的是所有人的返还原物请求权，用益物权和担保物权的返还原物请求权是所有人返还原物请求权的派生；占有人的返还原物请求权则属于所有人返还原物请求权的进一步

① 温世扬：《物权法要义》，法律出版社2007年版，第43页。

扩张适用。①

对于本条的内容的理解，应该把握以下几点：第一，返还原物请求权必须以特定原物以及物的现时存在为前提。如果原物已经灭失，返还原物在客观上已经不可能，权利人只能要求赔偿因原物灭失所造成的损失，而不能要求返还原物。如果原物存在，但已遭到毁损，则本权人可以要求返还原物以及修理、重作、更换等。返还原物在性质上是特定的物占有的转移，无权占有人须将占有物转移至权利人的控制之下，才能视为原物已返还。第二，返还原物请求权只有物权人才享有，权利人只能向现时的无权占有人提出返还原物的请求，而不能要求有权占有人返还原物。现时的无权占有人是相对于前无权占有人而言的，是指物权人行使返还原物请求权时，没有本权的依据，但是事实上管领所有人之物的人。返还原物请求权的效力应该及于原物及孳息。

法条关联

◆《民法典》

第五十三条　被撤销死亡宣告的人有权请求依照本法第六编取得其财产的民事主体返还财产；无法返还的，应当给予适当补偿。

利害关系人隐瞒真实情况，致使他人被宣告死亡而取得其财产的，除应当返还财产外，还应当对由此造成的损失承担赔偿责任。

第一百五十七条　民事法律行为无效、被撤销或者确定不发生效力后，行为人因该行为取得的财产，应当予以返还；不能返还或者没有必要返还的，应当折价补偿。有过错的一方应当赔偿对方由此所受到的损失；各方都有过错的，应当各自承担相应的责任。法律另有规定的，依照其规定。

案例评议

连某某诉臧某某排除妨害纠纷案②

◆ **裁判规则**

签订房屋买卖合同后出卖方应向买受人履行权利与实物的双重交付，在买

---

① 最高人民法院物权法研究小组：《〈中华人民共和国物权法〉条文理解和适用》，人民法院出版社 2007 年版，第 140 页。

② 《最高人民法院公报》2015 年第 10 期。

受方已取得房屋产权而未实际占有的情况下，其仅仅基于物权请求权要求有权占有人迁出，法院应作慎重审查。若占有人对房屋的占有具有合法性、正当性，买受方应以合同相对方为被告提起债权给付之诉，要求对方履行交付房屋的义务或在房屋客观上无法交付的情况下承担相应的违约责任。

◆ **评议**

本案中，第一份房屋买卖合同并非基于原始产权人的真实意思而签订，对原始产权人自始不发生效力。连某某因为第二份房屋买卖合同成为产权人，但并未实际控制房屋，所以无权要求占有人（原始产权人）迁出。连某某需依买卖合同而向出售人请求履行义务（实物交付房屋），也就是基于债权请求权向合同相对方主张权利。在第一份买卖合同无效的基础上，“伪”产权人又签订了第二份买卖合同，导致连某某客观上已确认无法获得实物交付，只能请求对方履行违约责任。

第二百三十六条　【排除妨害与消除危险请求权】

妨害物权或者可能妨害物权的，权利人可以请求排除妨害或者消除危险。

本条来源

排除妨害与消除危险请求权除规定在《物权法》第三十五条以外，也贯穿于《民法总则》《民法通则》《侵权责任法》等法律中。物权编延续了《物权法》的规定。

立法演变

物权编一审稿第三十二条规定：“妨害物权或者可能妨害物权的，权利人可以请求停止侵害、排除妨碍或者消除危险。”此后各稿延续了一审稿的规定。但终稿作出较大修改，将“停止侵害、排除妨碍或者消除危险”改为“排除妨害或者消除危险”，延续了《物权法》对于物权保护的规定。

条文释义

本条是关于排除妨害请求权和消除危险请求权的规定。

排除妨害请求权中的妨害，是指以非法的、不正当的行为对权利人的物或者物权造成侵害或妨害，现实地阻碍了特定的物的权利人行使权利。排除妨害请求权人必须为物权人，妨害人以无权占有以外的方式妨害物权的行使，妨害既可由妨害人的行为造成，亦可由妨害人的物件造成。排除妨害请求权的效力包括除去妨害与承担排除妨害的费用，原则上排除妨害的费用应该由妨害人承担，被妨害人以其自己的费用排除妨害的，可依无因管理或不当得利向妨害人追偿；不法妨害系因自然力造成的，由双方合理分担排除妨害的费用。

消除危险请求权中的危险，是指相对人将来可能对权利人所有的物造成妨害或者损害的行为或者状态。危险是否存在，应该以一般社会生活观念为准，结合具体情况加以判定。这种危险应当是可以合理预见的，而不是主观臆测的一种可能，并且危险应当是持续存在，可能导致妨害或者损害的严重后果。消除危险请求权的请求人同为物权人，请求权的构成要件包括物权行使具有受到妨害的现实危险，且请求之时危险仍然现实存在，以及被请求人为对危险的除去具有支配力的人。

法条关联

◆《民法典》

第一百七十九条　承担民事责任的方式主要有：

（一）停止侵害；

（二）排除妨碍；

（三）消除危险；

（四）返还财产；

（五）恢复原状；

（六）修理、重作、更换；

（七）继续履行；

（八）赔偿损失；

（九）支付违约金；

（十）消除影响、恢复名誉；

（十一）赔礼道歉。

法律规定惩罚性赔偿的，依照其规定。

本条规定的承担民事责任的方式，可以单独适用，也可以合并适用。

◆《最高人民法院关于审理涉及农村土地承包纠纷案件适用法律问题的解释》

第十二条 发包方强迫承包方将土地承包经营权流转给第三人，承包方请求确认其与第三人签订的流转合同无效的，应予支持。

发包方阻碍承包方依法流转土地承包经营权，承包方请求排除妨碍、赔偿损失的，应予支持。

◆《最高人民法院关于适用〈中华人民共和国民事诉讼法〉的解释》

第一百七十条 民事诉讼法第一百零六条第三项规定的情况紧急，包括：

（一）需要立即停止侵害、排除妨碍的；

（二）需要立即制止某项行为的；

（三）追索恢复生产、经营急需的保险理赔费的；

（四）需要立即返还社会保险金、社会救助资金的；

（五）不立即返还款项，将严重影响权利人生活和生产经营的。

◆《第八次全国法院民事商事审判工作会议（民事部分）纪要》

7. 依据侵权责任法第二十一条的规定，被侵权人请求义务人承担停止侵害、排除妨害、消除危险等责任，义务人以自己无过错为由提出抗辩的，不予支持。

24. 已经合法占有转让标的物的受让人请求转让人办理物权变更登记，登记权利人请求无权占有人返还不动产或者动产，利害关系人请求确认物权的归属或内容，权利人请求排除妨害、消除危险，对方当事人以超过诉讼时效期间抗辩的，均应不予支持。

案例评议

辽宁现代农机装备有限公司、王某某排除妨害纠纷案①

◆ **裁判规则**

现行物权规范对物权所有人排除妨害、消除危险请求权及损害赔偿和其他民事责任的请求权提供了充分的法律依据。原审法院基于以上事实判决王某某

① 辽宁省锦州市中级人民法院（2019）辽07民终1609号民事判决书。

不得妨碍上诉人的门市物权使用，不得妨碍其生产生活和通行的判决结果符合法律规定，但判项内容过于笼统，缺乏指向性，不利于判决的实际执行，二审法院予以具体明确，王某某应于本判决生效后十日内移除位于案涉的五户门市房台阶北侧起至马路南侧的不属于城镇建设规划设计内容的全部铁板围挡和围挡内的杂物及妨碍门市房向西侧通行的树木。

◆ **评议**

权利人请求消除危险或者排除妨害，不需要证明相对人具有过错，只需要证明其享有物权的特定的物被他人妨害或遭受危险即可。危险或妨害不是实际损害的结果，而是某种行为或者事实状态，权利人必须举证证明这种事实和行为达到一定的程度，使权利人难以忍受且阻碍了权利的正当行使，而无需就相对人的过错和是否造成损害举证。在认定了危险或者妨害的事实基础上，应当判定由造成危险或妨害的相对人承担消除危险或排除妨害的责任，由此产生的费用也应当由造成危险或者妨害的相对人承担。

第二百三十七条　【修理、重作、更换或者恢复原状的请求权】

造成不动产或者动产毁损的，权利人可以依法请求修理、重作、更换或者恢复原状。

本条来源

《物权法》第三十六条规定："造成不动产或者动产毁损的，权利人可以请求修理、重作、更换或者恢复原状。"本条增加了"依法"一词，其他延续了该规定。此外关于修理、重作、更换或者恢复原状的请求权的规定也贯穿于《民法总则》《民法通则》《侵权责任法》等法律中。

立法演变

物权编一审稿第三十三条规定："造成不动产或者动产毁损的，权利人可以依法请求修理、重作、更换或者恢复原状。"此后各稿延续了一审稿的规定。

条文释义

本条是关于修理、重作、更换和恢复原状请求权的规定。

物权标的因他人不法侵害而遭受损害时，如果能够通过一定的手段使其恢复到原有的状态，则物权人享有恢复原状请求权。[①] 恢复原状有广义和狭义之分，广义的恢复原状指恢复至被侵害前的原有状态，狭义的恢复原状是指将损害的财产修复。在侵权责任中适用的恢复原状，主要是指狭义上的恢复原状，恢复原状与修理、重作、更换的责任形式联系十分密切。[②] 本条将修理、重作、更换或者恢复原状确定为保护物权的责任方式，为权利人在保护方式上提供了更加充分的选择：一是当特定的物遭受侵害后，权利人可以选择修理、重作、更换或者恢复原状保障特定的物的精神价值，同时保障特定的物在不能获得完全赔偿的情况下而使其恢复原来状态的权利；二是避免侵权人强以赔偿要求权利人让与其对特定的物的权利，使物的处分权牢牢地掌握在权利人手中；三是利于物尽其用，引导人们树立创建节约型社会的法律意识。本次物权编就本条增加了“依法”之规定，但该修改也可能因为所依之法未明确而导致本条在日后司法实践中被滥用，应引起适用之重视。

法条关联

◆《民法典》

第一百七十九条 承担民事责任的方式主要有：

（一）停止侵害；

（二）排除妨碍；

（三）消除危险；

（四）返还财产；

（五）恢复原状；

（六）修理、重作、更换；

（七）继续履行；

① 温世扬：《物权法要义》，法律出版社2007年版，第43页。

② 王利明：《民法·侵权行为法》，中国人民大学出版社2007年版，第170页。

（八）赔偿损失；

（九）支付违约金；

（十）消除影响、恢复名誉；

（十一）赔礼道歉。

法律规定惩罚性赔偿的，依照其规定。

本条规定的承担民事责任的方式，可以单独适用，也可以合并适用。

第二百三十八条 【损害赔偿请求权】

侵害物权，造成权利人损害的，权利人可以依法请求损害赔偿，也可以依法请求承担其他民事责任。

本条来源

《物权法》第三十七条规定：“侵害物权，造成权利人损害的，权利人可以请求损害赔偿，也可以请求承担其他民事责任。”本条同样增加了“依法”一词，其他延续了该规定。此外，损害赔偿请求权的规定也贯穿于《民法总则》《民法通则》《侵权责任法》等法律中。

立法演变

物权编一审稿第三十四条规定：“侵害物权，造成权利人损害的，权利人可以依法请求损害赔偿，也可以依法请求承担其他民事责任。”此后各稿延续了一审稿的规定。

条文释义

本条是关于损害赔偿请求权的规定。

损害赔偿请求权，作为一种承担民事责任的方式，在各国立法中均有体现。我国也同样采纳物权人可以向侵权人主张侵权赔偿的观点，《民法典》总则编第一百二十条规定，“被侵权人有权请求侵权人承担侵权责任”，当物权人的物权被侵害时，可以要求赔偿损害以寻救济。侵权损害赔偿是债的一种，侵权损害赔偿请求权产生所依据的是法律事实，是侵权行为造成了损害的事实。侵权损害事实一经发生，受害人一方即产生损害赔偿请求权，依法得向加害人要求对所造成的损害予以赔偿；加害人则产生对自己造成他人损害进行赔偿的义务，应受害人的请求，赔偿受害人因损害所造成的损失。[①] 行使损害赔偿请求权的前提是侵权人侵害物权，造成权利人的损害。侵害物权的行为包括毁损他人之物、侵害他人之物、处分他人之物等。在有的情况下，侵权行为虽然没有对物造成毁损，却仍会使物权遭受侵害，例如非法扣押他人的汽车以至于该汽车无法进行交易而使物权遭受损害。侵害物权的行为与损害结果之间应当具有因果关系。因果关系指的是行为人的行为与损害事实之间的因果联系。权利人除了可以请求损害赔偿外，还可以请求加害人承担其他民事责任。

和前条一样，本次物权编对本条增加了“依法”之规定，从司法适用角度看，应当明确依何法，例如明确依侵权责任等规定，以提高法律的可操作性。

法条关联

◆《民法典》

第一百七十九条 承担民事责任的方式主要有：

（一）停止侵害；

（二）排除妨碍；

（三）消除危险；

（四）返还财产；

（五）恢复原状；

（六）修理、重作、更换；

（七）继续履行；

（八）赔偿损失；

（九）支付违约金；

（十）消除影响、恢复名誉；

（十一）赔礼道歉。

法律规定惩罚性赔偿的，依照其规定。

本条规定的承担民事责任的方式，可以单独适用，也可以合并适用。

① 杨立新：《侵权损害赔偿》，法律出版社2016年版，第215页。

第二百三十九条　【物权保护方式的适用】

本章规定的物权保护方式，可以单独适用，也可以根据权利被侵害的情形合并适用。

本条来源

《物权法》第三十八条规定："本章规定的物权保护方式，可以单独适用，也可以根据权利被侵害的情形合并适用。侵害物权，除承担民事责任外，违反行政管理规定的，依法承担行政责任；构成犯罪的，依法追究刑事责任。"此外，《民法总则》第一百七十九条、《民法通则》第一百三十四条、《侵权责任法》第十五条中也作了相应的规定。本条在《物权法》第三十八条的基础上删除了第二款的规定。

立法演变

物权编一审稿第三十五条规定："本章规定的物权保护方式，可以单独适用，也可以根据权利被侵害的情形合并适用。侵害物权，除承担民事责任外，违反行政管理规定的，依法承担行政责任；构成犯罪的，依法追究刑事责任。"二审稿删除了第二款的规定，使得物权法律规范与总则编、侵权责任编在民法典中得以统一，更加协调。

条文释义

本条是关于责任（或请求权）聚合的规定。

《民法典》第一百七十九条第一款规定了承担民事责任的 11 种方式，在第三款中又规定以上承担民事责任的方式，可以单独适用，也可以合并适用。本章承袭《民法典》上述有关民事责任的方式和责任（或请求权）聚合的规定，从保护物权的实际出发，对侵害或者妨害物权的行为规定了多种责任方式，包括返还原物，消除危险，排除妨害，修理、重作、更换，恢复原状，赔偿损害等。同时赋予权利人自由选择请求权的权利，从正面肯定性地回答了权利人可以主张一个或者一个以上请求权的问题，最大限度地实现了物权领域中当事人意思自治的适用。

法条关联

◆《民法典》

第一百七十九条 承担民事责任的方式主要有：

（一）停止侵害；

（二）排除妨碍；

（三）消除危险；

（四）返还财产；

（五）恢复原状；

（六）修理、重作、更换；

（七）继续履行；

（八）赔偿损失；

（九）支付违约金；

（十）消除影响、恢复名誉；

（十一）赔礼道歉。

法律规定惩罚性赔偿的，依照其规定。

本条规定的承担民事责任的方式，可以单独适用，也可以合并适用。

第二分编

所有权

第四章　一般规定

本章概要

所有权是各国物权法中通用的概念，但各国法律对这一概念的理解并不完全相同。一般而言，大陆法系国家认为所有权是完全支配权，具有绝对性；而英美法系国家认为所有权是对各种财产实际享有的排他性使用、收益和处分权。[①] 所有权是对标的物全面支配的物权，是所有人在法定限度内对物最充分、最完全的支配权，其权能包括对物的占有、使用、收益、处分的积极权能以及物权受到侵害时要求排除妨害等消极权能。根据不同标准，可以对所有权作出不同的划分：以所有权客体为分类标准，可以分为不动产所有权与动产所有权；以所有权人数量为分类标准，可以分为单一所有权与多数人所有权；以生产资料所有制的不同形式为分类标准，可以分为国家所有权、集体所有权和私人所有权。不同的分类标准下的所有权有着其特殊的性质。同样地，以是否须以前权利人的所有权为前提作为标准，所有权的取得可以分为原始取得与继受取得。

与其他民事权利相同，所有权的行使也受到一定的限制。民法和其他一些相关法律、法规对所有权的限制主要表现为：(1) 所有权的行使不得违反法律规定。(2) 行使所有权不得妨害他人的合法权益。(3) 行使所有权时必须注意保护环境、自然资源和生态平衡。(4) 根据公共利益的需要，国家可以依法实行征用，或将其他财产收归国有。

① 温世扬：《物权法要义》，法律出版社 2007 年版，第 57 页。

第二百四十条 【所有权的权能】

所有权人对自己的不动产或者动产，依法享有占有、使用、收益和处分的权利。

本条来源

《物权法》第三十九条规定：“所有权人对自己的不动产或者动产，依法享有占有、使用、收益和处分的权利。”本条延续了该规定。此外关于占有、使用、收益和处分权利的规定也贯穿于《民法总则》《民法通则》《侵权责任法》等法律中。

立法演变

物权编一审稿第三十六条规定：“所有权人对自己的不动产或者动产，依法享有占有、使用、收益和处分的权利。”此后各稿延续了一审稿的规定。

条文释义

本条是关于所有权权利内容的规定。

所有权是对标的物全面支配的物权，是所有人在法定限度内对物最充分、最完全的支配。“支配”一词可能导致所有权在常人理解中的抽象化，所以本条具体阐述了所有权的内容。其包括对人和对物两方面的权利，第一种是人对物的权利，包括占有、使用、收益、处分这几种具体性的权利，这些权利是所有权的核心内容，也是所有权的积极内容。第二种是人对人的权利，在受到他人非法干涉或侵害时，所有人有权行使包括物权编第三章所规定的排除妨害请求权、消除危险请求权、返还原物请求权、恢复原状请求权等，这些权利是所有权中的救济权，也是所有权的消极内容。

所有权的特征包括全面性、整体性、弹力性、排他性、恒久性五个方面。全面性指所有权是所有人在法定限制范围内对所有物加以全面支配的权利，是绝对权。整体性指的是所有权的各种权能不是简单的相加，而是一个整体的权利，所有人对标的物有统一的支配力。所有权的弹力性又称归一性，所有权人在其所有的财产上为他人设定物权后，虽然占有等权能与所有权人发生分离，但所有权并不消灭。所有权的排他性，也叫独占性，是指所有权是独占的支配权，非所有人不得对所有人的财产享有所有权，同一个物上只能有一个所有权存在。所有权的恒久性，指所有权不因时效而消灭，也不得预定其存续期间，除因标的物灭失外，本质上可以永久存续。

法条关联

◆《土地管理法》

第十条　国有土地和农民集体所有的土地，可以依法确定给单位或者个人使用。使用土地的单位和个人，有保护、管理和合理利用土地的义务。

◆《城市房地产管理法》

第三条　国家依法实行国有土地有偿、有限期使用制度。但是，国家在本法规定的范围内划拨国有土地使用权的除外。

◆《城镇国有土地使用权出让和转让暂行条例》

第二条　国家按照所有权与使用权分离的原则，实行城镇国有土地使用权出让、转让制度，但地下资源、埋藏物和市政公用设施除外。

前款所称城镇国有土地是指市、县城、建制镇、工矿区范围内属于全民所有的土地（以下简称土地）。

第二百四十一条　【他物权的设立】

所有权人有权在自己的不动产或者动产上设立用益物权和担保物权。用益物权人、担保物权人行使权利，不得损害所有权人的权益。

本条来源

《物权法》第四十条规定：“所有权人有权在自己的不动产或者动产上设立用益物权和担保物权。用益物权人、担保物权人行使权利，不得损害所有权人的权益。”本条延续了该规定。此外《民法通则》《土地管理法》等法律中对于他物权的设立也有相应的规定。

立法演变

物权编一审稿第三十七条规定："所有权人有权在自己的不动产或者动产上设立用益物权和担保物权。用益物权人、担保物权人行使权利，不得损害所有权人的权益。"此后各稿延续了一审稿的规定。

条文释义

本条是关于所有权与他物权关系的规定。

从物权的种类上来说，物权可以分为自物权和他物权。自物权即为前条所规定的对于自己所有的物享有的占有、使用、收益、处分的权利；他物权是指基于所有权而发生的物权，其与作为自物权的所有权相对应，二者共同构成整个物权体系。[①] 他物权与自物权最本质的区别在于，他物权是在他人所有之物上设定的物权，而自物权顾名思义是指物权人对物享有的完全支配的权利。

他物权作为物权的一种，与自物权不同，并非完全独立的民事权利。他物权来源于所有权，形成于对所有权设定的债权。若将所有权称为母权，则他物权为子权。他物权具有相对的独立性，体现在它是在所有权权能与所有权分离的基础上产生的民事权利，即非所有人在所有人的财产上享有占有、使用或收益权，以及在特殊情况下依法享有一定的处分权。

他物权不属于一种完备的物权，不像自物权般不受限制，相反地，他物权属于限制物权，主要表现在两个方面：一是，他物权受所有权的限制。在一般情况下，他物权只是以所有权的一定权能为内容，因而仍受所有权的支配，不能完全任意行使；即使是以所有权的占有、使用、收益和处分四项权能为内容的他物权，也必须受所有权的支配。例如债权人留置了债务人的某一财产，但并不意味着其可以肆意行使其留置权，而仍应遵循不得损害所有权的基本原则。二是，他物权也限制所有权的行使。在所有权的客体物上设置他物权，其结果是使所有权的行使受到限制，不再是完全不受限制的自物权。依所有权的权能分离的内容不同，亦即他物权的内容不同，所有权所受限制的程度也不相同。

---

① 最高人民法院物权法研究小组：《〈中华人民共和国物权法〉条文理解和适用》，人民法院出版社 2007 年版，第 158 页。

最后需要注意的是，他物权是一种法定物权，并非自由发生，而是依照法律规定或者合同约定而设立。

法条关联

◆《土地管理法》

第十条 国有土地和农民集体所有的土地，可以依法确定给单位或者个人使用。使用土地的单位和个人，有保护、管理和合理利用土地的义务。

◆《城镇国有土地使用权出让和转让暂行条例》

第二条 国家按照所有权与使用权分离的原则，实行城镇国有土地使用权出让、转让制度，但地下资源、埋藏物和市政公用设施除外。

前款所称城镇国有土地是指市、县城、建制镇、工矿区范围内属于全民所有的土地（以下简称土地）。

案例评议

南宁市银坛经济技术开发公司清算组与被上诉人陈某某排除妨害纠纷案①

◆ **裁判规则**

所有权人有权在自己的不动产或者动产上设立用益物权和担保物权。用益物权人、担保物权人行使权利，不得损害所有权人的权益。本案上诉人与百色第一汽修厂就涉案房屋用益物权的设立达成了一致意见。被上诉人陈某某经过司法拍卖程序，竞得涉案房屋即位于百色市综合楼的第三层所有权，其有权对该楼层设立用益物权。涉案房屋的用益物权及其他权益纠纷已经一、二审法院作出数份裁判文书，其中关于涉案房屋的占有、使用权是否属于用益物权的表述存在差异，本案审理的对象仅限于当事人主张的民事权益纠纷，无权限对已生效裁判文书进行评判，更不能否定或撤销已生效的裁判文书的结论，而上诉人诉讼主张里包含着否定甚至撤销已生效文书的诉讼请求，因此该诉讼主张不属于普通民事诉讼程序的受理范围，当事人可通过其他合法途径主张其权利。

◆ **评议**

本案中，争议焦点为案涉房屋是否设立了用益物权。用益物权与担保物权

---

① 百色市中级人民法院（2019）桂10民终266号民事裁定书。

的设定，源于所有权人对其所有权的行使。所有人为他人设定用益物权，他人取得、行使用益物权，必须依据法律与合同的规定进行，他人享有的用益物权，是从所有权中分离出来的权能。因此，设定他物权，是所有权人行使所有权的结果。也正因如此，用益物权人、担保物权人行使权利必须依据法律与合同进行，不得损害所有权人的权益。

第二百四十二条　【国家专有的物】

法律规定专属于国家所有的不动产和动产，任何组织或者个人不能取得所有权。

本条来源

《物权法》第四十一条规定："法律规定专属于国家所有的不动产和动产，任何单位和个人不能取得所有权。"关于专属于国家所有的不动产和动产，规定于宪法及各单行法中，例如《宪法》第十条规定的城市土地、法律规定属于国家所有的农村和城市郊区的土地，《煤炭法》第三条规定的煤炭资源，《水法》第三条规定的水资源等。本条在《物权法》第四十一条的基础上将"任何单位和个人"改为"任何组织或者个人"，体现了法律用语的新旧更替。

立法演变

物权编一审稿第三十八条规定："法律规定专属于国家所有的不动产和动产，任何组织或者个人不能取得所有权。"此后各稿延续了一审稿的规定。

条文释义

本条是关于国家专有的物的规定。

国家专有是指只能为国家所有而不能为任何其他人所有，这是一种特殊的权利归属状态。国家专有的财产因其归属的特殊性而不能通过寻常的转让、赠与等途径改变所有权权属状态，这是国家专有的财产与非国家专有的财产存在的本质性差异。本条并未规定国家专有之不动产和动产的具体范围，而是由其他单行法律、行政法规规定。

《宪法》第九条第一款规定："矿藏、水流、森林、山岭、草原、荒地、滩涂等自然资源，都属于国家所有，即全民所有；由法律规定属于集体所有的森林和山岭、草原、荒地、滩涂除外。"第十条规定："城市的土地属于国家所有。农村和城市郊区的土地，除由法律规定属于国家所有的以外，属于集体所有；宅基地和自留地、自留山，也属于集体所有……任何组织或者个人不得侵占、买卖或者以其他形式非法转让土地……"第十二条规定："社会主义的公共财产神圣不可侵犯。国家保护社会主义的公共财产。禁止任何组织或者个人用任何手段侵占或者破坏国家的和集体的财产。"在宪法明确国家专有的物的权属关系基础上，各相关单行法对于国家专有的物进行了明确的列举与阐述，如本条阐明国家专有的物，任何组织和个人都不能取得所有权。本条的立法目的除了宣誓我国公有制为主体的经济制度以外，还体现了对国家所有权更加全面的保护，防止出现土地等国家专有的自然资源和其他资源私有化的问题。

法条关联

◆《宪法》

第十条　城市的土地属于国家所有。

农村和城市郊区的土地，除由法律规定属于国家所有的以外，属于集体所有；宅基地和自留地、自留山，也属于集体所有。

国家为了公共利益的需要，可以依照法律规定对土地实行征收或者征用并给予补偿。

任何组织或者个人不得侵占、买卖或者以其他形式非法转让土地。土地的使用权可以依照法律的规定转让。

一切使用土地的组织和个人必须合理地利用土地。

◆《矿产资源法》

第三条　矿产资源属于国家所有，由国务院行使国家对矿产资源的所有权。地表或者地下的矿产资源的国家所有权，不因其所依附的土地的所有权或者使用权的不同而改变。

国家保障矿产资源的合理开发利用。禁止任何组织或者个人用任何手段侵占或者破坏矿产资源。各级人民政府必须加强矿产资源的保护工作。

勘查、开采矿产资源，必须依法分别申请、经批准取得探矿权、采矿权，并办理登记；但是，已经依法申请取得采矿权的矿山企业在划定的矿区范围内为本企业的生产而进行的勘查除外。国家保护探矿权和采矿权不受侵犯，保障矿区和勘查作业区的生产秩序、工作秩序不受影响和破坏。

从事矿产资源勘查和开采的，必须符合规定的资质条件。

◆《煤炭法》

第三条 煤炭资源属于国家所有。地表或者地下的煤炭资源的国家所有权，不因其依附的土地的所有权或者使用权的不同而改变。

◆《水法》

第三条 水资源属于国家所有。水资源的所有权由国务院代表国家行使。农村集体经济组织的水塘和由农村集体经济组织修建管理的水库中的水，归各该农村集体经济组织使用。

◆《海域使用管理法》

第三条 海域属于国家所有，国务院代表国家行使海域所有权。任何单位或者个人不得侵占、买卖或者以其他形式非法转让海域。

单位和个人使用海域，必须依法取得海域使用权。

第二百四十三条 【征收】

为了公共利益的需要，依照法律规定的权限和程序可以征收集体所有的土地和组织、个人的房屋以及其他不动产。

征收集体所有的土地，应当依法及时足额支付土地补偿费、安置补助费以及农村村民住宅、其他地上附着物和青苗等的补偿费用，并安排被征地农民的社会保障费用，保障被征地农民的生活，维护被征地农民的合法权益。

征收组织、个人的房屋以及其他不动产，应当依法给予征收补偿，维护被征收人的合法权益；征收个人住宅的，还应当保障被征收人的居住条件。

任何组织或者个人不得贪污、挪用、私分、截留、拖欠征收补偿费等费用。

本条来源

《物权法》第四十二条规定："为了公共利益的需要，依照法律规定的权限和程序可以征收集体所有的土地和单位、个人的房屋及其他不动产。征收集体所有的土地，应当依法足额支付土地补偿费、安置补助费、地上附着物和青苗的补偿费等费用，安排被征地农民的社会保障费用，保障被征地农民的生活，维护被征地农民的合法权益。征收单位、个人的房屋及其他不动产，应当依法给予拆迁补偿，维护被征收人的合法权益；征收个人住宅的，还应当保障被征收人的居住条件。任何单位和个人不得贪污、挪用、私分、截留、拖欠征收补偿费等费用。"本条延续了该立法精神，但更新了法律概念或用语，将"单位"改为"组织"、"拆迁"改为"征收"（2011 年《国有土地上房屋征收与补偿条例》已将"拆迁"改为"征收"）、"和"改为"以及"等，同时新增"农村村民住宅"纳入征收时应足额补偿的对象。

立法演变

物权编一审稿第三十九条规定："为了公共利益的需要，依照法律规定的权限和程序可以征收集体所有的土地和组织、个人的房屋及其他不动产。征收集体所有的土地，应当依法足额支付土地补偿费、安置补助费、地上附着物和青苗的补偿费等费用，安排被征地农民的社会保障费用，保障被征地农民的生活，维护被征地农民的合法权益。征收组织、个人的房屋及其他不动产，应当依法给予征收补偿，维护被征收人的合法权益；征收个人住宅的，还应当保障被征收人的居住条件。任何组织或者个人不得贪污、挪用、私分、截留、拖欠征收补偿费等费用。"二审稿在此基础上新增"农村村民住宅"作为补偿对象，将"和青苗的补偿费等费用"改为"以及青苗等的补偿费用"，又增加"及时"等字眼。而征求意见稿又在二审稿基础上优化了语句表达。

条文释义

本条是关于征收的规定。

征收是政府为了公共利益的需要，依照法律规定的权限和程序将集体所有、组织所有或者个人所有的财产变为国家所有，再加以利用的行为。[①] 本条规定征收的对象为不动产，包括土地、房屋等。

征收行为的特点在于：(1) 政府征收必须是基于“公共利益”的需要。所谓公共利益在不同时间、不同领域、不同情境下有不同内涵，需要具体问题具体分析，所以本法并未给出明确规定。(2) 政府征收必须依照法律规定的权限进行。(3) 政府征收必须依照法律规定的程序进行。(4) 政府征收必须给予被征收人以合理补偿。[②] 本条在可能的范围内最大化地明确了征收时需遵循的补偿原则和补偿的范围，保障权利主体的正常生产和生活。我国城市和农村建设的进程从未停止，诸多情形下因城市规划、公共建设等而不得不征收权利主体的不动产，该过程难免对权利主体的合法权益造成损害，也因此而衍生出不容忽视的社会问题。从《宪法》到《土地管理法》等法律都对征收进行了规定，但在实践中仍存在许多问题，主要包括“公共利益”界定不清，导致征收权力滥用；征收补偿标准不明，导致补偿不到位等。为解决实践中存在的上述问题，征收制度仍有诸多可完善之处。

法条关联

◆《宪法》

第十条 城市的土地属于国家所有。

农村和城市郊区的土地，除由法律规定属于国家所有的以外，属于集体所有；宅基地和自留地、自留山，也属于集体所有。

国家为了公共利益的需要，可以依照法律规定对土地实行征收或者征用并给予补偿。

任何组织或者个人不得侵占、买卖或者以其他形式非法转让土地。土地的使用权可以依照法律的规定转让。

一切使用土地的组织和个人必须合理地利用土地。

第十三条 公民的合法的私有财产不受侵犯。

---

① 最高人民法院物权法研究小组：《〈中华人民共和国物权法〉条文理解和适用》，人民法院出版社 2007 年版，第 162 页。

② 最高人民法院物权法研究小组：《〈中华人民共和国物权法〉条文理解和适用》，人民法院出版社 2007 年版，第 163 页。

国家依照法律规定保护公民的私有财产权和继承权。

国家为了公共利益的需要，可以依照法律规定对公民的私有财产实行征收或者征用并给予补偿。

◆《立法法》

第八条 下列事项只能制定法律：

……

（七）对非国有财产的征收、征用；

……

◆《民法典》

第一百一十七条 为了公共利益的需要，依照法律规定的权限和程序征收、征用不动产或者动产的，应当给予公平、合理的补偿。

◆《土地管理法》

第二条 中华人民共和国实行土地的社会主义公有制，即全民所有制和劳动群众集体所有制。

全民所有，即国家所有土地的所有权由国务院代表国家行使。

任何单位和个人不得侵占、买卖或者以其他形式非法转让土地。土地使用权可以依法转让。

国家为了公共利益的需要，可以依法对土地实行征收或者征用并给予补偿。

国家依法实行国有土地有偿使用制度。但是，国家在法律规定的范围内划拨国有土地使用权的除外。

第四十六条 征收下列土地的，由国务院批准：

（一）永久基本农田；

（二）永久基本农田以外的耕地超过三十五公顷的；

（三）其他土地超过七十公顷的。

征收前款规定以外的土地的，由省、自治区、直辖市人民政府批准。

征收农用地的，应当依照本法第四十四条的规定先行办理农用地转用审批。其中，经国务院批准农用地转用的，同时办理征地审批手续，不再另行办理征地审批；经省、自治区、直辖市人民政府在征地批准权限内批准农用地转用的，同时办理征地审批手续，不再另行办理征地审批，超过征地批准权限的，应当依照本条第一款的规定另行办理征地审批。

第四十七条 国家征收土地的，依照法定程序批准后，由县级以上地方人民政府予以公告并组织实施。

县级以上地方人民政府拟申请征收土地的，应当开展拟征收土地现状调查和社会稳定风险评估，并将征收范围、土地现状、征收目的、补偿标准、安置方式和社会保障等在拟征收土地所在的乡（镇）和村、村民小组范围内公告至少三十日，听取被征地的农村集体经济组织及其成员、村民委员会和其他利害关系人的意见。

多数被征地的农村集体经济组织成员认为征地补偿安置方案不符合法律、法规规定的，县级以上地方人民政府应当组织召开听证会，并根据法律、法规的规定和听证会情况修改方案。

拟征收土地的所有权人、使用权人应当在公告规定期限内，持不动产权属证明材料办理补偿登记。县级以上地方人民政府应当组织有关部门测算并落实有关费用，保证足额到位，与拟征收土地的所有权人、使用权人就补偿、安置等签订协议；个别确实难以达成协议的，应当在申请征收土地时如实说明。

相关前期工作完成后，县级以上地方人民政府方可申请征收土地。

第四十八条 征收土地应当给予公平、合理的补偿，保障被征地农民原有生活水平不降低、长远生计有保障。

征收土地应当依法及时足额支付土地补偿费、安置补助费以及农村村民住宅、其他地上附着物和青苗等的补偿费用，并安排被征地农民的社会保障费用。

征收农用地的土地补偿费、安置补助费标准由省、自治区、直辖市通过制定公布区片综合地价确定。制定区片综合地价应当综合考虑土地原用途、土地资源条件、土地产值、土地区位、土地供求关系、人口以及经济社会发展水平等因素，并至少每三年调整或者重新公布一次。

征收农用地以外的其他土地、地上附着物和青苗等的补偿标准，由省、自治区、直辖市制定。对其中的农村村民住宅，应当按照先补偿后搬迁、居住条件有改善的原则，尊重农村村民意愿，采取重新安排宅基地建房、提供安置房或者货币补偿等方式给予公平、合理的补偿，并对因征收造成的搬迁、临时安置等费用予以补偿，保障农村村民居住的权利和合法的住房财产权益。

县级以上地方人民政府应当将被征地农民纳入相应的养老等社会保障体系。被征地农民的社会保障费用主要用于符合条件的被征地农民的养老保险等社会保险缴费补贴。被征地农民社会保障费用的筹集、管理和使用办法，由省、自治区、直辖市制定。

◆《城市房地产管理法》

第六条　为了公共利益的需要，国家可以征收国有土地上单位和个人的房屋，并依法给予拆迁补偿，维护被征收人的合法权益；征收个人住宅的，还应当保障被征收人的居住条件。具体办法由国务院规定。

第九条　城市规划区内的集体所有的土地，经依法征收转为国有土地后，该幅国有土地的使用权方可有偿出让，但法律另有规定的除外。

案例评议

原告武某某、潘某某与被告何某某、第三人攀枝邑村小组物权保护纠纷案①

◆ **裁判规则**

因不动产或者动产被征收、征用致使用益物权消灭或者影响用益物权行使的，用益物权人有权依照《物权法》第四十二条、第四十四条的规定获得相应补偿。被告、第三人均认可养鸡房系二原告建盖，现养鸡房被第三人征收，第三人应依法给予二原告拆迁补偿款。现补偿款已被被告领取，被告应返还属于二原告所有的补偿款，但因第三人在发放补偿款时，系笼统发放，未明确每一项征收物的补偿款数额，而二原告也未提交充分证据证实其建盖的养鸡房价值，现养鸡房已被拆除，对其价值无法评估，被告认可二原告建盖的养鸡房价值为3000元，本院对二原告因征收造成的损失支持其3000元为宜。被告主张双方口头协商二原告停止养殖后建盖的养鸡房无偿归其享有，因未提交证据予以证实，其主张不能成立。

◆ **评议**

原告所建的养鸡房被征收，法院依法律对征收的相关规定，认定第三人应对征收予以补偿，符合公共利益需要的同时也保障了被征收人的合法权益，这是公权力和私权利平衡的体现。征收中国家行使行政权取得了集体、组织、个人的财产，是对其所有权之限制，因而征收在符合公共目的之外，还需给予当事人合理的补偿。

---

① 弥勒市人民法院（2014）弥民一初字第741号判决书。

第二百四十四条　【耕地的特殊保护】

国家对耕地实行特殊保护，严格限制农用地转为建设用地，控制建设用地总量。不得违反法律规定的权限和程序征收集体所有的土地。

本条来源

《物权法》第四十三条规定："国家对耕地实行特殊保护，严格限制农用地转为建设用地，控制建设用地总量。不得违反法律规定的权限和程序征收集体所有的土地。"保护耕地是我国的基本国策，本条延续了该规定。该立法精神在《土地管理法》第三条、第四条中均有体现，《土地管理法》第四章还专门规定了"耕地保护"制度。

立法演变

物权编一审稿第四十条规定："国家对耕地实行特殊保护，严格限制农用地转为建设用地，控制建设用地总量。不得违反法律规定的权限和程序征收集体所有的土地。"此后各稿延续了一审稿的规定。

条文释义

本条是关于耕地保护的规定，旨在限制对集体土地的征收。

保护耕地是我国的基本国策，在《土地管理法》第四章还专门规定了"耕地保护"制度，主要内容包括：严格控制耕地转为非耕地、国家实行占用耕地补偿制度、基本农田保护制度等。基于我国人多地少的基本国情，耕地资源对于我国长远发展有着极为重要的意义，是保障社会稳定、经济平稳的重要资源。严格的耕地保护制度，可以防止地方政府对于征收权力的滥用，限制将农用地转为建设用地，切实保护农民利益，实现安居乐业和国泰民安。

本条特别强调不得违反法律规定的权限和程序征收集体所有的土地。根据现行法的规定，征收集体所有的土地必须是政府为了公共利益的需要而作出的行为，该项是征收的主体和目的，是合法征收之重要前提。同时征收还要严格按照法定权限和程序进行，告知征地情况、确认征地调查结果、组织征地听证、公开征地事宜、制定科学的安置补偿方案、签订补偿协议、支付相关费用等，所有征地环节都要严格落实依法行政的基本原则。为更好实现征收制度的立法价值，各个部门都在职权范围内逐步完善征收规范，例如最高人民法院于2012年3月26日公布的《关于办理申请人民法院强制执行国有土地上房屋征收补偿决定案件若干问题的规定》，自然资源部办公厅在2019年6月27日下发的《自然资源部办公厅关于印发农村集体土地征收基层政务公开标准指引的通知》等，各征收环节的科学严谨化对于未来征收制度的整体完善起着重要的推动作用。

法条关联

◆《土地管理法》

第三十一条　县级以上地方人民政府可以要求占用耕地的单位将所占用耕地耕作层的土壤用于新开垦耕地、劣质地或者其他耕地的土壤改良。

第三十二条　省、自治区、直辖市人民政府应当严格执行土地利用总体规划和土地利用年度计划，采取措施，确保本行政区域内耕地总量不减少、质量不降低。耕地总量减少的，由国务院责令在规定期限内组织开垦与所减少耕地的数量与质量相当的耕地；耕地质量降低的，由国务院责令在规定期限内组织整治。新开垦和整治的耕地由国务院自然资源主管部门会同农业农村主管部门验收。

个别省、直辖市确因土地后备资源匮乏，新增建设用地后，新开垦耕地的数量不足以补偿所占用耕地的数量的，必须报经国务院批准减免本行政区域内开垦耕地的数量，易地开垦数量和质量相当的耕地。

第三十三条　国家实行永久基本农田保护制度。下列耕地应当根据土地利用总体规划划为永久基本农田，实行严格保护：

（一）经国务院农业农村主管部门或者县级以上地方人民政府批准确定的粮、棉、油、糖等重要农产品生产基地内的耕地；

（二）有良好的水利与水土保持设施的耕地，正在实施改造计划以及可以改造的中、低产田和已建成的高标准农田；

（三）蔬菜生产基地；

（四）农业科研、教学试验田；

（五）国务院规定应当划为永久基本农田的其他耕地。

各省、自治区、直辖市划定的永久基本农田一般应当占本行政区域内耕地的百分之八十以上，具体比例由国务院根据各省、自治区、直辖市耕地实际情况规定。

第三十四条 永久基本农田划定以乡（镇）为单位进行，由县级人民政府自然资源主管部门会同同级农业农村主管部门组织实施。永久基本农田应当落实到地块，纳入国家永久基本农田数据库严格管理。

乡（镇）人民政府应当将永久基本农田的位置、范围向社会公告，并设立保护标志。

第三十五条 永久基本农田经依法划定后，任何单位和个人不得擅自占用或者改变其用途。国家能源、交通、水利、军事设施等重点建设项目选址确实难以避让永久基本农田，涉及农用地转用或者土地征收的，必须经国务院批准。

禁止通过擅自调整县级土地利用总体规划、乡（镇）土地利用总体规划等方式规避永久基本农田农用地转用或者土地征收的审批。

第三十六条 各级人民政府应当采取措施，引导因地制宜轮作休耕，改良土壤，提高地力，维护排灌工程设施，防止土地荒漠化、盐渍化、水土流失和土壤污染。

第三十七条 非农业建设必须节约使用土地，可以利用荒地的，不得占用耕地；可以利用劣地的，不得占用好地。

禁止占用耕地建窑、建坟或者擅自在耕地上建房、挖砂、采石、采矿、取土等。

禁止占用永久基本农田发展林果业和挖塘养鱼。

第三十八条 禁止任何单位和个人闲置、荒芜耕地。已经办理审批手续的非农业建设占用耕地，一年内不用而又可以耕种并收获的，应当由原耕种该幅耕地的集体或者个人恢复耕种，也可以由用地单位组织耕种；一年以上未动工建设的，应当按照省、自治区、直辖市的规定缴纳闲置费；连续二年未使用的，经原批准机关批准，由县级以上人民政府无偿收回用地单位的土地使用权；该幅土地原为农民集体所有的，应当交由原农村集体经济组织恢复耕种。

在城市规划区范围内，以出让方式取得土地使用权进行房地产开发的闲置土地，依照《中华人民共和国城市房地产管理法》的有关规定办理。

第三十九条 国家鼓励单位和个人按照土地利用总体规划，在保护和改善生态环境、防止水土流失和土地荒漠化的前提下，开发未利用的土地；适宜开发为农用地的，应当优先开发成农用地。

国家依法保护开发者的合法权益。

第四十条　开垦未利用的土地，必须经过科学论证和评估，在土地利用总体规划划定的可开垦的区域内，经依法批准后进行。禁止毁坏森林、草原开垦耕地，禁止围湖造田和侵占江河滩地。

根据土地利用总体规划，对破坏生态环境开垦、围垦的土地，有计划有步骤地退耕还林、还牧、还湖。

第四十一条　开发未确定使用权的国有荒山、荒地、荒滩从事种植业、林业、畜牧业、渔业生产的，经县级以上人民政府依法批准，可以确定给开发单位或者个人长期使用。

第四十二条　国家鼓励土地整理。县、乡（镇）人民政府应当组织农村集体经济组织，按照土地利用总体规划，对田、水、路、林、村综合整治，提高耕地质量，增加有效耕地面积，改善农业生产条件和生态环境。

地方各级人民政府应当采取措施，改造中、低产田，整治闲散地和废弃地。

第二百四十五条　【征用】

因抢险救灾、疫情防控等紧急需要，依照法律规定的权限和程序可以征用组织、个人的不动产或者动产。被征用的不动产或者动产使用后，应当返还被征用人。组织、个人的不动产或者动产被征用或者征用后毁损、灭失的，应当给予补偿。

本条来源

《立法法》第八条规定，对非国有财产的征收、征用只能制定法律。此处所说的法律指广义上的法律，包括宪法及《立法法》中规定的规范性法律文件。《宪法》第十条、第十三条中规定了国家征收、征用土地或私有财产应给予补偿。而《物权法》第四十四条作了更为详尽的规定：“因抢险、救灾等紧急需要，依照法律规定的权限和程序可以征用单位、个人的不动产或者动产。被征用的不动产或者动产使用后，应当返还被征用人。单位、个人的不动产或者动产被征用或者征用后毁损、灭失的，应当给予补偿。”本条在此基础上及时总结社会热点问题，明确规定“疫情防控”属于“紧急需要”情形。同时，将“单位”改为“组织”，其他延续了《物权法》的规定。

立法演变

物权编一审稿第四十一条规定：“因抢险、救灾等紧急需要，依照法律规定的权限和程序可以征用组织、个人的不动产或者动产。被征用的不动产或者动产使用后，应当返还被征用人。组织、个人的不动产或者动产被征用或者征用后毁损、灭失的，应当给予补偿。”此后各稿延续了一审稿的规定。而终稿在此基础上明确将“疫情防控”纳入“紧急需要”范畴，从立法上回应了新冠肺炎疫情期间出现的征用法律问题。

条文释义

本条是关于征用的规定。本条从民事角度对征用作出原则性规定，我国《宪法》《土地管理法》《防震减灾法》等也对征用作出了相应规定。从域外立法看，《美国宪法修正案》规定：“人民私有财产，如无合理补偿，不得被征用为公用。”英国宪法性文件《紧急状态法》规定：“内阁在紧急状态下，可以征用车辆、土地和建筑物。”《日本宪法》规定：“私有财产，在正当补偿下得收为公用。”《意大利民法典》也规定：“在发生公共事务、军事、民事的重大紧急需求的情况下，可以对动产或者不动产进行征调。对动产或者不动产的所有权人应当给予合理补偿。”各国国情决定了其征用立法内容，但多数国家对于征用适用于紧急情形和补偿原则都有共识。

征用是指政府因抢险救灾、疫情防控等紧急需要，无需经所有权人同意，可直接强制使用其不动产或动产。在这种情况下，个人或组织的财产所有权由于政府的征用而被限制。征收与征用虽然都是政府通过法定权限和程序对组织和个人财产的一种限制，但二者仍存在着区别，主要体现在：第一，征收仅针对不动产，而征用的对象不仅包括不动产，也包括动产；第二，征收是国家取得财产所有权，而征用仅是国家取得财产使用权，紧急情形下占有使用个人或组织财产，紧急情形消失后需要及时返还被征用财产；第三，征收是基于公共利益的需要，而征用是基于抢险救灾等紧急情况下的需要；第四，两者的补偿标准也不同，征收应该按照标的物的价值进行合理补偿，而征用只有在标的物毁损、灭失的情况下才进行合理补偿。

法条关联

◆《宪法》

第十条　城市的土地属于国家所有。

农村和城市郊区的土地，除由法律规定属于国家所有的以外，属于集体所有；宅基地和自留地、自留山，也属于集体所有。

国家为了公共利益的需要，可以依照法律规定对土地实行征收或者征用并给予补偿。

任何组织或者个人不得侵占、买卖或者以其他形式非法转让土地。土地的使用权可以依照法律的规定转让。

一切使用土地的组织和个人必须合理地利用土地。

第十三条　公民的合法的私有财产不受侵犯。

国家依照法律规定保护公民的私有财产权和继承权。

国家为了公共利益的需要，可以依照法律规定对公民的私有财产实行征收或者征用并给予补偿。

◆《立法法》

第八条　下列事项只能制定法律：

……

（七）对非国有财产的征收、征用；

……

◆《民法典》

第一百一十七条　为了公共利益的需要，依照法律规定的权限和程序征收、征用不动产或者动产的，应当给予公平、合理的补偿。

◆《反恐怖主义法》

第七十八条　公安机关、国家安全机关、中国人民解放军、中国人民武装警察部队因履行反恐怖主义职责的紧急需要，根据国家有关规定，可以征用单位和个人的财产。任务完成后应当及时归还或者恢复原状，并依照规定支付相应费用；造成损失的，应当补偿。

因开展反恐怖主义工作对有关单位和个人的合法权益造成损害的，应当依法给予赔偿、补偿。有关单位和个人有权依法请求赔偿、补偿。

◆《反间谍法》

第十一条 国家安全机关的工作人员在依法执行紧急任务的情况下，经出示相应证件，可以优先乘坐公共交通工具，遇交通阻碍时，优先通行。

国家安全机关因反间谍工作需要，按照国家有关规定，可以优先使用或者依法征用机关、团体、企业事业组织和个人的交通工具、通信工具、场地和建筑物，必要时，可以设置相关工作场所和设备、设施，任务完成后应当及时归还或者恢复原状，并依照规定支付相应费用；造成损失的，应当补偿。

◆《国防法》

第四十八条 国家根据动员需要，可以依法征收、征用组织和个人的设备设施、交通工具和其他物资。

县级以上人民政府对被征收、征用者因征收、征用所造成的直接经济损失，按照国家有关规定给予适当补偿。

第五章　国家所有权和集体所有权、私人所有权

本章概要

本章按生产资料所有制的不同形式对所有权进行了划分，并分别规定了国家所有权和集体所有权、私人所有权：1. 国家所有权，是指国家作为民事主体对特定的有体物依法享有的占有、使用、收益和处分的权利。国家一方面是政权的承担者，另一方面也是国有财产的所有权人。国家所有权的主体、客体、取得方式、行使方式都有其特殊性，所以物权编也通过明确规定国有财产范围、行使主体和法律责任的途径体现了对国家所有权的有力保护。2. 集体所有权，是指劳动群众集体对特定不动产或动产依法享有的占有、使用、收益和处分的权利；集体所有权包含的各项权能一般由集体自己实现，该过程中也需要注意对集体成员合法权益的保护，例如其知情权、参与权以及损害赔偿请求权等。3. 私人所有权，是指国家所有权、集体所有权之外的各种民事主体享有的所有权的统称。① 物权编不仅保护国家所有和集体所有的财产，还要保护私人所有的财产，而且是同等力度保护。私人所有权的客体具有广泛性的特点。在我国，有些特定财产专属于国家所有，任何组织和个人不能取得所有权，如城市土地、矿藏、水流、海域、无线电频谱资源、国防资产等。集体所有权的客体包括：(1) 法律规定属于集体所有的土地和森林、山岭、草原、荒地、滩涂；(2) 集体所有的建筑物、生产设施、农田水利设施；(3) 集体所有的教育、科学、文化、卫生、体育等设施；(4) 集体所有的其他不动产和动产。农民集体所有的财产，属于本集体成员集体所有。除了专属于国家的财产和集体所有的财产外，所有财产均可以成为私人所有权的客体。

---

① 温世扬：《物权法要义》，法律出版社 2007 年版，第 91 页。

第二百四十六条　【国家所有权】

法律规定属于国家所有的财产，属于国家所有即全民所有。

国有财产由国务院代表国家行使所有权。法律另有规定的，依照其规定。

本条来源

《物权法》第四十五条规定："法律规定属于国家所有的财产，属于国家所有即全民所有。国有财产由国务院代表国家行使所有权；法律另有规定的，依照其规定。"本条延续了该规定。关于国家所有的财产，还具体规定于《宪法》及《民法通则》《土地管理法》《矿产资源法》《水法》等法律中。

立法演变

物权编一审稿第四十二条规定："法律规定属于国家所有的财产，属于国家所有即全民所有。国有财产由国务院代表国家行使所有权；法律另有规定的，依照其规定。"终稿仅修改了标点符号，其他延续了一审稿的规定。

条文释义

本条是关于国家所有权的一般性规定。本条是本章国家所有权部分的领衔条款，是有关国家所有权部分条文应当遵循的原则性条款，明确了国家所有权的定位。① 本条主要规定了关于国家所有权的三个问题：一是国有财产的范围，本条表述为"法律规定属于国家所有的财产，属于国家所有即全民所有"。而具体关于属于国家所有的财产的规定见于宪法及各单行法中。这主要是考虑到国家所有的财产范围广泛，以某一条或两条物权条款试图涵盖所有是不科学的，所以本条作出了概括性规定。二是国家所有的性质，本条第一款中规定"国家所有即全民所有"，明确我国国家所有的性质是全民所有。这一规定与诸多现行法规定保持体系一致，例如《宪法》第九条第一款规定："矿藏、水流、森林、

① 最高人民法院物权法研究小组：《〈中华人民共和国物权法〉条文理解和适用》，人民法院出版社2007年版，第169页。

山岭、草原、荒地、滩涂等自然资源，都属于国家所有，即全民所有；由法律规定属于集体所有的森林和山岭、草原、荒地、滩涂除外。”《土地管理法》第二条第二款规定：“全民所有，即国家所有土地的所有权由国务院代表国家行使。”三是代表国家行使财产所有权的主体，本条规定除法律另有规定外，国有财产原则上由国务院代表国家行使所有权。国有财产由国务院代表国家行使所有权，同时依照法律规定也可以由地方人民政府等部门行使有关权利。这些法定主体在行使国家所有权时应当本着公开透明原则，主动接受人大、社会媒体等各方监督。

人民法院在审判实践中运用本条规定时，应当注意以下问题：第一，划清国家所有权与集体所有权、个人所有权、法人财产权等其他所有权形式的界限。第二，实现国家所有权权能时，应当严格依法办事。如前所述，国家所有权是法定的，国家所有权的设立、行使主体、客体等都是法定的，人民法院在审理涉及国家所有权案件时，应当严格依照法律规定进行，对有权机关出具的争议财产属于国有资产的相关证据，应当谨慎审查。①

法条关联

◆《宪法》

第九条　矿藏、水流、森林、山岭、草原、荒地、滩涂等自然资源，都属于国家所有，即全民所有；由法律规定属于集体所有的森林和山岭、草原、荒地、滩涂除外。

国家保障自然资源的合理利用，保护珍贵的动物和植物。禁止任何组织或者个人用任何手段侵占或者破坏自然资源。

第十条　城市的土地属于国家所有。

农村和城市郊区的土地，除由法律规定属于国家所有的以外，属于集体所有；宅基地和自留地、自留山，也属于集体所有。

国家为了公共利益的需要，可以依照法律规定对土地实行征收或者征用并给予补偿。

① 最高人民法院物权法研究小组：《〈中华人民共和国物权法〉条文理解和适用》，人民法院出版社 2007 年版，第 174 页。

任何组织或者个人不得侵占、买卖或者以其他形式非法转让土地。土地的使用权可以依照法律的规定转让。

一切使用土地的组织和个人必须合理地利用土地。

◆《土地管理法》

第二条 中华人民共和国实行土地的社会主义公有制，即全民所有制和劳动群众集体所有制。

全民所有，即国家所有土地的所有权由国务院代表国家行使。

任何单位和个人不得侵占、买卖或者以其他形式非法转让土地。土地使用权可以依法转让。

国家为了公共利益的需要，可以依法对土地实行征收或者征用并给予补偿。

国家依法实行国有土地有偿使用制度。但是，国家在法律规定的范围内划拨国有土地使用权的除外。

◆《矿产资源法》

第三条 矿产资源属于国家所有，由国务院行使国家对矿产资源的所有权。地表或者地下的矿产资源的国家所有权，不因其所依附的土地的所有权或者使用权的不同而改变。

国家保障矿产资源的合理开发利用。禁止任何组织或者个人用任何手段侵占或者破坏矿产资源。各级人民政府必须加强矿产资源的保护工作。

勘查、开采矿产资源，必须依法分别申请、经批准取得探矿权、采矿权，并办理登记；但是，已经依法申请取得采矿权的矿山企业在划定的矿区范围内为本企业的生产而进行的勘查除外。国家保护探矿权和采矿权不受侵犯，保障矿区和勘查作业区的生产秩序、工作秩序不受影响和破坏。

从事矿产资源勘查和开采的，必须符合规定的资质条件。

◆《水法》

第三条 水资源属于国家所有。水资源的所有权由国务院代表国家行使。农村集体经济组织的水塘和由农村集体经济组织修建管理的水库中的水，归各该农村集体经济组织使用。

◆《草原法》

第九条 草原属于国家所有，由法律规定属于集体所有的除外。国家所有的草原，由国务院代表国家行使所有权。

任何单位或者个人不得侵占、买卖或者以其他形式非法转让草原。

◆《海域使用管理法》

第三条　海域属于国家所有，国务院代表国家行使海域所有权。任何单位或者个人不得侵占、买卖或者以其他形式非法转让海域。

单位和个人使用海域，必须依法取得海域使用权。

◆《海岛保护法》

第四条　无居民海岛属于国家所有，国务院代表国家行使无居民海岛所有权。

◆《企业国有资产法》

第三条　国有资产属于国家所有即全民所有。国务院代表国家行使国有资产所有权。

第二百四十七条　【国家对矿藏、水流和海域的所有权】

矿藏、水流、海域属于国家所有。

本条来源

《物权法》第四十六条规定："矿藏、水流、海域属于国家所有。"此外，《宪法》及《矿产资源法》《煤炭法》《水法》《海域使用管理法》等法律中也规定了矿藏、水流、海域的国家所有权。

立法演变

物权编一审稿第四十三条规定："矿藏、水流、海域属于国家所有。"物权编草案提请第十三届全国人大常委会第十次会议二次审议时，有的常委会委员、部门提出，《海岛保护法》明确规定，无居民海岛属于国家所有，建议草案增加规定相关内容。宪法和法律委员会经研究，建议采纳这一意见，所以二审稿在一审稿的基础上增加"无居民海岛属于国家所有，国务院代表国家行使无居民海岛所有权"的规定。但征求意见稿并未延续二审稿的规定，而是延续了一审稿的规定。

条文释义

本条是关于矿藏、水流、海域专属于国家所有的规定。

矿藏、水流、海域均是国家重要的自然资源，属于国家所有权客体。物权编和《矿产资源法》《海域使用管理法》《水法》均规定了矿藏、海域、水流的所有权属于国家，国务院代表国家行使所有权，其他组织或者个人在一定条件下享有使用权。例如矿藏领域的探矿权、采矿权，就是经过严格的行政许可程序后，行政相对人以许可证或权利出让协议获得的部分国家所有权权能。《行政许可法》第十二条规定，“有限自然资源开发利用、公共资源配置以及直接关系公共利益的特定行业的市场准入等，需要赋予特定权利的事项”可以设定行政许可，这些重要的自然资源，要以严格的立法态度杜绝“公物私用”的违法行为，纠正错误思想，树立国家所有意识。本条规定为合理开发利用矿产资源、保护人类生命线之水以及管理我国广袤海域提供了坚实的法律基础。

法条关联

◆《宪法》

第九条 矿藏、水流、森林、山岭、草原、荒地、滩涂等自然资源，都属于国家所有，即全民所有；由法律规定属于集体所有的森林和山岭、草原、荒地、滩涂除外。

国家保障自然资源的合理利用，保护珍贵的动物和植物。禁止任何组织或者个人用任何手段侵占或者破坏自然资源。

◆《矿产资源法》

第三条 矿产资源属于国家所有，由国务院行使国家对矿产资源的所有权。地表或者地下的矿产资源的国家所有权，不因其所依附的土地的所有权或者使用权的不同而改变。

国家保障矿产资源的合理开发利用。禁止任何组织或者个人用任何手段侵占或者破坏矿产资源。各级人民政府必须加强矿产资源的保护工作。

勘查、开采矿产资源，必须依法分别申请、经批准取得探矿权、采矿权，并办理登记；但是，已经依法申请取得采矿权的矿山企业在划定的矿区范围内为本企业的生产而进行的勘查除外。国家保护探矿权和采矿权不受侵犯，保障矿区和勘查作业区的生产秩序、工作秩序不受影响和破坏。

从事矿产资源勘查和开采的，必须符合规定的资质条件。

◆《煤炭法》

第三条　煤炭资源属于国家所有。地表或者地下的煤炭资源的国家所有权，不因其依附的土地的所有权或者使用权的不同而改变。

◆《水法》

第三条　水资源属于国家所有。水资源的所有权由国务院代表国家行使。农村集体经济组织的水塘和由农村集体经济组织修建管理的水库中的水，归各该农村集体经济组织使用。

◆《海域使用管理法》

第三条　海域属于国家所有，国务院代表国家行使海域所有权。任何单位或者个人不得侵占、买卖或者以其他形式非法转让海域。

单位和个人使用海域，必须依法取得海域使用权。

第二百四十八条　【无居民海岛所有权】

无居民海岛属于国家所有，国务院代表国家行使无居民海岛所有权。

本条来源

《海岛保护法》第四条规定："无居民海岛属于国家所有，国务院代表国家行使无居民海岛所有权。"本条延续该规定，在物权编中确认无居民海岛的国家所有权。本条系新增条文，《物权法》无此规定。如前所述，物权编二次审议时有的常委会委员、部门提出，《海岛保护法》明确规定，无居民海岛属于国家所有，建议草案增加规定相关内容。宪法和法律委员会经研究，建议采纳这一意见，原是在二审稿第四十三条体现，后征求意见稿新设一条予以规定。

立法演变

本条属于物权编征求意见稿新增独立条款。

条文释义

本条体现了我国民事立法中首次对无居民海岛所有权的规定。无居民海岛，是指不属于居民户籍管理的住址登记地的海岛。2010 年 3 月 1 日，我国《海岛保护法》出台，明确规定无居民海岛属国家所有，由国务院代表国家行使无居民海岛所有权，凡是无居民海岛开发利用，都必须报经省级人民政府海洋主管部门或者国务院批准并取得海岛使用权、缴纳海岛使用金。由此可见，无居民海岛属于国家所有，并且由国务院代表国家行使无居民海岛所有权。除此之外，本条还表明国家是无居民海岛的唯一所有者，任何组织和个人在任何情况下都不能称为无居民海岛的所有人，而且这种所有权只能由国家行使，除国务院之外的任何机关和个人都不能行使该项权利。无居民海岛的所有权不仅关系到国家的经济利益，更多的是社会和政治方面的利益，关系到我国的国防和生态平衡等重要问题。

法条关联

◆《海岛保护法》

第四条 无居民海岛属于国家所有，国务院代表国家行使无居民海岛所有权。

第二十八条 未经批准利用的无居民海岛，应当维持现状；禁止采石、挖海砂、采伐林木以及进行生产、建设、旅游等活动。

第二十九条 严格限制在无居民海岛采集生物和非生物样本；因教学、科学研究确需采集的，应当报经海岛所在县级以上地方人民政府海洋主管部门批准。

第三十条 从事全国海岛保护规划确定的可利用无居民海岛的开发利用活动，应当遵守可利用无居民海岛保护和利用规划，采取严格的生态保护措施，避免造成海岛及其周边海域生态系统破坏。

开发利用前款规定的可利用无居民海岛，应当向省、自治区、直辖市人民政府海洋主管部门提出申请，并提交项目论证报告、开发利用具体方案等申请文件，由海洋主管部门组织有关部门和专家审查，提出审查意见，报省、自治区、直辖市人民政府审批。

无居民海岛的开发利用涉及利用特殊用途海岛，或者确需填海连岛以及其他严重改变海岛自然地形、地貌的，由国务院审批。

无居民海岛开发利用审查批准的具体办法，由国务院规定。

第三十一条　经批准开发利用无居民海岛的，应当依法缴纳使用金。但是，因国防、公务、教学、防灾减灾、非经营性公用基础设施建设和基础测绘、气象观测等公益事业使用无居民海岛的除外。

无居民海岛使用金征收使用管理办法，由国务院财政部门会同国务院海洋主管部门规定。

第三十二条　经批准在可利用无居民海岛建造建筑物或者设施，应当按照可利用无居民海岛保护和利用规划限制建筑物、设施的建设总量、高度以及与海岸线的距离，使其与周围植被和景观相协调。

第三十三条　无居民海岛利用过程中产生的废水，应当按照规定进行处理和排放。

无居民海岛利用过程中产生的固体废物，应当按照规定进行无害化处理、处置，禁止在无居民海岛弃置或者向其周边海域倾倒。

第三十四条　临时性利用无居民海岛的，不得在所利用的海岛建造永久性建筑物或者设施。

第三十五条　在依法确定为开展旅游活动的可利用无居民海岛及其周边海域，不得建造居民定居场所，不得从事生产性养殖活动；已经存在生产性养殖活动的，应当在编制可利用无居民海岛保护和利用规划中确定相应的污染防治措施。

第二百四十九条　【国家所有的土地范围】

城市的土地，属于国家所有。法律规定属于国家所有的农村和城市郊区的土地，属于国家所有。

本条来源

《物权法》第四十七条规定：“城市的土地，属于国家所有。法律规定属于国家所有的农村和城市郊区的土地，属于国家所有。”本条延续了该规定。此外，《宪法》《土地管理法》及《土地管理法实施条例》中也确定了土地的国家所有权。

立法演变

物权编一审稿第四十四条规定："城市的土地，属于国家所有。法律规定属于国家所有的农村和城市郊区的土地，属于国家所有。"此后各稿延续了一审稿的规定。

条文释义

本条是关于城市的土地和法律规定属于国家所有的农村和城市郊区的土地属于国家所有，即国家所有的土地范围的规定。

土地所有权作为一个集政治概念、经济概念、法律概念于一体的名词，在本条中仅作为法律概念进行解释，因此仅局限于民事法律关系中的所有权概念。[①] 土地是宝贵自然资源和基本生产资料，土地的开发利用涉及每一个民事主体的重要权益，故而需要科学明确其所有权，才能"地尽其用"。我国一直实行土地的社会主义公有制制度，由国家统一监督管理土地的保护和开发。本条规定了国家所有土地的范围，包括城市的土地仅属于国家所有；法律规定属于国家所有的农村和城市郊区的土地，属于国家所有。所谓法律规定是指由全国人民代表大会及其常务委员会通过的法律所作的规定，例如《宪法》第十条与《土地管理法》第九条就对此作出规定。其他法律未规定属于国家所有的农村和城市郊区的土地属于农民集体所有。

法条关联

◆ **《宪法》**

第十条 城市的土地属于国家所有。

农村和城市郊区的土地，除由法律规定属于国家所有的以外，属于集体所有；宅基地和自留地、自留山，也属于集体所有。

---

① 最高人民法院物权法研究小组：《〈中华人民共和国物权法〉条文理解和适用》，人民法院出版社2007年版，第176页。

国家为了公共利益的需要，可以依照法律规定对土地实行征收或者征用并给予补偿。

任何组织或者个人不得侵占、买卖或者以其他形式非法转让土地。土地的使用权可以依照法律的规定转让。

一切使用土地的组织和个人必须合理地利用土地。

◆《土地管理法》

第二条　中华人民共和国实行土地的社会主义公有制，即全民所有制和劳动群众集体所有制。

全民所有，即国家所有土地的所有权由国务院代表国家行使。

任何单位和个人不得侵占、买卖或者以其他形式非法转让土地。土地使用权可以依法转让。

国家为了公共利益的需要，可以依法对土地实行征收或者征用并给予补偿。

国家依法实行国有土地有偿使用制度。但是，国家在法律规定的范围内划拨国有土地使用权的除外。

第九条　城市市区的土地属于国家所有。

农村和城市郊区的土地，除由法律规定属于国家所有的以外，属于农民集体所有；宅基地和自留地、自留山，属于农民集体所有。

◆《土地管理法实施条例》

第二条　下列土地属于全民所有即国家所有：

（一）城市市区的土地；

（二）农村和城市郊区中已经依法没收、征收、征购为国有的土地；

（三）国家依法征收的土地；

（四）依法不属于集体所有的林地、草地、荒地、滩涂及其他土地；

（五）农村集体经济组织全部成员转为城镇居民的，原属于其成员集体所有的土地；

（六）因国家组织移民、自然灾害等原因，农民成建制地集体迁移后不再使用的原属于迁移农民集体所有的土地。

第二百五十条　【自然资源国家所有权】

森林、山岭、草原、荒地、滩涂等自然资源，属于国家所有，但是法律规定属于集体所有的除外。

本条来源

《物权法》第四十八条规定："森林、山岭、草原、荒地、滩涂等自然资源，属于国家所有，但法律规定属于集体所有的除外。"本条延续了该规定。此外《宪法》及《民法通则》《森林法》《草原法》《民族区域自治法》等法律中也确定了自然资源的国家所有权。

立法演变

物权编一审稿第四十五条规定："森林、山岭、草原、荒地、滩涂等自然资源，属于国家所有，但法律规定属于集体所有的除外。"二审稿在此基础上将"但"改为"但是"，此后各稿延续了二审稿的规定。

条文释义

本条是关于森林、山岭、草原、荒地、滩涂等自然资源所有权的规定。其立法依据是《宪法》，《宪法》第六条规定，"中华人民共和国的社会主义经济制度的基础是生产资料的社会主义公有制"。《宪法》第九条第一款规定："矿藏、水流、森林、山岭、草原、荒地、滩涂等自然资源，都属于国家所有，即全民所有；由法律规定属于集体所有的森林和山岭、草原、荒地、滩涂除外。"《宪法》第九条第二款规定："国家保障自然资源的合理利用，保护珍贵的动物和植物。禁止任何组织或者个人用任何手段侵占或者破坏自然资源。"我国绝大多数自然资源都属于国家所有，这是我国不同于资本主义国家经济制度的基本特征之一。《民法典》根据宪法和有关法律的规定，对自然资源的归属作出规定，对进一步保护国有自然资源，合理开发利用国有自然资源，具有重要意义。

我国其他法律对自然资源的国家所有权也作出了相应的规定。《森林法》第十四条第一款规定："森林资源属于国家所有，由法律规定属于集体所有的除外。"《草原法》第九条规定："草原属于国家所有，由法律规定属于集体所有的除外。国家所有的草原，由国务院代表国家行使所有权。任何单位或者个人不得侵占、买卖或者以其他形式非法转让草原。”森林、山岭、草原、荒地、滩涂作为自然资源，一般属于国家所有。依照我国的法律，森林、山岭、草原、荒地、滩涂等自然资源除了国家所有外，还存在另一种所有权形式，即集体所有。

综上，《民法典》和《草原法》《森林法》等基本法和相关部门法均规定森林、山岭、草原、荒地、滩涂等自然资源所有权属于国家，其他集体经济组织可以对上述自然资源在法律规定的范围内享有所有权。从《宪法》到其他法律都对自然资源的所有权作出谨慎规定，随着社会经济的不断发展和人民美好生活需要的日益增长，自然资源有限，越是对其实现低成本的最大化利用，越能在可持续发展维度下实现我国社会主义的宏伟蓝图。

法条关联

◆**《宪法》**

第九条　矿藏、水流、森林、山岭、草原、荒地、滩涂等自然资源，都属于国家所有，即全民所有；由法律规定属于集体所有的森林和山岭、草原、荒地、滩涂除外。

国家保障自然资源的合理利用，保护珍贵的动物和植物。禁止任何组织或者个人用任何手段侵占或者破坏自然资源。

◆**《森林法》**

第十四条　森林资源属于国家所有，由法律规定属于集体所有的除外。

国家所有的森林资源的所有权由国务院代表国家行使。国务院可以授权国务院自然资源主管部门统一履行国有森林资源所有者职责。

◆**《草原法》**

第九条　草原属于国家所有，由法律规定属于集体所有的除外。国家所有的草原，由国务院代表国家行使所有权。

任何单位或者个人不得侵占、买卖或者以其他形式非法转让草原。

◆**《民族区域自治法》**

第二十七条　民族自治地方的自治机关根据法律规定，确定本地方内草场和森林的所有权和使用权。

民族自治地方的自治机关保护、建设草原和森林，组织和鼓励植树种草。禁止任何组织或者个人利用任何手段破坏草原和森林。严禁在草原和森林毁草毁林开垦耕地。

第二百五十一条　【野生动植物资源的国家所有权】

法律规定属于国家所有的野生动植物资源，属于国家所有。

本条来源

《物权法》第四十九条规定："法律规定属于国家所有的野生动植物资源，属于国家所有。"本条延续了该规定。此外关于野生动物资源的国家所有权规定还见于《野生动物保护法》第三条。

立法演变

物权编一审稿第四十六条规定："法律规定属于国家所有的野生动植物资源，属于国家所有。"此后各稿延续了一审稿的规定。

条文释义

本条是关于法律规定属于国家所有的野生动植物资源专属于国家所有的规定。

野生动植物作为国家重要的自然资源，不论是在《宪法》还是《野生动物保护法》中均已明确，其所有权归于国家。《宪法》第九条第二款规定：国家保障自然资源的合理利用，保护珍贵的动物和植物。禁止任何组织或者个人用任何手段侵占或者破坏自然资源。此规定表明，保护动植物资源是宪法原则，任何组织和个人都要认真贯彻执行。《野生动物保护法》第二条规定：本法规定保护的野生动物，是指珍贵、濒危的陆生、水生野生动物和有重要生态、科学、社会价值的陆生野生动物。第三条规定：野生动物资源属于国家所有。国家保障依法从事野生动物科学研究、人工繁育等保护及相关活动的组织和个人的合法权益。《野生植物保护条例》第二条规定：本条例所保护的野生植物，是指原生地天然生长的珍贵植物和原生地天然生长并具有重要经济、科学研究、文化价值的濒危、稀有植物。现行法律体系下野生动植物资源明确属于国家所有的，虽严格规定其所有权归属，但也明确国家保障组织和个人合法的科学研究和保护活动。此类规定有利于保护我国的野生动植物资源，防止私人捕猎饲养野生动物、砍伐采摘野生植物，从而能够更加合理地利用和保护野生动植物资源。

法条关联

◆《野生动物保护法》

第二条 在中华人民共和国领域及管辖的其他海域，从事野生动物保护及相关活动，适用本法。

本法规定保护的野生动物，是指珍贵、濒危的陆生、水生野生动物和有重要生态、科学、社会价值的陆生野生动物。

本法规定的野生动物及其制品，是指野生动物的整体（含卵、蛋）、部分及其衍生物。珍贵、濒危的水生野生动物以外的其他水生野生动物的保护，适用《中华人民共和国渔业法》等有关法律的规定。

第三条 野生动物资源属于国家所有。国家保障依法从事野生动物科学研究、人工繁育等保护及相关活动的组织和个人的合法权益。

第二百五十二条 【无线电频谱资源的国家所有权】

无线电频谱资源属于国家所有。

本条来源

《物权法》第五十条规定："无线电频谱资源属于国家所有。"本条延续了该规定。此外《无线电管理条例》第三条也对无线电频谱资源的国家所有权作出了确认。

立法演变

物权编一审稿第四十七条规定："无线电频谱资源属于国家所有。"此后各稿延续了一审稿的规定。

条文释义

本条是关于无线电频谱资源专属于国家所有的规定。

本条规定无线电频谱资源属于国家所有。无线电频谱资源属于国家所有，即国家对无线电频谱资源享有占有、使用、收益和处分的权利，任何其他主体都不得干涉。国务院和中央军委颁布的《无线电管理条例》第三条规定："无线电频谱资源属于国家所有。国家对无线电频谱资源实行统一规划、合理开发、有偿使用的原则。"《民法典》物权编和《无线电管理条例》均规定无线电频谱资源的所有权属于国家，国务院代表国家行使所有权，同时国家鼓励其他组织或者个人在合法使用范围内努力推广技术，提高管理水平。该规定模式有利于充分、合理、有效地利用无线电频谱资源，实现各种无线电业务有序开展，防止因权属不清而使用混乱，导致各种无线电业务、无线电台站和系统之间相互干扰。

法条关联

◆《无线电管理条例》

第三条 无线电频谱资源属于国家所有。国家对无线电频谱资源实行统一规划、合理开发、有偿使用的原则。

第二百五十三条 【文物的国家所有权】

法律规定属于国家所有的文物，属于国家所有。

本条来源

《物权法》第五十一条规定："法律规定属于国家所有的文物，属于国家所有。"本条延续了该规定。此外《文物保护法》第五条也对文物的国家所有权作出了确认。

立法演变

物权编一审稿第四十八条规定："法律规定属于国家所有的文物，属于国家所有。"此后各稿延续了一审稿的规定。

条文释义

保护和利用好文物是增强民族文化自信，提升社会主义物质文明和精神文明水平的重要途径，因此制定法律也要服务于传承和发扬中华民族优秀传统文化的目标。本条规定，法律规定属于国家所有的文物，属于国家所有。即并非所有的文物都归国家所有，而仅限于法律规定属于国家所有的文物，属于国家所有。文物的所有者可以是各类民事主体，民事主体可以按照法律规定享有对文物的所有权。《文物保护法》第五条规定："中华人民共和国境内地下、内水和领海中遗存的一切文物，属于国家所有。古文化遗址、古墓葬、石窟寺属于国家所有。国家指定保护的纪念建筑物、古建筑、石刻、壁画、近代现代代表性建筑等不可移动文物，除国家另有规定的以外，属于国家所有。国有不可移动文物的所有权不因其所依附的土地所有权或者使用权的改变而改变。下列可移动文物，属于国家所有：（一）中国境内出土的文物，国家另有规定的除外；（二）国有文物收藏单位以及其他国家机关、部队和国有企业、事业组织等收藏、保管的文物；（三）国家征集、购买的文物；（四）公民、法人和其他组织捐赠给国家的文物；（五）法律规定属于国家所有的其他文物。属于国家所有的可移动文物的所有权不因其保管、收藏单位的终止或者变更而改变。国有文物所有权受法律保护，不容侵犯。"国家依法享有法律规定属于国家所有的文物的所有权，实现占有、使用、收益和处分的权利。

法条关联

◆**《文物保护法》**

第五条　中华人民共和国境内地下、内水和领海中遗存的一切文物，属于国家所有。

古文化遗址、古墓葬、石窟寺属于国家所有。国家指定保护的纪念建筑物、古建筑、石刻、壁画、近代现代代表性建筑等不可移动文物，除国家另有规定的以外，属于国家所有。

国有不可移动文物的所有权不因其所依附的土地所有权或者使用权的改变而改变。

下列可移动文物，属于国家所有：

（一）中国境内出土的文物，国家另有规定的除外；

（二）国有文物收藏单位以及其他国家机关、部队和国有企业、事业组织等收藏、保管的文物；

（三）国家征集、购买的文物；

（四）公民、法人和其他组织捐赠给国家的文物；

（五）法律规定属于国家所有的其他文物。

属于国家所有的可移动文物的所有权不因其保管、收藏单位的终止或者变更而改变。

国有文物所有权受法律保护，不容侵犯。

◆《水下文物保护管理条例》

第二条 本条例所称水下文物，是指遗存于下列水域的具有历史、艺术和科学价值的人类文化遗产：

（一）遗存于中国内水、领海内的一切起源于中国的、起源国不明的和起源于外国的文物；

（二）遗存于中国领海以外依照中国法律由中国管辖的其他海域内的起源于中国的和起源国不明的文物；

（三）遗存于外国领海以外的其他管辖海域以及公海区域内的起源于中国的文物。

前款规定内容不包括1911年以后的与重大历史事件、革命运动以及著名人物无关的水下遗存。

第二百五十四条 【属于国家所有的国防资产和基础设施】

国防资产属于国家所有。

铁路、公路、电力设施、电信设施和油气管道等基础设施，依照法律规定为国家所有的，属于国家所有。

本条来源

《物权法》第五十二条规定："国防资产属于国家所有。铁路、公路、电力设施、电信设施和油气管道等基础设施，依照法律规定为国家所有的，属于国家所有。”本条延续了该规定。此外《国防法》《铁路法》《公路法》《电力法》等法律中也对国防资产及基础设施的国家所有权作出了确认。

立法演变

物权编一审稿第四十九条规定：“国防资产属于国家所有。铁路、公路、电力设施、电信设施和油气管道等基础设施，依照法律规定为国家所有的，属于国家所有。”此后各稿延续了一审稿的规定。

条文释义

本条是关于国家所有的国防资产和基础设施的规定。

本条第一款规定，国防资产属于国家所有。国防是维护祖国统一和和平发展的重要保障，规定国防资产的国家所有权对我国的国防建设有重大意义。《国防法》第三十七条第二款也规定，国防资产归国家所有。根据《国防法》第三十七条的规定，国家为武装力量建设、国防科研生产和其他国防建设直接投入的资金、划拨使用的土地等资源，以及由此形成的用于国防目的的武器装备和设备设施、物资器材、技术成果等属于国防资产。《国防法》第三十九条第一款规定，国家保护国防资产不受侵害，保障国防资产的安全、完整和有效。

基础设施建设关乎人民生活质量，确保基础设施安全可以有效保障社会经济发展和人民生命财产安全。本条第二款规定铁路、公路、电力设施、电信设施和油气管道等基础设施，依照法律规定为国家所有的，属于国家所有。依据本条的规定，国家所有的基础设施限定于法律规定的范围内，并非所有的铁路、公路、电力设施等都属于国家所有。

法条关联

◆《国防法》

第三十七条　国家为武装力量建设、国防科研生产和其他国防建设直接投入的资金、划拨使用的土地等资源，以及由此形成的用于国防目的的武器装备和设备设施、物资器材、技术成果等属于国防资产。

国防资产归国家所有。

◆《铁路法》

第六条 公民有爱护铁路设施的义务。禁止任何人破坏铁路设施，扰乱铁路运输的正常秩序。

◆《公路法》

第二十一条 筹集公路建设资金，除各级人民政府的财政拨款，包括依法征税筹集的公路建设专项资金转为的财政拨款外，可以依法向国内外金融机构或者外国政府贷款。

国家鼓励国内外经济组织对公路建设进行投资。开发、经营公路的公司可以依照法律、行政法规的规定发行股票、公司债券筹集资金。

依照本法规定出让公路收费权的收入必须用于公路建设。

向企业和个人集资建设公路，必须根据需要与可能，坚持自愿原则，不得强行摊派，并符合国务院的有关规定。

公路建设资金还可以采取符合法律或者国务院规定的其他方式筹集。

◆《电力法》

第十三条 电力投资者对其投资形成的电力，享有法定权益。并网运行的，电力投资者有优先使用权；未并网的自备电厂，电力投资者自行支配使用。

第二百五十五条 【国家机关支配的动产与不动产】

国家机关对其直接支配的不动产和动产，享有占有、使用以及依照法律和国务院的有关规定处分的权利。

本条来源

《物权法》第五十三条规定：“国家机关对其直接支配的不动产和动产，享有占有、使用以及依照法律和国务院的有关规定处分的权利。”本条延续了该规定。

立法演变

物权编一审稿第五十条规定：“国家机关对其直接支配的不动产和动产，享有占有、使用以及依照法律和国务院的有关规定处分的权利。”此后各稿延续了一审稿的规定。

条文释义

在我国，国有财产属于全民所有，因此国有财产的保护直接关系着国家利益与人民利益。保护国有财产权，防止国有财产流失，是我国的一项重要且长期的任务。本条是对国家机关对其直接支配的物享有的物权的规定，规定国家机关对其直接支配的不动产和动产，享有占有、使用以及依照法律和国务院的有关规定处分的权利。国家机关对其直接支配的财产的处分必须依照法律规定的限制和程序进行，不得擅自处置国有财产，加强了对国家机关直接占有的国有财产的保护。《企业国有资产法》《地方国有资产监管工作指导监督办法》《国务院办公厅关于加强和改进企业国有资产监督防止国有资产流失的意见》《国务院关于改革和完善国有资产管理体制的若干意见》等文件也对国有资产管理体制、国有资产监督机制等问题作出重要规定，着力提升国有资产的利用效率，保证社会经济有序发展。

法条关联

◆《监狱法》

第九条　监狱依法使用的土地、矿产资源和其他自然资源以及监狱的财产，受法律保护，任何组织或者个人不得侵占、破坏。

◆《国防法》

第三十八条　国家根据国防建设和经济建设的需要，确定国防资产的规模、结构和布局，调整和处分国防资产。

国防资产的管理机构和占有、使用单位，应当依法管理国防资产，充分发挥国防资产的效能。

第三十九条　国家保护国防资产不受侵害，保障国防资产的安全、完整和有效。

禁止任何组织或者个人破坏、损害和侵占国防资产。未经国务院、中央军事委员会或者国务院、中央军事委员会授权的机构批准，国防资产的占有、使用单位不得改变国防资产用于国防的目的。国防资产经批准不再用于国防目的的，依照有关法律、法规的规定管理。

第二百五十六条　【国家举办的事业单位的物权】

国家举办的事业单位对其直接支配的不动产和动产，享有占有、使用以及依照法律和国务院的有关规定收益、处分的权利。

本条来源

《民法通则》第五十条规定："有独立经费的机关从成立之日起，具有法人资格。具备法人条件的事业单位、社会团体，依法不需要办理法人登记的，从成立之日起，具有法人资格；依法需要办理法人登记的，经核准登记，取得法人资格。"《民法总则》第八十七条规定："为公益目的或者其他非营利目的成立，不向出资人、设立人或者会员分配所取得利润的法人，为非营利法人。非营利法人包括事业单位、社会团体、基金会、社会服务机构等。"这两部法律均对事业单位法人作出了规定。同时《物权法》第五十四条、《事业单位登记管理暂行条例》《事业单位国有资产管理暂行办法》进一步明确事业单位对其直接支配的国有财产行使所有权。本条延续了《物权法》第五十四条的规定。

立法演变

物权编一审稿第五十一条规定："国家举办的事业单位对其直接支配的不动产和动产，享有占有、使用以及依照法律和国务院的有关规定收益、处分的权利。"此后各稿延续了一审稿的规定。

条文释义

本条是关于国家举办的事业单位对于其直接支配的国有财产行使所有权的规定。这是国家所有权的行使方式之一，国家依法授权事业单位经营管理国家特定的财产，以便充分调动积极性，更好地利用和发挥国家财产的效用。

理解本条可以从以下两点出发：第一，本条所指的事业单位并非其所支配的国家财产的所有权人，而是国家作为所有权人，依法授权事业单位行使占有、使用这些财产的权利；第二，正因为事业单位并非所有权人，故在对其直接支配的不动产或者动产进行收益和处分时，必须依据法律或者国务院的有关规定来行使权利。国家举办的事业单位为有效履行职责，有权占有、使用一定之物，但囿于其所承担的职能属性，事业单位对物的收益、处分，应当依据法定权限、程序、方式行使，各事业单位的权能彼此间也存在区别。①

改革开放以来，不少国家举办的事业单位已经实行了企业化经营、管理。早在20世纪80年代通过的《民法通则》，就已经将经营权作为“与所有权有关的财产权”加以规定。经营权作为与所有权有关的财产权是可以从所有权中分离的，享有经营权不等于享有所有权，也不等于享有作为所有权内容的收益权。因此，对于已经实行企业化管理的事业单位，对从事经营活动所得的收益，仍然要以法律和国务院的有关规定作为依据行使收益权，不得视为事业单位所有的财产而随意处分。②

法条关联

◆《民法典》

第八十七条　为公益目的或者其他非营利目的成立，不向出资人、设立人或者会员分配所取得利润的法人，为非营利法人。

非营利法人包括事业单位、社会团体、基金会、社会服务机构等。

◆《事业单位登记管理暂行条例》

第二条　本条例所称事业单位，是指国家为了社会公益目的，由国家机关举办或者其他组织利用国有资产举办的，从事教育、科技、文化、卫生等活动的社会服务组织。

事业单位依法举办的营利性经营组织，必须实行独立核算，依照国家有关公司、企业等经营组织的法律、法规登记管理。

◆《事业单位国有资产管理暂行办法》

第三条　本办法所称的事业单位国有资产，是指事业单位占有、使用的，依法确认为国家所有，能以货币计量的各种经济资源的总称，即事业单位的国有（公共）财产。

事业单位国有资产包括国家拨给事业单位的资产，事业单位按照国家规定

---

①　郭少飞：《“国家所有权”的私权基础及实现路径》，载《哈尔滨工业大学学报（社会科学版）》2020年第1期，第26页。

②　参见最高人民法院物权法研究小组：《〈中华人民共和国物权法〉条文理解与适用》，人民法院出版社2007年版，第186页以下。

运用国有资产组织收入形成的资产，以及接受捐赠和其他经法律确认为国家所有的资产，其表现形式为流动资产、固定资产、无形资产和对外投资等。

第五条 事业单位国有资产实行国家统一所有，政府分级监管，单位占有、使用的管理体制。

第二十四条 事业单位国有资产处置，是指事业单位对其占有、使用的国有资产进行产权转让或者注销产权的行为。处置方式包括出售、出让、转让、对外捐赠、报废、报损以及货币性资产损失核销等。

第二十六条 事业单位占有、使用的房屋建筑物、土地和车辆的处置，货币性资产损失的核销，以及单位价值或者批量价值在规定限额以上的资产的处置，经主管部门审核后报同级财政部门审批；规定限额以下的资产的处置报主管部门审批，主管部门将审批结果定期报同级财政部门备案。法律、行政法规和本办法第五十六条另有规定的，依照其规定。

案例评议

段某诉四川某大学返还原物纠纷案①

◆ **裁判规则**

占有虽作为一种事实状态，仅体现为人对物的支配管领关系，不反映某种权利关系，但占有应当有其基础，法律才会保护这样的事实状态。根据查明的事实，段某对讼争房屋实施了支配管领的行为，事实上形成了占有的状态，但并未提交证据证明其占有系有合法的根据成就了对应状态，据此，段某的行为应当认定为无权占有。故法院判决段某应当将涉案住房腾空后返还给四川某大学。

◆ **评议**

被告段某未能提交相关证据来证明其占有讼争房屋的合法性，因此被认定为无权占有。此外，四川某大学属于国家举办的事业单位，依据本条规定，其对诉争房屋享有占有、使用以及依照法律和国务院的有关规定收益、处分的权利。故四川某大学作为涉案房屋的权利人，法院支持其作为原告提出的返还诉争房屋的主张。

---

① 雅安市中级人民法院（2016）川18民终933号民事判决书。

第二百五十七条 【国家出资的企业出资人代表制度】

国家出资的企业，由国务院、地方人民政府依照法律、行政法规规定分别代表国家履行出资人职责，享有出资人权益。

本条来源

《物权法》第五十五条规定："国家出资的企业，由国务院、地方人民政府依照法律、行政法规规定分别代表国家履行出资人职责，享有出资人权益。"本条延续了该规定。同时《企业国有资产法》第三条规定了国有资产的所有权性质，即属于国家所有，第五条规定了国家出资企业的范围。《企业国有资产法》《企业国有资产监督管理暂行条例》等法律法规详细规定了出资人职责和权益，这些就是国务院、地方人民政府在履行职责时所应当依据和参照的规范。

立法演变

早在2003年5月国务院颁布的《企业国有资产监督管理暂行条例》第四条就规定："企业国有资产属于国家所有。国家实行由国务院和地方人民政府分别代表国家履行出资人职责，享有所有者权益，权利、义务和责任相统一，管资产和管人、管事相结合的国有资产管理体制。"经实践检验后，该规定由行政法规上升为国家法律，即《物权法》第五十五条规定的内容。物权编一审稿在第五十二条作了初次规定，内容与《物权法》第五十五条保持一致，此后各稿延续了一审稿的规定。

条文释义

本条是关于国有企业出资人代表资格的规定。

一、本条的基本内涵

第一，国家出资的企业，由国务院、地方人民政府依照法律、行政法规分别代表国家履行出资人的职责；第二，国务院、地方人民政府代表国家在国家出资的企业中享有出资人权益。本条规定中的"国家出资的企业"，应作广义解释，包括国有独资企业、国有独资公司、国有资本控股公司、国有资本参股公司等。

二、理解本条时应当注意以下几方面

第一，在国家出资的企业中，中央人民政府、地方人民政府代表国家履行出资人职责，享有出资人权益。结合我国行政机构的实际情况，履行出资人职责、享有出资人权益的是相应级别的人民政府的国有资产监督管理机构，而不是该企业的经营者。但是出资的财产不归任何个人、组织、机构所有，而是归全民即国家所有。

第二，如前所述，“国家出资的企业”应作广义解释，因此在企业全部投资的比例中不论国家出资占比多少，相应的人民政府都应当履行国有出资人的职责和享有出资人权益。

第三，各级人民政府通过设立国有资产管理委员会，代表国家享有公司法规定的资产收益、重大决策和选择管理者等出资人权益，并承担相应的监管责任。另外，根据宪法的规定和国有资产管理所遵循的政企分开的原则，中央政府和地方政府以及其设立的国有资产管理机构不能干预国家出资的企业依法行使的自主经营权。①

法条关联

◆《企业国有资产法》

第三条 国有资产属于国家所有即全民所有。国务院代表国家行使国有资产所有权。

第四条 国务院和地方人民政府依照法律、行政法规的规定，分别代表国家对国家出资企业履行出资人职责，享有出资人权益。

国务院确定的关系国民经济命脉和国家安全的大型国家出资企业，重要基础设施和重要自然资源等领域的国家出资企业，由国务院代表国家履行出资人职责。其他的国家出资企业，由地方人民政府代表国家履行出资人职责。

第五条 本法所称国家出资企业，是指国家出资的国有独资企业、国有独资公司，以及国有资本控股公司、国有资本参股公司。

第十一条 国务院国有资产监督管理机构和地方人民政府按照国务院的规

---

① 参见最高人民法院民事审判第一庭编著：《最高人民法院物权法司法解释（一）关联适用指引》，中国法制出版社2016年版，第36页。

定设立的国有资产监督管理机构，根据本级人民政府的授权，代表本级人民政府对国家出资企业履行出资人职责。

国务院和地方人民政府根据需要，可以授权其他部门、机构代表本级人民政府对国家出资企业履行出资人职责。

代表本级人民政府履行出资人职责的机构、部门，以下统称履行出资人职责的机构。

第十二条 履行出资人职责的机构代表本级人民政府对国家出资企业依法享有资产收益、参与重大决策和选择管理者等出资人权利。

履行出资人职责的机构依照法律、行政法规的规定，制定或者参与制定国家出资企业的章程。

履行出资人职责的机构对法律、行政法规和本级人民政府规定须经本级人民政府批准的履行出资人职责的重大事项，应当报请本级人民政府批准。

◆《企业国有资产监督管理暂行条例》

第四条 企业国有资产属于国家所有。国家实行由国务院和地方人民政府分别代表国家履行出资人职责，享有所有者权益，权利、义务和责任相统一，管资产和管人、管事相结合的国有资产管理体制。

第五条 国务院代表国家对关系国民经济命脉和国家安全的大型国有及国有控股、国有参股企业，重要基础设施和重要自然资源等领域的国有及国有控股、国有参股企业，履行出资人职责。国务院履行出资人职责的企业，由国务院确定、公布。

省、自治区、直辖市人民政府和设区的市、自治州级人民政府分别代表国家对由国务院履行出资人职责以外的国有及国有控股、国有参股企业，履行出资人职责。其中，省、自治区、直辖市人民政府履行出资人职责的国有及国有控股、国有参股企业，由省、自治区、直辖市人民政府确定、公布，并报国务院国有资产监督管理机构备案；其他由设区的市、自治州级人民政府履行出资人职责的国有及国有控股、国有参股企业，由设区的市、自治州级人民政府确定、公布，并报省、自治区、直辖市人民政府国有资产监督管理机构备案。

国务院，省、自治区、直辖市人民政府，设区的市、自治州级人民政府履行出资人职责的企业，以下统称所出资企业。

第二百五十八条　【国有财产的保护】

国家所有的财产受法律保护，禁止任何组织或者个人侵占、哄抢、私分、截留、破坏。

本条来源

依据《宪法》规定的社会主义的公共财产神圣不可侵犯原则，《民法通则》第七十三条规定："国家财产属于全民所有。国家财产神圣不可侵犯，禁止任何组织或者个人侵占、哄抢、私分、截留、破坏。"《物权法》第五十六条规定："国家所有的财产受法律保护，禁止任何单位和个人侵占、哄抢、私分、截留、破坏。"这些规定的立法目的均是保护国有财产，本条将"单位"改为"组织"，"和"改为"或者"，其他延续了《物权法》的规定。

立法演变

物权编一审稿第五十三条规定："国家所有的财产受法律保护，禁止任何组织或者个人侵占、哄抢、私分、截留、破坏。"此后各稿延续了一审稿的规定。

条文释义

本条是关于保护国家财产所有权的禁止性规定。

一、本条的基本内涵

第一，本条明确规定，国家所有的财产受法律保护，这是由国家性质决定的。我国是社会主义国家，国家财产属于全民所有，国家所有的财产神圣不可侵犯。

第二，明确禁止任何组织和个人侵占、哄抢、私分、截留、破坏国有财产。未经国家的授权或者有权单位的同意而占有国家财产的行为即为侵占。故意以非法手段抢占国有财产的行为即为哄抢。私分则表现为未经有权部门的批准而将国有财产分配给个人或者组织所有。截留是指将本应上交国家的利税和其他财物以各种借口少交或者不交。破坏则指以非法手段直接损害国有财产。

二、理解本条规定应当从以下几方面出发

第一，国家通过民事立法规定国家所有的财产受法律保护，国家所有的财产在遭受侵害时，国家除了可以运用刑事、行政手段追究侵权者的责任外，还能够根据民法典等民事法律规定，维护其所有权。① 第二，国家所有的财产受法律保护，这种保护是平等保护而不是特殊保护。第三，本条所列举的侵占、哄抢、私分、截留、破坏国家所有财产的行为均为法律所明令禁止的行为。

法条关联

◆《宪法》

第十二条 社会主义的公共财产神圣不可侵犯。

国家保护社会主义的公共财产。禁止任何组织或者个人用任何手段侵占或者破坏国家的和集体的财产。

案例评议

温某诉某市海南区农牧林业局返还原物纠纷案②

◆ **裁判规则**

《物权法》规定，法律规定属于国家所有的财产，属于国家所有即全民所有。《行政单位国有资产管理暂行办法》规定，各级财政部门是政府负责行政单位国有资产管理的职能部门，对行政单位国有资产实行综合管理；该《办法》同时规定，财政部门根据工作需要，可以将国有资产管理的部分工作交由有关单位完成。有关单位应当完成所交给的国有资产管理工作，向财政部门负责，并报告工作的完成情况。且根据本案争议猪场原管理单位知青林场系隶属于原告的历史事实，以及海南区财政局向海南区农牧局发出的文件，原告系本案争议猪场的管理主体，有权作为诉讼主体主张对猪场的权利。被告主张其丈夫刘某作为某知青林场的正式职工，工作和工资待遇未落实，不能作为其占有、管理、使用猪场的合法依据，属于企业转制遗留问题，应另寻其他途径解决。故被告应当依法向原告返还占用的猪场。

◆ **评议**

根据本案已经查明的事实，涉案猪场在建设初始虽属于某知青林场，但该

① 参见孙宪忠：《中国物权法原理》，法律出版社 2004 年版，第 308 页。

② 内蒙古自治区乌海市中级人民法院（2019）内 03 民终 61 号民事判决书。

林场由国家出资。某知青林场破产后，该猪场并未作为破产资产清偿债务，故应当划归原隶属机关管理使用。对国有资产的管理，国家在不同的时期政策有所变动，但不能改变该猪场为国有资产的性质。我国是社会主义国家，国家的性质决定国家财产属于全民所有。国家所有的财产不容侵犯，民法典明确禁止任何组织和个人侵占、哄抢、私分、截留、破坏国有财产。因此被告应当返还占用的猪场。

第二百五十九条　【国有财产管理、监督的法律责任】

履行国有财产管理、监督职责的机构及其工作人员，应当依法加强对国有财产的管理、监督，促进国有财产保值增值，防止国有财产损失；滥用职权，玩忽职守，造成国有财产损失的，应当依法承担法律责任。

违反国有财产管理规定，在企业改制、合并分立、关联交易等过程中，低价转让、合谋私分、擅自担保或者以其他方式造成国有财产损失的，应当依法承担法律责任。

本条来源

《物权法》第五十七条规定："履行国有财产管理、监督职责的机构及其工作人员，应当依法加强对国有财产的管理、监督，促进国有财产保值增值，防止国有财产损失；滥用职权，玩忽职守，造成国有财产损失的，应当依法承担法律责任。违反国有财产管理规定，在企业改制、合并分立、关联交易等过程中，低价转让、合谋私分、擅自担保或者以其他方式造成国有财产损失的，应当依法承担法律责任。"本条延续了该规定。同时，《企业国有资产法》列举了履行出资人职责的机构在实施哪些违法行为时，将对其直接负责的主管人员和其他直接责任人员依法给予处分。《企业国有资产监督管理暂行条例》也对国有资产监督管理机构的主要职责进行了规定。

立法演变

物权编一审稿第五十四条规定："履行国有财产管理、监督职责的机构及其工作人员，应当依法加强对国有财产的管理、监督，促进国有财产保值增值，防止国有财产损失；滥用职权，玩忽职守，造成国有财产损失的，应当依法承担法律责任。违反国有财产管理规定，在企业改制、合并分立、关联交易等过程中，低价转让、合谋私分、擅自担保或者以其他方式造成国有财产损失的，应当依法承担法律责任。”此后各稿延续了一审稿的规定。

条文释义

本条是关于国有财产监管机构及其工作人员的职责和法律责任的规定。

第一款针对的是特定的主体，即国有财产管理监督机构及其工作人员，明确了国有财产监督管理的目标是：促进国有财产保值、增值，防止国有财产流失，实现国有财产的社会公共利益最大化。① 这体现了民法典物权编所关注的是以国有财产的保值增值为主要标志的国有经济的不断发展和壮大。此外，第一款规定的法律责任，不仅仅指民事责任，还包括刑事责任和行政责任。

但是，本条第二款规定中的法律责任不同于第一款。参照《企业国有资产监督管理暂行条例》可知，本条第二款规定的责任主体并不限于国有财产监督管理机构及其工作人员，而是包括国有财产监督管理机构及其工作人员、国家出资的企业的负责人及其工作人员以及其他实施了本款规定的行为的人员。基于近年来在企业改制、合并分立、关联交易等过程中，采取低价转让、合谋私分、擅自担保的方式造成国有财产损失的问题较为凸显，因此本条第二款列举了几种违反国有财产管理规定的行为，同时用了“或者以其他方式”的表述方式，即无论以何种方式造成国有财产损失，都应当承担法律责任。

法条关联

◆《企业国有资产法》

第六十六条　国务院和地方人民政府应当依法向社会公布国有资产状况和国有资产监督管理工作情况，接受社会公众的监督。

任何单位和个人有权对造成国有资产损失的行为进行检举和控告。

第六十八条　履行出资人职责的机构有下列行为之一的，对其直接负责的

① 李昌庚：《国有财产监管制度研究》，载《法治研究》2014 年第 4 期，第 61 页。

主管人员和其他直接责任人员依法给予处分：

（一）不按照法定的任职条件，任命或者建议任命国家出资企业管理者的；

（二）侵占、截留、挪用国家出资企业的资金或者应当上缴的国有资本收入的；

（三）违反法定的权限、程序，决定国家出资企业重大事项，造成国有资产损失的；

（四）有其他不依法履行出资人职责的行为，造成国有资产损失的。

第七十一条 国家出资企业的董事、监事、高级管理人员有下列行为之一，造成国有资产损失的，依法承担赔偿责任；属于国家工作人员的，并依法给予处分：

（一）利用职权收受贿赂或者取得其他非法收入和不当利益的；

（二）侵占、挪用企业资产的；

（三）在企业改制、财产转让等过程中，违反法律、行政法规和公平交易规则，将企业财产低价转让、低价折股的；

（四）违反本法规定与本企业进行交易的；

（五）不如实向资产评估机构、会计师事务所提供有关情况和资料，或者与资产评估机构、会计师事务所串通出具虚假资产评估报告、审计报告的；

（六）违反法律、行政法规和企业章程规定的决策程序，决定企业重大事项的；

（七）有其他违反法律、行政法规和企业章程执行职务行为的。

国家出资企业的董事、监事、高级管理人员因前款所列行为取得的收入，依法予以追缴或者归国家出资企业所有。

履行出资人职责的机构任命或者建议任命的董事、监事、高级管理人员有本条第一款所列行为之一，造成国有资产重大损失的，由履行出资人职责的机构依法予以免职或者提出免职建议。

◆**《企业国有资产监督管理暂行条例》**

第十三条 国有资产监督管理机构的主要职责是：

（一）依照《中华人民共和国公司法》等法律、法规，对所出资企业履行出资人职责，维护所有者权益；

（二）指导推进国有及国有控股企业的改革和重组；

（三）依照规定向所出资企业委派监事；

（四）依照法定程序对所出资企业的企业负责人进行任免、考核，并根据考核结果对其进行奖惩；

（五）通过统计、稽核等方式对企业国有资产的保值增值情况进行监管；

（六）履行出资人的其他职责和承办本级政府交办的其他事项。

国务院国有资产监督管理机构除前款规定职责外，可以制定企业国有资产监督管理的规章、制度。

第十五条　国有资产监督管理机构应当向本级政府报告企业国有资产监督管理工作、国有资产保值增值状况和其他重大事项。

第二十九条　国有资产监督管理机构依照国家有关规定，负责企业国有资产的产权界定、产权登记、资产评估监管、清产核资、资产统计、综合评价等基础管理工作。

国有资产监督管理机构协调其所出资企业之间的企业国有资产产权纠纷。

第三十条　国有资产监督管理机构应当建立企业国有资产产权交易监督管理制度，加强企业国有资产产权交易的监督管理，促进企业国有资产的合理流动，防止企业国有资产流失。

第二百六十条　【集体财产范围】

集体所有的不动产和动产包括：

（一）法律规定属于集体所有的土地和森林、山岭、草原、荒地、滩涂；

（二）集体所有的建筑物、生产设施、农田水利设施；

（三）集体所有的教育、科学、文化、卫生、体育等设施；

（四）集体所有的其他不动产和动产。

本条来源

《宪法》第九条、第十条和《民法通则》第七十四条均对集体财产的范围作出了规定。作为规范物的归属的基本法律，《物权法》也明确了集体所有财产的范围，第五十八条规定："集体所有的不动产和动产包括：（一）法律规定属于集体所有的土地和森林、山岭、草原、荒地、滩涂；（二）集体所有的建筑物、生产设施、农田水利设施；（三）集体所有的教育、科学、文化、卫生、体育等设施；（四）集体所有的其他不动产和动产。"本条延续了该规定。

立法演变

物权编一审稿第五十五条规定："集体所有的不动产和动产包括：（一）法律规定属于集体所有的土地和森林、山岭、草原、荒地、滩涂；（二）集体所有的建筑物、生产设施、农田水利设施；（三）集体所有的教育、科学、文化、卫生、体育等设施；（四）集体所有的其他不动产和动产。"此后各稿延续了一审稿的规定。

条文释义

本条是有关集体所有财产范围的规定。集体所有权同国家所有权一样，是建立在生产资料公有制基础上的所有权法律制度，是我国所有权的重要类型之一。民法典明确集体财产的范围，对于集体所有权的保护和集体经济的发展均有重要意义。

本条列举概括了四类集体所有的不动产和动产。相比建筑物、生产设施、农田水利设施与教育、科学、文化、卫生、体育等设施以及集体所有的其他不动产和动产而言，土地和森林、山岭、草原、荒地、滩涂，无疑是最为重要的集体所有财产。所以要掌握本条的基本内涵，关键是要准确理解第一项的规定。

首先，本条第一项中的"集体所有"指的是农民集体所有。民法典物权编第五章自本条开始至第二百六十五条，规定了集体所有权及其相关内容。我国的集体所有权包括城镇集体所有权和农民集体所有权。而依据国情，关于城镇集体所有权的相关规定主要是针对城镇集体企业财产的所有权问题，并不涉及对"土地和森林、山岭、草原、荒地、滩涂"的所有权。

其次，判断土地和森林、山岭、草原、荒地、滩涂是否为集体所有时，应当依照相关法律规定。依据《宪法》第十条规定，农村和城市郊区的土地，除由法律规定属于国家所有的以外，属于集体所有；宅基地和自留地、自留山，也属于集体所有。《森林法》第十四条规定，森林资源属于国家所有，由法律规定属于集体所有的除外。《草原法》第九条规定，草原属于国家所有，由法律规定属于集体所有的除外。

法条关联

◆《宪法》

第九条 矿藏、水流、森林、山岭、草原、荒地、滩涂等自然资源，都属于国家所有，即全民所有；由法律规定属于集体所有的森林和山岭、草原、荒地、滩涂除外。

国家保障自然资源的合理利用，保护珍贵的动物和植物。禁止任何组织或者个人用任何手段侵占或者破坏自然资源。

第十条 城市的土地属于国家所有。

农村和城市郊区的土地，除由法律规定属于国家所有的以外，属于集体所有；宅基地和自留地、自留山，也属于集体所有。

国家为了公共利益的需要，可以依照法律规定对土地实行征收或者征用并给予补偿。

任何组织或者个人不得侵占、买卖或者以其他形式非法转让土地。土地的使用权可以依照法律的规定转让。

一切使用土地的组织和个人必须合理地利用土地。

◆《土地管理法》

第九条 城市市区的土地属于国家所有。

农村和城市郊区的土地，除由法律规定属于国家所有的以外，属于农民集体所有；宅基地和自留地、自留山，属于农民集体所有。

◆《不动产登记暂行条例》

第五条 下列不动产权利，依照本条例的规定办理登记：

（一）集体土地所有权；

（二）房屋等建筑物、构筑物所有权；

（三）森林、林木所有权；

（四）耕地、林地、草地等土地承包经营权；

（五）建设用地使用权；

（六）宅基地使用权；

（七）海域使用权；

（八）地役权；

（九）抵押权；

（十）法律规定需要登记的其他不动产权利。

第二百六十一条　【农民集体所有财产归属及重大事项集体决定】

农民集体所有的不动产和动产，属于本集体成员集体所有。

下列事项应当依照法定程序经本集体成员决定：

（一）土地承包方案以及将土地发包给本集体以外的组织或者个人承包；

（二）个别土地承包经营权人之间承包地的调整；

（三）土地补偿费等费用的使用、分配办法；

（四）集体出资的企业的所有权变动等事项；

（五）法律规定的其他事项。

本条来源

《物权法》第五十九条规定：“农民集体所有的不动产和动产，属于本集体成员集体所有。下列事项应当依照法定程序经本集体成员决定：（一）土地承包方案以及将土地发包给本集体以外的单位或者个人承包；（二）个别土地承包经营权人之间承包地的调整；（三）土地补偿费等费用的使用、分配办法；（四）集体出资的企业的所有权变动等事项；（五）法律规定的其他事项。”本条延续了该规定。此外，我国《宪法》《土地管理法》明确规定了农民集体所有的土地依法属于村农民集体所有；《农村土地承包法》规定了土地承包应当遵循的基本原则和集体成员决定承包事项的法定程序；《村民委员会组织法》则列举了需经村民会议讨论决定的具体事项。

立法演变

物权编一审稿第五十六条规定：“农民集体所有的不动产和动产，属于本集体成员集体所有。下列事项应当依照法定程序经本集体成员决定：（一）土地承包方案以及将土地发包给本集体以外的组织或者个人承包；（二）个别土地承包经营权人之间承包地的调整；（三）土地补偿费等费用的使用、分配办法；（四）集体出资的企业的所有权变动等事项；（五）法律规定的其他事项。”此后各稿延续了一审稿的规定。

条文释义

本条是有关农民集体所有内涵以及应经集体成员民主议定事项范围的规定。

第一款所表述的“本集体成员集体所有”反映出农民集体所有的内涵，即集体组织中的每位成员对集体所有财产共同享有占有、使用、收益和处分的权利。基于此种所有权形态，每位成员主要是通过成员权来行使其权利。所谓成员权，是由自益权和共益权组成。其中，集体成员通过自益权实现其收益，而通过共益权来行使集体所有权。但是应当注意，农民集体所有并不等同于本集体成员的共同共有。农民集体所有权是一类特殊的所有权，所有权主体是单一的，即本集体成员组成的集体。农民集体所有的不动产和动产，虽然属于本集体成员集体所有，但每一个集体成员不是所有权主体，不能以自己的名义行使所有权，也无权擅自处置集体财产。

第二款则分五项说明需要本集体成员经法定程序决定事项的范围。总体上看，这些事项都和集体成员切身利益有着紧密联系，都是事关本集体利益的重大事务。农村集体经济组织在行使集体所有权时，有赖于其内部决策机制的有效运作，而集体各成员的民主决策权则是该决策机制的权利基础。各成员应当以集体所有权的行使与实现为目的，依法定程序决定集体重大事项。①

法条关联

◆《土地管理法》

第十一条　农民集体所有的土地依法属于村农民集体所有的，由村集体经济组织或者村民委员会经营、管理；已经分别属于村内两个以上农村集体经济

① 石冠彬、魏沁怡、单平基等：《民法典（草案）物权编修改笔谈》，载《法治研究》2020年第1期，第3－29页。

组织的农民集体所有的，由村内各该农村集体经济组织或者村民小组经营、管理；已经属于乡（镇）农民集体所有的，由乡（镇）农村集体经济组织经营、管理。

第四十九条 被征地的农村集体经济组织应当将征收土地的补偿费用的收支状况向本集体经济组织的成员公布，接受监督。

禁止侵占、挪用被征收土地单位的征地补偿费用和其他有关费用。

◆《农村土地承包法》

第十九条 土地承包应当遵循以下原则：

（一）按照规定统一组织承包时，本集体经济组织成员依法平等地行使承包土地的权利，也可以自愿放弃承包土地的权利；

（二）民主协商，公平合理；

（三）承包方案应当按照本法第十三条的规定，依法经本集体经济组织成员的村民会议三分之二以上成员或者三分之二以上村民代表的同意；

（四）承包程序合法。

第二十条 土地承包应当按照以下程序进行：

（一）本集体经济组织成员的村民会议选举产生承包工作小组；

（二）承包工作小组依照法律、法规的规定拟订并公布承包方案；

（三）依法召开本集体经济组织成员的村民会议，讨论通过承包方案；

（四）公开组织实施承包方案；

（五）签订承包合同。

第五十二条 发包方将农村土地发包给本集体经济组织以外的单位或者个人承包，应当事先经本集体经济组织成员的村民会议三分之二以上成员或者三分之二以上村民代表的同意，并报乡（镇）人民政府批准。

由本集体经济组织以外的单位或者个人承包的，应当对承包方的资信情况和经营能力进行审查后，再签订承包合同。

◆《村民委员会组织法》

第二十四条 涉及村民利益的下列事项，经村民会议讨论决定方可办理：

（一）本村享受误工补贴的人员及补贴标准；

（二）从村集体经济所得收益的使用；

（三）本村公益事业的兴办和筹资筹劳方案及建设承包方案；

（四）土地承包经营方案；

（五）村集体经济项目的立项、承包方案；

（六）宅基地的使用方案；

（七）征地补偿费的使用、分配方案；

（八）以借贷、租赁或者其他方式处分村集体财产；

（九）村民会议认为应当由村民会议讨论决定的涉及村民利益的其他事项。

村民会议可以授权村民代表会议讨论决定前款规定的事项。

法律对讨论决定村集体经济组织财产和成员权益的事项另有规定的，依照其规定。

案例评议

周某2诉周某1物权保护纠纷案①

◆ 裁判规则

《物权法》规定，农民集体所有的不动产和动产，属于本集体成员集体所有。土地补偿费等费用的使用、分配办法应当依照法定程序经本集体成员决定。属于村农民集体所有的土地和森林、山岭、草原、荒地、滩涂等，由村集体经济组织或者村民委员会代表集体行使所有权，分别属于村内两个以上农民集体所有的，由村内各该集体经济组织或者村民小组代表集体行使所有权。某县某水库水电有限公司征用南埕镇许厝自然村（包括原告）部分山地和田地，根据物权法规定，相应土地补偿款应由村委会或村民小组代表集体向征用方领取，而后经民主议定程序决定土地补偿费的使用、分配办法。小组村民无权越过集体，擅自向征用方领取土地补偿款，现已实际领取了属于许厝村第八村民小组集体所有的土地补偿款，应当予以返还，对占用期间的利息损失自领取款项之日起按银行存款利率计算。

◆ 评议

依据本条的规定，“本集体成员集体所有”指的是集体组织成员按照法律的规定，对依法属于集体所有的财产共同享有占有、使用、收益和处分的权利。

① 泉州市中级人民法院（2016）闽05民终4054号民事判决书。

本案中，因征地而获取的相应的土地补偿费属于集体所有财产，应由村民委员会或村民小组代表集体行使所有权，经民主议定程序决定土地补偿费的使用、分配办法。而陈某1、周某3、周某2、周某1作为小组村民，他们无权越过集体，擅自向征用方领取土地补偿款。故这四人实际领取的土地补偿款及其利息应当予以返还。

第二百六十二条　【农民集体所有权的行使】

对于集体所有的土地和森林、山岭、草原、荒地、滩涂等，依照下列规定行使所有权：

（一）属于村农民集体所有的，由村集体经济组织或者村民委员会依法代表集体行使所有权；

（二）分别属于村内两个以上农民集体所有的，由村内各该集体经济组织或者村民小组依法代表集体行使所有权；

（三）属于乡镇农民集体所有的，由乡镇集体经济组织代表集体行使所有权。

本条来源

《民法通则》第七十四条第二款规定："集体所有的土地依照法律属于村农民集体所有，由村农业生产合作社等农业集体经济组织或者村民委员会经营、管理。已经属于乡（镇）农民集体经济组织所有的，可以属于乡（镇）农民集体所有。"《民法总则》则规定了农村集体经济组织法人、城镇农村的合作经济组织法人、基层群众性自治组织法人属于特别法人，并可以从事为履行职能所需要的民事活动。《物权法》第六十条规定："对于集体所有的土地和森林、山岭、草原、荒地、滩涂等，依照下列规定行使所有权：（一）属于村农民集体所有的，由村集体经济组织或者村民委员会代表集体行使所有权；（二）分别属于村内两个以上农民集体所有的，由村内各该集体经济组织或者村民小组代表集体行使所有权；（三）属于乡镇农民集体所有的，由乡镇集体经济组织代表集体行使所有权。"本条延续了该规定。此外《土地管理法》《农村土地承包法》也规定了农民集体所有的土地在何种情况下由哪一集体组织经营和管理。

立法演变

物权编一审稿第五十七条规定："对于集体所有的土地和森林、山岭、草原、荒地、滩涂等，依照下列规定行使所有权：（一）属于村农民集体所有的，由村集体经济组织或者村民委员会依法代表集体行使所有权；（二）分别属于村内两个以上农民集体所有的，由村内各该集体经济组织或者村民小组依法代表集体行使所有权；（三）属于乡镇农民集体所有的，由乡镇集体经济组织代表集体行使所有权。"此后各稿延续了一审稿的规定。

条文释义

本条是有关集体所有的土地和森林、山岭、草原、荒地、滩涂等不动产所有权行使问题的规定。

集体所有制的主体虚化，一直为理论界所诟病，该问题严重阻碍了集体经济参与市场经济的进程。因此本条进一步明确集体所有权的行使规则，就是为了更好地消除因主体虚化而产生的权利无法行使的影响。[①] 理解本条应当注意以下几点。首先，农民集体是集体所有不动产的所有权主体，如果该不动产所有权由集体组织的每位成员来共同行使，则会因各成员意见不同等因素造成决策效率低下，给集体利益带来损失。因此需要由特定的组织代表该集体行使所有权，保障集体利益的实现。根据本条规定，集体所有的土地和森林、山岭、草原、荒地、滩涂等，由乡镇、村、村内集体经济组织或者村民委员会、村民小组代表集体行使所有权。其次，该特定组织在代表集体行使所有权时，均应受到一定的程序制约，否则就可能会损害到集体利益。再次，根据本条第二项规定，分别属于村内两个以上农民集体所有的土地和森林、山岭、草原、荒地、滩涂等，由村内各该集体经济组织或者村民小组代表集体行使所有权。但实践中存在着村民委员会代替村民小组行使集体组织的某些职能，甚至出现任意打

① 房绍坤、林广会：《农村集体产权制度改革的法治困境与出路》，载《苏州大学学报（哲学社会科学版）》2019 年第 1 期，第 35 页。

乱不同村内集体经济组织的界限，改变土地权属关系等现象。这种行为是对集体利益的严重侵犯，应当予以禁止，并承担相应的法律责任。

法条关联

◆《民法典》

第九十六条 本节规定的机关法人、农村集体经济组织法人、城镇农村的合作经济组织法人、基层群众性自治组织法人，为特别法人。

第一百零一条 居民委员会、村民委员会具有基层群众性自治组织法人资格，可以从事为履行职能所需要的民事活动。

未设立村集体经济组织的，村民委员会可以依法代行村集体经济组织的职能。

◆《土地管理法》

第十一条 农民集体所有的土地依法属于村农民集体所有的，由村集体经济组织或者村民委员会经营、管理；已经分别属于村内两个以上农村集体经济组织的农民集体所有的，由村内各该农村集体经济组织或者村民小组经营、管理；已经属于乡（镇）农民集体所有的，由乡（镇）农村集体经济组织经营、管理。

◆《农村土地承包法》

第十三条 农民集体所有的土地依法属于村农民集体所有的，由村集体经济组织或者村民委员会发包；已经分别属于村内两个以上农村集体经济组织的农民集体所有的，由村内各该农村集体经济组织或者村民小组发包。村集体经济组织或者村民委员会发包的，不得改变村内各集体经济组织农民集体所有的土地的所有权。

国家所有依法由农民集体使用的农村土地，由使用该土地的农村集体经济组织、村民委员会或者村民小组发包。

第二百六十三条 【城镇集体财产权利】

城镇集体所有的不动产和动产，依照法律、行政法规的规定由本集体享有占有、使用、收益和处分的权利。

本条来源

《宪法》第八条第二款规定："城镇中的手工业、工业、建筑业、运输业、商业、服务业等行业的各种形式的合作经济，都是社会主义劳动群众集体所有制经济。"《民法总则》规定了城镇农村的合作经济组织依法取得法人资格，这意味着城镇集体组织具有民事行为能力，其对城镇集体财产享有所有权，可以对本集体财产行使权利。《物权法》第六十一条规定："城镇集体所有的不动产和动产，依照法律、行政法规的规定由本集体享有占有、使用、收益和处分的权利。"本条延续了该规定。

立法演变

物权编一审稿第五十八条规定："城镇集体所有的不动产和动产，依照法律、行政法规的规定由本集体享有占有、使用、收益和处分的权利。"此后各稿延续了一审稿的规定。

条文释义

本条是有关城镇集体所有权权利内容的规定。

相较于农村集体经济组织或者乡镇企业，城镇集体企业的所有权问题更为复杂。目前，针对城镇集体企业的企业改制正在继续深化中，各地的改制模式也不尽相同。因此，城镇集体企业的所有权问题，待实践经验比较成熟时再由有关法律、行政法规作出具体规定较为切合实际。

随着现代社会的城市化和市场化趋势日益发展，历史上集体所有权发挥的农村聚落治理功能以及生活保障功能慢慢减弱，取而代之的是财产分配和交易功能的凸显。① 需要强调的是，尽管各地在城镇集体企业改制中所采用的模式不完全相同，但集体所有的所有权性质始终不变。因此本集体均有权按照法律规定享有占有、使用、收益和处分的权利。本条在立法时运用"依照法律、行政法规的规定"和"由本集体享有占有、使用、收益和处分的权利"的措

① 梅夏英：《民法典编纂中所有权规则的立法发展与完善》，载《清华法学》2018 年第 2 期，第 29 页。

辞，既可以与其他所有权内容保持一致性，又兼顾城镇集体企业所有权的特殊性。

法条关联

◆《宪法》

第八条 农村集体经济组织实行家庭承包经营为基础、统分结合的双层经营体制。农村中的生产、供销、信用、消费等各种形式的合作经济，是社会主义劳动群众集体所有制经济。参加农村集体经济组织的劳动者，有权在法律规定的范围内经营自留地、自留山、家庭副业和饲养自留畜。

城镇中的手工业、工业、建筑业、运输业、商业、服务业等行业的各种形式的合作经济，都是社会主义劳动群众集体所有制经济。

国家保护城乡集体经济组织的合法的权利和利益，鼓励、指导和帮助集体经济的发展。

◆《城镇集体所有制企业条例》

第四条 城镇集体所有制企业（以下简称集体企业）是财产属于劳动群众集体所有、实行共同劳动、在分配方式上以按劳分配为主体的社会主义经济组织。

前款所称劳动群众集体所有，应当符合下列中任一项的规定：

（一）本集体企业的劳动群众集体所有；

（二）集体企业的联合经济组织范围内的劳动群众集体所有；

（三）投资主体为两个或者两个以上的集体企业，其中前（一）、（二）项劳动群众集体所有的财产应当占主导地位。本项所称主导地位，是指劳动群众集体所有的财产占企业全部财产的比例，一般情况下应不低于51%，特殊情况经过原审批部门批准，可以适当降低。

第六条 集体企业依法取得法人资格，以其全部财产独立承担民事责任。

集体企业的财产及其合法权益受国家法律保护，不受侵犯。

第二十一条 集体企业在国家法律、法规的规定范围内享有下列权利：

（一）对其全部财产享有占有、使用、收益和处分的权利，拒绝任何形式的平调；

（二）自主安排生产、经营、服务活动；

（三）除国家规定由物价部门和有关主管部门控制价格的以外，企业有权自行确定产品价格、劳务价格；

（四）企业有权依照国家规定与外商谈判并签订合同，提取和使用分成的外汇收入；

（五）依照国家信贷政策的规定向有关专业银行申请贷款；

（六）依照国家规定确定适合本企业情况的经济责任制形式、工资形式和奖金、分红办法；

（七）享受国家政策规定的各种优惠待遇；

（八）吸收职工和其他企业、事业单位、个人集资入股，与其他企业、事业单位联营，向其他企业、事业单位投资，持有其他企业的股份；

（九）按照国家规定决定本企业的机构设置、人员编制、劳动组织形式和用工办法，录用和辞退职工；

（十）奖惩职工。

第二百六十四条　【公布集体财产状况】

农村集体经济组织或者村民委员会、村民小组应当依照法律、行政法规以及章程、村规民约向本集体成员公布集体财产的状况。集体成员有权查阅、复制相关资料。

本条来源

《宪法》第十七条第二款规定：“集体经济组织实行民主管理，依照法律规定选举和罢免管理人员，决定经营管理的重大问题。”《村民委员会组织法》也明确规定村民委员会实行村务公开制度，并列举了应当公开的事项。而《物权法》第六十二条规定：“集体经济组织或者村民委员会、村民小组应当依照法律、行政法规以及章程、村规民约向本集体成员公布集体财产的状况。”本条在此基础上增加“农村”二字，同时增加“集体成员有权查阅、复制相关资料”的规定，该修改赋予农村集体组织成员查阅、复制有关集体财产的材料的权利，保障其知情权，与《村民委员会组织法》第三十条的规定统一。

立法演变

物权编一审稿第五十九条规定："集体经济组织或者村民委员会、村民小组应当依照法律、行政法规以及章程、村规民约向本集体成员公布集体财产的状况。集体成员有权查阅、复制相关资料。"二审稿增加"农村"一词，此后各稿延续了二审稿的规定。

条文释义

本条规定了集体成员对集体财产的知情权，集体组织实行财务公开以保障集体成员享有知情权。

首先，根据所有权性质，集体所有的财产属于全体集体成员所有，每个集体成员对于集体财产的存在和使用情况的知情权应当得到充分保障，这也是保障集体每个成员享有的成员权利的重要形式之一。对于本集体所有财产情况的知情权是我国宪法赋予集体组织各成员的权利，向本集体成员实行财务公开是国家法律和政策的要求。《宪法》第十七条规定："集体经济组织在遵守有关法律的前提下，有独立进行经济活动的自主权。集体经济组织实行民主管理，依照法律规定选举和罢免管理人员，决定经营管理的重大问题。"由此可知，集体成员享有对集体公共事务特别是有关经济财务事项的知情权是集体经济组织实行民主管理的重要前提。国家其他基本法律、法规也规定了集体经济组织应当对本集体组织成员实行财务公开。这也是我们建立健全政务信息公开制度，扩大公民对政务的知情范围和知情度的一个重要领域。① 其次，各集体组织的财务公开应当遵循相应的程序。没有正当程序的保障，就不会有真正的权利，即使法律规定了权利，没有正当程序的保障也往往使权利变得没有价值。

此外，为了调动集体组织的积极性和发挥集体智慧，允许其结合实际制定组织章程以及经济运行管理方式，但对其实行财务公开的内容和形式都有基本的共性要求。集体组织要坚持的重要原则就是应当最大限度地保障集体成员的知情、参与、监督、管理、自主权利以及获得救济的权利，确保集体成员的财

---

① 参见姜明安：《公众参与与行政法治》，载《中国法学》2004 年第 2 期，第 33 页。

产权不受非法的侵犯。同时，本条相比于《物权法》规定的内容，增加规定“集体成员有权查阅、复制相关资料”，更加有利于切实保障集体成员的知情权。

法条关联

◆《宪法》

第十七条 集体经济组织在遵守有关法律的前提下，有独立进行经济活动的自主权。

集体经济组织实行民主管理，依照法律规定选举和罢免管理人员，决定经营管理的重大问题。

◆《村民委员会组织法》

第三十条 村民委员会实行村务公开制度。

村民委员会应当及时公布下列事项，接受村民的监督：

（一）本法第二十三条、第二十四条规定的由村民会议、村民代表会议讨论决定的事项及其实施情况；

（二）国家计划生育政策的落实方案；

（三）政府拨付和接受社会捐赠的救灾救助、补贴补助等资金、物资的管理使用情况；

（四）村民委员会协助人民政府开展工作的情况；

（五）涉及本村村民利益，村民普遍关心的其他事项。

前款规定事项中，一般事项至少每季度公布一次；集体财务往来较多的，财务收支情况应当每月公布一次；涉及村民利益的重大事项应当随时公布。

村民委员会应当保证所公布事项的真实性，并接受村民的查询。

◆《土地管理法》

第四十九条 被征地的农村集体经济组织应当将征收土地的补偿费用的收支状况向本集体经济组织的成员公布，接受监督。

禁止侵占、挪用被征收土地单位的征地补偿费用和其他有关费用。

案例评议

胡某诉某县南街街道某村第一村民小组物权保护纠纷案①

◆ 裁判规则

根据物权的公示原则和《物权法》第六十二条“集体经济组织或者村民委员会、村民小组应当依照法律、行政法规以及章程、村规民约向本集体成员公布集体财产的状况”的规定，本案中，某村1组的原负责人曾某将案涉房屋出卖给胡某，并未按照《村民委员会组织法》第二十八条第三款的规定经过村民小组会议的讨论决定并向本组成员进行公示，导致时任村民小组的副组长及本组村民一直不知晓此事，且在密某去世多年后，胡某也未向被上诉人某村1组主张过权利并从未实际占有使用过案涉房屋。曾某的行为构成无权处分，在未获案涉财产所有权人追认前为效力待定的行为。由于被告某村1组作为案涉房屋所有权人并不认可曾某的行为，因此，该处分行为无效。

◆ 评议

本案的争议焦点是胡某是否享有案涉房屋的所有权，二被告是否应返还胡某案涉房屋。根据所查明的事实，案涉房屋属于某村1组集体所有的房屋，该集体所有的财产应由某村1组集体进行管理、经营，处分权亦由该集体享有。依我国宪法和物权法律的规定，集体成员享有对集体公共事务特别是有关经济财务事项的知情权，且各集体组织的财务公开应当遵循相应的程序。曾某将案涉房屋出卖给胡某时，并未按照规定经过村民小组会议讨论决定并向本组成员进行公示，导致时任村民小组的副组长及本组村民一直不知晓此事。因此曾某的行为属于无权处分，胡某并不能取得涉案房屋的所有权。

① 凉山彝族自治州中级人民法院（2018）川34民终609号民事判决书。

第二百六十五条 【集体财产权保护】

集体所有的财产受法律保护，禁止任何组织或者个人侵占、哄抢、私分、破坏。

农村集体经济组织、村民委员会或者其负责人作出的决定侵害集体成员合法权益的，受侵害的集体成员可以请求人民法院予以撤销。

本条来源

《宪法》第八条明确规定了农村中的生产、供销、信用、消费等各种形式的合作经济以及城镇中的手工业、工业、建筑业、运输业、商业、服务业等行业的各种形式的合作经济，都是社会主义劳动群众集体所有制经济。《民法通则》第七十四条第三款规定，“集体所有的财产受法律保护，禁止任何组织或者个人侵占、哄抢、私分、破坏或者非法查封、扣押、冻结、没收”，表明集体所有的财产受国家法律保护。《物权法》第六十三条规定：“集体所有的财产受法律保护，禁止任何单位和个人侵占、哄抢、私分、破坏。集体经济组织、村民委员会或者其负责人作出的决定侵害集体成员合法权益的，受侵害的集体成员可以请求人民法院予以撤销。”本条在修改了部分法律用语的基础上延续了该规定。

立法演变

物权编一审稿第六十条规定：“集体所有的财产受法律保护，禁止任何组织或者个人侵占、哄抢、私分、破坏。集体经济组织、村民委员会或者其负责人作出的决定侵害集体成员合法权益的，受侵害的集体成员可以请求人民法院予以撤销。”二审稿在此基础上，将“集体经济组织”改为“农村集体经济组织”，此后各稿延续二审稿的规定。

条文释义

本条规定了对集体财产的法律保护以及集体经济组织成员在合法权益受到侵害时享有的司法救济权。集体所有权作为宪法和法律规定的社会主义公有财产权形式之一，是民法典应当确认平等保护的重要所有权类型。

本条第一款的规定，是针对所有法律主体的要求。它表明任何组织和个人都不得侵犯集体所有的财产权利，即使在国家征收、征用集体所有财产时，也必须依法进行。同时，本条还要求集体经济组织成员以及集体财产实际管理者、经营者不得侵犯集体所有的财产权利及其他成员的合法权益，上述人员行使集体所有权也应当依照法律、法规、集体经济组织章程以及村规民约进行。①

本条第二款的规定赋予了集体成员司法救济权，使其合法权益遭受侵害时能得到有效的救济和保护。实践中，存在因集体成员的监督制度不够完善，导致某些集体组织的经营者、管理者事实上占有和支配集体组织的财产，为自己牟取私利，侵害集体和其他集体成员的合法权益。所以，为了保护集体成员的合法权益，我国民法典直接赋予受侵害的集体成员获取司法救济的权利，使其在合法权益遭受侵害时能够请求人民法院撤销相关决定。需要注意的是在司法实践中，确认是否具有成员资格已经成为集体经济组织成员权益纠纷案件中最主要的焦点问题，但我国民法典并未就如何确认成员的资格作出规定。②

法条关联

◆《宪法》

第八条 农村集体经济组织实行家庭承包经营为基础、统分结合的双层经营体制。农村中的生产、供销、信用、消费等各种形式的合作经济，是社会主义劳动群众集体所有制经济。参加农村集体经济组织的劳动者，有权在法律规定的范围内经营自留地、自留山、家庭副业和饲养自留畜。

城镇中的手工业、工业、建筑业、运输业、商业、服务业等行业的各种形式的合作经济，都是社会主义劳动群众集体所有制经济。

国家保护城乡集体经济组织的合法的权利和利益，鼓励、指导和帮助集体经济的发展。

第十二条 社会主义的公共财产神圣不可侵犯。

国家保护社会主义的公共财产。禁止任何组织或者个人用任何手段侵占或者破坏国家的和集体的财产。

---

① 参见王利明：《物权法研究》，中国人民大学出版社2002年版，第306页以下。

② 王利明、周友军：《论我国农村土地权利制度的完善》，载《中国法学》2012年第1期，第48页。

第二百六十六条 【私人所有权】

私人对其合法的收入、房屋、生活用品、生产工具、原材料等不动产和动产享有所有权。

本条来源

《宪法》第十三条明确规定公民的合法的私有财产不受侵犯，国家依法保护公民的私有财产权和继承权。《民法通则》第七十五条规定："公民的个人财产，包括公民的合法收入、房屋、储蓄、生活用品、文物、图书资料、林木、牲畜和法律允许公民所有的生产资料以及其他合法财产。公民的合法财产受法律保护，禁止任何组织或者个人侵占、哄抢、破坏或者非法查封、扣押、冻结、没收。"《物权法》第六十四条规定："私人对其合法的收入、房屋、生活用品、生产工具、原材料等不动产和动产享有所有权。"本条延续了该规定。

立法演变

物权编一审稿第六十一条规定："私人对其合法的收入、房屋、生活用品、生产工具、原材料等不动产和动产享有所有权。"此后各稿延续了一审稿的规定。

条文释义

本条是关于私人享有的不动产和动产所有权的规定。

合法收入指的是公民在法律许可的范围内，通过自己的劳动或其他方法获得的收入，公民的合法收入受法律保护。公民自有的房屋受国家法律的保护，任何组织或个人都不得强行占用和毁坏。因国家建设需要征用公民房屋的，国家应当严格遵守有关规定进行征用，并给予所有权人适当的补偿。生活用品是指用于生活方面的物品，包括家用电器、私人汽车、家具和其他用品。生产工具是指人们在进行生产活动时所使用的器具，如机器设备、车辆、船舶等运输工具。原材料是指生产产品所需的物质基础材料。

依据民法理论，所有人依法对所有物占有、使用、收益和处分，并排除他人干涉的权利被称为所有权。它能体现并确认一定的社会中人们之间的物质资料占有关系，国家赋予此类占有关系以法律关系的性质，从而使之得到国家强制力的保护。所有权是最主要的基本的物权，具有物权的一切法律特征。① 凡一切公民，不论是否成年、是否具有民事行为能力，都将被法律确认其享有私人财产所有权的主体资格。国家保护合法的私人财产。

法条关联

◆《宪法》

第十三条 公民的合法的私有财产不受侵犯。

国家依照法律规定保护公民的私有财产权和继承权。

国家为了公共利益的需要，可以依照法律规定对公民的私有财产实行征收或者征用并给予补偿。

第二百六十七条 【私有财产保护】

私人的合法财产受法律保护，禁止任何组织或者个人侵占、哄抢、破坏。

本条来源

与第二百六十六条的来源相同，《宪法》《民法通则》均有关于公民的合法财产受法律保护的禁止性规定。《物权法》第六十六条规定："私人的合法财产受法律保护，禁止任何单位和个人侵占、哄抢、破坏。"本条将《物权法》相应条文的"单位"改为"组织"，将"和"改为"或者"，其他延续了该规定。

立法演变

物权编一审稿第六十二条规定："私人的合法财产受法律保护，禁止任何组织或者个人侵占、哄抢、破坏。"此后各稿延续了一审稿的规定。

① 周林彬：《物权法新论》，北京大学出版社2002年版，第15页。

条文释义

本条是关于禁止任何组织和个人侵犯私人合法财产的规定。我国是社会主义国家，现阶段实行以公有制为主体、多种所有制经济共同发展的基本经济制度。因此国家所有的财产神圣不可侵犯，公民私人的合法财产受法律保护。应从以下角度充分保护私人的合法财产。

第一，平等保护各类主体的合法财产。我国《宪法》规定“社会主义的公共财产神圣不可侵犯”，同时规定“公民的合法的私有财产不受侵犯”。在强调公有制主导地位的同时，还要平等保护公私财产，这是市场经济的内在要求在法律上的体现，也是社会主义法治精神的体现。

第二，全面保护公民的合法财产。保护财产是我国各个法律部门的共同任务，所以国家和地方立法应全方位地完善对私有财产的法律保护。

第三，创造公平竞争的法律环境，实现个体经济的更好发展。改革开放以来，个人逐渐从各种行政羁绊中被解放出来，探索出社会主义市场经济制度，空前推动了我国私有经济的发展。① 正因为个体经济千差万别，所以消除因主体不同而造成的财产歧视，营造一个尊重他人私有财产的氛围，创造公平竞争的法律环境尤为重要。

法条关联

◆《宪法》

第十三条 公民的合法的私有财产不受侵犯。

国家依照法律规定保护公民的私有财产权和继承权。

国家为了公共利益的需要，可以依照法律规定对公民的私有财产实行征收或者征用并给予补偿。

◆《民法典》

第三条 民事主体的人身权利、财产权利以及其他合法权益受法律保护，任何组织或者个人不得侵犯。

---

① 高富平：《中国物权法：制度设计和创新》，中国人民大学出版社 2005 年版，第 75 页。

案例评议

赵某与张某返还原物纠纷案①

◆ **裁判规则**

原告赵某所提供的证据及庭审查明的事实，可以证明豫K×××××本田雅阁牌小型轿车所有权人系原告赵某，被告张某开走赵某车辆，又不予返还，已侵犯了原告赵某的合法权益，故原告赵某要求被告张某返还车辆的诉讼请求，符合法律规定，法院予以支持。被告张某辩称该车是原告自愿赠与被告，原告将车钥匙及车辆交付给被告的赠与行为已经生效的辩解，因被告张某所举证据不能证明其主张的事实产生，法院无法予以采信。故判决被告张某返还原告赵某豫K×××××黑色本田雅阁牌小型轿车。

◆ **评议**

本条明确规定了私人的合法财产受法律保护，禁止任何组织或者个人侵占、哄抢、破坏。本案中，原告赵某提交的机动车登记证书证明其享有该轿车的所有权，尽管原告与被告之间以男女朋友关系有过交往，但私人的合法财产受法律保护。同时，该轿车未办理过户登记手续且被告并不能证明该轿车为赠与所得，因此被告张某应当返还财物。

第二百六十八条　【企业出资人权利】

国家、集体和私人依法可以出资设立有限责任公司、股份有限公司或者其他企业。国家、集体和私人所有的不动产或者动产投到企业的，由出资人按照约定或者出资比例享有资产收益、重大决策以及选择经营管理者等权利并履行义务。

本条来源

《民法总则》第一百二十五条规定：“民事主体依法享有股权和其他投资性

① 长葛市人民法院（2013）长民初字第00627号民事判决书。

权利。”《物权法》第六十七条规定：“国家、集体和私人依法可以出资设立有限责任公司、股份有限公司或者其他企业。国家、集体和私人所有的不动产或者动产，投到企业的，由出资人按照约定或者出资比例享有资产收益、重大决策以及选择经营管理者等权利并履行义务。”本条延续了该规定。此外，《公司法》详细规定了公司股东的出资形式以及其享有的资产收益、重大决策以及选择经营管理者等权利。

立法演变

物权编一审稿第六十三条规定：“国家、集体和私人依法可以出资设立有限责任公司、股份有限公司或者其他企业。国家、集体和私人所有的不动产或者动产，投到企业的，由出资人按照约定或者出资比例享有资产收益、重大决策以及选择经营管理者等权利并履行义务。”此后各稿延续了一审稿的规定。终稿仅修改了标点符号，其余未变。

条文释义

本条规定了各类投资主体享有的权利和承担的义务，以及投资者权益等内容。

我国民法典对国家所有权、集体所有权、私人所有权的确认，除了从民法财产权的角度明确对国家财产、集体财产、私人合法财产的保护外，还借此理顺国家与国有企业之间的财产关系，明确国有企业、集体企业作为市场主体进入流通领域所享有的财产权利。集体所有权在采取与其他所有制相结合的实现机制中，集体作为市场主体可以凭其股权参与公司的经营和管理。集体的股份所有权仍然为集体各成员共同享有，集体凭其股权实现的利益属于集体利益。①

股权作为所有权行使的特殊形式，不管是公民个人还是国有单位作为企业法人的出资人，他们享有的只应是股权。本条将国家、集体和私人的出资经营的权利界定为出资人权益，国家、集体和私人只要按照相关法律规定，就能出资设立公司或其他企业，并按出资比例享有相应权利、履行相应义务。至于设

① 韩松、廉高颇：《论集体所有权与集体所有制实现的经营形式——从所有制的制度实现与经营实现的区分认识集体所有权的必要性》，载《甘肃政法学院学报》2006 年第 1 期，第 31 页。

立条件以及出资人按照约定比例或者出资比例享有何种权利、如何行使的问题，应根据法律对不同企业的要求具体确定。

法条关联

◆《民法典》

第一百二十五条 民事主体依法享有股权和其他投资性权利。

◆《公司法》

第四条 公司股东依法享有资产收益、参与重大决策和选择管理者等权利。

第二十七条 股东可以用货币出资，也可以用实物、知识产权、土地使用权等可以用货币估价并可以依法转让的非货币财产作价出资；但是，法律、行政法规规定不得作为出资的财产除外。

对作为出资的非货币财产应当评估作价，核实财产，不得高估或者低估作价。法律、行政法规对评估作价有规定的，从其规定。

第二百六十九条 【法人财产权】

营利法人对其不动产和动产依照法律、行政法规以及章程享有占有、使用、收益和处分的权利。

营利法人以外的法人，对其不动产和动产的权利，适用有关法律、行政法规以及章程的规定。

本条来源

《民法通则》对法人进行了分类，并明确了企业法人从事民事活动的基本规范。《物权法》第六十八条规定："企业法人对其不动产和动产依照法律、行政法规以及章程享有占有、使用、收益和处分的权利。企业法人以外的法人，对其不动产和动产的权利，适用有关法律、行政法规以及章程的规定。"《民法总则》则重新对法人进行分类，并于第七十六条规定了营利法人。本条将《物权法》相应条文的"企业法人"改为"营利法人"，其他延续了该规定。

立法演变

《民法通则》将法人区分为企业法人，机关、事业单位和社会团体法人，直至2017年，对法人的重新分类是《民法总则》的亮点之一。《民法总则》重新将法人分为营利法人、非营利法人和特别法人，这是一个重大进步，将法人制度在现代化进程中规定得更为清晰。在《民法典》各分编的起草过程中，均遵循这一新的分类。物权编一审稿第六十四条规定："营利法人对其不动产和动产依照法律、行政法规以及章程享有占有、使用、收益和处分的权利。营利法人以外的法人，对其不动产和动产的权利，适用有关法律、行政法规以及章程的规定。"此后各稿延续了一审稿的规定。

条文释义

本条是关于营利法人及营利法人以外的法人依法享有财产权的规定。

本条是将营利法人与营利法人以外的法人的财产权分别进行规定的。《民法典》在总则编部分规定了"营利"标准是在"取得利润并分配给股东等出资人"之法人内部目的层面，此类界定使得营利法人能包括那些内部架构追求分配利润，但在外部事业中有部分甚至全部公益性的组合类型。① 根据我国现行法律规定，营利法人包括有限责任公司、股份有限公司和其他企业法人等。出资人将其不动产或者动产投入企业后，即构成营利法人独立的财产。营利法人享有法人财产权，即依照法律、行政法规和章程的规定对其财产享有占有、使用、收益和处分的权利，出资人个人不能直接对其投入的资产进行支配，这是营利法人实现自主经营、自负盈亏，独立承担民事责任的物质基础。

本条第二款规定的是营利法人以外的法人的财产权，根据《民法典》总则编的规定："为公益目的或者其他非营利目的成立，不向出资人、设立人或者会员分配所取得利润的法人，为非营利法人。非营利法人包括事业单位、社会团体、基金会、社会服务机构等。"机关法人、农村集体经济组织法人、城镇农村的合作经济组织法人、基层群众性自治组织法人为特别法人。国家机关对其直

① 张力：《法人功能性分类与结构性分类的兼容解释》，载《中国法学》2019年第2期，第160页。

接支配的不动产或者动产，享有占有、使用以及依照法律和国务院的有关规定处分的权利。事业单位对其直接支配的不动产或者动产，享有占有、使用以及依照法律和国务院的有关规定收益、处分的权利。国家机关和事业单位应当依照《民法典》《事业单位登记管理暂行条例》等有关规定，对其直接支配的财产行使占有、使用、收益和处分的权利，禁止有关组织擅自处置国有财产。

法条关联

◆《民法典》

第五十七条 法人是具有民事权利能力和民事行为能力，依法独立享有民事权利和承担民事义务的组织。

第五十八条 法人应当依法成立。

法人应当有自己的名称、组织机构、住所、财产或者经费。法人成立的具体条件和程序，依照法律、行政法规的规定。

设立法人，法律、行政法规规定须经有关机关批准的，依照其规定。

第七十六条 以取得利润并分配给股东等出资人为目的成立的法人，为营利法人。

营利法人包括有限责任公司、股份有限公司和其他企业法人等。

第七十七条 营利法人经依法登记成立。

◆《公司法》

第三条 公司是企业法人，有独立的法人财产，享有法人财产权。公司以其全部财产对公司的债务承担责任。

有限责任公司的股东以其认缴的出资额为限对公司承担责任；股份有限公司的股东以其认购的股份为限对公司承担责任。

案例评议

常州某置业有限公司诉李某返还原物纠纷案①

◆ **裁判规则**

根据法律规定，企业法人对其不动产和动产依照法律、行政法规以及章程

① 深圳市中级人民法院（2018）粤03民终3794号民事判决书。

享有占有、使用、收益和处分的权利。被告作为原告股东，以股东之间存在纠纷为由，擅自取走财务资料、占有财务电脑主机，其行为构成侵权。关于财务电脑主机，双方无异议，予以返还；关于财务资料，被告虽确认取走部分财务资料，但以表示不知具体内容为由拒绝向法院陈述具体的事实，且原、被告对于财务资料的内容陈述不一，为避免双方在执行阶段产生争议，进而影响裁判的执行效果，不宜对该财务资料的返还作出裁判；在本案审理中，被告即使自愿返还部分资料，但在其未能证明其所非法侵占财务资料完整性的情况下，实施返还亦不可能且无意义。原告要求被告返还财务资料的请求，不予支持。但被告占有原告的部分财务资料的行为客观存在，其行为影响了原告的财务资料档案的完整性，在实施返还不能的情况下，如被告占有部分财务资料的行为造成原告、股东及第三人的损失，当事人可据此另寻渠道主张相关权益。

◆ **评议**

营利法人对自己所有的合法财产依法享有占有、使用、收益及处分的权利，其他任何人无权侵犯。本案中，股东李某未经公司同意将公司所有的电脑主机等物品搬离公司并占有，李某的行为已侵犯公司对上述物品享有的相关权利。故被告李某应当返还电脑主机及相关物品。

第二百七十条　【社会团体所有权】

社会团体法人、捐助法人依法所有的不动产和动产，受法律保护。

本条来源

《民法总则》分别于第九十条和第九十二条规定了社会团体法人和捐助法人。《物权法》第六十九条规定："社会团体依法所有的不动产和动产，受法律保护。"本条在此基础上将"社会团体"修改为"社会团体法人、捐助法人"。此外，《社会团体登记管理条例》详细规定了社会团体法人的内部管理制度以及其合法财产受国家法律保护。

立法演变

《民法通则》只规定了社会团体法人，但随着社会主义市场经济体制的建立和逐步完善，越来越多的以公益为目的捐助财产设立的基金会、社会服务机构孕育而生。2017年的《民法总则》重新对法人进行分类，其中的非营利法人就包括基金会、社会服务机构，即捐助法人。物权编一审稿第六十五条规定：“社会团体法人、捐助法人依法所有的不动产和动产，受法律保护。”此后各稿延续了一审稿的规定。

条文释义

本条是关于社会团体财产权的规定。

社会团体法人、捐助法人是非营利的具有自治性、民间性特征的组织体。根据《社会团体登记管理条例》规定，社会团体的资产来源必须合法，任何组织和个人不得侵占、私分或者挪用社会团体法人、捐助法人的资产。社会团体法人、捐助法人的经费，以及开展章程规定的活动，要按照国家有关规定进行，其所取得的收入要合法，不能进行剩余收入（利润）的分配，只能用于章程规定的业务活动。根据法律法规规定，社会团体法人、捐助法人应当有独立的财产，并能够独立承担民事责任，同时应当依据法律和制定的法人章程对其财产行使占有、使用、收益和处分的权利。

改革开放以来，我国逐步建立并完善社会主义市场经济体制，国家对资源和社会活动空间的垄断不断弱化，市场力量、非国有经济和社会团体出现并逐步增强，立法也逐渐加强对其决策机构、执行机构、监督机构等设置和职权配置的规范，[①] 体现了社会自我管理能力的不断提升。顺应此趋势，我国民法典明确规定保护社会团体法人、捐助法人所有的财产，有利于社会团体法人、捐助法人更好地发挥其社会作用，同时使得针对社会团体法人、捐助法人的权利义务、资产所有权及活动行为进行全方位的立法提上日程。

法条关联

◆ **《民法典》**

第八十七条 为公益目的或者其他非营利目的成立，不向出资人、设立人

① 李晓倩：《捐助法人治理的中国逻辑——以基金会决策机构为中心的考察》，载《当代法学》2018年第4期，第69页。

或者会员分配所取得利润的法人，为非营利法人。

非营利法人包括事业单位、社会团体、基金会、社会服务机构等。

第九十条　具备法人条件，基于会员共同意愿，为公益目的或者会员共同利益等非营利目的设立的社会团体，经依法登记成立，取得社会团体法人资格；依法不需要办理法人登记的，从成立之日起，具有社会团体法人资格。

第九十二条　具备法人条件，为公益目的以捐助财产设立的基金会、社会服务机构等，经依法登记成立，取得捐助法人资格。

依法设立的宗教活动场所，具备法人条件的，可以申请法人登记，取得捐助法人资格。法律、行政法规对宗教活动场所有规定的，依照其规定。

◆《社会团体登记管理条例》

第二条　本条例所称社会团体，是指中国公民自愿组成，为实现会员共同意愿，按照其章程开展活动的非营利性社会组织。

国家机关以外的组织可以作为单位会员加入社会团体。

第二十六条　社会团体的资产来源必须合法，任何单位和个人不得侵占、私分或者挪用社会团体的资产。

社会团体的经费，以及开展章程规定的活动按照国家有关规定所取得的合法收入，必须用于章程规定的业务活动，不得在会员中分配。

社会团体接受捐赠、资助，必须符合章程规定的宗旨和业务范围，必须根据与捐赠人、资助人约定的期限、方式和合法用途使用。社会团体应当向业务主管单位报告接受、使用捐赠、资助的有关情况，并应当将有关情况以适当方式向社会公布。

社会团体专职工作人员的工资和保险福利待遇，参照国家对事业单位的有关规定执行。

第六章　业主的建筑物区分所有权

本章概要

建筑物区分所有权，德国法称作住宅所有权，法国法称作住宅分层所有权，英美法称作公寓所有权。我国则采用日本法的称谓，并通俗地表述为业主的建筑物区分所有权。

建筑物区分所有权，是指区分所有建筑物的业主对其专有部分享有的专有权，对共同使用部分享有的共有权，以及相互之间对建筑物的整体享有的管理权构成的对建筑物所有权的复合共有。建筑物区分所有权具有如下特征。

第一，建筑物区分所有权的客体具有整体性。建筑物区分所有权是城市居民等所有的建筑物的所有权形式，因而与一般的动产所有权和其他不动产所有权不同。建筑物区分所有权是在整体的建筑物上区分所有的所有权形式。

第二，建筑物区分所有权的内容具有多样性。任何一个区分所有建筑物的业主，对于该建筑物都有部分空间的专有权及某些空间和共用设施的共有权，以及对于整个建筑物的管理权。建筑物区分所有权内容的多样性，是指整个权利是由专有权、共有权和管理权这三个部分构成。

第三，建筑物区分所有权的本身具有统一性。建筑物区分所有权的权利人既按份享有所有权，又共同享有某些设施、空间的共有权，还对于全部的权利客体享有管理权。但建筑物区分所有权不是权利的组合，而是一个实实在在的独立、统一、整体的权利，专有权、共有权和管理权不过是这个统一权利的内容和组成部分，离开了建筑物区分所有权，这些权利内容都不会独立存在。

第四，建筑物区分所有权中的专有权具有主导性。在建筑物区分所有权的权利内容结构中，专有权是主导的权利，业主拥有专有权，就必然拥有共有权、管理权，在不动产登记上，只登记专有权即设立了区分所有权，共有权、管理权随之而发生，不必单独进行登记。

第二百七十一条　【建筑物区分所有权的内容】

业主对建筑物内的住宅、经营性用房等专有部分享有所有权，对专有部分以外的共有部分享有共有和共同管理的权利。

本条来源

《物权法》第七十条规定："业主对建筑物内的住宅、经营性用房等专有部分享有所有权，对专有部分以外的共有部分享有共有和共同管理的权利。"本条延续了该规定。同时，《最高人民法院关于审理建筑物区分所有权纠纷案件具体应用法律若干问题的解释》《住房和城乡建设部关于印发〈业主大会和业主委员会指导规则〉的通知》进一步明确了业主的含义等问题。

立法演变

物权编一审稿第六十六条规定："业主对建筑物内的住宅、经营性用房等专有部分享有所有权，对专有部分以外的共有部分享有共有和共同管理的权利。"此后各稿延续了一审稿的规定。

条文释义

本条是对业主的建筑物区分所有权概念的解释。

第一，关于建筑物区分所有权的概念界定，理论上存在三种观点，即一元论说、二元论说、三元论说。我国民法典沿袭《物权法》的规定，以三元论说来定义业主的建筑物区分所有权概念，由专有部分的专有权、共有部分的共有权以及因共有关系而产生的管理权三者结合而构成业主的建筑物区分所有权。此三者相互依赖、相互配合、相互制约，构成了不可分割的一个整体。[①] 本书在之后的条文中分别介绍专有所有权、共有所有权、共同管理权的相关内容，故不在本条赘述。

第二，业主作为建筑物区分所有权的权利主体，由于该权利由三部分构成，所以业主的身份具有多重性。即业主既是专有所有权人，亦是共有所有权人，

① 陈华彬：《物权法原理》，国家行政学院出版社 1998 年版，第 326 页。

同时还是成员权主体。此处“业主”的主体范围应当作广义解释，既可以是国家、国有企事业单位、集体所有制单位、各种社会团体及其他组织，也可以是外商投资企业，还可以是私营企业和公民。

第三，本条仅通过列举方式，以“建筑物内的住宅、经营性用房等”作为提示，并未设定专有部分的范围。同时考虑到共有部分的范围广泛，所涉功能用途丰富，因此本条采取排除法的方式，规定“业主对专有部分以外的共有部分享有共有和共同管理的权利”来确认共有部分的范围。

法条关联

◆《最高人民法院关于审理建筑物区分所有权纠纷案件具体应用法律若干问题的解释》

第十六条 建筑物区分所有权纠纷涉及专有部分的承租人、借用人等物业使用人的，参照本解释处理。

专有部分的承租人、借用人等物业使用人，根据法律、法规、管理规约、业主大会或者业主委员会依法作出的决定，以及其与业主的约定，享有相应权利，承担相应义务。

第十七条 本解释所称建设单位，包括包销期满，按照包销合同约定的包销价格购买尚未销售的物业后，以自己名义对外销售的包销人。

第十八条 人民法院审理建筑物区分所有权案件中，涉及有关物权归属争议的，应当以法律、行政法规为依据。

◆《住房和城乡建设部关于印发〈业主大会和业主委员会指导规则〉的通知》

第十三条 依法登记取得或者根据物权法第二章第三节规定取得建筑物专有部分所有权的人，应当认定为业主。

基于房屋买卖等民事法律行为，已经合法占有建筑物专有部分，但尚未依法办理所有权登记的人，可以认定为业主。

业主的投票权数由专有部分面积和业主人数确定。

第二百七十二条 【业主对专有部分行使所有权】

业主对其建筑物专有部分享有占有、使用、收益和处分的权利。业主行使权利不得危及建筑物的安全，不得损害其他业主的合法权益。

本条来源

《民法通则》第八十三条关于相邻关系的规定也适用于业主之间，即“不动产的相邻各方，应当按照有利生产、方便生活、团结互助、公平合理的精神，正确处理截水、排水、通行、通风、采光等方面的相邻关系。给相邻方造成妨碍或者损失的，应当停止侵害，排除妨碍，赔偿损失”。《物权法》第七十一条规定：“业主对其建筑物专有部分享有占有、使用、收益和处分的权利。业主行使权利不得危及建筑物的安全，不得损害其他业主的合法权益。”本条延续了该规定。此外，《物业管理条例》详细规定了业主在对其专有部分行使权利时应当履行的义务。

立法演变

物权编一审稿第六十七条规定：“业主对其建筑物专有部分享有占有、使用、收益和处分的权利。业主行使权利不得危及建筑物的安全，不得损害其他业主的合法权益。”此后各稿延续了一审稿的规定。

条文释义

本条是关于业主对其建筑物专有部分享有权利的内容和限制的规定。

《民法典》继承了《民法通则》《物权法》的规定，在本条通过具体列举方式，将业主专有权的主要内容概括为对专有部分的占有、使用、收益和处分的权利。此外，本条附置但书，明示专有权行使应受法律限制，即业主在行使专有权的同时，应承担相应义务，不得危及建筑物的安全，不得损害其他业主的合法权益。其目的是限制业主进行专有部分的事实处分，即不能毁坏、灭失专有部分，防止该行为危害整个建筑物的安全结构。[①] 针对此但书，可以作以下理解。

第一，因同一栋建筑物的构造，各业主之间对于整栋建筑物的安全与维护形成共同利害关系。业主作为建筑物专有部分的权利人，负有维护建筑物牢固

① 杨立新、谢永志：《业主的建筑物区分所有权之评析（上）》，载《福建警察学院学报》2008年第1期，第16页。

和完整的义务，其在行使专有权时不得危及建筑物的安全，不得损害或随意改变建筑物的结构。这体现出我国民法典对区分所有建筑物整体安全利益问题的关注与保护。

第二，因为区分所有建筑物的各专有部分在构造上相互关联，物理上相互连接，彼此间的用役面紧密地结合在一起，形成密切、立体的相邻关系，所以业主行使专有权时应受合理的约束，不得滥用其专有权，损害其他业主的利益。

法条关联

◆《物业管理条例》

第五十二条 业主需要装饰装修房屋的，应当事先告知物业服务企业。

物业服务企业应当将房屋装饰装修中的禁止行为和注意事项告知业主。

第五十四条 利用物业共用部位、共用设施设备进行经营的，应当在征得相关业主、业主大会、物业服务企业的同意后，按照规定办理有关手续。业主所得收益应当主要用于补充专项维修资金，也可以按照业主大会的决定使用。

◆《最高人民法院关于审理建筑物区分所有权纠纷案件具体应用法律若干问题的解释》

第二条 建筑区划内符合下列条件的房屋，以及车位、摊位等特定空间，应当认定为物权法第六章所称的专有部分：

（一）具有构造上的独立性，能够明确区分；

（二）具有利用上的独立性，可以排他使用；

（三）能够登记成为特定业主所有权的客体。

规划上专属于特定房屋，且建设单位销售时已经根据规划列入该特定房屋买卖合同中的露台等，应当认定为物权法第六章所称专有部分的组成部分。

本条第一款所称房屋，包括整栋建筑物。

第四条 业主基于对住宅、经营性用房等专有部分特定使用功能的合理需要，无偿利用屋顶以及与其专有部分相对应的外墙面等共有部分的，不应认定为侵权。但违反法律、法规、管理规约，损害他人合法权益的除外。

案例评议

张某诉浙江某物业管理有限公司北京第二分公司等财产损害赔偿纠纷案①

◆ **裁判规则**

本案中，张某装修801房屋时，违反《装修管理协议书》中的约定，将阀门及管井检查口封闭，亦是造成漏水点未被及时发现并排除的重要因素。虽然张某称上述协议由其雇用的装修负责人姚某签署，不是其本人签字，不认可该协议。但姚某作为张某雇用的装修负责人，代理张某签署装修管理协议书属于正常代理事项，符合生活常理，且张某事后未对该协议书提出反对意见，故该协议书对双方具有效力。因此，801室漏水造成601室财产损失，张某应该赔偿李某的合理损失。另，某第二物业分公司作为物业管理单位，虽多次联系楼层业主，排查漏水位置，但其未及时采取合理奏效的方式排除漏水现象，对李某的损失亦存在一定过错。因此张某、某物业第二分公司各承担80%、20%的责任。

◆ **评议**

本案涉诉漏水水管位于801室内，由801室即张某家单独使用，故张某对该处水管享有专有权利，即业主对其建筑物专有部分享有占有、使用、收益和处分的权利。但业主行使权利不得危及建筑物的安全，不得损害其他业主的合法权益。由于801室漏水造成601室财产损失，故张某应当根据法院判决确定的比例赔偿李某的合理损失。

第二百七十三条　【业主对共有部分的权利义务】

业主对建筑物专有部分以外的共有部分，享有权利，承担义务；不得以放弃权利为由不履行义务。

业主转让建筑物内的住宅、经营性用房，其对共有部分享有的共有和共同管理的权利一并转让。

---

① 北京市第二中级人民法院（2019）京02民终7222号民事判决书。

本条来源

《物权法》第七十二条规定："业主对建筑物专有部分以外的共有部分，享有权利，承担义务；不得以放弃权利不履行义务。业主转让建筑物内的住宅、经营性用房，其对共有部分享有的共有和共同管理的权利一并转让。"本条延续了该规定。《最高人民法院关于审理建筑物区分所有权纠纷案件具体应用法律若干问题的解释》第三条进一步明确了建筑物的共有部分范围。《物业管理条例》第六条则具体列举了业主在物业管理活动中的权利与义务。

立法演变

物权编一审稿第六十八条规定："业主对建筑物专有部分以外的共有部分，享有权利，承担义务；不得以放弃权利不履行义务。业主转让建筑物内的住宅、经营性用房，其对共有部分享有的共有和共同管理的权利一并转让。"此后各稿延续了一审稿的规定。终稿将"不得以放弃权利不履行义务"改为"不得以放弃权利为由不履行义务"，属于语句结构的完善，其余保持不变。

条文释义

本条是关于业主共有所有权内容和限制业主所有权转让法律后果的规定。

首先，本条第一款所述业主作为共有所有权人，有以下三种权利①：1. 共有部分的使用权。即业主有权使用建筑物及其附属设施的共有部分，此为业主作为共有所有权人的一项基本权利。2. 收益权。指业主可依规约或其共有持分，取得因共用部分所生的利益的权利。3. 共用部分的单纯的修缮改良权。其次，本条第一款所述业主作为共有所有权人，有以下两种义务：1. 业主应当按照共有部分的本来用途使用共有部分。2. 分担共同费用和负担，此项费用主要包括：日常维修和更新土地或楼房的共同部分及公共设备的费用、管理事务的费用、由区分所有人共同负担的公法上的捐税等。再次，相比较普通的物权，建筑物区分所有权作为一个权利的集合体，其最明显的特征就是整体性和不可分割性。因此对于共有部分，不允许个别业主以放弃权利的方式，不履行义务。

① 梁慧星、陈华彬：《物权法》，法律出版社 2003 年版，第 160 页。

本条第二款的规定，正是基于建筑物区分所有权的“一体性”特征。业主的专有所有权、共有所有权和共同管理权不可分离，在转让、抵押、继承时，应将三者一体转让、抵押或继承。他人受让区分所有权时，必须同时取得此三项权利。

法条关联

◆《物业管理条例》

第六条　房屋的所有权人为业主。

业主在物业管理活动中，享有下列权利：

（一）按照物业服务合同的约定，接受物业服务企业提供的服务；

（二）提议召开业主大会会议，并就物业管理的有关事项提出建议；

（三）提出制定和修改管理规约、业主大会议事规则的建议；

（四）参加业主大会会议，行使投票权；

（五）选举业主委员会成员，并享有被选举权；

（六）监督业主委员会的工作；

（七）监督物业服务企业履行物业服务合同；

（八）对物业共用部位、共用设施设备和相关场地使用情况享有知情权和监督权；

（九）监督物业共用部位、共用设施设备专项维修资金（以下简称专项维修资金）的管理和使用；

（十）法律、法规规定的其他权利。

第七条　业主在物业管理活动中，履行下列义务：

（一）遵守管理规约、业主大会议事规则；

（二）遵守物业管理区域内物业共用部位和共用设施设备的使用、公共秩序和环境卫生的维护等方面的规章制度；

（三）执行业主大会的决定和业主大会授权业主委员会作出的决定；

（四）按照国家有关规定交纳专项维修资金；

（五）按时交纳物业服务费用；

（六）法律、法规规定的其他义务。

第二十七条　业主依法享有的物业共用部位、共用设施设备的所有权或者使用权，建设单位不得擅自处分。

◆《最高人民法院关于审理建筑物区分所有权纠纷案件具体应用法律若干问题的解释》

第三条 除法律、行政法规规定的共有部分外，建筑区划内的以下部分，也应当认定为物权法第六章所称的共有部分：

（一）建筑物的基础、承重结构、外墙、屋顶等基本结构部分，通道、楼梯、大堂等公共通行部分，消防、公共照明等附属设施、设备，避难层、设备层或者设备间等结构部分；

（二）其他不属于业主专有部分，也不属于市政公用部分或者其他权利人所有的场所及设施等。

建筑区划内的土地，依法由业主共同享有建设用地使用权，但属于业主专有的整栋建筑物的规划占地或者城镇公共道路、绿地占地除外。

案例评议

张某诉阜新某物业管理有限公司物业服务合同纠纷案①

◆ **裁判规则**

某公司依据上述合同为张某所有的案涉房屋所在小区提供物业服务，张某作为小区业主接受物业服务，理应及时向某公司缴纳物业费。业主应当妥善行使其对所涉共有停车位的共有和共同管理的权利。《物权法》第七十二条第一款规定："业主对建筑物专有部分以外的共有部分，享有权利，承担义务；不得以放弃权利不履行义务。"业主共有权中的占有权能有其特殊性，主要体现在业主只能按照法定或约定的方式占有使用共有部分，并兼顾其他业主的共有权。因此，业主依据《物权法》第七十四条第三款规定主张权利的，需要结合具体情况分析对待。作为案涉小区业主之一的上诉人张某，其享有占有、使用共有部分的权利，且已实际行使了该共有权利，在小区共有部分修建的停车位上停放车辆。物业服务合同第七条第二项约定："车位费用：地上车位费用每台每月 80 元，扣除物业管理成本费用后，余额部分用于业主委员会工作经费、弥补物业费、专项维修资金之不足之需。"张某作为实际取得停车位使用权的业主，在

① 阜新市中级人民法院（2019）辽 09 民终 1225 号民事判决书。

享有权利的同时，应当依法履行相应的义务，缴纳相关费用，按约定张某也有缴纳车位有偿使用费的合同义务。除张某放弃权利而不履行义务外，应当依法依约履行法定和约定的缴纳相关费用的义务，以保持共有部分的整体性和完整性，保持共有部分的用途和结构稳定，维护共有部分的正常使用状态。物业公司提供的服务关系到小区全体业主的切身利益，如允许个别业主以车位属于全体业主共有为由拒交车位使用费，将有损于其他正常交费业主的利益。

◆ **评议**

依据本条规定，业主对建筑物专有部分以外的共有部分，享有权利，承担义务；不得以放弃权利不履行义务。张某作为小区业主接受物业服务，理应及时向某公司缴纳物业费；同时，作为实际取得停车位使用权的业主，在享有权利的同时，应当依法履行相应的义务，缴纳相关费用，按约定张某也有缴纳车位有偿使用费的合同义务。

第二百七十四条　【建筑区划内的场所归属】

建筑区划内的道路，属于业主共有，但是属于城镇公共道路的除外。建筑区划内的绿地，属于业主共有，但是属于城镇公共绿地或者明示属于个人的除外。建筑区划内的其他公共场所、公用设施和物业服务用房，属于业主共有。

本条来源

《物权法》第七十三条规定：“建筑区划内的道路，属于业主共有，但属于城镇公共道路的除外。建筑区划内的绿地，属于业主共有，但属于城镇公共绿地或者明示属于个人的除外。建筑区划内的其他公共场所、公用设施和物业服务用房，属于业主共有。”本条在此基础上仅就个别字词作了修改，将相应条文的“但”改为“但是”。另外，《物业管理条例》第三十七条规定了物业用房属于全体业主共有。《不动产登记暂行条例实施细则》第三十六条明确了业主共有部分应当登记为业主共有。

立法演变

物权编一审稿第六十九条规定："建筑区划内的道路，属于业主共有，但属于城镇公共道路的除外。建筑区划内的绿地，属于业主共有，但属于城镇公共绿地或者明示属于个人的除外。建筑区划内的其他公共场所、公用设施和物业服务用房，属于业主共有。"二审稿仅有个别字词修改，将第一句、第二句中的"但"改为"但是"。此后各稿延续了二审稿的规定。

条文释义

本条是关于建筑区划内的道路、绿地、其他公共场所、公用设施和物业服务用房权利归属的规定。

在建筑物区分所有权的相关理论中有这么一条法律原则："当建筑物有固定使用方法，并属建筑物区分所有人生活利用不可缺少的共享部分，不得约定为专有。"本条便是坚持该原则作出的规定：除城镇公共道路、城镇公共绿地或者明示属于个人的绿地外，建筑区划内的道路、绿地、其他公共场所、公用设施及物业服务用房属于业主共有。

首先，依建筑物区分所有权法理，建筑区划内的道路、绿地、其他公共场所、公用设施和物业服务用房属于小区共有物业中的共有配套措施。因此本条规定业主对建筑区划内的道路、绿地、其他公共场所、公用设施和物业服务用房享有共有权。

其次，因为对共有部分和共有配套设施的共有权是基于共有关系而产生的，如何使用和处分应当由全体业主决定，所以业主在行使此项共有权时，必须按照建筑物区分所有权规则来行使。业主不能单独对这些共有部分进行占有、使用、收益与处分，而是必须按照建筑物区分所有权的规则来行使基于共有而产生的权利。①

再次，本条以但书的形式列举了建筑区划内的城镇公共道路、城镇公共绿地及明示属于个人的绿地不属于业主共有。因城镇公共道路、城镇公共绿地的法律属性为市政公用场地，国家是其所有权人，不属于业主共有。另外，明示

① 王利明：《物权法论》，中国政法大学出版社2008年版，第376页。

属于个人的绿地，多指一层建筑物单元窗前绿地权属问题，即于商品房买卖合同中确定窗前绿地同一层建筑物单元一同发售，约定窗前绿地属于该单元业主专有使用。① 其特点为该专有使用权同专有部分一同取得，且一并移转让与。

法条关联

◆《物业管理条例》

第三十七条 物业管理用房的所有权依法属于业主。未经业主大会同意，物业服务企业不得改变物业管理用房的用途。

第三十八条 物业服务合同终止时，物业服务企业应当将物业管理用房和本条例第二十九条第一款规定的资料交还给业主委员会。

物业服务合同终止时，业主大会选聘了新的物业服务企业的，物业服务企业之间应当做好交接工作。

◆《不动产登记暂行条例实施细则》

第三十六条 办理房屋所有权首次登记时，申请人应当将建筑区划内依法属于业主共有的道路、绿地、其他公共场所、公用设施和物业服务用房及其占用范围内的建设用地使用权一并申请登记为业主共有。业主转让房屋所有权的，其对共有部分享有的权利依法一并转让。

第二百七十五条 【车位、车库的归属】

建筑区划内，规划用于停放汽车的车位、车库的归属，由当事人通过出售、附赠或者出租等方式约定。

占用业主共有的道路或者其他场地用于停放汽车的车位，属于业主共有。

本条来源

《物权法》第七十四条第二款、第三款规定："建筑区划内，规划用于停放

① 杨立新：《窗前绿地的权属争议及解决规则》，载中国法院网，https：//www. chinacourt. org/article/detail/2004/10/id/136450. shtml，最后访问日期：2020 年 3 月 20 日。

汽车的车位、车库的归属，由当事人通过出售、附赠或者出租等方式约定。占用业主共有的道路或者其他场地用于停放汽车的车位，属于业主共有。”本条延续了该规定。《最高人民法院关于审理建筑物区分所有权纠纷案件具体应用法律若干问题的解释》第六条进一步解释了可认定为本条所称车位的情形。

立法演变

物权编一审稿第七十条规定：“建筑区划内，规划用于停放汽车的车位、车库的归属，由当事人通过出售、附赠或者出租等方式约定。占用业主共有的道路或者其他场地用于停放汽车的车位，属于业主共有。”此后各稿延续了一审稿的规定。

条文释义

本条是关于建筑区划内，规划用于停放汽车的车位、车库约定归属的规定。我国民法典遵循私法自治的原则，为方便车位、车库的有效利用和管理，根据市场经济的内在要求而作出本条规定。

第一，在实际生活中，车位、车库所占用的土地并非完全是在建筑区划内，有的是占用闲置土地，有的是占用道路，故在适用本条规定时应当进行区分。本条只对建筑区划内，规划用于停放汽车的车位、车库的归属予以明确，不调整车位、车库所占用的土地不属于建筑区划内的情形。

第二，当事人可以约定建筑区划内车位、车库的归属。这主要是考虑到车位、车库主要由开发商投资兴建，法律如果规定车位、车库由业主共有，这将无法鼓励开发商兴建车位、车库，并会造成业主与开发商、各业主间更大的矛盾纠纷。① 在处理相关权属争议时，应首先审查当事人之间是否存在关于车位、车库权属的约定。同时本条列举了出售、附赠或出租等几种约定方式。这几种约定可以是商品房买卖合同，也可以是当事人达成的其他协议。

第三，本条第二款规定：“占用业主共有的道路或者其他场地用于停放汽车的车位，属于业主共有。”依《民法典》第二百七十四条规定，建筑区划内的

---

① 程啸：《业主共有部分的确定与不动产登记》，载《中国矿业大学学报（社会科学版）》2015 年第 4 期，第 33 页。

道路、其他公共场所，属于业主共有。所以在业主共有道路或其他场地上修建的停车位，其所有权性质应当随着土地使用权的移转而确定为业主共有。此外，本条仅规定了占用业主共有道路或者其他场地用于停放汽车的车位，属于业主共有，并未将车库规定在内。因为车库作为独立使用对象，并非小区共用的公共设施，故应由当事人通过约定确定车库的归属问题。

法条关联

◆《最高人民法院关于审理建筑物区分所有权纠纷案件具体应用法律若干问题的解释》

第六条　建筑区划内在规划用于停放汽车的车位之外，占用业主共有道路或者其他场地增设的车位，应当认定为物权法第七十四条第三款所称的车位。

案例评议

北京市朝阳区某小区业主委员会诉北京某物业管理有限公司物业服务合同纠纷案①

◆ **裁判规则**

建筑区划内，规划用于停放汽车的车位、车库应当首先满足业主的需要。建筑区划内，规划用于停放汽车的车位、车库的归属，由当事人通过出售、附赠或者出租等方式约定。占用业主共有的道路或者其他场地用于停放汽车的车位，属于业主共有。本案中，某业委会主张某公司返还停车费的依据是停车位占用了公共绿地，然结合法院调取的平面图及查明的事实，可知涉诉的停车位亦具有规划的性质，并非纯粹的业主共有的道路或其他场地，在此前提下，并无法直接得出涉诉车位应当归属某业委会所有的结论。此外，再结合某公司与北京某房地产开发有限公司签订的《物业管理委托合同》的内容，某业委会主张某公司返还停车费的主张缺乏法律依据，法院不予支持。

◆ **评议**

本条规定占用业主共有的道路或者其他场地用于停放汽车的车位，属于业

① 北京市第三中级人民法院（2019）京03民终9563号民事判决书。

主共有。但本案中结合法院调取的平面图及查明的事实，可知涉诉的停车位具有规划的性质，依据《最高人民法院关于审理建筑物区分所有权纠纷案件具体应用法律若干问题的解释》第六条的规定可知，只有在规划用于停放汽车的车位之外占用业主共有道路增设的车位，才应当认定为业主共有的车位。而涉诉的停车位具有规划的性质，不符合司法解释规定的情形，该地块并不属于法律规定的业主共有的道路，故无法直接得出涉诉车位应当归属某业委会所有的结论。

第二百七十六条　【车位、车库的规定】

建筑区划内，规划用于停放汽车的车位、车库应当首先满足业主的需要。

本条来源

《物权法》第七十四条第一款规定："建筑区划内，规划用于停放汽车的车位、车库应当首先满足业主的需要。"本条延续了该规定。此外，《最高人民法院关于审理建筑物区分所有权纠纷案件具体应用法律若干问题的解释》第五条进一步解释了何为首先满足业主的需要。

立法演变

物权编一审稿第七十一条规定："车位、车库应当首先满足业主的需要。"而二审稿则增加"建筑区划内，规划用于停放汽车的"。此后各稿延续了二审稿的规定。

条文释义

本条是关于建筑区划内，规划用于停放汽车的车位、车库应当首先满足业主需要的规定。

建筑区划内车位、车库的性质决定了其应当首先满足业主的需要。这是物尽其用原则在停车位上的具体化，也是对业主处分权的限制，即"对外优先，对内平等”。[①] 首先，车位、车库是为了服务整个小区业主居住便利而建造的，故车位、车库应该优先满足业主的需要。同时，车位、车库问题亦属于业主成员权范畴内容，其使用和转让应当服从于整个小区建筑物的使用和全体业主利益。其次，区分所有建筑物的建设，必须保证设置规定数量的停车设施，禁止开发商将区分所有建筑物的停车设施纳入自己的所有权范围单独开发。所配置的车位、车库只有在保证小区业主使用的前提下，才能许可小区业主以外的人使用。本条作为小区车位、车库问题处理的基本原则，彰显了《民法典》对业主权益予以优先保护的立法价值取向。

法条关联

◆《最高人民法院关于审理建筑物区分所有权纠纷案件具体应用法律若干问题的解释》

第五条 建设单位按照配置比例将车位、车库，以出售、附赠或者出租等方式处分给业主的，应当认定其行为符合物权法第七十四条第一款有关“应当首先满足业主的需要”的规定。

前款所称配置比例是指规划确定的建筑区划内规划用于停放汽车的车位、车库与房屋套数的比例。

第二百七十七条 【业主大会、业主委员会设立】

业主可以设立业主大会，选举业主委员会。业主大会、业主委员会成立的具体条件和程序，依照法律、法规的规定。

地方人民政府有关部门、居民委员会应当对设立业主大会和选举业主委员会给予指导和协助。

本条来源

《物权法》第七十五条规定：“业主可以设立业主大会，选举业主委员会。

① 丁南：《建筑物区分所有权语境下的停车位归属——对〈物权法〉第七十四条之再解释》，载《法学杂志》2012 年第 10 期，第 76 页。

地方人民政府有关部门应当对设立业主大会和选举业主委员会给予指导和协助。”本条在此基础上，在第一款增加“业主大会、业主委员会成立的具体条件和程序，依照法律、法规的规定”。在第二款的“地方人民政府有关部门”后增加“居民委员会”。《物业管理条例》针对业主大会、业主委员会的成立以及议事程序作出了详细规定。本条之修改也是为了与《物业管理条例》更好地衔接。此外，《住房和城乡建设部关于印发〈业主大会和业主委员会指导规则〉的通知》也有针对业主大会和业主委员会相关的权利和义务的规定。

立法演变

物权编一审稿第七十二条规定：“业主可以设立业主大会、选举业主委员会。业主大会、业主委员会成立的具体条件和程序，依照法律、法规的规定。地方人民政府有关部门应当对设立业主大会和选举业主委员会给予指导和协助。”二审稿在第二款的“地方人民政府有关部门”后增加“居民委员会”。此后各稿延续了二审稿的规定。

条文释义

本条是关于业主自治管理组织的设立以及地方人民政府有关部门、居民委员会指导和协助问题的规定。本条规定涉及业主、业主大会和业主委员会的权利和义务以及法律地位等方面的内容，有关行政法规还会详细规定成立的具体条件和程序。

业主大会是业主的自治组织，是基于业主的建筑物区分所有权的行使产生的，由全体业主组成，是建筑区划内建筑物及其附属设施的管理机构。[①] 因此参加业主大会是业主行使共有权和共同管理权的最主要途径。此外，业主大会还可依照法律和相关程序对小区内的业主专有权的行使作出一定的限制性规定，以维护建筑区划内业主的合法权益。

业主委员会的意思形成和执行应当依据业主大会所制定的管理规约、大会

① 参见王利明：《物权法研究》，中国人民大学出版社2002年版，第405页。

决议等，此种模式类似于公司的股东大会与董事会间的关系。① 根据《物业管理条例》的相关规定，业主委员会是业主大会的执行机构，履行下列职责：(1) 召集业主大会会议，报告物业管理的实施情况；(2) 代表业主与业主大会选聘的物业服务企业签订物业服务合同；(3) 及时了解业主、物业使用人的意见和建议，监督和协助物业服务企业履行物业服务合同；(4) 监督管理规约的实施；(5) 业主大会赋予的其他职责。

此外，《物业管理条例》还规定，同一个物业管理区域内的业主，应当在物业所在地的区、县人民政府房地产行政主管部门或者街道办事处、乡镇人民政府的指导下成立业主大会，并选举产生业主委员会。根据有关行政法规的规定，业主大会、业主委员会应当配合公安机关，与居民委员会相互协作，共同做好维护物业管理区域内的社会治安等相关工作。在物业管理区域内，业主大会、业主委员会应当积极配合相关居民委员会依法履行自治管理职责，支持居民委员会开展工作，并接受其指导和监督。

法条关联

◆《物业管理条例》

第八条 物业管理区域内全体业主组成业主大会。

业主大会应当代表和维护物业管理区域内全体业主在物业管理活动中的合法权益。

第九条 一个物业管理区域成立一个业主大会。

物业管理区域的划分应当考虑物业的共用设施设备、建筑物规模、社区建设等因素。具体办法由省、自治区、直辖市制定。

第十条 同一个物业管理区域内的业主，应当在物业所在地的区、县人民政府房地产行政主管部门或者街道办事处、乡镇人民政府的指导下成立业主大会，并选举产生业主委员会。但是，只有一个业主的，或者业主人数较少且经全体业主一致同意，决定不成立业主大会的，由业主共同履行业主大会、业主委员会职责。

① 刘智慧：《论业主共同决定事项范围的确定——以区分所有权解释第 7 条的适用为中心》，载《政治与法律》2009 年第 8 期，第 5 页。

◆《住房和城乡建设部关于印发〈业主大会和业主委员会指导规则〉的通知》

第四条 业主大会或者业主委员会的决定，对业主具有约束力。

业主大会和业主委员会应当依法履行职责，不得作出与物业管理无关的决定，不得从事与物业管理无关的活动。

第五条 业主大会和业主委员会，对业主损害他人合法权益和业主共同利益的行为，有权依照法律、法规以及管理规约，要求停止侵害、消除危险、排除妨害、赔偿损失。

第六条 物业所在地的区、县房地产行政主管部门和街道办事处、乡镇人民政府负责对设立业主大会和选举业主委员会给予指导和协助，负责对业主大会和业主委员会的日常活动进行指导和监督。

第二百七十八条 【业主决定建筑区划内重大事项及表决权】

下列事项由业主共同决定：

（一）制定和修改业主大会议事规则；

（二）制定和修改管理规约；

（三）选举业主委员会或者更换业主委员会成员；

（四）选聘和解聘物业服务企业或者其他管理人；

（五）使用建筑物及其附属设施的维修资金；

（六）筹集建筑物及其附属设施的维修资金；

（七）改建、重建建筑物及其附属设施；

（八）改变共有部分的用途或者利用共有部分从事经营活动；

（九）有关共有和共同管理权利的其他重大事项。

业主共同决定事项，应当由专有部分面积占比三分之二以上的业主且人数占比三分之二以上的业主参与表决。决定前款第六项至第八项规定的事项，应当经参与表决专有部分面积四分之三以上的业主且参与表决人数四分之三以上的业主同意。决定前款其他事项，应当经参与表决专有部分面积过半数的业主且参与表决人数过半数的业主同意。

本条来源

《物权法》第七十六条规定：“下列事项由业主共同决定：（一）制定和修改业主大会议事规则；（二）制定和修改建筑物及其附属设施的管理规约；（三）选举业主委员会或者更换业主委员会成员；（四）选聘和解聘物业服务企业或者其他管理人；（五）筹集和使用建筑物及其附属设施的维修资金；（六）改建、重建建筑物及其附属设施；（七）有关共有和共同管理权利的其他重大事项。决定前款第五项和第六项规定的事项，应当经专有部分占建筑物总面积三分之二以上的业主且占总人数三分之二以上的业主同意。决定前款其他事项，应当经专有部分占建筑物总面积过半数的业主且占总人数过半数的业主同意。”

与《物权法》第七十六条相比，本条内容变化较大。本条对应地增加了“（八）改变共有部分的用途或者利用共有部分从事经营活动”，该修改及时总结了最高人民法院司法解释中回应的现实需求，将之纳入物权规制。[①] 同时本条删去《物权法》第七十六条“（二）制定和修改建筑物及其附属设施的管理规约”中的“建筑物及其附属设施的”，删去“（五）筹集和使用建筑物及其附属设施的维修资金”中的“筹集和”，并将其单列为一项。同时，本条在业主共同决定事项的表决权上，作了全新的规定，与《物权法》所规定的表决比例存在较大差别。根据立法机关的说明，此次修改的立法本意是为了解决物业管理活动中业主作出决议难的问题，适当调整业主作出决议的门槛。[②]

《物业管理条例》分别于第十一条、第十二条对需要由业主共同决定的事项及其表决比例作出了规定。而《最高人民法院关于审理建筑物区分所有权纠纷案件具体应用法律若干问题的解释》则对“其他重要事项”和“专有部分面积和建筑物总面积”的认定问题作出了规定。

---

① 《最高人民法院关于审理建筑物区分所有权纠纷案件具体应用法律若干问题的解释》（法释〔2009〕7号）第十四条规定：建设单位或者其他行为人擅自占用、处分业主共有部分、改变其使用功能或者进行经营性活动，权利人请求排除妨害、恢复原状、确认处分行为无效或者赔偿损失的，人民法院应予支持。属于前款所称擅自进行经营性活动的情形，权利人请求行为人将扣除合理成本之后的收益用于补充专项维修资金或者业主共同决定的其他用途的，人民法院应予支持。行为人对成本的支出及其合理性承担举证责任。

② 参见沈春耀：《关于〈民法典各分编〉（草案）的说明》（2018年8月27日第十三届全国人民代表大会常务委员会第五次会议上）。

立法演变

物权编一审稿第七十三条规定：“下列事项由业主共同决定：（一）制定和修改业主大会议事规则；（二）制定和修改管理规约；（三）选举业主委员会或者更换业主委员会成员；（四）选聘和解聘物业服务企业或者其他管理人；（五）筹集和使用建筑物及其附属设施的维修资金；（六）改建、重建建筑物及其附属设施；（七）改变共有部分的用途或者利用共有部分从事经营活动；（八）有关共有和共同管理权利的其他重大事项。业主共同决定事项，应当由专有部分占比三分之二以上的业主且人数占比三分之二以上的业主参加表决。决定前款第五项至第七项规定的事项，应当经参加表决专有部分面积四分之三以上的业主且参加表决人数四分之三以上的业主同意。决定前款其他事项，应当经参加表决专有部分面积过半数的业主且参加表决人数过半数的业主同意。”

二审稿删去“（五）筹集和使用建筑物及其附属设施的维修资金”中的“筹集和”，将其单列为一项；二审稿还在第二款的相应条文新增“面积”二字，并将“参加”改为“参与”。此后各稿延续了二审稿的规定。

条文释义

本条是关于业主有权共同决定事项范围即业主成员权范围问题的规定。

本条规范了业主有权共同决定的主要事项，并依事项的重要强度规定了业主参与并表决的有效条件。本书针对其中三项内容作进一步解释。

1. 议事规则。即规定业主行使民主管理权利的方式及其范围。这是业主的一项最基本的权利。议事规则包括如何行使表决权、共有部分财产的管理、财产重大修缮等重大事项，这些必须通过召开业主大会来研究商定。

2. 管理规约。即约束和规范业主行为的有关内容，是由全体建筑物区分所有权人就建筑物与基地的管理、使用与所有关系，以书面形式订立的自治规则。①

3. 涉及对区分所有建筑物的共同部分财产变动事项。包括筹集和使用建筑物及其附属设施的维修资金，以及改建、重建建筑物及其附属设施两大部分内容。相比较《物权法》的规定，《民法典》物权编修改了此类事项通过决定的

① 参见陈华彬：《物权法》，法律出版社2004年版，第281页。

比例要求。即对于筹集建筑物及其附属设施的维修资金，或者改建、重建建筑物及其附属设施，或者改变共有部分的用途或者利用共有部分从事经营活动的情形，属于涉及业主财产权利方面的重大事项，需要经过两个四分之三，即专有部分面积四分之三以上的业主且参与表决人数四分之三以上的业主同意，才能作出共同决定，充分体现了业主权利的所有权属性。

法条关联

◆《物业管理条例》

第十一条　下列事项由业主共同决定：

（一）制定和修改业主大会议事规则；

（二）制定和修改管理规约；

（三）选举业主委员会或者更换业主委员会成员；

（四）选聘和解聘物业服务企业；

（五）筹集和使用专项维修资金；

（六）改建、重建建筑物及其附属设施；

（七）有关共有和共同管理权利的其他重大事项。

第十二条　业主大会会议可以采用集体讨论的形式，也可以采用书面征求意见的形式；但是，应当有物业管理区域内专有部分占建筑物总面积过半数的业主且占总人数过半数的业主参加。

业主可以委托代理人参加业主大会会议。

业主大会决定本条例第十一条第（五）项和第（六）项规定的事项，应当经专有部分占建筑物总面积 2/3 以上的业主且占总人数 2/3 以上的业主同意；决定本条例第十一条规定的其他事项，应当经专有部分占建筑物总面积过半数的业主且占总人数过半数的业主同意。

业主大会或者业主委员会的决定，对业主具有约束力。

业主大会或者业主委员会作出的决定侵害业主合法权益的，受侵害的业主可以请求人民法院予以撤销。

◆《最高人民法院关于审理建筑物区分所有权纠纷案件具体应用法律若干问题的解释》

第七条　改变共有部分的用途、利用共有部分从事经营性活动、处分共有部分，以及业主大会依法决定或者管理规约依法确定应由业主共同决定的事项，应当认定为物权法第七十六条第一款第（七）项规定的有关共有和共同管理权利的“其他重大事项”。

第八条 物权法第七十六条第二款和第八十条规定的专有部分面积和建筑物总面积，可以按照下列方法认定：

（一）专有部分面积，按照不动产登记簿记载的面积计算；尚未进行物权登记的，暂按测绘机构的实测面积计算；尚未进行实测的，暂按房屋买卖合同记载的面积计算；

（二）建筑物总面积，按照前项的统计总和计算。

第九条 物权法第七十六条第二款规定的业主人数和总人数，可以按照下列方法认定：

（一）业主人数，按照专有部分的数量计算，一个专有部分按一人计算。但建设单位尚未出售和虽已出售但尚未交付的部分，以及同一买受人拥有一个以上专有部分的，按一人计算；

（二）总人数，按照前项的统计总和计算。

◆ **《住房和城乡建设部关于印发〈业主大会和业主委员会指导规则〉的通知》**

第十七条 业主大会决定以下事项：

（一）制定和修改业主大会议事规则；

（二）制定和修改管理规约；

（三）选举业主委员会或者更换业主委员会委员；

（四）制定物业服务内容、标准以及物业服务收费方案；

（五）选聘和解聘物业服务企业；

（六）筹集和使用专项维修资金；

（七）改建、重建建筑物及其附属设施；

（八）改变共有部分的用途；

（九）利用共有部分进行经营以及所得收益的分配与使用；

（十）法律法规或者管理规约确定应由业主共同决定的事项。

案例评议

曹某诉黑龙江某物业管理有限公司物业服务合同纠纷案①

◆ 裁判规则

关于业主共同决定选聘和解聘物业服务企业的事项，有明确的程序要求，即需专有部分占建筑物总面积过半数的业主同意和占总人数过半数的业主同意两个条件同时具备、缺一不可。本案中，曹某虽提供某小区业主大会于2010年5月28日作出的决议，但该决议中仅有部分业主签名，且没有注明签名的各个业主的房屋面积，调查结果中显示的每栋、每单元的户数与调查表中所载户数明细亦不相符，故该份决议不符合《物权法》第七十六条的规定，某业主委员会无权依照该决议解除物业服务合同。某物业自2007年10月起至今一直为某小区提供物业服务，且在2009年之后某物业通过与小区业主分别签订物业服务合同的方式，继续提供物业服务，小区半数以上的业主均与某物业签订了物业服务合同，小区百分之八十以上的业主均按时交纳了物业费。因此，某物业已事实上成为某小区合法的物业服务公司，其有权向欠付物业费的业主追缴物业费。如曹某对某物业提供的服务存在质疑，应依法通过业主大会按照法定程序作出解聘物业服务企业的决定，依法解除物业服务合同。

◆ 评议

本案的争议焦点为曹某是否应向某物业交纳欠付的物业费。要解决该问题，首先应确定某物业是否为某小区合法的物业服务公司，其是否有权向小区业主收取物业费。根据《物权法》第七十六条，选聘和解聘物业服务企业或其他管理人，应当经专有部分占建筑物总面积过半数的业主且占总人数过半数的业主同意。值得注意的是，物权编为提高法律适用的效率性，对业主共同决定的表决规则作出较大修改。第二百七十八条规定，共业主同决定选聘和解聘物业服务企业或其他管理人时，应当由专有部分面积占比三分之二以上的业主且人数占比三分之二以上的业主参与表决。同时，应当经参与表决专有部分面积过半数的业主且参与表决人数过半数的业主同意。本案中，某物业自2007年10月起至今一直

① 黑龙江省高级人民法院（2019）黑民再297号民事判决书。

为某小区提供物业服务，小区半数以上的业主均与某物业签订了物业服务合同，小区百分之八十以上的业主均按时交纳了物业费。因此，某物业已事实上成为某小区合法的物业服务公司，故其有权向欠付物业费的业主追缴物业费。

第二百七十九条　【将住宅改变为经营性用房的规定】

业主不得违反法律、法规以及管理规约，将住宅改变为经营性用房。业主将住宅改变为经营性用房的，除遵守法律、法规以及管理规约外，应当经有利害关系的业主一致同意。

本条来源

《物权法》第七十七条规定："业主不得违反法律、法规以及管理规约，将住宅改变为经营性用房。业主将住宅改变为经营性用房的，除遵守法律、法规以及管理规约外，应当经有利害关系的业主同意。"本条延续了该规定，仅仅在"应当经有利害关系的业主同意"中增加了"一致"二字，体现了物权编对业主权益的有力保护。《最高人民法院关于审理建筑物区分所有权纠纷案件具体应用法律若干问题的解释》在第十条、第十一条针对业主将住宅改变为经营性用房的纠纷问题的解决作出了规定。

立法演变

物权编一审稿第七十四条规定："业主不得违反法律、法规以及管理规约，将住宅改变为经营性用房。业主将住宅改变为经营性用房的，除遵守法律、法规以及管理规约外，应当经有利害关系的业主一致同意。"此后各稿延续了一审稿的规定。

条文释义

本条是关于建筑物区分所有权人即业主改变住宅用途限制条件的规定。

实际生活中"住改商"的行为较为常见，即个别业主将住宅性质用房的用途改变为餐饮、娱乐、超市等商业用房或者开办公司、事务所等办公用房，用于自己的经营。但是此种"住改商"行为应当遵守法律法规以及管理规约的相关规定，否则就是违法行为。

同时，业主在将住宅改变为经营性用房时，除必须遵守法律法规和管理规约的相关规定外，还应当经有利害关系的业主一致同意。某个业主出于实现最大化的自我利益增值，将住宅改变为经营性用房而不利于建筑物的正常或者约定的使用行为，此时应当予以限制。① 此种限制正是因为建筑物区分所有权的特殊性所致，业主作为权利主体，其身份具有多重性，集专有权、共有权与成员权三种权利于一体。权利客体同样具有多样性，专有权的客体为建筑材料组成的四周上下封闭的、在构造和使用上具有独立性和经济价值的建筑空间，而共有权的客体为建筑物及其附属建筑物中所有的共有部分，成员权的客体为业主作为管理团体成员所为的行为。所以，结合民法典中建筑物区分所有权原理和相邻关系原理考虑，业主在行使权利，特别是将住宅改为经营性用房时需考虑和尊重有利害关系业主的意愿。

法条关联

◆《最高人民法院关于审理建筑物区分所有权纠纷案件具体应用法律若干问题的解释》

第十条　业主将住宅改变为经营性用房，未按照物权法第七十七条的规定经有利害关系的业主同意，有利害关系的业主请求排除妨害、消除危险、恢复原状或者赔偿损失的，人民法院应予支持。

将住宅改变为经营性用房的业主以多数有利害关系的业主同意其行为进行抗辩的，人民法院不予支持。

第十一条　业主将住宅改变为经营性用房，本栋建筑物内的其他业主，应当认定为物权法第七十七条所称“有利害关系的业主”。建筑区划内，本栋建筑物之外的业主，主张与自己有利害关系的，应证明其房屋价值、生活质量受到或者可能受到不利影响。

---

① 邬雪红：《对“住改商”限制的法律思考——评析〈物权法〉第77条及其相关司法解释》，载《浙江万里学院学报》2012年第1期，第30页。

第二百八十条　【业主大会、业主委员会决定效力】

业主大会或者业主委员会的决定，对业主具有法律约束力。

业主大会或者业主委员会作出的决定侵害业主合法权益的，受侵害的业主可以请求人民法院予以撤销。

本条来源

《物权法》第七十八条规定："业主大会或者业主委员会的决定，对业主具有约束力。业主大会或者业主委员会作出的决定侵害业主合法权益的，受侵害的业主可以请求人民法院予以撤销。"本条在此基础上仅在第一款"约束力"前增加"法律"二字。《最高人民法院关于审理建筑物区分所有权纠纷案件具体应用法律若干问题的解释》第十二条还对受侵害业主请求撤销业主大会或业主委员会的决定的期限作出规定。此外，《住房和城乡建设部关于印发〈业主大会和业主委员会指导规则〉的通知》也对业主大会和业主委员会的职责作出了规定。

立法演变

物权编一审稿第七十五条规定："业主大会或者业主委员会的决定，对业主具有约束力。业主大会或者业主委员会作出的决定侵害业主合法权益的，受侵害的业主可以请求人民法院予以撤销。"二审稿延续了一审稿的规定。而征求意见稿则在第一款"约束力"前新增"法律"二字。

条文释义

本条是关于业主大会或者业主委员会决定的效力范围及效力限制问题的规定。

依据我国相关法律规定，业主大会和业主委员会是民间自治管理性质的组织。各位业主依据其享有的共有权依法组成业主社团，该业主社团通过一定的民主决策程序使全体业主的共有意志以业主公约和其他管理规约形式表达出来，并形成具有组织纪律性的制度，从而依靠业主们的民主制度、自律制度、公益保障制度和国家法制支持制度，来实现组建和运作业主团体，以此达到自我管理的目的。①

根据《民法典》物权编第二百七十一条规定，业主对建筑物内的住宅、经营性用房等专有部分享有所有权，对专有部分以外的共有部分享有共有和共同管理的权利。由此可见，业主享有的专有权、共有权和成员权受法律同等保护，不受任何组织和个人侵犯。本条第二款赋予业主司法救济权，当业主大会或者业主委员会的决定限制或者剥夺业主合法权益时，受侵害的业主有权请求人民法院撤销该决定。

法条关联

◆《最高人民法院关于审理建筑物区分所有权纠纷案件具体应用法律若干问题的解释》

第十二条　业主以业主大会或者业主委员会作出的决定侵害其合法权益或者违反了法律规定的程序为由，依据物权法第七十八条第二款的规定请求人民法院撤销该决定的，应当在知道或者应当知道业主大会或者业主委员会作出决定之日起一年内行使。

◆《住房和城乡建设部关于印发〈业主大会和业主委员会指导规则〉的通知》

第四条　业主大会或者业主委员会的决定，对业主具有约束力。

业主大会和业主委员会应当依法履行职责，不得作出与物业管理无关的决定，不得从事与物业管理无关的活动。

第二百八十一条　【建筑物及其附属设施的维修基金的归属和用途】

建筑物及其附属设施的维修资金，属于业主共有。经业主共同决定，可以用于电梯、屋顶、外墙、无障碍设施等共有部分的维修、更新和改造。建筑物及其附属设施的维修资金的筹集、使用情况应当定期公布。

紧急情况下需要维修建筑物及其附属设施的，业主大会或者业主委员会可以依法申请使用建筑物及其附属设施的维修资金。

① 参见徐建明编著：《物业管理法规》，东南大学出版社2000年版，第142页。

本条来源

《物权法》第七十九条规定："建筑物及其附属设施的维修资金，属于业主共有。经业主共同决定，可以用于电梯、水箱等共有部分的维修。维修资金的筹集、使用情况应当公布。"本条在此基础上，于第一款增加"屋顶、外墙、无障碍设施""、更新和改造"，以此与《物权管理条例》（2007 年）、《住宅专项维修资金管理办法》（2008 年）保持立法表述的一致性。同时新增第二款内容，即"紧急情况下需要维修建筑物及其附属设施的，业主大会或者业主委员会可以依法申请使用建筑物及其附属设施的维修资金"。此外，《物业管理条例》第五十三条针对专项维修资金作出了详细规定。《最高人民法院关于审理建筑物区分所有权纠纷案件具体应用法律若干问题的解释》第十三条列举了应当向业主公开情况和资料的几类事项。《住宅专项维修资金管理办法》就住宅专项维修资金的交存、使用和监管作出了规定。

立法演变

物权编一审稿第七十六条规定："建筑物及其附属设施的维修资金，属于业主共有。经业主共同决定，可以用于电梯、屋顶、外墙、无障碍设施等共有部分的维修、更新和改造。维修资金的筹集、使用情况应当公布。"二审稿新增第二款，即"紧急情况下需要维修建筑物及其附属设施的，业主大会或者业主委员会可以依法申请使用维修资金。"此后各稿延续了二审稿的规定。而终稿在此基础上明确本条所指维修资金是建筑物及其附属设施的维修资金，而且强调其筹集和使用情况应当定期公布，以此规范建筑物及其附属设施的维修资金的使用。

条文释义

本条是关于建筑物及其附属设施的维修资金性质及用途等问题的规定。涉及建筑物区分所有权的相关法律法规规定，因建筑物及其附属设施需要维修，每一位业主在购买住宅时需要预交一定数额的维修资金，以便于日后统一对建筑物共有部分进行维修。

针对共有部分有哪些地方需要维修，我国民法典通过列举方式列出其中几个例子，强调需要维修的共有部分属性，以便设计维修其他设施时参照进行。本条以电梯、屋顶、外墙、无障碍设施为例，目的是说明电梯、屋顶、外墙和无障碍设施的代表性和重要性。此外，跟电梯、屋顶、外墙、无障碍设施具有相似性质、与业主的居住、生活存在一定联系的建筑物及其附属物在维修时也可以动用维修资金，这些并非业主的专有部分。①

业主和开发商在签订商品房买卖合同时，通过合同约定业主需提前缴纳的维修资金比例和份额。这些用于建筑物及其附属设施的维修资金由物业服务企业统一管理，但所有权属于全体业主共有。维修资金的使用必须依据法律和业主共同商定的管理规约，每位业主对于维修资金的筹集、使用等情况享有知情权。《民法典》物权编规定这笔费用筹集和使用情况应当定期公布，从法律上确保了业主的这方面权利不被漠视乃至侵犯，同时赋予业主大会或者业主委员会在紧急情况下依法申请使用维修资金的权利。

法条关联

◆《物业管理条例》

第五十三条　住宅物业、住宅小区内的非住宅物业或者与单幢住宅楼结构相连的非住宅物业的业主，应当按照国家有关规定交纳专项维修资金。

专项维修资金属于业主所有，专项用于物业保修期满后物业共用部位、共用设施设备的维修和更新、改造，不得挪作他用。

专项维修资金收取、使用、管理的办法由国务院建设行政主管部门会同国务院财政部门制定。

◆《最高人民法院关于审理建筑物区分所有权纠纷案件具体应用法律若干问题的解释》

第十三条　业主请求公布、查阅下列应当向业主公开的情况和资料的，人民法院应予支持：

（一）建筑物及其附属设施的维修资金的筹集、使用情况；

（二）管理规约、业主大会议事规则，以及业主大会或者业主委员会的决定及会议记录；

① 参见温世扬、廖焕国：《物权法通论》，人民法院出版社2005年版，第286页。

（三）物业服务合同、共有部分的使用和收益情况；

（四）建筑区划内规划用于停放汽车的车位、车库的处分情况；

（五）其他应当向业主公开的情况和资料。

◆《住宅专项维修资金管理办法》

第三条 本办法所称住宅共用部位，是指根据法律、法规和房屋买卖合同，由单幢住宅内业主或者单幢住宅内业主及与之结构相连的非住宅业主共有的部位，一般包括：住宅的基础、承重墙体、柱、梁、楼板、屋顶以及户外的墙面、门厅、楼梯间、走廊通道等。

本办法所称共用设施设备，是指根据法律、法规和房屋买卖合同，由住宅业主或者住宅业主及有关非住宅业主共有的附属设施设备，一般包括电梯、天线、照明、消防设施、绿地、道路、路灯、沟渠、池、井、非经营性车场车库、公益性文体设施和共用设施设备使用的房屋等。

第九条 业主交存的住宅专项维修资金属于业主所有。

从公有住房售房款中提取的住宅专项维修资金属于公有住房售房单位所有。

第十八条 住宅专项维修资金应当专项用于住宅共用部位、共用设施设备保修期满后的维修和更新、改造，不得挪作他用。

案例评议

上海市虹口区久乐大厦小区业主大会诉上海环亚实业总公司业主共有权纠纷案①

◆ **裁判规则**

维修资金性质上属于专项基金，系为特定目的，即为住宅共用部位、共用设施设备保修期满后的维修和更新、改造而专设的资金。它在购房款、税费、物业费之外，单独筹集、专户存储、单独核算。缴纳专项维修资金是为特定范围的公共利益，即建筑物的全体业主共同利益而特别确立的一项法定义务，这种义务的产生与存在仅仅取决于义务人是否属于区分所有建筑物范围内的住宅或非住宅所有权人。因此，缴纳专项维修资金的义务是一种旨在维护共同或公

① 上海市第二中级人民法院（2011）沪二中民二（民）终字第1908号民事判决书，最高人民法院指导案例第65号。

共利益的法定义务，其只存在补缴问题，不存在因时间经过而可以不缴的问题。业主大会要求补缴维修资金的权利，是业主大会代表全体业主行使维护小区共同或公共利益之职责的管理权。如果允许某些业主不缴纳维修资金而可享有以其他业主的维修资金维护共有部分而带来的利益，其他业主就有可能在维护共有部分上支付超出自己份额的金钱，这违背了公平原则，并将对建筑物的长期安全使用，对全体业主的共有或公共利益造成损害。基于专项维修资金的性质和业主缴纳专项维修资金义务的性质，被告环亚公司作为久乐大厦的业主，不依法自觉缴纳专项维修资金，并以业主大会起诉追讨专项维修资金已超过诉讼时效进行抗辩，该抗辩理由不能成立。

◆ **评议**

建筑物及其附属设施的维修资金的专用性决定了其缴纳并非源于特别的交易或法律关系，而是为了准备应急性地维修、更新或改造区分所有建筑物的共有部分。由于共有部分的维护关乎全体业主的共同或公共利益，所以维修资金具有公共性、公益性。依据物权编和《物业管理条例》的相关规定，无论是住宅小区的业主，还是与单幢住宅楼结构相连的非住宅物业的业主，均应当依法交纳专项维修资金，这是全体业主的一项法定义务。

第二百八十二条　【业主的共有部分产生的收入归属】

建设单位、物业服务企业或者其他管理人等利用业主的共有部分产生的收入，在扣除合理成本之后，属于业主共有。

本条来源

本条是物权编的新增条款。《物业管理条例》第二十七条规定：“业主依法享有的物业共用部位、共用设施设备的所有权或者使用权，建设单位不得擅自处分。”依据《物权法》《物业管理条例》等法律法规的规定，共有部分的所有权属于业主集体所有，因此针对共有部分产生的收入的所有权问题，创设了本条内容。

立法演变

物权编一审稿第七十七条规定：“建设单位、物业服务企业或者其他管理人等利用业主的共有部分产生的收益，在扣除合理成本之后，属于业主共有。”二审稿将一审稿相应条文的“收益”改为“收入”。此后各稿延续了二审稿的规定。

条文释义

本条主要是关于业主共有部分产生的收入归属问题的规定。

建筑物共有部分及其附属设施不仅存在着养护、维修的问题，还存在着共有部分所产生的收入归属以及如何分配的问题。关于业主的共有部分所产生的收入归属问题，在扣除建设单位、物业服务企业或者其他管理人管理建筑物及其附属设施的合理成本后，属于业主共有，这是由业主所享有的共有所有权性质决定的。

业主对区分所有建筑物共有部分享有的共有所有权，是指建筑物区分所有人依照法律或管理规约的规定，对区分所有建筑物之共有部分所享有的占有、使用和收益的权利。建设单位、物业服务企业或者其他管理人基于与业主达成的委托管理合同，对业主的共有部分进行管理或经营。此情况下产生的收入，在扣除合理的成本后，其中就包括扣除建筑物共有部分及其附属设施的费用，该费用主要是指对共有部分及附属设施的修缮、管理、维护等费用。剩下的收入则属于业主共有，并按法律或管理规约进行合理分配。

法条关联

◆ **《物业管理条例》**

第二十七条 业主依法享有的物业共用部位、共用设施设备的所有权或者使用权，建设单位不得擅自处分。

第五十三条 住宅物业、住宅小区内的非住宅物业或者与单幢住宅楼结构相连的非住宅物业的业主，应当按照国家有关规定交纳专项维修资金。

专项维修资金属于业主所有，专项用于物业保修期满后物业共用部位、共用设施设备的维修和更新、改造，不得挪作他用。

专项维修资金收取、使用、管理的办法由国务院建设行政主管部门会同国务院财政部门制定。

第二百八十三条　【建筑物及其附属设施的费用分摊、收益分配】

建筑物及其附属设施的费用分摊、收益分配等事项，有约定的，按照约定；没有约定或者约定不明确的，按照业主专有部分面积所占比例确定。

本条来源

《物权法》第八十条规定："建筑物及其附属设施的费用分摊、收益分配等事项，有约定的，按照约定；没有约定或者约定不明确的，按照业主专有部分占建筑物总面积的比例确定。"本条在此基础上，将"按照业主专有部分占建筑物总面积的比例"修改为"按照业主专有部分面积所占比例"。《物业管理条例》第五十四条对共用部位和共用设施经营收益的使用作出了规定。《住宅专项维修资金管理办法》第二十条、第二十一条规定了如何分摊住宅共用部位和共用设施设备的维修等费用。

立法演变

物权编一审稿第七十八条规定："建筑物及其附属设施的费用分摊、收益分配等事项，有约定的，按照约定；没有约定或者约定不明确的，按照业主专有部分所占比例确定。"二审稿较一审稿在"按照业主专有部分"后新增"面积"二字。此后各稿延续了二审稿的规定。

条文释义

本条主要规定了业主对建筑物及其附属设施的费用负担及收益分配规则。

建筑物共有部分及其附属设施的费用，主要是指对共有部分及附属设施的修缮、管理、维护等费用。建筑物共有部分的收益，指收取共有部分的天然孳息及法定孳息。[①] 依据建筑物区分所有权法理，建筑物区分所有人对建筑物及其附属设施享有共有权，据此建筑物区分所有权人应当按照一定的标准分配共有部分的收益，承担共有部分的费用。

① 参见梁慧星：《中国物权法草案建议稿》，社会科学文献出版社2000年版，第284页。

本条主要包含以下两层含义。第一，关于建筑物及其附属设施的费用分摊、收益的分配问题，适用约定优先原则。基于业主对建筑物区分所有状态下的共有权，业主可以约定对共有部分费用分摊及收益分配等事项。第二，如果业主间没有事先约定，那么根据业主专有部分占建筑物总面积的比例，以此决定费用分摊、收益分配等事项的数额。由建筑物区分所有权理论可知，业主的专有权居于主导地位，其所享有的共有权从属于专有权，即业主享有的专有部分所有权。因此专有权的大小自然决定其承担修缮共有财产的义务范围。

法条关联

◆《物业管理条例》

第五十四条 利用物业共用部位、共用设施设备进行经营的，应当在征得相关业主、业主大会、物业服务企业的同意后，按照规定办理有关手续。业主所得收益应当主要用于补充专项维修资金，也可以按照业主大会的决定使用。

◆《住宅专项维修资金管理办法》

第二十条 住宅共用部位、共用设施设备的维修和更新、改造费用，按照下列规定分摊：

（一）商品住宅之间或者商品住宅与非住宅之间共用部位、共用设施设备的维修和更新、改造费用，由相关业主按照各自拥有物业建筑面积的比例分摊。

（二）售后公有住房之间共用部位、共用设施设备的维修和更新、改造费用，由相关业主和公有住房售房单位按照所交存住宅专项维修资金的比例分摊；其中，应由业主承担的，再由相关业主按照各自拥有物业建筑面积的比例分摊。

（三）售后公有住房与商品住宅或者非住宅之间共用部位、共用设施设备的维修和更新、改造费用，先按照建筑面积比例分摊到各相关物业。其中，售后公有住房应分摊的费用，再由相关业主和公有住房售房单位按照所交存住宅专项维修资金的比例分摊。

第二十一条 住宅共用部位、共用设施设备维修和更新、改造，涉及尚未售出的商品住宅、非住宅或者公有住房的，开发建设单位或者公有住房单位应当按照尚未售出商品住宅或者公有住房的建筑面积，分摊维修和更新、改造费用。

第二百八十四条　【建筑物及其附属设施的管理】

业主可以自行管理建筑物及其附属设施，也可以委托物业服务企业或者其他管理人管理。

对建设单位聘请的物业服务企业或者其他管理人，业主有权依法更换。

本条来源

《物权法》第八十一条规定："业主可以自行管理建筑物及其附属设施，也可以委托物业服务企业或者其他管理人管理。对建设单位聘请的物业服务企业或者其他管理人，业主有权依法更换。"本条延续了该规定。《物业管理条例》对业主委托物业服务企业作出了详细规定。此外，《最高人民法院关于审理物业服务纠纷案件具体应用法律若干问题的解释》第一条、第二条还对物业合同的效力问题作出规定。

立法演变

物权编一审稿第七十九条规定："业主可以自行管理建筑物及其附属设施，也可以委托物业服务企业或者其他管理人管理。对建设单位聘请的物业服务企业或者其他管理人，业主有权依法更换。"此后各稿延续了一审稿的规定。

条文释义

本条第一款规定了业主对建筑物及其附属设施的管理形式。第二款规定了业主对管理人的更换权。

综观各国现制及实务，在管理区分所有建筑物的模式上主要存在自主管理与委托管理两种。自主管理指的是区分所有权人自行执行管理业务或彼此构成一个管理团体执行管理业务的管理。委托管理则是区分所有权人将管理业务概括地委托管理公司或第三人予以管理。[①] 我国民法典在此处的规定则沿袭《物权法》的内容，吸收了双轨制的物业管理方式，即业主有权自行管理物业，也

① 参见戴东雄：《论建筑物区分所有权之理论基础》，载《法学丛刊》第115期，第22页。

可以委托物业服务企业或者其他管理人进行管理。

按照《物业管理条例》的有关规定，物业管理企业是作为服务机构，依照与业主签订的合同，对业主提供服务。同时，业主与物业服务企业之间签订的服务合同，也受合同法调整，当物业服务企业不全面履行合同义务，损害业主权利时，业主有权解除服务合同，更换物业管理企业。我国民法典从维护业主利益出发，赋予业主对物业服务企业的更换权。

法条关联

◆《物业管理条例》

第二十一条 在业主、业主大会选聘物业服务企业之前，建设单位选聘物业服务企业的，应当签订书面的前期物业服务合同。

第二十四条 国家提倡建设单位按照房地产开发与物业管理相分离的原则，通过招投标的方式选聘物业服务企业。

住宅物业的建设单位，应当通过招投标的方式选聘物业服务企业；投标人少于3个或者住宅规模较小的，经物业所在地的区、县人民政府房地产行政主管部门批准，可以采用协议方式选聘物业服务企业。

第四十七条 物业使用人在物业管理活动中的权利义务由业主和物业使用人约定，但不得违反法律、法规和管理规约的有关规定。

物业使用人违反本条例和管理规约的规定，有关业主应当承担连带责任。

◆《最高人民法院关于审理物业服务纠纷案件具体应用法律若干问题的解释》

第一条 建设单位依法与物业服务企业签订的前期物业服务合同，以及业主委员会与业主大会依法选聘的物业服务企业签订的物业服务合同，对业主具有约束力。业主以其并非合同当事人为由提出抗辩的，人民法院不予支持。

第二条 符合下列情形之一，业主委员会或者业主请求确认合同或者合同相关条款无效的，人民法院应予支持：

（一）物业服务企业将物业服务区域内的全部物业服务业务一并委托他人而签订的委托合同；

（二）物业服务合同中免除物业服务企业责任、加重业主委员会或者业主责任、排除业主委员会或者业主主要权利的条款。

前款所称物业服务合同包括前期物业服务合同。

第二百八十五条　【物业服务企业或者其他管理人与业主的关系】

物业服务企业或者其他管理人根据业主的委托，依照本法第三编有关物业服务合同的规定管理建筑区划内的建筑物及其附属设施，接受业主的监督，并及时答复业主对物业服务情况提出的询问。

物业服务企业或者其他管理人应当执行政府依法实施的应急处置措施和其他管理措施，积极配合开展相关工作。

本条来源

《物权法》第八十二条规定："物业服务企业或者其他管理人根据业主的委托管理建筑区划内的建筑物及其附属设施，并接受业主的监督。"本条在此基础上，在第一款新增"依照本法第三编有关物业服务合同的规定"，以及"并及时答复业主对物业服务情况提出的询问"，明确了物业服务企业或者其他管理人应对业主履行之义务。同时，新增第二款的内容，即"物业服务企业或者其他管理人应当执行政府依法实施的应急处置措施和其他管理措施，积极配合开展相关工作"。《物业管理条例》在第四十九条至第五十五条中对物业管理区域的确定以及物业服务企业的义务作出了详细规定。《最高人民法院关于审理物业服务纠纷案件具体应用法律若干问题的解释》就解决物业服务纠纷问题作出了具体规定。

立法演变

物权编一审稿第八十条规定："物业服务企业或者其他管理人根据业主的委托管理建筑区划内的建筑物及其附属设施，并接受业主的监督。物业服务企业或者其他管理人应当及时答复业主对物业服务情况提出的质询。"二审稿较一审稿相应条文新增"依照本法合同编有关物业服务合同的规定"，并将"质询"改为"询问"，同时将第二句话整体作为第二款。终稿在二审稿的基础上，调整了语言表述，仍将二审稿中的两款合并为一款，并新增加第二款规定："物业服务企业或者其他管理人应当执行政府依法实施的应急处置措施和其他管理措施，积极配合开展相关工作。"新冠肺炎疫情期间，物业服务企业及管理人在政府有序指导下发挥了很大作用，所以立法总结了社会发展的有益经验，及时增加相关规定。

条文释义

本条规定主要明确了物业服务企业的职责范围及业主的监督、询问权，以及物业服务企业或其他管理人对政府依法实施的应急处置措施和其他管理措施的配合义务。

关于物业服务企业的管理范围。业主与物业服务企业签订的合同性质上属于委托合同。因此委托合同的授权范围即为物业服务企业的管理范围。同时，依据建筑物区分所有理论，依其性质可以将管理内容区分成物的管理与人的管理。物的管理指的是对建筑物与基地的保存、改良、利用乃至处分等所为的物业的管理，其对象原则上限于建筑物的共用部分及建筑物所坐落的基地部分，并不包含专有部分。人的管理，指的是对区分所有人群居生活关系进行管理，其管理对象不仅包括居住的区分所有人，而且也包括出入的人的行为。①

关于业主行使对物业管理行为的监督权。依《物业管理条例》的规定，业主和业主委员会均享有对物业服务企业管理行为的监督权，这一权利来源于业主对建筑物的所有权，并充分考虑了物业管理委托合同的性质。此外，物权编在《物权法》的基础上增加规定了物业服务企业或其他管理人应及时答复业主对物业服务情况提出的询问，进一步强化业主的监督权。

物业服务企业或者其他管理人对建筑区划内的卫生、环保、治安、消防等诸多工作的有序开展承担着重要责任。新冠肺炎疫情防控期间，物业服务企业或者其他管理人在人员进出把控、周围环境消杀等方面发挥了有益作用，立法及时吸收良好的社会实践经验，为今后出现紧急需要或者其他管理需要时，物业服务企业或者其他管理人继续发挥作用提供法律基础。故本条第二款规定物业服务企业或者其他管理人应当执行政府依法实施的应急处置措施和其他管理措施，积极配合开展相关工作。

① 陈华彬：《现代建筑物区分所有权研究》，法律出版社 1995 年版，第 209 页。

法条关联

◆《物业管理条例》

第四十九条 物业管理区域内按照规划建设的公共建筑和共用设施，不得改变用途。

业主依法确需改变公共建筑和共用设施用途的，应当在依法办理有关手续后告知物业服务企业；物业服务企业确需改变公共建筑和共用设施用途的，应当提请业主大会讨论决定同意后，由业主依法办理有关手续。

第五十条 业主、物业服务企业不得擅自占用、挖掘物业管理区域内的道路、场地，损害业主的共同利益。

因维修物业或者公共利益，业主确需临时占用、挖掘道路、场地的，应当征得业主委员会和物业服务企业的同意；物业服务企业确需临时占用、挖掘道路、场地的，应当征得业主委员会的同意。

业主、物业服务企业应当将临时占用、挖掘的道路、场地，在约定期限内恢复原状。

第五十一条 供水、供电、供气、供热、通信、有线电视等单位，应当依法承担物业管理区域内相关管线和设施设备维修、养护的责任。

前款规定的单位因维修、养护等需要，临时占用、挖掘道路、场地的，应当及时恢复原状。

第五十五条 物业存在安全隐患，危及公共利益及他人合法权益时，责任人应当及时维修养护，有关业主应当给予配合。

责任人不履行维修养护义务的，经业主大会同意，可以由物业服务企业维修养护，费用由责任人承担。

◆《最高人民法院关于审理物业服务纠纷案件具体应用法律若干问题的解释》

第三条 物业服务企业不履行或者不完全履行物业服务合同约定的或者法律、法规规定以及相关行业规范确定的维修、养护、管理和维护义务，业主请求物业服务企业承担继续履行、采取补救措施或者赔偿损失等违约责任的，人民法院应予支持。

物业服务企业公开作出的服务承诺及制定的服务细则，应当认定为物业服务合同的组成部分。

第四条 业主违反物业服务合同或者法律、法规、管理规约，实施妨害物业服务与管理的行为，物业服务企业请求业主承担恢复原状、停止侵害、排除妨害等相应民事责任的，人民法院应予支持。

第五条 物业服务企业违反物业服务合同约定或者法律、法规、部门规章规定，擅自扩大收费范围、提高收费标准或者重复收费，业主以违规收费为由提出抗辩的，人民法院应予支持。

业主请求物业服务企业退还其已收取的违规费用的，人民法院应予支持。

◆《最高人民法院关于审理建筑物区分所有权纠纷案件具体应用法律若干问题的解释》

第十四条 建设单位或者其他行为人擅自占用、处分业主共有部分、改变其使用功能或者进行经营性活动，权利人请求排除妨害、恢复原状、确认处分行为无效或者赔偿损失的，人民法院应予支持。

属于前款所称擅自进行经营性活动的情形，权利人请求行为人将扣除合理成本之后的收益用于补充专项维修资金或者业主共同决定的其他用途的，人民法院应予支持。行为人对成本的支出及其合理性承担举证责任。

第二百八十六条 【业主义务】

业主应当遵守法律、法规以及管理规约，相关行为应当符合节约资源、保护生态环境的要求。对于物业服务企业或者其他管理人执行政府依法实施的应急处置措施和其他管理措施，业主应当依法予以配合。

业主大会或者业主委员会，对任意弃置垃圾、排放污染物或者噪声、违反规定饲养动物、违章搭建、侵占通道、拒付物业费等损害他人合法权益的行为，有权依照法律、法规以及管理规约，请求行为人停止侵害、排除妨碍、消除危险、恢复原状、赔偿损失。

业主或者其他行为人拒不履行相关义务的，有关当事人可以向有关行政主管部门报告或者投诉，有关行政主管部门应当依法处理。

本条来源

《物权法》第八十三条规定："业主应当遵守法律、法规以及管理规约。业主大会和业主委员会，对任意弃置垃圾、排放污染物或者噪声、违反规定饲养动物、违章搭建、侵占通道、拒付物业费等损害他人合法权益的行为，有权依照法律、法规以及管理规约，要求行为人停止侵害、消除危险、排除妨害、赔偿损失。业主对侵害自己合法权益的行为，可以依法向人民法院提起诉讼。"本条在此基础上延续了第二百八十五条的立法思维，明确规定了业主的相关行为应当符合节约资源、保护生态环境的要求，要求业主应当配合物业服务企业或其他管理人执行政府依法实施的应急处置措施和其他管理措施。同时，将"业主大会和业主委员会"改为"业主大会或者业主委员会"，并删去"业主对侵害自己合法权益的行为，可以依法向人民法院提起诉讼"的规定，新增第三款，即"业主或者其他行为人拒不履行相关义务的，有关当事人可以向有关行政主管部门报告或者投诉，有关行政主管部门应当依法处理"。此外，《物业管理条例》第十七条就管理规约作出规定。《最高人民法院关于审理建筑物区分所有权纠纷案件具体应用法律若干问题的解释》第十五条进一步列举了"损害他人合法权益的行为"的情形。

立法演变

物权编一审稿第八十一条规定："业主应当遵守法律、法规以及管理规约。业主大会和业主委员会，对任意弃置垃圾、排放污染物或者噪声、违反规定饲养动物、违章搭建、侵占通道、拒付物业费等损害他人合法权益的行为，有权依照法律、法规以及管理规约，请求行为人停止侵害、消除危险、排除妨碍、赔偿损失。"

二审稿将一审稿相应条文的"和"改为"或者"，将"消除危险"置于"排除妨碍"之后，并新增"恢复原状、"，又新增第三款"行为人拒不履行相关义务的，有关当事人可以向有关行政主管部门投诉，有关行政主管部门应当依法处理"。

新冠肺炎疫情防控期间，物业服务企业或者其他管理人依法执行政府实施的应急处置措施和其他管理措施，发挥了重要的社会治理作用。终稿及时吸收了该有益经验，在第二百八十五条和第二百八十六条配套性地规定了物业服务企业或者其他管理人执行政府依法实施的应急处置措施和其他管理措施的义务，同时规定业主应当配合物业服务企业或者其他管理人的管理。除此之外还要求业主的行为应当符合节约资源、保护生态环境的要求，体现了绿色民法典的立法价值。终稿还完善了第三款内容，明确有关当事人可以就“业主或者其他行为人”拒不履行相关义务的情形向有关行政主管部门“报告或者投诉”，以提高该条款的可操作性。

条文释义

本条规定了业主责任、业主大会和业主委员会对业主行为的管理、业主的救济途径。

区分建筑物所有权中的成员权是指建筑物区分所有权人基于在一栋建筑物之构造、权利归属及使用上的不可分离共同关系而产生的，作为建筑物的一个团体组织的成员所应享有的权利与承担的义务。[①] 我们可以将此种成员权理解为每个区分所有权人享有的针对区分建筑物的物业管理权。成员权的行使，在全体区分所有权人之间形成一种共同体关系。为代表全体业主更好地行使建筑物区分所有权中的成员权，业主大会和业主委员会便应运而生。因此，业主大会和业主委员会享有了一部分建筑物区分所有权衍生的权利。

本条第一款依照成员权的属性特征，规定业主在行使权利时，应当遵守法律、法规以及管理规约，且符合节约资源、保护生态环境的要求。这也是此次《民法典》立法的一大特色，整部法典从总则编到各分编都体现了“绿色原则”。生态文明与每个人息息相关，中国的绿色法典具有引领全球治理体系的重大意义，贡献一份独一无二的“中国方案”。此外，物业服务企业或者其他管理人执行政府依法实施的应急处置措施和其他管理措施时，是对建筑区划内人、物的有序管理，是基层社会治理的重要方式，业主对此应当依法予以配合。同时，第二款从业主大会和业主委员会的管理职能出发，规定业主大会和业主委员会对任意弃置垃圾等损害他人合法权益的业主行为，有权按照法律、法规以及管理规约，要求行为人停止侵害、排除妨碍、消除危险、恢复原状、赔偿损

① 卯俊民：《业主委员会民事主体资格探析》，载《判解研究》2004年第1辑，第88页。

失。因前述条文中已经有“业主对侵害自己合法权益的行为，可以依法向人民法院提起诉讼”的相关表述，故本条删除该表述，同时新增第三款。即针对业主或者其他行为人拒不履行相关义务的情况，有关当事人在向有关行政主管部门报告或者投诉后，有关行政主管部门应当依法予以处理。

法条关联

◆《物业管理条例》

第十七条　管理规约应当对有关物业的使用、维护、管理，业主的共同利益，业主应当履行的义务，违反管理规约应当承担的责任等事项依法作出约定。

管理规约应当尊重社会公德，不得违反法律、法规或者损害社会公共利益。

管理规约对全体业主具有约束力。

◆《最高人民法院关于审理建筑物区分所有权纠纷案件具体应用法律若干问题的解释》

第十五条　业主或者其他行为人违反法律、法规、国家相关强制性标准、管理规约，或者违反业主大会、业主委员会依法作出的决定，实施下列行为的，可以认定为物权法第八十三条第二款所称的其他“损害他人合法权益的行为”：

（一）损害房屋承重结构，损害或者违章使用电力、燃气、消防设施，在建筑物内放置危险、放射性物品等危及建筑物安全或者妨碍建筑物正常使用；

（二）违反规定破坏、改变建筑物外墙面的形状、颜色等损害建筑物外观；

（三）违反规定进行房屋装饰装修；

（四）违章加建、改建，侵占、挖掘公共通道、道路、场地或者其他共有部分。

◆《住房和城乡建设部关于印发〈业主大会和业主委员会指导规则〉的通知》

第五条　业主大会和业主委员会，对业主损害他人合法权益和业主共同利益的行为，有权依照法律、法规以及管理规约，要求停止侵害、消除危险、排除妨害、赔偿损失。

案例评议

蒋某诉姜某物权保护纠纷案①

◆ **裁判规则**

业主应当遵守法律、法规以及管理规约。业主大会和业主委员会，对任意弃置垃圾、排放污染物或者噪声、违反规定饲养动物、违章搭建、侵占通道、拒付物业费等损害他人合法权益的行为，有权依照法律、法规以及管理规约，要求行为人停止侵害、消除危险、排除妨害、赔偿损失。业主对侵害自己合法权益的行为，可以依法向人民法院提起诉讼。而物业管理区域内按照规划建设的公共建筑和共用设施，业主随意改变用途，便属于前述可诉情形。蒋某商铺的顶层系小区公共部分，属于全体业主共同所有，但姜某在蒋某商铺的顶层种草、种菜的行为改变了屋顶的原规划用途，不可避免地对屋顶防晒层造成一定的损害。蒋某要求姜某清除屋面杂物，恢复屋顶隔热层原状的诉讼请求，法院予以支持。

◆ **评议**

本案中，蒋某与姜某作为近邻，理应按照方便生活、团结互助的精神，处理好相互间的关系。姜某在蒋某商铺的顶层运土种菜的行为改变了屋顶的原规划用途，被告姜某的行为确实损害了蒋某的利益，故蒋某以及相关的业主大会或业主委员会有权请求行为人停止侵害、排除妨碍、消除危险、恢复原状、赔偿损失。这种对业主相关义务以及制止损害他人合法权益的行为的规制，在《德国住宅所有法》《日本建筑物区分所有法》等域外立法中也有类似的规定，为及时有效解决邻里纠纷提供法律保障。

第二百八十七条　【业主合法权益的保护】

业主对建设单位、物业服务企业或者其他管理人以及其他业主侵害自己合法权益的行为，有权请求其承担民事责任。

① 信阳市中级人民法院（2019）豫15民终2911号民事判决书。

本条来源

物权编基于《物权法》第八十三条第二款的最后一句“业主对侵害自己合法权益的行为，可以依法向人民法院提起诉讼”，以及《住房和城乡建设部关于印发〈业主大会和业主委员会指导规则〉的通知》第五条规定了业主大会和业主委员会有权针对损害行为要求行为人承担相应的民事责任，新增本条，以此规定对于侵害业主合法权益的行为，业主有权请求其承担民事责任。

立法演变

物权编一审稿第八十二条规定：“业主对建设单位、物业服务企业或者其他管理人以及其他业主侵害自己合法权益的行为，有权请求其承担民事责任。”此后各稿延续了一审稿的规定。

条文释义

本条规定了当业主合法权益遭受侵害时，业主可以寻求民事救济。

对日常生活中常见的排放污染物或者噪声、未尽服务职责、任意弃置垃圾、违反规定饲养动物、违章搭建、侵占通道、拒付物业费等建设单位、物业服务企业或者其他管理人以及其他业主损害业主合法权益行为，业主本人可以要求相对方承担民事责任。与第二百八十六条不同的是，该条规定的是业主大会或者业主委员会的救济权利，包括民事救济与行政救济；而本条强调的是业主个体的民事救济权利。即使业主大会或者业主委员不主张救济，业主亦可以针对侵害自身合法权益的行为要求侵权人承担民事责任。

法条关联

◆《住房和城乡建设部关于印发〈业主大会和业主委员会指导规则〉的通知》

第五条　业主大会和业主委员会，对业主损害他人合法权益和业主共同利益的行为，有权依照法律、法规以及管理规约，要求停止侵害、消除危险、排除妨害、赔偿损失。

第七章　相邻关系

本章概要

相邻关系，是指不动产的相邻各方在行使所有权或其他物权时，因相互间应当给予方便或接受限制而发生的权利义务关系。相邻权利义务关系也可以从权利的角度称为相邻权，它并不是一种独立的物权。相邻关系的实质，是对不动产所有人、用益物权人以及占有人行使所有权、用益物权或占有的合理延伸和必要限制。

相邻关系对不动产财产权的合理延伸和必要限制，集中表现在相邻的不动产权利人一方对另一方行使权利提供必要的便利。提供必要的便利，是指非从相邻一方获得这种便利，便无法行使其权利；而相邻一方获得此种便利后，就使其权利得到延伸，也能够使其顺利地行使自身权利，相邻的另一方则因提供此种便利而使其权利受到限制。

相邻关系对不动产财产权的合理延伸和必要限制，既不损害所有权人、用益物权人或者占有人的正当权益，同时也满足了对方的合理需要。因此相邻关系对于充分发挥财产的效用，减少纠纷，稳定社会经济秩序，加强人们之间的协作，都具有不可忽视的重要意义。

第二百八十八条　【处理相邻关系的原则】

不动产的相邻权利人应当按照有利生产、方便生活、团结互助、公平合理的原则，正确处理相邻关系。

本条来源

《物权法》第八十四条规定：“不动产的相邻权利人应当按照有利生产、方便生活、团结互助、公平合理的原则，正确处理相邻关系。”本条延续了该规定。《民法通则》第八十三条也规定了处理相邻关系问题时的原则。

立法演变

物权编一审稿第八十三条规定：“不动产的相邻权利人应当按照有利生产、方便生活、团结互助、公平合理的原则，正确处理相邻关系。”此后各稿延续了一审稿的规定。

条文释义

本条规定了不动产的相邻关系主体处理相邻关系所应遵循的四项基本原则。

相邻关系是指相互毗邻的两个以上不动产所有人、用益物权人或占有人，在用水、排水、通行、通风、采光等方面根据法律规定产生的权利义务关系。相邻关系的本质是相邻不动产的权利人在行使其权利时的合理延伸或必要限制，并非一种独立的物权。我们可以通过相邻关系的五个特征来进一步理解。

1. 相邻关系的客体并非一方所有的不动产。虽然不动产毗邻是相邻关系产生的条件，但其客体却是毗邻各方在行使财产权利时发生的权利义务关系。

2. 相邻关系的主体是两个或者两个以上的不动产所有人、用益物权人或占有人。相邻关系既能存在于公民之间、法人之间，也能存在于公民与法人之间。

3. 相邻关系依附于不动产，但不会随着不动产权利人的改变而改变。而当不动产灭失时，相邻关系也随之消灭。

4. 相邻关系主体所有或占有的不动产是相邻的。本条所称“相邻”，是指地理位置的相邻，既包括相连接的土地、房屋及其他不动产，也包括相邻近的土地、房屋及其他不动产。

5. 相邻权的行使是有限度的，必须以从相邻权利人取得必要的便利为限度，不得借口行使相邻权而损害相邻权利人的合法利益。超过必要限度的，相邻权利人有权拒绝提供这种便利。

第二百八十九条　【处理相邻关系的依据】

法律、法规对处理相邻关系有规定的，依照其规定；法律、法规没有规定的，可以按照当地习惯。

本条来源

《物权法》第八十五条规定："法律、法规对处理相邻关系有规定的，依照其规定；法律、法规没有规定的，可以按照当地习惯。"本条延续了该规定。《民法总则》第十条也规定了处理民事纠纷的法律渊源。

立法演变

物权编一审稿第八十四条规定："法律、法规对处理相邻关系有规定的，依照其规定；法律、法规没有规定的，可以按照当地习惯。"此后各稿延续了一审稿的规定。

条文释义

本条是关于处理相邻关系的法律适用原则的规定。

首先，习惯是指在长期的社会实践中逐渐形成的被人们公认的行为准则。它具有普遍性和认同性，是调整社会关系的行为规范。习惯一经国家认可适用，即具有法律效力。本条将"当地习惯"纳入调整相邻关系的规范中，很好地弥补了法律、法规在处理相邻关系时存在的些许漏洞。法律、法规不可能全面覆盖实际生活中因相邻关系而引起的所有纠纷问题，但是适用"当地习惯"解决相邻关系纠纷时，仅是在法律、法规没有规定的情形下才有效。此外，依习惯作出的生效裁判，相邻关系纠纷的当事人也必须执行。

其次，虽然法律、法规和习惯均可作为调整相邻关系的依据，但由于其效力层次和性质不同，在适用时应正确把握，区别对待。处理相邻关系纠纷问题的首要依据是法律。① 本条规定的法律、法规主要是指：由全国人民代表大会

① 张怡然：《论相邻关系与相关纠纷的处理依据——兼评〈物权法〉第85条》，载《黑龙江省政法管理干部学院学报》2019年第6期，第52页。

及其常委会制定的法律；由国务院制定的行政法规；由地方省级、设区的市人大及其常委会制定的地方性法规。此外，在处理法律、法规之间的关系时，应遵循以下原则：第一，上位法的效力高于下位法。第二，新法的效力高于旧法。第三，特别规定的效力高于一般规定。

法条关联

◆《民法典》

第十条　处理民事纠纷，应当依照法律；法律没有规定的，可以适用习惯，但是不得违背公序良俗。

第二百九十条　【用水、排水相邻关系】

不动产权利人应当为相邻权利人用水、排水提供必要的便利。

对自然流水的利用，应当在不动产的相邻权利人之间合理分配。对自然流水的排放，应当尊重自然流向。

本条来源

基于《民法通则》第八十三条关于处理相邻关系问题的原则，《物权法》第八十六条规定："不动产权利人应当为相邻权利人用水、排水提供必要的便利。对自然流水的利用，应当在不动产的相邻权利人之间合理分配。对自然流水的排放，应当尊重自然流向。"本条延续了该规定。此外，《水法》第二十八条规定："任何单位和个人引水、截（蓄）水、排水，不得损害公共利益和他人的合法权益。"《水法》还规定了发生水事纠纷时的处理方法。

立法演变

物权编一审稿第八十五条规定："不动产权利人应当为相邻权利人用水、排水提供必要的便利。对自然流水的利用，应当在不动产的相邻权利人之间合理分配。对自然流水的排放，应当尊重自然流向。"此后各稿延续了一审稿的规定。

条文释义

本条是关于不动产的相邻权利人之间用水、排水的规定。

本条第一款基于团结互助等原则，明确了不动产权利人为相邻各权利人用水、排水提供必要的便利的义务。首先，相邻用水、排水关系的义务主体不是一成不变的，有时双方既是权利人也是义务人，但大多数情况下水流上游的不动产权利人是义务人。其次，本款规定不动产权利人向相邻权利人用水、排水提供“必要的便利”，故应把该权利人应尽的义务限制在合理范围内。“必要”指的是如果不提供这种便利，那么就会对相邻权利人正常的生产或生活造成影响。此外，提供便利不应超过不动产权利人所具有的能力。

本条第二款对不动产的相邻权利人利用和排放自然流水作了必要限制，排水时应当尊重流水的自然流向。一方擅自堵截或者独占自然流水，影响他方正常生产生活的，他方有权请求排除妨碍；造成他方损失的，受益人应负赔偿责任。①。

法条关联

◆《水法》

第二十八条 任何单位和个人引水、截（蓄）水、排水，不得损害公共利益和他人的合法权益。

第五十六条 不同行政区域之间发生水事纠纷的，应当协商处理；协商不成的，由上一级人民政府裁决，有关各方必须遵照执行。在水事纠纷解决前，未经各方达成协议或者共同的上一级人民政府批准，在行政区域交界线两侧一定范围内，任何一方不得修建排水、阻水、取水和截（蓄）水工程，不得单方面改变水的现状。

第五十七条 单位之间、个人之间、单位与个人之间发生的水事纠纷，应当协商解决；当事人不愿协商或者协商不成的，可以申请县级以上地方人民政府或者其授权的部门调解，也可以直接向人民法院提起民事诉讼。县级以上地

① 文学容、吴白云：《论农村常见相邻关系的法律调整》，载《湖南经济管理干部学院学报》2006年第1期，第97页。

方人民政府或者其授权的部门调解不成的，当事人可以向人民法院提起民事诉讼。

在水事纠纷解决前，当事人不得单方面改变现状。

第二百九十一条 【相邻关系中的通行权】

不动产权利人对相邻权利人因通行等必须利用其土地的，应当提供必要的便利。

本条来源

基于《民法通则》第八十三条关于处理相邻关系问题的原则，《物权法》第八十七条规定："不动产权利人对相邻权利人因通行等必须利用其土地的，应当提供必要的便利。"本条延续了该规定。

立法演变

物权编一审稿第八十六条规定："不动产权利人对相邻权利人因通行等必须利用其土地的，应当提供必要的便利。"此后各稿延续了一审稿的规定。

条文释义

本条是关于因邻地通行等引起的相邻关系的规定。

首先，本条所调整的是因地理条件的限制导致一方必须利用相邻一方所有或者使用的土地而取得通行等便利。此处的"必须"是指一方权利的实现必须以利用相邻一方的土地为前提，如果不利用相邻一方的土地，自己正常的生产或生活就将遭受影响。本条所称"土地"，是指开发、使用的土地和未开发、使用的土地，包括城镇用地、农田、农村宅基地、林地、草地、山岭以及其他土地。

其次，所谓"提供必要的便利"，指的是不动产权利人为相邻权利人从自己的土地通行创造条件，使其相邻权能够得以实现。相邻关系是不动产权利的一种延伸，但是在利用相邻不动产时应将其权利限制在合理的范围内。相邻权利人在通过邻地时，应当选择最为经济合理的路线。此外，因通行等给不动产权利人造成损失的，相邻权利人还应当予以赔偿。

第二百九十二条 【利用相邻不动产的相邻关系】

不动产权利人因建造、修缮建筑物以及铺设电线、电缆、水管、暖气和燃气管线等必须利用相邻土地、建筑物的，该土地、建筑物的权利人应当提供必要的便利。

本条来源

基于《民法通则》第八十三条关于处理相邻关系问题的原则，《物权法》第八十八条规定："不动产权利人因建造、修缮建筑物以及铺设电线、电缆、水管、暖气和燃气管线等必须利用相邻土地、建筑物的，该土地、建筑物的权利人应当提供必要的便利。"本条延续了该规定。此外，《最高人民法院关于贯彻执行〈中华人民共和国民法通则〉若干问题的意见（试行）》第九十七条针对因修建施工引起的相邻关系问题作出规定。

立法演变

物权编一审稿第八十七条规定："不动产权利人因建造、修缮建筑物以及铺设电线、电缆、水管、暖气和燃气管线等必须利用相邻土地、建筑物的，该土地、建筑物的权利人应当提供必要的便利。"此后各稿延续了一审稿的规定。

条文释义

本条是关于不动产权利人临时利用相邻土地、建筑物进行修建施工，相邻权利人有义务提供必要便利的规定。

首先，在利用相邻权利人不动产时，其前提条件是确有需要，并且相邻权利人应提供便利。在此过程中，若相邻权利人并未遭受损失，那么相邻权利人所提供的便利通常不应是有偿的。① 本条专门针对建造、修缮建筑物以及铺设电线、电缆、水管、暖气和燃气管线等情形进行规定，这些均是日常生活中常

① 袁春红、苏倪：《新旧相邻关系解读——探析〈物权法〉中的相邻环境关系》，载《北京理工大学学报（社会科学版）》2007 年第 5 期，第 27 页。

见的相邻关系。其次，确有需要必须利用相邻土地、建筑物的，相邻权利人应当允许，不能借口自己将遭受损失等理由拒绝提供便利，也不得故意刁难或阻挠。再次，不动产权利人在施工前应当优选修建施工方案，尽量减少施工所造成的影响，注意保护相邻权利人的利益。

第二百九十三条 【通风、采光和日照的相邻关系】

建造建筑物，不得违反国家有关工程建设标准，不得妨碍相邻建筑物的通风、采光和日照。

本条来源

基于《民法通则》第八十三条关于处理相邻关系问题的原则，《物权法》第八十九条规定："建造建筑物，不得违反国家有关工程建设标准，妨碍相邻建筑物的通风、采光和日照。"本条延续了该规定。

立法演变

物权编一审稿第八十八条规定："建造建筑物，不得违反国家有关工程建设标准，妨碍相邻建筑物的通风、采光和日照。"此后各稿延续了一审稿的规定。终稿相较于前几稿，突出了建造建筑的"双不得"义务，提高了法律适用的明确性和严肃性，更好地从立法上保障邻里的和睦关系。

条文释义

本条是关于建筑物相邻关系中有关禁止妨碍相邻建筑物通风、采光和日照的规定。

在我国建筑物相邻关系制度中，判断建筑物是否妨碍到相邻方的日照、通风、采光权利，应当以国家有关工程建设标准的内容为基本判断标准。如果所建造的建筑物违反国家有关工程建设标准的，那么就可以视其已经超出了大众的容忍限度，受害人据此有权主张排除妨碍和损害赔偿。相反，若建造建筑物符合国家建设标准的，哪怕对邻近建筑的通风、采光和日照造成一定程度的妨碍，此时应当视为未超出容忍限度，相邻建筑物的所有人则负有容忍义务，不能主张排除妨碍和损害赔偿。①

第二百九十四条 【禁止违规弃置固体废物、排放有害物质】

不动产权利人不得违反国家规定弃置固体废物，排放大气污染物、水污染物、土壤污染物、噪声、光辐射、电磁辐射等有害物质。

本条来源

《物权法》第九十条规定："不动产权利人不得违反国家规定弃置固体废物，排放大气污染物、水污染物、噪声、光、电磁波辐射等有害物质。"本条延续了该规定。此外，《环境保护法》《固体废物污染环境防治法》《环境噪声污染防治法》等法律针对我国环境保护以及污染物的排放标准等问题作出具体规定。

立法演变

物权编一审稿第八十九条规定："不动产权利人不得违反国家规定弃置固体废物，排放大气污染物、水污染物、噪声、光、电磁波辐射等有害物质。"此后各稿延续了一审稿的规定。终稿结合近几年环境保护实践中发现的突出问题，在本条丰富了有害物质的确定类型，这也是"绿水青山就是金山银山"理念的制度化体现，对于平衡经济的有序发展与环境的有力保护具有重要意义。

条文释义

本条是关于不动产相邻关系中不可量物侵害的规定。

不可量物侵害，属于德国民法上的概念，指的是噪声、煤烟、震动、臭气、尘埃、放射性等不可量物质侵入邻地造成的干扰性妨害或者损害，在性质上属于物权法上相邻关系的一种类型。②

---

① 程雨燕：《论相邻环境关系之法律调整归属——以法律适用为视角》，载《政法学刊》2013年第1期，第54页。

② 陈华彬：《物权法原理》，国家行政学院出版社1998年版，第391页。

首先，禁止不动产权利人违反国家规定弃置固体废物，排放大气污染物、水污染物、土壤污染物、噪声、光辐射、电磁辐射等有害物质。德国学者认为“排放是指对别的不动产的影响，且这种影响通常无法支配和控制，而且其强度也不断变化”。“这种影响可以是无形的（‘噪声’‘震动’），也可以是重量轻微的物质的影响……电流和无线电波的辐射也在之列……消极性、意识性的影响不包括在内。”[①] 弃置固体废物，应当属于“排放”的一种形式。

其次，弃置或排放有害物质行为违反国家规定的，即构成对他人相邻权的侵害。这里的“国家规定”主要指国家有关环境保护方面的法律、法规、规章和相关文件的规定。是否违反国家规定，是判断不动产权利人排放或施放行为的合法性以及是否侵害他人相邻权的重要依据。

法条关联

◆《环境保护法》

第十六条　国务院环境保护主管部门根据国家环境质量标准和国家经济、技术条件，制定国家污染物排放标准。

省、自治区、直辖市人民政府对国家污染物排放标准中未作规定的项目，可以制定地方污染物排放标准；对国家污染物排放标准中已作规定的项目，可以制定严于国家污染物排放标准的地方污染物排放标准。地方污染物排放标准应当报国务院环境保护主管部门备案。

◆《固体废物污染环境防治法》

第四条　固体废物污染环境防治坚持减量化、资源化和无害化的原则。

任何单位和个人都应当采取措施，减少固体废物的产生量，促进固体废物的综合利用，降低固体废物的危害性。

第五条　固体废物污染环境防治坚持污染担责的原则。

产生、收集、贮存、运输、利用、处置固体废物的单位和个人，应当采取措施，防止或者减少固体废物对环境的污染，对所造成的环境污染依法承担责任。

◆《环境噪声污染防治法》

第十五条　产生环境噪声污染的企业事业单位，必须保持防治环境噪声污

① ［德］曼弗雷德·沃尔夫：《物权法》，吴越、李大雪译，法律出版社2002年版，第172页。

染的设施的正常使用；拆除或者闲置环境噪声污染防治设施的，必须事先报经所在地的县级以上地方人民政府生态环境主管部门批准。

第十六条 产生环境噪声污染的单位，应当采取措施进行治理，并按照国家规定缴纳超标准排污费。

征收的超标准排污费必须用于污染的防治，不得挪作他用。

第二百九十五条 【维护相邻不动产安全】

不动产权利人挖掘土地、建造建筑物、铺设管线以及安装设备等，不得危及相邻不动产的安全。

本条来源

依据《民法通则》第八十三条关于处理相邻关系问题的原则，《物权法》第九十一条规定："不动产权利人挖掘土地、建造建筑物、铺设管线以及安装设备等，不得危及相邻不动产的安全。"本条延续了该规定。

立法演变

物权编一审稿第九十条规定："不动产权利人挖掘土地、建造建筑物、铺设管线以及安装设备等，不得危及相邻不动产的安全。"此后各稿延续了一审稿的规定。

条文释义

本条是关于相邻防险关系的规定。相邻防险关系在罗马法时期即已被法律所承认。罗马法上的潜在损害保证金制度，其目的就在于防止土地关系中发生的潜在损害。① 防止损害相邻的不动产，是相邻关系领域不动产权利人的一般性义务。

不动产权利人在实施挖掘土地、建造建筑物、铺设管线以及安装设备等行为时，以不危及相毗邻不动产的安全为最低限度，必须注意保护相邻不动产的

① 杨立新：《民法判解研究与适用》，中国检察出版社 1994 年版，第 474 页。

安全。如有必要，不动产权利人应当采取必要措施，避免相邻不动产遭受损害或者面临损害的危险，否则当事人应当承担相应的民事责任。此外，在审判实践中，现实的损害情形并非相邻防险关系成立的前提条件，只要存在危险的可能，相邻不动产权利人即有权主张相邻防险权，请求对方排除妨害或者消除危险。

第二百九十六条　【使用相邻不动产时避免造成损害】

不动产权利人因用水、排水、通行、铺设管线等利用相邻不动产的，应当尽量避免对相邻的不动产权利人造成损害。

本条来源

依据《民法通则》第八十三条关于处理相邻关系问题的原则，《物权法》第九十二条规定："不动产权利人因用水、排水、通行、铺设管线等利用相邻不动产的，应当尽量避免对相邻的不动产权利人造成损害；造成损害的，应当给予赔偿。"本条在此基础上，删去最后一句"造成损害的，应当给予赔偿"。此外，《最高人民法院关于贯彻执行〈中华人民共和国民法通则〉若干问题的意见（试行）》第一百零二条、第一百零三条针对相邻不动产权利人之间的民事责任问题作出规定。

立法演变

物权编一审稿第九十一条规定："不动产权利人因用水、排水、通行、铺设管线等利用相邻不动产的，应当尽量避免对相邻的不动产权利人造成损害。"此后各稿延续了一审稿的规定。

条文释义

本条是关于邻地利用的相邻关系的规定。邻地利用关系指的是不动产权利人在行使自己的不动产权利时需要利用到邻人的不动产。

在用水、排水的邻地关系中，不动产权利人应当依诚实信用原则，尽量采取对相邻不动产损害最小的方法。相邻管线安设关系，又称管线安设权，是指土地所有人或者使用人非通过他人土地，不能安设电线、水管、煤气管、下水道、电缆，或虽能安设而需费过巨时，可以通过他人土地安设。[①] 在不动产权利人因铺设管线而不得已利用相邻不动产时，相邻的不动产权利人负有容忍义务。但管线安设人应当选择对相邻的不动产权利人损害最小的线路和方法，尽量避免对相邻的不动产权利人造成损害。在判断是否成立相邻必要通行关系时，应当根据土地的位置、面积、用途等具体情况来确定通行的必要性。而土地权利人所实施的行为如果违反诚实信用原则，则不构成相邻必要通行关系。

① 陈华彬：《物权法原理》，国家行政学院出版社1998年版，第373页。

第八章　共　有

本章概要

所谓共有，是指某项财产由两个或两个以上的权利主体共同享有同一所有权，换言之，是指多个权利主体对一物共同享有所有权。由于共有只是数人对于同一物享有同一所有权，而非数人对同一物分别享有所有权。共有只是所有权的一种形态，因而仍然要适用所有权的一般规则，如一物一权等规则。共有是相对于单独所有而言的。单独所有是指财产所有权的主体是单一的，即一个人单独享有对某项财产的所有权。共有权有如下特征：

1. 共有权的主体具有非单一性。共有权的主体必须由两个或两个以上的自然人、法人或非法人组织构成，单一的主体不能构成共有权的主体。共有权因此而与一般的财产所有权相区别。

2. 共有物的所有权具有单一性。首先，共有权的客体即共有物指的是同一项财产。这个同一项财产既可以是独立的一件财产，也可以是具有同一性质的一类财产。其次，共有权是一个所有权，即无论共有的标的物是独立物还是集合物，其所有权都只有一个。

3. 共有权的内容具有双重性。共有权的内容，不仅包括其作为所有权所具有的与非所有权人所构成的对世性的权利义务关系，还包括其内部共有人之间的权利义务关系。共有权这种既有绝对性又有相对性的双重性，即具有相对性的绝对权，是共有权的重要特征。

4. 共有权具有意志或目的的共同性。共有权的形成具有主观因素。这就是，或者是由共有人共同创造，或者是由某种财产随着数个主体的意志而转化的，或者是将不同财产所有权出于共同的意志和目的的联合。这些共同主观因素一般都是基于共同的生活、生产和经营目的，或者基于共同的意志。

第二百九十七条　【共有概念和共有形式】

不动产或者动产可以由两个以上组织、个人共有。共有包括按份共有和共同共有。

本条来源

《物权法》第九十三条规定："不动产或者动产可以由两个以上单位、个人共有。共有包括按份共有和共同共有。"本条延续了该规定，仅在个别字上作了修改，将"单位"改为"组织"。《民法通则》第七十八条对共有的含义和类型作了规定。

立法演变

物权编一审稿第九十二条规定："不动产或者动产可以由两个以上组织、个人共有。共有包括按份共有和共同共有。"此后各稿延续了一审稿的规定。

条文释义

本条是关于共有概念和分类的规定。共有指的是两个或者两个以上的组织或者个人对同一不动产或者动产享有所有权。其具有以下法律特征：

第一，共有的主体是两个或者两个以上的公民、法人或者其他组织。共有不同于单独所有之处在于其主体的多数性。

第二，虽然共有的主体是多数，但其客体却是特定的。在共有关系存续期间，共有的客体原则上是不能分割的，各共有人对共有物共同享有所有权。这也体现出民法中一物一权原则。

第三，因共有关系性质的不同，各共有人对共有物所享有的权利也存在着差异。在按份共有关系中，各共有人依其份额享有权利并承担义务。在共同共有关系中，各共有人则不分份额地共同享有权利、承担义务。

关于共有的分类，各国和各地区民事立法不尽一致。在德国民法与日本民法，共有仅有按份共有，而无共同共有。① 而我国民法典则延续《民法通则》《物权法》的相关规定，我国的共有关系包括按份共有和共同共有两种。

① 梁慧星、陈华彬：《物权法》，法律出版社 1997 年版，第 218 页。

第二百九十八条　【按份共有】

按份共有人对共有的不动产或者动产按照其份额享有所有权。

本条来源

《物权法》第九十四条规定："按份共有人对共有的不动产或者动产按照其份额享有所有权。"本条延续了该规定。此外，《最高人民法院关于适用〈中华人民共和国婚姻法〉若干问题的解释（三）》第七条还规定了夫妻婚姻关系存续期间夫妻按份共有财产的情形。

立法演变

物权编一审稿第九十三条规定："按份共有人对共有的不动产或者动产按照其份额享有所有权。"此后各稿延续了一审稿的规定。

条文释义

本条是对按份共有法律特征的规定。共有人按其份额享有所有权是按份共有最重要的法律特征。份额指的是共有人对共有物所有权所享有的比例，其数额一般由共有人事先约定，约定时也多按投资比例确定。因为按份共有"既系由数人共享一所有权，则此数人应如何直接支配其共有物，自须有一定的范围，以为行使权利之依据"。①

关于按份共有人的权利，首先，按份共有人按照其份额对共有财产享有占有、使用和收益的权利，各共有人依据其份额享有并行使占有、使用权，份额越大，则占有、使用共有财产并获取经济利益的权利就越大；份额越小，则占有、使用共有财产并获取经济利益的权利就越小。其次，按份共有人对共有财产的处分方式分为对其享有的份额的处分和对整个共有财产的处分两种。关于份额的处分，《民法典》物权编第三百零五条对此有专门规定；对整个共有财产的处分，《民法典》物权编第三百零一条对此有专门规定，下文有相应的说明。

① 谢在全：《民法物权论（上册）》，中国政法大学出版社1999年版，第277页。

第二百九十九条　【共同共有】

共同共有人对共有的不动产或者动产共同享有所有权。

本条来源

《物权法》第九十五条规定："共同共有人对共有的不动产或者动产共同享有所有权。"本条延续了该规定。此外，《婚姻法》《继承法》还对夫妻财产共同共有的情形和家庭共有财产的遗产分割情形作出具体规定。

立法演变

物权编一审稿第九十四条规定："共同共有人对共有的不动产或者动产共同享有所有权。"此后各稿延续了一审稿的规定。

条文释义

本条是对共同共有法律特征的规定。各共有人基于共同关系不分份额地共同享有所有权就是共同共有关系的法律特征。

首先，共同共有产生的基础是共同关系。目前我国民法有以下几种常见的共同共有关系：由夫妻关系而产生的夫妻财产的共同共有关系；由家庭关系而产生的家庭财产的共同共有关系；由都是继承人而产生的在遗产分割前遗产的共同共有关系。其次，共同共有的财产权利不分份额，而按份共有财产是分份额的。只有在共同共有关系终止、共有财产分割以后，才能确定各共有人的份额。各共同共有人在行使权利时及于整个共有财产。再次，只要共同关系存在，各共有人对全部共有财产就平等地享有权利，平等地承担义务。按份共有则与此不同。[①]

法条关联

◆《民法典》

第一千零六十二条　夫妻在婚姻关系存续期间所得的下列财产，为夫妻的

① 李锡鹤：《究竟何谓"共同关系"——再论按份共有与共同共有之区别》，载《东方法学》2016年第4期，第19页。

共同财产，归夫妻共同所有：

（一）工资、奖金、劳务报酬；

（二）生产、经营、投资的收益；

（三）知识产权的收益；

（四）继承或者受赠的财产，但是本法第一千零六十三条第三项规定的除外；

（五）其他应当归共同所有的财产。

夫妻对共同财产，有平等的处理权。

第一千一百五十三条　夫妻共同所有的财产，除有约定的外，遗产分割时，应当先将共同所有的财产的一半分出为配偶所有，其余的为被继承人的遗产。

遗产在家庭共有财产之中的，遗产分割时，应当先分出他人的财产。

案例评议

鲍某诉王某共同共有纠纷案①

◆ **裁判规则**

原、被告之间虽已无婚姻关系，但离婚后共同购买系争房屋，并对系争房屋的产权登记为共同共有，应认定为双方通过约定的方式设立了共同共有关系。根据法律规定，共同共有是指各共有人之间不分份额地共同对同一财产享有权利和承担义务。处分共有的不动产，应当经全体共同共有人的同意。鉴于被告出于对现实困难因素的考虑，不同意分割系争房屋，原告要求分割无法律依据。

◆ **评议**

共同共有依据共同关系而发生。因为夫妻关系的存在，才发生夫妻财产的共同共有关系。因为家庭关系的存在，才发生家庭财产的共同共有关系。本案中原、被告之间虽已无婚姻关系，但离婚后共同购买系争房屋，并对系争房屋的产权登记为共同共有，应认定为双方通过约定的方式设立了共同共有关系。因此，分割系争房屋需要全体共同共有人的同意，而本案中只有原告单方主张分割，故法院不予支持。

① 上海市杨浦区人民法院（2008）杨民四（民）初字第703号民事判决书。

第三百条　【共有物管理】

共有人按照约定管理共有的不动产或者动产；没有约定或者约定不明确的，各共有人都有管理的权利和义务。

本条来源

《物权法》第九十六条规定："共有人按照约定管理共有的不动产或者动产；没有约定或者约定不明确的，各共有人都有管理的权利和义务。"本条延续了该规定。此外，《最高人民法院关于贯彻执行〈中华人民共和国民法通则〉若干问题的意见（试行）》第八十九条规定了共同共有人对共有财产享有共同的权利，承担共同的义务。

立法演变

物权编一审稿第九十五条规定："共有人按照约定管理共有的不动产或者动产；没有约定或者约定不明确的，各共有人都有管理的权利和义务。"此后各稿延续了一审稿的规定。

条文释义

本条是关于共有物管理的规定。在共有物的管理方式上，一种方式为共同管理，即由共有人共同对共有物进行管理，各共有人对于共有物的全部管理都有参与权；另一种方式则为通过分管协议进行管理，即共有人约定共有物的管理专属于共有人中的一人或者数人或指定各共有人的管理范围。①

一、共同管理

共同管理按照不同的管理行为，还能区分为共有物的保存、改良、利用。

共有物的保存是指以防止共有物的灭失、毁损或者其权利丧失、限制等为目的，而维持其现状的行为。共有物的改良是指不变更共有物的性质而增加其效用或者价值的行为。改良行为并不像保存行为那么紧迫和必要。共有物的利用是指以满足共有人共同需要为目的，不变更共有物的性质，而决定其使用、

① 杨立新：《共有权研究》，高等教育出版社2003年版，第106页。

收益方法的行为。

二、通过分管协议进行管理

共有人间可以约定某个人或数人管理共有物或者各自分别占有共有物的特定部分，并对该部分进行管理，这也是共有人行使权利的方式。如果有人违反约定进行管理，应该按照约定承担相应的责任。我国民法典在规定共有物的管理方式时，首先看各共有人之间是否有约定，否则视为共同管理。

第三百零一条　【共有物处分或者重大修缮、变更性质或者用途】

处分共有的不动产或者动产以及对共有的不动产或者动产作重大修缮、变更性质或者用途的，应当经占份额三分之二以上的按份共有人或者全体共同共有人同意，但是共有人之间另有约定的除外。

本条来源

《物权法》第九十七条规定：“处分共有的不动产或者动产以及对共有的不动产或者动产作重大修缮的，应当经占份额三分之二以上的按份共有人或者全体共同共有人同意，但共有人之间另有约定的除外。”本条在此基础上，新增一种情形，即“对共有的不动产或者动产作重大修缮、变更性质或者用途的”，该修改扩大了“占份额三分之二以上”表决原则的适用范围，加大对共有物管理行为的保护。此外，《最高人民法院关于适用〈中华人民共和国担保法〉若干问题的解释》《最高人民法院关于适用〈中华人民共和国婚姻法〉若干问题的解释（三）》均规定了共同共有人在处分共有财产时应当经其他共有人的同意。《不动产登记暂行条例实施细则》第十条第一款规定：“处分共有不动产申请登记的，应当经占份额三分之二以上的按份共有人或者全体共同共有人共同申请，但共有人另有约定的除外。”

立法演变

物权编一审稿第九十六条规定：“处分共有的不动产或者动产以及对共有的不动产或者动产作重大修缮、变更性质或者用途的，应当经占份额三分之二以上的按份共有人或者全体共同共有人同意，但共有人之间另有约定的除外。”二审稿将一审稿相应条文的“但”改为“但是”。此后各稿延续了二审稿的规定。

条文释义

本条是关于对共有物处分和重大修缮、变更性质或者用途的规定。

首先，对各共有人的利益影响最大的就是处分共有的不动产或动产。依据本条规定，除共有人之间另有约定外，处分共有的不动产或者动产，如果是按份共有，应当经占份额三分之二以上的按份共有人同意。这一规定不同于世界主要国家或地区对于共有物处分的“一致决”原则，这是我国民法在按份制度上的创新。① 如果是共同共有，则需要全体共同共有人同意。其次，对共有的不动产或者动产进行重大修缮、变更性质或者用途的，同样也会对各共有人的利益产生较大影响。因此，本条规定除共有人之间另有约定外，对共有的不动产或者动产进行重大修缮、变更性质或者用途的，如果是按份共有，应当经占份额三分之二以上的按份共有人同意。如果是共同共有，则需要全体共同共有人同意。由此可知，我国对处分共有物和对共有物作重大修缮、变更性质或者用途没有采取两个标准，而是采取同一个标准。

法条关联

◆《不动产登记暂行条例实施细则》

第十条 处分共有不动产申请登记的，应当经占份额三分之二以上的按份共有人或者全体共同共有人共同申请，但共有人另有约定的除外。

按份共有人转让其享有的不动产份额，应当与受让人共同申请转移登记。

建筑区划内依法属于全体业主共有的不动产申请登记，依照本实施细则第三十六条的规定办理。

① 李石山：《按份共有中的“绝对多数决”处分规则》，载《法学》2009 年第 8 期，第 85 页。

第三百零二条　【共有物管理费用负担】

共有人对共有物的管理费用以及其他负担，有约定的，按照其约定；没有约定或者约定不明确的，按份共有人按照其份额负担，共同共有人共同负担。

本条来源

基于《物权法》第九十六条关于共有物管理的规定，《物权法》第九十八条规定："对共有物的管理费用以及其他负担，有约定的，按照约定；没有约定或者约定不明确的，按份共有人按照其份额负担，共同共有人共同负担。"本条延续了该规定，仅在本条开头增加"共有人"。

立法演变

物权编一审稿第九十七条规定："对共有物的管理费用以及其他负担，有约定的，按照约定；没有约定或者约定不明确的，按份共有人按照其份额负担，共同共有人共同负担。"二审稿较一审稿在第一句新增"共有人"。此后各稿延续了二审稿的规定。

条文释义

本条是关于如何负担共有物的管理费用的规定。

因共有物的保存、改良或利用行为所支付的费用统称为管理费用。我国民法典对于如何负担共有物的管理费用，与大多数国家的规定基本相同。各国民法首先承认约定的效力。在没有约定的情况下，多通过分担原则区分为按份共有和共同共有，按份共有人按照其份额负担，共同共有人共同负担。①

此外，有些国家在认定管理费用时，还将其分为必要的管理费用和不必要的管理费用。共有人之一支付的必要的管理费用超出其应当承担的份额时，是否有权向其他共有人请求偿还，我国民法典并未对此作出规定。

---

① 戴孟勇：《物权法共有制度的反思与重构——关于我国〈物权法〉"共有"章的修改建议》，载《政治与法律》2017 年第 4 期，第 98 页。

第三百零三条 【共有财产分割原则】

共有人约定不得分割共有的不动产或者动产，以维持共有关系的，应当按照约定，但是共有人有重大理由需要分割的，可以请求分割；没有约定或者约定不明确的，按份共有人可以随时请求分割，共同共有人在共有的基础丧失或者有重大理由需要分割时可以请求分割。因分割造成其他共有人损害的，应当给予赔偿。

本条来源

《物权法》第九十九条规定："共有人约定不得分割共有的不动产或者动产，以维持共有关系的，应当按照约定，但共有人有重大理由需要分割的，可以请求分割；没有约定或者约定不明确的，按份共有人可以随时请求分割，共同共有人在共有的基础丧失或者有重大理由需要分割时可以请求分割。因分割对其他共有人造成损害的，应当给予赔偿。"本条延续了该规定，仅将相应条文的"但"改为"但是"。此外，《最高人民法院关于适用〈中华人民共和国婚姻法〉若干问题的解释（三）》第四条明确了夫妻在婚姻关系存续期间分割共同财产的重大事由。《最高人民法院关于适用〈中华人民共和国企业破产法〉若干问题的规定（二）》第四条将债务人被法院宣告破产清算作为分割共有财产的法定事由。

立法演变

物权编一审稿第九十八条规定："共有人约定不得分割共有的不动产或者动产，以维持共有关系的，应当按照约定，但共有人有重大理由需要分割的，可以请求分割；没有约定或者约定不明确的，按份共有人可以随时请求分割，共同共有人在共有的基础丧失或者有重大理由需要分割时可以请求分割。因分割对其他共有人造成损害的，应当给予赔偿。"二审稿仅将相应条文的"但"改为"但是"。此后各稿延续了二审稿的规定。

条文释义

本条是关于共有物分割请求权的规定。共有物分割请求权指的是各共有人以单方的意思表示，请求其他共有人分割共有物的权利。

在是否可以自由分割的问题上，两种共有关系是有差异的。对于按份共有财产，基于个人主义的立法精神，各共有人得自由处分其应有份额，允许分割为原则，不允许分割为例外。但对于共同共有财产，由于共有关系更为紧密，为了维持共同共有关系的稳定、和谐，不允许分割为原则，允许分割为例外。按份共有人原则上有权随时提出分割共有财产的主张，但仍存在限制。除了合同约定不得分割财产外，还要考虑按份共有财产的特性，因物的使用目的不能分割的共有财产也不得请求分割。需要特别注意的是，与大多数国家民法规定不同，我国民法典允许共同共有人在特殊情况下请求分割共有物，即当共有的基础丧失或者有重大理由时，这突破了传统民法的共有理论。

另外，根据损害赔偿的原理，因分割对其他共有人造成损害的，请求分割的人应该对其他共有人予以赔偿。共有人在分割共有财产的时候，可能导致共有财产的功能丧失或者削弱，致使共有物的价值降低，这必然影响到其他人的利益。因此，因分割对其他共有人造成损害的，应当给予赔偿。

法条关联

◆《最高人民法院关于适用〈中华人民共和国企业破产法〉若干问题的规定（二）》

第四条　债务人对按份享有所有权的共有财产的相关份额，或者共同享有所有权的共有财产的相应财产权利，以及依法分割共有财产所得部分，人民法院均应认定为债务人财产。

人民法院宣告债务人破产清算，属于共有财产分割的法定事由。人民法院裁定债务人重整或者和解的，共有财产的分割应当依据物权法第九十九条的规定进行；基于重整或者和解的需要必须分割共有财产，管理人请求分割的，人民法院应予准许。

因分割共有财产导致其他共有人损害产生的债务，其他共有人请求作为共益债务清偿的，人民法院应予支持。

第三百零四条　【共有物分割方式】

共有人可以协商确定分割方式。达不成协议，共有的不动产或者动产可以分割且不会因分割减损价值的，应当对实物予以分割；难以分割或者因分割会减损价值的，应当对折价或者拍卖、变卖取得的价款予以分割。

共有人分割所得的不动产或者动产有瑕疵的，其他共有人应当分担损失。

本条来源

《物权法》第一百条规定："共有人可以协商确定分割方式。达不成协议，共有的不动产或者动产可以分割并且不会因分割减损价值的，应当对实物予以分割；难以分割或者因分割会减损价值的，应当对折价或者拍卖、变卖取得的价款予以分割。共有人分割所得的不动产或者动产有瑕疵的，其他共有人应当分担损失。"本条延续了该规定，仅将相应的"并且"改为"且"。此外，《最高人民法院关于贯彻执行〈中华人民共和国民法通则〉若干问题的意见（试行)》第九十条至第九十二条对共有财产的分割方式作了具体规定。《最高人民法院关于适用〈中华人民共和国婚姻法〉若干问题的解释（三)》对夫妻共有财产的分割作出规定。

立法演变

物权编一审稿第九十九条规定："共有人可以协商确定分割方式。达不成协议，共有的不动产或者动产可以分割并且不会因分割减损价值的，应当对实物予以分割；难以分割或者因分割会减损价值的，应当对折价或者拍卖、变卖取得的价款予以分割。共有人分割所得的不动产或者动产有瑕疵的，其他共有人应当分担损失。"此后各稿延续了一审稿的规定。终稿仅是将"并且"改为"且"，完善法律用语，其他保持不变。

条文释义

本条规定了请求分割的方法。分割共有物的方法有协议分割和裁判分割两种。

一、协议分割

共有人之间可以通过协商来对共有物进行分割。此处“协商”指的是对共有物进行分割的决定必须经共有人全体一致同意。所以如果有共有人没有参与协商或者任一共有人表示不同意，分割共有物的协议均不具有法律效力。只是该协议并不要求必须为书面形式，明示或者默示同意的意思表示以及对分割方式事前同意或者事后予以追认均认定为达成分割协议。①

二、裁判分割

依照本条第一款的规定，裁判分割包括以下几种方法：实物分割、变价分割和折价分割。审判实践中首先考虑的是能否进行实物分割。只有在无法进行实物分割时，才接着考虑变价分割或者折价分割。实物分割时应当注意共有物不会因分割而减损价值，如果价值受损则不能进行实物分割。变价分割指的是对共有物进行拍卖、变卖，从而对取得的价款予以分割。折价分割是指由共有人中的一人或者数人取得共有财产，对其他共有人给予金钱，或者实物。

另外，本条第二款规定共有人分割所得的不动产或者动产有瑕疵的，其他共有人应当分担损失。此处的“瑕疵”不仅指权利的瑕疵担保责任，同时还有物的瑕疵担保责任。前者指共有人应担保第三人就其他共有人分得之物不得主张任何权利；后者指共有人对其他共有人应担保其分得部分于分割前未隐含物上瑕疵。

法条关联

◆ **《最高人民法院关于人民法院民事执行中查封、扣押、冻结财产的规定》**

第十四条 对被执行人与其他人共有的财产，人民法院可以查封、扣押、冻结，并及时通知共有人。

共有人协议分割共有财产，并经债权人认可的，人民法院可以认定有效。查封、扣押、冻结的效力及于协议分割后被执行人享有份额内的财产；对其他共有人享有份额内的财产的查封、扣押、冻结，人民法院应当裁定予以解除。

共有人提起析产诉讼或者申请执行人代位提起析产诉讼的，人民法院应当准许。诉讼期间中止对该财产的执行。

---

① 王泽鉴：《民法物权 1 通则 · 所有权》，中国政法大学出版社 2001 年版，第 360 页。

第三百零五条 【共有人的优先购买权】

按份共有人可以转让其享有的共有的不动产或者动产份额。其他共有人在同等条件下享有优先购买的权利。

本条来源

《物权法》第一百零一条规定："按份共有人可以转让其享有的共有的不动产或者动产份额。其他共有人在同等条件下享有优先购买的权利。"本条延续了该规定。《合伙企业法》第二十二条至第二十五条对合伙人转让其在合伙企业的财产份额作了具体规定。《最高人民法院关于适用〈中华人民共和国物权法〉若干问题的解释（一）》第九条至第十二条规定了按份共有人行使优先购买权的情形和期限。

立法演变

物权编一审稿第一百条规定："按份共有人可以转让其享有的共有的不动产或者动产份额。其他共有人在同等条件下享有优先购买的权利。"此后各稿延续了一审稿的规定。

条文释义

本条是关于按份共有人可以转让其份额，在转让其份额时，其他共有人享有优先购买权的规定。

本条规定的"其他共有人在同等条件下享有优先购买的权利"，也就是优先购买权，即特定的民事主体依照法律规定享有的先于他人购买某项特定财产的权利。[①]《民法典》物权编规定在按份共有关系中出现转让份额的情形时，其他共有人享有优先购买权，目的是保持已经存在的共有关系，并且维护所有共有人的利益，避免或者减少共有人间不必要的冲突。

共有中的优先购买权，其主体只限于其他共有人。如果其他共有人丧失了共有人的基础关系的地位，则其不再享有优先购买权。同时，其他共有人在行

① 王利明：《物权法研究》，中国人民大学出版社 2002 年版，第 342 页。

使优先购买权时，受同等条件的限制，即如果共有关系之外的其他人受让份额时的条件优于其他共有人，则其他共有人不能行使优先购买权。此外，如果出现共有财产被查封，并被强制出卖的情形，因为优先购买权的行使对象是拟转让份额的共有人，那么在强制执行时，该共有人已不是财产所有权人，此时优先购买权已无法适用。

法条关联

◆《合伙企业法》

第二十二条　除合伙协议另有约定外，合伙人向合伙人以外的人转让其在合伙企业中的全部或者部分财产份额时，须经其他合伙人一致同意。

合伙人之间转让在合伙企业中的全部或者部分财产份额时，应当通知其他合伙人。

第二十三条　合伙人向合伙人以外的人转让其在合伙企业中的财产份额的，在同等条件下，其他合伙人有优先购买权；但是，合伙协议另有约定的除外。

第二十四条　合伙人以外的人依法受让合伙人在合伙企业中的财产份额的，经修改合伙协议即成为合伙企业的合伙人，依照本法和修改后的合伙协议享有权利，履行义务。

第二十五条　合伙人以其在合伙企业中的财产份额出质的，须经其他合伙人一致同意；未经其他合伙人一致同意，其行为无效，由此给善意第三人造成损失的，由行为人依法承担赔偿责任。

第三百零六条　【共有人的优先购买权】

按份共有人转让其享有的共有的不动产或者动产份额的，应当将转让条件及时通知其他共有人。其他共有人应当在合理期限内行使优先购买权。

两个以上其他共有人主张行使优先购买权的，协商确定各自的购买比例；协商不成的，按照转让时各自的共有份额比例行使优先购买权。

本条来源

《最高人民法院关于适用〈中华人民共和国物权法〉若干问题的解释（一）》第十四条规定："两个以上按份共有人主张优先购买且协商不成时，请求按照转让时各自份额比例行使优先购买权的，应予支持。"物权编基于此规定，新增本条。

立法演变

物权编一审稿第一百零一条规定："按份共有人转让其享有的共有的不动产或者动产份额的，应当将转让条件及时通知其他共有人。其他共有人应当在合理期间内行使优先购买权。两个以上其他共有人主张行使优先购买权的，协商确定各自的购买比例；协商不成的，按照转让时各自的共有份额比例行使优先购买权。"此后各稿延续了一审稿的规定。

条文释义

本条是关于按份共有人转让财产对优先购买权人的通知义务、按份共有人优先购买权的行使期间以及两个以上按份共有人优先购买权的保护顺位的规定。

按份共有人的优先购买权是指按份共有人在转让其份额时，其他共有人在同等条件下享有优先购买该份额的权利。

按份共有人的优先购买权仅适用于按份共有人将其共有份额转让给共有人之外的第三人的情形。这是因为按份共有关系建立于共有人相互信赖的基础之上，共有份额如仅在按份共有人之间转让，通常不影响共有关系的稳定，可自由转让。但如按份共有人将其共有份额转让给共有人之外的第三人，则该第三人可能不具有为其他共有人信赖的信用基础，可能导致共有关系不稳定，损害其他共有人利益。因此，法律在允许共有人转让份额时，赋予其他共有人以优先购买权，尽量使共有份额留存于原共有人之中，以维护共有关系稳定。

由于法律规定其他共有人须在同等条件下享有优先购买权，因此按份共有人转让其享有的共有份额，应当履行通知义务，将转让条件及时通知其他共有人，以便其他共有人知悉并行使权利。转让份额的按份共有人的通知义务是其他共有人行使优先购买权的关键。通知时间一般应当在与第三人达成转让协议之前。通知内容主要是转让条件，通常应包括转让价格、价款履行方式及期限等因素。通知方式不限，由于信息传递的多元化，我们认为只要采取足以让权利人知悉的方式即可。①

为保障财产正常流转，保护共有人的合法权益，其他共有人应当在合理期间行使优先购买权，即按份共有人将其份额转让给共有人之外的第三人时，其他共有人收到通知后，应在合理期间内作出同意或者不同意的意思表示，如果其他共有人不同意的，应当按照份额转让人与第三人交易的同等条件与之签订买卖合同。其他共有人超过合理期限不作表示或作出反对表示但不行使优先购买权的，视为放弃优先购买权。此处的合理期间是指在其他共有人知道或应当知道转让条件之后的合理期间。对于具体的期间，我国法律未作规定，但《最高人民法院关于适用〈中华人民共和国物权法〉若干问题的解释（一）》第十一条有明确规定。

有两个以上其他共有人都主张优先购买的，首先，协商确定购买比例；其次，如果协商不成，则按照共有份额比例确定购买比例。购买比例考虑到各共有人的情况不同，能协商确定的应先协商确定；不能协商确定的，由于按份共有人是按照其各自份额享有权利、承担义务，因此按照共有份额确定购买比例是较为公平且简便的分配方法。

法条关联

◆《合伙企业法》

第二十二条　除合伙协议另有约定外，合伙人向合伙人以外的人转让其在合伙企业中的全部或者部分财产份额时，须经其他合伙人一致同意。

合伙人之间转让在合伙企业中的全部或者部分财产份额时，应当通知其他合伙人。

第二十三条　合伙人向合伙人以外的人转让其在合伙企业中的财产份额的，在同等条件下，其他合伙人有优先购买权；但是，合伙协议另有约定的除外。

第二十四条　合伙人以外的人依法受让合伙人在合伙企业中的财产份额的，经修改合伙协议即成为合伙企业的合伙人，依照本法和修改后的合伙协议享有

① 戴孟勇：《论优先购买权中的通知义务》，载《云南社会科学》2019年第4期，第125页。

权利，履行义务。

第二十五条 合伙人以其在合伙企业中的财产份额出质的，须经其他合伙人一致同意；未经其他合伙人一致同意，其行为无效，由此给善意第三人造成损失的，由行为人依法承担赔偿责任。

案例评议

上诉人中国农业银行股份有限公司海口某支行、上诉人陈某与被上诉人某市民政局共有人优先购买权纠纷案①

◆ 裁判规则

一审法院认为拍卖公司在日报上刊登拍卖公告通知有意竞买人参加竞买，公告通知针对的是不特定的竞买人，而某市民政局是特定的财产共有人，农行某支行拍卖涉案财产应当直接向某市民政局发出通知书，通知其参加该资产的公开拍卖竞买。因此农行某支行侵犯了某市民政局的优先购买权。二审法院认为发布公告是通知的一种法定方式，拍卖公司在农行某支行的委托下在日报上刊登拍卖公告，向社会公众公开告知拍卖信息应视为履行了通知的义务，且该日报为全省拥有大发行量的党报，某市民政局作为一级行政机关，其理应能够查阅并了解该信息。对优先购买权的通知方式，法律并未明确规定，基于信息传递的多元化方式，只要采取足以让权利人知悉信息的方式，均可认定为履行了通知义务。因此，该刊登拍卖公告的行为，可认定为农行某支行向某市民政局履行了通知义务。某市民政局没有参加拍卖，应视为某市民政局放弃优先购买权。

◆ 评议

按份共有人转让其享有的共有的不动产份额的，应当将转让条件及时通知其他共有人，以便其他共有人在合理期限内行使优先购买权。本案一审法院和二审法院的分歧主要在于按份共有人转让其共有份额前是否尽到了通知义务。由于信息传递的多元化方式，本案根据各项证据，可认定农行某支行向某市民政局履行了通知义务。在此情况下，某市民政局未在合理期限内行使优先购买权，视为放弃该权利，其优先购买权消失。

① 海南省第一中级人民法院（2014）海南一中民一终字第243号民事判决书。

第三百零七条　【因共有财产产生的债权债务关系的效力】

因共有的不动产或者动产产生的债权债务，在对外关系上，共有人享有连带债权、承担连带债务，但是法律另有规定或者第三人知道共有人不具有连带债权债务关系的除外；在共有人内部关系上，除共有人另有约定外，按份共有人按照份额享有债权、承担债务，共同共有人共同享有债权、承担债务。偿还债务超过自己应当承担份额的按份共有人，有权向其他共有人追偿。

本条来源

《物权法》第一百零二条规定："因共有的不动产或者动产产生的债权债务，在对外关系上，共有人享有连带债权、承担连带债务，但法律另有规定或者第三人知道共有人不具有连带债权债务关系的除外；在共有人内部关系上，除共有人另有约定外，按份共有人按照份额享有债权、承担债务，共同共有人共同享有债权、承担债务。偿还债务超过自己应当承担份额的按份共有人，有权向其他共有人追偿。"本条延续了该规定，仅将相应条文的"但"改为"但是"。《最高人民法院关于适用〈中华人民共和国婚姻法〉若干问题的解释（二）》第二十五条第二款规定："一方就共同债务承担连带清偿责任后，基于离婚协议或者人民法院的法律文书向另一方主张追偿的，人民法院应当支持。"第二十六条规定："夫或妻一方死亡的，生存一方应当对婚姻关系存续期间的共同债务承担连带清偿责任。"

立法演变

物权编一审稿第一百零二条规定："因共有的不动产或者动产产生的债权债务，在对外关系上，共有人享有连带债权、承担连带债务，但法律另有规定或者第三人知道共有人不具有连带债权债务关系的除外；在共有人内部关系上，除共有人另有约定外，按份共有人按照份额享有债权、承担债务，共同共有人共同享有债权、承担债务。偿还债务超过自己应当承担份额的按份共有人，有权向其他共有人追偿。"二审稿将"但……"改为"但是……"。此后各稿延续了二审稿的规定。

条文释义

本条是关于因共有财产产生的债权债务关系的对外及对内效力的规定。

一、因共有财产产生的债权债务关系的对外效力

不论是按份共有还是共同共有，在对外关系上，共有人都享有连带债权、承担连带债务，除非法律另有规定或第三人知道共有人不具备连带债权债务关系。

因共有物产生的债权，如对第三人的返还原物请求权、排除妨害请求权、消除危险请求权，不论是共同共有还是按份共有，各共有人的权利在性质上都是基于共有物的全部。就按份共有而言，各共有人所享有的份额是对共有物的所有权在观念上的划分，只是确定各共有人行使权利的比例或者范围，不局限于共有财产的具体的特定部分，而是抽象存在于共有财产上的任何部分。因共有物产生的债务，如共有物的修缮、因共有物产生的损害赔偿责任，各共有人对第三人承担连带责任，这是为了更好地保护第三人的债权。

如果另有法律规定因共有物产生的债权债务在对外关系上共有人不享有连带债权、不承担连带债务的，属于特别法，适用该法律的规定。

本条对因共有财产产生的债权债务关系的对外效力不区分按份共有和共同共有，是为了保护善意第三人的利益。对于第三人来说，很难获知共有人的共有关系的性质，倘若不使各共有人承担连带义务，很容易发生各共有人互相推诿的现象，对债权人不利。但如果第三人知道共有人之间为按份共有的，则共有人无须承担连带责任，而是按照约定或共有人享有的份额各自享有债权、承担债务。这样无论是对共有人还是第三人，都是相对公平的。

二、因共有财产产生的债权债务关系的对内效力

在对内关系上，首先要看共有人之间有没有约定，如果有约定，按照约定处理，如果没有约定，则按照共有关系为按份共有还是共同共有有所不同。按份共有人按份额享有债权、承担债务，偿还债务超过自己应当承担的份额的，有权向其他共有人追偿，这是由于按份共有人按份额对共有物享有所有权。共同共有人共同享有债权、承担债务，这是由于共同共有人共同地、不分份额地对共有物享有所有权。因为共有的对内关系只涉及各共有人，与第三人无关，如此规定是符合按份共有与共同共有的本来含义的。

法条关联

◆《个人独资企业法》

第十八条 个人独资企业投资人在申请企业设立登记时明确以其家庭共有财产作为个人出资的，应当依法以家庭共有财产对企业债务承担无限责任。

第三百零八条 【共有关系不明时对共有关系性质推定】

共有人对共有的不动产或者动产没有约定为按份共有或者共同共有，或者约定不明确的，除共有人具有家庭关系等外，视为按份共有。

本条来源

《物权法》第一百零三条规定："共有人对共有的不动产或者动产没有约定为按份共有或者共同共有，或者约定不明确的，除共有人具有家庭关系等外，视为按份共有。"本条延续了该规定。

立法演变

物权编一审稿第一百零三条规定："共有人对共有的不动产或者动产没有约定为按份共有或者共同共有，或者约定不明确的，除共有人具有家庭关系等外，视为按份共有。"此后各稿延续了一审稿的规定。

条文释义

本条是关于共有关系不明时对共有关系性质推定的规定。

共同共有人之间都有某种法律认可的特殊的共同关系，通常表现为具有家庭关系，如夫妻关系、家庭成员关系和继承人关系。我国共同共有主要是夫妻共有、家庭共有和遗产分割前的共有。根据本条的规定，共有人对共有的不动产或者动产可以约定为共同共有。这主要是指婚姻家庭编第一千零六十五条规定，"男女双方可以约定婚姻关系存续期间所得的财产以及婚前财产归各自所有、共同所有或者部分各自所有、部分共同所有"。可见可以约定为共同共有的人也是有法律认可的特殊共同关系的。没有法律认可的特殊共同关系的共有人之间不能形成共同共有，只能形成按份共有。因此，共有人对共有物为按份共有还是共同共有，没有约定或者约定不明确的，除共有人具有家庭关系等外，推定为按份共有。① 关于本条，有意见认为应当删除“除共有人具有家庭关系等外”中的“等”字，不宜将推定为共同共有的范围扩大到家庭关系之外的其他社会关系。

本条这样推定的意义还在于，如果推定为共同共有，共有人对共有物的份额还是不明确；如果推定为按份共有，就能明确地确定各共有人享有的份额，各共有人可以按份额享有权利和分担义务，减少不确定性。

第三百零九条　【按份共有人份额不明的确定原则】

按份共有人对共有的不动产或者动产享有的份额，没有约定或者约定不明确的，按照出资额确定；不能确定出资额的，视为等额享有。

本条来源

《物权法》第一百零四条规定：“按份共有人对共有的不动产或者动产享有的份额，没有约定或者约定不明确的，按照出资额确定；不能确定出资额的，视为等额享有。”本条延续了该规定。

立法演变

物权编一审稿第一百零四条规定：“按份共有人对共有的不动产或者动产享有的份额，没有约定或者约定不明确的，按照出资额确定；不能确定出资额的，视为等额享有。”此后各稿延续了一审稿的规定。

条文释义

本条是关于按份共有人份额不明时份额的确定原则的规定。

按份共有，是指数人按各自的份额，对共有财产分享权利，分担义务。

① 王坚、荣学磊、黄文旭：《共有性质的推定应适用共有关系形成时的法律》，载《人民司法》2013 年第 7 期，第 30 页。

按份共有，所有权只有一个，由数个所有权人对一个物按份额共同享有一个所有权。所谓份额，既不是对共有物在量上的划分，也不是就共有物划分使用部分。份额是抽象的，是对共有物的所有权在观念上的划分，只是确定各共有人行使权利的比例或者范围而已。例如，甲、乙二人按份共有一头牛，二者的份额相等，不是说要把牛砍成两半分两人所有，而是例如在对牛的利用上，二者享有同等权利，例如该牛踩踏了他人的庄稼，二者承担同等的赔偿责任。

按份共有人对共有的不动产或者动产享有的份额的确定，首先遵循当事人意思自治的原则，看按份共有人有无约定。如果有约定的，按照约定确定各按份共有人的份额。如果没有约定或者约定不明确的，按照出资额确定。出资比例是多少，份额就占多少。不能确定出资额的，推定为等额享有。由于共有关系成立是当事人意思自治的结果，各共有人享有的份额理应先由当事人进行约定，当事人没有约定或者约定不明确的，按照出资比例划分，符合公平正义原则，不能确定出资额的，推定为等额享有，不仅易于操作，且能简化当事人之间的法律关系，也是较为公平的做法。①

很多国家和地区也有类似的立法例。德国民法典第七百四十二条规定："在发生疑问时，应认为各共有人享有均等的份额。"意大利民法典第一千一百零一条规定："推定共有人按均等份额享有共同财产。共有人根据各自享有的财产份额按比例享有利益，承担负担。"瑞士民法典第六百四十六条规定："（1）一物按份额为数人所有，且该物外部又不能分割的，该所有人为共有人。（2）除另有规定外，共有人对该物的应有份额为均等。"日本民法典第二百五十条规定："各共有人的应有部分不明时，推定为均等。"俄罗斯民法典第二百四十五条规定："如果按份共有人的份额不能依照法律确定，而且共有人的协议也未作出规定，则所有份额均等。"我国台湾地区"民法"第八百一十七条规定："数人按其应有部分，对于一物有所有权者，为共有人。各共有人之应有部分不明者，推定其为均等。"

---

① 唐勇：《论按份共有的三层次私法构造——兼评〈中华人民共和国物权法〉的按份共有规则体系》，载《法商研究》2014 年第 5 期，第 99 页。

第三百一十条 【用益物权和担保物权的准共有】

两个以上组织、个人共同享有用益物权、担保物权的，参照适用本章的有关规定。

本条来源

《物权法》第一百零五条规定："两个以上单位、个人共同享有用益物权、担保物权的，参照本章规定。"本条延续了该规定，将"单位"改为"组织"，将"参照"改为"参照适用"，将"本章规定"改为"本章的有关规定"。

立法演变

物权编一审稿第一百零五条规定："两个以上组织、个人共同享有用益物权、担保物权的，参照本章规定。"二审稿较一审稿将"参照"改为"参照适用"。征求意见稿又将"本章规定"改为"本章的有关规定"。

条文释义

本条是关于准共有的规定。

本章的共有制度是专门为所有权的共有而规定的，但实际生活中，并非只有所有权才能共有。准共有是指所有权以外的财产权的共有。准共有具有以下法律特征：（1）准共有的权利是所有权以外的其他财产权；所有权以外的财产权，包括用益物权、担保物权、矿业权、渔业权、水权等准物权、著作权、专利权、商标权、债权等。[①]（2）准共有适用共有的有关规定。至于适用按份共有还是共同共有的规定，应依其共有关系而定。（3）准共有优先适用关于该权利立法的特别规定。准共有准用共有的有关规定的前提，是规范该财产权的法律没有特别规定，如果有，则应首先适用该特别规定。

根据本条的规定，物权编中的准物权仅指用益物权和担保物权的共有。对用益物权和担保物权的共有，究竟是按份共有还是共同共有，视其共有关系而定。对用益物权和担保物权的共有，参照本章规定，法律对用益物权和担保物

---

① 王泽鉴：《民法物权通则·所有权》，中国政法大学出版社2001年版，第389页。

权的共有设有特别规定的，应优先适用该特别规定。

关于准共有，很多国家和地区都有类似立法例。德国民法典第七百四十一条规定："数人共同享有一权利者，除法律另有其他规定外，准用第742—758条规定。"日本民法典第二百六十四条规定："本节规定，准用于数人有所有权以外财产权的情形。但法令另有规定时，不在此限。"我国台湾地区"民法"第八百三十一条规定："本节规定，于所有权以外之财产权，由数人共有或公同共有者准用之。"

第九章　所有权取得的特别规定

本章概要

所有权取得是指主体根据一定法律事实获得某物的所有权，从而在该特定主体与其他人之间发生以该物为客体的所有权法律关系。所有权取得可分为一般取得和特别取得，善意取得、拾得遗失物等财产取得方式是所有权的特别取得。本章就是关于善意取得、拾得遗失物等所有权取得的特别规定。

在理论上我们通常把所有权的取得分为原始取得和继受取得。

所有权的原始取得，是指所有人最初的、不依靠他人的所有权的存在而取得所有权。它有五种主要的方式：(1) 先占。先占指以所有的意思，占有无主的动产而取得其所有权的法律事实。(2) 拾得遗失物。拾得遗失物指发现他人遗失物而予以占有的一种法律事实。(3) 发现埋藏物。(4) 善意取得。善意取得指无权处分他人动产的让与人，不法将该动产让与买受人后，如果买受人取得该动产时出于善意，即取得该动产所有权，原动产所有人不得要求受让人返还。(5) 添附。添附是指民事主体把不同所有人的财产或劳动成果相结合，从而形成一种新形态的财产。如果要恢复原状，在事实上不可能或者经济上不合理，则法律规定由一人取得添附物的所有权或者共有合成物。因此，添附为动产所有权取得的原因。添附有附合、混合、加工三种。

所有权的继受取得是指所有人通过法律行为或法律事件，从原所有人取得所有权。包括因买卖、赠与、互易、继承遗产、受遗赠等取得所有权。

可以看出，所有权的原始取得一般是所有权取得较为特别的方式，值得注意的是，本章在原来《物权法》的基础上新增了一条，即本法第三百二十二条，是关于添附的所有权取得。

第三百一十一条　【善意取得】

无处分权人将不动产或者动产转让给受让人的，所有权人有权追回；除法律另有规定外，符合下列情形的，受让人取得该不动产或者动产的所有权：

（一）受让人受让该不动产或者动产时是善意；

（二）以合理的价格转让；

（三）转让的不动产或者动产依照法律规定应当登记的已经登记，不需要登记的已经交付给受让人。

受让人依据前款规定取得不动产或者动产的所有权的，原所有权人有权向无处分权人请求损害赔偿。

当事人善意取得其他物权的，参照适用前两款规定。

本条来源

《物权法》第一百零六条规定："无处分权人将不动产或者动产转让给受让人的，所有权人有权追回；除法律另有规定外，符合下列情形的，受让人取得该不动产或者动产的所有权：(一) 受让人受让该不动产或者动产时是善意的；(二) 以合理的价格转让；(三) 转让的不动产或者动产依照法律规定应当登记的已经登记，不需要登记的已经交付给受让人。受让人依照前款规定取得不动产或者动产的所有权的，原所有权人有权向无处分权人请求赔偿损失。当事人善意取得其他物权的，参照前两款规定。"本条在规范法律用语的基础上延续了该规定。《最高人民法院关于适用〈中华人民共和国物权法〉若干问题的解释(一)》第十五条到第二十一条对《物权法》第一百零六条作了进一步解释。

立法演变

物权编一审稿第一百零六条规定："无处分权人将不动产或者动产转让给受让人的，所有权人有权追回；除法律另有规定外，符合下列情形的，受让人取得该不动产或者动产的所有权：(一) 受让人受让该不动产或者动产时是善意的；(二) 以合理的价格转让；(三) 转让的不动产或者动产依照法律规定应当登记的已经登记，不需要登记的已经交付给受让人。受让人依照前款规定取得不动产或者动产的所有权的，原所有权人有权向无处分权人请求赔偿损失。当事人善意取得其他物权的，参照前两款规定。”二审稿将一审稿“参照前两款规定”改为“参照适用前两款规定”，此后各稿延续了二审稿的规定。终稿将第二款中的“依照”改为“依据”，“赔偿损失”改为“损害赔偿”，规范法律用语，其他保持不变。

条文释义

本条是关于善意取得的规定。

一、善意取得的概念和价值

善意取得，是指无处分权人将他人的动产或者不动产处分给第三人，受让人取得该财产时出于善意，则受让人依法取得该财产的所有权或其他物权。

财产受让人信赖动产占有人或者不动产登记名义人为物权人，并基于此种信赖而为交易，其正当利益应予以保护。此时财产所有人或其他物权人与善意受让人之间发生了利益冲突，且双方均为正当利益，保护一方，则另一方的利益会遭受损害。两者权衡，立法者认为，如果不侧重保护善意受让人的利益，交易将会变得极其不安全，甚至导致社会经济发展受到阻碍。为此，法律规定善意取得制度，以达到维护交易安全之更为重要的目的。

二、善意取得的构成要件

由于善意取得消灭了原权利人的所有权或其他物权，因此法律对此规定了严格的适用条件：

（一）受让人受让该不动产或者动产时是善意的

“善意”是指受让人不知道或不应当知道出让人是无权处分人。善意的判断时点，是受让人受让该不动产或者动产时，至于以后是否为善意，不影响善意取得的效力。受让人无须自证其善意的成立，应当由原权利人对受让人是否具有恶意进行举证，如果不能证明其为恶意，则推定其为善意。

（二）以合理价格转让

“合理价格”应当根据交易标的物的具体情况，参考交易时当地物价部门指导价或者市场交易价等各种因素予以确定，如果受让人为无偿取得或者以明显低于市场价格的价款取得，通常认为受让人是非善意的。

（三）转让的不动产或者动产依照法律规定应当登记的已经登记，不需要登记的已经交付给受让人

不动产的转让以及汽车、船舶、飞机等特殊动产的转让等，以登记为物权变动的要件。其他动产的转让，以交付为物权变动的要件。只有经过公示的物权才有公信力，才能承认其物权变动的合法性。也就是说，如果双方仅达成合意，而并没有发生实际的物权变动，则不能产生善意取得的效果。

三、善意取得的法律效果

善意取得发生效力后，受让人取得不动产或动产的所有权或其他物权，原权利人的所有权或其他物权消灭，原所有人不得向善意受让人主张返还原物，其救济方式是可以向无权处分人请求赔偿损失。原所有人有三项请求权，可选择其一行使：（1）原所有人可基于与无处分权人之间的租赁、借用、保管、承揽、运输等合同关系而请求无处分权人承担违约责任；（2）原所有人可基于无处分权人的侵权行为而追究其损害赔偿责任；（3）原所有人可基于无处分权人无法律依据获得不正当利益而请求其返还不当得利。

法条关联

◆《最高人民法院关于适用〈中华人民共和国企业破产法〉若干问题的规定（二）》

第三十条　债务人占有的他人财产被违法转让给第三人，依据物权法第一百零六条的规定第三人已善意取得财产所有权，原权利人无法取回该财产的，人民法院应当按照以下规定处理：

（一）转让行为发生在破产申请受理前的，原权利人因财产损失形成的债权，作为普通破产债权清偿；

（二）转让行为发生在破产申请受理后的，因管理人或者相关人员执行职务导致原权利人损害产生的债务，作为共益债务清偿。

第三十一条　债务人占有的他人财产被违法转让给第三人，第三人已向债务人支付了转让价款，但依据物权法第一百零六条的规定未取得财产所有权，原权利人依法追回转让财产的，对因第三人已支付对价而产生的债务，人民法院应当按照以下规定处理：

（一）转让行为发生在破产申请受理前的，作为普通破产债权清偿；

（二）转让行为发生在破产申请受理后的，作为共益债务清偿。

◆《最高人民法院关于审理买卖合同纠纷案件适用法律问题的解释》

第三条 当事人一方以出卖人在缔约时对标的物没有所有权或者处分权为由主张合同无效的，人民法院不予支持。

出卖人因未取得所有权或者处分权致使标的物所有权不能转移，买受人要求出卖人承担违约责任或者要求解除合同并主张损害赔偿的，人民法院应予支持。

第三十五条 当事人约定所有权保留，在标的物所有权转移前，买受人有下列情形之一，对出卖人造成损害，出卖人主张取回标的物的，人民法院应予支持：

（一）未按约定支付价款的；

（二）未按约定完成特定条件的；

（三）将标的物出卖、出质或者作出其他不当处分的。

取回的标的物价值显著减少，出卖人要求买受人赔偿损失的，人民法院应予支持。

第三十六条 买受人已经支付标的物总价款的百分之七十五以上，出卖人主张取回标的物的，人民法院不予支持。

在本解释第三十五条第一款第（三）项情形下，第三人依据物权法第一百零六条的规定已经善意取得标的物所有权或者其他物权，出卖人主张取回标的物的，人民法院不予支持。

◆《最高人民法院关于审理融资租赁合同纠纷案件适用法律问题的解释》

第九条 承租人或者租赁物的实际使用人，未经出租人同意转让租赁物或者在租赁物上设立其他物权，第三人依据物权法第一百零六条的规定取得租赁物的所有权或者其他物权，出租人主张第三人物权权利不成立的，人民法院不予支持，但有下列情形之一的除外：

（一）出租人已在租赁物的显著位置作出标识，第三人在与承租人交易时知道或者应当知道该物为租赁物的；

（二）出租人授权承租人将租赁物抵押给出租人并在登记机关依法办理抵押权登记的；

（三）第三人与承租人交易时，未按照法律、行政法规、行业或者地区主管部门的规定在相应机构进行融资租赁交易查询的；

（四）出租人有证据证明第三人知道或者应当知道交易标的物为租赁物的其他情形。

◆《最高人民法院关于适用〈中华人民共和国公司法〉若干问题的规定（三）》

第七条　出资人以不享有处分权的财产出资，当事人之间对于出资行为效力产生争议的，人民法院可以参照物权法第一百零六条的规定予以认定。

以贪污、受贿、侵占、挪用等违法犯罪所得的货币出资后取得股权的，对违法犯罪行为予以追究、处罚时，应当采取拍卖或者变卖的方式处置其股权。

第二十五条　名义股东将登记于其名下的股权转让、质押或者以其他方式处分，实际出资人以其对于股权享有实际权利为由，请求认定处分股权行为无效的，人民法院可以参照物权法第一百零六条的规定处理。

名义股东处分股权造成实际出资人损失，实际出资人请求名义股东承担赔偿责任的，人民法院应予支持。

第二十七条　股权转让后尚未向公司登记机关办理变更登记，原股东将仍登记于其名下的股权转让、质押或者以其他方式处分，受让股东以其对于股权享有实际权利为由，请求认定处分股权行为无效的，人民法院可以参照物权法第一百零六条的规定处理。

原股东处分股权造成受让股东损失，受让股东请求原股东承担赔偿责任、对于未及时办理变更登记有过错的董事、高级管理人员或者实际控制人承担相应责任的，人民法院应予支持；受让股东对于未及时办理变更登记也有过错的，可以适当减轻上述董事、高级管理人员或者实际控制人的责任。

◆《最高人民法院关于审理房屋登记案件若干问题的规定》

第十一条　被诉房屋登记行为涉及多个权利主体或者房屋可分，其中部分主体或者房屋的登记违法应予撤销的，可以判决部分撤销。

被诉房屋登记行为违法，但该行为已被登记机构改变的，判决确认被诉行为违法。

被诉房屋登记行为违法，但判决撤销将给公共利益造成重大损失或者房屋已为第三人善意取得的，判决确认被诉行为违法，不撤销登记行为。

案例评议

刘某与董某、魏某房屋买卖合同纠纷案[①]

◆ 裁判规则

魏某持有争议房屋的所有权证与刘某签订口头房屋买卖合同，刘某已支付对价，且房屋已办理过户登记手续，双方所签订的房屋买卖协议应为有效合同。上诉人董某上诉称涉案房屋系其和魏某夫妻共同共有财产，魏某私自处分该房屋的行为系无权处分，刘某与魏某恶意串通，非善意，且涉案房屋交易价格过低，应为无效。根据《最高人民法院关于审理买卖合同纠纷案件适用法律问题的解释》第三条第一款“当事人一方以出卖人在缔约时对标的物没有所有权或者处分权为由主张合同无效的，人民法院不予支持”的规定，认定魏某与刘某所签订的房屋买卖合同有效并无不当，刘某因善意取得而取得涉案房屋的所有权。虽在房屋转让登记后，生效行政判决判令撤销魏某所补办的房权证字第××号房屋所有权证，但在魏某与刘某办理转让房屋所有权登记时该房屋所有权证尚未被撤销，如前所述，刘某已经因善意取得而对争议房屋取得所有权，故上诉人上诉请求理由不足，不予支持。

◆ 评议

本案魏某在董某不知情的情况下将夫妻二人共有的房屋出卖给刘某。首先，魏某与刘某达成房屋买卖合意时，该房屋所有权证显示为魏某单独所有，且二审上诉人董某提供的证据不足以证明刘某购买涉案房屋时为非善意，因此可以认定受让人刘某受让该房屋时是善意的。其次，结合房屋买卖当时的房产价格、所买卖房屋的建筑时间、房屋所处的地段，可以认定双方协商的交易价格是合理的，刘某支付了合理对价。最后，魏某持登记其为单独所有的房屋所有权证与刘某在房产登记管理机关已经完成了房屋所有权转让登记。综上所述，刘某符合善意取得的构成要件，取得涉案房屋的所有权。

---

① 驻马店市中级人民法院（2015）驻民四终字第562号民事判决书。

第三百一十二条　【遗失物的善意取得】

所有权人或者其他权利人有权追回遗失物。该遗失物通过转让被他人占有的，权利人有权向无处分权人请求损害赔偿，或者自知道或者应当知道受让人之日起二年内向受让人请求返还原物；但是，受让人通过拍卖或者向具有经营资格的经营者购得该遗失物的，权利人请求返还原物时应当支付受让人所付的费用。权利人向受让人支付所付费用后，有权向无处分权人追偿。

本条来源

《物权法》第一百零七条规定："所有权人或者其他权利人有权追回遗失物。该遗失物通过转让被他人占有的，权利人有权向无处分权人请求损害赔偿，或者自知道或者应当知道受让人之日起二年内向受让人请求返还原物，但受让人通过拍卖或者向具有经营资格的经营者购得该遗失物的，权利人请求返还原物时应当支付受让人所付的费用。权利人向受让人支付所付费用后，有权向无处分权人追偿。"本条延续了该规定，仅将相应条文的"但"改为"但是"。

立法演变

物权编一审稿第一百零七条规定："所有权人或者其他权利人有权追回遗失物。该遗失物通过转让被他人占有的，权利人有权向无处分权人请求损害赔偿，或者自知道或者应当知道受让人之日起二年内向受让人请求返还原物，但受让人通过拍卖或者向具有经营资格的经营者购得该遗失物的，权利人请求返还原物时应当支付受让人所付的费用。权利人向受让人支付所付费用后，有权向无处分权人追偿。"二审稿将一审稿相应条文的"但"改为"但是"，此后各稿延续了二审稿的规定。

条文释义

本条是关于遗失物的善意取得的规定。

遗失物是指动产的所有人或占有人非基于自己意思而丧失占有的物。遗失物须满足以下条件：（1）须为动产。不动产具有不可移动性，不可能发生遗失的问题，只有动产才会遗失。（2）须为无人占有。遗失物在拾得前须不为任何人占有。对物的占有，通常表现为对物在物质形态上的实际控制。此种实际控制可以是实物上的直接控制，如将电视机放置于家中；也可以是观念上的控制，如电视机出借人对于出借给他人使用的电视机仍然具有控制支配能力。判断占有是否丧失，应依社会一般观念，根据具体情况，考察原占有人是否对物还具有事实上的管领力。（3）须为有主物。遗失物非故意抛弃之物，而是非自己意愿而失落的物品。难以认定是否故意抛弃的，推定为遗失物。

关于遗失物的所有权问题，历来有两种相反的立法例。罗马法注重保护物的所有人对物的占有、支配以及处分权，因而在处理遗失物关系上采取动产所有权主义，即遗失人丢失其物后，只要没有经过消灭时效，无论何时都可以向拾得人提起占有物取回之诉。日耳曼法更注重维护物的现时状态的稳定性，倾向于保护物的实际占有人的利益，规定拾得人拾到遗失物后应向有关机关呈报，在有关机关催告后，一定期限内遗失人不认领遗失物的，则该遗失物由国家、寺院和拾得人按照法律规定的比例分享。①

本条规定所有权人或其他权利人有权追回遗失物，体现了对遗失物所有权人利益的保护。财物的遗失并不当然导致物权发生变动，所有人遗失财物虽然丧失了对物的占有，但原则上并不丧失对物的所有权。所有权人对于遗失的财物可以向相对人主张返还原物请求权，请求归还所占有的遗失物。遗失物所有权人向遗失物拾得人或占有人追索遗失物遭到拒绝时，可提起侵权之诉请求法律保护。

如果遗失物通过转让被他人占有的，遗失物的权利人拥有选择权，可以要求无处分权人承担损害赔偿责任，也可以要求遗失物的受让人返还原物。但权利人要求受让人返还原物是有条件的：一是该权利须在一定期限内行使，即权利人应当在知道或应当知道受让人之日起二年内主张。二是如果受让人通过拍卖或者向具有经营资格的经营者购得该遗失物的，权利人请求返还原物时应当支付受让人所付的费用。权利人向受让人支付的费用可以向无处分权人追偿，这是用无处分权人得到的不法利益补偿权利人的损失。

---

① 刘虎：《我国遗失物法律制度中的问题及完善措施》，载《哈尔滨师范大学社会科学学报》2018 年第 4 期，第 80 页。

在民法上，由于货币与无记名有价证券一般采取占有即所有的原则，遗失物如果涉及货币或者无记名有价证券，遗失人原则上无权向善意取得人请求返还原物，只能让无处分权人请求返还同种类物或者请求其他赔偿。但也存在例外情形，如果遗失的货币或者无记名有价证券具有某种显著特征的，可请求返还原物。

法条关联

◆《最高人民法院关于刑事裁判涉财产部分执行的若干规定》

第十条 对赃款赃物及其收益，人民法院应当一并追缴。

被执行人将赃款赃物投资或者置业，对因此形成的财产及其收益，人民法院应予追缴。

被执行人将赃款赃物与其他合法财产共同投资或者置业，对因此形成的财产中与赃款赃物对应的份额及其收益，人民法院应予追缴。

对于被害人的损失，应当按照刑事裁判认定的实际损失予以发还或者赔偿。

第十一条 被执行人将刑事裁判认定为赃款赃物的涉案财物用于清偿债务、转让或者设置其他权利负担，具有下列情形之一的，人民法院应予追缴：

（一）第三人明知是涉案财物而接受的；

（二）第三人无偿或者以明显低于市场的价格取得涉案财物的；

（三）第三人通过非法债务清偿或者违法犯罪活动取得涉案财物的；

（四）第三人通过其他恶意方式取得涉案财物的。

第三人善意取得涉案财物的，执行程序中不予追缴。作为原所有人的被害人对该涉案财物主张权利的，人民法院应当告知其通过诉讼程序处理。

◆《最高人民法院、最高人民检察院关于办理诈骗刑事案件具体应用法律若干问题的解释》

第九条 案发后查封、扣押、冻结在案的诈骗财物及其孳息，权属明确的，应当发还被害人；权属不明确的，可按被骗款物占查封、扣押、冻结在案的财物及其孳息总额的比例发还被害人，但已获退赔的应予扣除。

第十条 行为人已将诈骗财物用于清偿债务或者转让给他人，具有下列情形之一的，应当依法追缴：

（一）对方明知是诈骗财物而收取的；

（二）对方无偿取得诈骗财物的；

（三）对方以明显低于市场的价格取得诈骗财物的；

（四）对方取得诈骗财物系源于非法债务或者违法犯罪活动的。

他人善意取得诈骗财物的，不予追缴。

第三百一十三条　【善意受让人取得动产后的原有权利消灭】

善意受让人取得动产后，该动产上的原有权利消灭。但是，善意受让人在受让时知道或者应当知道该权利的除外。

本条来源

《物权法》第一百零八条规定："善意受让人取得动产后，该动产上的原有权利消灭，但善意受让人在受让时知道或者应当知道该权利的除外。"本条延续了该规定，仅将相应条文的"但"改为"但是,"。

立法演变

物权编一审稿第一百零八条规定："善意受让人取得动产后，该动产上的原有权利消灭，但善意受让人在受让时知道或者应当知道该权利的除外。"二审稿将一审稿相应条文的"但"改为"但是"，征求意见稿则在"但是"后加了逗号。

条文释义

本条是关于善意取得动产的法律效果的规定。

善意取得的法律效果是指符合善意取得构成要件时产生的法律后果。在适用善意取得制度时，往往涉及三个主体，即原所有权人、无处分人以及善意受让人，并会在三者之间产生一定的法律关系。善意取得的构成要件一旦具备，原所有权人即丧失所有权或在其所有权上设立负担，而善意受让人即时取得这些权利。这是善意取得制度的基本法律效果。

本条特别规定了善意取得动产的法律效果，在善意取得动产的情况下，善意受让人即时取得该动产的所有权。通过善意取得制度取得所有权，不是基于转让人的权利而取得，而是源于法律的直接规定，在性质上属于原始取得。因此，该动产上的所有权、抵押权、质权、留置权等原有权利自善意取得之时归于消灭，善意受让人享有完全的所有权。为了维护原权利人的利益，该动产的所有权人有权向无处分权人请求赔偿损失，如前文提到，可能产生三种请求权的竞合，原所有权人可就违约责任请求权、侵权责任请求权以及不当得利返还请求权择一请求赔偿，原所有权人可自行选择最有利于其利益保护的请求权。在该动产上享有除所有权以外如抵押权、质权、留置权等的权利的债权人可向作为所有权人的债务人主张权利，例如提供新的担保。[①]

但如果善意受让人在受让动产时知道或者应当知道该动产上存在其他权利的，表明其接受受让动产的权利限制，原有权利不消灭，善意受让人负有协助该动产其他权利的实现的义务。因此，善意受让人在受让动产时知道或者应当知道该动产上存在其他权利的，该其他权利不消灭。

第三百一十四条　【拾得遗失物返还】

拾得遗失物，应当返还权利人。拾得人应当及时通知权利人领取，或者送交公安等有关部门。

本条来源

《物权法》第一百零九条规定："拾得遗失物，应当返还权利人。拾得人应当及时通知权利人领取，或者送交公安等有关部门。"本条延续了该规定。

立法演变

物权编一审稿第一百零九条规定："拾得遗失物，应当返还权利人。拾得人应当及时通知权利人领取，或者送交公安等有关部门。"此后各稿延续了一审稿的规定。

条文释义

本条是关于拾得遗失物返还的规定。

① 牛立夫、徐钰：《债权二重让与中债权归属问题探析——以受让人权益保护为视角》，载《天津法学》2019 年第 3 期，第 24 页。

关于遗失物的定义与构成要件已在前文提及，此处不再赘述。拾得遗失物，除了须为遗失物外，还必须有拾得行为。拾得行为是指发现并占有遗失物的行为，是发现和占有相结合的行为。发现是指认识物之所在，占有是对物在事实上的支配管领能力。相比较而言，占有比发现更为重要。例如，甲与乙发现遗失物，但乙占有该物，则乙为拾得人；若甲与乙同时占有遗失物，则甲与乙为共同拾得人，共同负担拾得人的义务、享有拾得人的权利。

拾得遗失物，拾得人取得了遗失物的占有，但一项完整的所有权包括了占有、使用、收益和处分四项权能，占有某项动产不等于取得了该动产的所有权，该动产的所有权仍属于原所有权人所有。因此本条规定，拾得遗失物，应当返还权利人。拾得遗失物，仅占有该动产，不能取得完整的所有权，拾得人负有将遗失物返还权利人的义务。这与中华文化所倡导的“拾金不昧”的道德观是相符的。①

拾得遗失物者负有通知或移送的义务。拾得人拾得遗失物，知道遗失物所有人、遗失人或其他有受领权的人的，应当及时通知其领取，或者直接送还遗失物，也可以送交公安等有关部门由有关部门代为返还；不知道遗失物丢失人的，可以直接送交公安等有关部门。

法条关联

◆《危险化学品安全管理条例》

第九十九条 公众发现、捡拾的无主危险化学品，由公安机关接收。公安机关接收或者有关部门依法没收的危险化学品，需要进行无害化处理的，交由环境保护主管部门组织其认定的专业单位进行处理，或者交由有关危险化学品生产企业进行处理。处理所需费用由国家财政负担。

◆《铁路旅客运输规程》

第五十五条 对旅客的遗失物品应设法归还原主。如旅客已经下车，应编制客运记录，注明品名、件数等移交下车站。不能判明时，移交列车终点站。

① 胡周钰：《遗失物的善意取得制度》，载《现代商贸工业》2016年第9期，第144页。

第三百一十五条 【收到遗失物的处理】

有关部门收到遗失物，知道权利人的，应当及时通知其领取；不知道的，应当及时发布招领公告。

本条来源

《物权法》第一百一十条规定："有关部门收到遗失物，知道权利人的，应当及时通知其领取；不知道的，应当及时发布招领公告。"本条延续了该规定。

立法演变

物权编一审稿第一百一十条规定："有关部门收到遗失物，知道权利人的，应当及时通知其领取；不知道的，应当及时发布招领公告。"此后各稿延续了一审稿的规定。

条文释义

本条是关于有关部门收到遗失物的处理的规定。

拾得人拾得遗失物后不知道权利人或者不便将遗失物返还权利人，而把遗失物送交有关部门的，有关部门成为遗失物的保管人。《德国民法典》第九百六十五条规定："拾得人不认识有权受领的人或不知其所在者，应立即将遗失的及有可能对查明有权受领人有关的重要的情事报告主管官署。遗失物的价值不超过10马克，不需要报告。"《瑞士民法典》第七百二十条规定："拾得遗失物的人应通知失主，如失主不明，应将遗失物交付警署或自行采取适宜的招领方法。遗失物的价值明显超过10法郎的，拾得人有将遗失物交付警署的义务。"可见上述规定中的"主管官署""警署"与本条规定中的"有关部门"性质相似。

有关部门收到遗失物，负有通知权利人领取遗失物的义务。有关部门收到拾得人送交的遗失物后，如果知道所有权人等权利人，应当直接通知其领取；如果不能直接通知权利人或者不知道权利人的确切地址的，应当及时发布招领公告。由于信息传递的多元化，我们认为发布招领公告的形式多种多样，可以通过报刊、广播、电视、网络等形式对外发布。

第三百一十六条　【遗失物保管】

拾得人在遗失物送交有关部门前，有关部门在遗失物被领取前，应当妥善保管遗失物。因故意或者重大过失致使遗失物毁损、灭失的，应当承担民事责任。

本条来源

《物权法》第一百一十一条规定："拾得人在遗失物送交有关部门前，有关部门在遗失物被领取前，应当妥善保管遗失物。因故意或者重大过失致使遗失物毁损、灭失的，应当承担民事责任。"本条延续了该规定。此外，《最高人民法院关于贯彻执行〈中华人民共和国民法通则〉若干问题的意见（试行）》第九十四条提到，拾得人对拾得物灭失、毁损没有故意的，不承担民事责任。

立法演变

物权编第一百一十一条规定："拾得人在遗失物送交有关部门前，有关部门在遗失物被领取前，应当妥善保管遗失物。因故意或者重大过失致使遗失物毁损、灭失的，应当承担民事责任。"此后各稿延续了一审稿的规定。

条文释义

本条是关于拾得人和有关部门对遗失物的保管义务的规定。

一、拾得遗失物的法律性质

（一）不当得利说

持此种观点的人认为，拾得人拾得他人遗失物后，实际占有了该财物，占有意味着对遗失物的控制和支配，还可以通过利用获取收益，所以可以认定拾得人取得了一定的财产利益，而失主失去了他的应得利益。

（二）无因管理说

持此种观点的人认为，拾得人在拾得遗失物后，未将遗失物占为已有，在遗失物未交还失主前这段时间，拾得人管理遗失物，实际上是在无法定义务也无约定义务的情况下，为避免他人利益受到损害而从事管理的事实行为。

通说认为，拾得行为为无因管理行为，诚实拾得人以为他人利益之意思管理的，构成无因管理，不诚实之拾得人以为自己的利益拾得以及认为是无主物拾得的，不构成无因管理。

二、拾得人和有关部门的保管义务

首先，保管义务的主体是拾得人和有关部门。拾得人即为拾得遗失物的人，有关部门是指接收遗失物的公安等有关部门。其次，保管的时间，拾得人是在遗失物送交有关部门前，有关部门是在遗失物被领取前。这是由两主体接触遗失物的时间不同决定的。①

三、拾得人和有关部门违反保管义务的后果

拾得人和有关部门在保管期间对遗失物毁损、灭失有故意或者重大过失的，应当承担民事责任。财物的遗失并不当然导致物权变动。所有权人遗失财物丧失了对物的占有，但原则上不丧失对物的所有权。因此，所有权人对遗失物享有返还请求权，同时享有因拾得人和有关部门故意或者重大过失造成遗失物的毁损、灭失的赔偿损害请求权。当然，遗失物的毁损、灭失必须是因拾得人和有关部门的故意或者重大过失造成的，如果仅是因一般过失造成的，则拾得人和有关部门不承担赔偿责任。

第三百一十七条 【拾金不昧】

权利人领取遗失物时，应当向拾得人或者有关部门支付保管遗失物等支出的必要费用。

权利人悬赏寻找遗失物的，领取遗失物时应当按照承诺履行义务。

拾得人侵占遗失物的，无权请求保管遗失物等支出的费用，也无权请求权利人按照承诺履行义务。

本条来源

《物权法》第一百一十二条规定："权利人领取遗失物时，应当向拾得人或者有关部门支付保管遗失物等支出的必要费用。权利人悬赏寻找遗失物的，领

① 黄灿：《民法典编撰背景下遗失物拾得人权利与义务的相关法律问题研究》，载《中国集体经济》2018 年第 12 期，第 127 页。

取遗失物时应当按照承诺履行义务。拾得人侵占遗失物的，无权请求保管遗失物等支出的费用，也无权请求权利人按照承诺履行义务。”本条延续了该规定。

立法演变

物权编一审稿第一百一十二条规定：“权利人领取遗失物时，应当向拾得人或者有关部门支付保管遗失物等支出的必要费用。权利人悬赏寻找遗失物的，领取遗失物时应当按照承诺履行义务。拾得人侵占遗失物的，无权请求保管遗失物等支出的费用，也无权请求权利人按照承诺履行义务。”此后各稿延续了一审稿的规定。

条文释义

本条是关于权利人领取遗失物时支付费用的规定。

本条规定了三层内容：

第一，权利人领取遗失物时应当支付必要的保管费用。通说认为拾得行为是无因管理行为。在无因管理中，管理人不得向本人要求支付报酬，但有权要求本人承担下列费用：（1）偿还管理人管理事务所支出的必要费用及其利息。主要表现为直接的支出费用。（2）管理人为本人负担必要的债务时，本人应清偿该债务。（3）管理人因管理事务而遭受损失时，本人负责赔偿。因此本条规定拾得人和有关部门在返还遗失物时享有请求权利人支付必要的保管费用的权利。这也有利于减少拾得人拾得遗失物后隐瞒不报、据为己有的现象发生。[①]

第二，权利人悬赏寻找遗失物的，领取遗失物时应当按照承诺履行义务。拾得人返还遗失物原则上只享有请求权利人支付必要的保管费用的权利，而不享有报酬请求权。但如果权利人悬赏寻找遗失物的，则不受这一规则的约束。悬赏一般是通过广告的形式对外发布和传送。悬赏广告是指以广告的方式公开表示对于完成一定行为的人给予报酬的意思表示。悬赏广告须有以下构成要件：（1）须依广告的方法，对不特定人为意思表示。广告的方法多种多样，包括文字广告，如在报纸上刊登广告，在广告栏内、电线杆上张贴广告，在公共车辆、

① 李环：《浅论拾得遗失物的相关法律问题》，载《宜宾学院学报》2005年第7期，第41页。

场所内悬挂广告等；口头广告，如通过收音机、有线广播播发或口头宣传等，只要使用的方法能使不特定人了解其意思表示，都可以成立。（2）广告须对完成一定行为的相对人，有给付一定报酬的表示。（3）须完成一定的行为。（4）一定的行为不得违反法律禁止性规定和社会公序良俗。通说认为悬赏广告是一种单独行为，悬赏广告是由广告人对为一定行为之人负担债务的意思表示，一定行为完成之时就是悬赏广告生效之时。权利人发出悬赏广告寻找遗失物，拾得人完成悬赏广告要求的行为，权利人就应当按照承诺履行义务。

第三，拾得人侵占遗失物的，无权请求保管遗失物等支出的费用，也无权请求权利人按照承诺履行义务。拾得人侵占遗失物的情况下，不再是无因管理，而是已经构成侵权，所以无权请求相关费用。如果拾得人侵占遗失物数额巨大的，还有可能构成犯罪，应当追究其刑事责任。

法条关联

◆《刑法》

第二百七十条　将代为保管的他人财物非法占为己有，数额较大，拒不退还的，处二年以下有期徒刑、拘役或者罚金；数额巨大或者有其他严重情节的，处二年以上五年以下有期徒刑，并处罚金。

将他人的遗忘物或者埋藏物非法占为己有，数额较大，拒不交出的，依照前款的规定处罚。

本条罪，告诉的才处理。

第三百一十八条　【无人认领的遗失物归国家所有】

遗失物自发布招领公告之日起一年内无人认领的，归国家所有。

本条来源

《物权法》第一百一十三条规定：“遗失物自发布招领公告之日起六个月内无人认领的，归国家所有。”本条在此基础上对法定期间做了修改，将“六个月”改为“一年”，该修改增加了“物归原主”的可能性。

立法演变

物权编一审稿第一百一十三条规定：“遗失物自发布招领公告之日起一年内无人认领的，归国家所有。”此后各稿延续了一审稿的规定。

条文释义

本条是关于无人认领的遗失物归国家所有的规定。

本条规定的目的在于防止遗失物的归属长期不明，不利于物的流通利用。应从以下几个方面理解本条规定：

第一，须发布招领公告通知权利人领取遗失物。拾得人和有关部门能够直接通知权利人的，应当及时通知，不能直接通知的，应当及时发布招领公告。发布招领公告的形式，由于信息传递的多样性，我们认为通过电台、电视台、报纸、杂志、互联网以及单位公告栏等形式均可。

第二，须一年内无人认领。该一年的时间在性质上应属于除斥期间，不发生中止、中断和延长。期间起算点为遗失物发布招领公告之日。经过一年，若所有权人或其他权利人仍不认领，推定其已抛弃了遗失物。本条相对于《物权法》的规定，将认领时间由六个月内改为一年内，时间的延长一方面延缓了遗失物的国有化，另一方面带来了更多的物归原主的机会，比较合理。

第三，遗失物归国家所有。遗失物的保管人通过发布招领公告的方式履行相应告知义务后，经过法定期间仍无人认领，此时遗失物的归属问题，各国的立法例有所不同。如《德国民法典》第九百七十三条规定：拾得人向行政主管机关报告拾得物后 6 个月期满，即取得对拾得物的所有权。此种立法例规定，拾得遗失物者在履行相应的告知义务后经过一段期限，即可取得遗失物的所有权。法国民法、瑞士民法、日本民法和我国台湾地区的民法也有类似规定。我国大陆地区则否定了拾得人可附条件取得遗失物所有权的权利，规定拾得遗失物应归还失主，遗失物在发出招领公告通知经过一定期限无人认领的，归国家所有，而非归拾得人或有关部门所有。①

① 齐冰晶：《遗失物拾得法律制度的完善》，载《三明学院学报》2015 年第 10 期，第 56 页。

法条关联

◆《民事诉讼法》

第一百九十二条　人民法院受理申请后，经审查核实，应当发出财产认领公告。公告满一年无人认领的，判决认定财产无主，收归国家或者集体所有。

第三百一十九条　【拾得漂流物、发现埋藏物或者隐藏物的规定】

拾得漂流物、发现埋藏物或者隐藏物的，参照适用拾得遗失物的有关规定。法律另有规定的，依照其规定。

本条来源

《物权法》第一百一十四条规定："拾得漂流物、发现埋藏物或者隐藏物的，参照拾得遗失物的有关规定。文物保护法等法律另有规定的，依照其规定。"本条在此基础上，将相应条文的"参照"改为"参照适用"，删去"文物保护法等"。

立法演变

物权编一审稿第一百一十四条规定："拾得漂流物、发现埋藏物或者隐藏物的，参照拾得遗失物的有关规定。文物保护法等法律另有规定的，依照其规定。"二审稿将一审稿"参照"改为"参照适用"，属于文字性修改；将"文物保护法等法律另有规定的"改为"法律另有规定的"，删去了"文物保护法等"的限制，此后各稿延续了二审稿的规定。

条文释义

本条是关于拾得漂流物、发现埋藏物或者隐藏物的规定。

一、拾得漂流物

漂流物是指漂流于水上的物品。拾得漂流物的，准用关于拾得遗失物的规定。我国台湾地区"民法"第八百一十条规定：拾得漂流物或沉没品者，适用关于拾得遗失物之规定。

二、发现埋藏物

埋藏物通常是指埋藏于地下的物品。发现人发现埋藏物，可视情况分别处理：一是能够判定埋藏人，且埋藏物不易为他人发现，发现人可以不挖取埋藏物，并将埋藏物继续掩埋好，且将发现情况告知埋藏人。二是能够判定埋藏人，且埋藏物易为他人发现，发现人可依前种情形处理，也可以将埋藏物挖出，交还埋藏人。三是不能判定埋藏人，且埋藏物不易为他人发现，发现人可以不挖取埋藏物，并将埋藏物继续掩埋好。发现人可以将发现情况告知有关单位或者公安机关。四是不能判定埋藏人，且埋藏物易为他人发现，发现人可依前种情形处理，也可以挖取埋藏物，按拾得不知丢失人的遗失物的办法处理。[①] 发现人发现的埋藏物倘若是法律另有规定的物品的，依照其他法律规定处理。

三、发现隐藏物

隐藏物是指隐藏于他物之中的物品。隐藏物与埋藏物含义相近，都是不易从外部发现，且所有权不明的动产。但埋藏物一般是隐藏于地下的物品，而隐藏物一般是隐藏于地上动产与不动产之中的物品，如隐藏于夹墙中、隐藏于衣物中的物品等。发现隐藏物适用发现埋藏物的相关规定。

本条应从以下几个方面理解：第一，须有拾得或者发现行为。拾得的对象是漂流物，发现的对象是埋藏物或隐藏物。第二，参照拾得遗失物的有关规定处理。拾得遗失物怎么处理，拾得漂流物、发现埋藏物或隐藏物通常就怎么处理。第三，法律另有规定的，依照其规定。此处删去了“文物保护法等”的列举。如对于拾得漂流物、发现埋藏物或者隐藏物为文物的，依照《文物保护法》的规定处理，对于拾得漂流物、发现埋藏物或者隐藏物为其他法律另有规定的，则依其他法律规定处理。

法条关联

◆ **《刑法》**

第二百七十条 将代为保管的他人财物非法占为己有，数额较大，拒不退还的，处二年以下有期徒刑、拘役或者罚金；数额巨大或者有其他严重情节的，处二年以上五年以下有期徒刑，并处罚金。

① 胡康生主编：《中华人民共和国物权法释义》，法律出版社 2007 年版，第 252 页。

将他人的遗忘物或者埋藏物非法占为己有，数额较大，拒不交出的，依照前款的规定处罚。

本条罪，告诉的才处理。

◆《文物保护法》

第五条第一款　中华人民共和国境内地下、内水和领海中遗存的一切文物，属于国家所有。

第二十七条　一切考古发掘工作，必须履行报批手续；从事考古发掘的单位，应当经国务院文物行政部门批准。

地下埋藏的文物，任何单位或者个人都不得私自发掘。

第三十四条　考古调查、勘探、发掘的结果，应当报告国务院文物行政部门和省、自治区、直辖市人民政府文物行政部门。

考古发掘的文物，应当登记造册，妥善保管，按照国家有关规定移交给由省、自治区、直辖市人民政府文物行政部门或者国务院文物行政部门指定的国有博物馆、图书馆或者其他国有收藏文物的单位收藏。经省、自治区、直辖市人民政府文物行政部门批准，从事考古发掘的单位可以保留少量出土文物作为科研标本。

考古发掘的文物，任何单位或者个人不得侵占。

◆《金银管理条例》

第十三条　一切出土无主金银，均为国家所有，任何单位和个人不得熔化、销毁或占有。

单位和个人发现的出土无主金银，经当地文化行政管理部门鉴定，除有历史文物价值的按照《中华人民共和国文物保护法》的规定办理外，必须交给中国人民银行收兑，价款上缴国库。

◆《城镇国有土地使用权出让和转让暂行条例》

第二条　国家按照所有权与使用权分离的原则，实行城镇国有土地使用权出让、转让制度，但地下资源、埋藏物和市政公用设施除外。

前款所称城镇国有土地是指市、县城、建制镇、工矿区范围内属于全民所有的土地（以下简称土地）。

第三百二十条　【从物随主物转让】

主物转让的，从物随主物转让，但是当事人另有约定的除外。

本条来源

《物权法》第一百一十五条规定：“主物转让的，从物随主物转让，但当事人另有约定的除外。”本条延续了该规定，仅将“但”改为“但是”。《合同法》第一百六十四条规定：“因标的物的主物不符合约定而解除合同的，解除合同的效力及于从物……”《最高人民法院关于适用〈中华人民共和国担保法〉若干问题的解释》第六十三条指出抵押权的效力及于抵押物的从物。

立法演变

物权编一审稿第一百一十五条规定：“主物转让的，从物随主物转让，但当事人另有约定的除外。”二审稿将一审稿相应条文的“但”改为“但是”。此后各稿延续了二审稿的规定。

条文释义

本条是关于从物随主物转让的规定。

民法上根据两个独立存在的物在用途上客观存在的主从关系，把物分为主物与从物。主物是指独立存在，与其他独立物结合使用，并在其中发挥主要效用的物。从物是指在两个独立物结合使用中处于附属地位、起辅助和配合作用的物。构成从物的要件：（1）从物必须是一个独立的物，不是主物的组成部分。例如书桌和抽屉，抽屉是书桌的组成部分，不是从物；窗户与房屋，窗户是房屋的组成部分，不是从物。（2）从物是为发挥主物的效用而存在的。从物只有与主物相配合使用才能发挥其最大效用，但是与主物配合使用的过程中只起辅助作用。如手表和表链，若无表链，手表的价值就会减损。（3）主物与从物必须同属一人所有。主物与从物是两个物，有两个所有权，但只有主物与从物属于同一人所有才能构成主从关系。且只有主物与从物属于同一人所有的情况下才能适用从物所有权随主物所有权转移的规则。如果两物不属于一人所有，则从物随主物的转移而转移，将会损害第三人的利益。

区分主物与从物的法律意义主要在于：法律没有相反规定或者当事人没有相反约定时，主物所有人处分主物时，效力及于从物，如转移主物所有权，则从物所有权亦随之转移；在当事人没有特别约定的情况下，因标的物的主物不合约定解除合同的，解除合同的效力及于从物，但不能与之相反；若对主物所有权为一定限制，则限制亦及于从物，如设定抵押，则抵押之效力及于从物。

该条是一种任意性规范，由于主物与从物是可以分离的独立的物，因此当事人也可以约定，在转移主物所有权时从物的所有权不发生转移，或者约定为主物设定抵押时，从物不随之作为抵押标的。当事人有如此约定的，依照约定；没有约定的，主物转让，从物随之转让。

法条关联

◆《民法典》

第六百三十一条　因标的物的主物不符合约定而解除合同的，解除合同的效力及于从物。因标的物的从物不符合约定被解除的，解除的效力不及于主物。

◆《最高人民法院关于人民法院民事执行中查封、扣押、冻结财产的规定》

第二十二条　查封、扣押的效力及于查封、扣押物的从物和天然孳息。

案例评议

王某与陈某房屋买卖合同纠纷案①

◆ **裁判规则**

根据《物权法》第一百一十五条的规定："主物转让的，从物随主物转让，但当事人另有约定的除外。"王某与陈某争议的门市内的夹层，该夹层未设计独立的出入口，需由门市内进出，与门市属于同一整体，是为了发挥门市的效用而存在，不能单独办理不动产权证，故该夹层系门市之从物，而非独立的主物。王某与陈某未对夹层在合同中进行约定，但在签订《云阳县西城滑坡联建房合同书》时该门市已经修建完成且包含了夹层，王某将门市交付给陈某时未对门

① 重庆市第二中级人民法院（2019）渝02民终字第2090号民事判决书。

市内的夹层提出过异议，该门市及夹层一直由陈某使用，故该夹层随门市一并转让给陈某，不应当再计算购房款。

◆ **评议**

本案的争议焦点在于门市内的夹层是否应当另行计算房款，涉及夹层是否为门市的从物的问题。根据该夹层的特点，可以判断涉案门市中的夹层与门市在物理性质上属于同一整体，并未建设独立的出入口，夹层的使用与门市紧密联系，难以分割，是为了发挥门市的效用而存在，因此，该夹层系涉案门市之从物。

第三百二十一条 【天然孳息及法定孳息归属】

天然孳息，由所有权人取得；既有所有权人又有用益物权人的，由用益物权人取得。当事人另有约定的，按照其约定。

法定孳息，当事人有约定的，按照约定取得；没有约定或者约定不明确的，按照交易习惯取得。

本条来源

《物权法》第一百一十六条规定："天然孳息，由所有权人取得；既有所有权人又有用益物权人的，由用益物权人取得。当事人另有约定的，按照约定。法定孳息，当事人有约定的，按照约定取得；没有约定或者约定不明确的，按照交易习惯取得。"本条延续了该规定。《合同法》第一百零三条规定了标的物提存期间的孳息归债权人所有；第一百六十三条规定标的物在交付之前产生的孳息，归出卖人所有，交付之后产生的孳息，归买受人所有。《担保法》第四十七条规定："债务履行期届满，债务人不履行债务致使抵押物被人民法院依法扣押的，自扣押之日起抵押权人有权收取由抵押物分离的天然孳息以及抵押人就抵押物可以收取的法定孳息……"

立法演变

物权编一审稿第一百一十六条规定："天然孳息，由所有权人取得；既有所有权人又有用益物权人的，由用益物权人取得。当事人另有约定的，按照约定。法定孳息，当事人有约定的，按照约定取得；没有约定或者约定不明确的，按照交易习惯取得。”此后各稿延续了一审稿的规定。

条文释义

本条是关于天然孳息及法定孳息的归属的规定。

孳息是相对于原物而言的概念，是指原物产生的收益，包括天然孳息和法定孳息。

一、天然孳息

（一）天然孳息的界定

天然孳息是依据物的自然性能或者物的变化规律而取得的收益。如土地生长的稻麦、树木的果实、牲畜的幼畜、挤出的牛乳、剪下的羊毛等。天然孳息须满足以下构成要件：1. 必须是由于物的自然性能，依自然规律产生的收益，而不是依法律关系产生的收益。2. 必须是与原物分离，成为独立的物。3. 它的产生一般无损于原物。

（二）天然孳息的归属

世界各国对天然孳息归属的规定基本一致，天然孳息原则上由所有权人取得，但在有用益物权人的情况下，由用益物权人取得，如土地承包人承包他人的土地，土地的出产物不属于土地的所有权人，而为承包人所有。但如果当事人在设定用益物权时对孳息另有约定的，按照约定确定归属。这样规定天然孳息的归属，一方面体现了对劳动的保护和鼓励，另一方面保证了对物的效能能够充分地进行利用。①

二、法定孳息

（一）法定孳息的界定

法定孳息指因法律关系所获得的收益，如出租人根据租赁合同收取的租金、贷款人根据贷款合同取得的利息等。法定孳息通常随时间的持续而发生，与原物并无物理联系，亦不存在与原物分离的问题。

---

① 陈本寒：《孳息界定的立法缺失及其完善》，载《烟台大学学报（哲学社会科学版）》2019年第6期，第28页。

（二）法定孳息的归属

法定孳息是民事主体参与民事法律关系获得的收益，法定孳息一般归属于原物的所有权人或者合法占有人。法定孳息作为个人收益，权利人有权自行处置，因此，当事人可以约定法定孳息的归属。没有约定的，可依原物的特性，按此类物的交易习惯确定法定孳息的归属。

法条关联

◆《民法典》

第五百七十三条 标的物提存后，毁损、灭失的风险由债权人承担。提存期间，标的物的孳息归债权人所有。提存费用由债权人负担。

第六百三十条 标的物在交付之前产生的孳息，归出卖人所有；交付之后产生的孳息，归买受人所有。但是，当事人另有约定的除外。

◆《刑事诉讼法》

第二百四十五条 公安机关、人民检察院和人民法院对查封、扣押、冻结的犯罪嫌疑人、被告人的财物及其孳息，应当妥善保管，以供核查，并制作清单，随案移送。任何单位和个人不得挪用或者自行处理。对被害人的合法财产，应当及时返还。对违禁品或者不宜长期保存的物品，应当依照国家有关规定处理。

对作为证据使用的实物应当随案移送，对不宜移送的，应当将其清单、照片或者其他证明文件随案移送。

人民法院作出的判决，应当对查封、扣押、冻结的财物及其孳息作出处理。

人民法院作出的判决生效以后，有关机关应当根据判决对查封、扣押、冻结的财物及其孳息进行处理。对查封、扣押、冻结的赃款赃物及其孳息，除依法返还被害人的以外，一律上缴国库。

司法工作人员贪污、挪用或者私自处理查封、扣押、冻结的财物及其孳息的，依法追究刑事责任；不构成犯罪的，给予处分。

◆《最高人民法院关于人民法院民事执行中查封、扣押、冻结财产的规定》

第二十二条 查封、扣押的效力及于查封、扣押物的从物和天然孳息。

◆《提存公证规则》

第二十二条 提存物在提存期间所产生的孳息归提存受领人所有。提存人取回提存物的，孳息归提存人所有。

提存的存款单、有价证券、奖券需要领息、承兑、领奖的，公证处应当代为承兑或领取，所获得的本金和孳息在不改变用途的前提下，按不损害提存受领人利益的原则处理。无法按原用途使用的，应以货币形式存入提存账户。

定期存款到期的，原则上按原来期限将本金和利息一并转存。股息红利除用于支付有关的费用外，剩余部分应当存入提存专用账户。

提存的不动产或其他物品的收益，除用于维护费用外剩余部分应当存入提存账户。

第三百二十二条　【因添附而产生的物的归属】

因加工、附合、混合而产生的物的归属，有约定的，按照约定；没有约定或者约定不明确的，依照法律规定；法律没有规定的，按照充分发挥物的效用以及保护无过错当事人的原则确定。因一方当事人的过错或者确定物的归属造成另一方当事人损害的，应当给予赔偿或者补偿。

本条来源

《最高人民法院关于适用〈中华人民共和国担保法〉若干问题的解释》第六十二条提到了抵押中附合物、混合物或者加工物的归属。本条从物权规范角度对因添附而产生的物的归属问题进行说明，相较于《物权法》而言是新增条款。

立法演变

物权编一审稿第一百一十七条初次规定："因加工、附合、混合而产生的物的归属，有约定的，按照约定；没有约定或者约定不明确的，依照法律规定；法律没有规定的，按照充分发挥物的效用以及保护无过错的当事人的原则确定。因一方当事人的过错或者确定物的归属给另一方当事人造成损失的，应当给予赔偿或者补偿。"二审稿延续了一审稿的规定，征求意见稿调整了语句结构，将一审稿、二审稿"保护无过错的当事人"改为"保护无过错当事人"，将"给另一方当事人造成损失的"改为"造成另一方当事人损害的"。

条文释义

本条是关于因添附而产生的物的归属问题的规定。

原来的物权法没有规定添附制度。在司法实践中一般是将民法理论上的添附制度作为法理规则来适用的。

添附是指民事主体把不同所有人的财产或劳动成果合并在一起，从而形成另一种新形态的财产，如果要恢复原状在事实上不可能或者在经济上不合理，在此情况下，则要确认该新财产的归属问题。添附是取得所有权的基本方式之一。添附主要有加工、附合、混合三种方式。

一、加工

加工是指因误认或者故意用他人的材料来加工自己的物品。此处应当与合同法中的加工承揽合同区分开。加工承揽合同通常由定作人与承揽人提供材料，加工承揽合同所完成的工作物归定作人所有，这是合同的性质决定的，不需要进行约定。根据《法国民法典》第五百七十条至第五百七十二条、《日本民法典》第二百四十六条规定可见，对于加工物所有权的归属，《法国民法典》及《日本民法典》以加工物属于材料所有人为原则，而在加工所增加的价值远远超过材料的价值时，才属于加工人为例外。而依《德国民法典》第九百五十条规定，加工于他人动产者，以由加工人取得加工物所有权为原则，在加工的价值显然少于材料的价值时，由材料所有人取得加工物所有权为例外。我国司法实践的一般做法是，加工物的所有权原则上归原物的所有人，并给加工人以补偿。但是当加工增加的价值大于材料的价值时，加工物可以归加工人所有，但应当给原物的所有人以补偿。

二、附合

附合是指不同所有人的财产紧密结合在一起而形成的新的财产，虽未达到混合程度但非经拆毁不能达到原来的状态。

（一）动产与动产的附和

这是指不同所有人的动产互相结合，非毁损不能分离或者分离的费用较大。从我国的司法实践分析，动产与动产的附和应当由原所有人按照其动产的价值，共有合成物。如果可以区别主物或从物，或者一方动产的价值显然高于他方的动产，则应当由主物或价值较高的物的原所有人取得合成物的所有权，并给对方以补偿。

（二）动产与不动产的附和

这是指动产附合于不动产，成为不动产的组成部分。罗马法中，这种附和主要是因建筑或者种植而产生。一般的原则是建筑物或者种植物归土地所有人所有，至于双方的权利和义务，则视行为人是出于善意还是恶意而定。我国司法实践通常是将附合上去的动产归不动产的权利人（包括不动产所有权人、用益物权人）所有，但应当给原动产所有人以补偿。

（三）不动产与不动产的附和

常见的情形主要为：承租人、借用人在租借来的楼房平台上加盖一层楼房或者兴建一间房屋等。我国司法实践的做法是，如增建房屋与原不动产价值悬殊时，附和物的所有权归原不动产所有人；如价值相当，应为双方当事人共有附和物的所有权。

三、混合

混合是指不同所有人的不同财产互相渗合，难以分开并形成新财产。混合发生在动产之间，它与附合的不同之处在于：附和（指动产的附和）的数个动产在形体上可以识别、分割，只是分离后要损害附合物的价值，出于社会利益考虑不许分割；而混合则是数个动产混合于一起，在事实上不能也不易区别。但二者的法律效果却无区别规定的理由，故而各国民法大多规定混合准用附和的规定，如《德国民法典》第九百四十八条、《法国民法典》第五百七十三条、《日本民法典》第二百四十五条的规定。①

本条规定关于加工、附合以及混合而产生的新的物的所有权归属，首先，看有没有约定，如果有约定的按照约定确定所有权归属。其次，没有约定或者约定不明确的，依照法律规定。最后，法律没有规定的，按照充分发挥物的效用以及保护无过错的当事人的原则确定。也就是说新的财物归谁所有能更大程度地发挥物的效用的，一般将物归其所有，并倾向于保护无过错当事人。因一方当事人的过错给另一方当事人造成损失的，应当给予赔偿，新物所有权归属于一方所有，应当给予另一方相应的补偿。

---

① 陈华彬：《我国民法典物权编添附规则立法研究》，载《法学杂志》2019 年第 9 期，第 73 页。

法条关联

◆《最高人民法院关于审理城镇房屋租赁合同纠纷案件具体应用法律若干问题的解释》

第九条 承租人经出租人同意装饰装修，租赁合同无效时，未形成附合的装饰装修物，出租人同意利用的，可折价归出租人所有；不同意利用的，可由承租人拆除。因拆除造成房屋毁损的，承租人应当恢复原状。

已形成附合的装饰装修物，出租人同意利用的，可折价归出租人所有；不同意利用的，由双方各自按照导致合同无效的过错分担现值损失。

第十条 承租人经出租人同意装饰装修，租赁期间届满或者合同解除时，除当事人另有约定外，未形成附合的装饰装修物，可由承租人拆除。因拆除造成房屋毁损的，承租人应当恢复原状。

第十一条 承租人经出租人同意装饰装修，合同解除时，双方对已形成附合的装饰装修物的处理没有约定的，人民法院按照下列情形分别处理：

（一）因出租人违约导致合同解除，承租人请求出租人赔偿剩余租赁期内装饰装修残值损失的，应予支持；

（二）因承租人违约导致合同解除，承租人请求出租人赔偿剩余租赁期内装饰装修残值损失的，不予支持。但出租人同意利用的，应在利用价值范围内予以适当补偿；

（三）因双方违约导致合同解除，剩余租赁期内的装饰装修残值损失，由双方根据各自的过错承担相应的责任；

（四）因不可归责于双方的事由导致合同解除的，剩余租赁期内的装饰装修残值损失，由双方按照公平原则分担。法律另有规定的，适用其规定。

第三分编

用益物权

第十章　一般规定

本章概要

用益物权的概念最初来自罗马法，18世纪后欧洲各国民法体系开始普遍纳入用益物权制度。用益物权是物权的一种基本类型，指用益物权人对他人所有的动产、不动产，依法享有占有、使用和收益的权利，所以本质上是所有权权能分离的法律结果。但又和所有权在权利本质（他物权和自物权）、客体、取得方式等方面都存在明显区别。用益物权和所有权这种既相互联系又相互区别的共存状态并没有打破所有权专属性的特点，实质上其是所有权人实际行使所有权的一种方式。在本章之后分四个章节具体规定了土地承包经营权、建设用地使用权、宅基地使用权以及地役权四种典型的用益物权，本章则为用益物权的一般规定。从本章可以看出，用益物权具有主体特殊性，为所有权人之外的其他民事主体；用益物权在物权编中没有以法定方式直接创设，而是以约定形式产生；用益物权客体具有多样性，包括动产、不动产、权利等。

用益物权不像担保物权属于从权利而依附于主债权，相较于所有权是一项独立的权利（地役权是例外，本质上是从权利），其设立有益于所有权的经济价值的最大化。但由于用益物权设立于他人之物上，对他人所有权造成一定的限制，所以用益物权人和所有权人各自在行使权利时需要合理平衡权益。同时需要注意的是，用益物权属于物权的一种，用益物权人可以在限定范围内排他性地支配物，这也使其用益物权在物的使用上比债权更具有充分性和优越性。

第三百二十三条　【用益物权人的基本权利】

用益物权人对他人所有的不动产或者动产，依法享有占有、使用和收益的权利。

本条来源

《物权法》第一百一十七条规定："用益物权人对他人所有的不动产或者动产，依法享有占有、使用和收益的权利。"本条延续了该规定。

立法演变

物权编一审稿第一百一十八条规定："用益物权人对他人所有的不动产或者动产，依法享有占有、使用和收益的权利。"此后各稿延续了一审稿的规定。

条文释义

本条是关于用益物权人的权利范围的规定。

一、用益物权的概念和特征

（一）用益物权的概念

根据标的物是自有还是他有，物权分为自物权和他物权。自物权即所有权，他物权是指在他人所有之物上设定或成立的物权，所有权以外的物权均属于他物权。他物权根据设定目的不同，又可分为用益物权和担保物权。①担保物权是指为担保债务履行，在债务人或第三人的物上设立的他物权。如抵押权、质权、留置权等。而根据本条规定，用益物权就是权利人对他人所有的不动产或者动产，依法享有占有、使用和收益的他物权，如土地承包经营权、建设用地使用权、宅基地使用权、地役权等。

（二）用益物权的特征

用益物权作为他物权，首先具备他物权的一般特征，同时还具有区别于另一种他物权即担保物权的特征：（1）用益物权是在他人所有之物上设定的物权。（2）用益物权是派生于所有权的物权。所有权是权利人对自己的不动产或

① 梁慧星、陈华彬编著：《物权法》，法律出版社1997年版，第52页。

者动产，依法享有占有、使用、收益、处分的权利，包括在自己的财产上设立用益物权或担保物权的权利。用益物权是由所有权派生的物权。（3）用益物权是受限制的物权。所有权是完全的物权，包括占有、使用、收益、处分四项权能。而用益物权不包含处分权能，用益物权人不能对标的物进行出卖、赠与等处分行为。（4）用益物权是一项独立的物权。用益物权一经设立，便具有独立于所有权而存在的特性。用益物权人在法律规定或合同约定的某种权利的具体支配范围内，可以对抗一切人，包括所有权人，从而形成对所有权的限制。例如，建设用地使用权人依法享有对国家所有的土地占有、使用和收益的权利，有权自主利用该土地建造并经营建筑物、构筑物及其附属设施。（5）用益物权的标的物主要为不动产。依照本条规定，用益物权既可以设定于不动产，也可以设定于动产。不过传统用益物权，如土地承包经营权、建设用地使用权、宅基地使用权、地役权等，均设定于不动产之上，自然资源使用权如海域使用权、探矿权、采矿权、取水权和使用水域、滩涂从事养殖、捕捞的权利等，涉及的也基本上都是不动产，并无有关动产用益物权种类的明文规定。有学者认为，本条将动产纳入用益物权客体的范围之内，是考虑到社会生活发展的需要，为将来出现的动产用益物权的认可提供法律依据，这并不意味着可以将对某些动产的用益关系解释为“用益物权”。

二、用益物权的种类

《物权法》明确规定了土地承包经营权、建设用地使用权、宅基地使用权和地役权这四种用益物权，物权编新增规定了居住权。物权编第三百二十八条和第三百二十九条还规定了海域使用权、探矿权、采矿权、取水权和使用水域、滩涂从事养殖、捕捞的权利，在传统民法理论中被称为“准物权”或者“特许物权”。

三、用益物权人的基本权利

本条明确用益物权人的基本权利为占有、使用和收益。所谓占有是指人对物的事实上的管领。用益物权作为以使用、收益为目的的物权，自当以权利人对物的实际占有为必要。所谓使用是指按照物的性能及用途对物加以利用。收益是指通过对物的利用而获取经济上的收入或者其他收益。用益物权的设立目的就是对物的使用和收益。如在他人的土地上自建房屋以供居住；在他人的土地上耕种以供自用或出售而获得收益等。

第三百二十四条 【国有和集体所有的自然资源，组织和个人可以取得用益物权】

国家所有或者国家所有由集体使用以及法律规定属于集体所有的自然资源，组织、个人依法可以占有、使用和收益。

本条来源

《物权法》第一百一十八条规定："国家所有或者国家所有由集体使用以及法律规定属于集体所有的自然资源，单位、个人依法可以占有、使用和收益。"本条延续了该规定，仅将"单位"改为"组织"。《土地管理法》《草原法》《渔业法》《海域使用管理法》分别肯定了组织和个人对国家所有和集体所有的各种自然资源的用益物权。

立法演变

物权编一审稿第一百一十九条规定："国家所有或者国家所有由集体使用以及法律规定属于集体所有的自然资源，组织、个人依法可以占有、使用和收益。"此后各稿延续了一审稿的规定。

条文释义

本条是关于国家所有或集体所有的自然资源可以由组织、个人取得用益物权的规定。

所谓自然资源，一般是指自然界中人类可以直接获得用于生产和生活的物质。联合国环境规划署将自然资源定义为，在一定时间和一定条件下，能产生经济效益，以提高人类当前和未来福利的自然因素和条件。由此可见，自然资源的范围十分广泛，而且随着人类社会生产力水平的发展，一些原本不属于自然资源的物质或能量也成为自然资源，某些当前因技术水平或经济成本还难以利用的物质或能量也可能在将来成为自然资源。就目前而言，自然资源一般包括土地、森林、山岭、草原、荒地、滩涂、水、矿藏、生物、能源等。

本条可从以下几个方面理解：

首先，我国自然资源实行公有制，包括国家所有的、集体所有的以及国家所有由集体使用的。我国2018年新修正的《宪法》第九条第一款规定：“矿藏、水流、森林、山岭、草原、荒地、滩涂等自然资源，都属于国家所有，即全民所有；由法律规定属于集体所有的森林和山岭、草原、荒地、滩涂除外。”第十条第一款、第二款规定：“城市的土地属于国家所有。农村和城市郊区的土地，除由法律规定属于国家所有的以外，属于集体所有；宅基地和自留地、自留山，也属于集体所有。”新中国成立后，我国逐步确立了生产资料社会主义公有制，从《宪法》的规定中也可以看出，我国排除了私人对自然资源的所有权，自然资源要么属于国家所有，要么属于集体所有。

其次，对自然资源加以利用的主体，是具体的组织和个人。本条将《物权法》中的“单位”改为“组织”，是由于《民法总则》（2017年）采纳了“非法人组织”概念，此处是对概念的修改。“组织”包括具有法人资格的企业、事业单位、社会团体、机关，也包括不具有法人资格的非法人组织。

再次，组织和个人利用自然资源的内容，包括占有、使用和收益三个方面，不包括处分。这是用益物权的权利内容。

最后，利用自然资源，必须依法进行。

在审判实践中应当注意，本条规定主要是宣示性规定。至于组织和个人如何获得对自然资源的占有、使用和收益的权利，如何行使该权利，应当具体适用《土地管理法》《森林法》《草原法》《渔业法》《矿产资源法》《水法》《海域使用管理法》等单项法律及相关行政法规、规章等。

法条关联

◆《土地管理法》

第十条 国有土地和农民集体所有的土地，可以依法确定给单位或者个人使用。使用土地的单位和个人，有保护、管理和合理利用土地的义务。

◆《草原法》

第十条 国家所有的草原，可以依法确定给全民所有制单位、集体经济组织等使用。

使用草原的单位，应当履行保护、建设和合理利用草原的义务。

第十一条 依法确定给全民所有制单位、集体经济组织等使用的国家所有的草原，由县级以上人民政府登记，核发使用权证，确认草原使用权。

未确定使用权的国家所有的草原，由县级以上人民政府登记造册，并负责保护管理。

集体所有的草原，由县级人民政府登记，核发所有权证，确认草原所有权。

依法改变草原权属的，应当办理草原权属变更登记手续。

◆《渔业法》

第十条 国家鼓励全民所有制单位、集体所有制单位和个人充分利用适于养殖的水域、滩涂，发展养殖业。

第十一条 国家对水域利用进行统一规划，确定可以用于养殖业的水域和滩涂。单位和个人使用国家规划确定用于养殖业的全民所有的水域、滩涂的，使用者应当向县级以上地方人民政府渔业行政主管部门提出申请，由本级人民政府核发养殖证，许可其使用该水域、滩涂从事养殖生产。核发养殖证的具体办法由国务院规定。

集体所有的或者全民所有由农业集体经济组织使用的水域、滩涂，可以由个人或者集体承包，从事养殖生产。

◆《海域使用管理法》

第十六条 单位和个人可以向县级以上人民政府海洋行政主管部门申请使用海域。

申请使用海域的，申请人应当提交下列书面材料：

（一）海域使用申请书；

（二）海域使用论证材料；

（三）相关的资信证明材料；

（四）法律、法规规定的其他书面材料。

第十九条 海域使用申请经依法批准后，国务院批准用海的，由国务院海洋行政主管部门登记造册，向海域使用申请人颁发海域使用权证书；地方人民政府批准用海的，由地方人民政府登记造册，向海域使用申请人颁发海域使用权证书。海域使用申请人自领取海域使用权证书之日起，取得海域使用权。

第二十条 海域使用权除依照本法第十九条规定的方式取得外，也可以通过招标或者拍卖的方式取得。招标或者拍卖方案由海洋行政主管部门制订，报有审批权的人民政府批准后组织实施。海洋行政主管部门制订招标或者拍卖方案，应当征求同级有关部门的意见。

招标或者拍卖工作完成后，依法向中标人或者买受人颁发海域使用权证书。中标人或者买受人自领取海域使用权证书之日起，取得海域使用权。

第二十二条　本法施行前，已经由农村集体经济组织或者村民委员会经营、管理的养殖用海，符合海洋功能区划的，经当地县级人民政府核准，可以将海域使用权确定给该农村集体经济组织或者村民委员会，由本集体经济组织的成员承包，用于养殖生产。

◆《土地管理法实施条例》

第五条　单位和个人依法使用的国有土地，由土地使用者向土地所在地的县级以上人民政府土地行政主管部门提出土地登记申请，由县级以上人民政府登记造册，核发国有土地使用权证书，确认使用权。其中，中央国家机关使用的国有土地的登记发证，由国务院土地行政主管部门负责，具体登记发证办法由国务院土地行政主管部门会同国务院机关事务管理局等有关部门制定。

未确定使用权的国有土地，由县级以上人民政府登记造册，负责保护管理。

◆《森林法实施条例》

第四条　依法使用的国家所有的森林、林木和林地，按照下列规定登记：

（一）使用国务院确定的国家所有的重点林区（以下简称重点林区）的森林、林木和林地的单位，应当向国务院林业主管部门提出登记申请，由国务院林业主管部门登记造册，核发证书，确认森林、林木和林地使用权以及由使用者所有的林木所有权；

（二）使用国家所有的跨行政区域的森林、林木和林地的单位和个人，应当向共同的上一级人民政府林业主管部门提出登记申请，由该人民政府登记造册，核发证书，确认森林、林木和林地使用权以及由使用者所有的林木所有权；

（三）使用国家所有的其他森林、林木和林地的单位和个人，应当向县级以上地方人民政府林业主管部门提出登记申请，由县级以上地方人民政府登记造册，核发证书，确认森林、林木和林地使用权以及由使用者所有的林木所有权。

未确定使用权的国家所有的森林、林木和林地，由县级以上人民政府登记造册，负责保护管理。

第六条　改变森林、林木和林地所有权、使用权的，应当依法办理变更登记手续。

◆《渔业法实施细则》

第十条 使用全民所有的水面、滩涂，从事养殖生产的全民所有制单位和集体所有制单位，应当向县级以上地方人民政府申请养殖使用证。

全民所有的水面、滩涂在一县行政区域内的，由该县人民政府核发养殖使用证；跨县的，由有关县协商核发养殖使用证，必要时由上级人民政府决定核发养殖使用证。

第十五条 国家对捕捞业，实行捕捞许可制度。

从事外海、远洋捕捞业的，由经营者提出申请，经省、自治区、直辖市人民政府渔业行政主管部门审核后，报国务院渔业行政主管部门批准。从事外海生产的渔船、必须按照批准的海域和渔期作业，不得擅自进入近海捕捞。

近海大型拖网、围网作业的捕捞许可证，由国务院渔业行政主管部门批准发放；近海其他作业的捕捞许可证，由省、自治区、直辖市人民政府渔业行政主管部门按照国家下达的船网工具控制指标批准发放。

内陆水域的捕捞许可证，由县级以上地方人民政府渔业行政主管部门批准发放。

捕捞许可证的格式，由国务院渔业行政主管部门制定。

第三百二十五条 【自然资源有偿使用制度】

国家实行自然资源有偿使用制度，但是法律另有规定的除外。

本条来源

《物权法》第一百一十九条规定："国家实行自然资源有偿使用制度，但法律另有规定的除外。"本条延续了该规定，仅将相应条文的"但"改为"但是"。《土地管理法》《城市房地产管理法》《矿产资源法》《水法》《海域使用管理法》等分别规定了各种自然资源的有偿使用原则。

立法演变

物权编一审稿第一百二十条规定："国家实行自然资源有偿使用制度，但法律另有规定的除外。"二审稿将一审稿相应条文的"但"改为"但是"。此后各稿延续了一审稿的规定。

条文释义

本条是关于我国自然资源有偿使用制度的规定。

长期以来，由于人类在从事经济活动时片面追求经济利益，过度开发和消耗自然资源，导致自然资源短缺甚至枯竭。随着自然资源过度开采和浪费造成的负面影响日益突出，为了促进资源的合理配置和有效保护环境，我国逐步确立了自然资源有偿使用为原则，无偿使用为例外的制度。

一、自然资源有偿使用为原则

目前，我国法律规定了土地资源、矿产资源、水资源等自然资源的有偿使用制度，详见下文现行法整理。之所以对这些自然资源实行有偿使用制度，一方面是国家代表全体人民掌握自然资源的收益，有利于国家实行有效的宏观调控，实现自然资源在社会化生产中的优化配置，保障了社会主义公有制的主体地位。另一方面是通过有偿、流动的自然资源使用制度，将自然资源使用权作为生产要素由市场调节，有利于合理配置自然资源，实现最大的资源利用效益，充分发挥市场对经济发展的积极作用。①

二、自然资源无偿使用为例外

原则上对自然资源的使用都应当是有偿的，只有法律另有规定的，才可以无偿使用。例如，根据《土地管理法》第二条第五款规定，国家在法律规定的范围内划拨国有土地使用权的，为无偿使用。这是因为一些公益事业、公共建设仍需要国家相应的扶持，可以通过划拨无偿取得土地。再如，根据《水法》第七条规定，农村集体经济组织及其成员使用本集体经济组织的水塘、水库中的水，也是无偿使用。这是为了避免增加农民负担，也是促进农业和农村持续、稳定、健康发展，实现全面建成小康社会和构建和谐社会所必需的。当然，对自然资源的无偿使用必须严格遵守法律规定的范围和条件。

法条关联

◆《土地管理法》

第二条　中华人民共和国实行土地的社会主义公有制，即全民所有制和劳

① 施志源：《自然资源资产有偿使用的改革难点与规则完善》，载《中国特色社会主义研究》2019 年第 2 期，第 88 页。

动群众集体所有制。

全民所有，即国家所有土地的所有权由国务院代表国家行使。

任何单位和个人不得侵占、买卖或者以其他形式非法转让土地。土地使用权可以依法转让。

国家为了公共利益的需要，可以依法对土地实行征收或者征用并给予补偿。

国家依法实行国有土地有偿使用制度。但是，国家在法律规定的范围内划拨国有土地使用权的除外。

◆《城市房地产管理法》

第三条 国家依法实行国有土地有偿、有限期使用制度。但是，国家在本法规定的范围内划拨国有土地使用权的除外。

◆《矿产资源法》

第五条 国家实行探矿权、采矿权有偿取得的制度；但是，国家对探矿权、采矿权有偿取得的费用，可以根据不同情况规定予以减缴、免缴。具体办法和实施步骤由国务院规定。开采矿产资源，必须按照国家有关规定缴纳资源税和资源补偿费。

◆《水法》

第七条 国家对水资源依法实行取水许可制度和有偿使用制度。但是，农村集体经济组织及其成员使用本集体经济组织的水塘、水库中的水的除外。国务院水行政主管部门负责全国取水许可制度和水资源有偿使用制度的组织实施。

◆《海域使用管理法》

第三十三条 国家实行海域有偿使用制度。

单位和个人使用海域，应当按照国务院的规定缴纳海域使用金。海域使用金应当按照国务院的规定上缴财政。

对渔民使用海域从事养殖活动收取海域使用金的具体实施步骤和办法，由国务院另行规定。

第三十四条 根据不同的用海性质或者情形，海域使用金可以按照规定一次缴纳或者按年度逐年缴纳。

第三十五条 下列用海，免缴海域使用金：

（一）军事用海；

（二）公务船舶专用码头用海；

（三）非经营性的航道、锚地等交通基础设施用海；

（四）教学、科研、防灾减灾、海难搜救打捞等非经营性公益事业用海。

第三十六条　下列用海，按照国务院财政部门和国务院海洋行政主管部门的规定，经有批准权的人民政府财政部门和海洋行政主管部门审查批准，可以减缴或者免缴海域使用金：

（一）公用设施用海；

（二）国家重大建设项目用海；

（三）养殖用海。

◆《城镇国有土地使用权出让和转让暂行条例》

第二条　国家按照所有权与使用权分离的原则，实行城镇国有土地使用权出让、转让制度，但地下资源、埋藏物和市政公用设施除外。

前款所称城镇国有土地是指市、县城、建制镇、工矿区范围内属于全民所有的土地（以下简称土地）。

◆《土地管理法实施条例》

第二十九条　国有土地有偿使用的方式包括：

（一）国有土地使用权出让；

（二）国有土地租赁；

（三）国有土地使用权作价出资或者入股。

第三百二十六条　【用益物权的行使】

用益物权人行使权利，应当遵守法律有关保护和合理开发利用资源、保护生态环境的规定。所有权人不得干涉用益物权人行使权利。

本条来源

《物权法》第一百二十条规定：“用益物权人行使权利，应当遵守法律有关保护和合理开发利用资源的规定。所有权人不得干涉用益物权人行使权利。”本条延续了该规定。《宪法》《农业法》《农村土地承包法》都明确了自然资源的合理开发利用原则。

立法演变

物权编一审稿第一百二十一条规定：“用益物权人行使权利，应当遵守法律有关保护和合理开发利用资源的规定。所有权人不得干涉用益物权人行使权利。”此后各稿延续了一审稿的规定。终稿补充规定了“保护生态环境”的要求，使《民法典》各“绿色”条款保持一致。

条文释义

本条是关于用益物权人行使权利的限制以及所有权人不得干涉用益物权人行使权利的规定。

本条分别从用益物权人和所有权人的角度，规定了两个方面的内容。

一是用益物权人行使权利，应当遵守法律有关保护和合理开发利用资源、保护生态环境的规定。用益物权是在他人所有的不动产或者动产上享有的占有、使用和收益的权利，其主旨在于权利人对他人之物的使用价值进行支配。用益物权的社会功能在于增进物尽其用的经济效用，因此在有关用益物权的立法中应当贯彻效益原则，鼓励权利人充分有效地利用物以获取物的使用价值。但是随着社会经济的进一步发展，加上土地、矿产、水资源等自然资源具有不可再生性或者稀缺性，如何合理地保护和利用自然资源、保护生态环境，在更好地满足当代人对资源的需求的同时，实现人类社会可持续发展，也是物权立法必须解决的问题。因此用益物权人在行使权利的同时，应当履行遵守法律有关保护和合理开发利用资源的规定的义务。在我国有关自然资源的单项立法中，基本上都对保护和合理开发自然资源、保护生态环境作出了明确规定（详见现行法整理）。

二是所有权人不得干涉用益物权人行使权利。这是由用益物权与所有权、用益物权人与所有权人之间的关系决定的。一方面，用益物权虽由所有权派生，但它是一项独立的物权，具有支配性和排他性，可以直接依法行使权利，不受第三人的侵害和所有权人的干涉。另一方面，用益物权属于限制物权，对所有权构成限制，在法律规定的用益物权内容范围内，所有权不得对抗用益物权，自然不得干涉用益物权人行使权利。所有权人不得干涉用益物权人行使权利，是用益物权人正常行使权利的基本保障。当然，如果用益物权人在行使权利时存在违反法律规定、未合理利用和保护资源等损害所有权人权益的行为，所有权人有权依法制止，并要求其赔偿损失。

法条关联

◆《宪法》

第九条　矿藏、水流、森林、山岭、草原、荒地、滩涂等自然资源，都属于国家所有，即全民所有；由法律规定属于集体所有的森林和山岭、草原、荒地、滩涂除外。

国家保障自然资源的合理利用，保护珍贵的动物和植物。禁止任何组织或者个人用任何手段侵占或者破坏自然资源。

◆《土地管理法》

第三条　十分珍惜、合理利用土地和切实保护耕地是我国的基本国策。各级人民政府应当采取措施，全面规划，严格管理，保护、开发土地资源，制止非法占用土地的行为。

◆《农业法》

第五十七条　发展农业和农村经济必须合理利用和保护土地、水、森林、草原、野生动植物等自然资源，合理开发和利用水能、沼气、太阳能、风能等可再生能源和清洁能源，发展生态农业，保护和改善生态环境。

县级以上人民政府应当制定农业资源区划或者农业资源合理利用和保护的区划，建立农业资源监测制度。

◆《农村土地承包法》

第十一条　农村土地承包经营应当遵守法律、法规，保护土地资源的合理开发和可持续利用。未经依法批准不得将承包地用于非农建设。

国家鼓励增加对土地的投入，培肥地力，提高农业生产能力。

◆《草原法》

第十四条　承包经营草原，发包方和承包方应当签订书面合同。草原承包合同的内容应当包括双方的权利和义务、承包草原四至界限、面积和等级、承包期和起止日期、承包草原用途和违约责任等。承包期届满，原承包经营者在同等条件下享有优先承包权。

承包经营草原的单位和个人，应当履行保护、建设和按照承包合同约定的用途合理利用草原的义务。

◆《矿产资源法》

第三条 矿产资源属于国家所有，由国务院行使国家对矿产资源的所有权。地表或者地下的矿产资源的国家所有权，不因其所依附的土地的所有权或者使用权的不同而改变。

国家保障矿产资源的合理开发利用。禁止任何组织或者个人用任何手段侵占或者破坏矿产资源。各级人民政府必须加强矿产资源的保护工作。

勘查、开采矿产资源，必须依法分别申请、经批准取得探矿权、采矿权，并办理登记；但是，已经依法申请取得采矿权的矿山企业在划定的矿区范围内为本企业的生产而进行的勘查除外。国家保护探矿权和采矿权不受侵犯，保障矿区和勘查作业区的生产秩序、工作秩序不受影响和破坏。

从事矿产资源勘查和开采的，必须符合规定的资质条件。

第三百二十七条 【征收、征用时对用益物权人的补偿】

因不动产或者动产被征收、征用致使用益物权消灭或者影响用益物权行使的，用益物权人有权依据本法第二百四十三条、第二百四十五条的规定获得相应补偿。

本条来源

《物权法》第一百二十一条规定：“因不动产或者动产被征收、征用致使用益物权消灭或者影响用益物权行使的，用益物权人有权依照本法第四十二条、第四十四条的规定获得相应补偿。”本条延续了该规定，仅仅修改了法条序号。《土地管理法》第四十八条规定了征收土地的补偿费规则。

立法演变

物权编一审稿第一百二十二条规定：“因不动产或者动产被征收、征用致使用益物权消灭或者影响用益物权行使的，用益物权人有权依照本法第三十九条、第四十一条的规定获得相应补偿。”二审稿延续了一审稿的规定，征求意见稿根据条文变动将“本法第三十九条、第四十一条”改为“本法第二百四十三条、第二百四十五条”。

条文释义

本条是关于用益物权人因征收、征用有权获得补偿的规定。

《宪法》第十三条第三款规定：“国家为了公共利益的需要，可以依照法律规定对公民的私有财产实行征收或者征用并给予补偿。”在国家对土地、房屋或其他不动产进行征收，或者对不动产或动产进行征用时，不仅物的所有人的所有权会受到影响，也必然会对物的用益物权人的利益带来重大影响，因此用益物权人理应也有权获得相应补偿。

征收或者征用对不同种类的用益物权带来的影响是不同的，因此在处理上也有所不同。

对土地承包经营权而言，当承包地被征收时，该土地之上的承包经营权当然消灭，根据《民法典》第三百三十八条的规定，土地承包经营权人有权依照本法第二百四十三条规定获得相应补偿，也就是征收集体所有的土地，应当依法及时足额支付土地补偿费、安置补助费、农村村民住宅和其他地上附着物，以及青苗等的补偿费用，并安排被征地农民的社会保障费用，保障被征地农民的生活，维护被征地农民的合法权益。①

对建设用地使用权而言，根据《民法典》第三百四十四条的规定，该权利是依法对国家所有的土地享有占有、使用和收益的权利。从法理上讲，不存在国家对国有土地的征收问题，因此这里的征收对象应当是土地之上的房屋等不动产。对于建设用地使用权本身，自然因国家收回土地而消灭。根据《民法典》第三百五十八条规定：“建设用地使用权期限届满前，因公共利益需要提前收回该土地的，应当依据本法第二百四十三条的规定对该土地上的房屋以及其他不动产给予补偿，并退还相应的出让金。”《民法典》第二百四十三条第三款规定：“征收组织、个人的房屋以及其他不动产，应当依法给予征收补偿，维护被征收人的合法权益；征收个人住宅的，还应当保障被征收人的居住条件。”

① 黄蓉：《“三权分置”中土地经营权的物权化——基于土地征收补偿分配中经营者的利益考量视角》，载《三明学院学报》2019 年第 1 期，第 45 页。

也就是说，国家对建设用地使用权人在国有土地上建造的房屋等不动产进行征收时，应当对房屋及其他不动产给予补偿，如果征收的是居民房屋，还应当保障被征收人的居住条件，而对建设用地使用权本身，则是通过“退还相应的出让金”的方式来处理。

对宅基地使用权而言，征收对象包括集体所有的土地以及宅基地使用权人在该土地上建造的住宅及其附属设施。这时既要对土地进行补偿，还要对房屋进行补偿。

对居住权而言，对居住权人居住的住宅进行征收、征用的，应当对居住权人给予相应补偿，并保障居住权人的居住条件。

对地役权而言，应当区分征收、征用的是供役地还是需役地。当征收、征用的对象是需役地时，对需役地的补偿，应当认为是对权利人的全部补偿，无须另对地役权本身进行补偿。当征收、征用的对象是供役地时，如果因此而导致地役权消灭或者影响地役权行使，则地役权人有权获得相应的补偿。

法条关联

◆ **《土地管理法》**

第四十八条 征收土地应当给予公平、合理的补偿，保障被征地农民原有生活水平不降低、长远生计有保障。

征收土地应当依法及时足额支付土地补偿费、安置补助费以及农村村民住宅、其他地上附着物和青苗等的补偿费用，并安排被征地农民的社会保障费用。

征收农用地的土地补偿费、安置补助费标准由省、自治区、直辖市通过制定公布区片综合地价确定。制定区片综合地价应当综合考虑土地原用途、土地资源条件、土地产值、土地区位、土地供求关系、人口以及经济社会发展水平等因素，并至少每三年调整或者重新公布一次。

征收农用地以外的其他土地、地上附着物和青苗等的补偿标准，由省、自治区、直辖市制定。对其中的农村村民住宅，应当按照先补偿后搬迁、居住条件有改善的原则，尊重农村村民意愿，采取重新安排宅基地建房、提供安置房或者货币补偿等方式给予公平、合理的补偿，并对因征收造成的搬迁、临时安置等费用予以补偿，保障农村村民居住的权利和合法的住房财产权益。

县级以上地方人民政府应当将被征地农民纳入相应的养老等社会保障体系。

被征地农民的社会保障费用主要用于符合条件的被征地农民的养老保险等社会保险缴费补贴。被征地农民社会保障费用的筹集、管理和使用办法，由省、自治区、直辖市制定。

◆《农业法》

第七十一条　国家依法征收农民集体所有的土地，应当保护农民和农村集体经济组织的合法权益，依法给予农民和农村集体经济组织征地补偿，任何单位和个人不得截留、挪用征地补偿费用。

◆《草原法》

第三十九条　因建设征收、征用集体所有的草原的，应当依照《中华人民共和国土地管理法》的规定给予补偿；因建设使用国家所有的草原的，应当依照国务院有关规定对草原承包经营者给予补偿。

因建设征收、征用或者使用草原的，应当交纳草原植被恢复费。草原植被恢复费专款专用，由草原行政主管部门按照规定用于恢复草原植被，任何单位和个人不得截留、挪用。草原植被恢复费的征收、使用和管理办法，由国务院价格主管部门和国务院财政部门会同国务院草原行政主管部门制定。

◆《渔业法》

第十四条　国家建设征收集体所有的水域、滩涂，按照《中华人民共和国土地管理法》有关征地的规定办理。

◆《最高人民法院关于审理涉及农村土地承包纠纷案件适用法律问题的解释》

第二十二条　承包地被依法征收，承包方请求发包方给付已经收到的地上附着物和青苗的补偿费的，应予支持。

承包方已将土地承包经营权以转包、出租等方式流转给第三人的，除当事人另有约定外，青苗补偿费归实际投入人所有，地上附着物补偿费归附着物所有人所有。

第二十三条　承包地被依法征收，放弃统一安置的家庭承包方，请求发包方给付已经收到的安置补助费的，应予支持。

第三百二十八条　【海域使用权受法律保护】

依法取得的海域使用权受法律保护。

本条来源

《物权法》第一百二十二条规定：“依法取得的海域使用权受法律保护。”本条延续了该规定。《海域使用管理法》第二十三条第一款规定：“海域使用权人依法使用海域并获得收益的权利受法律保护，任何单位和个人不得侵犯。”

立法演变

物权编一审稿第一百二十三条规定：“依法取得的海域使用权受法律保护。”此后各稿延续了一审稿的规定。

条文释义

本条是关于海域使用权的规定。

我国有着辽阔的海域及其资源与环境，随着海洋科学技术的发展，海域可以通过技术手段加以区分并进行排他性的使用，海域越来越成为可以被人类利用的重要资源。2001 年我国颁布了《海域使用管理法》，从法律上确立了海域使用权制度。该法规定的海域，是指中华人民共和国内水、领海的水面、水体、海床和底土。而“持续使用特定海域三个月以上的排他性用海活动，适用本法”的规定首先指出了海域使用权的适用范围，其次明确了海域使用概念的内涵和外延：一是使用特定海域具有排他性，即在某一特定范围内的海域只能赋予某一特定海域使用权；二是持续使用 3 个月以上的排他性活动，适用《海域使用管理法》等配套法律法规。

海域使用权都是为经营目的而设立，取得海域使用权的，都是从事经营活动的组织或个人即经营主体。根据海洋功能区划，海域使用权是一种综合性的权利，包括渔业权、海底矿藏开采权、养殖权、海上航行权等。海域使用权与渔业权是有区别的。渔业权是指权利人根据渔业法的规定所取得的从事渔业的权利。海洋渔业包括捕捞渔业和养殖渔业，因而海洋渔业权可划分为捕捞权和养殖权。捕捞权是指对自然状态的海洋生物资源予以获取和收益的权利，属于自然资源使用权的一种。在一般情况下，行使捕捞权不需要也不能对特定海域进行排他性的使用。养殖权是利用特定海域养殖海洋生物并予以获取和收益的权利，行使养殖权需要对特定海域进行排他性的使用。因此，海域使用权与渔业权属于交叉概念，海洋渔业权中的养殖权包括在海域使用权之中，而海域使用权不限于养殖权。从事海上航行、海底石油开采、海上养殖、捕捞等行为，均须取得海域使用权，在适用《海域使用管理法》时，应该与《渔业法》《矿产资源法》与《海上交通安全法》协调一致。

有人提出应当专章规定海域使用权，但是海域使用权是与土地使用权并列的上位概念，由于此前的物权法到现在的民法典物权编都没有将土地承包经营权、建设用地使用权、宅基地使用权等综合规定为土地使用权，如果将海域使用权专章规定，会造成用益物权体系的不平衡。因此本条规定只是在于明确海域使用权的用益物权属性，任何民事主体使用海域必须依法取得海域使用权，依法取得的海域使用权受法律保护。至于其具体内容，应当适用《海域使用管理法》，《海域使用管理法》没有规定的，则适用民法典物权编的有关规定。

法条关联

◆《海域使用管理法》

第三条　海域属于国家所有，国务院代表国家行使海域所有权。任何单位或者个人不得侵占、买卖或者以其他形式非法转让海域。

单位和个人使用海域，必须依法取得海域使用权。

第六条　国家建立海域使用权登记制度，依法登记的海域使用权受法律保护。

国家建立海域使用统计制度，定期发布海域使用统计资料。

第二十三条　海域使用权人依法使用海域并获得收益的权利受法律保护，任何单位和个人不得侵犯。

海域使用权人有依法保护和合理使用海域的义务；海域使用权人对不妨害其依法使用海域的非排他性用海活动，不得阻挠。

第三百二十九条　【合法探矿权等受法律保护】

依法取得的探矿权、采矿权、取水权和使用水域、滩涂从事养殖、捕捞的权利受法律保护。

本条来源

《物权法》第一百二十三条规定："依法取得的探矿权、采矿权、取水权和使用水域、滩涂从事养殖、捕捞的权利受法律保护。"本条延续了该规定。《矿产资源法》第三条第四款提到"国家保护探矿权和采矿权不受侵犯"。《水法》规定了取水权，《渔业法》规定了使用水域、滩涂从事养殖、捕捞的权利。

立法演变

物权编一审稿第一百二十四条规定："依法取得的探矿权、采矿权、取水权和使用水域、滩涂从事养殖、捕捞的权利受法律保护。"此后各稿延续了一审稿的规定。

条文释义

本条是关于探矿权、采矿权、取水权和使用水域、滩涂从事养殖、捕捞的权利的规定。

探矿权、采矿权、取水权和使用水域、滩涂从事养殖、捕捞的权利具有自身的特点，与一般的用益物权有所不同。但是探矿权、采矿权、取水权和使用水域、滩涂从事养殖、捕捞的权利主要是对国家自然资源的利用，权利人取得这些权利后，即享有占有、使用和收益的权利，与用益物权的权能一致。同时，这些权利也需要办理登记并进行公示，符合物权公示的原则。因此，物权编对这些权利作了原则性的规定。

一、探矿权、采矿权

所谓探矿权，是指在依法取得的勘查许可证规定的范围内，勘查矿产资源的权利。所谓采矿权，是指在依法取得的采矿许可证规定的范围内，开采矿产资源和获得所开采的矿产品的权利。本条规定依法取得的探矿权、采矿权受法律保护，其实是明确了探矿权和采矿权的用益物权属性，但没有具体规定探矿权和采矿权取得、流转等内容。关于探矿权、采矿权，应首先适用《矿产资源法》等法律的规定，《矿产资源法》等法律没有规定的，则适用物权编的有关规定。

二、取水权

关于取水权的定义，《水法》第四十八条规定："直接从江河、湖泊或者地下取用水资源的单位和个人，应当按照国家取水许可制度和水资源有偿使用制度的规定，向水行政主管部门或者流域管理机构申请领取取水许可证，并缴纳水资源费，取得取水权……”关于取水权，首先应当适用《水法》等法律的规定，《水法》等法律没有规定的，适用物权编的有关规定。

三、使用水域、滩涂从事养殖、捕捞的权利

我国渔业法对从事养殖、捕捞的权利作出了规定。根据渔业法的规定，国家对水域利用进行统一规划，确定可以用于养殖业的水域和滩涂。单位和个人使用国家规划确定用于养殖业的全民所有的水域、滩涂的，使用者应当向县级以上地方人民政府渔业行政主管部门提出申请，由本级人民政府核发养殖证，许可其使用该水域、滩涂从事养殖生产。关于使用水域、滩涂从事养殖、捕捞的权利，应首先适用《渔业法》等法律的规定，《渔业法》等法律没有规定的，适用物权编的有关规定。

法条关联

◆《矿产资源法》

第三条　矿产资源属于国家所有，由国务院行使国家对矿产资源的所有权。地表或者地下的矿产资源的国家所有权，不因其所依附的土地的所有权或者使用权的不同而改变。

国家保障矿产资源的合理开发利用。禁止任何组织或者个人用任何手段侵占或者破坏矿产资源。各级人民政府必须加强矿产资源的保护工作。

勘查、开采矿产资源，必须依法分别申请、经批准取得探矿权、采矿权，并办理登记；但是，已经依法申请取得采矿权的矿山企业在划定的矿区范围内为本企业的生产而进行的勘查除外。国家保护探矿权和采矿权不受侵犯，保障矿区和勘查作业区的生产秩序、工作秩序不受影响和破坏。

从事矿产资源勘查和开采的，必须符合规定的资质条件。

第六条　除按下列规定可以转让外，探矿权、采矿权不得转让：

（一）探矿权人有权在划定的勘查作业区内进行规定的勘查作业，有权优先取得勘查作业区内矿产资源的采矿权。探矿权人在完成规定的最低勘查投入后，经依法批准，可以将探矿权转让他人。

（二）已取得采矿权的矿山企业，因企业合并、分立，与他人合资、合作经营，或者因企业资产出售以及有其他变更企业资产产权的情形而需要变更采矿权主体的，经依法批准可以将采矿权转让他人采矿。

前款规定的具体办法和实施步骤由国务院规定。

禁止将探矿权、采矿权倒卖牟利。

◆《水法》

第六条 国家鼓励单位和个人依法开发、利用水资源，并保护其合法权益。开发、利用水资源的单位和个人有依法保护水资源的义务。

第七条 国家对水资源依法实行取水许可制度和有偿使用制度。但是，农村集体经济组织及其成员使用本集体经济组织的水塘、水库中的水的除外。国务院水行政主管部门负责全国取水许可制度和水资源有偿使用制度的组织实施。

第四十八条 直接从江河、湖泊或者地下取用水资源的单位和个人，应当按照国家取水许可制度和水资源有偿使用制度的规定，向水行政主管部门或者流域管理机构申请领取取水许可证，并缴纳水资源费，取得取水权。但是，家庭生活和零星散养、圈养畜禽饮用等少量取水的除外。

实施取水许可制度和征收管理水资源费的具体办法，由国务院规定。

◆《渔业法》

第十一条 国家对水域利用进行统一规划，确定可以用于养殖业的水域和滩涂。单位和个人使用国家规划确定用于养殖业的全民所有的水域、滩涂的，使用者应当向县级以上地方人民政府渔业行政主管部门提出申请，由本级人民政府核发养殖证，许可其使用该水域、滩涂从事养殖生产。核发养殖证的具体办法由国务院规定。

集体所有的或者全民所有由农业集体经济组织使用的水域、滩涂，可以由个人或者集体承包，从事养殖生产。

◆《矿产资源法实施细则》

第五条 国家对矿产资源的勘查、开采实行许可证制度。勘查矿产资源，必须依法申请登记，领取勘查许可证，取得探矿权；开采矿产资源，必须依法申请登记，领取采矿许可证，取得采矿权。

矿产资源勘查工作区范围和开采矿区范围，以经纬度划分的区块为基本单位。具体办法由国务院地质矿产主管部门制定。

第六条　《矿产资源法》及本细则中下列用语的含义：

探矿权，是指在依法取得的勘查许可证规定的范围内，勘查矿产资源的权利。取得勘查许可证的单位或者个人称为探矿权人。

采矿权，是指在依法取得的采矿许可证规定的范围内，开采矿产资源和获得所开采的矿产品的权利。取得采矿许可证的单位或者个人称为采矿权人。

国家规定实行保护性开采的特定矿种，是指国务院根据国民经济建设和高科技发展的需要，以及资源稀缺、贵重程度确定的，由国务院有关主管部门按照国家计划批准开采的矿种。

国家规划矿区，是指国家根据建设规划和矿产资源规划，为建设大、中型矿山划定的矿产资源分布区域。

对国民经济具有重要价值的矿区，是指国家根据国民经济发展需要划定的，尚未列入国家建设规划的，储量大、质量好、具有开发前景的矿产资源保护区域。

第十一章　土地承包经营权

本章概要

土地承包经营权是指农村土地的承包方对农民集体所有的土地或由国家所有依法由农民集体使用的土地所享有的承包经营权。承包方自与发包方签订的承包合同生效时取得土地承包经营权，承包合同自成立之日起生效。这里的农村土地是指农民集体所有和国家所有依法由农民集体使用的耕地、林地、草地，以及其他依法用于农业的土地，不包含农村土地中的建设用地。土地承包经营权有两种方式，一种是采取农村集体经济组织内部的家庭承包方式，另一种是对不宜采取家庭承包方式的荒山、荒沟、荒丘、荒滩等农村土地，采取招标、拍卖、公开协商等方式承包。

关于土地承包经营权的性质，理论界的代表性观点主要有物权说和债权说：

一、物权说

大多数学者认为土地承包经营权是一种用益物权性质的民事权利。但理由不尽相同。

1. 承包经营权表现为对土地等物的直接支配的权利。承包人基于承包合同而实际占有、控制、使用土地，对土地行使直接支配的权利。

2. 承包经营权具有排他性。集体组织在与农民签订承包合同时，不能就同一标的设定两个承包权，承包人对于其承包标的可以按照合同的约定，自主地行使使用和收益的权利，排除任何人的非法干涉。任何人都负有不得侵犯承包人的承包经营权的义务。

3. 承包经营权具有优先性、追及性。承包合同都是有期限的，期满后，再次签订承包合同时原承包人在相同条件下享有优先权。承包人根据合同占有承包标的后，任何人都不得妨碍其权利的行使，不管承包的土地被谁占有，承包人都有追索权。

4. 民法将承包经营权规定为“与所有权有关的财产权”，而不是规定在债权部分，至少说明立法原意也是把它排除在债权之外的。

5. 承包经营权是根据承包合同设定的，但并不能据此认定承包经营权为债权。物权和合同并非互相排斥，相反合同往往是物权产生的主要原因。在承包经营关系中，承包人根据合同请求集体将土地交由自己承包经营的权利是一种债权，而承包人依据合同直接对土地承包经营的权利则是物权，是对物的直接支配权，可以对抗任何人。

二、债权说

近年来，有观点认为土地承包经营权为债权，其主要理由如下：

1. 从土地承包经营权的连带性上看，土地承包经营权连带于联产承包，不是一个独立的物权。“联产”意味着承包人必须达到“承包指标”，发包人对作为承包经营权标的物的土地，仍有相当大的支配力。

2. 从承包人与土地所有者的关系上看，联产承包合同关系是发包人与承包人之间的内部关系，因此而取得的承包权实际上只有对人而无对地的效力。

3. 从土地承包经营权转让的条件来看，承包人不能自主转让承包权，而须经发包人同意，这种转让方式完全是普通债权的转让方式。

4. 在土地转包关系中，转包人取得的权利也是土地承包经营权，若该权利性质为物权，这显然违背一般物权法原理，若为债权，则立法上和实践上不得不区别物权性质的土地承包经营权和债权性质的土地承包经营权。

物权法最终将土地承包经营权归为物权规范，赋予土地承包经营权以物权性质的救济手段，将最大限度地保护土地承包经营权人的合法权益，使土地关系得以稳定化和长期化。按照对物权类型的划分，土地承包经营权属于用益物权。物权法将土地承包经营权作为用益物权法定化，意味着该权利是相对独立于集体土地所有权的法定物权种类，行使集体土地所有权必须尊重土地承包经营权，从而形成对集体土地所有权的法律限制。同时，土地承包经营权法定化，可以稳定农村土地上的权利义务关系，维护农民的利益，防止耕地的大量流失以及地方政府随意调整土地上的关系，更充分、有效、合理地利用土地。更为重要的是，土地承包经营权作为用益物权与所有权一样具有物上请求权。一旦土地承包经营权人对土地的占有、使用、收益和有限处分权利被妨害，权利人可要求妨害人停止侵害、返还财物、排除妨碍或者赔偿损失。该项权能较债权请求权可更有效地保护土地承包经营权人的利益。

第三百三十条　【农村集体经济组织实行双层经营体制】

农村集体经济组织实行家庭承包经营为基础、统分结合的双层经营体制。

农民集体所有和国家所有由农民集体使用的耕地、林地、草地以及其他用于农业的土地，依法实行土地承包经营制度。

本条来源

《宪法》第八条第一款指出，农村集体经济组织实行家庭承包经营为基础、统分结合的双层经营体制。《物权法》第一百二十四条规定："农村集体经济组织实行家庭承包经营为基础、统分结合的双层经营体制。农民集体所有和国家所有由农民集体使用的耕地、林地、草地以及其他用于农业的土地，依法实行土地承包经营制度。"本条延续了该规定。《农业法》《农村土地承包法》也都规定了农村集体经济组织的双层经营体制。

立法演变

物权编一审稿第一百二十五条规定："农村集体经济组织实行家庭承包经营为基础、统分结合的双层经营体制。农民集体所有和国家所有由农民集体使用的耕地、林地、草地以及其他用于农业的土地，依法实行土地承包经营制度。"此后各稿延续了一审稿的规定。

条文释义

本条是关于农村土地经营体制与经营制度的规定。

农村集体经济组织实行家庭承包经营为基础、统分结合的双层经营体制，是我国宪法确立的农村集体经济组织的经营体制。长期稳定和不断完善以家庭承包经营为基础、统分结合的双层经营体制，是党在农村的基本政策。"双层经营"包含了两个经营层次：一是家庭分散经营层次；二是集体统一经营层次。家庭承包经营是双层经营体制的基础，不能把它与集体统一经营割裂开来。①

---

① 王超：《农村土地双层经营体制的物权重述》，载《湖南警察学院学报》2019 年第 2 期，第 7 页。

依法实行土地承包经营制度的农村土地，包括农村集体所有和国家所有依法由农村集体使用的耕地、林地、草地以及其他用于农业的土地。其他用于农业的土地，如荒山、荒沟、荒丘、荒滩等“四荒地”。根据《农村土地承包法》的规定，农村土地承包采取农村集体经济组织内部的家庭承包方式，不宜采取家庭承包方式的荒山、荒沟、荒丘、荒滩等农村土地，可以采取招标、拍卖、公开协商等方式承包。可见，农村土地承包经营制度包括两种承包方式，即家庭承包和以招标、拍卖、公开协商等方式的承包。家庭承包，是指集体经济组织按照公平分配、人人有份的原则，统一将耕地、林地、草地承包给本集体经济组织农户的一种承包方式。家庭承包和其他方式承包的区别是：一是承包方不同。家庭承包的承包方只能是本集体经济组织内部的农户。而其他方式承包的承包方，既可以是本集体经济组织内部的农户，也可以是经过本集体经济组织大部分成员同意的外部企事业单位和个人。二是承包的对象不同。家庭承包的对象主要是耕地、林地和草地。其他方式承包的对象，是不适宜实行家庭承包的土地，主要是“四荒地”。三是承包土地的原则不同。家庭承包的基本原则是公平，本集体组织成员人人有份。其他方式的承包不是人人有份的平均承包，承包的原则是效率优先，兼顾公平。四是确定当事人权利义务的方式不同。家庭承包确定双方的权利义务必须遵守法律的具体规定。其他方式的承包，双方当事人可以按照法律规定的方式，通过平等协商一致，确定双方的权利义务。

法条关联

◆《宪法》

第八条 农村集体经济组织实行家庭承包经营为基础、统分结合的双层经营体制。农村中的生产、供销、信用、消费等各种形式的合作经济，是社会主义劳动群众集体所有制经济。参加农村集体经济组织的劳动者，有权在法律规定的范围内经营自留地、自留山、家庭副业和饲养自留畜。

城镇中的手工业、工业、建筑业、运输业、商业、服务业等行业的各种形式的合作经济，都是社会主义劳动群众集体所有制经济。

国家保护城乡集体经济组织的合法的权利和利益，鼓励、指导和帮助集体经济的发展。

◆《农业法》

第五条第二款 国家长期稳定农村以家庭承包经营为基础、统分结合的双层经营体制，发展社会化服务体系，壮大集体经济实力，引导农民走共同富裕的道路。

第十条 国家实行农村土地承包经营制度，依法保障农村土地承包关系的长期稳定，保护农民对承包土地的使用权。

农村土地承包经营的方式、期限、发包方和承包方的权利义务、土地承包经营权的保护和流转等，适用《中华人民共和国土地管理法》和《中华人民共和国农村土地承包法》。

农村集体经济组织应当在家庭承包经营的基础上，依法管理集体资产，为其成员提供生产、技术、信息等服务，组织合理开发、利用集体资源，壮大经济实力。

◆《农村土地承包法》

第一条 为了巩固和完善以家庭承包经营为基础、统分结合的双层经营体制，保持农村土地承包关系稳定并长久不变，维护农村土地承包经营当事人的合法权益，促进农业、农村经济发展和农村社会和谐稳定，根据宪法，制定本法。

第二条 本法所称农村土地，是指农民集体所有和国家所有依法由农民集体使用的耕地、林地、草地，以及其他依法用于农业的土地。

第三条 国家实行农村土地承包经营制度。

农村土地承包采取农村集体经济组织内部的家庭承包方式，不宜采取家庭承包方式的荒山、荒沟、荒丘、荒滩等农村土地，可以采取招标、拍卖、公开协商等方式承包。

◆《草原法》

第十三条 集体所有的草原或者依法确定给集体经济组织使用的国家所有的草原，可以由本集体经济组织内的家庭或者联户承包经营。

在草原承包经营期内，不得对承包经营者使用的草原进行调整；个别确需适当调整的，必须经本集体经济组织成员的村（牧）民会议三分之二以上成员或者三分之二以上村（牧）民代表的同意，并报乡（镇）人民政府和县级人民政府草原行政主管部门批准。

集体所有的草原或者依法确定给集体经济组织使用的国家所有的草原由本集体经济组织以外的单位或者个人承包经营的，必须经本集体经济组织成员的村（牧）民会议三分之二以上成员或者三分之二以上村（牧）民代表的同意，并报乡（镇）人民政府批准。

◆《村民委员会组织法》

第八条　村民委员会应当支持和组织村民依法发展各种形式的合作经济和其他经济，承担本村生产的服务和协调工作，促进农村生产建设和经济发展。

村民委员会依照法律规定，管理本村属于村农民集体所有的土地和其他财产，引导村民合理利用自然资源，保护和改善生态环境。

村民委员会应当尊重并支持集体经济组织依法独立进行经济活动的自主权，维护以家庭承包经营为基础、统分结合的双层经营体制，保障集体经济组织和村民、承包经营户、联户或者合伙的合法财产权和其他合法权益。

第三百三十一条　【土地承包经营权人的权利】

土地承包经营权人依法对其承包经营的耕地、林地、草地等享有占有、使用和收益的权利，有权从事种植业、林业、畜牧业等农业生产。

本条来源

《物权法》第一百二十五条规定：“土地承包经营权人依法对其承包经营的耕地、林地、草地等享有占有、使用和收益的权利，有权从事种植业、林业、畜牧业等农业生产。”本条延续了该规定。《农村土地承包法》第十七条第一项规定了承包方依法享有承包地使用、收益的权利，有权自主组织生产经营和处置产品。

立法演变

物权编一审稿第一百二十六条规定：“土地承包经营权人依法对其承包经营的耕地、林地、草地等享有占有、使用和收益的权利，有权从事种植业、林业、畜牧业等农业生产。”此后各稿延续了一审稿的规定。

条文释义

本条是关于土地承包经营权的规定。

土地承包经营权，是指土地承包经营权人为从事种植业、林业、畜牧业，对其承包的集体所有或者国家所有由农民集体使用的土地所享有的占有、使用、收益的权利。

土地承包经营权人享有以下基本权利：

1. 依法享有对承包地占有的权利。土地承包经营权是对集体所有或国家所有由集体使用的土地使用、收益的权利，为实现其使用、收益的目的，必然以对土地的占有为前提。

2. 依法享有对承包地使用的权利。土地承包经营权人有权使用其所承包的土地从事种植业、林业、畜牧业，承包人对其承包的土地进行合理且有效的使用当然是其重要权能之一。对承包地的使用不仅限于传统意义上的种粮植树、放牛养羊等，还包括因进行农业生产而修建必要的附属设施，如建造沟渠、修建水井等。

3. 依法获取承包地收益的权利。土地承包经营权人对因使用其承包地所产生的收益当然地享有所有权。这种收益主要是从承包地上种植的农作物以及养殖畜牧中所获得的利益。承包人还有权自由处置自己生产的产品。

上述权利是土地承包经营权作为用益物权包含的最基本的权利，土地承包经营权还包含其他一些重要的权利。

1. 自主组织生产经营的权利。承包人可以在法律规定的范围内自主地决定如何在土地上进行生产经营，不受其他组织和个人的干涉。

2. 依法进行土地经营权流转的权利。国家保护承包方依法、自愿、有偿流转土地经营权。通过家庭承包取得的土地承包经营权可以依法采取互换、转让的方式流转，承包方还可以自主决定依法采取出租、入股或者其他方式向他人流转土地经营权。通过招标、拍卖、公开协商等方式承包农村土地，经依法登记取得权属证书的，可以依法采取出租、入股、抵押或者其他方式流转土地经营权。

法条关联

◆《土地管理法》

第十三条第二款、第三款　国家所有依法用于农业的土地可以由单位或者个人承包经营，从事种植业、林业、畜牧业、渔业生产。

发包方和承包方应当依法订立承包合同，约定双方的权利和义务。承包经营土地的单位和个人，有保护和按照承包合同约定的用途合理利用土地的义务。

◆《农村土地承包法》

第十七条　承包方享有下列权利：

（一）依法享有承包地使用、收益的权利，有权自主组织生产经营和处置产品；

（二）依法互换、转让土地承包经营权；

（三）依法流转土地经营权；

（四）承包地被依法征收、征用、占用的，有权依法获得相应的补偿；

（五）法律、行政法规规定的其他权利。

◆《森林法》

第二十七条　国有企业事业单位、机关、团体、部队营造的林木，由营造单位经营并按照国家规定支配林木收益。

集体所有制单位营造的林木，归该单位所有。

农村居民在房前屋后、自留地、自留山种植的林木，归个人所有。城镇居民和职工在自有房屋的庭院内种植的林木，归个人所有。

集体或者个人承包国家所有和集体所有的宜林荒山荒地造林的，承包后种植的林木归承包的集体或者个人所有；承包合同另有规定的，按照承包合同的规定执行。

◆《森林法实施条例》

第十五条　国家依法保护森林、林木和林地经营者的合法权益。任何单位和个人不得侵占经营者依法所有的林木和使用的林地。

用材林、经济林和薪炭林的经营者，依法享有经营权、收益权和其他合法权益。

防护林和特种用途林的经营者，有获得森林生态效益补偿的权利。

第二十七条 国家保护承包造林者依法享有的林木所有权和其他合法权益。未经发包方和承包方协商一致，不得随意变更或者解除承包造林合同。

◆《退耕还林条例》

第四十七条第一款 国家保护退耕还林者享有退耕土地上的林木（草）所有权。自行退耕还林的，土地承包经营权人享有退耕土地上的林木（草）所有权；委托他人还林或者与他人合作还林的，退耕土地上的林木（草）所有权由合同约定。

第三百三十二条 【土地承包期限】

耕地的承包期为三十年。草地的承包期为三十年至五十年。林地的承包期为三十年至七十年。

前款规定的承包期限届满，由土地承包经营权人依照农村土地承包的法律规定继续承包。

本条来源

《物权法》第一百二十六条规定："耕地的承包期为三十年。草地的承包期为三十年至五十年。林地的承包期为三十年至七十年；特殊林木的林地承包期，经国务院林业行政主管部门批准可以延长。前款规定的承包期届满，由土地承包经营权人按照国家有关规定继续承包。"本条在此基础上，第一款删去"特殊林木的林地承包期，经国务院林业行政主管部门批准可以延长"，第二款将"按照国家有关规定"改为"依照农村土地承包的法律规定"。《土地管理法》《农村土地承包经营法》都规定了不同用途的土地的承包期限。

立法演变

物权编一审稿第一百二十七条规定："耕地的承包期为三十年。草地的承包期为三十年至五十年。林地的承包期为三十年至七十年；特殊林木的林地承包期，经国务院林业行政主管部门批准可以延长。前款规定的承包期届满，由土地承包经营权人按照国家有关规定继续承包。"二审稿将一审稿"特殊林木的林地承包期，经国务院林业行政主管部门批准可以延长"删去，并且将"按照国家有关规定”改为“依照农村土地承包的法律规定”。征求意见稿将一审稿、二审稿“前款规定的承包期届满”改为“前款规定的承包期限届满”。

条文释义

本条是关于土地承包期的规定。

土地承包期是指农村土地承包经营权存续的期间，在这个期间内，承包人享有土地承包经营权，依照法律的规定和合同的约定行使权利、承担义务。我国对土地实行用途管理制度。土地管理法按照土地的用途，将土地划分为农用地、建设用地和未利用地，其中的农用地又包括耕地、林地、草地、农田水利用地、养殖水面等。本条根据我国农村家庭承包的实际情况，对不同用途的土地的承包期作出规定。

对耕地、林地、草地规定不同的承包期，主要是考虑到不同性质土地的投资收益期限差别较大。一般来说，在耕地上进行投资收益较快，大多数情况下当年投入当年就能取得收益。草地的投资需要数年时间才能取得收入。林地的投资回报期限更长，通常需要数年、十多年甚至几十年才能取得收益，因此必须规定更长的承包期，才能更好地保护承包方的收益权，调动承包方植树造林积极性。①

为发展农业生产，防止土地承包经营权人在承包期限临近届满时对所承包的土地不作投入，过度利用土地，法律应对土地承包经营权期限届满的续期作出特别规定。农村土地承包经营制度是我国将长期坚持的一项基本制度，为了赋予农民长期而有保障的土地使用权，本条第二款规定：“前款规定的承包期限届满，由土地承包经营权人依照农村土地承包的法律规定继续承包。”据此，只要土地承包经营权人没有明确表示不愿意继续承包，该土地承包经营权人就享有在原土地承包经营权合同期限届满时继续承包土地的权利。

法条关联

◆《土地管理法》

第十三条第一款　农民集体所有和国家所有依法由农民集体使用的耕地、

① 王宗非主编：《农村土地承包法释义与适用》，人民法院出版社2002年版，第60页。

林地、草地，以及其他依法用于农业的土地，采取农村集体经济组织内部的家庭承包方式承包，不宜采取家庭承包方式的荒山、荒沟、荒丘、荒滩等，可以采取招标、拍卖、公开协商等方式承包，从事种植业、林业、畜牧业、渔业生产。家庭承包的耕地的承包期为三十年，草地的承包期为三十年至五十年，林地的承包期为三十年至七十年；耕地承包期届满后再延长三十年，草地、林地承包期届满后依法相应延长。

◆《农村土地承包法》

第二十一条 耕地的承包期为三十年。草地的承包期为三十年至五十年。林地的承包期为三十年至七十年。

前款规定的耕地承包期届满后再延长三十年，草地、林地承包期届满后依照前款规定相应延长。

◆《退耕还林条例》

第四十八条 退耕土地还林后的承包经营权期限可以延长到70年。承包经营权到期后，土地承包经营权人可以依照有关法律、法规的规定继续承包。

退耕还林土地和荒山荒地造林后的承包经营权可以依法继承、转让。

◆《最高人民法院关于审理涉及农村土地承包纠纷案件适用法律问题的解释》

第七条 承包合同约定或者土地承包经营权证等证书记载的承包期限短于农村土地承包法规定的期限，承包方请求延长的，应予支持。

第二十五条 林地家庭承包中，承包方的继承人请求在承包期内继续承包的，应予支持。

其他方式承包中，承包方的继承人或者权利义务承受者请求在承包期内继续承包的，应予支持。

第三百三十三条 【土地承包经营权的设立和登记】

土地承包经营权自土地承包经营权合同生效时设立。

登记机构应当向土地承包经营权人发放土地承包经营权证、林权证等证书，并登记造册，确认土地承包经营权。

本条来源

《物权法》第一百二十七条规定："土地承包经营权自土地承包经营权合同生效时设立。县级以上地方人民政府应当向土地承包经营权人发放土地承包经营权证、林权证、草原使用权证，并登记造册，确认土地承包经营权。"本条在此基础上，第二款将"县级以上地方人民政府"改为"登记机构"，删去"、草原使用权证"，改为"等证书"。《农村土地承包法》第二十三条规定："承包合同自成立之日起生效。承包方自承包合同生效时取得土地承包经营权。"第二十四条第一款规定："国家对耕地、林地和草地等实行统一登记，登记机构应当向承包方颁发土地承包经营权证或者林权证等证书，并登记造册，确认土地承包经营权。"

立法演变

物权编一审稿第一百二十八条规定："土地承包经营权自土地承包经营权合同生效时设立。登记机构应当向土地承包经营权人发放权属证书，确认土地承包经营权。"二审稿将一审稿"发放权属证书"具体为"发放土地承包经营权证、林权证等证书"，增加了"并登记造册"。此后各稿延续了二审稿的规定。

条文释义

本条是关于土地承包经营权设立和登记的规定。

土地承包经营权自土地承包经营权合同生效时设立，实际上确定了土地承包经营权采取意思主义的物权变动模式。土地承包经营权的设立，只需发包方和承包方达成意思表示一致，而无需以登记为要件。这主要是考虑到我国农村的实际特点，如果规定土地承包经营权不经登记不具有物权效力，不利于维护农民的合法利益。而且，土地承包方案经村民会议或村民代表会议讨论同意，集体经济组织成员互相熟悉，承包的地块通常都互相知悉，能够起到相应的公示作用。

土地承包经营权证、林权证等证书，是承包方享有土地承包经营权的法律凭证。土地承包经营权的设立，不以登记为生效要件，但是为了稳定土地承包关系，进一步确认和保护土地承包经营权人的合法权利，同时，为了简化登记和发证的程序，进一步减轻农民的负担，对已经设立的土地承包经营权，登记机构应当积极地向土地承包经营权人发放土地承包经营权证、林权证等证书。土地承包经营权等证书应载明：

（一）名称和编号；

（二）发证机关及日期；

（三）承包期限和起止日期；

（四）承包土地名称、坐落、面积、用途；

（五）农村土地承包经营权变动情况；

（六）其他应当注明的事项。

登记机构在依法及时完成发证工作的同时，还应将土地承包经营权登记造册，登记簿由登记机构负责管理。

法条关联

◆《农村土地承包法》

第二十三条 承包合同自成立之日起生效。承包方自承包合同生效时取得土地承包经营权。

第二十四条 国家对耕地、林地和草地等实行统一登记，登记机构应当向承包方颁发土地承包经营权证或者林权证等证书，并登记造册，确认土地承包经营权。

土地承包经营权证或者林权证等证书应当将具有土地承包经营权的全部家庭成员列入。

登记机构除按规定收取证书工本费外，不得收取其他费用。

◆《森林法》

第三条 森林资源属于国家所有，由法律规定属于集体所有的除外。

国家所有的和集体所有的森林、林木和林地，个人所有的林木和使用的林地，由县级以上地方人民政府登记造册，发放证书，确认所有权或者使用权。国务院可以授权国务院林业主管部门，对国务院确定的国家所有的重点林区的森林、林木和林地登记造册，发放证书，并通知有关地方人民政府。

森林、林木、林地的所有者和使用者的合法权益，受法律保护，任何单位和个人不得侵犯。

◆《草原法》

第十一条　依法确定给全民所有制单位、集体经济组织等使用的国家所有的草原，由县级以上人民政府登记，核发使用权证，确认草原使用权。

未确定使用权的国家所有的草原，由县级以上人民政府登记造册，并负责保护管理。

集体所有的草原，由县级人民政府登记，核发所有权证，确认草原所有权。

依法改变草原权属的，应当办理草原权属变更登记手续。

◆《最高人民法院关于审理涉及农村土地承包纠纷案件适用法律问题的解释》

第二十条　发包方就同一土地签订两个以上承包合同，承包方均主张取得土地承包经营权的，按照下列情形，分别处理：

（一）已经依法登记的承包方，取得土地承包经营权；

（二）均未依法登记的，生效在先合同的承包方取得土地承包经营权；

（三）依前两项规定无法确定的，已经根据承包合同合法占有使用承包地的人取得土地承包经营权，但争议发生后一方强行先占承包地的行为和事实，不得作为确定土地承包经营权的依据。

第二十一条　承包方未依法登记取得土地承包经营权证等证书，即以转让、出租、入股、抵押等方式流转土地承包经营权，发包方请求确认该流转无效的，应予支持。但非因承包方原因未登记取得土地承包经营权证等证书的除外。

承包方流转土地承包经营权，除法律或者本解释有特殊规定外，按照有关家庭承包土地承包经营权流转的规定处理。

案例评议

黄某与冯某、陈某标等土地承包经营权纠纷案①

◆ **裁判规则**

《物权法》规定土地承包经营权自土地承包经营权合同生效时设立。本案冯某等提供的报告盖有公章和相关签名确认，结合证人证言、账本，足以证明村委会1995年收回黄某户的承包地调换给陈某标户等事实。陈某标户与村委会

① 温州市中级人民法院（2017）浙03民终字第3766号民事判决书。

虽未签订书面合同，但双方均已实际履行各自义务，也依法享有相应权利。《合同法》规定，法律、行政法规规定或当事人约定采用书面形式订立合同，当事人未采用书面形式但一方已经履行主要义务，对方接受的，该合同成立。且土地承包权证仅是证明土地承包经营权的凭证，并非设立土地承包经营权的依据，当陈某标户与黄某户的二轮土地承包权证记载内容与实际的土地承包合同不一致时，应当以土地承包合同为主，故原判依法认定当时的莲花村委会与陈某标就案涉水田延续之前的承包经营合同关系，具有事实与法律依据，予以确认。

◆ **评议**

农户取得土地承包经营权的途径是与发包方签订承包合同，而不是领取土地承包权证。因此，土地承包权证与实际承包合同内容不符的，应以实际承包合同内容作为确定农户取得土地承包经营权的依据。且陈某标户与当时的莲花村委会虽未签订书面合同，但双方均已实际履行各自义务，也依法享有相应权利。因此法院依法认定当时的莲花村委会与陈某标就案涉水田延续之前的承包经营合同关系。

第三百三十四条　【土地承包经营权互换、转让】

土地承包经营权人依照法律规定，有权将土地承包经营权互换、转让。未经依法批准，不得将承包地用于非农建设。

本条来源

《物权法》第一百二十八条规定："土地承包经营权人依照农村土地承包法的规定，有权将土地承包经营权采取转包、互换、转让等方式流转。流转的期限不得超过承包期的剩余期限。未经依法批准，不得将承包地用于非农建设。"本条在此基础上，将"农村土地承包法的规定"改为"法律规定"，将物权法上的转包概念与建设工程的转包概念相统一，属于无资质而作出的特定行为，所以不再承认"采取转包"的做法。同时删去"等方式流转""流转的期限不得超过承包期的剩余期限"。《农村土地承包法》第十一条第一款提到"未经依法批准不得将承包地用于非农建设”。第三十三条和第三十四条分别规定了土地承包经营权可以互换和转让。

立法演变

物权编一审稿第一百二十九条规定：“实行家庭承包的土地承包经营权人依照农村土地承包法的规定，有权将土地承包经营权互换、转让或者出让土地经营权。出让的期限不得超过承包期的剩余期限。未经依法批准，不得将承包地用于非农建设。”二审稿删去了“实行家庭承包的”，将“农村土地承包法的规定”改为“法律规定”，删去“或者出让土地经营权。出让的期限不得超过承包期的剩余期限”。此后各稿延续了二审稿的规定。

条文释义

本条是关于土地承包经营权互换、转让的规定。

允许土地承包经营权合理的互换、转让，是农业发展的客观要求，也是进一步稳定土地承包关系的重要措施。家庭承包的农村土地承包经营权互换、转让，有利于防止和减少农村承包地的弃耕抛荒，实现农村劳动力转移和优化农村土地资源配置。规范土地承包经营权互换、转让，有利于农业产业化经营和农业及农村经济结构的调整，也有利于保障农村土地承包关系的长期稳定。

一、互换

土地承包经营权互换是指承包方之间为方便耕作或者各自需要，对属于同一集体经济组织的承包地块进行交换，同时交换相应的土地承包经营权。互换从表面上看是承包地块的交换，但从性质上看，是由交换承包土地引起的权利本身的交换。土地承包经营权互换，是土地承包经营权人将自己的土地承包经营权交换给他人行使，自己行使从他人处换来的土地承包经营权。需要注意的是，互换土地承包经营权，要避免因此而打乱不同农民集体的土地权属，因此承包人不能与其他集体经济组织的农户互换土地承包经营权。

二、转让

2002 年《农村土地承包法》规定：承包方有稳定的非农职业或者有稳定的收入来源的，经发包方同意，可以将全部或者部分土地承包经营权转让给其他从事农业生产经营的农户，由该农户同发包方确立新的承包关系，原承包方与发包方在该土地上的承包关系即行终止。2018年修改后的《农村土地承包法》将本条修改为：经发包方同意，承包方可以将全部或者部分的土地承包经营权转让给本集体经济组织的其他农户，由该农户同发包方确立新的承包关系，原承包方与发包方在该土地上的承包关系即行终止。一是删去了承包方转让土地承包经营权的原因和动机，二是将受让对象范围由“其他从事农业生产经营的农户”缩小到“本集体经济组织的其他农户”。

2018年修改的农村土地承包法，将农村土地实行“三权分置”的制度法制化。“三权分置”是所有权、承包权、经营权三权分置。转包是土地承包经营权人把自己承包期内承包的土地，在一定期限内全部或部分转交给本集体经济组织内部的其他农户耕种和经营。转包流转的是土地经营权，承包人与发包人之间的承包关系不会发生改变，而互换和转让会改变承包人与发包人之间的承包关系。本条删去“转包”，是物权编在《农村土地承包法》修改的基础上对应地将土地承包经营权的互换与转让与土地经营权的流转区分开的规定。[①]

土地承包经营权互换、转让，应当按照土地的原有用途使用土地，承包地应当用于种植业等农业生产，不得改变农用土地的用途，将其用于非农业建设。违法将农用地用于非农建设的，应当承担法律责任。

法条关联

◆《农村土地承包法》

第十一条 农村土地承包经营应当遵守法律、法规，保护土地资源的合理开发和可持续利用。未经依法批准不得将承包地用于非农建设。

国家鼓励增加对土地的投入，培肥地力，提高农业生产能力。

第三十三条 承包方之间为方便耕种或者各自需要，可以对属于同一集体经济组织的土地的土地承包经营权进行互换，并向发包方备案。

第三十四条 经发包方同意，承包方可以将全部或者部分的土地承包经营权转让给本集体经济组织的其他农户，由该农户同发包方确立新的承包关系，原承包方与发包方在该土地上的承包关系即行终止。

① 王铁雄：《农村承包地三权分置制度入典研究》，载《河北法学》2020年第1期，第22页。

第六十三条　承包方、土地经营权人违法将承包地用于非农建设的，由县级以上地方人民政府有关主管部门依法予以处罚。

承包方给承包地造成永久性损害的，发包方有权制止，并有权要求赔偿由此造成的损失。

◆《森林法》

第十五条　下列森林、林木、林地使用权可以依法转让，也可以依法作价入股或者作为合资、合作造林、经营林木的出资、合作条件，但不得将林地改为非林地：

（一）用材林、经济林、薪炭林；

（二）用材林、经济林、薪炭林的林地使用权；

（三）用材林、经济林、薪炭林的采伐迹地、火烧迹地的林地使用权；

（四）国务院规定的其他森林、林木和其他林地使用权。

依照前款规定转让、作价入股或者作为合资、合作造林、经营林木的出资、合作条件的，已经取得的林木采伐许可证可以同时转让，同时转让双方都必须遵守本法关于森林、林木采伐和更新造林的规定。

除本条第一款规定的情形外，其他森林、林木和其他林地使用权不得转让。

具体办法由国务院规定。

◆《草原法》

第十五条　草原承包经营权受法律保护，可以按照自愿、有偿的原则依法转让。

草原承包经营权转让的受让方必须具有从事畜牧业生产的能力，并应当履行保护、建设和按照承包合同约定的用途合理利用草原的义务。

草原承包经营权转让应当经发包方同意。承包方与受让方在转让合同中约定的转让期限，不得超过原承包合同剩余的期限。

◆《农村土地承包经营权流转管理办法》

第三条　农村土地承包经营权流转不得改变承包土地的农业用途，流转期限不得超过承包期的剩余期限，不得损害利害关系人和农村集体经济组织的合法权益。

第四条　农村土地承包经营权流转应当规范有序。依法形成的流转关系应当受到保护。

第六条 承包方有权依法自主决定承包土地是否流转、流转的对象和方式。任何单位和个人不得强迫或者阻碍承包方依法流转其承包土地。

第八条 承包方自愿委托发包方或中介组织流转其承包土地的，应当由承包方出具土地流转委托书。委托书应当载明委托的事项、权限和期限等，并有委托人的签名或盖章。

没有承包方的书面委托，任何组织和个人无权以任何方式决定流转农户的承包土地。

第九条 农村土地承包经营权流转的受让方可以是承包农户，也可以是其他按有关法律及有关规定允许从事农业生产经营的组织和个人。在同等条件下，本集体经济组织成员享有优先权。

受让方应当具有农业经营能力。

第十条 农村土地承包经营权流转方式、期限和具体条件，由流转双方平等协商确定。

第十一条 承包方与受让方达成流转意向后，以转包、出租、互换或者其他方式流转的，承包方应当及时向发包方备案；以转让方式流转的，应当事先向发包方提出转让申请。

第十二条 受让方应当依照有关法律、法规的规定保护土地，禁止改变流转土地的农业用途。

第十三条 受让方将承包方以转包、出租方式流转的土地实行再流转，应当取得原承包方的同意。

第十五条 承包方依法取得的农村土地承包经营权可以采取转包、出租、互换、转让或者其他符合有关法律和国家政策规定的方式流转。

第十七条 同一集体经济组织的承包方之间自愿将土地承包经营权进行互换，双方对互换土地原享有的承包权利和承担的义务也相应互换，当事人可以要求办理农村土地承包经营权证变更登记手续。

第十八条 承包方采取转让方式流转农村土地承包经营权的，经发包方同意后，当事人可以要求及时办理农村土地承包经营权证变更、注销或重发手续。

第十九条 承包方之间可以自愿将承包土地入股发展农业合作生产，但股份合作解散时入股土地应当退回原承包农户。

第二十条 通过转让、互换方式取得的土地承包经营权经依法登记获得土地承包经营权证后，可以依法采取转包、出租、互换、转让或者其他符合法律和国家政策规定的方式流转。

第三十四条　通过招标、拍卖和公开协商等方式承包荒山、荒沟、荒丘、荒滩等农村土地，经依法登记取得农村土地承包经营权证的，可以采取转让、出租、入股、抵押或者其他方式流转，其流转管理参照本办法执行。

第三十五条　本办法所称转让是指承包方有稳定的非农职业或者有稳定的收入来源，经承包方申请和发包方同意，将部分或全部土地承包经营权让渡给其他从事农业生产经营的农户，由其履行相应土地承包合同的权利和义务。转让后原土地承包关系自行终止，原承包方承包期内的土地承包经营权部分或全部灭失。

转包是指承包方将部分或全部土地承包经营权以一定期限转给同一集体经济组织的其他农户从事农业生产经营。转包后原土地承包关系不变，原承包方继续履行原土地承包合同规定的权利和义务。接包方按转包时约定的条件对转包方负责。承包方将土地交他人代耕不足一年的除外。

互换是指承包方之间为方便耕作或者各自需要，对属于同一集体经济组织的承包地块进行交换，同时交换相应的土地承包经营权。

入股是指实行家庭承包方式的承包方之间为发展农业经济，将土地承包经营权作为股权，自愿联合从事农业合作生产经营；其他承包方式的承包方将土地承包经营权量化为股权，入股组成股份公司或者合作社等，从事农业生产经营。

出租是指承包方将部分或全部土地承包经营权以一定期限租赁给他人从事农业生产经营。出租后原土地承包关系不变，原承包方继续履行原土地承包合同规定的权利和义务。承租方按出租时约定的条件对承包方负责。

本办法所称受让方包括接包方、承租方等。

案例评议

李某与易某租赁合同纠纷案①

◆ 裁判规则

本案双方当事人于2012年签订的两份《场地出租协议》，将上诉人李某的

① 凉山彝族自治州中级人民法院（2016）川34民终字第45号民事判决书。

农村承包地用于修建门市出租经营非农业务，并未办理过任何审批手续，因违反《物权法》第一百二十八条和《农村土地承包法》第八条，属于《合同法》第五十二条第一款第五项规定的违反法律、行政法规的强制性规定，合同无效的情形。导致《场地出租协议》无效，双方当事人均是明知在不能办理相关手续的情况下在农村承包地上修建门市即用于非农建设，双方当事人均存在过错，且过错责任相当，因此均应承担责任。在协议实际履行两年多的过程中，双方因租赁行为均有一定损失和收益，上诉人李某虽获取了租金收益，但其土地也因此而荒废至今。被上诉人易某修建门市时虽有一定投入，但对其主张的具体投入，并未提供充分证据证明，并且其转租门市获取了近两年的租金收益。若再由上诉人李某全部退还已收取的房屋租金，则被上诉人易某既未对合同无效造成的损失承担责任，还存在因履行无效合同而获利的情况，有违公平原则。

◆ **评议**

本案中，李某将承包地出租给本农村集体经济组织以外的人，易某作为承租人并未在该土地上开展农业活动，而是在未获得相关部门审批手续的情况下，在该土地上建房并出租给他人进行非农业活动，以此获得租金。在此过程中，李某明确知晓易某承租土地是用于非农建设，且在易某在其土地上建房时未对易某在租赁土地上修建房屋并出租给他人的行为进行干涉、制止，而是以继续收取易某的租金的行为表明其对易某行为的认可。双方的行为已经实际改变了流转土地的农业用途，该行为已经违反了国家法律、行政法规的强制性规定，双方签订的两份《场地出租协议》均属无效合同。

第三百三十五条　【土地承包经营权互换、转让登记】

土地承包经营权互换、转让的，当事人可以向登记机构申请登记；未经登记，不得对抗善意第三人。

本条来源

《物权法》第一百二十九条规定：“土地承包经营权人将土地承包经营权互

换、转让，当事人要求登记的，应当向县级以上地方人民政府申请土地承包经营权变更登记；未经登记，不得对抗善意第三人。”本条在此基础上，删去“土地承包经营权人将”，将“当事人要求登记的，应当向县级以上地方人民政府申请土地承包经营权变更登记”改为“当事人可以向登记机构申请登记”。《不动产登记暂行条例实施细则》《农村土地承包经营权流转管理办法》等都明确了土地承包经营权互换、转让应当登记的原则。

立法演变

物权编一审稿第一百三十条规定：“土地承包经营权人将土地承包经营权互换、转让或者出让土地经营权，当事人可以向登记机构申请登记；未经登记，不得对抗善意第三人。”二审稿第一百三十条规定：“土地承包经营权互换、转让的，当事人可以向登记机构申请登记；未经登记，不得对抗善意第三人。”二审稿删去了“土地承包经营权人将”“或者出让土地经营权”。此后各稿延续了二审稿的规定。

条文释义

本条是关于互换、转让土地承包经营权进行登记的规定。

我国物权法在不动产物权变动模式上采取了登记要件主义，登记对抗为例外的模式。土地承包经营权的设立就是法律有特别规定的采取登记对抗的情况。也就是说，当事人签订土地承包经营权互换、转让合同，并经发包人备案或者同意后，该流转行为在当事人双方之间即发生法律效力，而不强求当事人登记，只不过没有办理登记，受让人取得的物权不得对抗善意第三人。这样规定比较符合我国农村的实际，理由主要在于：互换、转让对象必须是本集体经济组织的农户，互相比较熟悉，能起到一定的公示作用，权属比较清楚；另外，变更土地承包经营权登记要履行一定的法律手续，并交纳相应的费用，势必加大农民的负担和麻烦。

土地承包经营权互换、转让的，法律不要求当事人必须登记，但是未经登记，不得对抗善意第三人。也就是说，不登记将产生不利于土地承包经营权受让人的法律后果。例如承包人甲将土地承包经营权转让给乙，但没有办理变更登记。此后甲又将同一个土地承包经营权转让给丙，同时办理了变更登记。如果乙与丙就该土地承包经营权的归属发生纠纷，丙的权利将受到保护，而乙将不能取得该土地承包经营权。因此，土地承包经营权的受让人为了更好地维护自己的权益，最好要求向登记机构申请登记。

法条关联

◆《森林法实施条例》

第六条 改变森林、林木和林地所有权、使用权的，应当依法办理变更登记手续。

◆《不动产登记暂行条例实施细则》

第四十九条 已经登记的土地承包经营权有下列情形之一的，承包方应当持原不动产权属证书以及其他证实发生变更事实的材料，申请土地承包经营权变更登记：

（一）权利人的姓名或者名称等事项发生变化的；

（二）承包土地的坐落、名称、面积发生变化的；

（三）承包期限依法变更的；

（四）承包期限届满，土地承包经营权人按照国家有关规定继续承包的；

（五）退耕还林、退耕还湖、退耕还草导致土地用途改变的；

（六）森林、林木的种类等发生变化的；

（七）法律、行政法规规定的其他情形。

第五十条 已经登记的土地承包经营权发生下列情形之一的，当事人双方应当持互换协议、转让合同等材料，申请土地承包经营权的转移登记：

（一）互换；

（二）转让；

（三）因家庭关系、婚姻关系变化等原因导致土地承包经营权分割或者合并的；

（四）依法导致土地承包经营权转移的其他情形。

以家庭承包方式取得的土地承包经营权，采取转让方式流转的，还应当提供发包方同意的材料。

◆《农村土地承包经营权流转管理办法》

第十七条 同一集体经济组织的承包方之间自愿将土地承包经营权进行互

换，双方对互换土地原享有的承包权利和承担的义务也相应互换，当事人可以要求办理农村土地承包经营权证变更登记手续。

第十八条　承包方采取转让方式流转农村土地承包经营权的，经发包方同意后，当事人可以要求及时办理农村土地承包经营权证变更、注销或重发手续。

第二十五条　发包方对承包方提出的转包、出租、互换或者其他方式流转承包土地的要求，应当及时办理备案，并报告乡（镇）人民政府农村土地承包管理部门。

承包方转让承包土地，发包方同意转让的，应当及时向乡（镇）人民政府农村土地承包管理部门报告，并配合办理有关变更手续；发包方不同意转让的，应当于七日内向承包方书面说明理由。

第二十七条　乡（镇）人民政府农村土地承包管理部门应当建立农村土地承包经营权流转情况登记册，及时准确记载农村土地承包经营权流转情况。以转包、出租或者其他方式流转承包土地的，及时办理相关登记；以转让、互换方式流转承包土地的，及时办理有关承包合同和土地承包经营权证变更等手续。

第二十八条　乡（镇）人民政府农村土地承包管理部门应当对农村土地承包经营权流转合同及有关文件、文本、资料等进行归档并妥善保管。

第二十九条　采取互换、转让方式流转土地承包经营权，当事人申请办理土地承包经营权流转登记的，县级人民政府农业行政（或农村经营管理）主管部门应当予以受理，并依照《农村土地承包经营权证管理办法》的规定办理。

◆《农村土地承包经营权证管理办法》

第十四条　承包期内，承包方采取转包、出租、入股方式流转土地承包经营权的，不须办理农村土地承包经营权证变更。

采取转让、互换方式流转土地承包经营权的，当事人可以要求办理农村土地承包经营权证变更登记。

因转让、互换以外的其他方式导致农村土地承包经营权分立、合并的，应当办理农村土地承包经营权证变更。

第十五条　办理农村土地承包经营权变更申请应提交以下材料：

（一）变更的书面请求；

（二）已变更的农村土地承包合同或其他证明材料；

（三）农村土地承包经营权证原件。

第十六条 乡（镇）人民政府农村经营管理部门受理变更申请后，应及时对申请材料进行审核。符合规定的，报请原发证机关办理变更手续，并在农村土地承包经营权证登记簿上记载。

第三百三十六条 【承包地调整】

承包期内发包人不得调整承包地。

因自然灾害严重毁损承包地等特殊情形，需要适当调整承包的耕地和草地的，应当依照农村土地承包的法律规定办理。

本条来源

《物权法》第一百三十条规定："承包期内发包人不得调整承包地。因自然灾害严重毁损承包地等特殊情形，需要适当调整承包的耕地和草地的，应当依照农村土地承包法等法律规定办理。"本条延续了该规定，仅将"农村土地承包法等"改为"农村土地承包的"。《农村土地承包法》第二十八条规定："承包期内，发包方不得调整承包地。承包期内，因自然灾害严重毁损承包地等特殊情形对个别农户之间承包的耕地和草地需要适当调整的，必须经本集体经济组织成员的村民会议三分之二以上成员或者三分之二以上村民代表的同意，并报乡（镇）人民政府和县级人民政府农业农村、林业和草原等主管部门批准。承包合同中约定不得调整的，按照其约定。"

立法演变

物权编一审稿第一百三十二条规定："承包期内发包人不得调整承包地。因自然灾害严重毁损承包地等特殊情形，需要适当调整承包的耕地和草地的，应当依照农村土地承包法等法律规定办理。"二审稿将一审稿"农村土地承包法等"改为"农村土地承包的"，此后各稿延续了二审稿的规定。

条文释义

本条是关于承包地能否调整的规定。

家庭承包经营为基础、统分结合的双层经营体制是我国农村经济的一项基本制度，稳定土地承包关系，是党和农村政策的核心内容。对承包土地的频繁调整，不利于土地承包关系的稳定。随意调整土地，也不利于农民对土地的长期投入，容易造成短期效应，是对土地生产力的破坏。本条第一款对承包土地的调整问题作了明确的规定：“承包期内发包方不得调整承包地。”在法律中明确规定发包方在承包期内不得随意调整承包地，有利于维护土地承包关系的长期稳定。

根据本编第三百三十二条规定，耕地的承包期为三十年，草地的承包期为三十年至五十年。在较长的承包期内，绝对不允许调整承包地反而不利于承包人的权利的保护。因此本条第二款规定，因自然灾害严重毁损承包地等特殊情形，可以依照农村土地承包的法律规定，调整承包的耕地和草地。为了切实保障承包方的土地承包经营权，稳定土地承包关系，农村土地承包的法律规定对个别调整承包地作了严格的限制：第一，只有遇到因自然灾害严重毁损承包地等特殊情形，才能个别调整承包地。这里的“特殊情形”，主要包括以下几个方面：（1）部分农户因自然灾害严重毁损承包地的；（2）部分农户的土地被征收或者用于乡村公共设施和公益事业建设，丧失土地的农户不愿意“农转非”，不要征地补偿等费用，要求继续承包土地的；（3）人地矛盾突出的。关于人地矛盾突出的，一般是指因出生、婚嫁、户口迁移等原因导致人口变化比较大，新增人口比较多，而新增人口无地少地的情形比较严重，又没有其他生活来源的，在这种情况下，允许在个别农户之间适当进行调整。第二，特殊情况下的调整只限于在个别农户承包的土地之间进行小范围适当调整。第三，允许个别调整的土地仅限于耕地和草地，对于林地，即使是在特殊情形下也不允许调整。

法条关联

◆《农村土地承包法》

第二十八条　承包期内，发包方不得调整承包地。

承包期内，因自然灾害严重毁损承包地等特殊情形对个别农户之间承包的耕地和草地需要适当调整的，必须经本集体经济组织成员的村民会议三分之二以上成员或者三分之二以上村民代表的同意，并报乡（镇）人民政府和县级人民政府农业农村、林业和草原等主管部门批准。承包合同中约定不得调整的，按照其约定。

第二十九条 下列土地应当用于调整承包土地或者承包给新增人口：

（一）集体经济组织依法预留的机动地；

（二）通过依法开垦等方式增加的；

（三）发包方依法收回和承包方依法、自愿交回的。

◆**《草原法》**

第十三条 集体所有的草原或者依法确定给集体经济组织使用的国家所有的草原，可以由本集体经济组织内的家庭或者联户承包经营。

在草原承包经营期内，不得对承包经营者使用的草原进行调整；个别确需适当调整的，必须经本集体经济组织成员的村（牧）民会议三分之二以上成员或者三分之二以上村（牧）民代表的同意，并报乡（镇）人民政府和县级人民政府草原行政主管部门批准。

集体所有的草原或者依法确定给集体经济组织使用的国家所有的草原由本集体经济组织以外的单位或者个人承包经营的，必须经本集体经济组织成员的村（牧）民会议三分之二以上成员或者三分之二以上村（牧）民代表的同意，并报乡（镇）人民政府批准。

第三十七条 遇到自然灾害等特殊情况，需要临时调剂使用草原的，按照自愿互利的原则，由双方协商解决；需要跨县临时调剂使用草原的，由有关县级人民政府或者共同的上级人民政府组织协商解决。

◆**《最高人民法院关于审理涉及农村土地承包纠纷案件适用法律问题的解释》**

第五条 承包合同中有关收回、调整承包地的约定违反农村土地承包法第二十六条、第二十七条、第三十条、第三十五条规定的，应当认定该约定无效。

第六条 因发包方违法收回、调整承包地，或者因发包方收回承包方弃耕、撂荒的承包地产生的纠纷，按照下列情形，分别处理：

（一）发包方未将承包地另行发包，承包方请求返还承包地的，应予支持；

（二）发包方已将承包地另行发包给第三人，承包方以发包方和第三人为共同被告，请求确认其所签订的承包合同无效、返还承包地并赔偿损失的，应予支持。但属于承包方弃耕、撂荒情形的，对其赔偿损失的诉讼请求，不予支持。

前款第（二）项所称的第三人，请求受益方补偿其在承包地上的合理投入的，应予支持。

◆《农村土地承包经营权证管理办法》

第二十七条　本办法实施以前颁发的农村土地承包经营权证，符合《农村土地承包法》有关规定，并已加盖县级以上地方人民政府印章的，继续有效。个别条款如承包期限、承包方承担义务等违反《农村土地承包法》规定的，该条款无效，是否换发新证，由承包方决定。

未加盖县级以上地方人民政府印章的，应按本《办法》规定重新颁发。重新颁发农村土地承包经营权证，土地承包期限应符合《农村土地承包法》的有关规定，不得借机调整土地。

第三百三十七条　【承包地收回】

承包期内发包人不得收回承包地。法律另有规定的，依照其规定。

本条来源

《物权法》第一百三十一条规定："承包期内发包人不得收回承包地。农村土地承包法等法律另有规定的，依照其规定。"本条延续了该规定，仅删去"农村土地承包法等"。《农村土地承包法》第二十七条第一款规定："承包期内，发包方不得收回承包地。"

立法演变

物权编一审稿第一百三十三条规定："承包期内发包人不得收回承包地。农村土地承包法等法律另有规定的，依照其规定。"二审稿将一审稿"农村土地承包法等"删去，此后各稿延续了二审稿的规定。

条文释义

本条是关于收回承包地的规定。

赋予农民长期而有保障的土地使用权，维护农村土地承包关系的长期稳定，是农村土地承包法等相关法律制定的一个重要原则。首要的一点就是在承包期内，发包人不得随意收回承包地。

《农村土地承包法》第二十七条第一款规定："承包期内，发包人不得收回承包地。”同时，考虑到随着我国城乡经济结构的调整和城镇化的发展，农村剩余劳动力向城镇的转移会不断增加，为了避免发包人随意收回承包地，该法还对不同情况的承包地的收回问题作出规定：

一、承包农户进城落户的有权保留承包地

《农村土地承包法》第二十七条第二款规定：“国家保护进城农户的土地承包经营权。不得以退出土地承包经营权作为农户进城落户的条件。”承包期内承包农户进城落户，承包方愿意保留自己的土地承包经营权的，发包方应当予以保留，不得收回其承包地。发包方不得强迫进城落户的承包方放弃土地承包经营权，但是可以引导支持其按照自愿有偿原则依法在本集体经济组织内转让土地承包经营权或者将承包地交回发包方，也可以鼓励其流转土地经营权。承包期内，承包方交回承包地或者发包方依法收回承包地时，承包方对其在承包地上投入而提高土地生产能力的，有权获得相应的补偿。

二、妇女的土地承包经营权应受法律保护

在土地承包经营中，妇女的合法权益得不到很好的保护，为此，《农村土地承包法》第六条规定：“农村土地承包，妇女与男子享有平等的权利。承包中应当保护妇女的合法权益，任何组织和个人不得剥夺、侵害妇女应当享有的土地承包经营权。”根据《农村土地承包法》第三十一条的规定，在下列两种情形下发包方不得收回妇女的原承包地：一是妇女结婚，在新居住地未取得承包地的；二是妇女离婚或者丧偶，仍在原居住地生活或者不在原居住地生活但在新居住地未取得承包地的。①

承包期内发包人不得收回承包地。但是法律另有规定的，依照其规定。原《物权法》的规定是“农村土地承包法等法律另有规定的，依照其规定”。这是在《农村土地承包法》修改前，该法第二十六条第三款规定：“承包期内，承包方全家迁入设区的市，转为非农业户口的，应当将承包的耕地和草地交回发包方。承包方不交回的，发包方可以收回承包的耕地和草地。”这是原农村土地承包法规定的发包方可以收回承包地的唯一一种情形。而新农村土地承包法删去了该条款，不区分迁入小城镇还是迁入设区的市，而是统一规定国

---

① 贾蓉蓉：《我国农村妇女土地承包经营权问题的法律研究》，载《时代金融》2020年第1期，第141页。

家保护进城农户的土地承包经营权。因此本条改为“法律另有规定的，依照其规定”。

法条关联

◆《农村土地承包法》

第二十七条　承包期内，发包方不得收回承包地。

国家保护进城农户的土地承包经营权。不得以退出土地承包经营权作为农户进城落户的条件。

承包期内，承包农户进城落户的，引导支持其按照自愿有偿原则依法在本集体经济组织内转让土地承包经营权或者将承包地交回发包方，也可以鼓励其流转土地经营权。

承包期内，承包方交回承包地或者发包方依法收回承包地时，承包方对其在承包地上投入而提高土地生产能力的，有权获得相应的补偿。

第三十一条　承包期内，妇女结婚，在新居住地未取得承包地的，发包方不得收回其原承包地；妇女离婚或者丧偶，仍在原居住地生活或者不在原居住地生活但在新居住地未取得承包地的，发包方不得收回其原承包地。

◆《最高人民法院关于审理涉及农村土地承包纠纷案件适用法律问题的解释》

第五条　承包合同中有关收回、调整承包地的约定违反农村土地承包法第二十六条、第二十七条、第三十条、第三十五条规定的，应当认定该约定无效。

第六条　因发包方违法收回、调整承包地，或者因发包方收回承包方弃耕、撂荒的承包地产生的纠纷，按照下列情形，分别处理：

（一）发包方未将承包地另行发包，承包方请求返还承包地的，应予支持；

（二）发包方已将承包地另行发包给第三人，承包方以发包方和第三人为共同被告，请求确认其所签订的承包合同无效、返还承包地并赔偿损失的，应予支持。但属于承包方弃耕、撂荒情形的，对其赔偿损失的诉讼请求，不予支持。

前款第（二）项所称的第三人，请求受益方补偿其在承包地上的合理投入的，应予支持。

◆《农村土地承包经营权证管理办法》

第二十条　承包期内，发生下列情形之一的，应依法收回农村土地承包经营权证：

（一）承包期内，承包方全家迁入设区的市，转为非农业户口的。

（二）承包期内，承包方提出书面申请，自愿放弃全部承包土地的。

（三）承包土地被依法征用、占用，导致农村土地承包经营权全部丧失的。

（四）其他收回土地承包经营权证的情形。

第二十一条 符合本办法第二十条规定，承包方无正当理由拒绝交回农村土地承包经营权证的，由原发证机关注销该证（包括编号），并予以公告。

第二十二条 收回的农村土地承包经营权证，应退回原发证机关，加盖“作废”章。

第三百三十八条 【承包地被征收的补偿】

承包地被征收的，土地承包经营权人有权依据本法第二百四十三条的规定获得相应补偿。

本条来源

《物权法》第一百三十二条规定：“承包地被征收的，土地承包经营权人有权依照本法第四十二条第二款的规定获得相应补偿。”本条延续了该规定，仅是修改了法条序号。《土地管理法》第四十七条、第四十八条规定了征收土地的程序及补偿。《农村土地承包法》第十七条第四项指出承包地被依法征收、征用、占用的，承包方有权依法获得相应的补偿。

立法演变

物权编一审稿第一百三十四条规定：“承包地被征收的，土地承包经营权人有权依照本法第三十九条第二款的规定获得相应补偿。”二审稿延续了一审稿的规定，同时新增第一百三十四条之一、之二、之三规定。征求意见稿将一审稿、二审稿“依照本法第三十九条第二款的规定”改为“依据本法第二百四十三条的规定”。

条文释义

本条是关于承包地征收补偿的规定。

我国《宪法》第十三条规定：国家为了公共利益的需要，可以依照法律规定对公民的私有财产实行征收或者征用并给予补偿。《土地管理法》第二条也有规定：国家为了公共利益的需要，可以依法对土地实行征收或者征用并给予补偿。

土地征收是指国家为了公共利益需要，依照法律规定的程序和权限将农民集体所有的土地转化为国有土地，并依法给予被征地的农村集体经济组织和被征地农民合理补偿和妥善安置的法律行为。土地征收的法律特征包括：首先，土地征收具有法定性，根据行政合法性原则，必须符合法律和行政法规的规定，遵循一定的法律程序；其次，土地征收具有强制性，征收是国家强制取得他人土地所有权的行为，并不以征得被征地人的同意为必要条件；再次，土地征收具有公益性，即土地征收必须符合公共利益。

承包地被征收的，土地承包经营权人有权根据《民法典》第二百四十三条第二款关于“征收集体所有的土地，应当依法及时足额支付土地补偿费、安置补助费以及农村村民住宅、其他地上附着物和青苗等的补偿费用，并安排被征地农民的社会保障费用，保障被征地农民的生活，维护被征地农民的合法权益”的规定获得相应补偿。关于土地征收补偿标准，原《土地管理法》就此作出了具体规定，但2019年修改的《土地管理法》规定征收农用地的土地补偿费、安置补助费标准由省、自治区、直辖市通过制定公布区片综合地价确定。制定区片综合地价应当综合考虑土地原用途、土地资源条件、土地产值、土地区位、土地供求关系、人口以及经济社会发展水平等因素，并至少每三年调整或者重新公布一次。①

法条关联

◆《土地管理法》

第四十七条　国家征收土地的，依照法定程序批准后，由县级以上地方人民政府予以公告并组织实施。

县级以上地方人民政府拟申请征收土地的，应当开展拟征收土地现状调查

① 郭文才：《农村土地征收补偿款分配纠纷若干法律问题的思考》，载《长春大学学报》2019年第5期，第85页。

和社会稳定风险评估，并将征收范围、土地现状、征收目的、补偿标准、安置方式和社会保障等在拟征收土地所在的乡（镇）和村、村民小组范围内公告至少三十日，听取被征地的农村集体经济组织及其成员、村民委员会和其他利害关系人的意见。

多数被征地的农村集体经济组织成员认为征地补偿安置方案不符合法律、法规规定的，县级以上地方人民政府应当组织召开听证会，并根据法律、法规的规定和听证会情况修改方案。

拟征收土地的所有权人、使用权人应当在公告规定期限内，持不动产权属证明材料办理补偿登记。县级以上地方人民政府应当组织有关部门测算并落实有关费用，保证足额到位，与拟征收土地的所有权人、使用权人就补偿、安置等签订协议；个别确实难以达成协议的，应当在申请征收土地时如实说明。

相关前期工作完成后，县级以上地方人民政府方可申请征收土地。

第四十八条 征收土地应当给予公平、合理的补偿，保障被征地农民原有生活水平不降低、长远生计有保障。

征收土地应当依法及时足额支付土地补偿费、安置补助费以及农村村民住宅、其他地上附着物和青苗等的补偿费用，并安排被征地农民的社会保障费用。

征收农用地的土地补偿费、安置补助费标准由省、自治区、直辖市通过制定公布区片综合地价确定。制定区片综合地价应当综合考虑土地原用途、土地资源条件、土地产值、土地区位、土地供求关系、人口以及经济社会发展水平等因素，并至少每三年调整或者重新公布一次。

征收农用地以外的其他土地、地上附着物和青苗等的补偿标准，由省、自治区、直辖市制定。对其中的农村村民住宅，应当按照先补偿后搬迁、居住条件有改善的原则，尊重农村村民意愿，采取重新安排宅基地建房、提供安置房或者货币补偿等方式给予公平、合理的补偿，并对因征收造成的搬迁、临时安置等费用予以补偿，保障农村村民居住的权利和合法的住房财产权益。

县级以上地方人民政府应当将被征地农民纳入相应的养老等社会保障体系。被征地农民的社会保障费用主要用于符合条件的被征地农民的养老保险等社会保险缴费补贴。被征地农民社会保障费用的筹集、管理和使用办法，由省、自治区、直辖市制定。

第四十九条　被征地的农村集体经济组织应当将征收土地的补偿费用的收支状况向本集体经济组织的成员公布，接受监督。

禁止侵占、挪用被征收土地单位的征地补偿费用和其他有关费用。

◆**《农村土地承包法》**

第十七条　承包方享有下列权利：

（一）依法享有承包地使用、收益的权利，有权自主组织生产经营和处置产品；

（二）依法互换、转让土地承包经营权；

（三）依法流转土地经营权；

（四）承包地被依法征收、征用、占用的，有权依法获得相应的补偿；

（五）法律、行政法规规定的其他权利。

◆**《草原法》**

第三十九条　因建设征收、征用集体所有的草原的，应当依照《中华人民共和国土地管理法》的规定给予补偿；因建设使用国家所有的草原的，应当依照国务院有关规定对草原承包经营者给予补偿。

因建设征收、征用或者使用草原的，应当交纳草原植被恢复费。草原植被恢复费专款专用，由草原行政主管部门按照规定用于恢复草原植被，任何单位和个人不得截留、挪用。草原植被恢复费的征收、使用和管理办法，由国务院价格主管部门和国务院财政部门会同国务院草原行政主管部门制定。

◆**《最高人民法院关于审理涉及农村土地承包纠纷案件适用法律问题的解释》**

第二十二条　承包地被依法征收，承包方请求发包方给付已经收到的地上附着物和青苗的补偿费的，应予支持。

承包方已将土地承包经营权以转包、出租等方式流转给第三人的，除当事人另有约定外，青苗补偿费归实际投入人所有，地上附着物补偿费归附着物所有人所有。

第二十三条　承包地被依法征收，放弃统一安置的家庭承包方，请求发包方给付已经收到的安置补助费的，应予支持。

第二十四条　农村集体经济组织或者村民委员会、村民小组，可以依照法律规定的民主议定程序，决定在本集体经济组织内部分配已经收到的土地补偿费。征地补偿安置方案确定时已经具有本集体经济组织成员资格的人，请求支付相应份额的，应予支持。但已报全国人大常委会、国务院备案的地方性法规、自治条例和单行条例、地方政府规章对土地补偿费在农村集体经济组织内部的分配办法另有规定的除外。

第三百三十九条　【土地经营权的流转】

土地承包经营权人可以自主决定依法采取出租、入股或者其他方式向他人流转土地经营权。

本条来源

相比较《物权法》，本条为新增条款，其主要参照《农村土地承包法》第三十六条规定："承包方可以自主决定依法采取出租（转包）、入股或者其他方式向他人流转土地经营权，并向发包方备案。"

立法演变

物权编一审稿无此内容，二审稿第一百三十四条之一初次规定："土地承包经营权人可以自主决定依法采取出租、入股或者其他方式向他人流转土地经营权。"此后各稿延续了二审稿的规定。

条文释义

本条是关于土地经营权流转的规定。

随着2018年《农村土地承包法》的修改，农村土地实行"三权分置"的制度法制化，所谓三权分置，是在坚持农村土地集体所有的前提下，促使承包权和经营权分离，形成所有权、承包权、经营权三权分置、经营权流转的格局。承包的农户承包土地以后，不但可以在本集体经济组织内部转让承包地，还可以向外部的受让人流转承包地，而且流转以后，要使受让人获得权利保障，可以有利于促进适度规模经营，进一步发挥农村土地资源的效率，也有利于增加农民的财产收入，同时还要使转让土地经营权的承包户不失去权利的保障。这就需要在土地承包经营权的基础上，再设计一个由流转的受让人享有的权利。这个权利就是这次农村土地承包法修改后新增加的土地经营权，是"三权分置”中的第三个权利。

《农村土地承包法》改变了原法中“流转”的法律内涵，流转的对象仅限于流转土地经营权，不再包括土地承包经营权；流转的方式限于出租（转包）、入股或者其他方式，而不再包括互换和转让。土地承包经营权的转让、互换将产生土地承包经营权的整体性变动，不会分离出新的土地经营权，出租、转包及入股等流转方式能够分离出土地经营权。

就土地经营权的设立方式，《农村土地承包法》第三十六条和本条分别规定为“出租（转包）、入股或者其他方式”“出租、入股或者其他方式”。两相比较，本条删除了“转包”。《农村土地承包法》第三十六条规定“出租（转包）”的立法理由是，从法律本质而言，转包的性质就是出租，但根据农村土地承包经营的实践，习惯上将集体组织内部成员之间的承包地租赁关系称为转包，因此，此次《农村土地承包法》修改将原来规定的出租、转包两种流转方式合并成一种方式出租（转包）。本条将原本分离的出租和转包合并，优化了三权分置制度，保障土地的合理有序利用。

在出租中，土地承包经营者通过出租合同将农地租赁给本集体经济组织以外的人耕种，承租人依约支付租金并取得农地的租赁权，成为新的土地经营权人。出租后，原土地承包关系不变，承租方依据租赁合同取得土地经营权。入股时，农户将土地承包经营权作为股权，自愿联合从事农业合作生产经营，农户并不丧失承包经营权，仅是在土地承包经营权之上派生出土地经营权予农村合作社或股份企业。①

法条关联

◆《农村土地承包法》

第十条　国家保护承包方依法、自愿、有偿流转土地经营权，保护土地经营权人的合法权益，任何组织和个人不得侵犯。

第三十六条　承包方可以自主决定依法采取出租（转包）、入股或者其他方式向他人流转土地经营权，并向发包方备案。

① 高圣平：《农地三权分置视野下土地承包权的重构》，载《法学家》2017年第5期，第10页。

第三百四十条　【土地经营权人的权利】

土地经营权人有权在合同约定的期限内占有农村土地，自主开展农业生产经营并取得收益。

本条来源

相比较《物权法》，本条为新增条款，其主要参照《农村土地承包法》第三十七条规定：“土地经营权人有权在合同约定的期限内占有农村土地，自主开展农业生产经营并取得收益。”

立法演变

物权编一审稿第一百三十一条规定：“土地经营权人有权根据合同约定在一定期限内占有农村土地，自主开展农业生产经营并取得收益。”二审稿延续了一审稿的规定，征求意见稿将一审稿、二审稿“有权根据合同约定在一定期限内”改为“有权在合同约定的期限内”。

条文释义

本条是关于土地经营权人的权利的规定。

土地经营权由土地承包者基于其享有的土地承包经营权所设立。根据本编第三百三十一条的规定，土地承包经营权人有权使用其所承包的土地从事种植业、林业、畜牧业，承包人有权对其承包的土地进行合理且有效的使用，并对因使用其承包地所产生的收益当然地享有所有权。土地经营权是从土地承包经营权中分离出来的，土地经营权的设立需要土地承包人与受让人达成土地经营权流转的合意，签订土地经营权流转合同，土地经营权设立的同时，土地承包经营权人享有的对土地的占有、使用、收益的权能一并转移给土地经营权人。因此，土地经营权人有权在合同约定的期限内占有农村土地，自主开展农业生产经营并取得收益。

法条关联

◆《农村土地承包法》

第三十七条　土地经营权人有权在合同约定的期限内占有农村土地，自主开展农业生产经营并取得收益。

第三十八条　土地经营权流转应当遵循以下原则：

（一）依法、自愿、有偿，任何组织和个人不得强迫或者阻碍土地经营权流转；

（二）不得改变土地所有权的性质和土地的农业用途，不得破坏农业综合生产能力和农业生态环境；

（三）流转期限不得超过承包期的剩余期限；

（四）受让方须有农业经营能力或者资质；

（五）在同等条件下，本集体经济组织成员享有优先权。

第三十九条　土地经营权流转的价款，应当由当事人双方协商确定。流转的收益归承包方所有，任何组织和个人不得擅自截留、扣缴。

第四十条　土地经营权流转，当事人双方应当签订书面流转合同。

土地经营权流转合同一般包括以下条款：

（一）双方当事人的姓名、住所；

（二）流转土地的名称、坐落、面积、质量等级；

（三）流转期限和起止日期；

（四）流转土地的用途；

（五）双方当事人的权利和义务；

（六）流转价款及支付方式；

（七）土地被依法征收、征用、占用时有关补偿费的归属；

（八）违约责任。

承包方将土地交由他人代耕不超过一年的，可以不签订书面合同。

第三百四十一条　【土地经营权的设立与登记】

流转期限为五年以上的土地经营权，自流转合同生效时设立。当事人可以向登记机构申请土地经营权登记；未经登记，不得对抗善意第三人。

本条来源

相比较《物权法》，本条为新增条款，其主要参照《农村土地承包法》第四十一条："土地经营权流转期限为五年以上的，当事人可以向登记机构申请土地经营权登记。未经登记，不得对抗善意第三人。"

立法演变

物权编一审稿无此内容，二审稿第一百三十四条之三初次规定："流转期限为五年以上的土地经营权，自流转合同生效时设立。当事人可以向登记机构申请土地经营权登记；未经登记，不得对抗善意第三人。"此后各稿延续了二审稿的规定。

条文释义

本条是关于土地经营权的设立与登记的规定。

关于取得土地经营权要不要登记，本条采取了登记对抗主义而不是登记设立主义。土地经营权的取得，自流转合同成立时生效。只要当事人达成土地经营权流转的合意，土地经营权即时设立，登记不是生效要件。登记主要针对物权变动，物权法定，不由当事人随意设定，物权变动时，需要将物权变动的事实公示，目的是防止第三人遭受损害，保障交易安全。土地经营权流转期限为五年以上的，当事人可以向登记机构申请土地经营权登记，未经登记，不得对抗善意第三人。

法条关联

◆ **《农村土地承包法》**

第四十一条　土地经营权流转期限为五年以上的，当事人可以向登记机构申请土地经营权登记。未经登记，不得对抗善意第三人。

第四十四条　承包方流转土地经营权的，其与发包方的承包关系不变。

第四十六条　经承包方书面同意，并向本集体经济组织备案，受让方可以再流转土地经营权。

第三百四十二条　【以其他方式承包的土地经营权流转】

通过招标、拍卖、公开协商等方式承包农村土地，经依法登记取得权属证书的，可以依法采取出租、入股、抵押或者其他方式流转土地经营权。

本条来源

《物权法》第一百三十三条规定："通过招标、拍卖、公开协商等方式承包荒地等农村土地，依照农村土地承包法等法律和国务院的有关规定，其土地承包经营权可以转让、入股、抵押或者以其他方式流转。"本条在此基础上，分别删去"荒地等"，将"依照农村土地承包法等法律和国务院的有关规定，其土地承包经营权可以转让……"改为"经依法登记取得权属证书的，可以依法采取出租……"。《农村土地承包法》第五十三条规定："通过招标、拍卖、公开协商等方式承包农村土地，经依法登记取得权属证书的，可以依法采取出租、入股、抵押或者其他方式流转土地经营权。"

立法演变

物权编一审稿第一百三十五条规定："通过招标、拍卖、公开协商等方式承包荒地等农村土地，依照农村土地承包法等法律和国务院的有关规定，其土地承包经营权可以转让、入股、抵押或者以其他方式流转。"二审稿第一百三十五条规定："通过招标、拍卖、公开协商等方式承包农村土地，经依法登记取得权属证书的，可以依法采取出租、入股、抵押或者其他方式流转土地经营权。"二审稿将一审稿"荒地等"删去，将"依照农村土地承包法等法律和国务院的有关规定，其土地承包经营权可以转让"改为"经依法登记取得权属证书的，可以依法采取出租"。此后各稿延续了二审稿的规定。

条文释义

本条是关于以其他方式承包的土地经营权流转的规定。主要依据的是2018年修正的《农村土地承包法》第五十三条，即"通过招标、拍卖、公开协商等方式承包农村土地，经依法登记取得权属证书的，可以依法采取出租、入股、抵押或者其他方式流转土地经营权”。另外，承包方以其他方式承包时，只能取得土地经营权。①

我国《民法典》在列举几项常见的流转方式后，还设置了兜底条款，即允许土地经营权以“其他方式”流转。该条适用对象一般为“四荒地”等农村土地的承包经营权，包括转让、入股、抵押等流转方式。这种其他方式的承包是支付对价的市场行为，流转时无需经过发包人备案或者同意。这一立法技术既明确了法律规定的权利移转方式，同时为今后可能出现的权利移转方式保留法律调整的空间。

法条关联

◆《农村土地承包法》

第四十八条 不宜采取家庭承包方式的荒山、荒沟、荒丘、荒滩等农村土地，通过招标、拍卖、公开协商等方式承包的，适用本章规定。

第四十九条 以其他方式承包农村土地的，应当签订承包合同，承包方取得土地经营权。当事人的权利和义务、承包期限等，由双方协商确定。以招标、拍卖方式承包的，承包费通过公开竞标、竞价确定；以公开协商等方式承包的，承包费由双方议定。

第五十条 荒山、荒沟、荒丘、荒滩等可以直接通过招标、拍卖、公开协商等方式实行承包经营，也可以将土地经营权折股分给本集体经济组织成员后，再实行承包经营或者股份合作经营。

承包荒山、荒沟、荒丘、荒滩的，应当遵守有关法律、行政法规的规定，防止水土流失，保护生态环境。

第五十三条 通过招标、拍卖、公开协商等方式承包农村土地，经依法登记取得权属证书的，可以依法采取出租、入股、抵押或者其他方式流转土地经营权。

第五十四条 依照本章规定通过招标、拍卖、公开协商等方式取得土地经营权的，该承包人死亡，其应得的承包收益，依照继承法的规定继承；在承包期内，其继承人可以继续承包。

① 丁关良：《新〈农村土地承包法〉的十大亮点》，载《农村经营管理》2019年第2期，第33页。

◆《最高人民法院关于审理涉及农村土地承包纠纷案件适用法律问题的解释》

第十九条　本集体经济组织成员在承包费、承包期限等主要内容相同的条件下主张优先承包权的，应予支持。但在发包方将农村土地发包给本集体经济组织以外的单位或者个人，已经法律规定的民主议定程序通过，并由乡（镇）人民政府批准后主张优先承包权的，不予支持。

第二十条　发包方就同一土地签订两个以上承包合同，承包方均主张取得土地承包经营权的，按照下列情形，分别处理：

（一）已经依法登记的承包方，取得土地承包经营权；

（二）均未依法登记的，生效在先合同的承包方取得土地承包经营权；

（三）依前两项规定无法确定的，已经根据承包合同合法占有使用承包地的人取得土地承包经营权，但争议发生后一方强行先占承包地的行为和事实，不得作为确定土地承包经营权的依据。

第二十一条　承包方未依法登记取得土地承包经营权证等证书，即以转让、出租、入股、抵押等方式流转土地承包经营权，发包方请求确认该流转无效的，应予支持。但非因承包方原因未登记取得土地承包经营权证等证书的除外。

承包方流转土地承包经营权，除法律或者本解释有特殊规定外，按照有关家庭承包土地承包经营权流转的规定处理。

◆《农村土地承包经营权流转管理办法》

第三十四条　通过招标、拍卖和公开协商等方式承包荒山、荒沟、荒丘、荒滩等农村土地，经依法登记取得农村土地承包经营权证的，可以采取转让、出租、入股、抵押或者其他方式流转，其流转管理参照本办法执行。

第三百四十三条　【国有农用地实行承包经营的法律适用】

国家所有的农用地实行承包经营的，参照适用本编的有关规定。

本条来源

《物权法》第一百三十四条规定：“国家所有的农用地实行承包经营的，参照本法的有关规定。”本条延续了该规定，仅将“参照本法”改为“参照适用本编”。

立法演变

物权编一审稿第一百三十六条规定："国家所有的农用地实行承包经营的，参照本法的有关规定。"二审稿将一审稿"参照本法"改为"参照适用本编"，此后各稿延续了二审稿的规定。

条文释义

本条是关于国家所有的农用地实行承包经营的法律适用的规定。

《宪法》第十条第一款、第二款规定："城市的土地属于国家所有。农村和城市郊区的土地，除由法律规定属于国家所有的以外，属于集体所有；宅基地和自留地、自留山，也属于集体所有。"《土地管理法》第九条规定："城市市区的土地属于国家所有。农村和城市郊区的土地，除由法律规定属于国家所有的以外，属于农民集体所有；宅基地和自留地、自留山，属于农民集体所有。"可以看出，农村和城市郊区的土地，大部分属于集体所有，但也有根据法律规定由国家所有的部分。

《土地管理法》第十三条第二款规定："国家所有依法用于农业的土地可以由单位或者个人承包经营，从事种植业、林业、畜牧业、渔业生产。"第四十一条规定："开发未确定使用权的国有荒山、荒地、荒滩从事种植业、林业、畜牧业、渔业生产的，经县级以上人民政府依法批准，可以确定给开发单位或者个人长期使用。"据此，部分国家所有的土地可以通过承包经营的方式进行农业生产，从而成为土地承包经营权的客体。根据本条规定，国家所有的土地以承包经营的方式用于农业生产的，可以在土地承包经营权的设立、期限、保护、流转等方面参照本编的有关规定办理。

法条关联

◆《土地管理法》

第十三条 农民集体所有和国家所有依法由农民集体使用的耕地、林地、草地，以及其他依法用于农业的土地，采取农村集体经济组织内部的家庭承包方式承包，不宜采取家庭承包方式的荒山、荒沟、荒丘、荒滩等，可以采取招标、拍卖、公开协商等方式承包，从事种植业、林业、畜牧业、渔业生产。家庭承包的耕地的承包期为三十年，草地的承包期为三十年至五十年，林地的承包期为三十年至七十年；耕地承包期届满后再延长三十年，草地、林地承包期届满后依法相应延长。

国家所有依法用于农业的土地可以由单位或者个人承包经营，从事种植业、林业、畜牧业、渔业生产。

发包方和承包方应当依法订立承包合同，约定双方的权利和义务。承包经营土地的单位和个人，有保护和按照承包合同约定的用途合理利用土地的义务。

第四十一条　开发未确定使用权的国有荒山、荒地、荒滩从事种植业、林业、畜牧业、渔业生产的，经县级以上人民政府依法批准，可以确定给开发单位或者个人长期使用。

◆《草原法》

第十条　国家所有的草原，可以依法确定给全民所有制单位、集体经济组织等使用。

使用草原的单位，应当履行保护、建设和合理利用草原的义务。

◆《不动产登记暂行条例实施细则》

第五十二条　以承包经营以外的合法方式使用国有农用地的国有农场、草场，以及使用国家所有的水域、滩涂等农用地进行农业生产，申请国有农用地的使用权登记的，参照本实施细则有关规定办理。

国有农场、草场申请国有未利用地登记的，依照前款规定办理。

第五十三条　国有林地使用权登记，应当提交有批准权的人民政府或者主管部门的批准文件，地上森林、林木一并登记。

第十二章　建设用地使用权

本章概要

建设用地使用权，是指公民、法人或者其他组织依法对国有土地享有排除他人干涉的占有、使用、收益的权利。由此可以看出建设用地使用权的特点，其客体是国有土地，其权利本质是国有土地所有权上分离出的一种权利，权利人可以根据国有土地的不同用途设立相应的建设用地使用权。本章共十八条，主要规定了建设用地使用权设立的方式，建设用地使用权出让合同的内容，建设用地使用权的登记，建设用地使用权转让、互换、出资或者赠与时当事人的权利义务，建设用地使用权届满前收回建设用地的补偿原则，建设用地使用权届满后续期以及集体土地作为建设用地的原则等内容。建设用地使用权和土地承包经营权是在他人土地上设立的不同用益物权，权利人有看似相同的权利，但通过学习本章内容则可以深入了解到二者在其设立目的、设立的客体、权利人的资格门槛等具体利用方式上的诸多差异性。值得注意的是，物权编整合了《物权法》中规定的“新设立的建设用地使用权，不得损害已设立的用益物权”“采取划拨方式的，应当遵守法律、行政法规关于土地用途的规定”，并结合《民法总则》的绿色原则，新设条文规定“设立建设用地使用权应当符合节约资源、保护生态环境的要求，应当遵守法律、行政法规关于土地用途的规定，不得损害已设立的用益物权”。为建设用地使用权的各方当事人设定了一般性的法律义务，以更好地发挥建设用地使用权制度的社会价值，促进土地的充分利用，为市场经济发展提供基础的法律保障。

第三百四十四条　【建设用地使用权的定义】

建设用地使用权人依法对国家所有的土地享有占有、使用和收益的权利，有权利用该土地建造建筑物、构筑物及其附属设施。

本条来源

《物权法》第一百三十五条规定："建设用地使用权人依法对国家所有的土地享有占有、使用和收益的权利，有权利用该土地建造建筑物、构筑物及其附属设施。"本条延续了该规定。

立法演变

物权编一审稿第一百三十七条规定："建设用地使用权人依法对国家所有的土地享有占有、使用和收益的权利，有权利用该土地建造建筑物、构筑物及其附属设施。"此后各稿延续了一审稿的规定。

条文释义

本条是关于建设用地使用权的定义的规定。

建设用地使用权是用益物权中的一项重要权利。根据《土地管理法》的规定，国家编制土地利用总体规划，根据土地用途将土地分为农用地、建设用地和未利用地。建设用地是指建造建筑物、构筑物的土地，包括城乡住宅和公共设施用地、工矿用地、交通水利设施用地、旅游用地、军事设施用地等。

本条对建设用地使用权的定义可以从以下几个方面理解：

第一，建设用地使用权的主体为建设用地使用权人。依法经批准取得建设用地使用权的单位和个人，均可以成为建设用地使用权人。

第二，建设用地使用权的客体是国家所有的土地。根据《土地管理法》第九条的规定，建设用地使用权人为建设目的所使用的只能是城市国有土地或者依照法律规定属于国家所有的农村或城市郊区的土地。对以建设为目的使用集体所有的土地，不属于建设用地的客体范畴。

第三，建设用地使用权人对土地的利用是以该土地建造建筑物、构筑物及其附属设施。建筑物主要是指住宅、写字楼、厂房等。构筑物主要是指桥梁、堤坝、隧道、围墙等不具有居住或者生产经营功能的人工建造物。附属设施是指附属于建筑物、构筑物的一些设施，如下水道、煤气管道等。

第四，建设用地使用权人作为用益物权人享有的基本权利内容是对国家所有的土地享有占有、使用、收益的排他性权利。占有、使用、收益的排他性权利，不仅包括排除社会不特定人的干涉，也包括排除所有权人的干涉。

第五，建设用地使用权人必须依法行使权利。建设用地使用权人必须在法律规定或合同约定的范围内，行使对土地的占有、使用、收益的权利，并不受任何人干涉。超出合同约定或法律规定，则不受法律保护。

法条关联

◆《土地管理法》

第四条 国家实行土地用途管制制度。

国家编制土地利用总体规划，规定土地用途，将土地分为农用地、建设用地和未利用地。严格限制农用地转为建设用地，控制建设用地总量，对耕地实行特殊保护。

前款所称农用地是指直接用于农业生产的土地，包括耕地、林地、草地、农田水利用地、养殖水面等；建设用地是指建造建筑物、构筑物的土地，包括城乡住宅和公共设施用地、工矿用地、交通水利设施用地、旅游用地、军事设施用地等；未利用地是指农用地和建设用地以外的土地。

使用土地的单位和个人必须严格按照土地利用总体规划确定的用途使用土地。

第三百四十五条 【建设用地使用权分层设立】

建设用地使用权可以在土地的地表、地上或者地下分别设立。

本条来源

《物权法》第一百三十六条规定：“建设用地使用权可以在土地的地表、地上或者地下分别设立。新设立的建设用地使用权，不得损害已设立的用益物权。”本条在此基础上，删去“新设立的建设用地使用权，不得损害已设立的用益物权”。此外，《节约集约利用土地规定》第十三条第一款规定：“鼓励建设项目用地优化设计、分层布局，鼓励充分利用地上、地下空间。”

立法演变

物权编一审稿第一百三十八条规定：“建设用地使用权可以在土地的地表、地上或者地下分别设立。”此后各稿延续了一审稿的规定。

条文释义

本条是关于建设用地使用权分层设立的规定。

建设用地使用权的实质是使用土地的权利。土地作为自然资源，其客观存在的自然属性包括了地表、地下和空中。随着经济与社会的发展，对土地的需求量越来越大，对充分利用有限的土地资源的要求日益迫切，分层次开发土地成为土地利用的趋势，在实践中也得到切实发展，例如利用地下空间建造地下商场、车库，利用地上空间建造高架桥等。[①]

我国城市的土地属于国家所有，农村的土地属于集体所有。土地的性质决定了土地上下空间的所有权属于国家和集体，民事主体只能通过设定建设用地使用权等用益物权的方式取得对土地以及上下空间的使用。建设用地使用权可以在土地的地表、地上或者地下分别设立，也就是说，在一幅土地上，可以基于不同的权利范围，分别设立多个建设用地使用权。这就要求在权利设立时，必须将各自权利范围界定清楚，以避免纠纷的发生。在建设用地使用权分别在地表、地上或者地下设立时，应将权利所指向的地表、地上或者地下的横向、纵向范围及权利义务内容界定清楚。

除此之外，还应当注意，由于建设用地使用权设立的目的在于建造建筑物、构筑物及其附属设施，因此，无论是对地表还是对地上、地下空间的利用，都应以建设建筑物、构筑物及其附属设施为土地用途。如果不是以建设为土地用途，例如对地下矿产资源的开发利用等，则不属于本条的调整范畴。

① 王卫国等主编：《中国土地权利的法制建设》，中国政法大学出版社 2002 年版，第 160 页。

法条关联

◆《城乡规划法》

第三十三条 城市地下空间的开发和利用，应当与经济和技术发展水平相适应，遵循统筹安排、综合开发、合理利用的原则，充分考虑防灾减灾、人民防空和通信等需要，并符合城市规划，履行规划审批手续。

◆《节约集约利用土地规定》

第十三条 鼓励建设项目用地优化设计、分层布局，鼓励充分利用地上、地下空间。

建设用地使用权在地上、地下分层设立的，其取得方式和使用年期参照在地表设立的建设用地使用权的相关规定。

出让分层设立的建设用地使用权，应当根据当地基准地价和不动产实际交易情况，评估确定分层出让的建设用地最低价标准。

◆《城市地下空间开发利用管理规定》

第二条 编制城市地下空间规划，对城市规划区范围内的地下空间进行开发利用，必须遵守本规定。

本规定所称的城市地下空间，是指城市规划区内地表以下的空间。

第三条 城市地下空间的开发利用应贯彻统一规划、综合开发、合理利用、依法管理的原则，坚持社会效益、经济效益和环境效益相结合，考虑防灾和人民防空等需要。

第十条 城市地下空间的工程建设必须符合城市地下空间规划，服从规划管理。

第十一条 附着地面建筑进行地下工程建设，应随地面建筑一并向城市规划行政主管部门申请办理选址意见书、建设用地规划许可证、建设工程规划许可证。

第十二条 独立开发的地下交通、商业、仓储、能源、通讯、管线、人防工程等设施，应持有关批准文件、技术资料，依据《城乡规划法》的有关规定，向城市规划行政主管部门申请办理选址意见书、建设用地规划许可证、建设工程规划许可证。

第二十四条 城市地下工程由开发利用的建设单位或者使用单位进行管理，

并接受建设行政主管部门的监督检查。

第二十五条　地下工程应本着"谁投资、谁所有、谁受益、谁维护"的原则，允许建设单位对其投资开发建设的地下工程自营或者依法进行转让、租赁。

第三百四十六条　【设立建设用地使用权的限制】

设立建设用地使用权，应当符合节约资源、保护生态环境的要求，遵守法律、行政法规关于土地用途的规定，不得损害已经设立的用益物权。

本条来源

相比《物权法》，本条为新增条款，新增建设用地使用权应当坚持保护生态环境等原则的规定。此外，《土地管理法》第四条第四款规定："使用土地的单位和个人必须严格按照土地利用总体规划确定的用途使用土地。"《城市房地产管理法》《城镇国有土地使用权出让和转让暂行条例》等也具体规定了变更土地用途必经的程序。

立法演变

物权编一审稿第一百三十九条规定："设立建设用地使用权应当符合节约资源、保护生态环境的要求，应当遵守法律、行政法规关于土地用途的规定，不得损害已设立的用益物权。"此后各稿延续了一审稿的规定。终稿除规范法律用语外，其他保持不变。

条文释义

本条是关于设立建设用地使用权的限制的规定。

本条可以从以下三个方面进行理解：

第一，为顺应《民法典》总则编第九条确定的原则，即"民事主体从事民事活动，应当有利于节约资源、保护生态环境"，本条规定了"设立建设用地使用权，应当符合节约资源、保护生态环境的要求"。体现了民法总则的绿色原则在物权编的落实，针对土地开发利用过程中的突出问题，重点要求建设用地使用权从设立阶段起就应接受绿色原则的约束。当然，本条还是一般条款，需要在相关特别法中予以细化。

第二，土地资源的有限性与不可再生性要求我们必须合理利用土地，在设立建设用地使用权时应当遵守法律、行政法规关于土地用途的规定。由于国家实行土地用途管制制度，原则上设立建设用地使用权应当严格按照土地利用总体规划确定的用途使用土地，但是特殊情况下需要改变土地用途的，依法经有关行政主管部门批准也可以改变土地用途。具体可以参照《土地管理法》《城市房地产管理法》等法律、行政法规的规定。

第三，设立建设用地使用权不得损害已设立的用益物权。物权法禁止在一个物上存在两个所有权，但不禁止一物上存在多个他物权。只要多个他物权的存在互不侵犯和影响，均受到法律保护。如果发生冲突，则以权利设立的先后为法律保护的原则。本条遵循了物权设立的基本原则，明确规定设立建设用地使用权不得损害已设立的用益物权。所谓损害，不仅包括直接造成地上物的损害，还包括设立的建设用地使用权影响到已设立的用益物权的行使而给权利人造成损害。

法条关联

◆《土地管理法》

第四条 国家实行土地用途管制制度。

国家编制土地利用总体规划，规定土地用途，将土地分为农用地、建设用地和未利用地。严格限制农用地转为建设用地，控制建设用地总量，对耕地实行特殊保护。

前款所称农用地是指直接用于农业生产的土地，包括耕地、林地、草地、农田水利用地、养殖水面等；建设用地是指建造建筑物、构筑物的土地，包括城乡住宅和公共设施用地、工矿用地、交通水利设施用地、旅游用地、军事设施用地等；未利用地是指农用地和建设用地以外的土地。

使用土地的单位和个人必须严格按照土地利用总体规划确定的用途使用土地。

第五十六条 建设单位使用国有土地的，应当按照土地使用权出让等有偿使用合同的约定或者土地使用权划拨批准文件的规定使用土地；确需改变该幅土地建设用途的，应当经有关人民政府自然资源主管部门同意，报原批准用地的人民政府批准。其中，在城市规划区内改变土地用途的，在报批前，应当先经有关城市规划行政主管部门同意。

◆《城市房地产管理法》

第十八条　土地使用者需要改变土地使用权出让合同约定的土地用途的，必须取得出让方和市、县人民政府城市规划行政主管部门的同意，签订土地使用权出让合同变更协议或者重新签订土地使用权出让合同，相应调整土地使用权出让金。

第四十四条　以出让方式取得土地使用权的，转让房地产后，受让人改变原土地使用权出让合同约定的土地用途的，必须取得原出让方和市、县人民政府城市规划行政主管部门的同意，签订土地使用权出让合同变更协议或者重新签订土地使用权出让合同，相应调整土地使用权出让金。

◆《城镇国有土地使用权出让和转让暂行条例》

第十八条　土地使用者需要改变土地使用权出让合同规定的土地用途的，应当征得出让方同意并经土地管理部门和城市规划部门批准，依照本章的有关规定重新签订土地使用权出让合同，调整土地使用权出让金，并办理登记。

第二十七条　土地使用权转让后，需要改变土地使用权出让合同规定的土地用途的，依照本条例第十八条的规定办理。

◆《最高人民法院关于审理涉及国有土地使用权合同纠纷案件适用法律问题的解释》

第五条　受让方经出让方和市、县人民政府城市规划行政主管部门同意，改变土地使用权出让合同约定的土地用途，当事人请求按照起诉时同种用途的土地出让金标准调整土地出让金的，应予支持。

第六条　受让方擅自改变土地使用权出让合同约定的土地用途，出让方请求解除合同的，应予支持。

第三百四十七条　【建设用地使用权出让方式】

设立建设用地使用权，可以采取出让或者划拨等方式。

工业、商业、旅游、娱乐和商品住宅等经营性用地以及同一土地有两个以上意向用地者的，应当采取招标、拍卖等公开竞价的方式出让。

严格限制以划拨方式设立建设用地使用权。

本条来源

《物权法》第一百三十七条规定："设立建设用地使用权，可以采取出让或者划拨等方式。工业、商业、旅游、娱乐和商品住宅等经营性用地以及同一土地有两个以上意向用地者的，应当采取招标、拍卖等公开竞价的方式出让。严格限制以划拨方式设立建设用地使用权。采取划拨方式的，应当遵守法律、行政法规关于土地用途的规定。"本条在此基础上，删去"采取划拨方式的，应当遵守法律、行政法规关于土地用途的规定"。《土地管理法》第五十四条规定了可以以划拨方式取得的建设用地类型。《城市房地产管理法》《城镇国有土地使用权出让和转让暂行条例》等都规定了土地使用权出让、划拨的规则。

立法演变

物权编一审稿第一百四十条规定："设立建设用地使用权，可以采取出让或者划拨等方式。工业、商业、旅游、娱乐和商品住宅等经营性用地以及同一土地有两个以上意向用地者的，应当采取招标、拍卖等公开竞价的方式出让。严格限制以划拨方式设立建设用地使用权。"此后各稿延续了一审稿的规定。

条文释义

本条是关于建设用地使用权设立的规定。

可以从以下几个方面理解本条：

第一，设立建设用地使用权的法定方式有出让和划拨等。出让是国家以土地所有人身份将建设用地使用权在一定期限内让与土地使用者，并由土地使用者向国家支付建设用地使用权出让金的行为。土地使用者通过这种出让建设用地使用权的行为即取得建设用地使用权。以出让方式设立建设用地使用权的主要特点是建设用地使用权人对土地的使用是有偿的、有期限的，土地使用权的出让主要是通过拍卖、招标、挂牌和协议出让的方式。

划拨，是指县级以上人民政府依法批准，在土地使用者缴纳补偿、安置等费用后将该幅土地交付其使用，或者将国有土地使用权无偿交付给土地使用者使用的行为。以划拨方式设立的建设用地使用权的主要特点是无偿性和无期限性。

本条除了明确出让和划拨两种建设用地使用权的设立方式外，还作了弹性规定，规定为可以出让或划拨“等”方式设立，是为随着实践的发展，国家可能采取其他设立方式奠定法律基础。

第二，随着国有土地有偿使用制度的确立，国家相关土地政策和立法都明确倡导对国有土地的使用应以有偿使用为主，以划拨使用为补充的原则。这是因为土地有偿使用制度的确立，将土地这一稀缺资源作为特殊商品进入市场流通，通过市场调节作用，使土地资源的利用更加合理和完善。并且土地的经济价值得以确认，国家作为土地所有权人，可以从出让土地使用权中获得财政收益，满足国家经济发展和城市建设的需要。① 同时，考虑到社会公共利益等特殊建设的需要，以划拨方式无偿使用土地的制度仍有存在必要，但这只是有偿土地使用制度的补充。因此本条第三款重申了严格限制以划拨方式设立建设用地使用权。

第三，在两种情形下必须通过公开竞价的方式出让土地，一是工业、商业、旅游、娱乐和商品住宅等经营性用地，这是从土地利用目的出发，考虑到经营性用地是为了在该土地上获取更高的经济利益，以公开竞价的方式，通过市场调节来确定土地出让价格，既可以满足市场发展的需求，也可以最大限度地实现国有资产价值，同时防止土地出让中的权钱交易；二是同一土地有两个以上用地申请者时，采取公开竞价的方式出让，对申请人来说更公平。

---

① 侯银萍、吴纪平：《论集体经营性建设用地使用权的物权化改革》，载《辽宁大学学报（哲学社会科学版）》2015 年第 4 期，第 133 页。

法条关联

◆《土地管理法》

第五十四条 建设单位使用国有土地，应当以出让等有偿使用方式取得；但是，下列建设用地，经县级以上人民政府依法批准，可以以划拨方式取得：

（一）国家机关用地和军事用地；

（二）城市基础设施用地和公益事业用地；

（三）国家重点扶持的能源、交通、水利等基础设施用地；

（四）法律、行政法规规定的其他用地。

◆《城市房地产管理法》

第十三条 土地使用权出让，可以采取拍卖、招标或者双方协议的方式。

商业、旅游、娱乐和豪华住宅用地，有条件的，必须采取拍卖、招标方式；没有条件，不能采取拍卖、招标方式的，可以采取双方协议的方式。

采取双方协议方式出让土地使用权的出让金不得低于按国家规定所确定的最低价。

第二十三条 土地使用权划拨，是指县级以上人民政府依法批准，在土地使用者缴纳补偿、安置等费用后将该幅土地交付其使用，或者将土地使用权无偿交付给土地使用者使用的行为。

依照本法规定以划拨方式取得土地使用权的，除法律、行政法规另有规定外，没有使用期限的限制。

第二十四条 下列建设用地的土地使用权，确属必需的，可以由县级以上人民政府依法批准划拨：

（一）国家机关用地和军事用地；

（二）城市基础设施用地和公益事业用地；

（三）国家重点扶持的能源、交通、水利等项目用地；

（四）法律、行政法规规定的其他用地。

◆《城镇国有土地使用权出让和转让暂行条例》

第八条 土地使用权出让是指国家以土地所有者的身份将土地使用权在一定年限内让与土地使用者，并由土地使用者向国家支付土地使用权出让金的行为。

土地使用权出让应当签订出让合同。

第十三条 土地使用权出让可以采取下列方式：

（一）协议；

（二）招标；

（三）拍卖。

依照前款规定方式出让土地使用权的具体程序和步骤，由省、自治区、直辖市人民政府规定。

第四十三条 划拨土地使用权是指土地使用者通过各种方式依法无偿取得的土地使用权。

前款土地使用者应当依照《中华人民共和国城镇土地使用税暂行条例》的规定缴纳土地使用税。

◆《招标拍卖挂牌出让国有建设用地使用权规定》

第一条 为规范国有建设用地使用权出让行为，优化土地资源配置，建立公开、公平、公正的土地使用制度，根据《中华人民共和国物权法》、《中华人民共和国土地管理法》、《中华人民共和国城市房地产管理法》和《中华人民共和国土地管理法实施条例》，制定本规定。

第二条 在中华人民共和国境内以招标、拍卖或者挂牌出让方式在土地的地表、地上或者地下设立国有建设用地使用权的，适用本规定。

本规定所称招标出让国有建设用地使用权，是指市、县人民政府国土资源行政主管部门（以下简称出让人）发布招标公告，邀请特定或者不特定的自然人、法人和其他组织参加国有建设用地使用权投标，根据投标结果确定国有建设用地使用权人的行为。

本规定所称拍卖出让国有建设用地使用权，是指出让人发布拍卖公告，由竞买人在指定时间、地点进行公开竞价，根据出价结果确定国有建设用地使用权人的行为。

本规定所称挂牌出让国有建设用地使用权，是指出让人发布挂牌公告，按公告规定的期限将拟出让宗地的交易条件在指定的土地交易场所挂牌公布，接受竞买人的报价申请并更新挂牌价格，根据挂牌期限截止时的出价结果或者现场竞价结果确定国有建设用地使用权人的行为。

第四条 工业、商业、旅游、娱乐和商品住宅等经营性用地以及同一宗地有两个以上意向用地者的，应当以招标、拍卖或者挂牌方式出让。

前款规定的工业用地包括仓储用地，但不包括采矿用地。

第三百四十八条　【建设用地使用权出让合同内容】

通过招标、拍卖、协议等出让方式设立建设用地使用权的，当事人应当采用书面形式订立建设用地使用权出让合同。

建设用地使用权出让合同一般包括下列条款：

（一）当事人的名称和住所；

（二）土地界址、面积等；

（三）建筑物、构筑物及其附属设施占用的空间；

（四）土地用途、规划条件；

（五）建设用地使用权期限；

（六）出让金等费用及其支付方式；

（七）解决争议的方法。

本条来源

《物权法》第一百三十八条规定：“采取招标、拍卖、协议等出让方式设立建设用地使用权的，当事人应当采取书面形式订立建设用地使用权出让合同。建设用地使用权出让合同一般包括下列条款：（一）当事人的名称和住所；（二）土地界址、面积等；（三）建筑物、构筑物及其附属设施占用的空间；（四）土地用途；（五）使用期限；（六）出让金等费用及其支付方式；（七）解决争议的方法。”本条在此规定的基础上，将相应条文的“采取”改为“采用”，在“（四）土地用途”后新增“、规划条件”，将“（五）使用期限”完善为“建设用地使用权期限”。此外，《城市房地产管理法》第十五条第一款规定：“土地使用权出让，应当签订书面出让合同。”《城乡规划法》第三十九条规定：“规划条件未纳入国有土地使用权出让合同的，该国有土地使用权出让合同无效……”

立法演变

物权编一审稿第一百四十一条规定："采取招标、拍卖、协议等出让方式设立建设用地使用权的，当事人应当采取书面形式订立建设用地使用权出让合同。建设用地使用权出让合同一般包括下列条款：（一）当事人的名称和住所；（二）土地界址、面积等；（三）建筑物、构筑物及其附属设施占用的空间；（四）土地用途、规划条件；（五）使用期限；（六）出让金等费用及其支付方式；（七）解决争议的方法。"二审稿将一审稿相应条文的"采取"改为"采用"，此后各稿延续了二审稿的规定。终稿将"采取"改为"通过"，规范法律用语，同时将第五项"使用期限"明确为"建设用地使用权期限"，使建设用地使用权出让合同的条款更加明确。

条文释义

本条是关于建设用地使用权出让合同的规定。

通过出让方式取得建设用地使用权是国有土地使用权有偿使用的主要方式。国有土地使用权出让实际上是出让方与受让方合意的结果，通过招标、拍卖、协议的方式，由国家与用地人双方在平等自愿的基础上，就土地的用途、使用期限、出让金等权利义务内容达成一致，才可以出让国有土地。因此，为出让国有土地使用权，双方必须建立合同关系。从性质上而言，建设用地使用权出让合同不符合行政合同的认定标准，从其合同的签订原则、内容、责任承担方式等看，其应属于调整民事关系的民事合同。① 本条第一款规定以出让方式设立建设用地使用权，当事人双方应当采用书面形式订立建设用地使用权出让合同，是通过签订书面建设用地使用权出让合同，对双方的权利义务作出明确具体的规定，以避免因权利义务不明确而引起纠纷。

本条可以从以下几个方面进行理解：

第一，需要签订建设用地使用权出让合同的前提是以出让方式设立建设用地使用权。无论是通过招标、拍卖等公开竞价的方式出让土地，还是通过协议

---

① 王林清：《国有建设用地使用权出让合同性质辨析》，载《现代法学》2018 年第 3 期，第 44 页。

的方式出让土地，只要建设用地使用权是通过出让的方式有偿取得，双方就必须签订建设用地使用权出让合同。以划拨方式设立建设用地使用权的不受本条约束。

第二，建设用地使用权出让合同为要式合同，即必须采用书面形式订立。根据合同编的规定，书面形式是合同书、信件等可以有形地表现所载内容的形式，并且以电报、电传、传真、电子数据交换、电子邮件等方式能够有形地表现所载内容，并可以随时调取查用的数据电文，视为书面形式。

第三，本条根据合同一般应具备的主要条款结合建设用地使用权的特点，具体列明了建设用地使用权出让合同应具备的主要条款。

1. 当事人的名称和住所。建设用地出让合同的一方为代表国家出让建设用地使用权的市、县人民政府土地管理部门，合同另一方为受让土地的单位和个人。另外还应标明住所，根据民法典总则编的规定，自然人以户籍登记或者其他有效身份登记记载的居所为住所，经常居所与住所不一致的，经常居所视为住所。单位以其主要办事机构所在地为住所。

2. 土地界址、面积等。由于建设用地使用权可以在土地的地表及地上、地下分别设立，因此土地界址、面积等的约定不仅要涉及地表的横向范围，还需要标明土地的纵向范围。

3. 建筑物、构筑物及其附属设施占用的空间。通常指建筑物、构筑物及其附属设施的高度及所占用的基地，以及正常使用所必需的空间范围。

4. 土地用途、规划条件。我国实行土地用途管制。市、县人民政府在拟出让某地块时，必须将土地用途报有关人民政府批准，双方可以在合同中对土地用途作出特别约定，但不得与批准的土地用途发生冲突。另外，《城乡规划法》规定在国有土地使用权出让前，市、县人民政府城乡规划主管部门应当依据控制性详细规划，提出出让地块的位置、使用性质、开发强度等规划条件，并明确要求将规划条件纳入国有土地使用权出让合同。

5. 建设用地使用权期限。建设用地使用权期限由双方协商确定，但依法不得超过法律规定的最高年限。

6. 出让金等费用及其支付方式。根据《城镇国有土地使用权出让和转让暂行条例》的规定，出让金支付期限为在合同签订后六十日内全部付清，否则出让方有权解除合同。但该规定不排除双方当事人可以在合同中就出让金的支付另行作出约定。双方可以一次性支付，也可以分期支付。

7. 解决争议的方法。可以选择仲裁，也可以选择诉讼等方式。

法条关联

◆《城市房地产管理法》

第十五条　土地使用权出让，应当签订书面出让合同。

土地使用权出让合同由市、县人民政府土地管理部门与土地使用者签订。

◆《城乡规划法》

第三十八条　在城市、镇规划区内以出让方式提供国有土地使用权的，在国有土地使用权出让前，城市、县人民政府城乡规划主管部门应当依据控制性详细规划，提出出让地块的位置、使用性质、开发强度等规划条件，作为国有土地使用权出让合同的组成部分。未确定规划条件的地块，不得出让国有土地使用权。

以出让方式取得国有土地使用权的建设项目，建设单位在取得建设项目的批准、核准、备案文件和签订国有土地使用权出让合同后，向城市、县人民政府城乡规划主管部门领取建设用地规划许可证。

城市、县人民政府城乡规划主管部门不得在建设用地规划许可证中，擅自改变作为国有土地使用权出让合同组成部分的规划条件。

第三十九条　规划条件未纳入国有土地使用权出让合同的，该国有土地使用权出让合同无效；对未取得建设用地规划许可证的建设单位批准用地的，由县级以上人民政府撤销有关批准文件；占用土地的，应当及时退回；给当事人造成损失的，应当依法给予赔偿。

◆《城镇国有土地使用权出让和转让暂行条例》

第八条　土地使用权出让是指国家以土地所有者的身份将土地使用权在一定年限内让与土地使用者，并由土地使用者向国家支付土地使用权出让金的行为。

土地使用权出让应当签订出让合同。

第十一条　土地使用权出让合同应当按照平等、自愿、有偿的原则，由市、县人民政府土地管理部门（以下简称出让方）与土地使用者签订。

第十二条　土地使用权出让最高年限按下列用途确定：

（一）居住用地七十年；

（二）工业用地五十年；

（三）教育、科技、文化、卫生、体育用地五十年；

（四）商业、旅游、娱乐用地四十年；

（五）综合或者其他用地五十年。

第十五条 出让方应当按照合同规定，提供出让的土地使用权。未按合同规定提供土地使用权的，土地使用者有权解除合同，并可请求违约赔偿。

第十六条 土地使用者在支付全部土地使用权出让金后，应当依照规定办理登记，领取土地使用证，取得土地使用权。

第十七条 土地使用者应当按照土地使用权出让合同的规定和城市规划的要求，开发、利用、经营土地。

未按合同规定的期限和条件开发、利用土地的，市、县人民政府土地管理部门应当予以纠正，并根据情节可以给予警告、罚款直至无偿收回土地使用权的处罚。

第十八条 土地使用者需要改变土地使用权出让合同规定的土地用途的，应当征得出让方同意并经土地管理部门和城市规划部门批准，依照本章的有关规定重新签订土地使用权出让合同，调整土地使用权出让金，并办理登记。

◆《最高人民法院关于审理涉及国有土地使用权合同纠纷案件适用法律问题的解释》

第一条 本解释所称的土地使用权出让合同，是指市、县人民政府土地管理部门作为出让方将国有土地使用权在一定年限内让与受让方，受让方支付土地使用权出让金的协议。

第二条 开发区管理委员会作为出让方与受让方订立的土地使用权出让合同，应当认定无效。

本解释实施前，开发区管理委员会作为出让方与受让方订立的土地使用权出让合同，起诉前经市、县人民政府土地管理部门追认的，可以认定合同有效。

第三条 经市、县人民政府批准同意以协议方式出让的土地使用权，土地使用权出让金低于订立合同时当地政府按照国家规定确定的最低价的，应当认定土地使用权出让合同约定的价格条款无效。

当事人请求按照订立合同时的市场评估价格交纳土地使用权出让金的，应予支持；受让方不同意按照市场评估价格补足，请求解除合同的，应予支持。因此造成的损失，由当事人按照过错承担责任。

第四条　土地使用权出让合同的出让方因未办理土地使用权出让批准手续而不能交付土地，受让方请求解除合同的，应予支持。

第五条　受让方经出让方和市、县人民政府城市规划行政主管部门同意，改变土地使用权出让合同约定的土地用途，当事人请求按照起诉时同种用途的土地出让金标准调整土地出让金的，应予支持。

第六条　受让方擅自改变土地使用权出让合同约定的土地用途，出让方请求解除合同的，应予支持。

第三百四十九条　【建设用地使用权设立登记】

设立建设用地使用权的，应当向登记机构申请建设用地使用权登记。建设用地使用权自登记时设立。登记机构应当向建设用地使用权人发放权属证书。

本条来源

《物权法》第一百三十九条规定："设立建设用地使用权的，应当向登记机构申请建设用地使用权登记。建设用地使用权自登记时设立。登记机构应当向建设用地使用权人发放建设用地使用权证书。"本条在此基础上，将"建设用地使用权证书"改为"权属证书"。《城市房地产管理法》《城镇国有土地使用权出让和转让暂行条例》《土地管理法实施条例》《不动产登记暂行条例》等都表明了国家依法实行土地登记发证制度。

立法演变

物权编一审稿第一百四十二条规定："设立建设用地使用权的，应当向登记机构申请建设用地使用权登记。建设用地使用权自登记时设立。登记机构应当向建设用地使用权人发放权属证书。"此后各稿延续了一审稿的规定。

条文释义

本条是关于建设用地使用权设立登记的规定。

建设用地使用权是以土地建造建筑物、构筑物及其附属设施为目的使用国有土地而设立的用益物权，其客体为国有土地。土地属于重要的不动产，因此，本条规定建设用地使用权的设立必须进行登记，且建设用地使用权自登记时设立，这是对不动产物权设立登记制度的具体应用。

本条所规定的登记类型为权利的设立登记，即在以出让或划拨方式设立建设用地使用权过程中，基于权利人的申请，依据出让合同或划拨用地批准文件等有关材料，由不动产登记机构依照法定程序审查后，将特定土地上所设立的建设用地使用权的主要权利事项记载于不动产登记簿，从而使建设用地使用权发生物权效力的行为。① 首先，本条明确规定建设用地使用权自登记时设立，仅通过签订建设用地使用权出让合同，或者取得政府批准的划拨用地的相关文件，尚没有完成建设用地使用权的设立，用地人尚不能取得建设用地使用权，只有进行了设立登记，将设立内容登记在不动产物权登记簿上，建设用地使用权的设立行为才完成，用地人才取得建设用地使用权。其次，登记申请人应当是建设用地使用权人。具体而言，以出让方式设立建设用地使用权的，登记申请人应是建设用地使用权出让合同中的受让人；通过划拨方式设立建设用地使用权的，登记申请人应当是获得政府批准使用该土地的单位或个人。此外，登记机构不仅要按法定程序对申请人的申请进行审查，经审查合格后将申请事项记载于不动产登记簿，还有义务向建设用地使用权人发放权属证书，这是建设用地使用权人权利存在的证明。关于登记机构，根据《城市房地产管理法》第六十一条第一款规定："以出让或者划拨方式取得土地使用权，应当向县级以上地方人民政府土地管理部门申请登记，经县级以上地方人民政府土地管理部门核实，由同级人民政府颁发土地使用权证书。"建设用地使用权设立登记机构应是县级以上地方人民政府土地管理部门。

---

① 高圣平：《论集体建设用地使用权的法律构造》，载《法学杂志》2019 年第 4 期，第 18 页。

法条关联

◆《城市房地产管理法》

第六十条　国家实行土地使用权和房屋所有权登记发证制度。

第六十一条　以出让或者划拨方式取得土地使用权，应当向县级以上地方人民政府土地管理部门申请登记，经县级以上地方人民政府土地管理部门核实，由同级人民政府颁发土地使用权证书。

在依法取得的房地产开发用地上建成房屋的，应当凭土地使用权证书向县级以上地方人民政府房产管理部门申请登记，由县级以上地方人民政府房产管理部门核实并颁发房屋所有权证书。

房地产转让或者变更时，应当向县级以上地方人民政府房产管理部门申请房产变更登记，并凭变更后的房屋所有权证书向同级人民政府土地管理部门申请土地使用权变更登记，经同级人民政府土地管理部门核实，由同级人民政府更换或者更改土地使用权证书。

法律另有规定的，依照有关法律的规定办理。

◆《城镇国有土地使用权出让和转让暂行条例》

第十六条　土地使用者在支付全部土地使用权出让金后，应当依照规定办理登记，领取土地使用证，取得土地使用权。

◆《土地管理法实施条例》

第三条　国家依法实行土地登记发证制度。依法登记的土地所有权和土地使用权受法律保护，任何单位和个人不得侵犯。

土地登记内容和土地权属证书式样由国务院土地行政主管部门统一规定。

土地登记资料可以公开查询。

确认林地、草原的所有权或者使用权，确认水面、滩涂的养殖使用权，分别依照《森林法》、《草原法》和《渔业法》的有关规定办理。

第五条　单位和个人依法使用的国有土地，由土地使用者向土地所在地的县级以上人民政府土地行政主管部门提出土地登记申请，由县级以上人民政府登记造册，核发国有土地使用权证书，确认使用权。其中，中央国家机关使用的国有土地的登记发证，由国务院土地行政主管部门负责，具体登记发证办法由国务院土地行政主管部门会同国务院机关事务管理局等有关部门制定。

未确定使用权的国有土地，由县级以上人民政府登记造册，负责保护管理。

◆《不动产登记暂行条例》

第五条 下列不动产权利，依照本条例的规定办理登记：

……

（五）建设用地使用权；

……

◆《不动产登记暂行条例实施细则》

第三十三条 依法取得国有建设用地使用权，可以单独申请国有建设用地使用权登记。

依法利用国有建设用地建造房屋的，可以申请国有建设用地使用权及房屋所有权登记。

第三十四条 申请国有建设用地使用权首次登记，应当提交下列材料：

（一）土地权属来源材料；

（二）权籍调查表、宗地图以及宗地界址点坐标；

（三）土地出让价款、土地租金、相关税费等缴纳凭证；

（四）其他必要材料。

前款规定的土地权属来源材料，根据权利取得方式的不同，包括国有建设用地划拨决定书、国有建设用地使用权出让合同、国有建设用地使用权租赁合同以及国有建设用地使用权作价出资（入股）、授权经营批准文件。

申请在地上或者地下单独设立国有建设用地使用权登记的，按照本条规定办理。

第三十五条 申请国有建设用地使用权及房屋所有权首次登记的，应当提交下列材料：

（一）不动产权属证书或者土地权属来源材料；

（二）建设工程符合规划的材料；

（三）房屋已经竣工的材料；

（四）房地产调查或者测绘报告；

（五）相关税费缴纳凭证；

（六）其他必要材料。

第三百五十条　【土地用途】

建设用地使用权人应当合理利用土地，不得改变土地用途；需要改变土地用途的，应当依法经有关行政主管部门批准。

本条来源

《物权法》第一百四十条规定："建设用地使用权人应当合理利用土地，不得改变土地用途；需要改变土地用途的，应当依法经有关行政主管部门批准。"本条延续了该规定。《土地管理法》第四条规定国家实行土地用途管制制度。《城市房地产管理法》《城镇国有土地使用权出让和转让暂行条例》等规定了土地使用者需要改变土地使用权出让合同约定的土地用途须履行的程序。

立法演变

物权编一审稿第一百四十三条规定："建设用地使用权人应当合理利用土地，不得改变土地用途；需要改变土地用途的，应当依法经有关行政主管部门批准。"此后各稿延续了一审稿的规定。

条文释义

本条是关于建设用地改变用途的规定。

土地作为自然资源，具有有限性与不可再生性，因此在对土地的利用方面，既不可以因使用损害土地的自然属性，对土地的分配利用也必须科学合理，以实现土地资源的可持续使用。建设用地使用权人是土地的使用人，由于权利设立的长期性，土地长期处于建设用地使用权人控制之下。在确定建设用地使用权人的权利义务的同时，将合理利用土地，按批准的用途使用土地，禁止擅自改变土地用途作为建设用地使用权人的法定义务内容加以明确，可以促使建设用地使用权人自觉遵照执行。

建设用地使用权人应当合理利用土地，一是建设用地使用权人在使用土地时应保护土地的自然属性，不得造成土地资源的损害；二是必须根据批准或合同约定的法定用途使用土地，未经批准无权自行决定改变土地用途。

虽然按照批准或约定的用途使用土地是建设用地使用权人的法定义务，但是并不意味着土地用途完全不能改变。因为建设用地使用权的期限较长，且建设用地使用权可以依法通过转让的方式处分，新的权利人对土地可能有不同的利用目的，完全禁止改变土地用途不符合实际情况。因此本条规定肯定了改变土地用途的情况，但是，需要改变土地用途的，必须依法经有关行政部门批准，具体依照《土地管理法》《城市房地产管理法》的规定。

法条关联

◆ **《土地管理法》**

第四条 国家实行土地用途管制制度。

国家编制土地利用总体规划，规定土地用途，将土地分为农用地、建设用地和未利用地。严格限制农用地转为建设用地，控制建设用地总量，对耕地实行特殊保护。

前款所称农用地是指直接用于农业生产的土地，包括耕地、林地、草地、农田水利用地、养殖水面等；建设用地是指建造建筑物、构筑物的土地，包括城乡住宅和公共设施用地、工矿用地、交通水利设施用地、旅游用地、军事设施用地等；未利用地是指农用地和建设用地以外的土地。

使用土地的单位和个人必须严格按照土地利用总体规划确定的用途使用土地。

第五十六条 建设单位使用国有土地的，应当按照土地使用权出让等有偿使用合同的约定或者土地使用权划拨批准文件的规定使用土地；确需改变该幅土地建设用途的，应当经有关人民政府自然资源主管部门同意，报原批准用地的人民政府批准。其中，在城市规划区内改变土地用途的，在报批前，应当先经有关城市规划行政主管部门同意。

◆ **《城市房地产管理法》**

第十八条 土地使用者需要改变土地使用权出让合同约定的土地用途的，必须取得出让方和市、县人民政府城市规划行政主管部门的同意，签订土地使用权出让合同变更协议或者重新签订土地使用权出让合同，相应调整土地使用权出让金。

第四十四条 以出让方式取得土地使用权的，转让房地产后，受让人改变原土地使用权出让合同约定的土地用途的，必须取得原出让方和市、县人民政府城市规划行政主管部门的同意，签订土地使用权出让合同变更协议或者重新签订土地使用权出让合同，相应调整土地使用权出让金。

◆《城镇国有土地使用权出让和转让暂行条例》

第十七条　土地使用者应当按照土地使用权出让合同的规定和城市规划的要求，开发、利用、经营土地。

未按合同规定的期限和条件开发、利用土地的，市、县人民政府土地管理部门应当予以纠正，并根据情节可以给予警告、罚款直至无偿收回土地使用权的处罚。

第十八条　土地使用者需要改变土地使用权出让合同规定的土地用途的，应当征得出让方同意并经土地管理部门和城市规划部门批准，依照本章的有关规定重新签订土地使用权出让合同，调整土地使用权出让金，并办理登记。

第二十七条　土地使用权转让后，需要改变土地使用权出让合同规定的土地用途的，依照本条例第十八条的规定办理。

第三百五十一条　【建设用地使用权人支付出让金等费用的义务】

建设用地使用权人应当依照法律规定以及合同约定支付出让金等费用。

本条来源

《物权法》第一百四十一条规定："建设用地使用权人应当依照法律规定以及合同约定支付出让金等费用。"本条延续了该规定。《土地管理法》《城市房地产管理法》等也都提到了土地使用者应当缴纳土地使用权出让金。

立法演变

物权编一审稿第一百四十四条规定："建设用地使用权人应当依照法律规定以及合同约定支付出让金等费用。"此后各稿延续了一审稿的规定。

条文释义

本条是关于建设用地使用权人支付出让金等费用的规定。

国有土地有偿使用制度的建立，是变以前对土地的无偿使用制度为有偿使用制度，以实现对国家土地资源的有效利用。对国有土地使用权的出让，是国有土地有偿使用的主要方式。土地出让金是建设用地使用权人为取得建设用地所必须支付的对价，是土地所有权人让与土地使用权给建设用地使用权人的前提条件。以划拨方式取得建设用地使用权的，虽然无须为取得对土地的使用权支付对价，但用地人并非不需要支付任何费用。如果划拨用地使用权人取得使用权的土地上有原用地人以及地上物，则用地人必须向国家缴纳补偿、安置等费用后，才可以取得土地使用权，除非国家决定无偿将土地交其使用。支付安置补偿等费用是通过划拨方式取得建设用地使用权的前提条件。因此，本条将支付出让金等费用明确规定为建设用地使用权人的义务。

建设用地使用权人对出让金等费用的支付义务，应以法律规定以及合同约定为依据。对出让金的具体数额的确定，是通过招标、投标、协商等方式确定，并作为建设用地使用权出让合同的主要条款内容。以划拨方式设立的建设用地使用权，对原用地人的补偿安置通常也是由建设用地使用权人与原用地人达成补偿安置协议的方式确定。因此，对出让金等费用的支付通常既是建设用地使用权人的法定义务，也是合同约定义务。

建设用地使用权出让金是建设用地使用权人以出让方式取得建设用地使用权而支付的土地对价，对出让金具体数额的确定，通常与出让土地的地段、用途以及出让方式有关。国家通过评估确定每幅出让土地的最低价。以拍卖等公开竞价的方式受让土地的，出让金的具体数额是市场竞价的结果；以协议的方式受让的，出让金的具体数额由双方协商，但依法不得低于按国家规定所确定的最低价。

法条关联

◆《土地管理法》

第五十五条 以出让等有偿使用方式取得国有土地使用权的建设单位，按照国务院规定的标准和办法，缴纳土地使用权出让金等土地有偿使用费和其他费用后，方可使用土地。

自本法施行之日起，新增建设用地的土地有偿使用费，百分之三十上缴中央财政，百分之七十留给有关地方人民政府。具体使用管理办法由国务院财政部门会同有关部门制定，并报国务院批准。

◆《城市房地产管理法》

第十六条　土地使用者必须按照出让合同约定，支付土地使用权出让金；未按照出让合同约定支付土地使用权出让金的，土地管理部门有权解除合同，并可以请求违约赔偿。

第十七条　土地使用者按照出让合同约定支付土地使用权出让金的，市、县人民政府土地管理部门必须按照出让合同约定，提供出让的土地；未按照出让合同约定提供出让的土地的，土地使用者有权解除合同，由土地管理部门返还土地使用权出让金，土地使用者并可以请求违约赔偿。

第十九条　土地使用权出让金应当全部上缴财政，列入预算，用于城市基础设施建设和土地开发。土地使用权出让金上缴和使用的具体办法由国务院规定。

◆《城镇国有土地使用权出让和转让暂行条例》

第十四条　土地使用者应当在签订土地使用权出让合同后六十日内，支付全部土地使用权出让金。逾期未全部支付的，出让方有权解除合同，并可请求违约赔偿。

◆《最高人民法院关于审理涉及国有土地使用权合同纠纷案件适用法律问题的解释》

第三条　经市、县人民政府批准同意以协议方式出让的土地使用权，土地使用权出让金低于订立合同时当地政府按照国家规定确定的最低价的，应当认定土地使用权出让合同约定的价格条款无效。

当事人请求按照订立合同时的市场评估价格交纳土地使用权出让金的，应予支持；受让方不同意按照市场评估价格补足，请求解除合同的，应予支持。因此造成的损失，由当事人按照过错承担责任。

第三百五十二条　【建设用地使用权人建造的建筑物等设施的权属】

建设用地使用权人建造的建筑物、构筑物及其附属设施的所有权属于建设用地使用权人，但是有相反证据证明的除外。

本条来源

《物权法》第一百四十二条规定："建设用地使用权人建造的建筑物、构筑物及其附属设施的所有权属于建设用地使用权人，但有相反证据证明的除外。"本条延续了该规定，仅将"但"改为"但是"。

立法演变

物权编一审稿第一百四十五条规定："建设用地使用权人建造的建筑物、构筑物及其附属设施的所有权属于建设用地使用权人，但有相反证据证明的除外。"二审稿将一审稿相应条文的"但"改为"但是"。此后各稿延续了二审稿的规定。

条文释义

本条是关于建设用地使用权人建造的建筑物等不动产所有权归属认定的规定。

建设用地使用权人在依法取得的土地上建造的建筑物、构筑物及其附属设施的所有权依法推定归属于建设用地使用权人。《城市房地产管理法》规定，在依法取得的房地产开发用地上建成房屋的，应当凭土地使用权证书向县级以上地方人民政府房产管理部门申请登记，由县级以上地方人民政府房产管理部门核实并颁发房屋所有权证书。建设用地使用权人无须进行权属证明，基于其作为建设用地使用权人的特定身份，有权依据有关法律规定，通过提交建设用地使用权等法律文件，对其拥有使用权的土地上建造的建筑物、构筑物及其附属设施申请原始取得登记，取得建筑物、构筑物及其附属设施的所有权。

但是，在实践中可能出现建设用地使用权人不能取得地上建筑物等权属的情形：一是该地上建筑物等不是建设用地使用权人建造的，例如建设用地使用权人将建设用地使用权转让给他人，但没有办理转让变更手续，地上建筑物等实际上是由他人受让土地后建造的。二是地上建筑物等是建设用地使用权人建造的，但基于与他人设立的其他法律关系，如合资、合作等，按约定建成后的建筑物等权属应部分或全部归于他人。三是建设用地使用权人已经将建造的建筑物等预售给他人。因此，本条在规定建设用地使用权人建造的建筑物、构筑物及其附属设施应归属于建设用地使用权人的基本原则外，规定了除外条款，即他人有相反证据证明的除外。

法条关联

◆《最高人民法院关于审理涉及国有土地使用权合同纠纷案件适用法律问题的解释》

第二十四条　合作开发房地产合同约定提供土地使用权的当事人不承担经营风险，只收取固定利益的，应当认定为土地使用权转让合同。

第二十五条　合作开发房地产合同约定提供资金的当事人不承担经营风险，只分配固定数量房屋的，应当认定为房屋买卖合同。

第二十六条　合作开发房地产合同约定提供资金的当事人不承担经营风险，只收取固定数额货币的，应当认定为借款合同。

第二十七条　合作开发房地产合同约定提供资金的当事人不承担经营风险，只以租赁或者其他形式使用房屋的，应当认定为房屋租赁合同。

第三百五十三条　【建设用地使用权流转方式】

建设用地使用权人有权将建设用地使用权转让、互换、出资、赠与或者抵押，但是法律另有规定的除外。

本条来源

《物权法》第一百四十三条规定："建设用地使用权人有权将建设用地使用权转让、互换、出资、赠与或者抵押，但法律另有规定的除外。"本条延续了该规定，仅将"但"改为"但是"。《土地管理法》第二条提到土地使用权可以依法转让。《城市房地产管理法》规定了房地产转让的条件和程序，以及房地产的抵押、拍卖等。

立法演变

物权编一审稿第一百四十六条规定："建设用地使用权人有权将建设用地使

用权转让、互换、出资、赠与或者抵押，但法律另有规定的除外。”二审稿将一审稿“但”改为“但是”，此后各稿延续了二审稿的规定。

条文释义

本条是关于建设用地使用权流转的规定。

建设用地使用权作为用益物权，虽然权利人对作为客体的土地仅享有占有、使用和收益的权利，而没有处分权。但是建设用地使用权属于财产权，且建设用地使用权属于一种长期性的权利，只有允许建设用地使用权流转，才既符合用益物权的本质属性的要求，又符合现实需要。另外，由于建设用地使用权的客体为国有土地，受国家土地政策的影响较大，因此，本条还规定了除外条款，若法律另有规定，对建设用地使用权的流转将受到限制。①

建设用地使用权转让，是指建设用地使用权人与他人达成以建设用地使用权为转让或出售标的，通过收取对价的方式，将建设用地使用权转移给他人的行为。建设用地使用权转让后，原权利人丧失原享有的建设用地使用权。建设用地使用权互换，是指建设用地使用权人以其享有的建设用地使用权换取他人的建设用地使用权的行为。建设用地使用权互换后，原权利人丧失原有的建设用地使用权，取得换取的建设用地使用权。建设用地使用权出资，是指建设用地使用权人将其享有的建设用地使用权作价，作为其资本金投入某企业中，或者与他人合资、合作开发经营。建设用地使用权赠与，是指建设用地使用权人在使用期限内无偿将其依法享有的建设用地使用权移转给他人享有的行为。建设用地使用权抵押，是指以建设用地使用权作为债权的担保，当债务人不履行债务时，抵押权人有权依法以建设用地使用权变现所得的价款优先受偿。建设用地使用权抵押不是直接设定建设用地使用权的移转，而是设定权利负担，但是其后果也可能导致原权利人权利的丧失。

对建设用地使用权流转的限制，具体依照《城市房地产管理法》《城镇国有土地使用权出让和转让暂行条例》等法律、行政法规的规定办理。

---

① 姚虹：《集体建设用地使用权流转的法律路径》，载《黑龙江省政法管理干部学院学报》2018 年第 6 期，第 61 页。

法条关联

◆《土地管理法》

第二条　中华人民共和国实行土地的社会主义公有制，即全民所有制和劳动群众集体所有制。

全民所有，即国家所有土地的所有权由国务院代表国家行使。

任何单位和个人不得侵占、买卖或者以其他形式非法转让土地。土地使用权可以依法转让。

国家为了公共利益的需要，可以依法对土地实行征收或者征用并给予补偿。

国家依法实行国有土地有偿使用制度。但是，国家在法律规定的范围内划拨国有土地使用权的除外。

◆《城市房地产管理法》

第三十七条　房地产转让，是指房地产权利人通过买卖、赠与或者其他合法方式将其房地产转移给他人的行为。

第三十八条　下列房地产，不得转让：

（一）以出让方式取得土地使用权的，不符合本法第三十九条规定的条件的；

（二）司法机关和行政机关依法裁定、决定查封或者以其他形式限制房地产权利的；

（三）依法收回土地使用权的；

（四）共有房地产，未经其他共有人书面同意的；

（五）权属有争议的；

（六）未依法登记领取权属证书的；

（七）法律、行政法规规定禁止转让的其他情形。

第三十九条　以出让方式取得土地使用权的，转让房地产时，应当符合下列条件：

（一）按照出让合同约定已经支付全部土地使用权出让金，并取得土地使用权证书；

（二）按照出让合同约定进行投资开发，属于房屋建设工程的，完成开发投资总额的百分之二十五以上，属于成片开发土地的，形成工业用地或者其他建设用地条件。

转让房地产时房屋已经建成的，还应当持有房屋所有权证书。

第四十条 以划拨方式取得土地使用权的，转让房地产时，应当按照国务院规定，报有批准权的人民政府审批。有批准权的人民政府准予转让的，应当由受让方办理土地使用权出让手续，并依照国家有关规定缴纳土地使用权出让金。

以划拨方式取得土地使用权的，转让房地产报批时，有批准权的人民政府按照国务院规定决定可以不办理土地使用权出让手续的，转让方应当按照国务院规定将转让房地产所获收益中的土地收益上缴国家或者作其他处理。

第四十一条 房地产转让，应当签订书面转让合同，合同中应当载明土地使用权取得的方式。

第四十二条 房地产转让时，土地使用权出让合同载明的权利、义务随之转移。

第四十七条 房地产抵押，是指抵押人以其合法的房地产以不转移占有的方式向抵押权人提供债务履行担保的行为。债务人不履行债务时，抵押权人有权依法以抵押的房地产拍卖所得的价款优先受偿。

第四十八条第一款 依法取得的房屋所有权连同该房屋占用范围内的土地使用权，可以设定抵押权。

第五十一条 设定房地产抵押权的土地使用权是以划拨方式取得的，依法拍卖该房地产后，应当从拍卖所得的价款中缴纳相当于应缴纳的土地使用权出让金的款额后，抵押权人方可优先受偿。

◆**《城镇国有土地使用权出让和转让暂行条例》**

第四条 依照本条例的规定取得土地使用权的土地使用者，其使用权在使用年限内可以转让、出租、抵押或者用于其他经济活动，合法权益受国家法律保护。

第六条 县级以上人民政府土地管理部门依法对土地使用权的出让、转让、出租、抵押、终止进行监督检查。

第七条 土地使用权出让、转让、出租、抵押、终止及有关的地上建筑物、其他附着物的登记，由政府土地管理部门、房产管理部门依照法律和国务院的有关规定办理。

登记文件可以公开查阅。

第十九条　土地使用权转让是指土地使用者将土地使用权再转移的行为，包括出售、交换和赠与。

未按土地使用权出让合同规定的期限和条件投资开发、利用土地的，土地使用权不得转让。

第二十八条　土地使用权出租是指土地使用者作为出租人将土地使用权随同地上建筑物、其他附着物租赁给承租人使用，由承租人向出租人支付租金的行为。

未按土地使用权出让合同规定的期限和条件投资开发、利用土地的，土地使用权不得出租。

第三十二条　土地使用权可以抵押。

第四十八条　依照本条例的规定取得土地使用权的个人，其土地使用权可以继承。

◆**《最高人民法院关于审理涉及国有土地使用权合同纠纷案件适用法律问题的解释》**（全文）

第三百五十四条　【处分建设用地使用权的合同形式和期限】

建设用地使用权转让、互换、出资、赠与或者抵押的，当事人应当采用书面形式订立相应的合同。使用期限由当事人约定，但是不得超过建设用地使用权的剩余期限。

本条来源

《物权法》第一百四十四条规定：“建设用地使用权转让、互换、出资、赠与或者抵押的，当事人应当采取书面形式订立相应的合同。使用期限由当事人约定，但不得超过建设用地使用权的剩余期限。”本条延续了该规定，仅将相应条文的“采取”改为“采用”，将“但”改为“但是”。此外，《城市房地产管理法》第四十三条提到了以出让方式取得土地使用权的，转让房地产后的土地使用权的使用年限。《城镇国有土地使用权出让和转让暂行条例》第二十条、第二十二条也指出土地使用权转让应当签订转让合同，以及转让的土地使用权的使用年限问题。

立法演变

物权编一审稿第一百四十七条规定："建设用地使用权转让、互换、出资、赠与或者抵押的，当事人应当采取书面形式订立相应的合同。使用期限由当事人约定，但不得超过建设用地使用权的剩余期限。"二审稿将一审稿"采取"改为"采用"，将"但"改为"但是"。此后各稿延续了二审稿的规定。

条文释义

本条是关于建设用地使用权流转合同与期限的规定。

建设用地使用权转让、互换、出资、赠与或者抵押，应由建设用地使用权人与对方当事人在平等协商的基础上形成转让、互换、出资、赠与或者抵押的合意，并签订书面合同。双方达成的建设用地使用权转让、互换、出资、赠与或者抵押合同应当是要式合同，必须采用书面形式。书面形式是合同书、信件等可以有形地表现所载内容的形式，并且以电报、电传、传真、电子数据交换、电子邮件等方式能够有形地表现所载内容，并可以随时调取查用的数据电文，视为书面形式。

对于建设用地使用权转让、互换、出资、赠与或者抵押后的使用期限问题，本条明确规定由当事人双方基于自身意志，自行决定，但同时作了最长期限的限定，即双方约定的期限不得超出建设用地使用权的剩余期限。所谓建设用地使用权的剩余期限，是指在签订建设用地使用权转让、互换、出资、赠与或者抵押合同时，建设用地使用权尚存的使用期间。建设用地使用权的权利义务系建设用地使用权设立时由所有权人与使用权人通过约定或法律规定确立，建设用地使用权人必须在出让合同约定和法律法规规定的权利义务范围内对建设用地使用权行使使用与收益的权利，并履行相关义务。建设用地使用权的移转，只是权利主体的变更，权利设立时所确定的权利义务内容一般不发生变化。因此，建设用地使用权转让、互换、出资、赠与或者抵押，应是在建设用地使用权设立之后，且权利仍然存续期间。建设用地使用权人可以将建设用地使用权的剩余期限内的一段期间或者剩余期限的全部的权利转让给他人，或设立权利负担。若超过建设用地使用权的剩余期限，建设用地使用权人本身已不享有该物权，此时的转让、互换、出资、赠与或者抵押已经变成建设用地使用权的无权处分，属于无效。

法条关联

◆《城市房地产管理法》

第四十三条　以出让方式取得土地使用权的，转让房地产后，其土地使用权的使用年限为原土地使用权出让合同约定的使用年限减去原土地使用者已经使用年限后的剩余年限。

◆《城镇国有土地使用权出让和转让暂行条例》

第二十条　土地使用权转让应当签订转让合同。

第二十一条　土地使用权转让时，土地使用权出让合同和登记文件中所载明的权利、义务随之转移。

第二十二条　土地使用者通过转让方式取得的土地使用权，其使用年限为土地使用权出让合同规定的使用年限减去原土地使用者已使用年限后的剩余年限。

第三百五十五条　【建设用地使用权流转后变更登记】

建设用地使用权转让、互换、出资或者赠与的，应当向登记机构申请变更登记。

本条来源

《物权法》第一百四十五条规定：“建设用地使用权转让、互换、出资或者赠与的，应当向登记机构申请变更登记。”本条延续了该规定。

立法演变

物权编一审稿第一百四十八条规定：“建设用地使用权转让、互换、出资或者赠与的，应当向登记机构申请变更登记。”此后各稿延续了一审稿的规定。

条文释义

本条是关于建设用地使用权变更登记的规定。

本条规定的登记类型属于变更登记。变更登记是指因设立在不动产上的物权权利义务内容发生变化时应进行的登记。建设用地使用权转让、互换、出资、赠与四种情形均会导致建设用地使用权主体的变更，本条所涉及的变更登记的事项主要是权利主体的变更。我国不动产登记原则上采取的是登记要件模式，登记为物权变动生效的法定要件。仅签订建设用地使用权转让、互换、出资、赠与合同，尚没有完成建设用地使用权的移转，只有进行了变更登记，将新的权利人记载于不动产登记簿上时，原建设用地使用权人的权利消灭，新登记的权利人成为合法的建设用地使用权人。同时需要注意，登记与否影响的是物权的效力，而不是合同的效力，未经登记不发生物权变动的效力，但不影响建设用地使用权转让、互换、出资、赠与合同的效力。

关于登记机构，《城市房地产管理法》规定，房地产转让或者变更时，应当向县级以上地方人民政府房产管理部门申请房产变更登记，并凭变更后的房屋所有权证书向同级人民政府土地管理部门申请土地使用权变更登记，经同级人民政府土地管理部门核实，由同级人民政府更换或者更改土地使用权证书。因此，建设用地使用权的变更登记机构应是土地所在地的人民政府土地管理部门。

法条关联

◆《城市房地产管理法》

第六十一条　以出让或者划拨方式取得土地使用权，应当向县级以上地方人民政府土地管理部门申请登记，经县级以上地方人民政府土地管理部门核实，由同级人民政府颁发土地使用权证书。

在依法取得的房地产开发用地上建成房屋的，应当凭土地使用权证书向县级以上地方人民政府房产管理部门申请登记，由县级以上地方人民政府房产管理部门核实并颁发房屋所有权证书。

房地产转让或者变更时，应当向县级以上地方人民政府房产管理部门申请房产变更登记，并凭变更后的房屋所有权证书向同级人民政府土地管理部门申请土地使用权变更登记，经同级人民政府土地管理部门核实，由同级人民政府更换或者更改土地使用权证书。

法律另有规定的，依照有关法律的规定办理。

◆《城镇国有土地使用权出让和转让暂行条例》

第二十五条　土地使用权和地上建筑物、其他附着物所有权转让，应当依照规定办理过户登记。

土地使用权和地上建筑物、其他附着物所有权分割转让的，应当经市、县人民政府土地管理部门和房产管理部门批准，并依照规定办理过户登记。

◆《土地管理法实施条例》

第六条　依法改变土地所有权、使用权的，因依法转让地上建筑物、构筑物等附着物导致土地使用权转移的，必须向土地所在地的县级以上人民政府土地行政主管部门提出土地变更登记申请，由原土地登记机关依法进行土地所有权、使用权变更登记。土地所有权、使用权的变更，自变更登记之日起生效。

依法改变土地用途的，必须持批准文件，向土地所在地的县级以上人民政府土地行政主管部门提出土地变更登记申请，由原土地登记机关依法进行变更登记。

◆《不动产登记暂行条例实施细则》

第三十七条　申请国有建设用地使用权及房屋所有权变更登记的，应当根据不同情况，提交下列材料：

（一）不动产权属证书；

（二）发生变更的材料；

（三）有批准权的人民政府或者主管部门的批准文件；

（四）国有建设用地使用权出让合同或者补充协议；

（五）国有建设用地使用权出让价款、税费等缴纳凭证；

（六）其他必要材料。

第三十八条　申请国有建设用地使用权及房屋所有权转移登记的，应当根据不同情况，提交下列材料：

（一）不动产权属证书；

（二）买卖、互换、赠与合同；

（三）继承或者受遗赠的材料；

（四）分割、合并协议；

（五）人民法院或者仲裁委员会生效的法律文书；

（六）有批准权的人民政府或者主管部门的批准文件；

（七）相关税费缴纳凭证；

（八）其他必要材料。

不动产买卖合同依法应当备案的，申请人申请登记时须提交经备案的买卖合同。

第三十九条 具有独立利用价值的特定空间以及码头、油库等其他建筑物、构筑物所有权的登记，按照本实施细则中房屋所有权登记有关规定办理。

第三百五十六条 【建筑物等设施随建设用地使用权的流转而一并处分】

建设用地使用权转让、互换、出资或者赠与的，附着于该土地上的建筑物、构筑物及其附属设施一并处分。

本条来源

《物权法》第一百四十六条规定：“建设用地使用权转让、互换、出资或者赠与的，附着于该土地上的建筑物、构筑物及其附属设施一并处分。”本条延续了该规定。《城镇国有土地使用权出让和转让暂行条例》第二十三条也有“土地使用权转让时，其地上建筑物、其他附着物所有权随之转让”的规定。

立法演变

物权编一审稿第一百四十九条规定：“建设用地使用权转让、互换、出资或者赠与的，附着于该土地上的建筑物、构筑物及其附属设施一并处分。”此后各稿延续了一审稿的规定。

条文释义

在我国，房屋等地上建筑物、构筑物及其附属设施等的归属虽然具有相对独立性，但土地与房屋等地上建筑物、构筑物及其附属设施等都属于法定的不动产范畴，二者在物理上的结合性，决定了土地权利与房屋等地上建筑物、构筑物及其附属设施的权利在物权法范畴的关联性。

我国城市土地属于国家所有，任何人不得处分土地所有权，但房屋等地上不动产属于受《宪法》保护的可以属于国家、集体或私人合法享有的财产。这一所有权体制使我国在解决土地和房屋的权利关联性方面不可能采取土地所有权吸附地上建筑物的原则。但是，从土地所有权中分离出来的土地使用权与房屋等建筑物、构筑物及其附属设施则密切联系。此前理论界出现了“地随房走”还是“房随地走”之争，即在不动产处分时，是房屋等地上不动产附着于土地使用权进行处分，还是土地使用权附着于房屋等地上不动产所有权进行处分之争。现行法律则确立了“房地一致”原则，即土地使用权处分时，地上房屋等附着物一并处分，反之亦然，而没有划分主次。房地一致体现的是不动产权利主体的一体化，目的是使土地使用权与地上房屋等不动产所有权在权利主体的归属上保持一致。

本条规定的是房地一致的其中一个方面，房随地走。土地使用权转让、互换、出资或者赠与时，如果当事人没有约定或约定不明确，推定该土地上的建筑物、构筑物及其附属设施随之转让、互换、出资或者赠与。

法条关联

◆《城镇国有土地使用权出让和转让暂行条例》

第二十三条　土地使用权转让时，其地上建筑物、其他附着物所有权随之转让。

◆《不动产登记暂行条例实施细则》

第二条　不动产登记应当依照当事人的申请进行，但法律、行政法规以及本实施细则另有规定的除外。

房屋等建筑物、构筑物和森林、林木等定着物应当与其所依附的土地、海域一并登记，保持权利主体一致。

案例评议

纳某忠、马某兰共有物分割纠纷案①

◆ **裁判规则**

纳某忠等人签订《共有土地分割协议》时，各方当事人均在协议上签名，且向国土资源局申请将土地证下地块按三方协商的《共有土地分割协议》进行

① 玉溪市中级人民法院（2016）云04民终字第1009号民事判决书。

分割，并划分出各自的土地及房产，后分别办理了相应的国有土地使用证。该《共有土地分割协议》系各方当事人真实意思表示。根据《物权法》的规定，在房地产交易、抵押过程中实行的是“房地一体主义”即“地随房走”“房随地走”。纳某忠、马某兰主张协议的内容并未涉及土地上的房屋分割，但纳某聪等人不予认可，且纳某忠、马某兰针对其主张也未提供相应的证据予以证明，故原审综合认定附着在第×号国有土地使用证下土地上的房屋属于土地使用权人纳某聪、马某英所有，附着在第××号国有土地使用证下土地上的房屋属于土地使用权人张某彬、马某芬所有，原相关权利人应该协助他人办理变更登记。

◆ **评议**

建设用地使用权转让、互换、出资或者赠与的，附着在该土地上的建筑物、构筑物及其附属设施一并处分。本案三家就涉案土地进行分割，分别办理分割后各自土地的国有土地使用证，取得各自土地的建设用地使用权，纳某忠、马某兰主张协议的内容并未涉及土地上的房屋分割，而根据本条规定，我国实行“房地一体主义”，建设用地使用权分割，附着于该土地上的建筑物一并被分割，纳某忠、马某兰应当协助另两家办理房屋变更登记手续。

第三百五十七条　【建设用地使用权随建筑物等设施的流转而一并处分】

建筑物、构筑物及其附属设施转让、互换、出资或者赠与的，该建筑物、构筑物及其附属设施占用范围内的建设用地使用权一并处分。

本条来源

《物权法》第一百四十七条规定：“建筑物、构筑物及其附属设施转让、互换、出资或者赠与的，该建筑物、构筑物及其附属设施占用范围内的建设用地使用权一并处分。”本条延续了该规定。此外，《城市房地产管理法》《城镇国有土地使用权出让和转让暂行条例》等法律法规都有类似规定，只是表达稍有不同。

立法演变

物权编一审稿第一百五十条规定："建筑物、构筑物及其附属设施转让、互换、出资或者赠与的，该建筑物、构筑物及其附属设施占用范围内的建设用地使用权一并处分。"此后各稿延续了一审稿的规定。

条文释义

本条规定的是房地一致的另一个方面，地随房走，建筑物、构筑物及其附属设施转让、互换、出资或者赠与的，如果当事人没有约定或者约定不明确，推定土地使用权随之转让、互换、出资或者赠与。在理解和适用本条规定时，应当注意和第三百五十六条的衔接，这两条实际上作为一个整体，只要建设用地使用权和地上房屋等附着物有一个发生了转让、互换、出资或者赠与的，另外一个就要相应地进行转让、互换、出资或者赠与。既维持了地上建筑物等对土地的依附关系，避免对地上建筑物、构筑物及其附属设施的经济价值的破坏，也使得物权关系清楚简明，避免因建设用地使用权与地上建筑物、构筑物及其附属设施所有权主体不同而在权利行使时发生纠纷。

法条关联

◆《城市房地产管理法》

第三十二条　房地产转让、抵押时，房屋的所有权和该房屋占用范围内的土地使用权同时转让、抵押。

◆《城镇国有土地使用权出让和转让暂行条例》

第二十四条　地上建筑物、其他附着物的所有人或者共有人，享有该建筑物、附着物使用范围内的土地使用权。

土地使用者转让地上建筑物、其他附着物所有权时，其使用范围内的土地使用权随之转让，但地上建筑物、其他附着物作为动产转让的除外。

◆《土地管理法实施条例》

第六条　依法改变土地所有权、使用权的，因依法转让地上建筑物、构筑物等附着物导致土地使用权转移的，必须向土地所在地的县级以上人民政府土地行政主管部门提出土地变更登记申请，由原土地登记机关依法进行土地所有权、使用权变更登记。土地所有权、使用权的变更，自变更登记之日起生效。

依法改变土地用途的，必须持批准文件，向土地所在地的县级以上人民政府土地行政主管部门提出土地变更登记申请，由原土地登记机关依法进行变更登记。

◆《不动产登记暂行条例实施细则》

第二条 不动产登记应当依照当事人的申请进行，但法律、行政法规以及本实施细则另有规定的除外。

房屋等建筑物、构筑物和森林、林木等定着物应当与其所依附的土地、海域一并登记，保持权利主体一致。

第三百五十八条 【建设用地使用权提前收回】

建设用地使用权期限届满前，因公共利益需要提前收回该土地的，应当依据本法第二百四十三条的规定对该土地上的房屋以及其他不动产给予补偿，并退还相应的出让金。

本条来源

《物权法》第一百四十八条规定："建设用地使用权期间届满前，因公共利益需要提前收回该土地的，应当依照本法第四十二条的规定对该土地上的房屋及其他不动产给予补偿，并退还相应的出让金。"本条延续了该规定，仅是修改了法条序号。关于建设用地使用权提前回收，规定于宪法及各单行法中，如《宪法》第十条规定国家可因公共利益需要征收征用土地，《物权法》第四十二条，《土地管理法》第二条、第五十八条等，均对国家可依公共利益的需要征收征用或提前收回土地进行了规定。

立法演变

物权编一审稿第一百五十一条规定："建设用地使用权期间届满前，因公共利益需要提前收回该土地的，应当依照本法第三十九条的规定对该土地上的房屋及其他不动产给予补偿，并退还相应的出让金。"二审稿延续了一审稿的规定。征求意见稿将一审稿、二审稿的“第三十九条”改为“第二百四十三条”。终稿将“及其他”改为“以及其他”，规范法律用语，其他保持不变。

条文释义

本条是关于建设用地使用权因公共利益提前收回的规定。

建设用地使用权作为法定的用益物权，是在国家对土地所享有的所有权基础上建立起来的。作为一项用益物权，建设用地使用权具有用益物权所具有的特点：首先，根据“物权法定”原则，建设用地使用权的设立、取得以及相关的权利内容都必须依据相关法律的规定；其次，作为他物权的一种，对他人所有财产即国有土地享有占有、使用以及收益的权利；最后，作为一项独立的物权，其在法律规定的限度内享有独立的排他性权利。这种排他性权利可以对抗社会一切不特定主体，包括所有权人即国家。[①] 正因为这种排他性，一般情况下，针对依法设立的建设用地使用权，在其使用权期间届满前，国家对其不得任意终止或撤回。但社会经济发展迅猛，土地利用也应适应社会经济发展的相关需求，因而法律对建设用地使用权的规定也应有一定的灵活性。本条中“建设用地使用权期限届满前，因公共利益需要提前收回该土地”的有关规定正是法律灵活性的体现，也是“公共利益大于个人利益”的法律精神的具体体现。此外，对建设用地使用权进行提前回收，虽然是因公共利益的需要，但也在实际上剥夺了建设用地使用权人之财产性权利。对于地上财产（包括房屋以及其他不动产），在收回的过程中在实质上属于征收，[②] 应根据《民法典》物权编第二百四十三条的规定予以补偿。而对于建设用地使用权的收回虽不属于征收，但出于维护当事人的合法权益以及公平原则的考虑，以退还出让金的方式进行补偿，也具有合理性。

本条的理解与适用应注意以下几点。

第一，本条以建设用地使用权期限尚未届满为前提。该条件包含两方面的要素，其一该建设用地使用权为有期限的，其二收回时为建设用地使用权期限

---

① 最高人民法院物权法研究小组：《〈中华人民共和国物权法〉条文理解和适用》，人民法院出版社2007年版，第445页。

② 参见梁慧星：《中国民法典草案建议稿附理由（物权编）》，法律出版社2004年版，第238页。

届满前。

第二，收回建设用地使用权的条件为公共利益需要。本条虽未对“公共利益”作明确具体的规定，但应对“公共利益”进行严格的限制。

第三，对于土地上的房屋以及不动产以征收的相关标准进行补偿。

第四，提前收回时应退还相应的出让金。其中“相应的出让金”应为按比例计算，剩余建设用地使用权期间所对应比例的出让金。

法条关联

◆《宪法》

第十条 城市的土地属于国家所有。

农村和城市郊区的土地，除由法律规定属于国家所有的以外，属于集体所有；宅基地和自留地、自留山，也属于集体所有。

国家为了公共利益的需要，可以依照法律规定对土地实行征收或者征用并给予补偿。

任何组织或者个人不得侵占、买卖或者以其他形式非法转让土地。土地的使用权可以依照法律的规定转让。

一切使用土地的组织和个人必须合理地利用土地。

◆《民法典》

第二四十三条 为了公共利益的需要，依照法律规定的权限和程序可以征收集体所有的土地和组织、个人的房屋以及其他不动产。

征收集体所有的土地，应当依法及时足额支付土地补偿费、安置补助费以及农村村民住宅、其他地上附着物和青苗等的补偿费用，并安排被征地农民的社会保障费用，保障被征地农民的生活，维护被征地农民的合法权益。

征收组织、个人的房屋以及其他不动产，应当依法给予征收补偿，维护被征收人的合法权益；征收个人住宅的，还应当保障被征收人的居住条件。

任何组织或者个人不得贪污、挪用、私分、截留、拖欠征收补偿费等费用。

◆《土地管理法》

第二条 中华人民共和国实行土地的社会主义公有制，即全民所有制和劳动群众集体所有制。

全民所有，即国家所有土地的所有权由国务院代表国家行使。

任何单位和个人不得侵占、买卖或者以其他形式非法转让土地。土地使用权可以依法转让。

国家为了公共利益的需要，可以依法对土地实行征收或者征用并给予补偿。

国家依法实行国有土地有偿使用制度。但是，国家在法律规定的范围内划拨国有土地使用权的除外。

第五十八条 有下列情形之一的，由有关人民政府自然资源主管部门报经原批准用地的人民政府或者有批准权的人民政府批准，可以收回国有土地使用权：

（一）为实施城市规划进行旧城区改建以及其他公共利益需要，确需使用土地的；

（二）土地出让等有偿使用合同约定的使用期限届满，土地使用者未申请续期或者申请续期未获批准的；

（三）因单位撤销、迁移等原因，停止使用原划拨的国有土地的；

（四）公路、铁路、机场、矿场等经核准报废的。

依照前款第（一）项的规定收回国有土地使用权的，对土地使用权人应当给予适当补偿。

第六十六条 有下列情形之一的，农村集体经济组织报经原批准用地的人民政府批准，可以收回土地使用权：

（一）为乡（镇）村公共设施和公益事业建设，需要使用土地的；

（二）不按照批准的用途使用土地的；

（三）因撤销、迁移等原因而停止使用土地的。

依照前款第（一）项规定收回农民集体所有的土地的，对土地使用权人应当给予适当补偿。

收回集体经营性建设用地使用权，依照双方签订的书面合同办理，法律、行政法规另有规定的除外。

◆《城市房地产管理法》

第六条 为了公共利益的需要，国家可以征收国有土地上单位和个人的房屋，并依法给予拆迁补偿，维护被征收人的合法权益；征收个人住宅的，还应当保障被征收人的居住条件。具体办法由国务院规定。

第二十条 国家对土地使用者依法取得的土地使用权，在出让合同约定的使用年限届满前不收回；在特殊情况下，根据社会公共利益的需要，可以依照法律程序提前收回，并根据土地使用者使用土地的实际年限和开发土地的实际情况给予相应的补偿。

第二十二条 土地使用权出让合同约定的使用年限届满，土地使用者需要继续使用土地的，应当至迟于届满前一年申请续期，除根据社会公共利益需要收回该幅土地的，应当予以批准。经批准准予续期的，应当重新签订土地使用权出让合同，依照规定支付土地使用权出让金。

土地使用权出让合同约定的使用年限届满，土地使用者未申请续期或者虽申请续期但依照前款规定未获批准的，土地使用权由国家无偿收回。

◆《城镇国有土地使用权出让和转让暂行条例》

第三十九条 土地使用权因土地使用权出让合同规定的使用年限届满、提前收回及土地灭失等原因而终止。

第四十二条 国家对土地使用者依法取得的土地使用权不提前收回。在特殊情况下，根据社会公共利益的需要，国家可以依照法律程序提前收回，并根据土地使用者已使用的年限和开发、利用土地的实际情况给予相应的补偿。

第四十七条 无偿取得划拨土地使用权的土地使用者，因迁移、解散、撤销、破产或者其他原因而停止使用土地的，市、县人民政府应当无偿收回其划拨土地使用权，并可依照本条例的规定予以出让。

对划拨土地使用权，市、县人民政府根据城市建设发展需要和城市规划的要求，可以无偿收回，并可依照本条例的规定予以出让。

无偿收回划拨土地使用权时，对其地上建筑物、其他附着物，市、县人民政府应当根据实际情况给予适当补偿。

◆《国有土地上房屋征收与补偿条例》

第十三条 市、县级人民政府作出房屋征收决定后应当及时公告。公告应当载明征收补偿方案和行政复议、行政诉讼权利等事项。

市、县级人民政府及房屋征收部门应当做好房屋征收与补偿的宣传、解释工作。

房屋被依法征收的，国有土地使用权同时收回。

案例评议

揭阳市融信商贸有限公司与揭阳市揭东区人民政府行政纠纷案[①]

◆ **裁判规则**

按照《物权法》第一百四十八条的规定，该条并未排除对房地产按市场价格进行补偿，而且该条也是建立在考虑土地因素对土地上的房屋及其他不动产一并给予补偿的基础上，再退还相应的出让金。本案中，1. 原告与被告虽然就土地上的建筑物等补偿达成协议，但原告就被告未按照市场价格对土地进行补偿一直要求政府处理并且进行信访；2. 被告未能向法院举证证明其在对原告土地上的建筑物及其他不动产补偿时，已经按照《物权法》第一百四十八条、《拆迁管理条例》第二十四条和《国家标准房地产估价规范》GB/T50291—1999（一九九九年六月一日起执行）第 6. 7. 6 等规定，对涉案二宗土地上的建筑物等进行拆迁补偿估价，且该拆迁补偿估价已包括土地使用权补偿的证据，其应当承担举证不能的法律后果。

◆ **评议**

本案涉及提前收回建设用地使用权对建设用地使用权人的补偿问题。本案中，原告作为建设用地使用权人，就其建设用地使用权的收回具有获得补偿的权利。根据《物权法》第一百四十八条的有关规定建设用地使用权的提前收回应退还相应的出让金。其中“相应的出让金”应为剩余建设用地使用权期间所对应比例的出让金。且根据《物权法》第一百四十八条、《土地管理法》第五十八条的规定，退还相应的土地出让金是以对土地使用权进行补偿为前提的，退还相应的出让金以及对土地使用权进行补偿应以涉案土地使用权的整体价值进行评估。物权编第三百五十八条延续了《物权法》第一百四十八条的规定。在对建设用地使用权人进行补偿之时，退还土地出让金并不排斥对涉案土地以及土地使用权的补偿，一方面在对涉案土地上房屋及不动产进行补偿时应充分考虑土地因素，另一方面应从土地使用权的整体价值进行评估计算土地使用权补偿以及退还出让金的数额。

---

① 揭阳市人民法院（2017）粤 52 行初 2 号行政判决书。

第三百五十九条　【建设用地使用权的续期】

住宅建设用地使用权期限届满的，自动续期。续期费用的缴纳或者减免，依照法律、行政法规的规定办理。

非住宅建设用地使用权期限届满后的续期，依照法律规定办理。该土地上的房屋以及其他不动产的归属，有约定的，按照约定；没有约定或者约定不明确的，依照法律、行政法规的规定办理。

本条来源

《物权法》第一百四十九条规定："住宅建设用地使用权期间届满的，自动续期。非住宅建设用地使用权期间届满后的续期，依照法律规定办理。该土地上的房屋及其他不动产的归属，有约定的，按照约定；没有约定或者约定不明确的，依照法律、行政法规的规定办理。"本条在此基础上，对应地增加了"续期费用的缴纳或者减免，依照法律、行政法规的规定办理"这一规定，明确了续期费用缴纳以及减免的相关规则。关于建设用地使用权续期，在诸多单行法中均有体现，如《城市房地产管理法》第二十二条规定了土地使用权期限届满续期的具体规则、《土地管理法实施条例》第七条规定了土地使用权期限届满未续期予以注销等。

立法演变

物权编一审稿第一百五十二条规定："住宅建设用地使用权期间届满的，自动续期。续期费用的缴纳或者减免，依照法律、行政法规的规定。非住宅建设用地使用权期间届满后的续期，依照法律规定办理。该土地上的房屋及其他不动产的归属，有约定的，按照约定；没有约定或者约定不明确的，依照法律、行政法规的规定办理。"二审稿较一审稿，在"依照法律、行政法规的规定"后新增"办理"二字。此后各稿延续了二审稿的规定。终稿将"及其他"改为"以及其他"，规范法律用语，其他保持不变。

条文释义

本条是关于建设用地使用权期间届满处理原则的规定。

关于建设用地使用权期间届满的处理，本条分为两种情况进行讨论。

一、住宅建设用地使用权的续期

针对住宅建设用地使用权，其建设用地使用权期间届满的处理方式为自动续期。一般而言，建设用地使用权都是具有期限限制的，但住宅建设用地使用权具有一定的特殊性，因而应在法律规定上做特殊的处理。首先，住宅建设用地使用权是以建造住房为目的的，因而住宅建设用地使用权期间届满时，所产生的问题不仅仅是住宅建设用地使用权的续期问题，还有居民住宅所有权问题。从立法和实践上来看，居民住宅所有权是没有期限限制的，这与建设用地使用权期限的有限性存有冲突。① 居民住宅是事关公民民生的大问题，应保证居民对其住宅所享有的所有权的稳定性。其次，从实践上来看，住宅建设用地中多存在同一土地上存有多个建设用地使用权人（如高层商品房），若要求每个住宅建设用地使用权人在住宅建设用地使用权期间届满前进行相关的续期申请显然不具有现实的可操作性。因而，不管是从民生角度出发，还是出于实践便利性的考虑，对住宅建设用地使用权采用期间届满时自动续期的处理规则都具有合理性。

关于住宅建设用地使用权的自动续期与续期费用的理解与适用，应注意以下几点：

其一，该土地为住宅建设用地，即该建设用地使用权是以建造住宅为目的的。

其二，该土地上在客观上存有用以作为住宅的房屋。作为住宅的房屋的存在是居民房屋所有权享有的前提条件。

其三，住宅建设用地使用权在其期间届满时采取自动续期的规则，即住宅建设用地使用权的续期无须进行申请等程序就可以自动延长使用权期限。且该规则为法律强制性规定，当事人及相关政府部门不可排除该规则的适用。②

其四，自动续期后，住宅建设用地使用权续期为有偿续期，住宅建设用地使用权人应依法缴纳相应的续期土地使用费用。

---

① 参见王利明：《物权法研究（第四版）（下卷）》，中国人民大学出版社 2016 年版，第 923 页。

② 参见王利明：《住宅建设用地使用权自动续期规则》，载《清华法学》2017 年第 2 期，第 75 页。

二、非住宅建设用地使用权的续期

针对非住宅建设用地使用权，其建设用地使用权期限届满的处理方式依照其他法律的有关规定，即建设用地使用权人应在建设用地使用权期限届满时，提前提出续期的申请。在续期申请未通过时，其土地上的房屋及其他不动产的归属根据是否存有明确的约定分情况处理。双方签订国有建设用地使用权出让合同时有相关约定的，按照合同的约定。无相关约定或者约定不明确无法确定土地上的房屋及其他不动产归属的，按照法律以及行政法规的相关规定处理。

法条关联

◆《城市房地产管理法》

第二十二条 土地使用权出让合同约定的使用年限届满，土地使用者需要继续使用土地的，应当至迟于届满前一年申请续期，除根据社会公共利益需要收回该幅土地的，应当予以批准。经批准准予续期的，应当重新签订土地使用权出让合同，依照规定支付土地使用权出让金。

土地使用权出让合同约定的使用年限届满，土地使用者未申请续期或者虽申请续期但依照前款规定未获批准的，土地使用权由国家无偿收回。

◆《土地管理法实施条例》

第七条 依照《土地管理法》的有关规定，收回用地单位的土地使用权的，由原土地登记机关注销土地登记。

土地使用权有偿使用合同约定的使用期限届满，土地使用者未申请续期或者虽申请续期未获批准的，由原土地登记机关注销土地登记。

◆《城镇国有土地使用权出让和转让暂行条例》

第三十九条 土地使用权因土地使用权出让合同规定的使用年限届满、提前收回及土地灭失等原因而终止。

第四十条 土地使用权期满，土地使用权及其地上建筑物、其他附着物所有权由国家无偿取得。土地使用者应当交还土地使用证，并依照规定办理注销登记。

第四十一条 土地使用权期满，土地使用者可以申请续期。需要续期的，应当依照本条例第二章的规定重新签订合同，支付土地使用权出让金，并办理登记。

◆《国土资源部办公厅关于妥善处理少数住宅建设用地使用权到期问题的复函》（全文）

案例评议

王某与梨树县国土资源局不动产登记纠纷案①

◆ 裁判规则

法院经审理认为，《不动产登记暂行条例》第二十二条规定："登记申请有下列情形之一的，不动产登记机构应当不予登记，并书面告知申请人：……（三）申请登记的不动产权利超过规定期限的……"本案中，上诉人要求换发不动产权证书的土地使用权期限现已届满。且按照《物权法》第一百四十九条第二款、《城市房地产管理法》第二十二条第一款的规定，应当支付土地使用权出让金申请续期。被上诉人梨树县国土资源局作为不动产登记管理机关，具有在本行政区域内依法行使不动产登记的行政管理职能，其依据上述法律规定拒绝为上诉人换发不动产权证书的行为符合法律规定。原审判决驳回上诉人的诉讼请求并无不当，本院予以支持。上诉人主张一审适用简易审理不当的问题，在二审审理过程中并未发现适用简易程序审理影响上诉人的实体权利。

◆ 评议

本案涉及非住宅建设用地使用权到期的处理问题。物权编规定，非住宅建设用地使用权期间届满后的续期，依照法律规定办理。该条款仅对土地使用权期限届满后的续期问题作了原则性的规定，未明确续期申请以及缴费的有关规则，因而在实践中续期申请以及缴费的相关规则应依照其他法律的规定。根据《城市房地产管理法》第二十二条第一款的规定："土地使用权出让合同约定的使用年限届满，土地使用者需要继续使用土地的，应当至迟于届满前一年申请续期，除根据社会公共利益需要收回该幅土地的，应当予以批准。经批准准予续期的，应当重新签订土地使用权出让合同，依照规定支付土地使用权出让金。"国有土地出让合同中约定的土地使用年限届满的，土地使用者应依法申请续期并缴纳相应的土地出让金。若土地使用人在非住宅建设用地使用权期限届

① 吉林省四平市中级人民法院（2019）吉03行终31号行政判决书。

满时，未依法申请续期亦未依法缴纳土地出让金，则依据《不动产登记暂行条例》第二十二条："登记申请有下列情形之一的，不动产登记机构应当不予登记，并书面告知申请人：……（三）申请登记的不动产权利超过规定期限的……"的规定，针对已经超过权利期限的不动产不予办理登记。本案中，原告向被告申请换发不动产权证书时涉案房屋的国有土地使用期限已过，依法不予办理登记。

第三百六十条 【建设用地使用权的注销登记】

建设用地使用权消灭的，出让人应当及时办理注销登记。登记机构应当收回权属证书。

本条来源

《物权法》第一百五十条规定："建设用地使用权消灭的，出让人应当及时办理注销登记。登记机构应当收回建设用地使用权证书。"本条在此基础上，对应地将"建设用地使用权证书"改为"权属证书"。关于建设用地使用权注销登记，规定于《土地管理法》《城市房地产管理法》等法律中，如《土地管理法实施条例》第七条规定土地使用权被收回或期限届满未依法办理续期手续的，应当办理注销登记。

立法演变

物权编一审稿第一百五十三条规定："建设用地使用权消灭的，出让人应当及时办理注销登记。登记机构应当收回权属证书。"此后各稿延续了一审稿的规定。

条文释义

本条是关于建设用地使用权消灭进行注销登记的规定。

建设用地使用权作为在国家土地所有权上所建立的用益物权的一种，其消灭同其他物权一样是因某种法律事实的发生，致使权利人所享有的物权丧失，即建设用地使用权人因某种法律事实的发生而丧失其所享有的建设用地使用权，这种丧失是一种绝对的丧失。根据物权变动的公示原则，因物权所具有的对世性以及排他性，有关物权变动的事实都应当以法定的其他法律主体可知悉的方式进行公开，以使其他法律主体可以了解到物权变动的事实，从而保障交易安全与交易秩序。建设用地使用权的消灭在其性质上属于不动产物权变动，应遵循不动产物权变动的有关规则。在我国法律中所确立的不动产物权变动的公示实行登记主义原则，即不动产物权发生变动时，应以登记的方式进行公示。因而，建设用地使用权消灭的，应及时办理注销登记进行公示。

本条在理解与适用过程中应注意以下几点。

一、本条的适用以建设用地使用权消灭为前提

根据《民法典》物权编、《土地管理法》以及《城市房地产管理法》等有关规定，建设用地使用权消灭的原因主要包括以下几种。

其一，建设用地使用权期限届满，依法应申请续期而未申请或申请未获批准的。

其二，建设用地因公共利益需要而被国家收回的。

其三，建设用地因闲置时间超过两年而被国家收回的。

其四，建设用地因停用、核准报废等原因被国家收回的，以及因建设用地使用权所涉及土地因自然灾害等原因灭失的。

二、建设用地使用权消灭应依法办理注销登记

建设用地使用权的注销登记是以消灭已经存在的建设用地使用权，使其不再具有物权排他性公示效力为登记目的。其是在发生建设用地使用权消灭的法定事由之时，将该消灭事实所产生的法律效果登记于权属证书上，以起到对消灭事实的公示作用。①

三、办理建设用地使用权注销登记的义务主体为出让人

本条中所规定的出让人是指代表各级人民政府管理土地使用权行政工作的相应的土地行政管理部门，即各级（一般为市、县）人民政府土地管理部门。

四、登记部门应当将权属证书收回

权属证书是建设用地使用权人享有建设用地使用权的证明，具有排他性的

---

① 最高人民法院物权法研究小组：《〈中华人民共和国物权法〉条文理解与适用》，人民法院出版社2007年版，第451页。

公示效力。为避免权属证书在建设用地使用权消灭后被恶意使用，破坏交易安全与交易秩序，在办理注销登记时登记机关应对权属证书予以收回。

法条关联

◆《土地管理法》

第五十八条 有下列情形之一的，由有关人民政府自然资源主管部门报经原批准用地的人民政府或者有批准权的人民政府批准，可以收回国有土地使用权：

（一）为实施城市规划进行旧城区改建以及其他公共利益需要，确需使用土地的；

（二）土地出让等有偿使用合同约定的使用期限届满，土地使用者未申请续期或者申请续期未获批准的；

（三）因单位撤销、迁移等原因，停止使用原划拨的国有土地的；

（四）公路、铁路、机场、矿场等经核准报废的。

依照前款第（一）项的规定收回国有土地使用权的，对土地使用权人应当给予适当补偿。

◆《城市房地产管理法》

第二十条 国家对土地使用者依法取得的土地使用权，在出让合同约定的使用年限届满前不收回；在特殊情况下，根据社会公共利益的需要，可以依照法律程序提前收回，并根据土地使用者使用土地的实际年限和开发土地的实际情况给予相应的补偿。

第二十一条 土地使用权因土地灭失而终止。

第二十二条 土地使用权出让合同约定的使用年限届满，土地使用者需要继续使用土地的，应当至迟于届满前一年申请续期，除根据社会公共利益需要收回该幅土地的，应当予以批准。经批准准予续期的，应当重新签订土地使用权出让合同，依照规定支付土地使用权出让金。

土地使用权出让合同约定的使用年限届满，土地使用者未申请续期或者虽申请续期但依照前款规定未获批准的，土地使用权由国家无偿收回。

第二十六条 以出让方式取得土地使用权进行房地产开发的，必须按照土地使用权出让合同约定的土地用途、动工开发期限开发土地。超过出让合同约定的动工开发日期满一年未动工开发的，可以征收相当于土地使用权出让金百分之二十以下的土地闲置费；满二年未动工开发的，可以无偿收回土地使用权；但是，因不可抗力或者政府、政府有关部门的行为或者动工开发必需的前期工作造成动工开发迟延的除外。

◆《土地管理法实施条例》

第七条　依照《土地管理法》的有关规定，收回用地单位的土地使用权的，由原土地登记机关注销土地登记。

土地使用权有偿使用合同约定的使用期限届满，土地使用者未申请续期或者虽申请续期未获批准的，由原土地登记机关注销土地登记。

◆《不动产登记暂行条例》

第三条　不动产首次登记、变更登记、转移登记、注销登记、更正登记、异议登记、预告登记、查封登记等，适用本条例。

第十四条　因买卖、设定抵押权等申请不动产登记的，应当由当事人双方共同申请。

属于下列情形之一的，可以由当事人单方申请：

（一）尚未登记的不动产首次申请登记的；

（二）继承、接受遗赠取得不动产权利的；

（三）人民法院、仲裁委员会生效的法律文书或者人民政府生效的决定等设立、变更、转让、消灭不动产权利的；

（四）权利人姓名、名称或者自然状况发生变化，申请变更登记的；

（五）不动产灭失或者权利人放弃不动产权利，申请注销登记的；

（六）申请更正登记或者异议登记的；

（七）法律、行政法规规定可以由当事人单方申请的其他情形。

◆《不动产登记暂行条例实施细则》

第二十八条　有下列情形之一的，当事人可以申请办理注销登记：

（一）不动产灭失的；

（二）权利人放弃不动产权利的；

（三）不动产被依法没收、征收或者收回的；

（四）人民法院、仲裁委员会的生效法律文书导致不动产权利消灭的；

（五）法律、行政法规规定的其他情形。

不动产上已经设立抵押权、地役权或者已经办理预告登记，所有权人、使用权人因放弃权利申请注销登记的，申请人应当提供抵押权人、地役权人、预告登记权利人同意的书面材料。

案例评议

海南招银地产有限公司与文昌市人民政府行政纠纷案①

◆ **裁判规则**

涉案土地从2000年出让后，至今未动工开发，故文昌市政府认定涉案土地构成闲置，且闲置时间超过两年。招银公司取得涉案土地使用权后并未依法进行、实施任何其他动工开发前依法应当、必须进行、实施、完成的开发前期准备工作及与之关联的必要性工作，故不能认定招银公司作为土地权利人具有动工开发涉案土地诚意。本案中招银公司主张涉案土地存在规划调整、用途变更属实，作为涉案土地使用权人的招银公司，在开发使用涉案土地及意欲开始使用涉案土地过程中，密切关注并随时查询涉案土地规划情况，而后根据规划情况及时调整、安排自己的后续行为，而不能将涉案土地构成闲置归为政府原因。所以文昌市政府决定无偿收回涉案土地使用权是正确的。

◆ **评议**

本案涉及是否存在建设用地使用权消灭的法定事由（建设用地因闲置时间超过两年被国家收回）的认定。在对这一问题的认定过程中，应从两个方面出发。一是判断涉案土地是否构成闲置超过两年。根据《城市房地产管理法》第二十六条和《闲置土地处置办法》第二条第一款的规定，闲置时间计算的起算点是合同所约定的动工开发日期，具体动工开发日期的认定应根据不同地区地方法规的有关规定加以认证。若动工开发日期满一年未动工开发则可认定为闲置地，动工开发日期满两年仍未动工开发的则可以认定为闲置超过两年。

二是判断涉案土地闲置的原因。在认定建设用地使用权是否具备收回的条件时应考察涉案土地闲置的原因，若存在《城市房地产管理法》第二十六条规定的“不可抗力或者政府、政府有关部门的行为或者动工开发必需的前期工作

① 海南省高级人民法院（2019）琼行终170号行政判决书。

造成动工开发迟延”的法定事由的，则不应认定建设用地使用权具备收回的条件。若建设用地使用权符合以上条件，且已经被国家依法收回的，则认定该建设用地使用权消灭，有关部门应依法办理注销登记，收回权属证书。

第三百六十一条　【集体建设用地使用权的法律适用】

集体所有的土地作为建设用地的，应当依照土地管理的法律规定办理。

本条来源

《物权法》第一百五十一条规定：“集体所有的土地作为建设用地的，应当依照土地管理法等法律规定办理。”本条延续了该规定，仅将“法等”改为“的”。

立法演变

物权编一审稿第一百五十四条规定：“集体所有的土地作为建设用地的，应当依照土地管理法等法律规定办理。”二审稿将“法等”改为“的”。此后各稿延续了二审稿的规定。

条文释义

本条是关于集体所有土地作为建设用地处理规则的规定。

集体所有土地作为建设用地涉及集体所有土地的流转问题，这是一个在学术界以及实践中都存有极大争议的问题。本条针对集体土地作为建设用地未作具体规定，仅规定了集体所有土地作为建设用地的准用性规则，规定其“应当依照土地管理法等法律规定办理”。这样的做法为对集体所有土地作为建设用地作出进一步规定创设了空间。出于保护耕地的原因，国家对建设用地的总量进行控制管理，并且在现行法律中对将集体土地作为建设用地使用的有关条件进行严格的限制。一般而言，集体所有土地不能作为经营性建设用地进行直接流转。①

① 温世扬：《集体经营性建设用地“同等入市”的法制革新》，载《中国法学》2015 年第 4 期，第 70 页。

根据《土地管理法》《城市房地产管理法》等现行法的有关规定，集体土地作为建设用地的情形主要有以下两种。

其一，乡镇企业、乡（镇）村公共设施、公益事业、农村村民住宅等乡（镇）村建设。此情形为直接将集体所有土地作为建设用地，现行法对该情形的适用条件进行了严格的限定。(1) 权利主体须为本集体经济组织的成员或具有集体性质的乡镇企业；(2) 使用目的应为兴办乡镇企业、建设村民住宅或建设乡（镇）村公共设施、公益事业；(3) 须经法定程序予以批准。

其二，因城市建设需要被纳入到城市规划区内的集体所有土地，经依法征收转为国有土地，方可依法通过出让、划拨等方式将转为国有土地的集体土地作为建设用地使用。

法条关联

◆《土地管理法》

第四条　国家实行土地用途管制制度。

国家编制土地利用总体规划，规定土地用途，将土地分为农用地、建设用地和未利用地。严格限制农用地转为建设用地，控制建设用地总量，对耕地实行特殊保护。

前款所称农用地是指直接用于农业生产的土地，包括耕地、林地、草地、农田水利用地、养殖水面等；建设用地是指建造建筑物、构筑物的土地，包括城乡住宅和公共设施用地、工矿用地、交通水利设施用地、旅游用地、军事设施用地等；未利用地是指农用地和建设用地以外的土地。

使用土地的单位和个人必须严格按照土地利用总体规划确定的用途使用土地。

第四十四条　建设占用土地，涉及农用地转为建设用地的，应当办理农用地转用审批手续。

永久基本农田转为建设用地的，由国务院批准。

在土地利用总体规划确定的城市和村庄、集镇建设用地规模范围内，为实施该规划而将永久基本农田以外的农用地转为建设用地的，按土地利用年度计划分批次按照国务院规定由原批准土地利用总体规划的机关或者其授权的机关批准。在已批准的农用地转用范围内，具体建设项目用地可以由市、县人民政府批准。

在土地利用总体规划确定的城市和村庄、集镇建设用地规模范围外，将永久基本农田以外的农用地转为建设用地的，由国务院或者国务院授权的省、自治区、直辖市人民政府批准。

第四十六条　征收下列土地的，由国务院批准：

（一）永久基本农田；

（二）永久基本农田以外的耕地超过三十五公顷的；

（三）其他土地超过七十公顷的。

征收前款规定以外的土地的，由省、自治区、直辖市人民政府批准。

征收农用地的，应当依照本法第四十四条的规定先行办理农用地转用审批。其中，经国务院批准农用地转用的，同时办理征地审批手续，不再另行办理征地审批；经省、自治区、直辖市人民政府在征地批准权限内批准农用地转用的，同时办理征地审批手续，不再另行办理征地审批，超过征地批准权限的，应当依照本条第一款的规定另行办理征地审批。

第五十九条　乡镇企业、乡（镇）村公共设施、公益事业、农村村民住宅等乡（镇）村建设，应当按照村庄和集镇规划，合理布局，综合开发，配套建设；建设用地，应当符合乡（镇）土地利用总体规划和土地利用年度计划，并依照本法第四十四条、第六十条、第六十一条、第六十二条的规定办理审批手续。

第六十条　农村集体经济组织使用乡（镇）土地利用总体规划确定的建设用地兴办企业或者与其他单位、个人以土地使用权入股、联营等形式共同举办企业的，应当持有关批准文件，向县级以上地方人民政府自然资源主管部门提出申请，按照省、自治区、直辖市规定的批准权限，由县级以上地方人民政府批准；其中，涉及占用农用地的，依照本法第四十四条的规定办理审批手续。

按照前款规定兴办企业的建设用地，必须严格控制。省、自治区、直辖市可以按照乡镇企业的不同行业和经营规模，分别规定用地标准。

第六十一条　乡（镇）村公共设施、公益事业建设，需要使用土地的，经乡（镇）人民政府审核，向县级以上地方人民政府自然资源主管部门提出申请，按照省、自治区、直辖市规定的批准权限，由县级以上地方人民政府批准；

其中，涉及占用农用地的，依照本法第四十四条的规定办理审批手续。

第六十三条 土地利用总体规划、城乡规划确定为工业、商业等经营性用途，并经依法登记的集体经营性建设用地，土地所有权人可以通过出让、出租等方式交由单位或者个人使用，并应当签订书面合同，载明土地界址、面积、动工期限、使用期限、土地用途、规划条件和双方其他权利义务。

前款规定的集体经营性建设用地出让、出租等，应当经本集体经济组织成员的村民会议三分之二以上成员或者三分之二以上村民代表的同意。

通过出让等方式取得的集体经营性建设用地使用权可以转让、互换、出资、赠与或者抵押，但法律、行政法规另有规定或者土地所有权人、土地使用权人签订的书面合同另有约定的除外。

集体经营性建设用地的出租，集体建设用地使用权的出让及其最高年限、转让、互换、出资、赠与、抵押等，参照同类用途的国有建设用地执行。具体办法由国务院制定。

◆《慈善法》

第三条 本法所称慈善活动，是指自然人、法人和其他组织以捐赠财产或者提供服务等方式，自愿开展的下列公益活动：

（一）扶贫、济困；

（二）扶老、救孤、恤病、助残、优抚；

（三）救助自然灾害、事故灾难和公共卫生事件等突发事件造成的损害；

（四）促进教育、科学、文化、卫生、体育等事业的发展；

（五）防治污染和其他公害，保护和改善生态环境；

（六）符合本法规定的其他公益活动。

第八十五条 慈善组织开展本法第三条第一项、第二项规定的慈善活动需要慈善服务设施用地的，可以依法申请使用国有划拨土地或者农村集体建设用地。慈善服务设施用地非经法定程序不得改变用途。

◆《城市房地产管理法》

第九条 城市规划区内的集体所有的土地，经依法征收转为国有土地后，该幅国有土地的使用权方可有偿出让，但法律另有规定的除外。

◆《土地管理法实施条例》

第十九条 建设占用土地，涉及农用地转为建设用地的，应当符合土地利用总体规划和土地利用年度计划中确定的农用地转用指标；城市和村庄、集镇建设占用土地，涉及农用地转用的，还应当符合城市规划和村庄、集镇规划。不符合规定的，不得批准农用地转为建设用地。

第二十条　在土地利用总体规划确定的城市建设用地范围内，为实施城市规划占用土地的，按照下列规定办理：

（一）市、县人民政府按照土地利用年度计划拟订农用地转用方案、补充耕地方案、征收土地方案，分批次逐级上报有批准权的人民政府。

（二）有批准权的人民政府土地行政主管部门对农用地转用方案、补充耕地方案、征收土地方案进行审查，提出审查意见，报有批准权的人民政府批准；其中，补充耕地方案由批准农用地转用方案的人民政府在批准农用地转用方案时一并批准。

（三）农用地转用方案、补充耕地方案、征收土地方案经批准后，由市、县人民政府组织实施，按具体建设项目分别供地。

在土地利用总体规划确定的村庄、集镇建设用地范围内，为实施村庄、集镇规划占用土地的，由市、县人民政府拟订农用地转用方案、补充耕地方案，依照前款规定的程序办理。

◆《不动产登记暂行条例实施细则》

第二十五条　市、县人民政府可以根据情况对本行政区域内未登记的不动产，组织开展集体土地所有权、宅基地使用权、集体建设用地使用权、土地承包经营权的首次登记。

依照前款规定办理首次登记所需的权属来源、调查等登记材料，由人民政府有关部门组织获取。

第四十四条　依法取得集体建设用地使用权，可以单独申请集体建设用地使用权登记。

依法利用集体建设用地兴办企业，建设公共设施，从事公益事业等的，可以申请集体建设用地使用权及地上建筑物、构筑物所有权登记。

第四十五条　申请集体建设用地使用权及建筑物、构筑物所有权首次登记的，申请人应当根据不同情况，提交下列材料：

（一）有批准权的人民政府批准用地的文件等土地权属来源材料；

（二）建设工程符合规划的材料；

（三）权籍调查表、宗地图、房屋平面图以及宗地界址点坐标等有关不动产界址、面积等材料；

（四）建设工程已竣工的材料；

（五）其他必要材料。

集体建设用地使用权首次登记完成后，申请人申请建筑物、构筑物所有权首次登记的，应当提交享有集体建设用地使用权的不动产权属证书。

第四十六条 申请集体建设用地使用权及建筑物、构筑物所有权变更登记、转移登记、注销登记的，申请人应当根据不同情况，提交下列材料：

（一）不动产权属证书；

（二）集体建设用地使用权及建筑物、构筑物所有权变更、转移、消灭的材料；

（三）其他必要材料。

因企业兼并、破产等原因致使集体建设用地使用权及建筑物、构筑物所有权发生转移的，申请人应当持相关协议及有关部门的批准文件等相关材料，申请不动产转移登记。

第十三章　宅基地使用权

本章概要

一、宅基地使用权的概念

宅基地使用权是极具我国特色的一种用益物权制度，为我国所特有。根据本章第三百六十二条的规定：“宅基地使用权人依法对集体所有的土地享有占有和使用的权利，有权依法利用该土地建造住宅及其附属设施。”宅基地使用权是指，集体经济组织成员为在集体所有土地上建造房屋及其附属设施而对集体所有土地享有占有及使用的权利。因集体所有土地的有限性及宅基地使用权制度本身所具有的特殊性，我国法律对于宅基地使用权取得、使用、转让等都具有严格的限制。如，宅基地使用权的内容具有有限性，根据本章第三百六十二条的规定，宅基地使用权的内容仅为“对集体所有的土地享有占有和使用的权利”，且使用用途只能是“建造住宅及其附属设施”；其权利客体只能是集体所有的土地，且须满足国家相关法律对集体所有土地用途的有关规定；其转让具有严格限制性，根据本章第三百六十三条的规定，宅基地使用权的转让，应严格依照“土地管理的法律和国家有关规定”。一般而言，宅基地使用权只能在集体经济组织成员之间流转，且转让后不得再进行宅基地的申请；其取得、转让和消灭都应依法定程序进行等。

二、宅基地使用权的历史发展

我国的宅基地使用权制度，自新中国成立以来，经多年发展演变形成了如今的以集体土地所有权为基础，集体经济组织成员作为宅基地使用权享有者的宅基地使用权制度。20 世纪 50 年代初，我国开展“耕者有其田，居者有其屋”的土地改革运动。这场土地改革运动，确立了农民土地私有制，是我国全面处理农村土地与房屋所有权纠纷的起点。① 农民对宅基地享有所有权，并允许其

① 参见刘俊：《农村宅基地使用权制度研究》，载《西南民族大学学报（人文社会科学版）》2007 年第 3 期，第 81 页。

对宅基地进行买卖、出租、抵押等。① 20世纪50年代中期，我国开展社会主义改造，农村土地逐渐归为集体所有，宅基地所有权也逐渐归为集体所有。而后1962年《农村人民公社工作条例（修正草案）》颁布，"宅基地使用权"的概念在我国确立，农村宅基地所有权归集体所有，农民仅享有宅基地的使用权。② 1982年《村镇建房用地管理条例》发布，其对农村宅基地使用权的权利主体、取得程序、使用规则等内容进行了明确。1998年在《土地管理法》的修订中确立了"一户一宅"制度。直至2007年《物权法》的颁布，宅基地使用权首次作为一项物权进行了规定。此次物权编中有关宅基地使用权的规定沿用了《物权法》的有关条文，并未作出修改。其原因在于，我国农村土地集体所有制未发生变化，宅基地使用权满足广大农民基本居住与生存需求的社会保障功能未发生变化，宅基地使用权制度的基础框架也无须作出变化。虽然随着社会发展变迁，农村宅基地流转等问题有待改革，但本章对宅基地使用权仅作出了基础性的规定，这为宅基地使用权制度的改革预留出了充足的空间。

第三百六十二条　【宅基地使用权人的权利】

宅基地使用权人依法对集体所有的土地享有占有和使用的权利，有权依法利用该土地建造住宅及其附属设施。

本条来源

《物权法》第一百五十二条规定："宅基地使用权人依法对集体所有的土地享有占有和使用的权利，有权依法利用该土地建造住宅及其附属设施。"本条延续了该规定。关于宅基地使用权人的权利，规定于《宪法》及《土地管理法》等单行法中，如《宪法》第十条规定土地使用权人必须依法合理使用土地、《土地管理法》第九条规定宅基地属于农民集体所有等。

---

① 参见刘守英：《直面中国土地问题》，中国发展出版社2014年版，第196页。

② 参见高圣平等：《宅基地使用权初始取得制度研究》，载《中国土地科学》2007年第2期，第32页。

立法演变

物权编一审稿第一百五十五条规定："宅基地使用权人依法对集体所有的土地享有占有和使用的权利，有权依法利用该土地建造住宅及其附属设施。"此后各稿延续了一审稿的规定。

条文释义

本条是关于宅基地使用权的基本规定。

宅基地使用权是在集体土地所有权上建立起来的一种用益物权，这种用益物权是一种独具中国特色的权利。不同于建设用地使用权，宅基地使用权具有保障农民居住、生活基本需求的功能，加之集体所有土地资源的有限性，现行法律规定对其取得条件、权利内容、权利行使等方面都进行了严格的限制。本条中所规定的宅基地使用权是指，集体经济组织成员为在集体所有土地上建造房屋及其附属设施而对集体所有土地享有占有及使用的权利。

本条在理解与适用过程中，应注意以下几点问题。

一、权利主体的特定性

宅基地使用权的权利主体具有特定性，只能是农村集体经济组织的成员。[①] 虽然本条中将宅基地使用权的权利主体规定为"宅基地使用权人"，并未对权利人的身份进行具体的限制。但根据《土地管理法》等有关规定[②]，宅基地使用权人具有身份性，宅基地使用权的权利主体只能是集体经济组织成员。

二、权利客体的特殊性

宅基地使用权的权利客体是集体所有土地。农村土地分为国有土地以及集体土地，宅基地使用权只能在集体土地上设立。我国《宪法》以及《土地管理

---

① 参见蔡立东：《宅基地使用权取得的法律结构》，载《吉林大学社会科学学报》2007 年第 3 期，第 144 页。

② 《国务院关于深化改革严格土地管理的决定》（国发〔2004〕28 号）、《国务院办公厅关于严格执行有关农村集体建设用地法律和政策的通知》（国办发〔2007〕71 号）均明确指出，宅基地只能分配给本村村民，禁止城镇居民到农村购买宅基地和房屋，宅基地使用权只能转让给符合条件（无宅基地或面积未达到标准）的本集体成员。

法》中都有规定宅基地属于集体所有，这也从侧面说明了宅基地使用权的权利客体只能是集体所有土地。

三、权利内容的有限性

宅基地使用权的权利内容具有有限性，其内容只包含对集体土地享有占有和使用的权利，在原则上使用用途只能是用于建造住宅及其附属设施。[①] 此外根据《土地管理法》第六十二条的规定，宅基地使用权实行“一户一宅”原则，即宅基地以户为单位进行申请，一户农村家庭只能拥有一处宅基地。

四、福利性

宅基地使用权具有福利性，其取得和使用都是无偿的或仅需支付较低的费用。宅基地使用权的福利性，是出于为集体经济组织成员提供基本生存保障、减轻农民负担的考虑。此外集体土地为农村集体所有，作为集体经济组织的成员对集体土地理应享有所有权，其取得宅基地使用权也理应不支付对价。

法条关联

◆《宪法》

第十条 城市的土地属于国家所有。

农村和城市郊区的土地，除由法律规定属于国家所有的以外，属于集体所有；宅基地和自留地、自留山，也属于集体所有。

国家为了公共利益的需要，可以依照法律规定对土地实行征收或者征用并给予补偿。

任何组织或者个人不得侵占、买卖或者以其他形式非法转让土地。土地的使用权可以依照法律的规定转让。

一切使用土地的组织和个人必须合理地利用土地。

◆《土地管理法》

第九条 城市市区的土地属于国家所有。

农村和城市郊区的土地，除由法律规定属于国家所有的以外，属于农民集体所有；宅基地和自留地、自留山，属于农民集体所有。

---

① 参见陈小君、蒋省三：《宅基地使用权制度：规范解析、实践挑战及其立法回应》，载《管理世界》2010 年第 10 期，第 2 页。

第十条　国有土地和农民集体所有的土地，可以依法确定给单位或者个人使用。使用土地的单位和个人，有保护、管理和合理利用土地的义务。

第十二条第二款　依法登记的土地的所有权和使用权受法律保护，任何单位和个人不得侵犯。

第十四条　土地所有权和使用权争议，由当事人协商解决；协商不成的，由人民政府处理。

单位之间的争议，由县级以上人民政府处理；个人之间、个人与单位之间的争议，由乡级人民政府或者县级以上人民政府处理。

当事人对有关人民政府的处理决定不服的，可以自接到处理决定通知之日起三十日内，向人民法院起诉。

在土地所有权和使用权争议解决前，任何一方不得改变土地利用现状。

第六十二条　农村村民一户只能拥有一处宅基地，其宅基地的面积不得超过省、自治区、直辖市规定的标准。

人均土地少、不能保障一户拥有一处宅基地的地区，县级人民政府在充分尊重农村村民意愿的基础上，可以采取措施，按照省、自治区、直辖市规定的标准保障农村村民实现户有所居。

农村村民建住宅，应当符合乡（镇）土地利用总体规划、村庄规划，不得占用永久基本农田，并尽量使用原有的宅基地和村内空闲地。编制乡（镇）土地利用总体规划、村庄规划应当统筹并合理安排宅基地用地，改善农村村民居住环境和条件。

农村村民住宅用地，由乡（镇）人民政府审核批准；其中，涉及占用农用地的，依照本法第四十四条的规定办理审批手续。

农村村民出卖、出租、赠与住宅后，再申请宅基地的，不予批准。

国家允许进城落户的农村村民依法自愿有偿退出宅基地，鼓励农村集体经济组织及其成员盘活利用闲置宅基地和闲置住宅。

国务院农业农村主管部门负责全国农村宅基地改革和管理有关工作。

◆《不动产登记暂行条例实施细则》

第四十条　依法取得宅基地使用权，可以单独申请宅基地使用权登记。

依法利用宅基地建造住房及其附属设施的，可以申请宅基地使用权及房屋所有权登记。

◆《国务院关于深化改革严格土地管理的决定》

二、加强土地利用总体规划、城市总体规划、村庄和集镇规划实施管理

……

（十）加强村镇建设用地的管理。要按照控制总量、合理布局、节约用地、保护耕地的原则，编制乡（镇）土地利用总体规划、村庄和集镇规划，明确小城镇和农村居民点的数量、布局和规模。鼓励农村建设用地整理，城镇建设用地增加要与农村建设用地减少相挂钩。农村集体建设用地，必须符合土地利用总体规划、村庄和集镇规划，并纳入土地利用年度计划，凡占用农用地的必须依法办理审批手续。禁止擅自通过“村改居”等方式将农民集体所有土地转为国有土地。禁止农村集体经济组织非法出让、出租集体土地用于非农业建设。改革和完善宅基地审批制度，加强农村宅基地管理，禁止城镇居民在农村购置宅基地。引导新办乡村工业向建制镇和规划确定的小城镇集中。在符合规划的前提下，村庄、集镇、建制镇中的农民集体所有建设用地使用权可以依法流转。

◆《国务院办公厅关于严格执行有关农村集体建设用地法律和政策的通知》

二、严格规范使用农民集体所有土地进行建设

……

农村住宅用地只能分配给本村村民，城镇居民不得到农村购买宅基地、农民住宅或“小产权房”。单位和个人不得非法租用、占用农民集体所有土地搞房地产开发。农村村民一户只能拥有一处宅基地，其面积不得超过省、自治区、直辖市规定的标准。农村村民出卖、出租住房后，再申请宅基地的，不予批准。

……

第三百六十三条　【宅基地使用权的法律适用】

宅基地使用权的取得、行使和转让，适用土地管理的法律和国家有关规定。

本条来源

《物权法》第一百五十三条规定：“宅基地使用权的取得、行使和转让，适用土地管理法等法律和国家有关规定。”本条延续了该规定，仅将“法等”改为"的"。关于宅基地使用权的法律适用，规定于《土地管理法》《担保法》等法中，如《土地管理法》第六十二条、《担保法》第三十七条等均为宅基地使用权的具体适用规则。

立法演变

物权编一审稿第一百五十六条规定："宅基地使用权的取得、行使和转让，适用土地管理法等法律和国家有关规定。"二审稿将"法等"改为"的"。此后各稿延续了二审稿的规定。

条文释义

本条是关于宅基地使用权的取得、行使、转让法律适用的规定。

对于宅基地使用权的取得、行使以及转让，本条未作具体规定，而是以"准用性规则"的形式规定宅基地使用权的取得、行使、转让适用土地管理法等法律和国家有关规定。本条作出这样规定的主要目的在于维护我国现有土地政策，并为《土地管理法》和国家有关规定根据社会需要进行调整创造空间，以实现法律的稳定性与灵活性的统一。

根据《土地管理法》以及国家有关规定，宅基地使用权的取得、行使和转让在理解与适用中应注意以下几点问题。

一、宅基地使用权的取得

首先，关于宅基地使用权的取得主体。虽然集体经济组织成员具有获得宅基地使用权的权利，但因可作为宅基地的集体土地的有限性与稀缺性，加之宅基地使用权的设立是以保障村民基本生存为出发点，现行法律对宅基地使用权的取得资格多有限制。在原则上遵循"一户一宅"的法律政策，以户为单位对宅基地进行分配。① 只有符合无宅基地、须分户居住、因公共利益需要宅基地被收回等原因需要重新分配的集体经济组织成员，才可以申请宅基地。其次，关于宅基地使用权取得的程序。宅基地的取得通过法定的程序，应由集体经济组织成员进行申请，并获得有关部门的审核以及批准。②

---

① 《土地管理法》第六十二条第一款规定："农村村民一户只能拥有一处宅基地，其宅基地的面积不得超过省、自治区、直辖市规定的标准。"

② 参见喻文莉：《论宅基地使用权初始取得的主体和基本方式》，载《河北法学》2011 年第 8 期，第 132 页。

二、宅基地使用权的行使

宅基地使用权人对依法取得的宅基地享有占有并使用的权利，其可以在宅基地上建造住宅及其附属设施。但宅基地使用权人不得非法转让其所享有的宅基地使用权，且在使用过程中应当接受政府的统一规划。

三、宅基地使用权的转让

根据《民法典》《土地管理法》等现行法律的规定，原则上禁止宅基地使用权的转让与抵押。此外，集体经济组织内部的宅基地的转让法律未作禁止规定，但转让后不得再申请宅基地。

法条关联

◆《土地管理法》

第四十四条 建设占用土地，涉及农用地转为建设用地的，应当办理农用地转用审批手续。

永久基本农田转为建设用地的，由国务院批准。

在土地利用总体规划确定的城市和村庄、集镇建设用地规模范围内，为实施该规划而将永久基本农田以外的农用地转为建设用地的，按土地利用年度计划分批次按照国务院规定由原批准土地利用总体规划的机关或者其授权的机关批准。在已批准的农用地转用范围内，具体建设项目用地可以由市、县人民政府批准。

在土地利用总体规划确定的城市和村庄、集镇建设用地规模范围外，将永久基本农田以外的农用地转为建设用地的，由国务院或者国务院授权的省、自治区、直辖市人民政府批准。

第五十九条 乡镇企业、乡（镇）村公共设施、公益事业、农村村民住宅等乡（镇）村建设，应当按照村庄和集镇规划，合理布局，综合开发，配套建设；建设用地，应当符合乡（镇）土地利用总体规划和土地利用年度计划，并依照本法第四十四条、第六十条、第六十一条、第六十二条的规定办理审批手续。

第六十一条 乡（镇）村公共设施、公益事业建设，需要使用土地的，经乡（镇）人民政府审核，向县级以上地方人民政府自然资源主管部门提出申请，按照省、自治区、直辖市规定的批准权限，由县级以上地方人民政府批准；

其中，涉及占用农用地的，依照本法第四十四条的规定办理审批手续。

第六十二条　农村村民一户只能拥有一处宅基地，其宅基地的面积不得超过省、自治区、直辖市规定的标准。

人均土地少、不能保障一户拥有一处宅基地的地区，县级人民政府在充分尊重农村村民意愿的基础上，可以采取措施，按照省、自治区、直辖市规定的标准保障农村村民实现户有所居。

农村村民建住宅，应当符合乡（镇）土地利用总体规划、村庄规划，不得占用永久基本农田，并尽量使用原有的宅基地和村内空闲地。编制乡（镇）土地利用总体规划、村庄规划应当统筹并合理安排宅基地用地，改善农村村民居住环境和条件。

农村村民住宅用地，由乡（镇）人民政府审核批准；其中，涉及占用农用地的，依照本法第四十四条的规定办理审批手续。

农村村民出卖、出租、赠与住宅后，再申请宅基地的，不予批准。

国家允许进城落户的农村村民依法自愿有偿退出宅基地，鼓励农村集体经济组织及其成员盘活利用闲置宅基地和闲置住宅。

国务院农业农村主管部门负责全国农村宅基地改革和管理有关工作。

◆《土地管理法实施条例》

第十九条　建设占用土地，涉及农用地转为建设用地的，应当符合土地利用总体规划和土地利用年度计划中确定的农用地转用指标；城市和村庄、集镇建设占用土地，涉及农用地转用的，还应当符合城市规划和村庄、集镇规划。不符合规定的，不得批准农用地转为建设用地。

◆《不动产登记暂行条例》

第五条　下列不动产权利，依照本条例的规定办理登记：

（一）集体土地所有权；

（二）房屋等建筑物、构筑物所有权；

（三）森林、林木所有权；

（四）耕地、林地、草地等土地承包经营权；

（五）建设用地使用权；

（六）宅基地使用权；

（七）海域使用权；

（八）地役权；

（九）抵押权；

（十）法律规定需要登记的其他不动产权利。

◆《不动产登记暂行条例实施细则》

第二十五条 市、县人民政府可以根据情况对本行政区域内未登记的不动产，组织开展集体土地所有权、宅基地使用权、集体建设用地使用权、土地承包经营权的首次登记。

依照前款规定办理首次登记所需的权属来源、调查等登记材料，由人民政府有关部门组织获取。

第四十条 依法取得宅基地使用权，可以单独申请宅基地使用权登记。

依法利用宅基地建造住房及其附属设施的，可以申请宅基地使用权及房屋所有权登记。

第四十一条 申请宅基地使用权及房屋所有权首次登记的，应当根据不同情况，提交下列材料：

（一）申请人身份证和户口簿；

（二）不动产权属证书或者有批准权的人民政府批准用地的文件等权属来源材料；

（三）房屋符合规划或者建设的相关材料；

（四）权籍调查表、宗地图、房屋平面图以及宗地界址点坐标等有关不动产界址、面积等材料；

（五）其他必要材料。

◆《国务院办公厅关于严格执行有关农村集体建设用地法律和政策的通知》

二、严格规范使用农民集体所有土地进行建设

……

农村住宅用地只能分配给本村村民，城镇居民不得到农村购买宅基地、农民住宅或“小产权房”。单位和个人不得非法租用、占用农民集体所有土地搞房地产开发。农村村民一户只能拥有一处宅基地，其面积不得超过省、自治区、直辖市规定的标准。农村村民出卖、出租住房后，再申请宅基地的，不予批准。

……

案例评议

邹某与张某合同纠纷案①

◆ 裁判规则

涉案楼基地所占土地性质系集体所有土地，且被告取得该楼基地系基于原宅基地及房屋重新规划、拆迁后的补偿利益，其性质等同于宅基地，原告虽主张东港安东卫东街居委会对外公开售卖涉案楼基地，该楼基地属国有商业用地，但是并未提供证据，本院不予采信。被告将该楼基地转让给非本集体经济组织成员的原告，违反了我国法律、行政法规的强制性规定，本院依法确认该转让协议无效，原告并不能取得涉案楼基地使用权。因无效合同取得的财产应当予以返还。被告明知涉案楼基地依法不能买卖，仍转让给非本集体经济组织成员的原告，而原告在未确认土地性质的情况下购买涉案楼基地，双方对于合同无效均有过错，但被告作为出卖人过错较大，且被告在涉案楼基地获得补偿安置之后反悔，违反了诚实信用原则，对纠纷的产生另有过错，被告应当赔偿原告因合同无效造成的损失。原告要求以补偿安置楼房的价值为依据计算损失，但是未在本院指定的时间申请房屋价值评估，本院依法按照中国人民银行同期贷款利率计算原告的损失。

◆ 评议

本案涉及宅基地使用权转让的问题。楼基地所占土地性质系集体所有土地，且转让人取得该楼基地系基于原宅基地及房屋重新规划、拆迁后的补偿利益，其性质等同于宅基地。将该楼基地转让给非本集体经济组织成员的，因违反我国法律、行政法规的强制性规定，应当依法确认该转让协议无效，受让人并不能取得涉案楼基地使用权。因无效合同取得的财产应当予以返还。在本案中出让人明知涉案楼基地依法不能买卖，仍转让给非本集体经济组织成员，而受让人在未确认土地性质的情况下购买涉案楼基地，双方对于合同无效均有过错，但出让人过错较大，且出让人在涉案楼基地获得补偿安置之后反悔，违反了诚实信用原则，应当赔偿原告因合同无效造成的损失。

---

① 山东省日照市岚山区人民法院（2015）民一初字第169号民事判决书。

第三百六十四条　【宅基地使用权的消灭】

宅基地因自然灾害等原因灭失的，宅基地使用权消灭。对失去宅基地的村民，应当依法重新分配宅基地。

本条来源

《物权法》第一百五十四条规定："宅基地因自然灾害等原因灭失的，宅基地使用权消灭。对失去宅基地的村民，应当重新分配宅基地。"本条延续了该规定。

立法演变

物权编一审稿第一百五十七条规定："宅基地因自然灾害等原因灭失的，宅基地使用权消灭。对失去宅基地的村民，应当重新分配宅基地。"此后各稿延续了一审稿的规定。终稿增加"依法"重新分配宅基地的规定。

条文释义

本条是关于宅基地使用权消灭和重新分配宅基地的规定。

一、宅基地使用权消灭的情形

其一，因自然灾害等原因导致宅基地灭失，而使宅基地使用权消灭的。

其二，因城乡发展规划调整宅基地使用权，而使宅基地使用权消灭的。

其三，因公共利益的需要宅基地被国家征收，而使宅基地使用权消灭的。

其四，因长期闲置、宅基地使用权人抛弃权利等原因导致宅基地被收回，而使宅基地使用权消灭的。前三种情形中，因宅基地使用权消灭的原因是自然灾害等以及政府行为，出于宅基地社会保障功能之考虑，原权利人可以依法申请重新分配宅基地。[①] 而第四种情况，因宅基地使用权的消灭原因是宅基地使用权人积极或消极地放弃权利，在这种情形下，原权利人不得再申请重新分配宅基地。本条所规定的为第一种情形，"宅基地因自然灾害等原因灭失的，宅基

① 袁锦秀、尹海鹏：《农村宅基地使用权的消灭及重新再分配问题研究》，载《湖南人文科技学院学报》2013 年第 5 期，第 10 页。

地使用权消灭”，即为原权利人有权申请重新分配宅基地之情形。

二、本条在理解与适用过程中应注意以下几点

其一，重新分配土地是以自然灾害等原因造成宅基地灭失的客观存在为前提。因自然灾害等原因造成宅基地完全被损毁或部分损毁使其不再适合作为宅基地使用，宅基地使用权的客体归于灭失，宅基地使用权也随之消灭。

其二，可以享受重新分配的权利人应当是符合申请宅基地条件的集体经济组织成员。作为基础保障，宅基地使用权保障的是农民的基础生存，对于仍有宅基地等不符合分配条件的集体经济组织成员，不应重新分配宅基地。

其三，宅基地的重新分配应当依法进行。与宅基地使用权的取得相同，宅基地的重新分配也要严格依法进行，不仅应符合宅基地的申请条件，还应当依照宅基地使用权取得的法定程序，严格遵守国家关于宅基地的有关规定，遵守“一户一宅”等土地分配原则进行重新分配。

案例评议

张某诉蓝田县国土资源局不履行法定职责案①

◆ **裁判规则**

上诉人张某根据《物权法》第一百五十四条“宅基地因自然灾害等原因灭失的，宅基地使用权消灭。对失去宅基地的村民，应当重新分配宅基地”的规定，主张被上诉人具有直接向其分配宅基地的法定职责。但村民取得宅基地仍应符合相关法律规定的条件并履行法定的程序。《物权法》规定宅基地使用权的取得、行使和转让，适用土地管理法等法律和国家有关规定。《土地管理法》规定农村村民住宅用地，经乡（镇）人民政府审核，由县级人民政府批准。所以上诉人系对法律的片面理解，其主张要求被上诉人履职缺乏法律依据。

◆ **评议**

本案的争议焦点为被告是否应当给原告重新分配宅基地。公民、法人或者其他组织提起履行法定职责之诉时，应当符合相应的法律规定。在重新分配宅基地中，村民取得宅基地仍应符合相关法律规定的条件并履行法定的程序。因

① 西安铁路运输中级人民法院（2018）陕71行终19号行政判决书。

此在本案中应当考察以下问题：（一）原告是否符合宅基地重新分配的条件。依照法律的规定，具有申请重新分配宅基地资格的权利人，应当是因自然灾害等原因宅基地灭失或因城乡规划、公共利益等原因宅基地被收回，从而丧失宅基地以及基本居住条件的集体经济组织成员。若不符合以上条件，则不能申请重新分配宅基地。（二）是否已经依据法定程序进行重新分配宅基地的申请。根据《土地管理法》第六十二条第四款关于“农村村民住宅用地，经乡（镇）人民政府审核批准”的规定，宅基地使用权的取得应当依照该法规定的程序向有权机关提出申请。即便是在宅基地重新分配中，相关权利人也应当依照法定程序进行申请，而不能要求土地管理部门直接向其分配宅基地。

第三百六十五条　【宅基地使用权的变更登记与注销登记】

已经登记的宅基地使用权转让或者消灭的，应当及时办理变更登记或者注销登记。

本条来源

《物权法》第一百五十五条规定：“已经登记的宅基地使用权转让或者消灭的，应当及时办理变更登记或者注销登记。”本条延续了该规定。

立法演变

物权编一审稿第一百五十八条规定：“已经登记的宅基地使用权转让或者消灭的，应当及时办理变更登记或者注销登记。”此后各稿延续了一审稿的规定。

条文释义

本条是关于宅基地使用权转让或者消灭的，应当及时办理登记的规定。

对于本条中所规定的“应当及时办理变更登记或者注销登记”，是属于登记生效要件还是登记对抗要件的问题，在学术界素有争议。虽然宅基地使用权是不动产物权的一种，但《物权法》第一百五十三条规定“宅基地使用权的取得、行使和转让，适用土地管理法等法律和国家有关规定”。而《土地管理法》的有关规定中只是明确宅基地应经依法批准使用，未要求宅基地的取得应当进行登记。因而，宅基地使用权的物权变动不适用不动产物权变动的一般规则，也即“宅基地使用权不以登记为生效要件”。[①] 本条中所规定的“应当及时办理变更登记或者注销登记”，应为登记对抗要件，其目的是保障第三人的信赖利益与交易安全。

本条在理解与适用过程中应注意以下几点。

第一，本条的适用以宅基地使用权已经登记为前提。依前所述，宅基地使用权的物权变动以登记为对抗要件，相关法律也未要求宅基地使用权的取得应当办理登记，因而在实践中存有宅基地使用权未登记的情况，而本条只适用于宅基地使用权已经办理登记的情形。

第二，宅基地使用权转让或消灭，是办理宅基地使用权变更登记或注销登记的法定事由。宅基地使用权的转让或消灭应当符合法律的有关规定。

第三，办理变更登记或注销登记并非是宅基地使用权转让或消灭的生效要件。变更登记或注销登记是宅基地使用权转让或注销的一种公示方式，其目的在于保护第三人的合法利益和交易安全。

法条关联

◆《土地管理法实施条例》

第六条 依法改变土地所有权、使用权的，因依法转让地上建筑物、构筑物等附着物导致土地使用权转移的，必须向土地所在地的县级以上人民政府土地行政主管部门提出土地变更登记申请，由原土地登记机关依法进行土地所有权、使用权变更登记。土地所有权、使用权的变更，自变更登记之日起生效。

依法改变土地用途的，必须持批准文件，向土地所在地的县级以上人民政府土地行政主管部门提出土地变更登记申请，由原土地登记机关依法进行变更登记。

第七条 依照《土地管理法》的有关规定，收回用地单位的土地使用权的，由原土地登记机关注销土地登记。

---

① 全国人大常委会法制工作委员会民法室：《中华人民共和国物权法条文说明、立法理由及相关规定（第二版）》，北京大学出版社 2017 年版，第 13 页。

土地使用权有偿使用合同约定的使用期限届满，土地使用者未申请续期或者虽申请续期未获批准的，由原土地登记机关注销土地登记。

◆《不动产登记暂行条例》

第三条 不动产首次登记、变更登记、转移登记、注销登记、更正登记、异议登记、预告登记、查封登记等，适用本条例。

第五条 下列不动产权利，依照本条例的规定办理登记：

（一）集体土地所有权；

（二）房屋等建筑物、构筑物所有权；

（三）森林、林木所有权；

（四）耕地、林地、草地等土地承包经营权；

（五）建设用地使用权；

（六）宅基地使用权；

（七）海域使用权；

（八）地役权；

（九）抵押权；

（十）法律规定需要登记的其他不动产权利。

第十四条 因买卖、设定抵押权等申请不动产登记的，应当由当事人双方共同申请。

属于下列情形之一的，可以由当事人单方申请：

（一）尚未登记的不动产首次申请登记的；

（二）继承、接受遗赠取得不动产权利的；

（三）人民法院、仲裁委员会生效的法律文书或者人民政府生效的决定等设立、变更、转让、消灭不动产权利的；

（四）权利人姓名、名称或者自然状况发生变化，申请变更登记的；

（五）不动产灭失或者权利人放弃不动产权利，申请注销登记的；

（六）申请更正登记或者异议登记的；

（七）法律、行政法规规定可以由当事人单方申请的其他情形。

第十九条 属于下列情形之一的，不动产登记机构可以对申请登记的不动产进行实地查看：

（一）房屋等建筑物、构筑物所有权首次登记；

（二）在建建筑物抵押权登记；

（三）因不动产灭失导致的注销登记；

（四）不动产登记机构认为需要实地查看的其他情形。

对可能存在权属争议，或者可能涉及他人利害关系的登记申请，不动产登记机构可以向申请人、利害关系人或者有关单位进行调查。

不动产登记机构进行实地查看或者调查时，申请人、被调查人应当予以配合。

◆《不动产登记暂行条例实施细则》

第四十二条　因依法继承、分家析产、集体经济组织内部互换房屋等导致宅基地使用权及房屋所有权发生转移申请登记的，申请人应当根据不同情况，提交下列材料：

（一）不动产权属证书或者其他权属来源材料；

（二）依法继承的材料；

（三）分家析产的协议或者材料；

（四）集体经济组织内部互换房屋的协议；

（五）其他必要材料。

第四十三条　申请宅基地等集体土地上的建筑物区分所有权登记的，参照国有建设用地使用权及建筑物区分所有权的规定办理登记。

第十四章　居住权

本章概要

居住权制度起源于罗马，对大陆法系有着极为重要的影响，并被诸多国家所采纳接受，如《法国民法典》《德国民法典》中均存有居住权的有关规定。①在我国，对居住权制度是否应当入法一直存有争议。持反对态度的学者认为：居住权制度是在人役权的框架下构建起来的，与我国的现行法律体系不相容；居住权制度不利于房屋价值的实现，不符合现代经济利益观念；居住权制度具有可替代性，我国已有的租赁制度完全可以替代居住权制度，在此背景下增加居住权制度将会造成立法资源的浪费；居住权制度的社会需求并不大，只有极少数的弱势群体才有这种需要，为极少数群体的需求而增加居住权制度，将会浪费社会资源。持肯定态度的学者认为：居住权制度入法是房屋财产价值功能的体现，有助于平衡房屋的利用效益和居住价值的发挥；居住权制度具有独特性，其不能为租赁制度所取代；实践中存有大量的居住权案件，但因居住权法律制度的缺失，大多数案件都是按照债权进行处理，这不利于对居住权人合法权益的保障；② 居住权制度为存有住房困难的弱势群体提供了居住制度保障。

居住问题是广大人民群众安身立命的根本问题，“住有所居”一直以来都是广大人民群众的基本追求，也是我国社会主义建设的一大目标。一方面，结

① 《法国民法典》第六百三十二条至第六百三十四条规定：“对房屋享有居住权的人，得与其家庭在该房屋内居住，即使在给予此项居住权利时其本人尚未结婚亦同；居住权仅以享有此项权利的人与其家庭居住所需为限；居住权既不得让与，亦不得出租。”《德国民法典》第一千零九十三条规定：“排除所有权人将建筑物或者建筑物的一部分作为住房使用的权利，也可以作为限制人役权加以设定；权利人有权在住房中接纳其家属以及与其地位相当的服务和护理人员；上述权利仅限于建筑物的一部分的，权利人可以共同使用规定供居住人共同使用的设备和设施。”

② 参见李显冬：《我国居住权设立的正当性》，载《法学杂志》2014 年第 12 期，第 44 页。

合我国土地、住房资源紧张、房价居高不下、住房保障体系不健全的国情以及社会现状，“住无所居”仍然是一个社会长期存在的问题。另一方面，虽然一直以来在我国法律中并未明确地将居住权作为一项权利加以规定，但在司法实践中当事人常有保障居住权的诉求，但因我国居住权制度的欠缺，审判人员只能依据《合同法》等有关规定作出裁判，当事人的居住权无法得到全面的保障。本次将居住权纳入到物权编中，确定了居住权制度的合法地位，其目的在于化解特定群体的居住困境①，为该群体的住房利益与需求提供制度保障，以缓解住房紧张的局面，并为居住权的司法实践提供有力的法律制度支撑。

物权编第三百六十六条至第三百七十一条对居住权的设立、行使、期限、生效要件等基本问题作出了规定，确定了居住权作为用益物权的属性及以物权基本方式进行保护的模式，构建起了居住权法律体系的基本框架。依照物权编第三百六十六条的规定：“居住权人有权按照合同约定，对他人的住宅享有占有、使用的用益物权，以满足生活居住的需要。”可知，本法所规定的居住权是指居住权人为满足生活居住的需要，而依合同的约定对他人住宅及其附属设施享有占有、使用的权利。居住权的设立可以通过合同的方式，也可以通过遗嘱的方式，但均需采用书面的形式。第三百六十八条规定：“居住权无偿设立，但是当事人另有约定的除外。设立居住权的，应当向登记机构申请居住权登记。居住权自登记时设立。”确立了居住权的登记生效模式。在我国，不动产物权的设立、变更、转让和消灭主要以登记为生效要件，未经登记的，不发生物权变动的效力。居住权作为一种在他人不动产（住宅）上设立的物权，也属于不动产物权的一种。其采用登记生效的模式一方面是遵循《物权法》不动产物权登记生效一般规定，另一方面是出于居住权特殊性的考虑，对居住权采用登记生效的模式有利于保护当事人及第三人的合法权益。此外，我国居住权的有关规定，还借鉴了比较法的有关规定，对居住权作出了无偿设立、以居住权人生存期限为最长居住权存续期限等规定。

---

① 参见单平基：《〈民法典〉草案之居住权规范的检讨和完善》，载《当代法学》2019年第1期，第6页。

第三百六十六条　【居住权的含义】

居住权人有权按照合同约定，对他人的住宅享有占有、使用的用益物权，以满足生活居住的需要。

本条来源

本条为新增条文。

立法演变

物权编一审稿第一百五十九条规定：“居住权人有权按照合同约定，对他人的住宅享有占有、使用的权利，以满足生活居住的需要。设立居住权，当事人应当采取书面形式订立居住权合同。设立居住权的，应当向登记机构申请居住权登记。居住权自登记时设立。”

二审稿第一百五十九条在一审稿的基础上进行了修改，规定：“居住权人有权按照合同约定，对他人的住宅享有占有、使用的用益物权，以满足生活居住的需要。”第一百五十九条之一规定：“设立居住权，当事人应当采用书面形式订立居住权合同。居住权合同一般包括下列条款：（一）当事人的姓名和住所；（二）住宅的位置；（三）居住的条件和要求；（四）解决争议的方法。”第一百五十九条之二规定：“设立居住权的，应当向登记机构申请居住权登记。居住权自登记时设立。”

征求意见稿对以上两条规定进行了重大调整，仅规定了：“居住权人有权按照合同约定，对他人的住宅享有占有、使用的用益物权，以满足生活居住的需要。”

条文释义

本条是关于居住权含义的规定。

根据本条规定，居住权是指居住权人为满足生活居住的需要，而依合同的约定对他人住宅及其附属设施享有占有、使用的权利。

具体而言，本条规定包含以下几方面内容。

一、居住权的权利主体

本条虽未明确居住权权利主体的限制，但根据条文的文义，居住权的权利主体应为自然人。居住权制度具有社会保障的性质，其是为保障存有住房困难的特定群体的住房利益而设定的。而法人作为一种集合性的主体，其成立的目的是营利或其他社会事务，不存在“住房困境”问题，租赁制度完全可以满足法人的需求。

二、居住权的权利客体

居住权的权利客体具有特殊性，其权利客体应为且仅能为他人的住宅。一般而言，居住权人的居住权应及于该住宅的部分或全部，其所涉及的具体部分可以包含住宅本身及其附属设施。

三、居住权的权利内容

居住权人对他人住宅及其附属设施享有占有及使用的权利，但“占有”及“使用”都应当是以满足居住需求为目的，非以满足居住需求为目的的“占有”及“使用”不应包含在居住权的权利内容之中。

法条关联

◆ **《宪法》**

第三十九条　中华人民共和国公民的住宅不受侵犯。禁止非法搜查或者非法侵入公民的住宅。

案例评议

曹某梅与曹某所有权确认纠纷案①

◆ **裁判规则**

原、被告之间签订的《赠与合同》已被生效判决书予以撤销，根据法律规定，合同被撤销后自始没有法律约束力，因合同取得的财产，应当予以返还。因此原告主张依法确认天津市北辰区房屋为原告所有的诉讼请求，符合法律规定，本院予以支持。

◆ **评议**

在本案中，原告与被告系母子关系，原告与被告之间签订《赠与合同》，将原告所有的住房赠与并过户给被告，该赠与合同中约定，该房屋赠与后，被告对

① 天津市北辰区人民法院（2018）津0113民初2403号民事判决书。

该房屋享有占有、使用、收益、处分的权利，但被告处分房屋时须征得原告同意；办理过户登记后原告对该房屋仍享有居住权，原告随时可以居住；如果不能保证原告居住，原告有权撤销本合同。但而后被告未能履行赠与合同的有关约定，原告将被告诉至法院。法院以原告主张被告不能履行赠与合同约定的义务，符合赠与合同法定撤销权的行使条件为由判决撤销原被告之间的赠与合同，并确认房屋所有权归原告所有。本案中，原被告双方在达成合意的情况下签订书面合同，约定原告在办理房屋过户登记后仍对该房屋享有居住权，是典型的以书面合同的方式设立居住权。但由于居住权制度的缺失，原告只能通过债权的方式来保障自己利益。但相对于居住权的物权保护的长期性与稳定性，债权保护的方式显然是不充分的。在债权的保护模式下，居住权人所享有的居住权不具有对抗第三人的效力，在房屋所有权被转让给第三人的情况下，居住权人的居住利益无法得到应有的保护。因而，在民法典物权编设立居住权具有其必要性。

第三百六十七条　【居住权合同】

设立居住权，当事人应当采用书面形式订立居住权合同。

居住权合同一般包括下列条款：

（一）当事人的姓名或者名称和住所；

（二）住宅的位置；

（三）居住的条件和要求；

（四）居住权期限；

（五）解决争议的方法。

本条来源

本条为新增条文。

立法演变

物权编一审稿无此内容。二审稿将该内容单列为第一百五十九条之一，并增加居住权合同的一般条款，规定："设立居住权当事人应当采用书面形式订立居住权合同。居住权合同一般包括下列条款：（一）当事人的姓名和住所；（二）住宅的位置；（三）居住的条件和要求；（四）解决争议的方法。”

征求意见稿第三百六十七条将该内容设为单独条文，将居住权合同一般条款中的第一项由“当事人的姓名和住所”修改为“当事人的姓名或者名称和住所”，并增加“居住权期间”这一项内容。终稿又将“居住权期间”改为“居住权期限”，规范法律用语，其他保持不变。

条文释义

本条是关于居住权的设立及其合同内容的规定。

居住权的设立应以书面的形式，双方之间应当签订符合双方合意的居住权合同。此外，为明确当事人之间的权利义务关系，居住权合同中一般应包含但不限于以下基本内容。

其一，当事人的姓名和住所。该内容是为明确当事人的身份信息。居住权具有身份性的特征，其是为特定主体所设立的，因而有必要在合同中对居住权人以及提供住宅主体的身份信息进行明确。一般而言，居住权当事人的身份信息应当包含姓名及住所两项基本内容，当事人也可以在合同中对身份信息进行更具体化的约定，以将当事人身份进行更加准确的明确。

其二，住宅的位置。该内容是为明确居住权所指向的客体。居住权是为满足特定群体的居住问题，且以提供居住的基本保障为目标，因此客体也应当具有特定性。在居住权合同中当事人应当对居住权客体，即居住权人所可享有居住权的住宅具体位置进行约定，以将居住权进行特定化。

其三，居住的条件和要求。居住权的设立是以满足居住权人生活居住的基本需要为目的，当事人可以就居住的条件及要求等有关居住需求等问题进行约定，以进一步明确双方的权利义务关系。

其四，居住权期限。居住权人按照合同约定对他人的住宅享有占有、使用的用益物权，而非其固有之权利，所以应明确居住权的存续期限。

其五，解决争议的方法。争议与纠纷在所难免，双方当事人提前在合同中约定争议的解决方法，以便于发生争议时的处理。

当然居住权的设立也可以通过遗嘱或遗赠的方式设立，此种情形在本法第三百七十一条有规定。

第三百六十八条 【居住权的无偿性及其生效要件】

居住权无偿设立，但是当事人另有约定的除外。设立居住权的，应当向登记机构申请居住权登记。居住权自登记时设立。

本条来源

本条为新增条文。

立法演变

物权编一审稿第一百五十九条第三款规定："设立居住权的，应当向登记机构申请居住权登记。居住权自登记时设立。"二审稿将该内容单列为第一百五十九条之二。征求意见稿将该内容规定于第三百六十八条中，并相应地新增"居住权无偿设立，但是当事人另有约定的除外"的规定。

条文释义

本条是关于居住权的无偿性及其生效要件的规定。

一、居住权的无偿性

一方面，居住权制度的设立目的主要是解决特定群体的住房困境，保障特定群体的住房利益，具有一定的社会保障性质以及社会救助性质。另一方面，居住权在实践中的应用多为在特定家庭成员或亲属之间设立，以满足他们的居住需求。因而，一般而言居住权应当具有无偿性，其设立应为无偿的。① 但居住权的无偿性并不是绝对的，本条规定"但是当事人另有约定的除外"，即当事人之间可以通过约定的方式排除居住权无偿性的适用，这样的规定体现出了民法的意思自治原则，充分尊重了当事人的意思自由。

二、居住权的生效要件

居住权以登记为生效要件。设立居住权当事人应当依法向登记机构提出居住权登记的申请，办理居住权登记，居住权自登记之时起设立。居住权采用登记生效模式的主要原因在于，能够使第三人以可供察知的方式知晓房屋存在居

---

① 参见廖丹：《作为基本权利的居住权研究》，法律出版社2018年版，第28页。

住权的事实，一方面保护第三人的合法权益，另一方面形成对抗第三人的效力，从而更好地保护居住权人的合法权益。

第三百六十九条 【居住权行使的限制】

居住权不得转让、继承。设立居住权的住宅不得出租，但是当事人另有约定的除外。

本条来源

本条为新增条文。

立法演变

物权编一审稿第一百六十条规定："居住权不得转让、继承。居住权涉及的住宅不得出租，但当事人另有约定的除外。"二审稿较一审稿，在第一句"居住权"后新增"无偿设立"，在第二句"居住权"前新增"设立"。征求意见稿又删去"无偿设立"，并将"居住权涉及的住宅不得出租"更改为"设立居住权的住宅不得出租"。

条文释义

本条是关于居住权行使上的限制的规定。

在罗马法中，居住权是作为一种人役权出现的，其是为特定人的利益而在他人所有的物之上设立役权，其最初目的是在遗产继承中，为有继承权的家庭成员（尤其是遗孀、未婚女儿或被解放的奴隶）提供生活上的扶助。[①] 作为人役权的居住权，具有很强的身份性，其是为特定人所设立的，居住权人不得转让其所享有的权利。大陆法系诸多国家继承了罗马法中居住权的人役权特性。如《瑞士民法典》第七百七十六条规定，居住权系指居住在住宅内或住宅某部分的权利，不得转让，也不得继承。《德国民法典》《法国民法典》等

---

① 参见汪洋：《从用益权到居住权：罗马法人役权的流变史》，载《学术月刊》2019 年第 7 期，第 103 页。

也均将居住权定位为具有人身属性的人役权。[①] 本次物权编对于居住权的规定也多为借鉴比较法的有关规则，对于居住权的规定体现出了一定的人役权特点。

本条所规定的居住权行使上的限制，体现出了人役权所具有的主体特定性的特点，此外还体现出了对居住权客体所有权人权利的限制，具体而言包含以下内容。

一、居住权主体的特定性

居住权的权利主体具有特定性，即居住权是为特定人所设立的，其所设立的有关权利也只能由特定人所享有。正因为该原因，居住权的行使具有限制，其不能作为居住权人的财产性物权通过转让、继承等方式将权利转由他人享有。如本条所规定的居住权“不得转让、继承”。

二、所有权人权利的限制

本条关于“设立居住权的住宅不得出租”的规定，体现出了对居住权客体所有权人权利的限制。居住权的客体，即设立居住权的住宅的出租将会对居住权人的居住范围、居住条件等方面的权利内容造成实质上的影响。因此，一般而言为保障居住权人的合法权益，设立居住权的住宅不得进行出租。但根据本条“但是当事人另有约定的除外”的规定，设立居住权的住宅能否出租应当尊重当事人的意思自由。即设立居住权的住宅是否能够出租，在当事人之间存有相关约定之时从其约定，没有相关约定之时遵从法律“设立居住权的住宅不得出租”的一般规定。作出此种规定的原因在于，在一定情况下对设立居住权的住宅出租并不会对居住权人的居住权造成实质上的影响，如将设立居住权部分之外的住宅进行出租，并不会影响居住权人的居住利益。此外，在当事人约定设立居住权的住宅能够出租的情形下，允许设立居住权的住宅出租，也能够提高该住宅的利用率以及经济价值。

---

① 参见王利明：《论民法典物权编中居住权的若干问题》，载《学术月刊》2019 年第 7 期，第 92 页。

案例评议

于某诉沈阳市和平区人民政府行政复议案[①]

◆ **裁判规则**

上诉人主张案涉房屋为公租房，原承租代表人死亡后，应根据《沈阳市直管公房管理办法》第十六条第一款规定，由其他承租人、同地址户籍成员推举出新的承租代表人，办理房改手续后，方可与房屋征收部门签订安置补偿协议。故被征收人的确定不是房屋征收实施单位太原街街道办的职责范围，上诉人母亲要求确认其和女儿为被征收人，此诉求不属于行政复议和行政诉讼受理案件范围。另，案涉答复意见系太原街街道办依据信访条例针对上诉人母亲上访问题作出的，对其权利义务并无实际影响，故答复意见不属于行政复议及行政诉讼的受理范围。上诉人的诉请不符合起诉条件，裁定驳回其起诉。

◆ **评议**

本案中涉案房屋为公租房，其房屋所有权归政府所有，原承租代表人对该房屋仅享有居住权及使用权。原承租代表人去世后，其继承人不能直接通过继承的方式取得该房屋的居住权与使用权。其继承人应依据有关法律的规定，由其他承租人、同地址户籍成员推举出新的承租代表人，办理房改手续后才能依法享有该房屋的居住权与使用权。

第三百七十条　【居住权的期限】

居住权期限届满或者居住权人死亡的，居住权消灭。居住权消灭的，应当及时办理注销登记。

本条来源

本条为新增条文。

---

① 辽宁省高级人民法院（2018）辽行终588号行政裁定书。

立法演变

物权编一审稿第一百六十一条规定："居住权人死亡，居住权消灭，但当事人另有约定的除外。"二审稿将"但"改为"但是"。征求意见稿在第一句新增"居住权期间届满或者"，删去"但当事人另有约定的除外"，并新增第二句"居住权消灭的，应当及时办理注销登记。"终稿将"期间届满"改为"期限届满"，其他保持不变。

条文释义

本条是关于居住权期限的规定。

居住权是一种长期而稳定的权利，具有终身性的特征，在双方当事人对于居住权的期限没有约定或约定不明时，居住权的存续期间从登记时起，直至权利人死亡时消灭。最初在罗马法中，居住权在两年内不行使将因此消失，但之后其逐渐被认为可延续至终身。① 居住权是为满足特定自然人的居住需求而设立的权利，其权利主体具有特定性，其权利内容只能由该特定的自然人享有。一旦该特定的自然人死亡，其居住需求也随之消灭，居住权也应当随之消灭。因而居住权的最长存续期限只能是以该特定自然人的生存期限为限，即居住权最迟应当在居住权人死亡时消灭。即便是双方当事人之间存有对居住权存续期限的有关规定，该期限也不得长于居住权人的生存期限。若双方当事人之间约定的居住权存续期限长于居住权人的生存期限，则在居住权人死亡时，居住权自动消灭；若双方当事人之间约定的居住权存续期限短于居住权人的生存期限，则居住权存续期限从其约定。

本条在理解与适用的过程中应当注意以下几点。

其一，居住权消灭的法定事由包括两种，一是居住权人死亡，二是当事人之间约定的期限届满。

其二，双方当事人约定的期限超过居住权人的生存期限的，居住权人死亡时，居住权自动消灭，而不能作为居住权人的遗产加以继承，否则将违背居住

---

① 参见《桑德罗·斯奇巴尼选编：〈物与物权〉》，范怀俊译，中国政法大学出版社 2009 年版，第 299 页。

权为特定人所设立的原则。

其三，居住权消灭应当办理注销登记。根据物权公示原则，居住权以登记为生效要件，其在消灭时，出于对所有权人权益以及第三人信赖利益的保护，居住权消灭的法定事由发生时，当事人应及时办理注销登记。

第三百七十一条 【以遗嘱方式设立居住权的法律适用】

以遗嘱方式设立居住权的，参照适用本章的有关规定。

本条来源

本条为新增条文。

立法演变

物权编一审稿第一百六十二条规定："以遗嘱方式设立居住权的，参照本章规定。"二审稿较一审稿，在"参照"后新增"适用"二字。征求意见稿将"参照适用本章规定"改为"参照适用本章的有关规定"。

条文释义

本条是关于以遗嘱方式设立居住权法律适用的规定。

居住权可以通过遗嘱的方式进行设立，其设立、权利内容、行使限制、权利期限等规则与通过合同设立的居住权的有关规则相同或相似，为避免法律条文的重复与累赘，本条在此处对于以遗嘱方式设立居住权的情形，作出了"参照适用本章的有关规定"的准用性规定。居住权起源于罗马法，其产生之初就是用于遗产继承中，为弱势家庭成员提供生活扶助，以保障弱势家庭成员的生活需求。大陆法系国家在继承和发展居住权的过程中，承继了这一点。根据大陆法系国家民法，居住权制度旨在解决特定的家庭成员和家庭服务人员之间的居住困难问题，体现了家庭成员间互助的性质。① 通过遗嘱方式设立居住权，

① 王利明：《论民法典物权编中居住权的若干问题》，载《学术月刊》2019 年第 7 期，第 94 页。

正是体现出了这种家庭成员间的互助。

本条的理解与适用过程中应注意以下几点。

一、“遗嘱”应合法有效

遗嘱应当符合继承编及其他相关法律中所规定的有效要件。遗嘱的有效要件包括形式要件和实质要件。形式要件是指遗嘱的形式应当符合法律的规定。实质要件则包含以下几点。

其一，遗嘱人在设立遗嘱时应为完全民事行为能力人。

其二，遗嘱须为遗嘱人的真实意思表示。

其三，遗嘱应为缺乏劳动能力又没有生活来源的继承人保留必要的份额。

其四，遗嘱中所处分的财产应为遗嘱人的个人财产。在本条中，遗嘱人设定居住权的房屋应为其合法所有的房屋。

其五，遗嘱的内容合法，且不违背公序良俗。

二、遗嘱须以书面的形式设立

遗嘱有口头遗嘱、录音遗嘱、自书遗嘱、代书遗嘱、打印遗嘱以及公证遗嘱等法定形式。但根据本章的规定，居住权的设立应当以书面的形式设立，因此本条所规定的遗嘱仅包含书面形式的遗嘱，以口头及录音的方式不能设立居住权。

三、以遗嘱方式设定居住权的居住权人有一定的限制

此处的居住权人应为符合法律规定的合法继承人。根据继承编的有关规定，遗嘱继承人可为法定继承人以及法定继承人以外的人。其中法定继承人包括配偶、子女、父母（第一顺位）以及兄弟姐妹、祖父母、外祖父母（第二顺位）。法定继承人以外的人并非法定继承人以外的任何人，而应当是符合法律规定情形的自然人。该法定情形主要包含三种，其一是法定继承人以外依靠被继承人抚养的缺乏劳动能力又没有生活来源的人，其二是法定继承人以外的对被继承人抚养较多的人，其三是对公婆尽了主要赡养义务的丧偶儿媳，对岳父母尽了主要赡养义务的丧偶女婿。

四、以遗嘱方式设立的居住权也应以登记为生效要件

根据物权编的一般规定，以遗嘱方式取得的物权，自遗嘱生效时发生效力。但居住权属于物权的特殊情形，其针对居住权生效要件的规定属于特别规定。根据特别规定优先于一般规定的原则，处于居住权这一章的以遗嘱方式设立的居住权也应当以登记为生效要件。

案例评议

甘某与郝某1等人继承纠纷案[①]

◆ **裁判规则**

遗嘱是遗嘱人生前按照自己的意志和想法处理身后财产归属的意思表示。法律充分保障遗嘱人的遗嘱自由，通过规定遗嘱的形式和实质要件来确认遗嘱效力，以达到尊重被继承人的终意目的。本案中，被继承人郝某在意识清楚的情况下书写《遗书》，对其财产做了详细的安排，符合《继承法》对自述遗嘱形式要件的规定，系被继承人郝某的真实意思表示。遗嘱中所指明的平房，系郝某的婚前财产，尽管实物已因拆迁不存在，但并非财产实质上的灭失，而是形式上的转化，故郝某对其财产的处分并非无权处分。

◆ **评议**

本案涉及以遗嘱的方式设立居住权的问题。遗嘱的合法有效性是居住权有效设立的前提条件。自然人享有依自己意愿通过设立遗嘱的方式对自己所有的财产进行支配的权利。司法实践中，判断居住权是否有效设立应先从形式要件以及实质要件两个方面考察遗嘱的合法有效性。在本案中，郝某作为遗嘱人享有依其真实意思表示以遗嘱的形式对其所有的财产（涉案房产）进行支配的权利。其所设立遗嘱，符合法律对自书遗嘱形式要件与实质要件的规定。且在遗嘱中存有遗嘱人为甘某在其所有的房屋上设立居住权的真实意思表示。因此，综合以上内容，应当认为在本案中遗嘱人通过合法有效的遗嘱设立了居住权。

① 新疆维吾尔自治区高级人民法院生产建设兵团分院（2018）兵民申520号民事裁定书。

第十五章　地役权

本章概要

一、地役权的产生与发展

所谓地役权，是指不动产的权利人为自己使用不动产的便利或提高自己不动产的价值，而按照合同的约定利用他人不动产的权利。地役权产生于罗马法，后为大陆法系诸多国家继承。在古代罗马法中，地役权只能在土地所有权人之间设立，且其客体只能是土地。但由于罗马法采用土地吸收建筑物的原则，建筑物被视为土地的组成部分，地役权的客体自然包含土地上的建筑物和附属设施。罗马法中地役权具有永久性特征，其一经设立便永久地跟随着土地。① 近代各国地役权的有关规定承继了罗马法的规则，作为用益物权规定于民法之中。随着现代社会经济的发展进步，地役权的有关规定也获得了发展，主要体现在以下几个方面。

（1）地役权的客体范围不断地扩大。在古代罗马法中地役权的客体主要是指土地。但随着现代社会经济的发展进步，土地这种单一的地役权已经无法满足社会的需求，地役权的客体逐渐扩展到建筑物等不动产，且从平面范围扩展到立体空间，如地下通道、立交桥等空间地役权。

（2）地役权的主体范围有所扩张。古代罗马法中地役权的主体只能是土地所有权人，但作为现代地役权的主体不仅包含不动产的所有权人，还包含不动产除所有权人之外的使用权人等其他权利人。

（3）地役权的权利内容不断丰富。一方面，对他人不动产之“利用”方式不断地丰富。另一方面，利用他人不动产所要实现的目的也不断地丰富。其利用

① 参见王利明：《物权法研究（第四册）（下卷）》，中国人民大学出版社 2016 年版，第 974－976 页。

目的的发展具有从满足物质利益到满足精神需求的趋势。[①]

(4) 地役权的设立方面也有一定的发展。地役权的设立方式从以法律规定为主，发展到以当事人自由约定为主，更多地给予了当事人意思自治的空间，在一定程度上缓和了物权法定原则。[②] 当事人可以在不违反法律强制性规定的前提下对地役权的权利内容、期限等内容进行自由的约定。

二、我国地役权制度

在我国，虽然地役权制度在古代就已经存在，但一直都未作为一项独立的法律制度进行规定。2007 年《物权法》颁布，并首次将地役权作为一项独立的法律制度，对地役权基本含义、期限、从属性、登记对抗模式等内容进行了系统的规定。我国《物权法》仅规定了意定地役权，即双方当事人以合同的方式设立地役权。其原因在于，一方面，我国实行土地公有制，国家和集体作为土地的所有权人可以根据实际需求直接利用土地，而无需以设定法定地役权的方式来利用土地；另一方面，对于有绝对利用之必要的情形（如汲取生活用水、采光等最低限度的需求），我国置于相邻关系中加以规定，便无规定法定地役权之必要。意定地役权在使用上具有极强的灵活性，这不仅有利于提高土地资源的利用效率，也有助于缓解物权法定主义的僵化。此外，我国法律将地役权的内容规定为“利用他人的不动产，以提高自己的不动产的效益”，相对于其他国家“便宜之用”的规定，具有一定的中国特色。[③]“效益”包含资源利用效率以及经济利益的含义，从字面意思来看地役权的内容较为偏重物质利益方面。但根据社会发展需要及现实需求，在对于地役权有关规定的理解与适用上，地役权的内容不应仅限于物质利益方面，还应考虑精神需求方面。

本次物权编中对地役权的规定也基本全面地继承了《物权法》的有关规定，大部分条文都与《物权法》保持完全一致。仅在少量条文上作出了细微的修改。修改的部分包括，在第三百七十五条中将“土地”改为“不动产”；在第三百七十八条中在“土地承包经营权、宅基地使用权”后增加了“等用益物

---

① 参见申卫星：《地役权制度的立法价值与模式选择》，载《现代法学》2004 年第 5 期，第 16 页。

② 参见李益民等：《论地役权对物权法定原则之补充》，载《河北法学》2006 年第 2 期，第 86 页。

③ 参见耿卓：《我国地役权现代发展的体系解读》，载《中国法学》2013 年第 3 期，第 89 页。

权”的规定；在第三百七十九条中将“土地承包经营权、宅基地使用权”后的“等权利”修改为“等用益物权”；在第三百八十三条中在“土地承包经营权、建设用地使用权”后增加了一个“等”字。修改原因主要在于物权编为满足社会的发展需求，增强法律适用的灵活性，将地役权的客体扩大到土地、建筑物等不动产。为实现法律内部逻辑及表述的统一，作出上述修改。

第三百七十二条　【地役权的含义】

地役权人有权按照合同约定，利用他人的不动产，以提高自己的不动产的效益。

前款所称他人的不动产为供役地，自己的不动产为需役地。

本条来源

《物权法》第一百五十六条规定：“地役权人有权按照合同约定，利用他人的不动产，以提高自己的不动产的效益。前款所称他人的不动产为供役地，自己的不动产为需役地。”本条延续了该规定。

立法演变

物权编一审稿第一百六十三条规定：“地役权人有权按照合同约定，利用他人的不动产，以提高自己的不动产的效益。前款所称他人的不动产为供役地，自己的不动产为需役地。”此后各稿延续了一审稿的规定。

条文释义

本条是关于地役权含义的一般规定。

依本条规定，地役权是指不动产的权利人为自己使用不动产的便利或提高自己不动产的价值，而按照合同的约定利用他人不动产的权利。地役权是一种古老的用益物权，在古罗马时代就已经存在。[1] 地役权一般涉及两块土地，包

① 参见王利明：《物权法研究（第四册）（下卷）》，中国人民大学出版社2016年版，第964页。

括供役地及需役地。所谓供役地，是指为他人提供便利而被利用的不动产；所谓需役地，是指需要利用他人不动产而提高自身效益的不动产。供役地与需役地从属于两个不同的权利人，其中供役地的权利人为地役人，需役地的权利人为地役权人。

本条在理解与适用过程中应注意以下几点。

一、地役权的设立方式

地役权是通过合同的方式设立的。地役权的设立充分体现了私法自治、当事人意思自治的原则，双方当事人可以在不违背公序良俗以及国家强制性规定的情况下，根据自身的实际需要，对地役权的具体内容作出约定。

二、地役权的权利主体

地役权的权利主体，即本条中所规定的地役权人，是按照合同约定利用他人不动产以提高自己不动产效益的需役地人。地役权的权利主体的范围具有广泛性，其可以是不动产的所有权人，也可以是不动产的使用权人，如建设用地使用权人、宅基地使用权人、农村土地承包经营权人等。

三、地役权的客体

地役权的客体，即本条中所规定的供役地，是为他人不动产提供便利而被利用的不动产。本条将供役地的范围规定为“不动产”，一般而言不动产包括土地、房屋、林地等地上附着物。在之前法律规定中，由于我国实行严格的“土地使用权主体与房屋所有权主体一致”的原则，作为地役权的客体的只能是土地，而不包括建筑物。[①] 但随着社会的发展进步，仅将土地作为地役权的客体无法满足现实需求，地役权的客体也应从土地扩展到建筑物等不动产。

四、地役权的权利内容

地役权是以利用他人不动产为权利内容。一方面，利用是以提高自己不动产效益为目的的利用，这区别于其他用益物权；另一方面，地役权是利用他人不动产，即供役地应为他人所有或使用的。

---

① 参见内蒙古自治区翁牛特旗人民法院（2015）翁民初字第3995号民事判决书。

案例评议

朱某柱与来某海相邻土地、建筑物利用关系纠纷案①

◆ 裁判规则

朱某柱多年来在来某海耕地上通行属于地役权纠纷，不属于土地相邻通行纠纷。相邻通行是指相邻不动产权利人之间在通行方面给予便利或接受限制所发生的关系，朱某柱为达到自己的耕地是有自然形成的公用的田间小道可用，已无权再让来某海在耕地上提供其他便利用于通行。地役权是指为自己使用土地的方便，通过约定而得以利用他人土地的权利，朱某柱因农业生产上的方便和安全，在来某海的耕地上通行多年，是来某海每次以实际行为给其设定地役权的结果。物权法施行后，规定地役权应订立书面的地役权合同，因双方没有订立书面的通行协议，也未约定通行期限，来某海用实际行为使得朱某柱知晓不再让其通行，并无过错。

◆ 评议

本案审理的关键在于对涉案纠纷性质的认定。一审法院认为本案为土地相邻通行纠纷案件，但二审法院经审理认为，本案中原告多年来春耕秋收在被告耕地上通行属于地役权纠纷。相邻通行，又称“必要通行权”，其是指由于地理条件的限制，一方必须利用相邻一方所有或使用的土地，而取得的从相邻土地通行的权利。相邻通行权是以“必须利用”为前提，即其所保障的应是权利人最低限度的通行权。而地役权指不动产的权利人为自己使用不动产的便利或提高自己不动产的价值，而按照合同的约定利用他人不动产的权利，其并不以“必须利用”为前提。本案因存有自然形成的公用道路，原告已经没有为到达自己土地而“必须利用”被告土地的需求，因此本案不属于相邻通行权纠纷。其在被告土地上通行，是以农业生产上的方便和安全为目的，即为自己使用土地的便利而在被告土地上通行，形式上是在被告土地上设立了地役权。综上，本案的纠纷性质属于地役权纠纷，而非土地相邻通行纠纷。

① 吉林省长春林区中级人民法院（2019）吉76民终16号民事判决书。

第三百七十三条　【地役权合同】

设立地役权，当事人应当采用书面形式订立地役权合同。

地役权合同一般包括下列条款：

（一）当事人的姓名或者名称和住所；

（二）供役地和需役地的位置；

（三）利用目的和方法；

（四）地役权期限；

（五）费用及其支付方式；

（六）解决争议的方法。

本条来源

《物权法》第一百五十七条规定："设立地役权，当事人应当采取书面形式订立地役权合同。地役权合同一般包括下列条款：（一）当事人的姓名或者名称和住所；（二）供役地和需役地的位置；（三）利用目的和方法；（四）利用期限；（五）费用及其支付方式；（六）解决争议的方法。"本条在这一规定的基础上将"采取"改为"采用"，同时将第四项明确为"地役权期限"。

立法演变

物权编一审稿第一百六十四条规定："设立地役权，当事人应当采取书面形式订立地役权合同。地役权合同一般包括下列条款：（一）当事人的姓名或者名称和住所；（二）供役地和需役地的位置；（三）利用目的和方法；（四）利用期限；（五）费用及其支付方式；（六）解决争议的方法。"二审稿将相应条文的"采取"改为"采用"。此后各稿延续了二审稿的规定。终稿将第四项改为"地役权期限"，使地役权合同的各条款更明确、更具可操作性。

条文释义

本条是关于地役权设立方式以及地役权合同内容的规定。

在大陆法系国家，地役权存在意定地役权以及法定地役权两种类型。[①] 本条所规定的为意定地役权。依据本条规定，地役权的设立，应当采用书面形式的地役权设立合同。所谓地役权设立合同，是指需役地权利人与供役地权利人双方通过协商的方式订立以设立地役权为内容的合同。我国法律所规定的合同形式包括口头、书面等，而法律规定地役权的设立应以书面合同形式的原因在于地役权合同的内容不仅包含债权关系的建立，还包括地役权这种物权的设立。为明确双方当事人在订立合同时的真实意思表示以及地役权的具体内容，防止发生纠纷时无法明确合同有关的权利义务关系，法律规定地役权的设立应当采用书面合同的形式。

地役权合同的内容一般应当包含以下几个方面。

一、当事人的姓名或者名称和住所

地役权合同首先应当明确记载合同双方当事人，即地役权关系中的需役地人与供役地人的相关身份信息，以明确地役权合同中的权利享有者与义务承担者。此外，地役权合同的当事人可以是自然人，也可以是法人。因此在当事人是自然人时应当写明其姓名，在当事人是法人时应当写明其名称。

二、供役地和需役地的位置

在地役权合同中明确记载供役地与需役地的目的在于，将合同所涉及的供役地与需役地进行特定化，以明确合同中权利义务所指向的对象。

三、利用目的和方法

地役权合同的主要内容就在于利用他人不动产以提高自己不动产效益。因而在地役权合同中应当载明利用他人不动产的目的与方法。其中“利用目的”是指需役地人利用供役地人不动产所要达成的具体目的；“方法”是指需役地人为达其具体目的而对供役地人不动产加以利用的具体方式。这两项内容在不违反公序良俗与法律规定的前提下，由双方当事人进行自由的约定。

四、利用期限

地役权应当具有期限性，双方当事人可以在法律规定的最长期限内对合同中所涉及的地役权存续期限进行约定。

---

① 参见薛军：《地役权与居住权问题评〈物权法草案〉第十四、十五章》，载《中外法学》2006 年第 1 期，第 92 页。

五、费用及其支付方式

地役权合同大多是有偿合同，但也可以是无偿合同。[①] 对于有偿的地役权合同，费用与支付方式是有关双方当事人权利义务关系的重要条款。“费用”是需役地人因其对供役地人不动产的利用而对供役地人给予的一定经济补偿。其金额与支付方式由双方当事人自由约定。

六、解决争议的方法

在合同履行的过程中，争议在所难免。在合同中提前约定发生争议时的解决方法，以便于争议的解决。

案例评议

李某、潘某地役权纠纷案[②]

◆ 裁判规则

上诉人主张《路段使用协议》作为地役权合同应包括支付报酬，但该合同因未对使用报酬进行约定，属合同漏洞，应进行填补。根据《物权法》第一百五十七条第二款：“地役权合同一般包括下列条款：……（五）费用及其支付方式……”该条款系属示范性条款，缺少其中项目并非会导致合同不成立或者无效。地役权合同并非当然的有偿合同，双方当事人可约定是否支付报酬，本案中双方当事人在签订合同时未约定报酬，应属无偿合同，且被上诉人也依约一次性支付1200.00元给上诉人用于该路段的修整。故上诉人要求案涉合同以合同漏洞填补支付报酬的要求，本院不予支持。

◆ 评议

本案涉及地役权合同中是否应当包含“费用及其支付方式”条款。物权编第三百七十三条关于地役权合同内容的规定并非强制性规定，地役权合同不因未全部包含该款所列内容而无效。且法律未对地役权合同的有偿与否未作强制性规定，双方当事人可对地役权的有偿与否进行自由的约定。本案中地役权合同中未包含“费用及其支付方式”的有关条款，应视为双方当事人在签订合同时未约定报酬，该涉案地役权合同属于无偿合同。故对于上诉人要求案涉合同以合同漏洞填补支付报酬的诉讼请求，法院不予支持。

---

① 参见梁慧星、陈华彬：《物权法》，法律出版社2016年版，第258页。

② 贵州省安顺市中级人民法院（2019）黔04民终128号民事判决书。

第三百七十四条　【地役权的设立登记】

地役权自地役权合同生效时设立。当事人要求登记的，可以向登记机构申请地役权登记；未经登记，不得对抗善意第三人。

本条来源

《物权法》第一百五十八条规定："地役权自地役权合同生效时设立。当事人要求登记的，可以向登记机构申请地役权登记；未经登记，不得对抗善意第三人。"本条延续了该规定。

立法演变

物权编一审稿第一百六十五条规定："地役权自地役权合同生效时设立。当事人要求登记的，可以向登记机构申请地役权登记；未经登记，不得对抗善意第三人。"此后各稿延续了一审稿的规定。

条文释义

本条是关于地役权取得时间与登记对抗效力的规定。

根据本条的规定，地役权自地役权合同生效时设立，即地役权的取得时间为地役权合同生效之时。合同生效，是指合同依据法律的规定具备了一定的要件后，对双方当事人产生了法律上的约束力。地役权合同虽然是以设立地役权为主要内容与目的，但其仍然具有债权合同的性质，因此应依据合同编的有关规定对地役权合同的有效与否进行认定。合同编第五百零二条规定："依法成立的合同，自成立时生效，但是法律另有规定或者当事人另有约定的除外……"依据该条规定，地役权合同的生效可能是在合同成立时，或双方当事人在订立时约定的条件或期限达成之时。

地役权采取登记对抗要件主义。① 对于地役权的设立，本条未作强制性规定，登记与否在于当事人的选择。登记是地役权的对抗要件，而非生效要件。当事人可以依其自由意愿进行选择，当事人选择进行登记的可以依法向登记机

① 梁慧星、陈华彬：《物权法》，法律出版社2016年版，第259页。

构申请地役权登记；当事人选择不进行登记的，也不会影响地役权的效力，但是不得对抗善意第三人。针对地役权的设立采取登记对抗模式的原因在于，在我国，地役权多发生于农村，而农村土地承包经营权与宅基地使用权采取登记对抗制度，且农村属于熟人社会，大家对彼此土地的权属情况都熟知，不进行登记也可以维护交易安全。① 因此，结合我国实际情况，地役权的设立采用登记对抗主义具有其合理性。

法条关联

◆《不动产登记暂行条例》

第五条　下列不动产权利，依照本条例的规定办理登记：

（一）集体土地所有权；

（二）房屋等建筑物、构筑物所有权；

（三）森林、林木所有权；

（四）耕地、林地、草地等土地承包经营权；

（五）建设用地使用权；

（六）宅基地使用权；

（七）海域使用权；

（八）地役权；

（九）抵押权；

（十）法律规定需要登记的其他不动产权利。

◆《不动产登记暂行条例实施细则》

第二十条　不动产登记机构应当根据不动产登记簿，填写并核发不动产权属证书或者不动产登记证明。

除办理抵押权登记、地役权登记和预告登记、异议登记，向申请人核发不动产登记证明外，不动产登记机构应当依法向权利人核发不动产权属证书。

不动产权属证书和不动产登记证明，应当加盖不动产登记机构登记专用章。

不动产权属证书和不动产登记证明样式，由自然资源部统一规定。

第六十条　按照约定设定地役权，当事人可以持需役地和供役地的不动产

① 参见王利明：《物权法研究（第四册）（下卷）》，中国人民大学出版社2016年版，第999页。

权属证书、地役权合同以及其他必要文件，申请地役权首次登记。

第六十四条 地役权登记，不动产登记机构应当将登记事项分别记载于需役地和供役地登记簿。

供役地、需役地分属不同不动产登记机构管辖的，当事人应当向供役地所在地的不动产登记机构申请地役权登记。供役地所在地不动产登记机构完成登记后，应当将相关事项通知需役地所在地不动产登记机构，并由其记载于需役地登记簿。

地役权设立后，办理首次登记前发生变更、转移的，当事人应当提交相关材料，就已经变更或者转移的地役权，直接申请首次登记。

◆《不动产登记操作规范（试行）》

13 **地役权登记**

13.1 首次登记

13.1.1 适用

按照约定设定地役权利用他人不动产，有下列情形之一的，当事人可以申请地役权首次登记。地役权设立后，办理首次登记前发生变更、转移的，当事人应当就已经变更或转移的地役权，申请首次登记。

1 因用水、排水、通行利用他人不动产的；

2 因铺设电线、电缆、水管、输油管线、暖气和燃气管线等利用他人不动产的；

3 因架设铁塔、基站、广告牌等利用他人不动产的；

4 因采光、通风、保持视野等限制他人不动产利用的；

5 其他为提高自己不动产效益，按照约定利用他人不动产的情形。

13.1.2 申请主体

地役权首次登记应当由地役权合同中载明的需役地权利人和供役地权利人共同申请。

13.1.3 申请材料

申请地役权首次登记，提交的材料包括：

1 不动产登记申请书；

2 申请人身份证明；

3 需役地和供役地的不动产权属证书；

4 地役权合同；

5 地役权设立后，办理首次登记前发生变更、转移的，还应提交相关材料；

6 法律、行政法规以及《实施细则》规定的其他材料。

13.1.4 审查要点

不动产登记机构在审核过程中应注意以下要点：

1 供役地、需役地是否已经登记；

2 不动产登记申请书、不动产权属证书、地役权合同等材料记载的主体是否一致；

3 是否为利用他人不动产而设定地役权；

4 当事人约定的利用方法是否属于其他物权的内容；

5 地役权内容是否违反法律、行政法规的强制性规定；

6 供役地被抵押的，是否已经抵押权人书面同意；

7 本规范第 4 章要求的其他审查事项。

不存在本规范第 4.8.2 条不予登记情形的，记载不动产登记簿后向权利人核发不动产登记证明。地役权首次登记，不动产登记机构应当将登记事项分别记载于需役地和供役地不动产登记簿。

13.2 变更登记

13.2.1 适用

已经登记的地役权，因下列变更情形之一的，当事人应当申请变更登记：

1 需役地或者供役地权利人姓名或者名称、身份证明类型或者身份证明号码发生变化的；

2 共有性质变更的；

3 需役地或者供役地自然状况发生变化；

4 地役权内容变更的；

5 法律、行政法规规定的其他情形。

13.2.2 申请主体

地役权变更登记的申请主体应当为需役地权利人和供役地权利人。因共有人的姓名、名称发生变化的，可以由姓名、名称发生变化的权利人申请；因不动产自然状况变化申请变更登记的，可以由共有人一人或多人申请。

13.2.3 申请材料

申请地役权变更登记，提交的材料包括：

1 不动产登记申请书；

2 申请人身份证明；

3 不动产登记证明；

4 地役权变更的材料，包括：

（1）权利人姓名或者名称、身份证明类型或者身份证明号码发生变化的，提交能够证实其身份变更的材料；

（2）需役地或者供役地的面积发生变化的，提交有批准权的人民政府或其主管部门的批准文件以及变更后的权籍调查表、宗地图和宗地界址坐标等不动产权籍调查成果；

（3）共有性质变更的，提交共有性质变更协议；

（4）地役权内容发生变化的，提交地役权内容变更的协议。

5 法律、行政法规以及《实施细则》规定的其他材料。

13.2.4 审查要点

不动产登记机构在审核过程中应注意以下要点：

1 申请变更登记的地役权是否已经登记；

2 地役权的变更材料是否齐全、有效；

3 申请变更事项与变更登记文件记载的变更事实是否一致；

4 本规范第 4 章要求的其他审查事项。

不存在本规范第 4.8.2 条不予登记情形的，将登记事项记载于不动产登记簿。地役权变更登记，不动产登记机构应当将登记事项分别记载于需役地和供役地的不动产登记簿。

案例评议

宿某、王某排除妨害纠纷案①

◆ 裁判规则

地役权是指不动产权利人按照合同约定利用他人不动产，以提高自己的不动产的效益的权利。本案中，居住在正午街××楼的居民因与泰隆集团签订书

① 辽宁省鞍山市中级人民法院（2019）辽 03 民终 1444 号民事判决书。

面协议，达成了对使用原有通道的约定，系各方真实意思表示，且不违反法律规定，应为有效。故一审法院认定本案不属于相邻法律关系而属于地役权法律关系正确。但因该地役权未经登记，原审第三人房某库通过拍卖取得案涉房屋所有权，在其所有权证书中并没有关于通道的记载和说明，一审认定房某库为善意第三人亦无不当。基于房某库对案涉房屋取得完整物权，原地役权人对该“通道”享有的地役权行使不能，其可依法向责任方主张赔偿。故一审判决驳回上诉人宿某等13人及原审原告诉讼请求并无不当，本院予以维持。

◆ **评议**

地役权自地役权合同生效时设立。本案原告与泰隆集团之间存有基于双方真实意思表示而签订的书面地役权合同，符合地役权合同的生效要件，因此应认定本案中存有有效设立的地役权。同时依据法律规定，地役权采取登记对抗主义，未登记的，不得对抗善意第三人。本案中虽存有合法有效的地役权，但因该地役权未经登记，原审第三人通过拍卖取得案涉房屋所有权，在其所有权证书中并没有关于通道的记载和说明，因此应认定原审第三人为善意第三人。涉案地役权不得对抗原审第三人，即本案中的地役权人不得基于其所享有的地役权而对已经合法取得供役不动产所有权的原审第三人提出继续履行地役权的主张。但地役权人可以向供役地人主张合理赔偿。

第三百七十五条　【供役地权利人的义务】

供役地权利人应当按照合同约定，允许地役权人利用其不动产，不得妨害地役权人行使权利。

本条来源

《物权法》第一百五十九条规定：“供役地权利人应当按照合同约定，允许地役权人利用其土地，不得妨害地役权人行使权利。”本条在此基础上，将“土地”改为“不动产”。

立法演变

物权编一审稿第一百六十六条规定：“供役地权利人应当按照合同约定，允许地役权人利用其不动产，不得妨害地役权人行使权利。”此后各稿延续了一审稿的规定。

条文释义

本条是关于供役地权利人义务的规定。

地役权合同的签订生效，使双方当事人之间形成了地役权合同关系，从而对双方当事人都形成了法律约束力。地役权合同关系以供役地人与地役权人的权利义务为基本内容，而地役权合同的法律约束力就在于合同双方当事人必须严格按照合同的约定履行自己的义务或行使自己的权利。作为供役地人，其依照合同所需履行的义务可以分为容忍义务以及不作为义务两方面。[①]

一、容忍义务

容忍义务，即允许地役权人依照合同的约定利用其不动产，并为其提供便利。地役权合同的设立目的就在于使地役权人能够利用供役地人的不动产，以提高自己不动产的效益。自地役权合同成立之时起，地役权人就享有依照合同约定利用供役地人不动产的权利。而根据权利义务的相对性，供役地人开始负有允许地役权人依照合同约定利用其不动产，并为其提供便利的义务。一般而言，供役地人的容忍义务主要包括两方面。一方面，应当允许地役权人依照合同约定利用其不动产。另一方面，应当允许地役权人从事必要的附属行为或建造必要的附属设施。

二、不作为义务

不作为义务，即不得妨碍地役权人依据合同的约定行使其权利。不得妨碍地役权人行使权利意味着，供役地人不得妨碍地役权人依合同约定对供役地进行利用，不得妨碍地役权人从事必要的附属行为或建造必要的附属设施，更不得以作为的方式作出破坏地役权人建造的附属设施或其他有违合同约定不利于地役权人行使权利的行为。

本条中将《物权法》条文中的“土地”改为“不动产”，与本章第三百七十二条中“地役权人有权按照合同约定，利用他人的不动产，以提高自己的不

① 参见常鹏翱：《回归传统：我国地役权规范的完善之道》，载《清华法学》2018 年第 5 期，第 141 页。

动产的效益。前款所称他人的不动产为供役地，自己的不动产为需役地”所规定的地役权客体“不动产”达成一致，实现了地役权制度内部的逻辑统一性。同时，也充分表达了将地役权的客体由原来的仅限制于“土地”，扩展到建筑物等不动产的意图，地役权的适用空间范围得到扩大。

案例评议

黄某根与徐某达地役权纠纷案①

◆ 裁判规则

地役权自地役权合同生效时设立。供役地权利人应当按照合同约定，允许地役权人利用其土地，不得妨害地役权人行使权利。上诉人与被上诉人之子就房屋相邻土地的使用达成协议，该协议属地役权合同。上诉人应当按照合同约定，允许地役权人通行使用，不得妨害地役权人通行。地役权人并非专指合同署名的当事人，被上诉人作为该地役权合同中需役地的建设用地使用权人，对供役地享有地役权，具备诉讼主体资格。

◆ 评议

本案涉及供役地人的不作为义务问题。地役权自地役权合同生效时设立。所谓供役地人的不作为义务，是指供役地权利人应当按照合同约定，允许地役权人利用其土地，不得妨害地役权人行使权利。本案中，双方当事人就房屋相邻土地的使用达成协议，约定上诉人在其房屋北面后端必须留一条道路并保持畅通，以供被上诉人通行。该协议属于地役权合同，且已经成立生效，合同中约定的地役权也已经设立。本案上诉人作为供役地人自合同生效时起就负有不作为的义务，其应当按照合同约定，允许地役权人通行使用，不得妨害地役权人通行。

第三百七十六条　【地役权人的义务】

地役权人应当按照合同约定的利用目的和方法利用供役地，尽量减少对供役地权利人物权的限制。

---

① 江西省赣州市中级人民法院（2015）赣中民三终字第777号民事判决书。

本条来源

《物权法》第一百六十条规定："地役权人应当按照合同约定的利用目的和方法利用供役地，尽量减少对供役地权利人物权的限制。"本条延续了该规定。

立法演变

物权编一审稿第一百六十七条规定："地役权人应当按照合同约定的利用目的和方法利用供役地，尽量减少对供役地权利人物权的限制。"此后各稿延续了一审稿的规定。

条文释义

本条是关于地役权人义务的规定。

根据权利义务相一致原则，地役权人在享受地役权合同中所约定的权利的同时，应当承担相应的义务。地役权的设立赋予了地役权人利用他人不动产的权利，同时也在供役地人不动产上设立了负担，这是对供役地人所享有的完整物权的限制。因此，出于权利义务相一致原则以及对地役权人与供役地人合法权益的平等保护，地役权人应当负担一定的义务，以达到限制其权利的行使、防治权利滥用的目的。

依本条规定，地役权人的义务主要包括以下几方面。

一、按照合同约定的利用目的和方法利用供役地

一方面，地役权人须按照合同约定的目的利用供役地。[①] 所谓合同约定的目的，即双方当事人在签订合同时所约定的设立地役权所要满足的需求或便利，如在供役地上预留通道以满足需役地权利人的通行需求或便利。地役权人应严格依照合同约定的目的利用供役地，而不能在未经供役地人同意的情况下随意改变对供役地的使用目的。另一方面，地役权人应当按照合同约定的方法利用供役地。所谓合同约定的方法，是指双方当事人在签订合同时所约定地役权人利用供役地的范围、方法等，如双方当事人约定在供役地上预留 3 米宽的通道

① 参见房绍坤、严聪：《民法典物权编应如何规定地役权》，载《河南社会科学》2018 年第 8 期，第 5 页。

供地役权人步行通过使用，则地役权人不得将通道拓宽至3米以上，也不能以步行以外的方式通过。

二、尽量减少对供役地权利人物权的限制

地役权的设立必然会对供役地权利人的物权产生限制，但为防止地役权人滥用其在供役地上所享有的权利，损害供役地人的合法权益，本条规定地役权人在行使地役权时应当尽量减少对供役地权利人物权的限制。地役权人不仅应当按照合同约定的目的和方法利用供役地，在利用供役地时还应当采取对供役地以及供役地人物权损害或限制最小的方式。另外，因利用供役地而对供役地造成的损害，在地役权消灭后，地役权人应当恢复原状或给予补偿。

案例评议

唐某友、湖南怀化公路运输集团有限责任公司某分公司排除妨害纠纷案①

◆ **裁判规则**

当事人签订的《协议书》约定，争议地给唐某友做通道永久无偿使用，该协议是一个典型的地役权合同。供役地权利人应当按照合同约定，允许地役权人利用其土地，不得妨害地役权人行使权利，地役权人应当按照合同约定的利用目的和方法利用供役地，尽量减少对供役地权利人物权的限制。本案《协议书》约定争议地仅供唐某友为通道使用，其却在争议地上修建永久性建筑，违反了约定供役地的利用目的和方法，且限制了供役地权利人对供役地的物权使用，供役地权利人有权要求停止侵害，恢复原状。

◆ **评议**

上诉人与被上诉人之间签订的协议书在实质上已经满足了地役权合同需要是书面合同的形式要件。上诉人为了自家房屋通行方便，与被上诉人通过自愿协商所达成的协议书，其性质是上诉人（地役权人）在被上诉人（供役地权利人）的土地使用权范围内设定了地役权。该协议是双方真实的意思表示，没有违反相关法律规定，当事人应当遵守。法律规定地役权人应当按照合同约定的利用目的和方法利用供役地，尽量减少对供役地权利人物权的限制。本案地役

① 湖南省怀化市中级人民法院（2016）湘12民终1605号民事判决书。

权合同设立地役权的目的在于预留通道以满足上诉人的通行便利，上诉人在争议地上修建永久性建筑的行为，显然超出了地役权合同约定的供役地利用目的及方法的范围，且限制了被上诉人对供役地的物权的使用。因此作为供役地人的被上诉人有权要求唐某友停止侵害，恢复原状。

第三百七十七条　【地役权的期限】

地役权期限由当事人约定；但是，不得超过土地承包经营权、建设用地使用权等用益物权的剩余期限。

本条来源

《物权法》第一百六十一条规定："地役权的期限由当事人约定，但不得超过土地承包经营权、建设用地使用权等用益物权的剩余期限。"本条在规范用语的基础上延续了该规定。

立法演变

物权编一审稿第一百六十八条规定："地役权的期限由当事人约定，但不得超过土地承包经营权、建设用地使用权等用益物权的剩余期限。"二审稿将"但"改为"但是"。此后各稿延续了二审稿的规定。终稿调整了语句结构，其他保持不变。

条文释义

本条是关于地役权期限的规定。

地役权应当具有期限性，其期限是指地役权在供役地与需役地上存续时长。地役权的期限由双方当事人依其意志自由约定，但该地役权期限的约定不得违反法律的强制性规定，否则将会被视为无效。地役权虽为一种独立的用益物权，但其存在必须从属于供役地与需役地。地役权的期限性也是其从属性的一种体现。[①] 若供役地与需役地之上的权利因超过期限而不存在了，那么地役权也就

① 参见崔建远：《再论地役权的从属性》，载《河北法学》2010 年第 12 期，第 12 页。

失去了存在的载体。也就是说，地役权期限不得超过供役地与需役地上权利的剩余期限。因此，本条关于地役权期限的规定中，一方面规定地役权期限由双方当事人进行约定，另一方面强调地役权的期限不得超过建设用地使用权、土地承包经营权等用益物权的剩余期限。

本条在理解与适用过程中应注意以下几方面问题。

地役权的最长期限以供役地与需役地的剩余期限为限。我国对土地承包经营权、建设用地使用权等用益物权的存续期限的上限都有明确的规定。双方当事人对地役权期限进行约定时，只能依照法律对土地承包经营权、建设用地使用权等用益物权的存续期限上限的有关规定，在供役地与需役地用益物权的剩余期限范围内进行自由的约定。换言之，无论是供役地还是需役地，只要其中之一的使用权期限届满，当事人即丧失对该不动产所享有的权利，根据地役权的从属性，其上所设立的地役权也随之消灭。因此，地役权期限的约定不得超过供役地用益物权的剩余期限，也不得超过需役地用益物权的剩余期限。如果双方当事人约定的地役权期限超过供役地与需役地用益物权的剩余期限的，超过部分，因违反法律的有关规定而无效。但在供役地与需役地用益物权的剩余期限之内的部分，仍然视为有效。

案例评议

王某等与王某育、第三人倪某、何某炎地役权纠纷案①

◆ **裁判规则**

地役权是指土地上的权利人（包括土地所有人、用益物权人）为了自己使用土地的方便或者土地利用价值的提高，通过约定而得以利用他人土地的一种用益物权。原、被告双方签订的《楼（电）梯使用协议》，系双方当事人的真实意思表示，根据协议中“将梯间建在乙方土地上，占用乙方土地”的约定，可认定双方签订的是关于地役权的合同。虽然双方就地役权未向登记机构办理登记，但不影响地役权的设立。协议中双方约定原告拥有梯间及楼梯的永久通行权，应视为是对地役权利用期限的约定。现原告请求确认其对登记在被告名

---

① 福建省石狮市人民法院（2016）闽0581民初661号民事判决书。

下房屋的楼梯所占有的土地以及电梯所占有的土地享有地役权，予以支持，但地役权期限不得超过上述房屋的土地使用权的剩余期限。

◆ **评议**

本案涉及地役权期限问题。地役权的行使应具有期限的限制，对于地役权的期限，双方当事人可以进行自由的约定，但该期限不应超过供役地与需役地上权利的剩余期限。本案中，双方在地役权合同中约定原告拥有梯间及楼梯的永久通行权，即双方当事人之间将地役权期限约定为无时间限制。双方当事人对地役权期限的约定显然不符合法律的规定，属于约定的地役权期限超过供役地与需役地上权利的剩余期限的情形。在该情形下，应认定双方当事人所约定的地役权期限超过供役地与需役地上权利剩余期限的部分，因违反法律的有关规定而无效。而对于在供役地与需役地用益物权的剩余期限之内的部分，应认定为有效。

第三百七十八条　【用益物权人直接享有或负担地役权】

土地所有权人享有地役权或者负担地役权的，设立土地承包经营权、宅基地使用权等用益物权时，该用益物权人继续享有或者负担已经设立的地役权。

本条来源

《物权法》第一百六十二条规定：“土地所有权人享有地役权或者负担地役权的，设立土地承包经营权、宅基地使用权时，该土地承包经营权人、宅基地使用权人继续享有或者负担已设立的地役权。”本条在此基础上，对应地在“宅基地使用权”后增加了“等用益物权”的规定，并将“土地承包经营权人、宅基地使用权人”改为“用益物权人”。

立法演变

物权编一审稿第一百六十九条规定：“土地所有权人享有地役权或者负担地役权的，设立土地承包经营权、宅基地使用权时，该土地承包经营权人、宅基地使用权人继续享有或者负担已设立的地役权。”二审稿在“宅基地使用权”后新增“等用益物权”，并将“土地承包经营权人、宅基地使用权人”改为“用益物权人”。此后各稿延续了二审稿的规定。终稿仅是将“已设立”改为“已经设立”，规范法律用语，其他保持不变。

条文释义

本条是关于在享有或负担地役权的土地上设立土地承包经营权、宅基地使用权等用益物权的规定。

依本条规定，土地所有权人享有地役权或者负担地役权的，设立土地承包经营权、宅基地使用权等用益物权时，该用益物权人继续享有或者负担已设立的地役权。一方面，需役地所有权人在需役地上设立土地承包经营权、宅基地使用权等用益物权的，由该用益物权人继续享有已设立的地役权；另一方面，供役地所有权人在供役地上设立土地承包经营权、宅基地使用权等用益物权的，由该用益物权人继续负担已设立的地役权。该条规定体现了地役权的法定取得以及地役权的从属性。[①] 所谓地役权的法定取得，是指地役权因某种法定事由发生而被相关权利人直接取得。在本条中，地役权因其供役地或需役地的所有权人在其所有的土地上设立土地承包经营权、宅基地使用权等用益物权这一法定事由，而被该土地的土地承包经营权、宅基地使用权等用益物权人直接取得，从而由用益物权人享有或负担该地役权。所谓地役权的从属性，是指地役权不能与需役地的所有权或使用权相分离。在本条中，享有地役权的土地所有人（也即需役地权利人）在其土地上设立土地承包经营权、宅基地使用权等用益物权时，也即将其所有权中所包含使用权转让给他人，根据地役权的从属性，地役权也随之转让，而由用益物权人享有。本条作出这样规定的原因在于，地役权的设立是以为需役地权利人使用其土地带来便利为目的，规定地役权由用益物权人直接取得，有利于促进土地的充分利用，同时为用益物权人带来便利。

本条中相对于《物权法》条文在“土地承包经营权、宅基地使用权”后增

---

① 参见最高人民法院物权法研究小组：《〈中华人民共和国物权法〉条文理解与适用》，人民法院出版社 2007 年版，第 467 页。

加“等用益物权”。《物权法》仅规定了“土地承包经营权、宅基地使用权”以及“土地承包经营权人、宅基地使用权人”，其原因在于我国之前的法律规定与司法实践中，地役权的客体被限制为土地。但这样的限制不利于地役权的发展，以及土地的有效利用。随着社会经济的发展，各国地役权的客体逐渐扩大，不再仅局限于土地。为适应社会的现实需求，增强地役权适用上的灵活性，物权编打破地役权客体只能为土地的限制，将地役权客体扩展到包括土地、建筑物在内的不动产。为实现地役权法律内部逻辑的统一性，本条相对于《物权法》作出了上述修改。

第三百七十九条　【未经用益物权人同意不得设立地役权】

土地上已经设立土地承包经营权、建设用地使用权、宅基地使用权等用益物权的，未经用益物权人同意，土地所有权人不得设立地役权。

本条来源

《物权法》第一百六十三条规定：“土地上已设立土地承包经营权、建设用地使用权、宅基地使用权等权利的，未经用益物权人同意，土地所有权人不得设立地役权。”本条在此基础上，将“宅基地使用权”后的“等权利”改为“等用益物权”。

立法演变

物权编一审稿第一百七十条规定：“土地上已设立土地承包经营权、建设用地使用权、宅基地使用权等权利的，未经用益物权人同意，土地所有权人不得设立地役权。”二审稿将“权利”修改为“用益物权”。此后各稿延续了二审稿的规定。终稿仅是将“已设立”改为“已经设立”，规范法律用语，其他保持不变。

条文释义

本条是关于对土地所有权人设立地役权限制的规定。

依本条规定，在土地上已经设立土地承包经营权、建设用地使用权、宅基地使用权等用益物权的，在未经用益物权人同意的情况下，土地所有权人不得在该土地上设立地役权。作出这种规定，目的在于防止土地所有权人对其权利的滥用，从而保护土地承包经营权、建设用地使用权、宅基地使用权等用益物权人的合法权益。

一方面，从地役权的本质特征来看，其设立必然会限制用益物权人有关权能的行使。地役权的设立目的在于通过利用他人不动产，从而提高自己不动产的效益。地役权一旦设立，地役权人便可以依合同约定利用供役地，并在供役地上为必要的附随行为或建造必要的附属设施。而地役权人所为的这些行为，必然会影响用益物权人权利的完整性，并对其权利的行使造成一定的限制。因而，若未经用益物权人同意设立地役权，必然会损害用益物权人的合法权益。

另一方面，从用益物权的本质特征来看，用益物权的设立会产生对所有权的限制，[①] 从而使所有权人不能在未经用益物权人同意的情况下直接设定地役权。用益物权，是指权利人依法对他人所有的动产或不动产享有占有、使用、收益的权利，其包括土地承包经营权、建设用地使用权、宅基地使用权等权利。用益物权属于定限物权（也即他物权）的一种，是物的非所有人对他人所有之物在法律及合同约定的限度之内独立支配的权利。用益物权作为一种独立的物权，具有排他性。用益物权一旦设立，用益物权人便依法对他人之物享有独立的占有、使用、收益的权利，并可以排除物的所有权人在内的一切人的干涉。这种排他性限制了所有权人对物的使用价值的支配权，从而导致所有权人不能在未经用益物权人同意的情况下，直接对物的使用价值进行支配。因此，未经用益物权人同意，土地所有权人不得在已经设立土地承包经营权、建设用地使用权、宅基地使用权等用益物权的土地上设立地役权。

本条相对于《物权法》将“土地承包经营权、宅基地使用权”后的“等权利”修改为“等用益物权”，其原因在于“等权利”的表述缺乏严谨性，易造成将“等权利”解释为包含用益物权及其他物权的盲目理解。且本条后面采用“用益物权人”的概念，为实现条文内容前后表述的一致性，作出上述修改。

---

① 参见谢在全：《民法物权论（中册）》，2007 年自版，第 50 页。

第三百八十条 【地役权转让的从属性】

地役权不得单独转让。土地承包经营权、建设用地使用权等转让的，地役权一并转让，但是合同另有约定的除外。

本条来源

《物权法》第一百六十四条规定：“地役权不得单独转让。土地承包经营权、建设用地使用权等转让的，地役权一并转让，但合同另有约定的除外。”本条延续了该规定，仅将“但”改为“但是”。

立法演变

物权编一审稿第一百七十一条规定：“地役权不得单独转让。土地承包经营权、建设用地使用权等转让的，地役权一并转让，但合同另有约定的除外。”二审稿将“但”改为“但是”。此后各稿延续了二审稿的规定。

条文释义

本条是关于地役权转让的从属性的规定。

地役权虽为一种独立的用益物权，但地役权的设立以需役地的所有权或使用权为基础，其依附于需役地所有权或使用权而存在，这便是所谓的地役权的从属性。地役权的从属性是其权利所固有的属性，① 具体体现在三个方面。其一，地役权的设立具有从属性。地役权的设立以需役地的存在为前提，以需役地所有权或使用权为基础。其二，地役权的处分具有从属性。地役权不能单独处分，其权利的变动依附于需役地权利的变动。地役权的设立是以提高需役地的效益、便利需役地的使用为目的，将地役权与需役地的所有权或使用权分离开而单独处分，地役权将失去其存在的价值与意义。其三，地役权的消灭具有从属性。地役权随需役地所有权或使用权的消灭而消灭。本条规定是地役权处分具有从属性的情形之一，依本条规定土地承包经营权、建设用地使用权等转让的，地役权一并转让。本条规定包含以下几点内容。

① 参见崔建远：《再论地役权的从属性》，载《河北法学》2010 年第 12 期，第 10 页。

一、地役权不得单独转让

“需役地所有人不得将地役权单独让与，或为其他权利之标的。”[①] 地役权的存在依附于需役地的所有权或使用权，需役地权利人不得保留所有权或使用权而将地役权单独转让给他人。将地役权单独转让将会因违反地役权固有的从属性而被认定为无效。

二、地役权须同土地承包经营权、建设用地使用权等一并转让

地役权从属于土地承包经营权、建设用地使用权等需役地上权利，其存在以这些权利的存在为前提，并与这些权利共命运。[②] 需役地人不得单独转让地役权，也不得保留地役权而将需役地上的所有权或使用权转让。需役地权利人将需役地上土地承包经营权、建设用地使用权等权利转让的，地役权跟随这些权利一并转让。

三、合同另有约定的除外

在土地承包经营权、建设用地使用权等权利的转让合同中，当事人可以依意思自治原则对地役权的“一并转让”与否自由约定。即转让合同双方当事人可以在合同中约定仅转让需役地上土地承包经营权、建设用地使用权等权利，而不同时转让需役地上的地役权。该约定不影响合同的有效性，但合同中关于地役权不一并转让的约定，因违反地役权的从属性而导致地役权归于消灭。[③] 地役权的从属性为其固有属性，违反其从属性而将其与需役地上的使用权分离将会导致地役权失去其存在的基础与价值。

法条关联

◆《不动产登记暂行条例实施细则》

第六十二条　已经登记的地役权因土地承包经营权、建设用地使用权转让发生转移的，当事人应当持不动产登记证明、地役权转移合同等必要材料，申请地役权转移登记。

申请需役地转移登记的，或者需役地分割转让，转让部分涉及已登记的地

---

① 刘志敭：《民法物权编》，方恒、张谷校勘，中国政法大学出版社 2006 年版，第 226 页。

② 参见谢在全：《民法物权论（中册）》，台湾三民书局 2003 年版，第 200 页。

③ 参见谢在全：《民法物权论（中册）》，台湾三民书局 2003 年版，第 201 页。

役权的，当事人应当一并申请地役权转移登记，但当事人另有约定的除外。当事人拒绝一并申请地役权转移登记的，应当出具书面材料。不动产登记机构办理转移登记时，应当同时办理地役权注销登记。

◆《不动产登记操作规范（试行）》（见第三百七十条法条关联）

第三百八十一条　【地役权抵押上的从属性】

地役权不得单独抵押。土地经营权、建设用地使用权等抵押的，在实现抵押权时，地役权一并转让。

本条来源

《物权法》第一百六十五条规定："地役权不得单独抵押。土地承包经营权、建设用地使用权等抵押的，在实现抵押权时，地役权一并转让。"本条在此基础上，将"土地承包经营权"改为"土地经营权"。

立法演变

物权编一审稿第一百七十二条规定："地役权不得单独抵押。土地承包经营权、建设用地使用权等抵押的，在实现抵押权时，地役权一并转让。"二审稿将"土地承包经营权"改为"土地经营权"。此后各稿延续了二审稿的规定。

条文释义

本条是关于地役权抵押的从属性的规定。

地役权具有从属性，其处分从属于需役地权利的处分。依本条规定，地役权不得单独抵押。土地承包经营权、建设用地使用权等抵押的，在实现抵押权时，地役权一并转让。本条包含以下几点内容：

一、地役权不得单独抵押

一方面，地役权可以抵押。地役权作为在不动产之上设立的用益物权，具有一定的使用价值，可以作为"财产"进行抵押以担保抵押权人的债权。另一方面，地役权不可以单独抵押。地役权具有从属性，其依附于需役地的所有权或使用权而存在。[1] 若允许将地役权与需役地的所有权或使用权分离开单独抵押，则在债务人到期不履行债务时，地役权将会由债权人所享有，而使地役权与需役地所有权或使用权归属于不同的主体，这与地役权的从属性不符。因而，地役权可以作为抵押权标的进行抵押，但地役权必须与需役地上土地承包经营权、建设用地使用权等物权一并抵押。

二、土地经营权、建设用地使用权等抵押的，在实现抵押权时，地役权一并转让

根据地役权的从属性，需役地上物权发生变动时，地役权物权也随之变动。因此，土地经营权、建设用地使用权等需役地上权利作为地役权标的进行抵押时，地役权也必须一并抵押，否则将会造成地役权与需役地上其他物权相分离，违反地役权的从属性。此外，应当注意的是，依物权编第三百九十九条的有关规定，宅基地属于不得抵押财产。因而，本条“土地经营权、建设用地使用权等抵押的”中的“等”不包含宅基地使用权。

第三百八十二条 【地役权在需役地部分转让时的不可分性】

需役地以及需役地上的土地承包经营权、建设用地使用权等部分转让时，转让部分涉及地役权的，受让人同时享有地役权。

本条来源

《物权法》第一百六十六条规定：“需役地以及需役地上的土地承包经营权、建设用地使用权部分转让时，转让部分涉及地役权的，受让人同时享有地役权。”本条延续了该规定，仅在“建设用地使用权”后增加了一个“等”字。

立法演变

物权编一审稿第一百七十三条规定：“需役地以及需役地上的土地承包经营权、建设用地使用权部分转让时，转让部分涉及地役权的，受让人同时享有地役权。”二审稿仅在“建设用地使用权”后新增了一个“等”字。此后各稿延续了二审稿的规定。

---

① 参见谢在全：《民法物权论（中册）》，台湾三民书局2003年版，第200页。

条文释义

本条是关于地役权在需役地部分转让时的不可分性的规定。

地役权的不可分性，是指地役权是不可分割的权利，即地役权的取得、享有、消灭及于需役地与供役地的全部，不能分割为部分或仅为一部分而存在。[①]地役权的不可分性体现出了需役地对供役地利用上的整体性，其旨在提高需役地与供役地的整体利用价值。地役权的存在从属于需役地，其自然从属于需役地的全部而非特定的部分。因而从需役地角度来看，地役权的不可分性是地役权从属性的延伸。[②] 虽然如此，地役权的从属性与不可分性仍有其不同的存在价值。地役权的从属性主要是有关于地役权转让与抵押的处理原则，而地役权的不可分性主要是确定地役权的存续及权利义务所及范围的原则。[③] 地役权的不可分性主要包含地役权不受需役地转让的影响，以及不受供役地转让的影响这两方面内容。本条是关于地役权不受需役地转让影响的规定，具体涉及以下几点内容。

一、地役权设定后，需役地可以部分转让

需役地的转让，是指需役地上权利的转让。因地役权的客体包含土地、建筑物等不动产，该权利可以为土地上的土地承包经营权、建设用地使用权，也可以是建筑物、构建物等不动产上的所有权或使用权。这也是本条相较于《物权法》在“土地承包经营权、建设用地使用权”后增加了一个“等”字的原因。需役地可以部分转让，如建筑物的所有人将其部分所有权转让，使建筑物的所有权由个人所有变更为与他人共有，或将土地上的土地承包经营权、建设用地使用权部分转让。

二、需役地部分转让，转让部分涉及地役权的，受让人同时享有地役权

因地役权具有不可分性，地役权不受需役地转让的影响，其在需役地部分转让后仍及于需役地包含已转让部分及未转让部分的全部，需役地的转让人与受让人同时享有地役权，且均为全部的地役权。如甲为方便灌溉 A 土地，在乙土地上设立地役权，后甲将 A 土地的土地承包经营权部分转让给丙，则丙与甲

---

① 参见郑玉波：《民法物权》，台湾三民书局 2003 年版，第 218 页。

② 参见谢在全：《民法物权论（中册）》，台湾三民书局 2003 年版，第 202 页。

③ 参见王利明：《物权法研究（第四版）（下卷）》，中国人民大学出版社 2016 年版，第 1011 页。

同时享有该地役权。值得注意的是，本条规定“转让部分涉及地役权的，受让人同时享有地役权”，也就是说，只有转让部分涉及地役权的，受让人才享有地役权。转让部分不涉及地役权的，受让人不享有地役权。也即，需役地部分转让，而地役权仅与需役地部分有关的，且仅该部分就能实现地役权的全部设立目的的，地役权仅就该特定部分继续存在。[①] 如甲为方便在其房屋眺望，而在其房屋南侧相邻的乙的土地上设立地役权，约定乙不可以建两层以上的建筑。后甲将南侧房屋全部转让给丙，只有该部分涉及地役权，因而转让后只有丙享有地役权。但若甲将北侧房屋转让给丙，该部分不涉及地役权，则受让人丙不能与甲同时享有地役权。

法条关联

◆《不动产登记暂行条例实施细则》

第二十七条　因下列情形导致不动产权利转移的，当事人可以向不动产登记机构申请转移登记：

（一）买卖、互换、赠与不动产的；

（二）以不动产作价出资（入股）的；

（三）法人或者其他组织因合并、分立等原因致使不动产权利发生转移的；

（四）不动产分割、合并导致权利发生转移的；

（五）继承、受遗赠导致权利发生转移的；

（六）共有人增加或者减少以及共有不动产份额变化的；

（七）因人民法院、仲裁委员会的生效法律文书导致不动产权利发生转移的；

（八）因主债权转移引起不动产抵押权转移的；

（九）因需役地不动产权利转移引起地役权转移的；

（十）法律、行政法规规定的其他不动产权利转移情形。

第六十二条　已经登记的地役权因土地承包经营权、建设用地使用权转让发生转移的，当事人应当持不动产登记证明、地役权转移合同等必要材料，申请地役权转移登记。

申请需役地转移登记的，或者需役地分割转让，转让部分涉及已登记的地

---

① 参见姚红主编：《中华人民共和国物权法精解》，人民出版社2007年版，第288页。

役权的，当事人应当一并申请地役权转移登记，但当事人另有约定的除外。当事人拒绝一并申请地役权转移登记的，应当出具书面材料。不动产登记机构办理转移登记时，应当同时办理地役权注销登记。

案例评议

陈某芬、李某华等人地役权纠纷案①

◆ **裁判规则**

订立地役权的合同主体系陈某芬、李某华、杨某国、王某珍，王某珍已将其房屋和土地使用权转让给黄某凤，李某华已将其部分房屋和土地使用权转让给韦某洪，并按照前述《土地调解协议书》支付了相应费用，根据《物权法》的规定，黄某凤、韦某洪亦享有本案所涉地役权。虽然《土地调解协议书》明确由李某华等通行的道路仅是从陈某芬现住房屋起至杨某国家墙角止，并不包含陈某芬门前道路，但若李某华等仅通行该条道路，只能通行至陈某芬门前，并不能通行至道路上，将无法实现签订《修路占地协议》《土地调解协议书》的通行目的，根据《物权法》的规定，供役地权利人应当按照合同约定，允许地役权人利用其土地，不得妨害地役权人行使权利。供役地权利人应拆除封堵部分，允许被上诉人通行。

◆ **评议**

根据地役权的不可分性，需役地以及需役地上土地承包经营权、建设用地使用权等部分转让时，转让部分涉及地役权的，受让人同时享有地役权。在案件的审理过程中，应考察转让部分是否涉及地役权。所谓涉及地役权，是指转让部分仍具有实现地役权合同所约定的利用目的之需要。针对本案中五被上诉人是否享有对上诉人门前路段的通行权问题。本案中，李某华等为方便通行，在陈某芬的土地上设立地役权，并签订书面地役权合同。地役权设立后，王某珍将其房屋和土地使用权转让给黄某凤，李某华将其部分房屋和土地使用权转让给韦某洪，并按照地役权合同支付了相应费用。转让部分仍有地役权合同所约定的从供役地上通过的需要，即转让部分仍涉及地役权，因此受让人亦享有本案所涉地役权。

---

① 贵州省黔西南布依族苗族自治州中级人民法院（2017）黔23民终94号民事判决书。

第三百八十三条　【地役权在供役地部分转让时的不可分性】

供役地以及供役地上的土地承包经营权、建设用地使用权等部分转让时，转让部分涉及地役权的，地役权对受让人具有法律约束力。

本条来源

《物权法》第一百六十七条规定："供役地以及供役地上的土地承包经营权、建设用地使用权部分转让时，转让部分涉及地役权的，地役权对受让人具有约束力。"本条对应地在"建设用地使用权"后增加了一个"等"字，并在"约束力"前新增"法律"二字。

立法演变

物权编一审稿第一百七十四条规定："供役地以及供役地上的土地承包经营权、建设用地使用权部分转让时，转让部分涉及地役权的，地役权对受让人具有约束力。"二审稿在"建设用地使用权"后增加了一个"等"字。征求意见稿在"约束力"前新增"法律"二字。

条文释义

本条是关于地役权在供役地部分转让时的不可分性的规定。

地役权具有不可分性，其存在及于需役地与供役地的全部。依本条规定，供役地以及供役地上的土地承包经营权、建设用地使用权等部分转让时，转让部分涉及地役权的，地役权对受让人具有约束力。具体而言，本条包含以下内容。

一、地役权可以部分转让，但地役权的存在不受影响

地役权的设立是为提高需役地的整体效益与便利而对供役地的整体加以利用。即便地役权及其上用益物权被部分转让，使其分割为归属于不同权利主体的各部分，但需役地为提高自身效益与便利而利用供役地的需要与权利并不会因此消灭，仍然会存在于供役地分割后的各部分上。因而，在供役地部分转让时，地役权的存在不受影响，其仍会继续存在于供役地的各个部分上。

二、供役地部分转让，转让部分涉及地役权的，地役权对受让人具有法律约束力

供役地部分转让时，地役权仍存在于供役地分割后的各部分上，分割后各部分的权利主体仍应当承担地役权合同所约定为需役地提供便利的义务。① 该义务的负担不受当事人约定的影响，是法律强制性规定所产生的法律后果。一般而言，供役地部分转让后，地役权仍在供役地分割后的各部分继续存在。但若仅有分割后的部分供役地涉及地役权的，地役权仅就该特定部分继续存在，并对该部分的权利主体具有约束力。而未涉及地役权的部分，当然不再负担地役权合同所约定的有关义务。如甲为方便通行，在乙的土地上设立地役权，约定乙在其土地上预留出一条长十米宽一米的通道供甲通行。后乙将该土地的一部分转让给丙，且转让给丙的部分并不涉及上述通道，则丙对该部分土地的利用不受地役权的约束。

三、本条的适用范围

地役权采用登记对抗主义，未登记的地役权不能对抗善意第三人。因此，本条适用于地役权已经登记，或虽未登记但受让人知道存在地役权的情形。若地役权未登记，且受让人为善意第三人时，该地役权不对受让人产生约束力。

案例评议

汪某明与安徽某恒久链传动有限公司、某恒久房地产开发有限公司地役权纠纷案②

◆ **裁判规则**

供役地以及供役地上的土地承包经营权、建设用地使用权部分转让时，转让部分涉及地役权的，地役权对受让人具有约束力。本案某恒久房地产公司通过竞拍出让方式取得某厂地块的建设用地使用权。且华阳东路×号房屋北向通道一直是房屋后院住户唯一出入通道，也一直使用某厂厂内内路通行，某厂及之后的各供役地权利主体应当是明知的。故某恒久房地产公司作为明知该地役

① 参见常鹏翱：《回归传统：我国地役权规范的完善之道》，载《清华法学》2018 年第 15 期，第 136 页。

② 安徽省绩溪县人民法院（2018）皖 1824 民初 265 号民事判决书。

权存在的受让人，在其受让涉案供役地后，某厂与某工行设立的地役权对其具有拘束力。因此某恒久房地产公司辩解该地役权因拍卖出让而归于消灭，既缺乏事实依据，也无法律依据。

◆ **评议**

供役地转让时，其所负担的地役权一并转让，受让人继续负担该地役权。本案中，某厂地块上存有通行地役权，某恒久房地产公司通过竞拍出让方式取得某厂地块的建设用地使用权，该土地上所负担的地役权也随建设用地使用权一并转让，某恒久房地产公司作为受让人继续负担该地役权。

第三百八十四条 【地役权合同的解除】

地役权人有下列情形之一的，供役地权利人有权解除地役权合同，地役权消灭：

（一）违反法律规定或者合同约定，滥用地役权；

（二）有偿利用供役地，约定的付款期限届满后在合理期限内经两次催告未支付费用。

本条来源

《物权法》第一百六十八条规定："地役权人有下列情形之一的，供役地权利人有权解除地役权合同，地役权消灭：（一）违反法律规定或者合同约定，滥用地役权；（二）有偿利用供役地，约定的付款期间届满后在合理期限内经两次催告未支付费用。"本条延续了该规定。

立法演变

物权编一审稿第一百七十五条规定："地役权人有下列情形之一的，供役地权利人有权解除地役权合同，地役权消灭：（一）违反法律规定或者合同约定，滥用地役权；（二）有偿利用供役地，约定的付款期间届满后在合理期限内经两次催告未支付费用。"此后各稿延续了一审稿的规定。

条文释义

本条是关于地役权合同解除的法定理由的规定。

地役权合同的解除是指，地役权合同订立以后，基于法定或约定的事由，通过地役权当事人的单方意思表示即可解除合同，并使已设立的地役权归于消灭。地役权合同的解除，依解除事由的不同可分为法定解除与约定解除两种。本条是关于地役权合同法定解除的规定。所谓地役权合同的法定解除，是指在地役权合同的履行过程中，出现了法定的可以解除地役权合同的情形时，地役权当事人可以依其单方面意思表示解除地役权合同，从而使地役权归于消灭。地役权合同的订立具有复杂性，其不仅使双方当事人之间形成债权关系，更重要的是建立起地役权这种物权关系，而地役权合同的解除将会对双方当事人的权益造成重要的影响。为维护地役权的稳定性以及双方当事人的合法权益，防止供役地人随意解除合同，法律对供役地人解除地役权合同的事由作出了一定限制。在当事人未约定地役权合同解除事由的情况下，供役地人只有在发生法定事由的情况下才能解除合同。本条规定包含以下内容：

一、地役权合同法定解除的行使主体

本条规定“供役地权利人有权解除地役权合同”，即地役权合同法定解除的行使主体为供役地人，需役地人不具有这一权利。

二、地役权合同的解除须以存在法定事由为前提

只有在发生法定事由的情形下，供役地人才可以解除地役权合同。依本条规定该法定事由包含两种情形：其一，地役权人违反法律规定或者合同约定，滥用地役权。其中违反法律规定是指违反本法以及其他法律法规的有关规定，如地役权人违反国家的有关规定，随意改变耕地的用途，则供役地人有权解除合同；违反合同约定是指违反双方订立合同之时对利用目的、利用方式、利用范围等的约定，如双方设立通行地役权，而地役权人任意拓宽通道，对供役地人的生产生活造成影响，则供役地人有权解除合同。其二，有偿利用供役地，约定的付款期间届满后在合理期限内经两次催告地役权人仍未支付费用。在有偿地役权合同中，需役地人的目的是提高其不动产的效益即便利，而供役地人的目的是通过为需役地人提供便利而获得相应的费用。需役地人不支付合同约定的费用，将会导致供役地人订立合同的目的不能实现，供役地人有权解除地役权合同。

三、地役权合同的解除产生地役权消灭的效果

解除地役权合同的权利，即地役权合同的解除权，在性质上属于形成权，[1]供役地人通过单方的意思表示即可产生解除地役权合同、地役权归为消灭的效果。依合同编的有关规定，地役权人行使解除权无须向法院或仲裁机构提起确认之诉，但需将解除合同的意思表示明确地通知给供役地人，从通知到达之日起，地役权合同解除，地役权归于消灭。

案例评议

张某学与张某元、王某柱合同纠纷案[2]

◆ **裁判规则**

本案被告张某元在使用王某柱的宅基地时，为了生活方便，在集体为其规划的道路以外的地界通行，与原告达成口头协议，在原告承包的土地上通行，并向原告支付通行费。该协议的性质为地役权合同。虽然二被告否定协议的存在，但被告张某元自2006年以来历年向原告支付费用即足以证实该协议的真实性，且生效判决也已认定该协议。依照《物权法》规定，地役权人有下列情形之一的，供役地权利人有权解除地役权合同，地役权消灭：有偿利用供役地，约定的付款期间届满后在合理期限内经两次催告未支付费用。被告张某元在2016年8月以后未向原告支付土地占用费，经原告多次催要仍未给付，故原告张某学有权申请解除地役权合同。合同解除后，被告张某元无权在原告张某学的承包地的范围内通行。

◆ **评议**

在有偿利用供役地的情况下，供役地人设立地役权的目的是获取通行费用这种金钱利益，需役地人不支付通行费的行为在实质上导致供役地人设立地役权的目的无法实现，应认为构成根本违约，地役权人有权解除合同。本案中，原被告之间有约定支付通行费，为有偿利用供役地之情形。但被告张某元在约定的付款期限届满后的合理期限内经多次催要仍未给付通行费用，原告张某学由此享有申请解除地役权合同的权利。合同解除后，地役权归于消灭。

---

① 郝磊：《合同解除权制度研究》，中国政法大学2005年博士学位论文。

② 山西省闻喜县人民法院（2017）晋0823民初1141号民事判决书。

第三百八十五条 【地役权的变更登记与注销登记】

已经登记的地役权变更、转让或者消灭的，应当及时办理变更登记或者注销登记。

本条来源

《物权法》第一百六十九条规定："已经登记的地役权变更、转让或者消灭的，应当及时办理变更登记或者注销登记。"本条延续了该规定。

立法演变

物权编一审稿第一百七十六条规定："已经登记的地役权变更、转让或者消灭的，应当及时办理变更登记或者注销登记。"此后各稿延续了一审稿的规定。

条文释义

本条是关于地役权变更登记与注销登记的规定。

地役权采用登记对抗主义，登记并非地役权的生效要件，当事人可以对是否登记进行选择，但未经登记的地役权不得对抗善意第三人。对于当事人选择对地役权进行登记，并依法定程序完成地役权登记的，在地役权变更、转让或者消灭之时，当事人应当及时办理变更登记或者注销登记。包括地役权登记在内的不动产登记，一经登记便会产生登记推定力以及登记公信力。所谓登记推定力，是指已登记的不动产物权，以不动产登记簿所记载的内容为不动产真实物权状况的一种法律上的推定。登记推定力包含两方面内容，一方面将登记簿上所记载的权利人推定为不动产的真正权利人，另一方面将已登记的物权及物权变动推定为真实且合法存在的。[①] 登记推定力可以通过举证证明不动产物权的真实情况与登记簿所记载的内容不相符来推翻。所谓登记公信力，是指对于因信赖不动产登记簿所记载的物权而进行交易的，"即便不动产登记簿上记载的物权的归属和内容与真实的物权归属和内容不一致，信赖该登记簿记载之人仍可如同登记簿

① 参见李岚：《论登记推定力及其规则的运用》，载《知识经济》2012年第3期，第32页。

记载正确时那样依法律行为而取得相应的不动产物权”。[①] 正因为不动产登记将会产生登记推定力与登记公信力，若相关权利人对不动产物权的变动未及时进行变更登记或注销登记，将会造成善意第三人基于对不动产登记簿所记载的内容的信赖，而对不动产物权的状态产生错误的认知，从而进行不动产物权交易。这不仅会损害善意第三人及有关权利人的合法权益，还会损害不动产登记的公信力。因此，对于已经登记的地役权，发生变更、转让以及消灭的，地役权当事人应当及时办理变更登记或注销登记，以使不动产登记簿上所记载的内容与地役权真实情况保持一致，从而维护登记的公信力，以及第三人的信赖利益。

法条关联

◆《不动产登记暂行条例实施细则》

第二十六条 下列情形之一的，不动产权利人可以向不动产登记机构申请变更登记：

（一）权利人的姓名、名称、身份证明类型或者身份证明号码发生变更的；

（二）不动产的坐落、界址、用途、面积等状况变更的；

（三）不动产权利期限、来源等状况发生变化的；

（四）同一权利人分割或者合并不动产的；

（五）抵押担保的范围、主债权数额、债务履行期限、抵押权顺位发生变化的；

（六）最高额抵押担保的债权范围、最高债权额、债权确定期间等发生变化的；

（七）地役权的利用目的、方法等发生变化的；

（八）共有性质发生变更的；

（九）法律、行政法规规定的其他不涉及不动产权利转移的变更情形。

第二十八条 有下列情形之一的，当事人可以申请办理注销登记：

（一）不动产灭失的；

（二）权利人放弃不动产权利的；

---

① 参见程啸：《论不动产登记簿公信力与动产善意取得的区分》，载《中外法学》2010年第4期，第524页。

（三）不动产被依法没收、征收或者收回的；

（四）人民法院、仲裁委员会的生效法律文书导致不动产权利消灭的；

（五）法律、行政法规规定的其他情形。

不动产上已经设立抵押权、地役权或者已经办理预告登记，所有权人、使用权人因放弃权利申请注销登记的，申请人应当提供抵押权人、地役权人、预告登记权利人同意的书面材料。

第六十一条 经依法登记的地役权发生下列情形之一的，当事人应当持地役权合同、不动产登记证明和证实变更的材料等必要材料，申请地役权变更登记：

（一）地役权当事人的姓名或者名称等发生变化；

（二）共有性质变更的；

（三）需役地或者供役地自然状况发生变化；

（四）地役权内容变更的；

（五）法律、行政法规规定的其他情形。

供役地分割转让办理登记，转让部分涉及地役权的，应当由受让人与地役权人一并申请地役权变更登记。

第六十三条 已经登记的地役权，有下列情形之一的，当事人可以持不动产登记证明、证实地役权发生消灭的材料等必要材料，申请地役权注销登记：

（一）地役权期限届满；

（二）供役地、需役地归于同一人；

（三）供役地或者需役地灭失；

（四）人民法院、仲裁委员会的生效法律文书导致地役权消灭；

（五）依法解除地役权合同；

（六）其他导致地役权消灭的事由。

第六十四条 地役权登记，不动产登记机构应当将登记事项分别记载于需役地和供役地登记簿。

供役地、需役地分属不同不动产登记机构管辖的，当事人应当向供役地所在地的不动产登记机构申请地役权登记。供役地所在地不动产登记机构完成登记后，应当将相关事项通知需役地所在地不动产登记机构，并由其记载于需役地登记簿。

地役权设立后，办理首次登记前发生变更、转移的，当事人应当提交相关材料，就已经变更或者转移的地役权，直接申请首次登记。

第四分编

担保物权

第十六章　一般规定

本章概要

一、担保物权的概念

本章是关于担保物权的一般规定。所谓“一般规定”，是指通过提取公因式的方式提炼出来的，具有普遍适用性、共通性的一般规则。担保物权的一般规定可以理解为担保物权法的总则，是担保物权制度中具有普适性、共通性的一般规则，其可适用于所有担保物权的类型。依本章第三百八十六条的规定，所谓的担保物权，是指除法律另有规定外，担保物权人在债务人不履行到期债务或者发生当事人约定的实现担保物权的情形，依法享有就担保财产优先受偿的权利。换言之，担保物权是为担保债权的实现，债务人或第三人提供特定的物或权利作为担保物，从而使担保物权人获得就担保物优先受偿的权利。担保物权打破了债权平等受偿的基本规则，被担保的债权的权利范围因担保物的存在而得到扩充，并因此获得优先受偿的地位。① 此外，担保物权还作为保障债权实现，维护市场信用的重要规则，在社会发展中起到了促进社会资金融通从而促进经济繁荣发展的作用。

二、我国担保物权制度的发展

担保制度起源于罗马法，在罗马法中债权的担保被划分为人保和物保。我国的担保物权制度几经发展，最终在《物权法》中作为一种物权制度被体系化地确定下来。不管是在立法过程中，还是在学术讨论的过程中，担保物权的性质都存有争议，主要的学说有“债权说”“物权说”以及“准物权说”。其中持“债权说”的学者认为，担保物权本质上属于债权，其不具有物权对物具有支配性的特征，且是基于担保合同而产生并赋予债权优先受偿的地位，应属于债

① 参见高圣平：《论担保物权“一般规定”的修改》，载《现代法学》2017 年第 6 期，第 20 页。

权。我国立法在《物权法》颁布之前，采用了该学说。①《民法通则》认为担保物权属于债权的范畴，将其与其他担保形式规定于债权章节中的第八十九条。而《担保法》也并未明确担保物权的物权性质。持“物权说”的学者认为，担保物权所具有的优先受偿效力是物权的属性，且其具有支配性、排他性以及追及性，因此虽担保物权依附于债权，但其在本质上仍属于物权。我国大部分学者认为担保物权包括抵押权、质权以及留置权，其本质属于物权，应纳入到物权法律体系之中②。持“准物权说”的学者认为担保物权是介于物权与债权之间的一种财产性权利。

我国从《物权法》开始采用了“物权说”，将抵押权、质权以及留置权明确地规定为担保物权，并将其规定于物权法律体系之中，明确了担保物权的物权属性。本次民法典的编纂对担保物权的有关规定延续了《物权法》的立场，将担保物权规定于物权编之中。本章担保物权的一般规定基本上完全继承了《物权法》的有关规定，其章节中的八个条文（第三百八十六条到第三百九十三条）分别规定了担保物权的含义、担保物权的适用范围、担保合同及其从属性、担保范围法定原则、担保物权的物上代位性、物上担保人的免责、物的担保和保证的关系以及担保物权的消灭原因。该八个条文在内容与逻辑结构上均与《物权法》第一百七十条至第一百七十七条保持一致。

第三百八十六条　【担保物权的含义】

担保物权人在债务人不履行到期债务或者发生当事人约定的实现担保物权的情形，依法享有就担保财产优先受偿的权利，但是法律另有规定的除外。

---

① 参见王利明：《物权法研究（第四版）（下卷）》，中国人民大学出版社 2016 年版，第 1085 页。

② 参见马俊驹等：《民法典担保权编的立法模式研究》，载《法制与社会发展》2019 年第 1 期，第 163 页。

本条来源

《物权法》第一百七十条规定："担保物权人在债务人不履行到期债务或者发生当事人约定的实现担保物权的情形，依法享有就担保财产优先受偿的权利，但法律另有规定的除外。"本条延续了该规定，仅将"但"改为"但是"。关于担保物权的基本规定，在《民法总则》《企业破产法》等法律中有所体现，如《民法总则》第一百一十四条规定了担保物权的物权属性、《企业破产法》第一百零九条规定了担保物权人享有优先受偿权等。

立法演变

物权编一审稿第一百七十七条规定："担保物权人在债务人不履行到期债务或者发生当事人约定的实现担保物权的情形，依法享有就担保财产优先受偿的权利，但法律另有规定的除外。"二审稿将"但"改为"但是"。此后各稿延续了二审稿的规定。

条文释义

本条是关于担保物权含义的规定。

依本条规定，所谓的担保物权是指，除法律另有规定外，担保物权人在债务人不履行到期债务或者发生当事人约定的实现担保物权的情形，依法享有就担保财产优先受偿的权利。其具体含义包括以下内容。

一、担保物权是为担保实现债权人的债权而设定

担保物权不同于所有权及用益物权。所有权强调对物的全面支配，所有权人享有对该物的占有、使用、收益以及处分的权利。用益物权强调对物的使用及收益，用益物权人享有对该物使用价值进行支配的权利。而以担保债权实现为目的的担保物权既不强调对物的全面支配，也不强调对物使用价值的支配，其强调对物的交换价值的支配。所谓的交换价值，是指"担保物在折价、拍卖或变卖时的价值"。[①] 担保物权人通过对担保物交换价值的支配，在债务人不履行到期债务或者发生当事人约定的实现担保物权的情形，依法享有就担保财产

① 王利明：《物权法研究（第四版）（下卷）》，中国人民大学出版社2016年版，第1079页。

优先受偿的权利，从而保障债权人债权的实现。

二、担保物权的客体是债务人或第三人的财产

担保物权的设立，既可以由债务人以自己的财产设立，也可以由第三人提供财产设立。而作为担保物的财产范围具有广泛性，可以是物，也可以是权利。但不管是物还是权利，都应是可流通的，否则将会因无交换价值而不能作为担保物。

三、担保物权具有优先受偿效力

优先受偿效力是担保物权最主要也是最核心的效力。优先受偿是指债权人在债务人不履行到期债务或者发生当事人约定的实现担保物权的情形之时，可以对担保物进行折价、变卖或拍卖并从所得价款中优先于一般债权人实现自己的债权。

四、法律另有规定之情形

本条在规定担保物权优先受偿的同时，还规定了“法律另有规定的除外”。所谓“法律另有规定的除外”，是指担保物权的优先有偿效力，在法律有特别规定的情况下会受到限制。如，我国《企业破产法》第一百三十二条所规定的一定比例的职工工资优先于担保物权受偿；我国《海商法》第二十二条所规定的船舶优先权；《民法典》合同编第八百零七条所规定的建筑工程承包人对建筑物的优先受偿权等。

法条关联

◆《民法典》

第一百一十四条　民事主体依法享有物权。

物权是权利人依法对特定的物享有直接支配和排他的权利，包括所有权、用益物权和担保物权。

◆《企业破产法》

第一百零九条　对破产人的特定财产享有担保权的权利人，对该特定财产享有优先受偿的权利。

第一百一十条　享有本法第一百零九条规定权利的债权人行使优先受偿权利未能完全受偿的，其未受偿的债权作为普通债权；放弃优先受偿权利的，其债权作为普通债权。

◆《税收征收管理法》

第四十五条　税务机关征收税款，税收优先于无担保债权，法律另有规定的除外；纳税人欠缴的税款发生在纳税人以其财产设定抵押、质押或者纳税人的财产被留置之前的，税收应当先于抵押权、质权、留置权执行。

纳税人欠缴税款，同时又被行政机关决定处以罚款、没收违法所得的，税收优先于罚款、没收违法所得。

税务机关应当对纳税人欠缴税款的情况定期予以公告。

第四十六条　纳税人有欠税情形而以其财产设定抵押、质押的，应当向抵押权人、质权人说明其欠税情况。抵押权人、质权人可以请求税务机关提供有关的欠税情况。

◆《最高人民法院关于适用〈中华人民共和国民事诉讼法〉的解释》

第五百零八条　被执行人为公民或者其他组织，在执行程序开始后，被执行人的其他已经取得执行依据的债权人发现被执行人的财产不能清偿所有债权的，可以向人民法院申请参与分配。

对人民法院查封、扣押、冻结的财产有优先权、担保物权的债权人，可以直接申请参与分配，主张优先受偿权。

第五百零九条　申请参与分配，申请人应当提交申请书。申请书应当写明参与分配和被执行人不能清偿所有债权的事实、理由，并附有执行依据。

参与分配申请应当在执行程序开始后，被执行人的财产执行终结前提出。

第五百一十条　参与分配执行中，执行所得价款扣除执行费用，并清偿应当优先受偿的债权后，对于普通债权，原则上按照其占全部申请参与分配债权数额的比例受偿。清偿后的剩余债务，被执行人应当继续清偿。债权人发现被执行人有其他财产的，可以随时请求人民法院执行。

第五百一十一条　多个债权人对执行财产申请参与分配的，执行法院应当制作财产分配方案，并送达各债权人和被执行人。债权人或者被执行人对分配方案有异议的，应当自收到分配方案之日起十五日内向执行法院提出书面异议。

第五百一十二条　债权人或者被执行人对分配方案提出书面异议的，执行法院应当通知未提出异议的债权人、被执行人。

未提出异议的债权人、被执行人自收到通知之日起十五日内未提出反对意见的，执行法院依异议人的意见对分配方案审查修正后进行分配；提出反对意见的，应当通知异议人。异议人可以自收到通知之日起十五日内，以提出反对意见的债权人、被执行人为被告，向执行法院提起诉讼；异议人逾期未提起诉讼的，执行法院按照原分配方案进行分配。

诉讼期间进行分配的，执行法院应当提存与争议债权数额相应的款项。

◆《最高人民法院关于人民法院执行工作若干问题的规定（试行）》

40. 人民法院对被执行人所有的其他人享有抵押权、质押权或留置权的财产，可以采取查封、扣押措施。财产拍卖、变卖后所得价款，应当在抵押权人、质押权人或留置权人优先受偿后，其余额部分用于清偿申请执行人的债权。

93. 对人民法院查封、扣押或冻结的财产有优先权、担保物权的债权人，可以申请参加参与分配程序，主张优先受偿权。

94. 参与分配案件中可供执行的财产，在对享有优先权、担保权的债权人依照法律规定的顺序优先受偿后，按照各个案件债权额的比例进行分配。

◆《典当管理办法》

第三条 本办法所称典当，是指当户将其动产、财产权利作为当物质押或者将其房地产作为当物抵押给典当行，交付一定比例费用，取得当金，并在约定期限内支付当金利息、偿还当金、赎回当物的行为。

本办法所称典当行，是指依照本办法设立的专门从事典当活动的企业法人，其组织形式与组织机构适用《中华人民共和国公司法》的有关规定。

第二十五条 经批准，典当行可以经营下列业务：

（一）动产质押典当业务；

（二）财产权利质押典当业务；

（三）房地产（外省、自治区、直辖市的房地产或者未取得商品房预售许可证的在建工程除外）抵押典当业务；

（四）限额内绝当物品的变卖；

（五）鉴定评估及咨询服务；

（六）商务部依法批准的其他典当业务。

第二十六条 典当行不得经营下列业务：

（一）非绝当物品的销售以及旧物收购、寄售；

（二）动产抵押业务；

（三）集资、吸收存款或者变相吸收存款；

（四）发放信用贷款；

（五）未经商务部批准的其他业务。

第三十条　当票是典当行与当户之间的借贷契约，是典当行向当户支付当金的付款凭证。

典当行和当户就当票以外事项进行约定的，应当补充订立书面合同，但约定的内容不得违反有关法律、法规和本办法的规定。

第三十一条　当票应当载明下列事项：

（一）典当行机构名称及住所；

（二）当户姓名（名称）、住所（址）、有效证件（照）及号码；

（三）当物名称、数量、质量、状况；

（四）估价金额、当金数额；

（五）利率、综合费率；

（六）典当日期、典当期、续当期；

（七）当户须知。

第三百八十七条　【担保物权的适用范围与反担保】

债权人在借贷、买卖等民事活动中，为保障实现其债权，需要担保的，可以依照本法和其他法律的规定设立担保物权。

第三人为债务人向债权人提供担保的，可以要求债务人提供反担保。反担保适用本法和其他法律的规定。

本条来源

《物权法》第一百七十一条规定："债权人在借贷、买卖等民事活动中，为保障实现其债权，需要担保的，可以依照本法和其他法律的规定设立担保物权。第三人为债务人向债权人提供担保的，可以要求债务人提供反担保。反担保适用本法和其他法律的规定。"本条延续了该规定。关于担保物权的适用范围与反担保，在《民法通则》《担保法》等法律中均有所体现，如《民法通则》第八十九条规定了担保物权的具体担保及履行方式，《担保法》第二条规定了担保物权的适用范围、第四条规定了反担保等。

立法演变

物权编一审稿第一百七十八条规定："债权人在借贷、买卖等民事活动中，为保障实现其债权，需要担保的，可以依照本法和其他法律的规定设立担保物权。第三人为债务人向债权人提供担保的，可以要求债务人提供反担保。反担保适用本法和其他法律的规定。"此后各稿延续了一审稿的规定。

条文释义

本条是关于担保物权的适用范围以及反担保的规定。

一、担保物权的适用范围

本条第一款"债权人在借贷、买卖等民事活动中，为保障实现其债权，需要担保的，可以依照本法和其他法律的规定设立担保物权"的规定，明确了担保物权的适用范围。具体而言，本条关于担保物权的适用范围的规定包含以下几点内容。

（一）担保物权适用于民事活动

民事活动是指平等主体之间所从事的民事法律行为。担保物权是平等主体之间为确保债权的实现而设立的，其只能适用于平等主体之间所从事的民事活动，而不能适用于行政行为、司法行为等不平等主体之间所从事的活动，如罚款、税款等。本条为引导当事人设立担保物权，列举了借贷、买卖等可以设定担保物权的典型民事活动，但担保物权的适用范围并不限于借贷、买卖这两种民事活动。担保物权主要适用于借贷、买卖等交易活动中，其范围具有广泛性，加工承揽、货物运输等民事活动等也可以设立担保物权。

（二）担保物权适用于民事活动中产生的债权

担保物权的设立是以"保障实现其债权"为目的，其适用于民事活动中所产生的债权债务关系。关于债权的范围，学界有不同的观点。有学者认为担保物权适用于合同之债、侵权之债、无因管理之债、不当得利之债等所有民事活动中产生的债权。[①] 也有学者认为担保物权只适用于合同之债。一般而言。担保物权主要适用于合同之债，而对于因侵权、无因管理、不当得利产生的债权，不能直接设立担保物权，而应由当事人之间进行约定等将上述债权转化为合同之债，才能以设立担保物权的方式进行担保。

（三）担保物权的设立须依照本法和其他法律的规定

担保物权作为物权的一种，应遵循物权法定原则。本条所规定的“可以依照本法和其他法律的规定设立担保物权”便是对物权法定原则的贯彻与遵循。担保物权的内容由法律直接规定，当事人在设立担保物权之时应依照担保物权的有关规定，而不能任意创设。[②] 当事人所应依照的法律包括本法，即物权编的通则以及担保物权有关章节，以及“其他法律”。“其他法律”主要指《海商法》《民用航空器法》等法律，其中都有关于担保物权的规定。

二、反担保

所谓的反担保，是指为债务人向债权人提供担保的第三人，为保障自己追偿权的实现，而要求债务人为其设立的担保。[③] 设立反担保的目的在于保障第三人的追偿权，是第三人保护自身合法权益的有力手段。在有第三人提供担保物的债权债务关系中，在债务人不履行到期债务或发生当事人约定的实现担保物权的情形之时，由第三人承担担保责任，以其所提供的担保物代替债务人向债权人清偿债务。第三人因担保责任的承担与履行，产生请求债务人偿还的权利，即追偿权。第三人为保障自己追偿权的实现可以要求债务人提供担保，即反担保。反担保同担保物权一样，应当依照本法及其他法律的有关规定，其他法律主要指《民法典》合同编等。

法条关联

◆ **《民法典》**

第六百八十九条　保证人可以要求债务人提供反担保。

① 王利明：《物权法研究（第四版）（下卷）》，中国人民大学出版社2016年版，第1082页。

② 参见郭明瑞主编：《中华人民共和国物权法释义》，中国法制出版社2007年版，第305页。

③ 参见高圣平：《担保法论》，法律出版社2009年版，第64页。

案例评议

许某东、某金控股份有限公司、四川HL旅游股份有限公司等借款合同纠纷案①

◆ **裁判规则**

所谓反担保，是为担保之债而设立的担保。指债务人或第三人向担保人作出保证或设定物的担保，在担保人因清偿债务人的债务而遭受损失时，向担保人作出清偿。可见反担保关系中的债权人是向主债权人提供了担保的担保人。所谓再担保，是对担保人所承担风险的担保。虽无法律明确规定，但根据司法实践中对再担保法律关系的认定，此类担保多适用于原担保人不能独立承担担保责任时，再担保人将按照担保合同比例向担保人提供比例再担保或者为担保机构提供一般连带责任担保，是再担保人对原担保人信用的增级或者信用损失的弥补，其基本运作模式是原担保人以缴付再担保费为代价将部分担保风险责任转移给再担保人。而从案涉《反担保函》的内容分析，其表达的核心意思是在债务到期而某金控无法偿还债务时，龙和公司在十个工作日内自行向债权人代徐某履行保证担保义务。若徐某被迫已经全部或部分履行保证担保义务，龙和公司无条件向徐某履行反担保义务并支付资金占用利息，且龙和公司承担担保责任不以徐某履行担保责任为前提。据此该《反担保函》既不符合反担保关系的性质，也不符合再担保法律关系的性质，其实质是债的加入。

◆ **评议**

反担保的设立目的是为担保人履行担保义务后向债务人追偿的权利进行担保。反担保的实现时间应为担保人履行担保责任之后。本案中，《反担保函》载明借款到期时，如某金控未全部履行还款义务或解除保证人保证责任的，反担保人承诺在十个工作日内自行向许某东代徐某履行保证担保义务。依该内容，该《反担保函》的设立目的仍为保障原债权的实现，而非保障担保人的追偿权的实现。因此该《反担保函》并非本条所规定的反担保。

① 四川省高级人民法院（2017）川民终1171号民事判决书。

第三百八十八条　【担保合同与主合同的关系及担保合同无效后的法律责任】

设立担保物权，应当依照本法和其他法律的规定订立担保合同。担保合同包括抵押合同、质押合同和其他具有担保功能的合同。担保合同是主债权债务合同的从合同。主债权债务合同无效的，担保合同无效，但是法律另有规定的除外。

担保合同被确认无效后，债务人、担保人、债权人有过错的，应当根据其过错各自承担相应的民事责任。

本条来源

《物权法》第一百七十二条规定："设立担保物权，应当依照本法和其他法律的规定订立担保合同。担保合同是主债权债务合同的从合同。主债权债务合同无效，担保合同无效，但法律另有规定的除外。担保合同被确认无效后，债务人、担保人、债权人有过错的，应当根据其过错各自承担相应的民事责任。"本条延续了该规定，同时又以不完全列举方式规范了担保合同的范围。关于担保合同与主合同的关系及担保合同无效后的法律责任，《担保法》第五条进行了规定，可视为本条的来源。

立法演变

物权编一审稿第一百七十九条规定："设立担保物权，应当依照本法和其他法律的规定订立担保合同。担保合同是主债权债务合同的从合同。主债权债务合同无效，担保合同无效，但法律另有规定的除外。担保合同被确认无效后，债务人、担保人、债权人有过错的，应当根据其过错各自承担相应的民事责任。"二审稿将相应条文的"但"改为"但是"。此后各稿延续了二审稿的规定。终稿作出较大修改，补充规定了担保合同的范围，规定"担保合同包括抵押合同、质押合同和其他具有担保功能的合同"。

条文释义

本条是关于担保合同与主合同的关系及担保合同无效后的法律责任的规定。

其具体包含以下内容。

一、设立担保物权应订立担保合同

担保物权除法定担保物权外，应以担保合同的方式设立，有效的担保合同是担保物权产生的基础。[①] 所谓担保合同，是指当事人双方依其真实意思表示以及本法和其他法律的规定，所达成的设立担保物权的协议。当事人是指主债权人以及担保人，其中担保人可以是主债务人，也可以是第三人。

本条相较于《物权法》规定，区别在于不完全列举了担保合同的类型，明确担保合同包括抵押合同、质押合同和其他具有担保功能的合同，进一步完善了担保合同的制度。这种不完全列举的立法模式使融资租赁、所有权保留等非典型担保合同纳入担保物权分编规定的担保合同范围，为进一步优化营商环境提供法治保障。

二、担保合同与主合同的关系

依本条规定，担保物权合同是主债权债务合同的从合同。合同以能否独立存在为标准，可划分为主合同和从合同。所谓主合同，是指不依赖于其他合同即可独立存在的合同。所谓从合同，是指相对主合同而言，须依赖于主合同存在的合同。从合同的存在以主合同的存在为前提，其产生、转移、消灭均从属于主合同。担保物权的设立是以保障主债权的实现为目的，没有主债权债务关系的存在，担保物权便失去了存在及实现的价值与可能。因而，担保物权从属于主债权债务关系，以设立担保物权为内容的担保合同也理应从属于产生主债权债务关系的主合同。担保合同作为主债权债务合同的从合同，依赖于主债权债务合同而存在，具有从属性。这种从属性在担保合同的产生、转移、消灭上均有体现。本条所规定的“主债权债务合同无效，担保合同无效”，便是担保合同从属性的体现。依本条规定，当主债权债务合同被认定为无效时，担保合同作为从合同原则上也归于无效，但法律另有规定的除外。一方面，主债权债务合同一经被认定为无效，其合同中所约定的债权债务关系自始失去法律效力，原则上担保合同因失去存在的前提而自然归于无效。另一方面，担保物权的从属性并非绝对。在法律另有规定的情况下，担保物权可以作为独立的合同而存

---

① 高富平：《物权法释义》，法律出版社 2011 年版，第 272 页。

在，其不因主合同无效而无效。①

本条对于担保合同被确认无效后各方的法律责任没有具体规定，仅说明债务人、担保人、债权人有过错的，根据其过错各自承担相应的民事责任。在《民法典》之前，该问题的具体解决方法由《最高人民法院关于适用〈中华人民共和国担保法〉若干问题的解释》阐明，《民法典》施行后仍需通过司法解释等明确担保合同被确认无效后各方的法律责任，使其更具可操作性。

法条关联

◆《民法典》

第六百八十二条 保证合同是主债权债务合同的从合同。主债权债务合同无效的，保证合同无效，但是法律另有规定的除外。

保证合同被确认无效后，债务人、保证人、债权人有过错的，应当根据其过错各自承担相应的民事责任。

案例评议

浙江某商贸物流发展有限公司、杨某兰借款合同纠纷案②

◆ **裁判规则**

由于杨某兰并未实际提供9000万元借款，只是出借刘某广等人的账户供万某华一方循环转账使用，故杨某兰与陈某炳之间的借款合同并未生效，杨某兰无权据此向陈某炳主张还款。担保物权具有从属性，担保合同作为主债权债务合同的从合同，其随主债权债务合同的无效而无效。本案杨某兰与陈某炳之间的借款合同为主债权债务合同，杨某兰与现代公司签订的抵押合同为从合同。鉴于杨某兰与陈某炳之间的借款合同并未生效，杨某兰与现代公司签订的抵押合同作为从合同当然也未发生法律效力，且现代公司对于担保合同的未生效并无过错，因此现代公司无须向杨某兰承担责任。

◆ **评议**

担保物权以担保主债权的实现为设立目的，其存在依附于主债权的存在。

---

① 高富平：《物权法释义》，法律出版社2011年版，第272页。

② 最高人民法院（2018）最高法民终1167号民事判决书。

主债权合同无效，担保合同当然无效。本案杨某兰并未实际提供9000万元借款，杨某兰与陈某炳之间的借款合同并未生效，即担保物权所担保的主债权合同无效。作为从合同的担保合同因缺乏存在的基础，也应被认定为无效，现代公司无须承担担保责任。担保合同被确认无效后，当事人应按照过错程度承担与过错相应的民事责任。本案现代公司对于担保合同的未生效并无过错，无须承担担保合同无效的民事责任。

第三百八十九条 【担保物权的担保范围】

担保物权的担保范围包括主债权及其利息、违约金、损害赔偿金、保管担保财产和实现担保物权的费用。当事人另有约定的，按照其约定。

本条来源

《物权法》第一百七十三条规定："担保物权的担保范围包括主债权及其利息、违约金、损害赔偿金、保管担保财产和实现担保物权的费用。当事人另有约定的，按照约定。"本条延续了该规定。关于担保物权的担保范围，《担保法》第四十六条、第六十七条、第八十一条以及第八十三条分别规定了抵押、质押、权利质押以及留置这四种担保物权的担保范围，可视为本条的来源。

立法演变

物权编一审稿第一百八十条规定："担保物权的担保范围包括主债权及其利息、违约金、损害赔偿金、保管担保财产和实现担保物权的费用。当事人另有约定的，按照约定。"二审稿延续一审稿的规定。征求意见稿在最后一句的"约定"前增加一个"其"字。

条文释义

本条是关于担保物权的担保范围的规定。

担保物权是以担保债权的实现为目的，应对其担保债权的范围予以限定。

所谓担保物权的担保范围，是指担保物权人在实现担保物权时，就担保物的价值优先受偿的范围。对于担保物权的担保范围，当事人可以自由约定，当事人之间没有约定的，依法律规定确定担保物权的担保范围。依本条规定，担保物权的担保范围包括以下内容。

一、主债权

所谓主债权，是指担保物权所得以成立，为担保物权人所享有的原债权。主债权可以是金钱债权，也可以是非金钱债权，如交付货物或提供劳务的债权。主债权不包括利息、违约金等由该债权所产生的附随债权。当事人应在担保合同中对主债权的种类、数额等内容进行明确记载，担保物权需要登记的，还应在登记簿上对主债权的种类、数额等内容进行明确记载。①

二、利息

所谓利息，是指实现担保物权时主债权所产生的孳息。一般而言，只有金钱债权才有利息，而非金钱债权不存在利息问题。本条对担保范围中的利息是法定利息还是约定利息并无明确规定。我们认为担保范围中的利息应当包括法定利息以及约定利息。所谓法定利息，是指依法律规定所产生的利息；所谓约定利息，是指由当事人的约定而产生的利息。当事人可以对利息进行自由约定，但约定的利率不得超过法定利率的最大值，超过部分会被认定为无效。

三、违约金

所谓违约金，是指依当事人约定或法律规定，在一方当事人违约时，应向另一方支付的一定数额的金钱。违约金一般由当事人约定，且合同当事人一般都会对违约金进行约定，普通债权人对违约金的存在具有可预见性，因而将违约金纳入到担保范围内也不会损害普通债权人的利益。② 应注意的是，只有在主债务人存有违约行为而应承担违约责任之时，违约金才纳入到担保范围之内。

四、损害赔偿金

所谓损害赔偿金，是指一方当事人因违约或其他侵权行为而给债权人造成损害所应向债权人承担的损害赔偿金额。损害赔偿金既是违约金无法完全弥补

---

① 参见姚红主编：《中华人民共和国物权法精解》，人民出版社 2007 年版，第 306 页。

② 参见王利明：《物权法研究（第四版）（下卷）》，中国人民大学出版社 2016 年版，第 1122 页。

违约对债权人造成损失时的补救措施，也是在侵权之时对债权人的重要救济措施。损害赔偿金的数额可以由当事人约定，也可以由法律直接规定，损害赔偿金的数额应以实际损失及订立合同时双方可预见的可得利益损失为限。

五、保管担保财产的费用

所谓保管担保财产的费用，是指担保物权人在占有担保物期间因履行保存义务而支付的各种费用。一般而言，保管担保财产的费用只发生于担保物权人需占有担保物的担保情形，如留置及质押，虽担保物权人占有担保物并负有妥善保管的义务，但担保人是为担保债权的实现而将担保物交由担保物权人保管，保管费用自然由债务人或担保人承担。而无需担保物权人占有担保物的担保物权，如抵押，抵押物由抵押人自己占有并保管，保管产生的有关费用由其自行负担，不纳入到担保范围之内。

六、实现担保物权的费用

所谓实现担保物权的费用，是指担保物权人为实现担保物权而花费的各种费用。实现担保物权的费用的产生是由债务人不履行到期债务或发生当事人约定的情形而需实现担保物权产生的，这些费用理应由债务人承担，因而应纳入到担保范围之内。实现担保物权的费用主要包括拍卖的费用、变卖的费用、评估费用、诉讼费用等，这些费用需为担保物权人为实现担保物权所实际支出的合理费用，不合理部分不应纳入到担保范围内。

案例评议

BB 农村商业银行股份有限公司、安徽某薄钢科技有限公司金融借款合同纠纷案①

◆ **裁判规则**

涉案《最高额抵押合同》《最高额保证合同》等六份担保合同第三条被担保最高债权额均有如下约定："1. 本合同所担保债权之最高本金余额为……2. 在本合同第二条所确定的主债权发生期间届满之日，被确定属于本合同之被担保主债权的，则基于该主债权之本金所发生的利息（包括法定利息、约定利

① 最高人民法院（2019）最高法民申 2847 号民事裁定书。

息、复利、罚息）、违约金、损害赔偿金、实现债权的费用（包括但不限于诉讼费用、律师费用、公证费用、执行费用、资产评估及处置费、鉴定费、公告费等）、因债务人违约而给抵押权人（债权人）造成的损失和其他所有应付费用等，也属于被担保债权，其具体金额在其被清偿时确定。依据上述两款确定的债权金额之和，即为本合同所担保的最高债权额。”根据上述约定，涉案合同签订各方对合同第三条第一款担保限额只针对本金，而利息、违约金、损害赔偿金等根据涉案合同第三条第二款亦均属于被担保债权的约定是具体、明确的。本案中存有当事人对担保范围的明确且有效的约定，担保债权的最高额应按当事人约定确认，即本案担保物权的最高限额为上述合同第三条第一款中的本金及第二款中所约定的利息、违约金等费用的总额。原审以涉案合同仅约定了所担保的最高额本金数额为由，进而将约定的最高额本金数额视为最高债权限额理据不足，适用法律不当。

◆ **评议**

担保物权的担保范围可以由法律直接规定，也可以由当事人进行自由约定，当事人有约定的，按照当事人的有关约定确定担保物权的担保范围。本案中，涉案《最高额抵押合同》《最高额保证合同》等六份担保合同中均存有对担保范围的明确且有效的约定，因此应按照当事人之间的约定确定担保范围。依本案当事人约定，主债权以及主债权所发生的利息（包括法定利息、约定利息、复利、罚息）、违约金、损害赔偿金、实现债权的费用（包括但不限于诉讼费用、律师费用、公证费用、执行费用、资产评估及处置费、鉴定费、公告费等）、因债务人违约而给抵押权人（债权人）造成的损失和其他所有应付费用等均包含于担保范围之内，在实现担保物权时应以上述款项的总金额确定担保债权的最高额。

第三百九十条　【担保物权的物上代位性】

担保期间，担保财产毁损、灭失或者被征收等，担保物权人可以就获得的保险金、赔偿金或者补偿金等优先受偿。被担保债权的履行期限未届满的，也可以提存该保险金、赔偿金或者补偿金等。

本条来源

《物权法》第一百七十四条规定："担保期间，担保财产毁损、灭失或者被征收等，担保物权人可以就获得的保险金、赔偿金或者补偿金等优先受偿。被担保债权的履行期未届满的，也可以提存该保险金、赔偿金或者补偿金等。"本条延续了该规定。

立法演变

物权编一审稿第一百八十一条规定："担保期间，担保财产毁损、灭失或者被征收等，担保物权人可以就获得的保险金、赔偿金或者补偿金等优先受偿。被担保债权的履行期未届满的，也可以提存该保险金、赔偿金或者补偿金等。"此后各稿延续了一审稿的规定。终稿将"履行期未届满"改为"履行期限未届满"，规范法律用语，其他保持不变。

条文释义

本条是关于担保物权物上代位性的规定。

担保物权是价值权，其所强调的是担保物权人对担保物交换价值的支配，只要担保物的交换价值仍然存在，不论该交换价值的形态如何，担保物权仍然及于该交换价值而存在。① 这就是担保物权所具有的物上代位性，是担保物权区别于其他物权的重要属性之一。依本条规定，所谓担保物权的物上代位性，是指在担保物权存续期间，担保物的实体发生毁损、灭失或被征收时，担保物权的效力仍然及于担保物的代位物。所谓担保物的代位物，是指担保物实体发生毁损、灭失或被征收时，原担保物价值所转换成的，并能代替担保物价值的其他物。代替物一般为因担保物毁损、灭失或被征收而转换来的金钱，如保险金、赔偿金或补偿金等。担保物权的物上代位性是担保物权价值权与支配权属性的双重体现，即使担保物价值形态的载体发生变化，担保物权人对担保物权的享有与支配也不会发生变化，这极大地强化了担保物权的担保效力，为担保

① 程啸：《担保物权人物上代位权实现程序的建构》，载《比较法研究》2015 年第 2 期，第 13 页。

物权人债权的实现提供了充分的保障。

一、担保物权物上代位的适用条件

依本条“担保期间，担保财产毁损、灭失或者被征收等，担保物权人可以就获得的保险金、赔偿金或者补偿金等优先受偿”的规定，担保物权物上代位的适用条件包含以下几个方面。

其一，担保物发生了损毁、灭失或被征收等情形，这是担保物权物上代位适用的前提条件。所谓毁损，是指担保物因第三人侵权或其他原因而造成物理上的损坏或损伤，从而使担保物的价值减少。所谓灭失，是指担保物因自然灾害、第三人侵权等原因在物理状态上不复存在。所谓征收，是指国家因公共利益的需要，以行政权取得担保物的所有权并给予适当补偿的行政行为。除以上三种情形外，担保物权的物上代位还可以适用于其他使担保物价值减损或灭失的情形，如市场价格波动造成的担保物价值的降低。

其二，担保物权的物上代位适用于担保期间。担保期间即担保物权的存续期间。其一般从担保物权设立开始，到担保物权实现或消灭结束。

其三，担保物权适用于出现替代担保物价值形态的代位物之时。只有出现了替代担保物价值形态的代位物，担保物权人才能对其进行实际的支配，才能适用物上代位。代位物一般包括保险金、赔偿金或者补偿金。所谓保险金，是指发生因保险事故而造成担保物毁损、灭失的情形时，保险公司依保险合同的约定所支付的赔偿。所谓赔偿金，是指因第三人的侵权行为或其他原因造成担保物毁损、灭失时，第三人所实际支付的损害赔偿金。所谓补偿金，是指因国家对担保物的征收或征用而获得的补偿金。除保险金、赔偿金或者补偿金外，代位物还可以为其他相类似的担保物价值形态的变形物。

二、担保物权物上代位的法律后果

在出现担保财产毁损、灭失或者被征收等情形时，依担保物权所担保债权的不同状态，物上代位会产生不同的法律后果。其一，债务已到期时，担保物权人可以直接就因担保财产毁损、灭失或者被征收等而获得的保险金、赔偿金或者补偿金等优先受偿；其二，债权未到期时，担保物权人不能直接就代位物实现其债权。债权还未到期则意味着债权履行期间尚未届满，也还未出现担保人应承担担保责任的情形。若允许担保人在债权还未到期时就代位物提前实现担保物权将会损害担保人的利益。但出于保全代位物价值，以及保障担保物权人担保物权的实现的考虑，本条规定在债权未到期时担保物权人可以对代位物进行提存。

法条关联

◆《最高人民法院关于已登记的抵押物的善意受让人在抵押物灭失后应否对抵押权人承担赔偿责任的复函》（全文）

案例评议

防城港市区农村信用合作联社港口信用社、桂某阳船舶抵押合同纠纷案①

◆ **裁判规则**

瑞丰龙公司与港口信用社签订涉案借款合同时将登记在其名下的“X168”轮为该借款设定了抵押担保，并办理了抵押登记。在无证据证明瑞丰龙公司已经告知港口信用社有关船舶虽登记在瑞丰龙公司名下但实际已转让给桂某阳的情况下，港口信用社基于船舶登记的公示效力而信赖“X168”轮属于瑞丰龙公司所有，从而与瑞丰龙公司签订抵押担保合同、办理船舶抵押登记，已尽到已方谨慎注意义务，港口信用社对“X168”轮应当享有船舶抵押优先受偿权。“X168”轮发生沉船事故后已经灭失，灭失后获得保险赔偿金，原设定的抵押权并不当然灭失，而是体现为抵押权的物上代位性，港口信用社仍可就“X168”轮的价值体现物即保险赔偿金享有抵押权。

◆ **评议**

本案涉及担保物权的物上代位性。担保物权作为一种价值权，其所强调的是担保物权人对担保物交换价值的支配。该交换价值不受担保物实体形态的影响，只要存有该担保物交换价值的变形物或代表物，担保物权就可以基于担保物的交换价值而继续存在。本案中，虽作为担保物的“X168”轮已经灭失，但其灭失后所得的保险金即为“X168”轮灭失后的交换价值的体现。港口信用社作为担保物权人仍可依担保物权的物上代位性规则，就“X168”轮灭失所得的保险金享有担保物权，即可就该保险金优先受偿。

① 广西壮族自治区高级人民法院（2017）桂民终285号民事判决书。

第三百九十一条　【主债务转移与第三人的担保责任】

第三人提供担保，未经其书面同意，债权人允许债务人转移全部或者部分债务的，担保人不再承担相应的担保责任。

本条来源

《物权法》第一百七十五条规定："第三人提供担保，未经其书面同意，债权人允许债务人转移全部或者部分债务的，担保人不再承担相应的担保责任。"本条延续了该规定。

立法演变

物权编一审稿第一百八十二条规定："第三人提供担保，未经其书面同意，债权人允许债务人转移全部或者部分债务的，担保人不再承担相应的担保责任。"此后各稿延续了一审稿的规定。

条文释义

本条是关于主债务转移与第三人的担保责任之间关系的规定。

第三人本不属于主债权债务中的权利义务主体，其出于对债务人的了解与信任以自己的财产为其提供担保，承担相应的担保责任。债务人的资产、信誉等有关履行能力的因素都会对担保人的利益造成重大的影响。若在未经担保人同意的情况下将全部或部分的主债务转移给其他人，可能会出现担保人对新债务人的资产、信誉等情况毫无了解的情形，这将会极大地提高担保人的担保风险，从而极大地损害担保人的合法权益。因此，从限制债权人权利，保护担保人权益，平衡三方（提供担保的第三人、债权人、债务人）利益的角度出发，本条明确规定，在有第三人提供担保的情形下，未经该第三人书面同意，债权人允许债务人转移全部或者部分债务的，担保人不再承担相应的担保责任。本条规定包含以下几方面内容。

一、本条适用于第三人提供担保的情形

本条仅适用于第三人提供担保的情形，也即本条中的担保人须为债务人以外的第三人。若担保是由债务人提供的，即使主债务发生转移，债务人也应承担担保责任。原因在于主债务的转移本身就是债务人经债权人允许，依其真实意思表示与其他人达成的合意，其作为债务转移的当事人对债务转移以及新债务人的情况都是完全知情的。因此，除非存有原债务人与新债务人明确约定免除原债务人的担保责任，且债权人也明确同意的情形，否则不能因为债权人允许原债务人转移债务就当然免除其担保责任。

二、债务转移应经提供担保的第三人的书面同意

一方面债务的转移须经过提供担保的第三人的同意，另一方面提供担保的第三人应通过书面的形式作出同意的意思表示。依《民法典》合同编第四百六十九条的规定，书面的形式是指合同书、信件和数据电文（包括电报、电传、传真、电子数据交换和电子邮件）等可以有形地表现所载内容的形式。作出这样规定的原因在于，未经提供担保的第三人的同意转移债务，将会对其权益造成损害。要求提供担保的第三人书面同意，不仅可以使第三人通过谨慎的思考作出同意的意思表示，以保护其合法权益，还可以在日后出现争议时有明确的依据。

三、债权人允许的债务转移可以是部分转移，也可以是全部转移

本条所规定的债务转移包括债务的全部转移与部分转移。① 在债务的全部转移中，原债务人完全退出债权债务关系，全部债务由新债务人承担。在债务的部分转移中，原债务人并不退出债权债务关系，其对未转移部分的债务仍负清偿责任。此外，债务转移必须经过债权人允许，否则债务转移不发生效力。债务人的履行能力直接关系到债权能否实现，与债权人债权的实现关系重大，规定债务转移须经债权人允许是对债权人权益的保护。

四、债务转移未经担保人书面同意的，担保人不再承担相应的担保责任

债务转移未经担保人书面同意，所产生的法律后果为担保人不再承担相应的担保责任。所谓“相应的担保责任”，是指债务转移部分占原债务份额所对应的担保责任。若债务全部转移而未经担保人书面同意，则担保人相应地免除全部的担保责任；若债务部分转移而未经担保人书面同意，则担保人相应地免除转移部分债务份额所对应的担保责任，而对未转移部分债权份额所对应的担保责任仍应承担担保责任。②

① 刘玉民主编：《抵押担保与债权行使》，中国民主法制出版社 2015 年版，第 16 页。

② 参见郭明瑞：《担保法》，法律出版社 2010 年版，第 57 页。

案例评议

熊某、张某买卖合同纠纷案①

◆ **裁判规则**

第三人提供担保，未经其书面同意，债权人允许债务人转移全部或者部分债务的，担保人不再承担相应的担保责任。本案中金佳公司同意百和建司将对其的钢材款支付义务转由世成公司承担，构成债务转移。金佳公司与熊某、张某签订《担保协议》早于百和建司和世成公司签订《债权债务转让协议》，如果需要熊某、张某继续承担担保责任，应当取得其书面同意。但本案债务转移时，并未征得担保人书面同意，因此二担保人无需继续承担担保责任。

◆ **评议**

担保人以对债务人的信赖为前提为其承担担保责任，债务人清偿债务的能力、信用水平都直接影响担保人担保责任的承担，是关乎担保人利益的根本。债务转移会使债务人发生变化，其资信能力水平当然也会发生变化。在未经担保人书面同意的情况下将债务转移给其他人，极有可能会造成对担保人权益的损害。因此，法律规定在未经担保人书面同意的情况下转移债务的，担保人不再继续承担担保责任。

第三百九十二条　【混合共同担保实现规则】

被担保的债权既有物的担保又有人的担保的，债务人不履行到期债务或者发生当事人约定的实现担保物权的情形，债权人应当按照约定实现债权；没有约定或者约定不明确，债务人自己提供物的担保的，债权人应当先就该物的担保实现债权；第三人提供物的担保的，债权人可以就物的担保实现债权，也可以请求保证人承担保证责任。提供担保的第三人承担担保责任后，有权向债务人追偿。

① 四川省泸州市中级人民法院（2018）川05民终504号民事判决书。

本条来源

《物权法》第一百七十六条规定："被担保的债权既有物的担保又有人的担保的，债务人不履行到期债务或者发生当事人约定的实现担保物权的情形，债权人应当按照约定实现债权；没有约定或者约定不明确，债务人自己提供物的担保的，债权人应当先就该物的担保实现债权；第三人提供物的担保的，债权人可以就物的担保实现债权，也可以要求保证人承担保证责任。提供担保的第三人承担担保责任后，有权向债务人追偿。"本条延续了该规定。关于混合共同担保的实现规则，在《担保法》中可寻其来源，如《担保法》第二十八条规定了混合共同担保情形下的担保物权实现规则，第三十一条、第五十七条以及第七十二条规定了第三人担保中的追偿权等。

立法演变

物权编一审稿第一百八十三条规定："被担保的债权既有物的担保又有人的担保的，债务人不履行到期债务或者发生当事人约定的实现担保物权的情形，债权人应当按照约定实现债权；没有约定或者约定不明确，债务人自己提供物的担保的，债权人应当先就该物的担保实现债权；第三人提供物的担保的，债权人可以就物的担保实现债权，也可以要求保证人承担保证责任。提供担保的第三人承担担保责任后，有权向债务人追偿。"此后各稿延续了一审稿的规定。

条文释义

本条是关于混合共同担保实现规则的规定。

所谓混合共同担保，是指对于同一债权，既有人的担保又有物的担保。所谓人的担保，是指自然人或法人以自身资产或信用对债权实现进行的担保，在我国法律中具体规定为保证；所谓物的担保，是指债务人或第三人以物对债权实现进行担保，在我国法律中具体规定为抵押权、留置权以及质权。对于混合共同担保的实现规则问题，素有争议，具体可以划分为"物保绝对优先说""区分物保提供者说""物保人保平等说"以及"债权人自由选择说"四种不同的学说。[①]《担保法》第二十八条采用了“物保绝对优先说”，认为在物保与人保并存的情况下，应就物保优先受偿。但该种规定有违平等原则以及私法自治原则，既损害了担保人的合法权益，也不利于债权人债权的实现。本条规定结合采用“区分物保提供者说”“物保人保平等说”以及“债权人自由选择说”三种学说，总结我国立法、司法经验对混合共同担保的实现规则作出了规定，具体包含以下几方面内容。

一、当事人之间对混合合同担保实现规则存有约定时，按照约定实现债权

本条关于“被担保的债权既有物的担保又有人的担保的，债务人不履行到期债务或者发生当事人约定的实现担保物权的情形，债权人应当按照约定实现债权”的规定，实际上采用了“物保人保平等说”，体现了物保与人保的平等地位，同时体现了私法自治原则，对当事人的意思自治给予了充分的尊重。依该规定，当事人之间对混合合同担保实现规则存有约定时，按照约定实现债权。该“约定”应为债权人与各担保人之间的共同约定，约定可包含混合共同担保的实现顺位、形式、份额等有关内容。[②]

二、没有约定或约定不明时，债务人自己提供物保的，先就该物保实现债权

本条关于“没有约定或者约定不明确，债务人自己提供物的担保的，债权人应当先就该物的担保实现债权”的规定，实际上采用了“区分物保提供者说”，根据物保的提供者来确认物保与人保的实现顺位，物保是由债务人自己提供的，则应当就该物保优先实现债权，而由第三人提供的物保与人保处于平等地位，在债务人提供的物保无法实现的债权范围内承担平等的担保责任。这样规定的原因在于，一方面，债务人作为本位还债义务人，理应在其能力范围内优先偿还债务，在债务人自身提供物保的情况下，仍要求第三人先承担担保义务有违公平原则；另一方面，债务人作为最终还债义务人，第三人承担担保责任后有权向债务人追偿。在债务人自身提供物保的情况下，要求第三人先承担担保义务，最终第三人仍旧需要向债务人追偿，这样会产生不必要的成本与费用。

---

① 参见王利明：《物权法研究（第四版）（下卷）》，中国人民大学出版社 2016 年版，第 1110 页。

② 参见高圣平：《物权法担保物权编》，中国人民大学出版社 2007 年版，第 75 页。

三、没有约定或约定不明，且既有人保又有物保时，债权人可以自由选择

本条关于“第三人提供物的担保的，债权人可以就物的担保实现债权，也可以要求保证人承担保证责任”的规定，实际上是采用了“债权人自由选择说”。在没有约定或约定不明，且既有人保又有物保的情况下，赋予债权人选择权，债权人可以对就物保实现债权，还是就人保实现债权进行自由选择。这样规定的原因在于，一方面在该情况下，不存在“物保优先于人保”的问题，提供物保以及提供人保的第三人处于平等地位。债务人作为最终还债义务人，无论是提供物保的第三人还是提供人保的第三人，在承担担保责任后都可以向债务人进行追偿。另一方面物保与人保所维护的都是债权人的利益，不存在权利与利益的冲突。这样规定在尊重债权人自由意志的同时，有利于保障债权人债权的实现。

四、第三人承担担保责任后的追偿权

本条规定“提供担保的第三人承担担保责任后，有权向债务人追偿”，是关于第三人承担担保责任后的追索权的规定。因债务人为最终还债义务人，第三人承担担保责任后，享有向债务人进行追偿的权利，其追偿权的行使应以其所实际承担的担保责任为限。

法条关联

◆**《民法典》**

第七百条　保证人承担保证责任后，除当事人另有约定外，有权在其承担保证责任的范围内向债务人追偿，享有债权人对债务人的权利，但是不得损害债权人的利益。

◆**《企业破产法》**

第五十一条　债务人的保证人或者其他连带债务人已经代替债务人清偿债务的，以其对债务人的求偿权申报债权。

债务人的保证人或者其他连带债务人尚未代替债务人清偿债务的，以其对债务人的将来求偿权申报债权。但是，债权人已经向管理人申报全部债权的除外。

第九十二条　经人民法院裁定批准的重整计划，对债务人和全体债权人均有约束力。

债权人未依照本法规定申报债权的，在重整计划执行期间不得行使权利；在重整计划执行完毕后，可以按照重整计划规定的同类债权的清偿条件行使权利。

债权人对债务人的保证人和其他连带债务人所享有的权利，不受重整计划的影响。

第一百零一条 和解债权人对债务人的保证人和其他连带债务人所享有的权利，不受和解协议的影响。

◆《最高人民法院关于适用〈中华人民共和国民事诉讼法〉的解释》

第三百六十五条 依照物权法第一百七十六条的规定，被担保的债权既有物的担保又有人的担保，当事人对实现担保物权的顺序有约定，实现担保物权的申请违反该约定的，人民法院裁定不予受理；没有约定或者约定不明的，人民法院应当受理。

案例评议

三门峡市鑫都置业有限公司、三门峡市鑫都发展股份有限公司金融借款合同纠纷案①

◆ **裁判规则**

关于抵押担保与保证担保并存的顺位问题，可作以下三种情形的具体把握：第一种情形，即对实现担保物权有明确约定的情形，无论是对人的担保合同还是对物的担保合同，均要审查是否存在“当事人约定的实现担保物权的情形”。第二种情形，对实现担保物权的情形没有约定或者约定不明确时，则债权人应当先就债务人提供的物保实现其债权，不得绕过债务人的物保而径行追究人保合同项下保证人的保证责任。第三种情形，即债权人对第三人提供的物保选择实现债权的情形，此等情形适用的前提与前述第二种情形相同，即有关实现担保物权的情形没有约定或约定不明确时，因提供物保主体系债务人以外的第三人，则债权人既可选择向第三人物保实现债权，也可依据人保合同向保证人实现债权，或者同时向第三人物保以及人保提供者主张实现债权。

◆ **评议**

在混合共同担保中，对于担保物权实现顺位问题，当事人之间有约定的，按照其约定确定担保物权的实现顺位，没有约定或约定不明的按照本条规定确

① 最高人民法院（2019）最高法民终1454号民事判决书。

定担保物权实现顺位，即债务人以自己财产提供的物保优先，第三人提供的物保或人保在后平等地承担担保责任。本案当事人在《保证合同》中对担保物权实现的顺位存有明确约定，应按照当事人之间的约定确定担保物权实现顺位。依当事人在《保证合同》中的约定，“商务中心区支行主债权存在物的担保的，不论该担保是由债务人提供还是第三人提供，商务中心区支行有权要求各保证人先承担保证责任”，岳某等作为保证人，在实现担保物权时最先承担担保责任，商务中心区支行可以直接要求保证人承担担保责任。

第三百九十三条　【担保物权的消灭】

有下列情形之一的，担保物权消灭：

（一）主债权消灭；

（二）担保物权实现；

（三）债权人放弃担保物权；

（四）法律规定担保物权消灭的其他情形。

本条来源

《物权法》第一百七十七条规定：“有下列情形之一的，担保物权消灭：（一）主债权消灭；（二）担保物权实现；（三）债权人放弃担保物权；（四）法律规定担保物权消灭的其他情形。”本条延续了该规定。关于担保物权的消灭，《担保法》中可寻其来源，如《担保法》第五十二条规定了抵押权的消灭、第七十三条规定了质权的消灭等。

立法演变

物权编一审稿第一百八十四条规定：“有下列情形之一的，担保物权消灭：（一）主债权消灭；（二）担保物权实现；（三）债权人放弃担保物权；（四）法律规定担保物权消灭的其他情形。”此后各稿延续了一审稿的规定。

条文释义

本条是关于担保物权消灭事由的规定。

所谓担保物权的消灭，是指因一定法律规定事由或当事人约定事由的发生，导致担保物权对担保财产所具有的支配终止，担保物权不再发生效力。依本条规定，担保物权消灭的事由主要包括以下几方面。

一、主债权消灭

担保物权是为担保主债权的实现而设立的物权，具有从属性。相对于主债权而言，担保物权是从属于主债权的从权利，其效力在成立、转移及消灭上均从属于主债权。主债权消灭，担保物权也随之消灭。主债权消灭的原因主要包括清偿、抵消、混同、主合同无效等。本条中的主债权消灭应为主债权全部消灭。[1] 主债权部分消灭的，因担保物权所具有的不可分性，担保物权仍然存在，其对未消灭部分的债权仍然具有担保的效力。

二、担保物权实现

所谓担保物权实现，是指发生债务人不履行到期债务或当事人约定的情形之时，担保物权人行使其担保物权，就担保财产拍卖、变卖、折价所得价款优先受偿以实现其债权。担保物权是以担保债权实现为设立目的的，担保物权人一旦行使其担保物权并实现担保物权的设立目的，担保物权法律关系即消灭，担保物权也随之消灭。值得注意的是，担保物权一旦实现，担保物权就随之消灭，而无论其所担保的债权是否全部清偿。[2]

三、债权人放弃担保物权

所谓债权人放弃担保物权，是指债权人通过意思表示对其所享有的担保物权进行抛弃。担保物权属于财产权，在原则上担保物权人可以抛弃其所享有的担保物权。担保物权的抛弃属于单方法律行为，债权人需要以明示的方式作出一定的意思表示，且该意思表示一旦作出，就产生担保物权抛弃的法律效果，担保物权随之消灭。

四、法律规定担保物权消灭的其他情形

该项规定属于兜底条款，主要适用于本法以及其他法律中所规定的担保物权消灭的其他情形或特殊情形，如留置权因留置权人丧失对留置物的占有或接受债务人另行提供的担保而消灭；抵押权因抵押物的灭失而消灭等。

---

① 参见梁慧星、陈华彬：《物权法》，法律出版社 2016 年版，第 294 页。

② 参见温世扬：《物权法要义》，法律出版社 2007 年版，第 296 页。

案例评议

晋商银行股份有限公司太原某支行、某旗佳辉硅业有限公司金融借款合同纠纷案①

◆ **裁判规则**

抵押权作为担保物权的一种，在依法设立之后，如债务人不履行债务，债权人有权以抵押物折价或者拍卖、变卖价款优先受偿，但在抵押物灭失、主债权消灭、担保物权实现、债权人放弃担保物权或者法律规定的其他情形下，抵押权可因法定情形而归于消灭。某旗公司在其采矿许可证到期前未办理延续登记手续，根据规定其采矿权在采矿许可证到期后灭失，不得对哈拉忽少硅石矿进行开采，不再对该矿产资源享有占有、使用和收益的权利，案涉采矿权也随之灭失。抵押权以抵押物为基础，抵押物灭失，抵押权归于消灭，因此晋商银行某支行原已享有的抵押权消灭。

◆ **评议**

本案涉及担保物权的消灭。担保物权设立以后，其可以因主债权消灭、担保物权实现、债权人放弃担保物权以及法律规定的其他担保物权消灭的情形的发生而归于消灭。本案应属于法律规定的其他担保物权消灭的情形。某旗公司以其所有的哈拉忽少硅石矿的采矿权为晋商银行某支行提供最高额抵押担保。该采矿权有效期为2013年1月4日至2016年1月4日，且在采矿许可证到期后，该公司由于各种原因并未到有关行政管理部门办理新的采矿许可证，某旗公司所享有的采矿权归于灭失。依《担保法》第五十八条的规定，“抵押权因抵押物灭失而消灭”，属于《物权法》第一百七十七条第四项规定的“法律规定担保物权消灭的其他情形”。晋商银行某支行所享有的抵押权因抵押财产（采矿权）的灭失而归于消灭，其不再享有就该采矿权拍卖、变卖所得价款优先受偿的权利。值得注意的是，《物权法》制定时便对《担保法》规定的物上代位物的范围予以扩展，还就代位物的提存进行了规定。所以整合立法资源后，物权编第三百九十条、第三百九十三条延续了《物权法》第一百七十四条、第一百七十七条之规定，而《担保法》第五十八条没有被保留。

① 最高人民法院（2018）最高法民终292号民事判决书。

第十七章　抵押权

本章概要

本章分别对一般抵押权与最高额抵押权作出了详细规定。

所谓一般抵押权，即物权编第三百九十四条第一款所规定的“为担保债务的履行，债务人或者第三人不转移财产的占有，将该财产抵押给债权人的，债务人不履行到期债务或者发生当事人约定的实现抵押权的情形，债权人有权就该财产优先受偿”。所谓最高额抵押权，即物权编第四百二十条第一款所规定的“为担保债务的履行，债务人或者第三人对一定期间内将要连续发生的债权提供担保财产的，债务人不履行到期债务或者发生当事人约定的实现抵押权的情形，抵押权人有权在最高债权额限度内就该担保财产优先受偿”。二者的区别主要包含以下几个方面。

一、担保的债权数量不同

一般抵押权是对已经存在的债权进行担保，且通常情况下该债权为特定的一个独立的债权。而最高额抵押权是对一定期限内将要连续发生的债权进行担保。一方面最高额抵押权所担保的是将来发生的债权；另一方面最高额抵押权所担保的是一定期限内连续发生的债权，而非一个独立的债权。

二、担保的债权发生时间不同

一般抵押权担保的是在设立抵押权时已经存在的债权，该债权发生于抵押权设立之前。且一般抵押权的设立必须以被担保的债权的存在为前提，即一般抵押权具有从属性，其存在、转让、消灭等效力的变化均从属于被担保的债权。而最高额抵押权担保的是将来发生的债权，该债权发生于抵押权设立之后。最高额抵押权的存在并不以被担保的债权的存在为前提，且在决算之前最高额抵押权的转让也不当然从属于被担保的债权。

三、担保的债权内容不同

一般抵押权担保的债权具有特定性，该债权的类型、数额等内容都是特定的。而最高额抵押权担保的债权具有不特定性，该债权的类型、数额等内容均不特定，甚至是否发生都不具有特定性。此外，一般抵押权所担保的债权因具有特定性，其数额是明确且确定的。而最高额抵押权所担保的债权具有最高额限制，抵押权人仅在最高额限度内承担担保责任。

第一节　一般抵押权

第三百九十四条　【抵押权的含义】

为担保债务的履行，债务人或者第三人不转移财产的占有，将该财产抵押给债权人的，债务人不履行到期债务或者发生当事人约定的实现抵押权的情形，债权人有权就该财产优先受偿。

前款规定的债务人或者第三人为抵押人，债权人为抵押权人，提供担保的财产为抵押财产。

本条来源

《物权法》第一百七十九条规定："为担保债务的履行，债务人或者第三人不转移财产的占有，将该财产抵押给债权人的，债务人不履行到期债务或者发生当事人约定的实现抵押权的情形，债权人有权就该财产优先受偿。前款规定的债务人或者第三人为抵押人，债权人为抵押权人，提供担保的财产为抵押财产。"本条延续了该规定。

立法演变

物权编一审稿第一百八十五条规定："为担保债务的履行，债务人或者第三人不转移财产的占有，将该财产抵押给债权人的，债务人不履行到期债务或者发生当事人约定的实现抵押权的情形，债权人有权就该财产优先受偿。前款规定的债务人或者第三人为抵押人，债权人为抵押权人，提供担保的财产为抵押财产。"此后各稿延续了一审稿的规定。

条文释义

本条是关于抵押权含义的规定。

依本条规定，所谓抵押权，是指债权人对债务人或第三人不转移占有而提供担保的财产，在债务人不履行到期债务或发生当事人约定的实现担保物权的情形时，债权人所依法享有的就该担保物优先受偿的权利。① 根据本条规定，抵押权具有以下几方面特征。

一、抵押权是一种担保物权

抵押权是一种担保物权，其以为债权提供担保为设立目的。抵押权以抵押财产的方式为债权设立担保，债权人对抵押财产的交换价值享有支配权。其支配权具体表现为，在债务人不履行到期债务或者发生当事人约定的实现抵押权的情形下，抵押权人有权依法就抵押财产拍卖、变卖、折价所得价款优先受偿。

二、抵押权无需转移抵押物的占有

依本条规定，债务人或第三人以抵押财产的方式为债权人设立担保的，无需将抵押财产的占有转移给债权人，即抵押权的设定，无需转移抵押财产的占有，这是抵押权最显著的特征，也是抵押权与质权、留置权的重要区别。相较于质权与留置权，抵押权无需转移抵押财产占有的特征也是其优越性所在。一方面，不转移抵押财产的占有并不妨碍抵押权人对抵押物交换价值的支配，且抵押权人无需负担保管抵押财产的风险；另一方面，因无需转移抵押财产的占有，抵押人仍能继续行使其对抵押财产所享有的使用、收益、处分的权利，抵押财产仍能得到充分的利用。

三、抵押人为债务人或第三人

依本条规定，作为提供抵押财产并设立抵押的抵押人，可以是债务人，也可以是第三人。债务人或第三人应以自己所有或享有处分权的财产设立抵押权，对于其既不享有所有权又不享有处分权的财产不得设立抵押权。

四、抵押权的实现须符合法律规定的条件

依本条规定，抵押权实现以债务人不履行到期债务或者发生当事人约定的

① 高圣平：《担保法论》，法律出版社2009年版，第287页。

实现抵押权情形为条件，满足这两个条件之一即可实现抵押权。[①] 值得注意的是，债务人不履行的债务，是履行期限已经届满的债务。对于履行期限未届满的债务，债权人无权主张实现抵押权。

五、抵押权人享有优先受偿权

抵押权具有优先受偿性，这是抵押权作为担保物权的重要特征，同时也是抵押权的核心特征。抵押权人的优先受偿权，是指在符合实现抵押权的条件之时，抵押权人可以就抵押财产变价或拍卖、变卖后所得的价款优先于一般债权人获得债权的清偿。

法条关联

◆ **《最高人民法院关于建设工程价款优先受偿权问题的批复》**（全文）

案例评议

中国光大银行股份有限公司某分行、解某借款纠纷案[②]

◆ **裁判规则**

光大银行某分行与实华集团公司签订了两份《流动资金贷款合同》。同日，实华新世界公司与光大银行某分行签订《最高额抵押合同》，约定实华新世界公司以其所有的案涉房屋为前述贷款提供抵押，并办理了抵押登记。根据《物权法》规定，为担保债务的履行，债务人或者第三人不转移财产的占有，将该财产抵押给债权人的，债务人不履行到期债务或者发生当事人约定的实现抵押权的情形，债权人有权就该财产优先受偿。抵押权的担保功能在于债务人未履行到期债务时，抵押权人可对抵押物折价或者拍卖、变卖后的财产价值优先受偿。而在抵押权人行使其抵押权之前，抵押人仍是该抵押物的所有权人，其有权对该抵押物进行利用和收益，针对该抵押物利用所产生的收益仍然应归属于抵押人。因此，除非符合《物权法》第一百九十七条规定的情形，抵押财产的范围不包括抵押权实现之前抵押物所产生的租金收益。光大银行某分行关于其对案涉争议的房屋租金享有抵押权，并据此行使优先受偿权的主张，缺乏事实和法律依据。

① 参见程啸：《论抵押权的实现程序》，载《中外法学》2012年第6期，第1190页。

② 最高人民法院（2019）最高法民申2205号民事裁定书。

◆ **评议**

抵押权作为担保物权的一种，其设立目的在于以其交换价值担保债权的实现。抵押权的设立无需转移抵押物的占有，抵押权设立以后抵押人仍享有对抵押物占有、使用、收益的权利。而抵押权人所享有的为对抵押物交换价值的支配权，即仅享有对抵押物折价或者拍卖、变卖后的财产价值优先受偿的权利。因此，抵押权并不及于抵押物的收益权，本案中光大银行某分行对案涉争议的房屋租金不享有抵押权。

第三百九十五条　【抵押财产的范围】

债务人或者第三人有权处分的下列财产可以抵押：

（一）建筑物和其他土地附着物；

（二）建设用地使用权；

（三）海域使用权；

（四）生产设备、原材料、半成品、产品；

（五）正在建造的建筑物、船舶、航空器；

（六）交通运输工具；

（七）法律、行政法规未禁止抵押的其他财产。

抵押人可以将前款所列财产一并抵押。

本条来源

《物权法》第一百八十条规定："债务人或者第三人有权处分的下列财产可以抵押：（一）建筑物和其他土地附着物；（二）建设用地使用权；（三）以招标、拍卖、公开协商等方式取得的荒地等土地承包经营权；（四）生产设备、原材料、半成品、产品；（五）正在建造的建筑物、船舶、航空器；（六）交通运输工具；（七）法律、行政法规未禁止抵押的其他财产。抵押人可以将前款所列财产一并抵押。"本条在此基础上，删去"（三）以招标、拍卖、公开协商等方式取得的荒地等土地承包经营权"，同时新增"（三）海域使用权"。关于抵押财产的范围，《担保法》第三十四条作出了规定，可视为本条的来源。

立法演变

物权编一审稿第一百八十六条规定："债务人或者第三人有权处分的下列财产可以抵押：（一）建筑物和其他土地附着物；（二）建设用地使用权；（三）海域使用权；（四）生产设备、原材料、半成品、产品；（五）正在建造的建筑物、船舶、航空器；（六）交通运输工具；（七）法律、行政法规未禁止抵押的其他财产。抵押人可以将前款所列财产一并抵押。"此后各稿延续了一审稿的规定。

条文释义

本条是关于抵押财产范围的规定。

所谓抵押财产，是指债务人或第三人为设立抵押而提供的作为担保的财产，即抵押权的客体。本条规定"债务人或者第三人有权处分的下列财产可以抵押"，即抵押财产应为债务人或者第三人享有所有权或处分权的财产。依本条规定，可以作为抵押财产的财产具体包括以下几类。

一、建筑物和其他土地附着物

所谓建筑物，是指定着于地面或地面以下，具有顶盖、梁柱、墙壁，可以供人居住或使用的构造物，如房屋、仓库、地下室、空中走廊、立体停车场等。① 所谓土地附着物，是指依附于土地之上的除建筑物以外的不动产，如林木、大坝、农作物等。

二、建设用地使用权

建设用地使用权，是指建设用地使用权人在法律允许的范围内所依法享有的，对国家所有土地进行占有、使用、收益的权利。建设用地使用权人有权在建设用地上建造建筑物及其附属设施，并获得收益，因而建设用地使用权具有一定的经济价值，可以作为抵押财产。此外，根据我国法律的规定，建设用地使用权可以转让，具有一定的交换价值，可以作为抵押财产进行抵押。

三、海域使用权

所谓海域使用权，是指民事主体基于县级以上人民政府海洋行政主管部门

---

① 参见陈阮雄：《民法总则新编》，三民书局1982年版，第370页。

的批准和颁发的海域使用权证书，依法对国家所有的某一特定海域在一定期限内享有使用并享受其利益的权利。[①] 海域使用权与土地使用权相类似，是用益物权的一种，其权利主体对其依法所取得的特定的国家所有海域享有占有、使用、收益的权益。海域使用权是一种财产权利，其一般以营利为设立目的，海域使用权人通过行使其海域使用权获得一定的利益，也可以依其自身利益的需要，将海域使用权作为抵押财产进行抵押。

四、生产设备、原材料、半成品、产品

所谓生产设备，是指企业、个体工商户、农村承包经营户等用于日常生产的各种设备，如机床、计算机、实验设备、农用机械等。所谓原材料，是指用于生产制造产品或其他生产经营活动的原料和材料，如用于制造服装的布料、用于造纸的纸浆等。所谓半成品，是指尚未全部完成的产品，如未拼装完毕的车辆、未制作完成的家具等。所谓产品，是指已经全部完成的产品。

五、正在建造的建筑物、船舶、航空器

建筑物、船舶以及航空器均具有制造周期长、耗资巨大的特征。为解决正在建造的建筑物、船舶、航空器融资困难，保障正在建造的建筑物、船舶、航空器的顺利完工，本法规定正在建造的建筑物、船舶、航空器可作为抵押财产进行抵押，为建造者提供了一个有效的融资途径。

六、交通运输工具

交通工具属于我国法律中的特殊动产，且因交通工具一般都需采用登记的公示方法，在学理上又被称为“准不动产”。交通工具范围广泛，包括车辆、船舶、航空器。因交通工具具有一定的经济价值，可以作为抵押财产。

七、法律、行政法规未禁止抵押的其他财产

此项为兜底条款，可以作为抵押财产的财产具有广泛性，法律无法进行穷尽式列举。且社会发展迅速，财产种类日新月异，作出这样的规定也可以增强法律适用的灵活性，并在一定程度上克服立法的滞后性。

以上所列举的可作为抵押财产的财产，债务人或第三人在为债权人设立抵押时可一并抵押。

---

① 参见温世扬：《物权法要义》，法律出版社 2007 年版，第 226 页。

法条关联

◆《城市房地产管理法》

第四十八条 依法取得的房屋所有权连同该房屋占用范围内的土地使用权，可以设定抵押权。

以出让方式取得的土地使用权，可以设定抵押权。

◆《海商法》

第十四条 建造中的船舶可以设定船舶抵押权。

建造中的船舶办理抵押权登记，还应当向船舶登记机关提交船舶建造合同。

◆《全民所有制工业企业转换经营机制条例》

第十五条 企业享有资产处置权。

企业根据生产经营的需要，对一般固定资产，可以自主决定出租、抵押或者有偿转让；对关键设备、成套设备或者重要建筑物可以出租，经政府主管部门批准也可以抵押、有偿转让。法律和行政法规另有规定的除外。

企业处置生产性固定资产所得收入，必须全部用于设备更新和技术改造。

企业处置固定资产，应当依照国家有关规定进行评估。

◆《城镇国有土地使用权出让和转让暂行条例》

第四条 依照本条例的规定取得土地使用权的土地使用者，其使用权在使用年限内可以转让、出租、抵押或者用于其他经济活动，合法权益受国家法律保护。

◆《最高人民法院关于国有工业企业以机器设备等财产为抵押物与债权人签订的抵押合同的效力问题的批复》（全文）

◆《城市房地产抵押管理办法》

第三条 本办法所称房地产抵押，是指抵押人以其合法的房地产以不转移占有的方式向抵押权人提供债务履行担保的行为。债务人不履行债务时，债权人有权依法以抵押的房地产拍卖所得的价款优先受偿。

本办法所称抵押人，是指将依法取得的房地产提供给抵押权人，作为本人或者第三人履行债务担保的公民、法人或者其他组织。

本办法所称抵押权人，是指接受房地产抵押作为债务人履行债务担保的公民、法人或者其他组织。

本办法所称预购商品房贷款抵押，是指购房人在支付首期规定的房价款后，由贷款银行代其支付其余的购房款，将所购商品房抵押给贷款银行作为偿还贷款履行担保的行为。

本办法所称在建工程抵押，是指抵押人为取得在建工程继续建造资金的贷款，以其合法方式取得的土地使用权连同在建工程的投入资产，以不转移占有的方式抵押给贷款银行作为偿还贷款履行担保的行为。

◆《船舶登记办法》

第四十八条　申请办理船舶抵押权登记，应当提交以下材料：

（一）船舶抵押合同及其主合同；

（二）船舶所有权登记证书或者船舶建造合同；

（三）共有船舶的，全体共同共有人或者三分之二以上份额或约定份额的按份共有人同意船舶抵押的证明文件；

（四）已办理光船租赁登记的船舶，承租人同意船舶抵押的证明文件。

申请办理建造中船舶抵押权登记，除提交上述第一至三项材料外，还应当提交抵押人出具的船舶未在其他登记机关办理过抵押权登记并且不存在法律、法规禁止船舶设置抵押权的声明。

第七十四条　本办法所称建造中船舶是指船舶处于安放龙骨或者相似建造阶段，或者其后的建造阶段。

案例评议

中冶天工集团有限公司、山西东义煤电铝集团有限公司执行异议案①

◆ **裁判规则**

现行法律和行政法规对以焦化产能作担保的性质和登记部门没有明确规定。《担保法》虽然将权利抵押的范围限定于抵押人依法有权处分的国有土地使用权、抵押人依法承包并经发包方同意抵押的荒山、荒沟、荒丘、荒滩等荒地的土地使用权，同时也规定了“依法可以抵押的其他财产”的兜底性条款。《物权法》将抵押财产范围扩大到“法律、行政法规未禁止抵押的其他财产”。焦

① 最高人民法院（2018）最高法民申2240号民事裁定书。

化产能作为一种新型财产权利，本案中以其进行抵押的效力应考虑以下因素：该抵押出于当事人的真实意思表示；双方不存在串通逃避债务之情形；在公证机关办理了抵押登记，并将抵押登记情况函告了山西省经济和信息化委员会，具有公示效力；焦化产能担保是一种新类型担保形式。在山西实行煤炭资源整合的大背景下，该省焦化行业实行市场化交易的产能置换政策，通过政府配给、企业有偿购买等方式将焦化产能从一个企业转移到另一个企业。当焦化产能具有可交易性、有价性时，在不违反法律和行政法规的强制性规定的情况下，当然也能成为担保财产。

◆ **评议**

抵押权作为一种物权，应遵循物权法定原则。依本条规定，抵押物范围包括建筑物和其他土地附着物、建设用地使用权、海域使用权、生产设备、原材料、半成品、产品、正在建造的建筑物、船舶、航空器、交通运输工具以及法律、行政法规未禁止抵押的其他财产。其中“法律、行政法规未禁止抵押的其他财产”是兜底性条款，依据该兜底性条款的规定，只要法律未明确禁止抵押的都可以作为抵押财产予以抵押。本案中，当事人将焦化产能作为抵押财产担保债权的实现。焦化产能虽不属于本条所明确列举的可抵押的抵押财产，但焦化产能作为一种新型财产权利，具有交换价值，且我国相关法律法规中并未禁止其作为抵押财产进行抵押。因此，涉案焦化产能可以成为抵押财产。

第三百九十六条　【动产浮动抵押】

企业、个体工商户、农业生产经营者可以将现有的以及将有的生产设备、原材料、半成品、产品抵押，债务人不履行到期债务或者发生当事人约定的实现抵押权的情形，债权人有权就抵押财产确定时的动产优先受偿。

本条来源

《物权法》第一百八十一条规定：“经当事人书面协议，企业、个体工商户、农业生产经营者可以将现有的以及将有的生产设备、原材料、半成品、产品抵押，债务人不履行到期债务或者发生当事人约定的实现抵押权的情形，债权人有权就实现抵押权时的动产优先受偿。”本条在此基础上，删去“经当事人书面协议”，将“实现抵押权时”改为“抵押财产确定时”，该修改结果与《物权法》第一百九十六条（物权编第四百一十一条）的规定衔接更合理。

立法演变

物权编一审稿第一百八十七条规定：“企业、个体工商户、农业生产经营者可以将现有的以及将有的生产设备、原材料、半成品、产品抵押，债务人不履行到期债务或者发生当事人约定的实现抵押权的情形，债权人有权就抵押财产确定时的动产优先受偿。”此后各稿延续了一审稿的规定。

条文释义

本条是关于动产浮动抵押的规定。

所谓动产浮动抵押，是指权利人以其现有的以及将来可以取得的全部财产设定抵押以担保其债务，在债务人不履行到期债务或者发生当事人约定的实现抵押权的情形时，债权人有权就抵押财产确定时的动产优先受偿。除以发生债务人不履行到期债务或者发生当事人约定的实现抵押权的情形为实现条件，以及债权人享有优先受偿权外，依本条规定浮动抵押具有以下特征。

一、动产浮动抵押的设立主体具有特定性

可以设立动产浮动抵押的主体仅限于企业、个体工商户、农业生产经营者。动产浮动抵押制度的设立目的在于提高中小企业以及个体经济体的融资能力，促进经济发展，因此可以设立动产浮动抵押的主体均为经营性主体。而非经营性主体以及非从事生产经营活动的自然人都不可以设立动产浮动抵押。

二、动产浮动抵押的担保具有浮动性

所谓浮动性，是指抵押财产具有不特定性，处于变动的状态。动产浮动抵押人用以担保债权的财产是其现有的及其将来会取得的财产，一方面抵押财产并不具有特定性，另一方面抵押财产的价值与范围会因日常生产经营活动的进行而发生变动。这是对传统抵押财产须为特定化财产的突破，使得动产浮动抵押人在设立抵押后仍能充分行使其对动产享有的占有、使用、收益以及处分的权利，排除了抵押对正常生产经营活动的影响，有利于提高抵押的灵活性和融资功能，从而促进经济的发展。

三、抵押财产限于现有的以及将有的动产

动产浮动抵押的抵押财产仅限于动产，不动产不能作为动产浮动抵押的标的，且动产的范围仅限于生产设备、原材料、半成品、产品。

四、债权人有权就抵押财产确定时的动产优先受偿

动产浮动抵押的担保具有浮动性，在抵押期间，抵押财产处于不确定状态，且抵押人对抵押财产具有经营自主权。[①] 只有在发生一定的法定或当事人约定的事由时，动产浮动抵押的抵押财产才被确定下来，不确定的抵押财产得以特定化。债权人可以就被确定下来的抵押财产优先受偿。

案例评议

汝州市三源牧业有限公司、河南和佳置业有限公司企业借贷纠纷案[②]

◆ 裁判规则

根据《物权法》第一百八十一条的规定，构成动产浮动抵押的其中两个要件是以不特定的动产作为担保标的物；设立于抵押人当时所有的财产之上，但抵押人仍有权对设押财产在日常经营范围内行使所有权的占有、使用、收益、处分权能。经查，《借款合同》第三条约定：汝源公司自愿将其全部资产作为抵押，不包含债务；若抵押期间汝源公司将抵押物再抵押、转让给第三方，视为欺诈。该约定所涉及的全部资产包括动产及不动产，且限制了汝源公司在抵押期间将抵押物再抵押、转让的权利，与动产浮动抵押的构成要件不符，无法判定双方形成了设定动产浮动抵押担保的合意。

◆ 评议

动产浮动抵押是以抵押人现有及将有的动产为抵押权人设立抵押。抵押权设立以后，抵押人仍可以进行正常的经营活动，并在正常经营活动中处分抵押财产。本案中，当事人在《借款合同》中约定，“汝源公司自愿将其全部资产

① 参见关涛：《浮动抵押刍议》，载《法学论坛》2017 年第 3 期，第 117 页。

② 最高人民法院（2017）最高法民申 1500 号民事裁定书。

作为抵押，不包含债务。若抵押期间汝源公司将抵押物再抵押、转让给第三方，视为欺诈”，该约定一方面并未明确以现有及将来所有的财产作为抵押财产的意图，同时限制抵押人对抵押财产进行抵押和转让的约定也不符合动产浮动抵押的构成要件。因此本案中当事人并未设立动产浮动抵押。

第三百九十七条 【房地一并抵押】

以建筑物抵押的，该建筑物占用范围内的建设用地使用权一并抵押。以建设用地使用权抵押的，该土地上的建筑物一并抵押。

抵押人未依据前款规定一并抵押的，未抵押的财产视为一并抵押。

本条来源

《物权法》第一百八十二条规定：“以建筑物抵押的，该建筑物占用范围内的建设用地使用权一并抵押。以建设用地使用权抵押的，该土地上的建筑物一并抵押。抵押人未依照前款规定一并抵押的，未抵押的财产视为一并抵押。”本条延续了该规定。关于房地一并抵押，《担保法》第三十六条作出了规定，可视为本条来源。

立法演变

物权编一审稿第一百八十八条规定：“以建筑物抵押的，该建筑物占用范围内的建设用地使用权一并抵押。以建设用地使用权抵押的，该土地上的建筑物一并抵押。抵押人未依照前款规定一并抵押的，未抵押的财产视为一并抵押。”此后各稿延续了一审稿的规定。终稿将“依照”改为“依据”，规范法律用语，其他保持不变。

条文释义

本条是关于房地一并抵押的规定。

建筑物与土地具有不可分离的依附关系，因此我国在建筑物以及土地使用权的抵押方面采用“地随房走”“房随地走”的原则，即在抵押时建筑物与土地被视为不可分割的整体，应当一并抵押。本条便是“地随房走”“房随地走”

的原则的具体体现。本条规定具体包含以下几方面内容。

一、以建筑物抵押的，该建筑物占用范围内的建设用地使用权一并抵押

该规定是“地随房走”原则的具体体现，以地上建筑物设立抵押的，该建筑物占用范围内的建设用地使用权应当一并抵押，而不能单独抵押建筑物。一并抵押的建设用地使用权限于被抵押建筑物所占土地范围内的建设用地使用权，而不能随意扩大到建筑物所占土地范围之外的建设用地使用权。值得注意的是，“地随房走”仅适用于国有土地上的建筑物以及集体所有土地上的乡镇、村企业的厂房等建筑物的抵押，而集体土地上的其他建筑物的抵押，因其本身的不可抵押性，不能适用“地随房走”原则。

二、以建设用地使用权抵押的，该土地上的建筑物一并抵押

该规定是“房随地走”原则的具体体现，以建设用地使用权抵押的，该土地上的建筑物应一并抵押。“土地上的建筑物”是指以被抵押土地为基础建造起来的建筑物。该建筑物应为建设用地使用权抵押生效时以及之前就存在于该土地上的建筑物，而作为建设用地使用权抵押生效时并未存在于该土地上的建筑物，抵押权的效力并不及于。

三、抵押人未依据前款规定一并抵押的，未抵押的财产视为一并抵押

虽然法律规定房地须一并抵押，但在实践中仍然常有当事人仅抵押建筑物而未一并抵押建筑物占用土地范围内的建设用地使用权或仅抵押建设用地使用权而未抵押土地上建筑物的情形，在此种抵押人未依据“地随房走”“房随地走”的有关规定一并抵押的情形下，法律推定当事人将房地一并抵押，发生一并抵押的法律后果。① 这属于法律的强制性规定，当事人之间即便存有仅对建筑物或建设用地使用权单独抵押的约定，也不排除本条的适用。

法条关联

◆《城市房地产管理法》

第三十二条 房地产转让、抵押时，房屋的所有权和该房屋占用范围内的土地使用权同时转让、抵押。

---

① 朱晓喆：《房、地分离抵押的法律效果——〈物权法〉第 182 条的法律教义学分析》，载《华东政法大学学报》2010 年第 1 期，第 15 页。

◆《城镇国有土地使用权出让和转让暂行条例》

第三十三条　土地使用权抵押时，其地上建筑物、其他附着物随之抵押。

地上建筑物、其他附着物抵押时，其使用范围内的土地使用权随之抵押。

◆《城市房地产抵押管理办法》

第四条　以依法取得的房屋所有权抵押的，该房屋占用范围内的土地使用权必须同时抵押。

第十一条　以在建工程已完工部分抵押的，其土地使用权随之抵押。

案例评议

昆明市五华区农村信用合作联社长春信用社、西双版纳汇邦房地产开发有限公司借贷纠纷案[①]

◆ **裁判规则**

以建筑物抵押的，该建筑物占用范围内的建设用地使用权一并抵押。以建设用地使用权抵押的，该土地上的建筑物一并抵押。抵押人未依照前款规定一并抵押的，未抵押的财产视为一并抵押。法律所规定的房地一并抵押仅及于该房屋占用范围内的土地，而不能要求产权证占用范围外的土地也纳入抵押范围。

◆ **评议**

“房地一并抵押”规则的适用中，抵押人以建筑物进行抵押的，该建筑物占用范围内的建设用地使用权一并抵押。一方面，抵押人以建筑物进行抵押的，建设用地使用权也应一并抵押。另一方面，该一并抵押的建设用地使用权的范围仅限于被抵押建筑物占用范围内的建设用地使用权。本案中，辉煌公司为禄达公司借款提供担保并用其房产作为最高额抵押，并办理了房屋抵押登记。虽未办理建设用地使用权抵押登记，但根据“房地一并抵押”规定，建设用地使用权依法随建筑物一并抵押，但长春信用社所享有的抵押权仅及于被抵押建筑物占用范围之内的建设用地使用权，即仅对涉案建筑物所占用面积为666.67平方米的土地享有抵押权。因此，长春信用社主张其对辉煌公司8102.03平方米的国有土地使用权均享有抵押权并无法律依据。

---

① 最高人民法院（2018）最高法民申624号民事裁定书。

第三百九十八条　【乡镇、村企业建设用地使用权的抵押】

乡镇、村企业的建设用地使用权不得单独抵押。以乡镇、村企业的厂房等建筑物抵押的，其占用范围内的建设用地使用权一并抵押。

本条来源

《物权法》第一百八十三条规定：“乡镇、村企业的建设用地使用权不得单独抵押。以乡镇、村企业的厂房等建筑物抵押的，其占用范围内的建设用地使用权一并抵押。”本条延续了该规定。此外，《担保法》第三十六条还对乡镇、村企业建设用地使用权的抵押作出了规定。

立法演变

物权编一审稿第一百八十九条规定：“乡镇、村企业的建设用地使用权不得单独抵押。以乡镇、村企业的厂房等建筑物抵押的，其占用范围内的建设用地使用权一并抵押。”此后各稿延续了一审稿的规定。

条文释义

本条是关于乡镇、村企业建设用地使用权抵押的规定。

本条贯彻了“房随地走”“地随房走”的抵押原则，规定一方面乡镇、村企业的建设用地使用权不得单独抵押；另一方面以乡镇、村企业的厂房等建筑物抵押的，其占用范围内的建设用地使用权一并抵押。由于农村集体土地资源的有限性及稀缺性，对于农村集体土地（尤其是耕地），我国实行特殊的保护，严格限制农用土地转为建设用地。为满足乡镇、村经济发展的需要，法律特别允许乡镇、村企业经依法批准使用农村集体所有的土地。此外，为解决乡镇、村企业资金不足、融资困难的问题，本条赋予乡镇、村企业建设用地使用权与国有土地建设用地使用权同等的法律地位，允许乡镇、村企业建设用地使用权在符合法律规定的条件下，作为抵押财产对债权进行担保。为防止乡镇、村企业建设用地使用权的任意抵押，本条对乡镇、村企业建设用地使用权的抵押作出了严格的限定，乡镇、村企业建设用地使用权不能作为抵押财产进行单独抵押，只有在乡镇、村企业的厂房等建筑物抵押时，才须遵循“地随房走”的原则，与乡镇、村企业的厂房等建筑物一并抵押。且一并抵押的乡镇、村企业建设用地使用权应为乡镇、村企业的厂房等建筑物占用范围内的。

法条关联

◆《乡镇企业法》

第二条　本法所称乡镇企业，是指农村集体经济组织或者农民投资为主，在乡镇（包括所辖村）举办的承担支援农业义务的各类企业。

前款所称投资为主，是指农村集体经济组织或者农民投资超过百分之五十，或者虽不足百分之五十但能起到控股或者实际支配作用。

乡镇企业符合企业法人条件的，依法取得企业法人资格。

案例评议

上诉人凌海市农村信用合作联社与被上诉人凌海市林志达食品有限责任公司、王某志等金融借款合同纠纷案①

◆ **裁判规则**

被上诉人为向上诉人借款将公司院内的四处房产及集体建设用地使用权抵押给上诉人并办理了抵押登记。《物权法》规定乡镇、村企业的建设用地使用权不得单独抵押。以乡镇、村企业的厂房等建筑物抵押的，其占用范围内的建设用地使用权一并抵押，从该立法精神看，我国对乡镇、村企业集体建设用地使用权抵押问题采取严格限制的态度，无论集体土地上有无建筑物，均禁止乡镇、村企业以建设用地使用权单独抵押，但允许其以建设用地使用权随厂房等建筑物一并抵押。因本案中双方对集体建设用地使用权办理了抵押，违反了法律强制性规定，故集体建设用地使用权抵押无效。同时因双方以被上诉人公司院内的四处房产设立了抵押，根据上述法律规定，该四处房产占用范围内的集体建设用地使用权一并抵押。在实现抵押权后，未经法定程序不得改变土地所有权的性质和土地的用途。

◆ **评议**

法律禁止乡镇、村企业的建设用地使用权作为抵押物进行单独抵押，单独

① 辽宁省锦州市中级人民法院（2015）锦民终字第00486号民事判决书。

以乡镇、村企业的建设用地使用权抵押的，应以违反法律强制性规定而认定为无效。乡镇、村企业以厂房等建筑物进行抵押的，其占用范围内的建设用地使用权一并抵押，但设立抵押的建设用地使用权范围超出被抵押建筑物范围的，超出部分无效。

第三百九十九条　【禁止抵押的财产】

下列财产不得抵押：

（一）土地所有权；

（二）宅基地、自留地、自留山等集体所有土地的使用权，但是法律规定可以抵押的除外；

（三）学校、幼儿园、医疗机构等为公益目的成立的非营利法人的教育设施、医疗卫生设施和其他公益设施；

（四）所有权、使用权不明或者有争议的财产；

（五）依法被查封、扣押、监管的财产；

（六）法律、行政法规规定不得抵押的其他财产。

本条来源

《物权法》第一百八十四条规定："下列财产不得抵押：（一）土地所有权；（二）耕地、宅基地、自留地、自留山等集体所有的土地使用权，但法律规定可以抵押的除外；（三）学校、幼儿园、医院等以公益为目的的事业单位、社会团体的教育设施、医疗卫生设施和其他社会公益设施；（四）所有权、使用权不明或者有争议的财产；（五）依法被查封、扣押、监管的财产；（六）法律、行政法规规定不得抵押的其他财产。"本条在此基础上规范法律用语，删去第二项中的"耕地"，将第三项的"医院"改为"医疗机构"，将"事业单位、社会团体"改为"成立的非营利法人"，删去"公益设施"前的"社会"二字。关于禁止抵押的财产，在《民法通则》《海关法》等法律中均有规定，如《民法通则》第八十条及第八十一条分别规定土地，国家所有的矿藏、水流，国家所有的和法律规定属于集体所有的林地、山岭、草原、荒地、滩涂禁止抵押，《海关法》第三十七条规定海关监管货物禁止抵押等。终稿调整语句结构，将第三项“以公益为目的”改为“为公益目的”。

立法演变

物权编一审稿第一百九十条规定：“下列财产不得抵押：（一）土地所有权；（二）耕地、宅基地、自留地、自留山等集体所有的土地使用权，但法律规定可以抵押的除外；（三）学校、幼儿园、医疗机构等以公益为目的的组织的教育设施、医疗卫生设施和其他公益设施；（四）所有权、使用权不明或者有争议的财产；（五）依法被查封、扣押、监管的财产；（六）法律、行政法规规定不得抵押的其他财产。”二审稿删去第二项的“耕地”，将第三项的“的组织”改为“成立的非营利法人”。此后各稿延续了二审稿的规定。

条文释义

本条是关于禁止抵押财产的规定。

为明确禁止抵押财产的范围，本条对禁止抵押财产进行了列举性的规定。依本条规定，禁止抵押的财产包括以下范围。

一、土地所有权

我国实行土地公有制，土地所有权归国家及集体所有。[①] 在土地公有制下，土地所有权的流转受到严格的限制，土地所有权禁止作为买卖的标的。若允许土地所有权抵押，可能会导致土地所有权转为公民所有的情况发生，这明显违背了我国的社会主义土地公有制。因此，土地所有权禁止抵押。

二、宅基地、自留地、自留山等集体所有的土地使用权，但是法律规定可以抵押的除外

集体所有土地具有其特殊性，其不仅关系到农村经济的发展，还关系到广大农民的安身立命之本，因此我国法律对集体所有土地使用权的流转进行了严格的限制。为满足农村经济发展以及农村土地市场的客观需求，我国对耕地使用权不得抵押的有关规定进行调整，允许耕地使用权在符合法律规定的条件下进行抵押。而宅基地、自留地、自留山等涉及农民生活基本保障以及农民根本

---

① 参见郭明瑞：《担保法》，法律出版社 2010 年版，第 102 页。

利益的集体所有土地使用权，本条仍禁止其进行抵押。但法律规定可以抵押的除外，如本法第三百八十九条所规定的乡镇、村企业建设用地使用权。

三、学校、幼儿园、医疗机构等为公益目的成立的非营利法人的教育设施、医疗卫生设施和其他公益设施

首先，学校、幼儿园等涉及我国的社会主义教育事业，一旦学校、幼儿园等教育机构的教育设施被抵押，将会在债务人不履行到期债务时面临被拍卖、变卖的结果，这将严重影响到有关教育活动的进行，从而影响社会主义教育事业的发展。[①] 其次，医疗机构的医疗卫生设施事关在院治疗以及其他公民的生命、健康救治问题，一旦抵押，其抵押权的实现将会对公民的健康权益即社会公共利益造成重大的影响。最后，本条所规定的其他社会公益设施，应指除学校、幼儿园、医疗机构外，为公益目的成立的非营利法人，如非营利目的的图书馆、博物馆、美术馆、敬老院等。

四、所有权、使用权不明或者有争议的财产

抵押权的设立以抵押人对抵押财产享有所有权或处分权为要件之一。只有抵押人对抵押财产享有所有权或处分权，债权人在实现抵押权时才能顺利就抵押财产拍卖、变卖以及折价所得价款优先受偿，否则将会因抵押人无权处分抵押财产而无法实现抵押权，债权人的债权也无法获得相应的保障。为防止争议的发生，以及保障债权人债权的实现，本条禁止所有权、使用权不明或者有争议的财产抵押。

五、依法被查封、扣押、监管的财产

查封，是指人民法院或者有权的行政机关依法采取强制措施，将财产就地贴上封条封存，并禁止任何人占有、使用、处分该财产。扣押，是指人民法院或者有权的行政机关依法将财产运送到另外的场所进行扣留，并禁止任何人在扣留期间占有、使用、处分该财产。监管，是指行政机关依法对特定的财产进行监督、管理，如海关依法对自进境起到办结海关手续的进口货物进行监管，对违反海关法和其他有关法律法规规定的进出境货物、物品予以扣留。依法被查封、扣押、监管的财产共同点在于有关权利人在此期间均丧失对该财产占有、使用、处分的权利，无权处分该财产，也就意味着该财产不得抵押。

---

① 参见王胜明：《中华人民共和国物权法释义》，中国法制出版社2007年版，第396页。

六、法律、行政法规规定不得抵押的其他财产

本项属于兜底性条款，对于本条未列举，但其他法律、行政法规规定不得抵押的其他财产，也属于禁止抵押财产的范围。

法条关联

◆《海关法》

第三十七条　海关监管货物，未经海关许可，不得开拆、提取、交付、发运、调换、改装、抵押、质押、留置、转让、更换标记、移作他用或者进行其他处置。

海关加施的封志，任何人不得擅自开启或者损毁。

人民法院判决、裁定或者有关行政执法部门决定处理海关监管货物的，应当责令当事人办结海关手续。

◆《文物保护法》

第二十四条　国有不可移动文物不得转让、抵押。建立博物馆、保管所或者辟为参观游览场所的国有文物保护单位，不得作为企业资产经营。

第二十五条　非国有不可移动文物不得转让、抵押给外国人。

非国有不可移动文物转让、抵押或者改变用途的，应当根据其级别报相应的文物行政部门备案。

◆《宗教事务条例》

第五十四条　宗教活动场所用于宗教活动的房屋、构筑物及其附属的宗教教职人员生活用房不得转让、抵押或者作为实物投资。

◆《民用爆炸物品安全管理条例》

第三条　国家对民用爆炸物品的生产、销售、购买、运输和爆破作业实行许可证制度。

未经许可，任何单位或者个人不得生产、销售、购买、运输民用爆炸物品，不得从事爆破作业。

严禁转让、出借、转借、抵押、赠送、私藏或者非法持有民用爆炸物品。

◆《典当管理办法》

第二十七条　典当行不得收当下列财物：

（一）依法被查封、扣押或者已经被采取其他保全措施的财产；

（二）赃物和来源不明的物品；

（三）易燃、易爆、剧毒、放射性物品及其容器；

（四）管制刀具，枪支、弹药，军、警用标志、制式服装和器械；

（五）国家机关公文、印章及其管理的财物；

（六）国家机关核发的除物权证书以外的证照及有效身份证件；

（七）当户没有所有权或者未能依法取得处分权的财产；

（八）法律、法规及国家有关规定禁止流通的自然资源或者其他财物。

案例评议

李某中与东莞市百盛投资发展有限公司、郑某辉借款合同纠纷案①

◆ 裁判规则

百盛公司为案涉债务提供担保，先后与李某中签署抵押担保合同，就案涉土地为郑某辉的借款提供抵押担保进行具体约定。国土资源局与百盛公司签订了《国有土地使用权出让合同》，该合同出让宗地的总体规划是建设学校及配套设施项目。原判决以百盛公司未证明出让宗地与案涉土地之间的关系，进而未证明案涉土地上建成的是否为教育设施为由，认定涉案抵押合同有效。根据本院再审查明，案涉土地是宗地的一部分，上盖建筑物应当认定为教育设施。依据《民办教育促进法》《担保法》及《物权法》之规定，案涉土地属于学校类教育公益设施，系法律规定不得抵押的设施。以该土地使用权设定的抵押因违反上述法律强制性规定，当属无效。虽然案涉土地的登记用途为“商业”，但案涉地块上建有教育公益设施已是事实。依据《物权法》第一百八十二条规定的房地一体原则，涉案土地上为教育设施，故土地亦不能作为抵押物。因此，案涉两份抵押担保合同因违反了法律强制性规定而无效。

◆ 评议

学校、幼儿园等以公益为目的成立的非营利法人的教育设施是法定不能抵押的财产。本案中，涉案土地虽属商业用地，但该土地上建有体育中心、水上乐园、艺术广场等教育配套设施，属于法定不得抵押的财产范围之内。根据

① 最高人民法院（2016）最高法民再335号民事判决书。

"房屋一体"原则，上述教育配套设施占用范围内土地的建设用地使用权也不得抵押。

第四百条　【抵押合同的形式与内容】

设立抵押权，当事人应当采用书面形式订立抵押合同。

抵押合同一般包括下列条款：

（一）被担保债权的种类和数额；

（二）债务人履行债务的期限；

（三）抵押财产的名称、数量等情况；

（四）担保的范围。

本条来源

《物权法》第一百八十五条规定："设立抵押权，当事人应当采取书面形式订立抵押合同。抵押合同一般包括下列条款：（一）被担保债权的种类和数额；（二）债务人履行债务的期限；（三）抵押财产的名称、数量、质量、状况、所在地、所有权归属或者使用权归属；（四）担保的范围。"本条在此基础上，将第三项的"质量、状况、所在地、所有权归属或者使用权归属"改为"等情况"。关于担保合同的形式及内容，《担保法》第三十八条及第三十九条作出了相应的规定，可视为本条来源。

立法演变

物权编一审稿第一百九十一条规定："设立抵押权，当事人应当采取书面形式订立抵押合同。抵押合同一般包括下列条款：（一）被担保债权的种类和数额；（二）债务人履行债务的期限；（三）抵押财产的名称、数量、质量、状况、所在地、所有权归属或者使用权归属；（四）担保的范围。"二审稿对应地将"质量、状况、所在地、所有权归属或者使用权归属"改为"等情况"。此后各稿延续了二审稿的规定。

条文释义

本条是关于抵押合同行使与内容的规定。

抵押权可分为法定抵押权和约定抵押权，本条是关于约定抵押权的规定。所谓约定抵押权，是指基于当事人之间所订立的抵押合同而设立的抵押权。① 依本条规定，约定抵押权的设立应采用书面抵押合同的形式，且该书面抵押合同一般包含以下内容。

一、被担保债权的种类和数额

抵押权是以担保主合同的实现为设立目的，其以主债权的存在为前提条件。且作为一般抵押权，其所担保的债权应是已经发生且特定的。因此，在抵押合同中应载明抵押权所担保的债权的种类以及数额，进而对所担保的债权进行特定化。其中，债权的种类是指被担保的主债权的类型，包含买卖合同、借款合同、租赁合同等；债权的数额是指被担保的主债权的标的额，其是限定抵押人担保责任的标准之一。

二、债务人履行债务的期限

所谓债务人履行债务的期限，是指债务人履行还债义务进行债务清偿的期限。抵押权实现的前提条件就是债务人到期仍未履行债权或发生当事人之间约定的实现抵押权的事由。债务人到期未履行债务作为抵押权实现的前提条件，其对抵押人及抵押权人的利益都有着至关重要的意义。因此，在抵押合同中应明确记载债务人履行债务的期限。

三、抵押财产的名称、数量等情况

抵押权作为物权的一种，其权利客体具有特定性，即作为抵押物的财产应当是特定的。为将抵押物特定化，抵押权合同中有必要明确记载抵押财产的名称、数量等情况。

四、担保的范围

所谓担保的范围，是指抵押人所担保的债权的范围，即抵押人的担保责任范围。抵押权人能够从抵押物变价、拍卖、变卖所得价款中优先受偿多少金额，取决于抵押权所担保的范围。当事人之间可以在抵押合同中对担保合同的范围

① 参见王利明：《物权法研究（第四版）（下卷）》，中国人民大学出版社2016年版，第1155页。

进行约定，担保的范围一般包括主债权、利息、违约金、损害赔偿金、保管抵押物的费用以及实现抵押权的费用等。当事人之间未就担保的范围进行约定的，应按照本编第三百八十九条的规定确定担保的范围。

法条关联

◆《城市房地产管理法》

第五十条　房地产抵押，抵押人和抵押权人应当签订书面抵押合同。

◆《城市房地产抵押管理办法》

第二十五条　房地产抵押，抵押当事人应当签订书面抵押合同。

案例评议

中国东方资产管理股份有限公司江苏省分公司、江苏大成房地产开发有限公司合同纠纷案①

◆ **裁判规则**

当事人签订的《抵押合同》第四条约定，江苏大成公司具体担保范围包括《债务重组协议》项下的债务本金、利息、罚息、复利、违约金、损害赔偿金、财务顾问费、实现债权的费用和其他所有应付费用。该合同系双方当事人真实意思表示，内容不违反法律和行政法规规定，应属有效合同。当事人签订《抵押合同》后，就合同约定的抵押物办理了抵押登记，但案涉他项权利证书中，仅在“债权数额”栏目中记载了《债务重组协议》中确认的债权本金，该权利证书中并无“担保范围”的记载。而根据《物权法》第一百八十五条的规定，“债权数额”与“担保范围”分属他项权利证书中应当登记的两项内容，二者并非同一概念。原审判决将案涉他项权利证书中记载的“债权数额”理解为“担保范围”的记载，并据此认定抵押物登记记载的内容与抵押合同约定的内容不一致，以及本案优先受偿权的范围为上述他项权利证书中记载的“债权数额”，适用法律不当。《物权法》第一百七十三条规定，担保物权的担保范围包括主债权及其利息、违约金、损害赔偿金、保管担保财产和实现担保物权的费用。

---

①　最高人民法院（2019）最高法民再69号民事判决书。

当事人另有约定的，按照约定。由此，本案抵押物的担保范围依照《抵押合同》的约定进行确定，既符合双方当事人的真实意思表示，也符合法律规定。

◆ **评议**

本条对抵押合同内容作出了规定，抵押合同一般包括被担保债权的种类和数额，债务人履行债务的期限，抵押财产的名称、数量等情况，担保的范围等条款。其中担保范围，是指抵押人所担保的债权的范围，即抵押人的担保责任范围。所谓的债权数额，是指被担保的主债权的标的额，是限制担保范围的条件之一。一般情况下，担保的范围所涉及的金额并不等同于债权的数额，其一般小于或等于债权的数额。原审法院将"债权数额"理解为"担保范围"确属不当。本条对抵押合同内容的规定并非属于强制性规定，其只起到为当事人签订抵押合同提供指引的作用，当事人可以在法律允许的范围内对抵押合同的内容进行自由约定。当事人在抵押合同中对担保范围存有约定的，应依其约定确定担保范围。本案中，虽权利证书中并无"担保范围"的记载，但当事人对担保范围进行了约定，并明确记载在其所签订的《抵押合同》中。因而本案应以该《抵押合同》中所记载的担保范围确定担保责任的范围。

第四百零一条 【流押契约】

抵押权人在债务履行期限届满前，与抵押人约定债务人不履行到期债务时抵押财产归债权人所有的，只能依法就抵押财产优先受偿。

本条来源

《物权法》第一百八十六条规定："抵押权人在债务履行期届满前，不得与抵押人约定债务人不履行到期债务时抵押财产归债权人所有。"本条在此基础上，新增"只能依法就抵押财产优先受偿"。关于禁止流押契约，《担保法》第四十条进行了明确规定，可视为本条来源。

立法演变

物权编一审稿、二审稿第一百九十二条均规定："抵押权人在债务履行期届满前，不得与抵押人约定债务人不履行到期债务时抵押财产归债权人所有。"征求意见稿修改了不得约定流押契约的规定，改为当事人约定流押契约后，只能依法就抵押财产优先受偿。

条文释义

本条是关于流押契约的规定。

所谓流押契约，是指当事人双方在设立抵押或质押时，在担保合同中约定，债务履行期限届满而担保权人尚未受清偿时，担保物的所有权转移给债权人所有。[①] 广义的流押契约包含了流抵契约与流质契约，其分别存在于抵押与质押中。本条所规定的是抵押中的流押契约。原《物权法》为了保护债务人的权益，防止债权人利用优势地位而强迫债务人与其签订流押契约，所以禁止在抵押和质押中签订此类契约。流押契约和流质契约的禁止性规定在学术界一直备受争议，从域外立法例看逐渐放开了对该类契约的绝对性禁止，例如像2006年法国就在其原担保法的基础上修改并承认了流押契约的效力；这次物权编一二审稿仍旧规定“抵押权人在债务履行期届满前，不得与抵押人约定债务人不履行到期债务时抵押财产归债权人所有”。但在立法过程中有学者、单位建议，当前营商环境正在逐步优化，物权法律规范也应服务于此，放宽对流押契约的绝对性限制，更加突出对当事人意思自治的尊重，所以物权编就此作出重大修改：在抵押关系中如果当事人已经明确约定了流押契约，法律仍然赋予抵押权人应有的担保权益，但也明确规定抵押权人只能依法就抵押财产优先受偿。

案例评议

管某与梁某1、梁某2民间借贷纠纷案[②]

◆ **裁判规则**

本案双方所签《借款合同》约定，梁某1未能按照合同履行还款约定时，管某有权在不通知梁某1的情况下，申请相关的政府机构强制过户抵押物。从该约定内容看，虽与《物权法》第一百八十六条即“抵押权人在债务履行期届满前，不得与抵押人约定债务人不履行到期债务时抵押财产归债权人所有”的

---

① 参见史尚宽：《物权法论》，中国政法大学出版社2000年版，第305页。

② 最高人民法院（2018）最高法民申2919号民事裁定书。

规定不完全吻合，但亦属于“抵押财产归债权人所有”的一种形式。但更为准确地讲，本案当事人已经以签订《郑州高新区房地产抵押合同》并办理抵押登记的方式，对该条款约定的债权实现方式进行了变更，即管某应就抵押房产以主张抵押权的方式实现其债权，而不再是“申请相关的政府机构强制过户抵押物”，故该条款有效与否并不影响双方权利义务的认定。

◆ **评议**

本案管某与梁某1所签订的《借款合同》中，关于“梁某1未能按照合同履行还款约定时，管某有权在不通知梁某1的情况下，申请相关的政府机构强制过户抵押物”的约定，即为在债务履行期届满前，作为债权人的管某与作为债务人及抵押人的梁某1约定，债务人梁某1不履行到期债务时抵押财产归债权人所有。该约定属于本条所规定的流押契约，我国法律禁止当事人之间订立流押契约，该条约定应认定为因违反法律强制性规定而无效。但《借款合同》中除关于流押契约的约定外，当事人之间权利义务的约定仍有效。

第四百零二条　【不动产抵押登记】

以本法第三百九十五条第一款第一项至第三项规定的财产或者第五项规定的正在建造的建筑物抵押的，应当办理抵押登记。抵押权自登记时设立。

本条来源

《物权法》第一百八十七条规定：“以本法第一百八十条第一款第一项至第三项规定的财产或者第五项规定的正在建造的建筑物抵押的，应当办理抵押登记。抵押权自登记时设立。”本条延续了该规定，仅是修改了法条序号。

立法演变

物权编一审稿第一百九十三条规定：“以本法第一百八十六条第一款第一项至第三项规定的财产或者第五项规定的正在建造的建筑物抵押的，应当办理抵押登记。抵押权自登记时设立。”此后各稿延续了一审稿的规定。

条文释义

本条是关于不动产抵押登记的规定。

本条所规定的不动产抵押为广义的不动产抵押，其既包括不动产抵押，也包括不动产上用益物权的抵押。本条中所规定的不动产范围仅包含建筑物和其他土地附着物、建设用地使用权、海域使用权以及正在建造的建筑物。依本条规定，不动产抵押应采用登记生效主义，具体包含以下几方面内容。

一、以不动产设定抵押的应当登记

根据物权公示原则，物权的设立、变动、消灭都应通过法定的方式向社会进行公示，以获得社会承认以及法律的保护。物权公示的方式包括交付和登记，① 一般情况下动产的物权变动采用交付的公示方式，不动产的物权变动采用登记的公示方式。本条所规定的建筑物和其他土地附着物、建设用地使用权、海域使用权以及正在建造的建筑物均为法律规定须以登记为公示方式的不动产。设立抵押权也属于物权变动的一种，理应进行登记。规定不动产抵押设立应当登记，一方面可以提高抵押的公信力，强化担保效力；另一方面可以维护第三人的信赖利益，维护交易安全。

二、不动产抵押权自登记时设立

不动产抵押权采用登记生效主义，即不动产抵押权自登记时生效，未登记的，不动产抵押权不发生效力。抵押权的生效以登记为要件，登记与否并不影响抵押合同的效力。抵押权未登记的，抵押合同仍然在合同当事人之间发生效力，但债权人不享有抵押权。对于抵押合同已经生效，但因抵押人违反合同约定拒绝办理抵押登记而导致抵押权未生效的，抵押权人可以向法院请求判决抵押人办理抵押登记，或要求抵押人承担违约责任。

法条关联

◆**《城市房地产管理法》**

第六十二条　房地产抵押时，应当向县级以上地方人民政府规定的部门办理抵押登记。

---

① 参见王利明：《物权法定原则》，载《北方法学》2007 年第 1 期，第 8 页。

因处分抵押房地产而取得土地使用权和房屋所有权的，应当依照本章规定办理过户登记。

◆《不动产登记暂行条例》

第十九条 属于下列情形之一的，不动产登记机构可以对申请登记的不动产进行实地查看：

（一）房屋等建筑物、构筑物所有权首次登记；

（二）在建建筑物抵押权登记；

（三）因不动产灭失导致的注销登记；

（四）不动产登记机构认为需要实地查看的其他情形。

对可能存在权属争议，或者可能涉及他人利害关系的登记申请，不动产登记机构可以向申请人、利害关系人或者有关单位进行调查。

不动产登记机构进行实地查看或者调查时，申请人、被调查人应当予以配合。

◆《最高人民法院关于审理商品房买卖合同纠纷案件适用法律若干问题的解释》

第二十六条 买受人未按照商品房担保贷款合同的约定偿还贷款，亦未与担保权人办理商品房抵押登记手续，担保权人起诉买受人，请求处分商品房买卖合同项下买受人合同权利的，应当通知出卖人参加诉讼；担保权人同时起诉出卖人时，如果出卖人为商品房担保贷款合同提供保证的，应当列为共同被告。

第二十七条 买受人未按照商品房担保贷款合同的约定偿还贷款，但是已经取得房屋权属证书并与担保权人办理了商品房抵押登记手续，抵押权人请求买受人偿还贷款或者就抵押的房屋优先受偿的，不应当追加出卖人为当事人，但出卖人提供保证的除外。

◆《最高人民法院关于房地产管理机关能否撤销错误的注销抵押登记行为问题的批复》（全文）

◆《不动产登记暂行条例实施细则》

第六十五条 对下列财产进行抵押的，可以申请办理不动产抵押登记：

（一）建设用地使用权；

（二）建筑物和其他土地附着物；

（三）海域使用权；

（四）以招标、拍卖、公开协商等方式取得的荒地等土地承包经营权；

（五）正在建造的建筑物；

（六）法律、行政法规未禁止抵押的其他不动产。

以建设用地使用权、海域使用权抵押的，该土地、海域上的建筑物、构筑物一并抵押；以建筑物、构筑物抵押的，该建筑物、构筑物占用范围内的建设用地使用权、海域使用权一并抵押。

第六十六条　自然人、法人或者其他组织为保障其债权的实现，依法以不动产设定抵押的，可以由当事人持不动产权属证书、抵押合同与主债权合同等必要材料，共同申请办理抵押登记。

抵押合同可以是单独订立的书面合同，也可以是主债权合同中的抵押条款。

第六十七条　同一不动产上设立多个抵押权的，不动产登记机构应当按照受理时间的先后顺序依次办理登记，并记载于不动产登记簿。当事人对抵押权顺位另有约定的，从其规定办理登记。

第六十八条　有下列情形之一的，当事人应当持不动产权属证书、不动产登记证明、抵押权变更等必要材料，申请抵押权变更登记：

（一）抵押人、抵押权人的姓名或者名称变更的；

（二）被担保的主债权数额变更的；

（三）债务履行期限变更的；

（四）抵押权顺位变更的；

（五）法律、行政法规规定的其他情形。

因被担保债权主债权的种类及数额、担保范围、债务履行期限、抵押权顺位发生变更申请抵押权变更登记时，如果该抵押权的变更将对其他抵押权人产生不利影响的，还应当提交其他抵押权人书面同意的材料与身份证或者户口簿等材料。

第六十九条　因主债权转让导致抵押权转让的，当事人可以持不动产权属证书、不动产登记证明、被担保主债权的转让协议、债权人已经通知债务人的材料等相关材料，申请抵押权的转移登记。

第七十条　有下列情形之一的，当事人可以持不动产登记证明、抵押权消灭的材料等必要材料，申请抵押权注销登记：

（一）主债权消灭；

（二）抵押权已经实现；

（三）抵押权人放弃抵押权；

（四）法律、行政法规规定抵押权消灭的其他情形。

第七十五条 以建设用地使用权以及全部或者部分在建建筑物设定抵押的，应当一并申请建设用地使用权以及在建建筑物抵押权的首次登记。

当事人申请在建建筑物抵押权首次登记时，抵押财产不包括已经办理预告登记的预购商品房和已经办理预售备案的商品房。

前款规定的在建建筑物，是指正在建造、尚未办理所有权首次登记的房屋等建筑物。

第七十六条 申请在建建筑物抵押权首次登记的，当事人应当提交下列材料：

（一）抵押合同与主债权合同；

（二）享有建设用地使用权的不动产权属证书；

（三）建设工程规划许可证；

（四）其他必要材料。

第七十七条 在建建筑物抵押权变更、转移或者消灭的，当事人应当提交下列材料，申请变更登记、转移登记、注销登记：

（一）不动产登记证明；

（二）在建建筑物抵押权发生变更、转移或者消灭的材料；

（三）其他必要材料。

在建建筑物竣工，办理建筑物所有权首次登记时，当事人应当申请将在建建筑物抵押权登记转为建筑物抵押权登记。

◆**《最高人民法院关于转发国土资源部〈关于国有划拨土地使用权抵押登记有关问题的通知〉的通知》**（全文）

◆**《最高人民法院关于〈国土资源部办公厅关于征求为公司债券持有人办理国有土地使用权抵押登记意见函〉的答复》**（全文）

案例评议

哈尔滨市东光小额贷款有限责任公司、李某1、李某2间借贷纠纷案①

◆ **裁判规则**

《物权法》规定，以本法第一百八十条第一款第一项至第三项规定的财产

① 最高人民法院（2019）最高法民申1808号民事裁定书。

或者第五项规定的正在建造的建筑物抵押的，应当办理抵押登记。抵押权自登记时设立。本案中虽然2016003号《抵押合司》、2016004号《抵押合同》第七条均约定对东光公司出借给开宇公司的借款，在到期得不到全部清偿时对余额部分由李某1、李某2承担抵押担保责任。但是，与2016003号《抵押合同》、2016004号《抵押合同》相对应的两份《房屋抵押登记审批表》的内容均显示，该两份《抵押合同》担保的只是借款人为赵某的2016001号《借款合同》，而不是2015001号《借款合同》。所以2016003号《抵押合同》、2016004号《抵押合同》对东光公司与开宇公司的2015001号《借款合同》并未依法办理登记，抵押权并未依法设立。

◆ **评议**

不动产抵押采取登记生效主义，抵押权自登记时设立。本案中，虽李某1、李某2均与东光公司约定，以自己所有的房产为东光公司与开宇公司之间的借款提供抵押担保，分别签订了2016003号《抵押合同》以及2016004号《抵押合同》并办理了抵押登记，但抵押登记所记载的借款人为赵某，并非东光公司。应认定李某1、李某2为东光公司提供的不动产抵押担保并未依法办理抵押登记，抵押权未依法有效设立。因此，东光公司不得就2016003号《抵押合同》以及2016004号《抵押合同》所对应的房产享有优先受偿权。

第四百零三条　【动产抵押登记】

以动产抵押的，抵押权自抵押合同生效时设立；未经登记，不得对抗善意第三人。

本条来源

《物权法》第一百八十八条规定：“以本法第一百八十条第一款第四项、第六项规定的财产或者第五项规定的正在建造的船舶、航空器抵押的，抵押权自抵押合同生效时设立；未经登记，不得对抗善意第三人。”本条在《物权法》第一百八十八条和第一百八十九条的基础上，将“以本法第一百八十条第一款第四项、第六项规定的财产或者第五项规定的正在建造的船舶、航空器抵押的”

和“企业、个体工商户、农业生产经营者以本法第一百八十一条规定的动产抵押的”改为“以动产抵押的”。关于动产抵押登记，《担保法》第四十三条进行了规定，可视为本条来源。

立法演变

物权编一审稿第一百九十四条规定：“以动产抵押的，抵押权自抵押合同生效时设立；未经登记，不得对抗善意第三人。”此后各稿延续了一审稿的规定。

条文释义

本条是关于动产抵押登记的规定。

动产物权变动采用占有的公示方式，但由于抵押并不要求转移抵押财产的占有，因此仅需当事人之间达成书面的抵押合同。本条固定包含以下内容。

一、动产抵押权自抵押合同生效时设立

动产抵押权的设立不以登记为设立要件，其以抵押合同的生效为设立要件。只要当事人之间所订立的抵押合同生效，动产抵押就依法设立，即便是当事人未对该抵押进行登记。动产抵押合同一旦订立并生效，便产生抵押权这一物权设立的效力。[①] 动产抵押权采取自抵押合同生效时设立的模式，有利于提高动产抵押交易的效率，且采取书面抵押合同的方式能够为抵押权人提供权利行使的保障。

二、动产抵押权未经登记，不得对抗善意第三人

动产抵押权采取登记对抗主义，未经登记的动产抵押权虽对抵押合同当事人具有法律效力，但不具有对抗善意第三人的效力。此处的第三人应为善意的，即其并不知道抵押财产上已经设立抵押权。若该第三人对抵押财产上已经设立抵押权知情，则属于恶意第三人，抵押权人仍可就抵押财产享有优先于该第三人的权利。此外，第三人应指对同一标的物享有物权的物权人，一般债权人不包含在内。因动产抵押属于物权，根据物权优先于债权的原理，即便动产抵押权未登记，也优先于一般债权，具有对抗一般债权人的效力。

---

① 参见谢在全：《民法物权论（上册）》，中国政法大学出版社1999年版，第63页。

法条关联

◆《民用航空法》

第十一条　民用航空器权利人应当就下列权利分别向国务院民用航空主管部门办理权利登记：

（一）民用航空器所有权；

（二）通过购买行为取得并占有民用航空器的权利；

（三）根据租赁期限为六个月以上的租赁合同占有民用航空器的权利；

（四）民用航空器抵押权。

第十二条　国务院民用航空主管部门设立民用航空器权利登记簿。同一民用航空器的权利登记事项应当记载于同一权利登记簿中。

民用航空器权利登记事项，可以供公众查询、复制或者摘录。

第十六条　设定民用航空器抵押权，由抵押权人和抵押人共同向国务院民用航空主管部门办理抵押权登记；未经登记的，不得对抗第三人。

◆《海商法》

第十三条　设定船舶抵押权，由抵押权人和抵押人共同向船舶登记机关办理抵押权登记；未经登记的，不得对抗第三人。

船舶抵押权登记，包括下列主要项目：

（一）船舶抵押权人和抵押人的姓名或者名称、地址；

（二）被抵押船舶的名称、国籍、船舶所有权证书的颁发机关和证书号码；

（三）所担保的债权数额、利息率、受偿期限。

船舶抵押权的登记状况，允许公众查询。

◆《船舶登记条例》

第二十条　对20总吨以上的船舶设定抵押权时，抵押权人和抵押人应当持下列文件到船籍港船舶登记机关申请办理船舶抵押权登记：

（一）双方签字的书面申请书；

（二）船舶所有权登记证书或者船舶建造合同；

（三）船舶抵押合同。

该船舶设定有其他抵押权的，还应当提供有关证明文件。

船舶共有人就共有船舶设定抵押权时，还应当提供三分之二以上份额或者约定份额的共有人的同意证明文件。

第二十一条 对经审查符合本条例规定的，船籍港船舶登记机关应当自收到申请之日起7日内将有关抵押人、抵押权人和船舶抵押情况以及抵押登记日期载入船舶登记簿和船舶所有权登记证书，并向抵押权人核发船舶抵押权登记证书。

第二十二条 船舶抵押权登记，包括下列主要事项：

（一）抵押权人和抵押人的姓名或者名称、地址；

（二）被抵押船舶的名称、国籍，船舶所有权登记证书的颁发机关和号码；

（三）所担保的债权数额、利息率、受偿期限。

船舶登记机关应当允许公众查询船舶抵押权的登记状况。

第二十三条 船舶抵押权转移时，抵押权人和承转人应当持船舶抵押权转移合同到船籍港船舶登记机关申请办理抵押权转移登记。

对经审查符合本条例规定的，船籍港船舶登记机关应当将承转人作为抵押权人载入船舶登记簿和船舶所有权登记证书，并向承转人核发船舶抵押权登记证书，封存原船舶抵押权登记证书。

办理船舶抵押权转移前，抵押权人应当通知抵押人。

第二十四条 同一船舶设定2个以上抵押权的，船舶登记机关应当按照抵押权登记申请日期的先后顺序进行登记，并在船舶登记簿上载明登记日期。

登记申请日期为登记日期；同日申请的，登记日期应当相同。

◆**《民用航空器权利登记条例》**

第四条 办理民用航空器所有权、占有权或者抵押权登记的，民用航空器权利人应当按照国务院民用航空主管部门的规定，分别填写民用航空器所有权、占有权或者抵押权登记申请书，并向国务院民用航空主管部门提交本条例第五条至第七条规定的相应文件。

办理民用航空器优先权登记的，民用航空器优先权的债权人应当自援救或者保管维护工作终了之日起3个月内，按照国务院民用航空主管部门的规定，填写民用航空器优先权登记申请书，并向国务院民用航空主管部门提交足以证明其合法身份的文件和有关债权证明。

第七条 办理民用航空器抵押权登记的，民用航空器的抵押权人和抵押人应当提交下列文件或者经核对无误的复印件：

（一）民用航空器国籍登记证书；

（二）民用航空器所有权登记证书或者相应的所有权证明文件；

（三）民用航空器抵押合同；

（四）国务院民用航空主管部门要求提交的其他必要的有关文件。

第八条　就两架以上民用航空器设定一项抵押权或者就同一民用航空器设定两项以上抵押权时，民用航空器的抵押权人和抵押人应当就每一架民用航空器或者每一项抵押权分别办理抵押权登记。

第十二条　国务院民用航空主管部门向民用航空器抵押权人颁发民用航空器抵押权登记证书时，应当在民用航空器权利登记簿上载明下列事项：

（一）被抵押的民用航空器的国籍、国籍标志和登记标志；

（二）抵押权人和抵押人的姓名或者名称、地址及其法定代表人的姓名；

（三）民用航空器抵押所担保的债权数额、利息率、受偿期限；

（四）民用航空器抵押权登记日期；

（五）国务院民用航空主管部门规定的其他事项。

第十四条　同一民用航空器设定两项以上抵押权的，国务院民用航空主管部门应当按照抵押权登记申请日期的先后顺序进行登记。

◆《道路交通安全法实施条例》

第四条　机动车的登记，分为注册登记、变更登记、转移登记、抵押登记和注销登记。

第八条　机动车所有人将机动车作为抵押物抵押的，机动车所有人应当向登记该机动车的公安机关交通管理部门申请抵押登记。

◆《动产抵押登记办法》（全文）

◆《机动车登记规定》

第二十二条　机动车所有人将机动车作为抵押物抵押的，应当向登记地车辆管理所申请抵押登记；抵押权消灭的，应当向登记地车辆管理所申请解除抵押登记。

第二十三条　申请抵押登记的，机动车所有人应当填写申请表，由机动车所有人和抵押权人共同申请，并提交下列证明、凭证：

（一）机动车所有人和抵押权人的身份证明；

（二）机动车登记证书；

（三）机动车所有人和抵押权人依法订立的主合同和抵押合同。

车辆管理所应当自受理之日起一日内，审查提交的证明、凭证，在机动车登记证书上签注抵押登记的内容和日期。

第二十四条 申请解除抵押登记的，机动车所有人应当填写申请表，由机动车所有人和抵押权人共同申请，并提交下列证明、凭证：

（一）机动车所有人和抵押权人的身份证明；

（二）机动车登记证书。

人民法院调解、裁定、判决解除抵押的，机动车所有人或者抵押权人应当填写申请表，提交机动车登记证书、人民法院出具的已经生效的《调解书》、《裁定书》或者《判决书》，以及相应的《协助执行通知书》。

车辆管理所应当自受理之日起一日内，审查提交的证明、凭证，在机动车登记证书上签注解除抵押登记的内容和日期。

第二十五条 机动车抵押登记日期、解除抵押登记日期可以供公众查询。

第二十六条 有本规定第九条第（一）项、第（七）项、第（八）项、第（九）项或者第二十条第（二）项规定情形之一的，不予办理抵押登记。对机动车所有人提交的证明、凭证无效，或者机动车被人民法院、人民检察院、行政执法部门依法查封、扣押的，不予办理解除抵押登记。

案例评议

刘某平、郭某明、罗某夫等其他案由执行审查案①

◆ **裁判规则**

《物权法》规定，以动产抵押的，抵押权自抵押合同生效时设立；未经登记，不得对抗善意第三人。以交通运输工具抵押的，采用登记对抗主义，即抵押登记为抵押权对抗善意第三人的要件，如若未办理抵押登记的，则不得对抗善意第三人。因此，即便本案中郭某明主张其对涉案车辆享有抵押权的理由成立，但因未办理抵押登记，不得对抗本案申请执行人，亦不能因此对涉案车辆的处分款项享有优先受偿权。根据民法基本原理，物权优先于债权，一般债权人的债权不能对抗担保物权。善意第三人一般是指对同一标的物享有物权之人，

① 广东省高级人民法院（2019）粤执复156号执行裁定书。

自抵押人处受让抵押财产或设定质权并转移占有时，并不知道该财产上已存在抵押权的受让人、质权人等，包括抵押财产的善意受让人，同一动产上的善意、后设、办理了抵押登记的抵押权人，同一动产上的善意、后设的质押人等。本案申请执行人罗某夫系被执行人刘某平的一般债权人，不属于《物权法》第一百八十八条规定的善意第三人，其一般债权不能对抗未经登记的抵押权。

◆ **评议**

动产抵押采用登记对抗主义，其自合同生效时设立，并不以登记作为生效要件。但依登记对抗主义，动产抵押未登记的，不得对抗善意第三人。根据物权优先于债权的原则，抵押权作为物权的一种，未登记动产抵押权不得对抗的善意第三人应指对同一标的物享有物权的物权人，而一般债权人不包含在善意第三人的范围之内。本案中，刘某平与郭某明在抵押借款书中，刘某平将其名下车辆抵押给郭某明，该抵押权自抵押合同生效时设立。但该抵押权未进行抵押登记，不得对抗对该车辆享有物权的第三人。本案申请执行人罗某夫与被执行人刘某平是民间借贷关系，且不存有针对上述车辆及其他担保物权，因此罗某夫为刘某平的一般债权人，不属于未登记动产抵押所不能对抗的善意第三人范围，即其不能对抗涉案抵押权。

第四百零四条　【动产抵押正常经营买受人规则】

以动产抵押的，不得对抗正常经营活动中已经支付合理价款并取得抵押财产的买受人。

本条来源

《物权法》第一百八十九条规定："企业、个体工商户、农业生产经营者以本法第一百八十一条规定的动产抵押的，应当向抵押人住所地的工商行政管理部门办理登记。抵押权自抵押合同生效时设立；未经登记，不得对抗善意第三人。依照本法第一百八十一条规定抵押的，不得对抗正常经营活动中已支付合理价款并取得抵押财产的买受人。"本条在《物权法》第一百八十八条和第一百八十九条的基础上，删去《物权法》第一百八十九条中"企业、个体工商户、农业生产经营者以本法第一百八十一条规定的动产抵押的，应当向抵押人住所地的工商行政管理部门办理登记。抵押权自抵押合同生效时设立；未经登记，不得对抗善意第三人”的规定，并将“依照本法第一百八十一条规定抵押的”改为“以动产抵押的”。

立法演变

物权编一审稿第一百九十五条规定：“以动产抵押的，不得对抗正常经营活动中已支付合理价款并取得抵押财产的买受人。”此后各稿延续了一审稿的规定。终稿将“已支付”改为“已经支付”，规范法律用语，其他保持不变。

条文释义

本条是关于动产抵押正常经营买受人规则的规定。

本条对《物权法》第一百八十九条的修改，实质上是将正常经营买受人规则的适用范围由原来的动产浮动抵押扩展到动产抵押领域，同时也以立法的形式明确了动产浮动抵押是作为动产抵押的一种特殊形态而存在。① 对于将正常经营买受人规则适用范围扩展到动产抵押领域的问题，学界存有一定的争议。有学者认为，将正常经营买受人规则适用范围扩展到动产抵押领域缺乏现行法的制度基础，且与本编规定的抵押权追及效力相矛盾。动产浮动抵押适用正常经营买受人规则是由动产浮动抵押的性质所决定的，在动产浮动抵押财产确定前，抵押财产并不确定，抵押权人对确定前的抵押财产不具有追及效力，具有合理性。而将正常经营买受人规则适用范围扩展到动产抵押领域，虽有利于买受人的利益保护，但会动摇抵押担保制度的基础。② 有学者认为，将正常经营买受人规则适用范围扩展到动产抵押领域，明确了动产抵押权和动产抵押物取得人之间的权利顺位规则，是一种值得肯定的制度创新。③ 我们认为，将正常

① 纪海龙、张玉涛：《〈民法典物权编（草案）〉中的“正常经营买受人规则”》，载《云南社会科学》2019 年第 5 期，第 106 页。

② 邹海林：《论〈民法典各分编（草案）〉“担保物权”的制度完善——以〈民法典各分编（草案）〉第一编物权为分析对象》，载《比较法研究》2019 年第 2 期，第 39 页。

③ 参见高圣平：《民法典担保物权制度修正研究——以〈民法典各分编（草案）〉为分析对象》，载《江西社会科学》2018 年第 10 期，第 10 页。

经营买受人规则适用范围扩展到动产抵押领域具有一定的合理性，具体理由包含以下几点。其一，该规则具有降低交易成本，提高经济效益的价值。一般而言，动产抵押无需进行登记，只要当事人之间存有生效的抵押合同，动产抵押权就可以有效设立。在此前提下，买受人查询动产上是否已经设立动产抵押具有一定的困难性。而在该规则下，买受人无需耗费过多时间与成本去查询标的物上是否存有抵押权，有利于降低交易成本，提高经济效益。其二，该规则较为合理地平衡了抵押人、抵押权人以及买受人之间的利益。一方面将买受人限制于正常经营活动中的买受人，从而维护了作为在正常市场经营中交易主体的合理预期（正常经营活动中交易标的物一般不具有担保负担）。另一方面抵押权人在设立抵押权时应当知晓抵押权人作为经营者的身份，也具有抵押人在正常经营活动中出售抵押物的预期，且即便抵押人将抵押物出售给买受人，抵押权人也可以要求抵押人以等价财产代替抵押物，以实现抵押权救济。其三，该规则符合动产善意取得规则。在正常经营买受人规则中，买受人可以基于善意信赖，在支付合理价款并取得抵押财产的情况下，取得抵押财产的所有权。

依本条规定，动产抵押买受人规则的适用包含以下几方面问题。其一，须为正常经营活动中的买受人。所谓正常经营活动，是指依法具有从事相关商业活动的经营资格的经营主体，在其经营范围内进行的合法交易行为。该正常经营活动所指向的应是出卖人，即动产抵押中的抵押人，而非买受人。① 此外，经营范围之内应是指出售的动产范围属于出卖人通常销售的动产，即出卖人是从事销售该抵押财产在内动产的经营者。其二，须为已经支付合理价款的买受人。所谓合理价款，应以交易时市场相同或同类产品的交易价格为参照标准。该合理价款应当是已经支付完毕，对于买受人与抵押人已经签订买卖合同并在合同中约定合理价款，但尚未支付或仅支付极少部分价款的情形，无保护该买受人的必要性。② 其三，买受人已经取得抵押财产。所谓已经取得抵押财产，是指抵押人已经将抵押财产交付给了买受人，买受人由此取得抵押财产的所有权。若买受人虽已经支付合理价款，但尚未取得抵押财产的所有权，其在法律

---

① 参见董学立：《论“正常经营活动中”的买受人规则》，载《法学论坛》2010 年第 4 期，第 90 页。

② 参见梅夏英、高圣平：《物权法教程》，中国人民大学出版社 2007 年版，第 436 页。

上仍属于买卖合同的债权人，而非抵押财产的物权人，动产抵押权作为物权仍可对抗作为一般债权人的买受人。

案例评议

永吉县京顺粮食经销有限公司与中国农业发展银行吉林市分行营业部、吉林市天程粮食购销有限公司、杨某文金融借款合同纠纷案①

◆ 裁判规则

《物权法》规定："依照本法第一百八十一条规定抵押的，不得对抗正常经营活动中已支付合理价款并取得抵押财产的买受人。"适用条件包括：成立买卖合同关系；该买卖属于正常经营活动；支付了合理价款；已取得抵押财产。当事人签订《粮食购销合同》，该合同上双方当事人的签章真实，买卖合同成立。京顺公司并未举证证明其与天程公司签订《粮食购销合同》后，实际支付了相应合同价款，但举证证明了天程公司尚欠其部分借款和粮款，主张将天程公司所欠的借款和粮款认定为支付《粮食购销合同》的价款，根据《合同法》第九十九条的规定，其主张符合关于抵销权的规定，京顺公司对涉案玉米支付了合理对价，所以四项条件均成就，京顺公司属于动产抵押中的正常经营买受人。

◆ 评议

本案涉及动产抵押正常经营买受人规则的适用。动产抵押正常经营买受人规则适用的关键在于"支付合理价款并取得抵押财产的正常经营买受人"的判断。首先，本案中天程公司作为粮食购销企业，其与京顺公司签订《粮食购销合同》收购玉米的行为属于其正常经营活动的范围。其次，判断京顺公司是否已经支付合理价款并取得抵押财产。本案京顺公司向天程公司的回款中只有一笔注明了粮款，但根据《粮食购销合同》约定的玉米单价，以及京顺公司与天程公司的其他经济往来，可以明确京顺公司实际上是以债务抵销的方式支付了合同所约定的价款。且京顺公司已经实际占有涉案玉米。综上可以判断京顺公司属于动产抵押中的正常经营买受人，本案可以适用动产抵押正常经营买受人

① 吉林省高级人民法院（2014）吉民二终字第42号民事判决书。

规则。所以抵押财产的买受人可以依法对抗抵押权人，也就是买受人可以取得抵押财产，而不受抵押权人的权利限制。

第四百零五条　【抵押权与租赁权的关系】

抵押权设立前，抵押财产已经出租并转移占有的，原租赁关系不受该抵押权的影响。

本条来源

《物权法》第一百九十条规定："订立抵押合同前抵押财产已出租的，原租赁关系不受该抵押权的影响。抵押权设立后抵押财产出租的，该租赁关系不得对抗已登记的抵押权。"本条在此基础上，将"订立抵押合同"改为"抵押权设立"，在"出租"后新增"并转移占有"，并删去"抵押权设立后抵押财产出租的，该租赁关系不得对抗已登记的抵押权"。关于抵押权与租赁权，《担保法》第四十八条规定先租后抵之情形，抵押人应书面告知承租人，且租赁合同仍然有效。此外，《最高人民法院关于适用〈中华人民共和国担保法〉若干问题的解释》第六十五条及第六十六条也分别对"先租后抵"及"先抵后租"情形下的抵押权与租赁权关系进行了规定。

立法演变

物权编一审稿第一百九十六条规定："抵押权设立前抵押财产已出租并转移占有的，原租赁关系不受该抵押权的影响。"此后各稿延续了一审稿的规定。终稿将"已……"改为"已经……"，添加标点符号，规范法律用语，其他保持不变。

条文释义

本条是关于抵押权与租赁权关系的规定。

理论上，租赁权属于债权，根据物权优先于债权的原则，租赁权不具有对抗抵押权人、取得所有权的买受人等物权人。但随着社会经济的发展，为了维护承租人尤其是不动产租赁人的权益，以维护社会的和谐稳定，民法中出现了

“买卖不破租赁”规则，从而增强了租赁权的效力。根据“买卖不破租赁”规则，在租赁权设立以后，即便所有人将出租财产转移给第三人所有，该租赁权仍对该第三人具有法律效力。本条规定是“买卖不破租赁”规则的体现。①“买卖不破租赁”规则所处理的是所有权与租赁权的关系，买受人的所有权都不得对抗成立在先的租赁权，作为效力低于所有权的抵押权当然不得对抗成立在先的租赁权。

依本条规定，抵押权设立前抵押财产已经出租并转移占有的，原租赁关系不受该抵押权的影响。其包含以下几方面内容：其一，租赁权设立以后，出租人仍可以将出租物进行抵押。租赁权所追求的是对物的使用价值，而抵押权所追求的是物的交换价值，且抵押权无需转移抵押物的占有。因而，抵押权的设立并不会影响承租人对租赁物的使用和占有，只要租赁期限少于或等于抵押权的实现期限，抵押权与租赁权就可以无冲突地并存。其二，先租后抵的，原租赁关系不受抵押权的影响。所谓原租赁关系不受影响，是指原租赁合同的主体、内容、期限等不因抵押权的设定而发生改变。设立抵押权后，设立在先的租赁权可以对抗抵押权，租赁权人仍可以依原租赁合同对租赁物享有租赁权。其三，关于优先购买权问题。依“买卖不破租赁”规则，为保护承租人的居住权益，出租人在出售房屋时应在合理期限内通知承租人，承租人在同等条件下享有优先购买该房屋的权利。在先租后抵的情形下，在抵押权实现时，承租人享有在同等条件下对抵押物的优先购买权；承租人放弃优先购买权的，可以继续向第三买受人主张租赁权。

法条关联

◆《最高人民法院关于人民法院民事执行中拍卖、变卖财产的规定》

第三十一条 拍卖财产上原有的担保物权及其他优先受偿权，因拍卖而消灭，拍卖所得价款，应当优先清偿担保物权人及其他优先受偿权人的债权，但当事人另有约定的除外。

拍卖财产上原有的租赁权及其他用益物权，不因拍卖而消灭，但该权利继续存在于拍卖财产上，对在先的担保物权或者其他优先受偿权的实现有影响的，

① 参见程啸：《中国抵押权制度的理论与实践》，法律出版社2002年版，第372页。

人民法院应当依法将其除去后进行拍卖。

◆《最高人民法院关于审理城镇房屋租赁合同纠纷案件具体应用法律若干问题的解释》

第二十条　租赁房屋在租赁期间发生所有权变动，承租人请求房屋受让人继续履行原租赁合同的，人民法院应予支持。但租赁房屋具有下列情形或者当事人另有约定的除外：

（一）房屋在出租前已设立抵押权，因抵押权人实现抵押权发生所有权变动的；

（二）房屋在出租前已被人民法院依法查封的。

案例评议

执行案外人如安公司诉贵阳银行股份有限公司遵义分行案[①]

◆ **裁判规则**

《物权法》规定，申请执行人抵押权与案外人承租权何者优先的问题，需要根据权利设立的时间先后进行判断。本案属于《物权法》第一百九十条规定的抵押权设立后抵押财产出租的情形，因此该租赁关系不得对抗已登记的抵押权。本案贵阳银行遵义分行的抵押权设定在先，如安公司所持租赁合同签订在后，因此，无论如安公司是否存在合法的承租权、是否在案涉土地上进行了添附，都不能产生阻却人民法院对案涉房产予以执行的法律效果。

◆ **评议**

抵押权设立前抵押财产已出租并转移占有的，原租赁关系不受该抵押权的影响。这一规定只适用于先租后抵的情形，但本案属于先抵后租的情形。对于先抵后租的情形，若抵押权已经依法进行登记，依据正常交易主体所应尽的注意义务，其在租赁时应尽到审查租赁财产是否已经抵押的注意义务。且对于已经登记的财产进行出租的，其抵押状况已经进行公示，承租人知道或应当知道抵押的存在，其应承担抵押带来的风险。本案涉案租赁财产为不动产，其抵押权在登记时设立。依一审法院的判决可知涉案抵押权已经设立，也即已经进行

① 贵州省高级人民法院（2019）黔民终653号民事判决书。

登记。因此如安公司不能以其为涉案土地的租赁人为由，阻却人民法院对案涉房产予以执行的法律效果。

第四百零六条　【抵押财产的转让】

抵押期间，抵押人可以转让抵押财产。当事人另有约定的，按照其约定。抵押财产转让的，抵押权不受影响。

抵押人转让抵押财产的，应当及时通知抵押权人。抵押权人能够证明抵押财产转让可能损害抵押权的，可以请求抵押人将转让所得的价款向抵押权人提前清偿债务或者提存。转让的价款超过债权数额的部分归抵押人所有，不足部分由债务人清偿。

本条来源

《物权法》第一百九十一条规定："抵押期间，抵押人经抵押权人同意转让抵押财产的，应当将转让所得的价款向抵押权人提前清偿债务或者提存。转让的价款超过债权数额的部分归抵押人所有，不足部分由债务人清偿。抵押期间，抵押人未经抵押权人同意，不得转让抵押财产，但受让人代为清偿债务消灭抵押权的除外。"本条作了全面的修改，仅保留《物权法》中"转让的价款超过债权数额的部分归抵押人所有，不足部分由债务人清偿"的规定。

立法演变

物权编一审稿、二审稿第一百九十七条均规定："抵押期间，抵押人转让抵押财产的，应当通知抵押权人。当事人另有约定的，按照其约定。抵押财产转让的，抵押权不受影响。抵押权人能够证明抵押财产转让可能损害抵押权的，可以请求抵押权人将转让所得的价款向抵押权人提前清偿债务或提存。转让的价款超过债权数额的部分归抵押人所有，不足部分由债务人清偿。"征求意见稿则删去第一款中"应当通知抵押权人"，并在第二款新增"抵押人转让抵押财产的，应当及时通知抵押权人"。

条文释义

本条是关于抵押期间转让抵押财产的规定。

本条规定包含以下几方面内容。其一，抵押人在抵押期间可以转让抵押财产，但是当事人对此有另外约定的，从其约定。其二，抵押人转让抵押财产，应当及时通知抵押权人。相对于《物权法》第一百九十一条的规定，本条将“同意”改为“通知”，其原因在于要求抵押人在转让抵押财产之时须经抵押权人的同意，一定程度上损害了抵押人作为所有人的处分权，有违所有人可以自由处分财产的应有之义。① 规定抵押人转让抵押财产应当通知抵押权人的目的在于，使抵押权人能够及时知晓抵押财产转让的事实，从而在转让抵押财产可能损害其权益时，能够及时采取有效措施维护其所享有的抵押权。其三，抵押财产转让的，抵押权不受影响。所谓抵押权不受影响，是指抵押权人依抵押合同所享有的抵押权实现期限、担保范围等抵押权权利内容都不受抵押财产转让的影响。其四，抵押权人能够证明抵押财产转让可能损害抵押权的，可以请求抵押人将转让所得的价款向抵押权人提前清偿债务或者提存。该项规定的目的在于强化对抵押权人利益的保护。在抵押财产转让后，就抵押财产交换价值所得变价，即抵押财产转让所得价款，抵押权人仍可享有抵押权。但抵押权客体转变为货币形式，可能会产生抵押权人随意处分抵押财产转让所得价款的情形。因此，若出现抵押财产转让可能损害抵押权的情形，且抵押权人能够证明存在该损害可能的，即可对抵押人享有就转让所得的价款提前受偿或者提存该价款的请求权。其五，转让的价款超过债权数额的部分归抵押人所有，不足部分由债务人清偿。抵押权设立以后，抵押财产的所有权仍归抵押人所有，抵押财产转让所得财产也仍然归属于抵押人所有。在将抵押财产所得价款提前清偿后，剩余价款仍归属于抵押人所有。抵押财产所得价款不足以清偿债务的，因抵押人已经履行完担保义务，剩余不能清偿部分应由债务人承担清偿责任。

---

① 高圣平、王琪：《不动产抵押物转让规则的解释论：〈物权法〉第 191 条及其周边》，载《法律科学：西北政法学院学报》2011 年第 5 期，第 119 页。

法条关联

◆《民用航空法》

第十七条 民用航空器抵押权设定后，未经抵押权人同意，抵押人不得将被抵押民用航空器转让他人。

◆《不动产登记暂行条例实施细则》

第八十六条 申请预购商品房的预告登记，应当提交下列材料：

（一）已备案的商品房预售合同；

（二）当事人关于预告登记的约定；

（三）其他必要材料。

预售人和预购人订立商品房买卖合同后，预售人未按照约定与预购人申请预告登记，预购人可以单方申请预告登记。

预购人单方申请预购商品房预告登记，预售人与预购人在商品房预售合同中对预告登记附有条件和期限的，预购人应当提交相应材料。

申请预告登记的商品房已经办理在建建筑物抵押权首次登记的，当事人应当一并申请在建建筑物抵押权注销登记，并提交不动产权属转移材料、不动产登记证明。不动产登记机构应当先办理在建建筑物抵押权注销登记，再办理预告登记。

第四百零七条 【抵押权处分上的从属性】

抵押权不得与债权分离而单独转让或者作为其他债权的担保。债权转让的，担保该债权的抵押权一并转让，但是法律另有规定或者当事人另有约定的除外。

本条来源

《物权法》第一百九十二条规定："抵押权不得与债权分离而单独转让或者作为其他债权的担保。债权转让的，担保该债权的抵押权一并转让，但法律另有规定或者当事人另有约定的除外。"本条延续了该规定，仅将"但"改为"但是"。关于抵押权处分上的从属性，《担保法》第五十条规定"抵押权不得与债权分离而单独转让或者作为其他债权的担保”。此外，《最高人民法院关于适用〈中华人民共和国担保法〉若干问题的解释》第七十一条及第七十二条也对抵押权处分上的从属性进行了细致的规定。

立法演变

物权编一审稿第一百九十八条规定：“抵押权不得与债权分离而单独转让或者作为其他债权的担保。债权转让的，担保该债权的抵押权一并转让，但法律另有规定或者当事人另有约定的除外。”二审稿将“但”改为“但是”。此后各稿延续了二审稿的规定。

条文释义

本条是关于抵押权处分上的从属性的规定。

抵押权作为担保物权的一种，其具有担保物权所固有的从属性。抵押权以担保主债权的实现为设立目的，其设立、转移以及消灭均从属于被担保债权。本条是关于抵押权处分（也即转移）上的从属性的规定。本条所规定的抵押权处分上的从属性，是指抵押权的转移随被担保债权的转移而转移，不得脱离被担保的债权而单独转让或为其他债权提供担保。具体而言，包含以下几方面内容。

一、抵押权不得与其所担保的债权分离而单独转让

一方面，抵押权人不得将抵押权单独转让给他人，而自己保留被担保的债权。如，甲享有 100 万元未到期债权，且作为债务人的乙提供了价值 150 万元的房屋作为抵押担保该债权的实现，则甲不能将乙所提供的抵押权单独转让给其他人，而自己保留 100 万元的未到期债权。同样，根据抵押权处分上的从属性，被担保的债权转让的，抵押权也应当一同转让，即抵押权人不得将被担保的债权单独转让给他人，而自己保留担保该债权的抵押权。另一方面，抵押权人不得将抵押权与被担保的债权分别转让给不同的主体。抵押权与其所担保的债权应归属于同一主体所有，这是抵押权从属性的当然要求。若债权与抵押权被分别转让给不同主体，转让就被转让的债权而言，其因与抵押分离而转变为无担保的普通债权；而抵押权因与被担保的债权分离而丧失存在的前提，应归于消灭。

二、抵押不得与其所担保的债权分离而担保其他债权

抵押权人不得将抵押权与被担保的债权分离开，而将抵押权作为担保财产再为其他债权提供担保。就抵押权单独设定担保，换言之，也即在抵押权上设立一个权利质押，[①] 该行为在法律上是无效的。

三、法律另有规定或者当事人另有约定的除外

依本条规定，债权转让的，担保该债权的抵押权应当一并转让。但若针对该问题法律另有规定或者当事人另有约定的，抵押权可以不随债权一并转让。如在本法第四百二十一条所规定的最高额抵押中，在最高额抵押所担保的债权确定之前，部分债权转让的，最高额抵押原则上不随同一并转让。同时，当事人可以约定债权全部或部分转让时，抵押权不一并转让，从而排除本条规定的适用。

案例评议

四川发展资产管理有限公司与波鸿集团有限公司等借款合同纠纷案[②]

◆ **裁判规则**

被告作为抵押人与金谷信托所签《抵押合同》涉及的抵押物已办理抵押登记，抵押权依法成立。《抵押合同》明确约定，金谷信托将主合同项下的债权转让的，担保人同意继续按照合同约定向债权受让方承担担保责任。因此，债权转让对被告发生法律效力。结合本案事实，《抵押合同》约定主合同展期或者增加债权金额未经抵押人同意的，抵押人继续按照合同对变更后的主合同项下的债权承担担保责任，故应视为抵押人同意对展期后的主债务承担抵押责任。根据《物权法》《合同法》规定，抵押权作为从权利应随债权转让而转让，债权受让人取得的抵押权系基于法律的明确规定，并非基于新的抵押合同重新设定抵押权，故不因债权受让人未及时办理抵押权转移登记手续而消灭。目前，抵押权人仍登记为金谷信托，原告四川发展资产公司作为债权受让人未办理抵押权的转移登记，不影响其对案涉三份《抵押合同》所载抵押物享有优先受偿权。

---

① 参见杨明刚：《担保物权适用解说与典型案例评析》，法律出版社 2007 年版，第 125 页。

② 四川省高级人民法院（2016）川民初 19 号民事判决书。

◆ 评议

抵押权在处分上具有从属性，其转让随被担保债权的转让而转让。本案中，金谷信托作为转让方与四川发展资产公司作为受让方在四川成都签订一份《债权转让合同》，并在合同中约定将金谷信托对波鸿集团享有的信托贷款债权及担保权利转让给四川发展资产公司。抵押权随被担保债权一并转让，是法律明确规定的，其不因当事人未及时办理抵押权转让登记而受影响。因此，虽本案中金谷信托与四川发展资产公司尚未就抵押权的转让办理登记，但四川发展资产公司仍可以依法取得涉案抵押权，其有权就波鸿机电、威斯汀汽车、川吉房地产提供的抵押物行使优先受偿权。

第四百零八条　【抵押权人保全抵押权的权利】

抵押人的行为足以使抵押财产价值减少的，抵押权人有权请求抵押人停止其行为；抵押财产价值减少的，抵押权人有权请求恢复抵押财产的价值，或者提供与减少的价值相应的担保。抵押人不恢复抵押财产的价值，也不提供担保的，抵押权人有权请求债务人提前清偿债务。

本条来源

《物权法》第一百九十三条规定："抵押人的行为足以使抵押财产价值减少的，抵押权人有权要求抵押人停止其行为。抵押财产价值减少的，抵押权人有权要求恢复抵押财产的价值，或者提供与减少的价值相应的担保。抵押人不恢复抵押财产的价值也不提供担保的，抵押权人有权要求债务人提前清偿债务。"本条延续了该规定。此外，关于抵押权人保全抵押权的权利，在《担保法》第五十一条中也有所规定。

立法演变

物权编一审稿第一百九十九条规定："抵押人的行为足以使抵押财产价值减少的，抵押权人有权要求抵押人停止其行为。抵押财产价值减少的，抵押权人有权要求恢复抵押财产的价值，或者提供与减少的价值相应的担保。抵押人不恢复抵押财产的价值也不提供担保的，抵押权人有权要求债务人提前清偿债务。”此后各稿延续了一审稿的规定。终稿调整语句结构，其他保持不变。

条文释义

本条是关于抵押权人保全抵押权的规定。

抵押权无须转移抵押财产的占有，在抵押权设立以后，抵押财产仍由抵押人占有、使用、收益。因此，在抵押期间有可能发生因抵押人的行为而导致抵押财产价值减少的情况，从而使抵押权人的权益遭受损害。为在上述情况发生之时能为抵押权人的权益提供保护，本条规定了抵押权人保全抵押权的权利。具体而言，本条规定包含以下几方面内容。

一、抵押权人享有请求停止实施减少抵押财产价值的行为

抵押人的行为足以使抵押财产价值减少的，抵押权人有权要求抵押人停止其行为。一方面，抵押人具有足以减少抵押财产价值的行为。该行为必须是抵押人所作出的，可以是抵押人的积极行为，如故意造成抵押财产损坏；也可以是消极行为，如任凭抵押财产损害的发生，不予制止也不予维修。[①] 另一方面，抵押人的行为足以造成抵押财产价值的减少。所谓“足以”，是指抵押人的行为明显具有造成抵押财产价值减少的可能性。符合上述两方面内容的，抵押权人即可请求抵押人停止实施减少抵押财产价值的行为。

二、抵押权人享有抵押财产价值的保全权

抵押财产价值减少的，抵押权人有权要求恢复抵押财产的价值，或者提供与减少的价值相应的担保。一方面，抵押财产价值减少的客观事实已经发生。只要发生了抵押财产价值减少的行为，不论该客观事实的发生是否是由于可归责于抵押人的事由。另一方面，只要发生上述客观事实，抵押权人就享有保全抵押财产价值的权利，抵押权人既可以选择要求抵押人恢复抵押财产的价值，也可以要求抵押人提供与减少价值相应的担保。其中所谓恢复抵押财产的价值，是指排除使抵押财产价值减少的行为，并使抵押财产价值恢复至抵押权设立时的价值；[②] 所谓提供与减少价值相应的担保，又称“增担保”，增加担保的价值

---

① 参见蔡立东：《中国法上的抵押权保全——以〈物权法〉第193条为中心》，载《山东大学法学评论》2015年第1期，第117页。

② 参见郭明瑞：《担保法》，法律出版社2010年版，第119页。

应当与抵押财产减少的价值相当。一般情况下，只有在抵押财产价值无法恢复时，才应要求抵押人提供与减少价值相应的担保。

三、抵押权人有权请求提前清偿债务

抵押人不恢复抵押财产的价值也不提供担保的，抵押权人有权要求债务人提前清偿债务。在抵押财产价值减少时，抵押人既不恢复抵押财产的价值也不提供担保，必然会降低抵押财产的担保能力，从而损害抵押权人的权益。从保护抵押权人利益的角度出发，本条规定在此情形下，抵押权人有权要求债务人提前清偿债务，为抵押权人提供救济的途径。

案例评议

中国长城资产管理股份有限公司重庆市分公司、重庆合成化工厂有限公司合同、无因管理、不当得利纠纷案①

◆ 裁判规则

设定担保物权的功能在于以担保物的价值保障债权人债权的实现，《最高人民法院关于适用〈中华人民共和国担保法〉若干问题的解释》规定，抵押物折价或者拍卖、变卖该抵押物的价款低于抵押权设定时约定价值的，应当按照抵押物实现的价值进行清偿。不足清偿的剩余部分，由债务人清偿。因此，对于抵押人和质押人而言，其系以抵押物和质押物的价值为限对所担保的债权承担担保责任。《物权法》规定因抵押人的行为导致抵押财产价值减少的，抵押权人也仅仅是有权要求抵押人停止其行为、要求恢复抵押财产的价值，或者提供与减少的价值相应的担保，抵押人不恢复抵押财产的价值也不提供担保的，抵押权人有权要求债务人提前清偿债务。此种情形下债权人亦无权要求抵押人在抵押物价值之外承担责任。另外，因抵押人和质押人所承担的是担保合同项下的合同义务，《合同法》规定当事人一方不履行合同义务或者履行合同义务不符合约定，给对方造成损失的，损失赔偿额应当相当于因违约所造成的损失，但不得超过违反合同一方订立合同时预见到或者应当预见到的因违反合同可能造成的损失。债权人与抵押人、质押人签订物的担保合同时，对于其只能在担保物价值范围

① 最高人民法院（2017）最高法民终934号民事判决书。

内享有优先受偿权有着明确的预见，未办理房产抵押登记以及股权质押登记，给另一方所造成的损失应当限于本应抵押的房产、本应质押的股权价值范围内。至于担保物价值嗣后的变动，属于当事人在订立合同时应当预见的正常风险。

◆ **评议**

本条所规定的抵押财产价值减损的情形，应当是抵押人的行为所造成的，该行为可以是积极作为，也可以是消极不作为。因市场价格波动等非可归因于抵押人的事由造成抵押财产价值减少的，抵押权人不享有保全抵押权的权利。本案中，涉案抵押财产的价值减少并非抵押人的行为所造成的，作为抵押权人的长城资产不享有保全抵押权的权利。且抵押权所担保的债权数额以抵押财产的价值为限，抵押财产拍卖、变卖、折价后所得的价款不足以清偿债务的，剩余部分应由债务人承担清偿责任，抵押权人不得要求抵押人清偿抵押财产价值之外的债务。

第四百零九条　【抵押权及抵押权顺位的放弃与变更】

抵押权人可以放弃抵押权或者抵押权的顺位。抵押权人与抵押人可以协议变更抵押权顺位以及被担保的债权数额等内容。但是，抵押权的变更未经其他抵押权人书面同意的，不得对其他抵押权人产生不利影响。

债务人以自己的财产设定抵押，抵押权人放弃该抵押权、抵押权顺位或者变更抵押权的，其他担保人在抵押权人丧失优先受偿权益的范围内免除担保责任，但是其他担保人承诺仍然提供担保的除外。

本条来源

《物权法》第一百九十四条规定："抵押权人可以放弃抵押权或者抵押权的顺位。抵押权人与抵押人可以协议变更抵押权顺位以及被担保的债权数额等内容，但抵押权的变更，未经其他抵押权人书面同意，不得对其他抵押权人产生不利影响。债务人以自己的财产设定抵押，抵押权人放弃该抵押权、抵押权顺位或者变更抵押权的，其他担保人在抵押权人丧失优先受偿权益的范围内免除担保责任，但其他担保人承诺仍然提供担保的除外。”本条延续了该规定，仅将“但”改为“但是”。关于抵押权及抵押权顺位的放弃与变更，《担保法》第二十八条规定：“……债权人放弃物的担保的，保证人在债权人放弃权利的范围内免除保证责任。”此外，《最高人民法院关于适用〈中华人民共和国担保法〉若干问题的解释》第三十八条、第七十五条、第七十七条以及第一百二十三条分别规定了不同情形下的抵押权及抵押权顺位的放弃与变更。

立法演变

物权编一审稿第二百条规定：“抵押权人可以放弃抵押权或者抵押权的顺位。抵押权人与抵押人可以协议变更抵押权顺位以及被担保的债权数额等内容，但抵押权的变更，未经其他抵押权人书面同意，不得对其他抵押权人产生不利影响。债务人以自己的财产设定抵押，抵押权人放弃该抵押权、抵押权顺位或者变更抵押权的，其他担保人在抵押权人丧失优先受偿权益的范围内免除担保责任，但其他担保人承诺仍然提供担保的除外。”二审稿将“但”改为“但是”。此后各稿延续了二审稿的规定。终稿仅修改标点符号和完善语句结构，其他保持不变。

条文释义

本条是关于抵押权及抵押权顺位的放弃与变更的规定。

为实现财产的最大化利用，同一财产上可以设定多个抵押权。但由于抵押权属于物权的一种，其具有物权所共有的绝对性与排他性特征，同一财产上所设定的数个抵押权必然会产生竞争，抵押权顺位问题由此产生。所谓抵押权顺位，是指同一财产上所设立的数个抵押权，在实现抵押权时的优先受偿先后次序。依本条规定，抵押权人享有放弃、变更抵押权及抵押权顺位的权利，具体而言包含以下几方面内容。

一、抵押权或抵押权顺位的放弃

抵押权作为抵押权人所享有的一项权利，抵押权人具有该项权利的处分权，其可以根据意思自由原则选择放弃抵押权。抵押权人放弃抵押权的，抵押权归于消灭，抵押权人不再享有就抵押财产优先受偿的权利。同样，抵押顺位作为抵押权人所享有的抵押权中所包含的利益，抵押权人也可以行使处分权，放弃其所享有的抵押顺位利益。[①] 抵押权人抛弃抵押顺位的，其不再享有在先优先受偿的顺位利益，但抵押权仍然存在。

二、抵押权或抵押权顺位的变更

抵押权的变更包含抵押合同中抵押权顺位以及被担保的债权数额等内容的变更。其中抵押顺位的变更，是指当事人之间通过协商，对同一抵押财产上的数个抵押权人的抵押顺位予以互换。抵押权顺位变更后，各抵押权人应当依照变更后的抵押权顺位实现抵押权。[②] 抵押权顺位的变更，须满足以下几个条件。其一，须以协议的形式对抵押权顺位予以变更。其二，抵押权顺位的变更，未经其他抵押权人书面同意，不得对其他抵押权人产生不利影响。抵押权顺位的变更，并不必须要求经过其他抵押权人的书面同意，但未经其他抵押权人书面同意，不得对其他抵押权人产生不利影响。所谓“不得对其他抵押权人产生不利影响”，是指不得加重其他抵押权人的负担或减少其他抵押权人所应得的利益。

三、抵押权或抵押权顺位放弃或变更的法律后果

依本条第二款的规定，债务人以自己的财产设定抵押，抵押权人放弃该抵押权、抵押权顺位或者变更抵押权的，其他担保人在抵押权人丧失优先受偿权益的范围内免除担保责任，但其他担保人承诺仍然提供担保的除外。该规定包含以下内容。其一，该规定只适用于债务人以自己的财产设定抵押权的情形。同一债务上既有债务人以自己的财产设定的抵押担保又有其他担保的，债务人作为还债最终义务人，应当先以债务人自己所提供的抵押担保抵押权，以免除其他担保人追偿成本。其二，抵押权人放弃该抵押权、抵押权顺位或者变更抵押权的，其他担保人在抵押权人丧失优先受偿权益的范围内免除担保责任。抵押权人放弃、变更抵押权或抵押顺位，必然会造成其所享有的优先受偿权益的减少，甚至丧失。此种结果无疑会加重其他担保人担保负担，有损其他担保人的权益，同时也有违民法公平原则。因此，在抵押权人放弃该抵押权、抵押权顺位或者变更抵押权的情况下，可以在抵押权人优先受偿利益丧失或减少的范

---

① 参见焦娇、李峰：《〈物权法〉中抵押权的顺位制度探析》，载《学术论坛》2015 年第 8 期。

② 参见王胜明：《中华人民共和国物权法解读》，中国法制出版社 2007 年版，第 420 页。

围内，相应地减轻其他担保人的担保责任。但其他担保人通过承诺，放弃免除其担保责任的权利的，继续为全部债务承担担保责任。

法条关联

◆《船舶登记条例》

第二十四条　同一船舶设定2个以上抵押权的，船舶登记机关应当按照抵押权登记申请日期的先后顺序进行登记，并在船舶登记簿上载明登记日期。

登记申请日期为登记日期；同日申请的，登记日期应当相同。

◆《不动产登记暂行条例实施细则》

第六十七条　同一不动产上设立多个抵押权的，不动产登记机构应当按照受理时间的先后顺序依次办理登记，并记载于不动产登记簿。当事人对抵押权顺位另有约定的，从其规定办理登记。

第六十八条　有下列情形之一的，当事人应当持不动产权属证书、不动产登记证明、抵押权变更等必要材料，申请抵押权变更登记：

（一）抵押人、抵押权人的姓名或者名称变更的；

（二）被担保的主债权数额变更的；

（三）债务履行期限变更的；

（四）抵押权顺位变更的；

（五）法律、行政法规规定的其他情形。

因被担保债权主债权的种类及数额、担保范围、债务履行期限、抵押权顺位发生变更申请抵押权变更登记时，如果该抵押权的变更将对其他抵押权人产生不利影响的，还应当提交其他抵押权人书面同意的材料与身份证或者户口簿等材料。

第四百一十条　【抵押权的实现】

债务人不履行到期债务或者发生当事人约定的实现抵押权的情形，抵押权人可以与抵押人协议以抵押财产折价或者以拍卖、变卖该抵押财产所得的价款优先受偿。协议损害其他债权人利益的，其他债权人可以请求人民法院撤销该协议。

抵押权人与抵押人未就抵押权实现方式达成协议的，抵押权人可以请求人民法院拍卖、变卖抵押财产。

抵押财产折价或者变卖的，应当参照市场价格。

本条来源

《物权法》第一百九十五条规定："债务人不履行到期债务或者发生当事人约定的实现抵押权的情形，抵押权人可以与抵押人协议以抵押财产折价或者以拍卖、变卖该抵押财产所得的价款优先受偿。协议损害其他债权人利益的，其他债权人可以在知道或者应当知道撤销事由之日起一年内请求人民法院撤销该协议。抵押权人与抵押人未就抵押权实现方式达成协议的，抵押权人可以请求人民法院拍卖、变卖抵押财产。抵押财产折价或者变卖的，应当参照市场价格。"本条在此基础上，对应地删除了"在知道或者应当知道撤销事由之日起一年内"的规定，其他延续了该规定。《担保法》第五十三条也作了相关规定。

立法演变

物权编一审稿第二百零一条规定："债务人不履行到期债务或者发生当事人约定的实现抵押权的情形，抵押权人可以与抵押人协议以抵押财产折价或者以拍卖、变卖该抵押财产所得的价款优先受偿。协议损害其他债权人利益的，其他债权人可以请求人民法院撤销该协议。抵押权人与抵押人未就抵押权实现方式达成协议的，抵押权人可以请求人民法院拍卖、变卖抵押财产。抵押财产折价或者变卖的，应当参照市场价格。"此后各稿延续了一审稿的规定。

条文释义

担保物权本质上是一种变价权，表现为债权人在主债权到期时未受清偿，则有权折价、拍卖、变卖抵押物而获得变价价款，并根据担保范围优先受偿。本条是关于抵押权实现（变价）的条件和方式的规定。

一、抵押权实现的条件

（一）抵押权有效存在且不受限制

抵押权实现的前提是抵押权有效存在，如果抵押权所从属的债权债务关系被认定无效或者被撤销，或者抵押行为不符合法律规定，那相应的抵押权也无法有效存在，更遑论权利的实现。另外抵押权虽然有效，但其实现如果受到限制，在受限范围内不得实现抵押权，例如涉案抵押权和担保主债权为另一债权提供担保，那么实现涉案抵押权时会受到相应的限制。

（二）债务人不履行到期债务或者发生当事人约定的实现抵押权的情形

1. 债务人不履行到期债务。对于“债务人不履行到期债务”的规定，首先就是要求债务到期，当债务的履行期限未届满时，债权人无权要求债务人清偿债务，相应地也无法请求实现抵押权，否则将损害抵押人的合法权益。因此，合同编和物权编都明确规定债务履行期限届满是实现抵押权的其中一个必要条件。债务履行期未约定或者约定不明的，应当根据合同编第五百一十一条第四项的规定确定合同的履行期限，[①] 在履行期限到来之后，债务人没有履行债务的，债权人再依法行使抵押权。

其次是债务人不履行到期债务，导致债权人只能通过实现抵押权进而实现债权。这里所说的“不履行”，包括“迟延履行”“完全不履行”“部分不履行”（指清偿了部分主债务，或者清偿全部主债务而未清偿相应利息债务等情况），债权人都可以依法实现抵押权。需要注意的是，如果是债权人的原因导致债务人不履行到期债务，例如无故拒绝债务人的合法履行债务，债权人则无权请求实现抵押权。

2. 发生当事人约定的实现抵押权的情形。双方当事人在抵押合同中约定了行使抵押权的条件，当条件成就时，债权人依法可以实现抵押权，通过该规定保障当事人的意思自治，提高法律适用的灵活性。

二、抵押权实现的方式

本条根据不同情形设计了三种实现抵押权的方式。

（一）折价

抵押权人可以与抵押人协议以抵押财产折价所得的价款优先受偿，折价时应当参照市场价格。需要注意的是这种协议折价的方式并不等同于流押，流押协议是指当事人在债务履行期限届满之前就约定债权人债权如期未得到受偿时，

---

① 《中华人民共和国民法典》第五百一十一条第四项规定：“履行期限不明确的，债务人可以随时履行，债权人也可以随时请求履行，但是应当给对方必要的准备时间。”

抵押物的所有权自然转移至债权人。这种抵押行为可能伤害到抵押人的合法权益，为防止抵押人出于无奈采用流押方式以高价额的抵押物担保低价额的债权而承担不利后果，流押协议依法被宣告无效。协议折价和流押最本质的区别在于，协议折价是实现抵押权时双方确定的方式，经过平等协商确定抵押物的价额，抵押物的所有权转移也是在折价协议订立后发生。这种协议折价方式以不得损害其他债权人利益为原则，否则其他债权人可以请求人民法院撤销这个折价协议。

（二）拍卖

按照规定，抵押权人与抵押人可以协议以拍卖抵押物所得价款优先受偿，或者在协议无法达成时请求法院拍卖抵押物，所以拍卖根据形式不同可以对应分为任意拍卖和强制拍卖。这种由拍卖机构以公开方式将抵押物以最高价转出的方式，一般比较公平合理，拍卖变价能较大程度上体现抵押物的经济价值，保护抵押人的利益，也能保证债权人就拍卖价款优先受偿从而实现抵押物的担保功能。目前司法实践中，拍卖多数是法院委托有资质的拍卖机构进行拍卖。

（三）变卖

变卖就是以拍卖以外的非公开竞价的方式，通过平等协商订立买卖合同出卖抵押物以获取价款清偿债务的一种途径。变卖相对来说没有拍卖程序严谨和结果公正，但是便于实现。所以为了保证变卖结果公允，变卖同样也要参照市场价格，不允许债权人通过与买方恶意串通损害债务人的合法权益。

本条规定相较于《物权法》删除了抵押权人和抵押人关于抵押物变价的协议损害其他债权人利益时，其他债权人行使撤销权的除斥期间。在实现抵押权时，抵押权人和抵押人可以就抵押财产折价、拍卖、变卖后所得价款优先受偿达成协议，如果该协议损害了其他债权人的利益，其他债权人有权请求法院撤销该协议，因协议受益的债权人将所得利益返还债务人，重新分配债权的受偿。本条删除了原《物权法》规定的该情形下利益受损债权人行使撤销权的除斥期间，撤销权不再是限于债权人在知道或者应当知道撤销事由之日起一年内行使。这样的立法变化更有利于制止恶意实行抵押权的行为，保护其他债权人的合法权益，同时与合同编的规定更加一致，体现了法律体系的协调性。

法条关联

◆《企业破产法》

第七十五条　在重整期间，对债务人的特定财产享有的担保权暂停行使。但是，担保物有损坏或者价值明显减少的可能，足以危害担保权人权利的，担保权人可以向人民法院请求恢复行使担保权。

在重整期间，债务人或者管理人为继续营业而借款的，可以为该借款设定担保。

◆《民事诉讼法》

第一百九十六条　申请实现担保物权，由担保物权人以及其他有权请求实现担保物权的人依照物权法等法律，向担保财产所在地或者担保物权登记地基层人民法院提出。

第一百九十七条　人民法院受理申请后，经审查，符合法律规定的，裁定拍卖、变卖担保财产，当事人依据该裁定可以向人民法院申请执行；不符合法律规定的，裁定驳回申请，当事人可以向人民法院提起诉讼。

◆《最高人民法院关于适用〈中华人民共和国民事诉讼法〉的解释》

第三百六十一条　民事诉讼法第一百九十六条规定的担保物权人，包括抵押权人、质权人、留置权人；其他有权请求实现担保物权的人，包括抵押人、出质人、财产被留置的债务人或者所有权人等。

第三百六十二条　实现票据、仓单、提单等有权利凭证的权利质权案件，可以由权利凭证持有人住所地人民法院管辖；无权利凭证的权利质权，由出质登记地人民法院管辖。

第三百六十三条　实现担保物权案件属于海事法院等专门人民法院管辖的，由专门人民法院管辖。

第三百六十四条　同一债权的担保物有多个且所在地不同，申请人分别向有管辖权的人民法院申请实现担保物权的，人民法院应当依法受理。

第三百六十五条　依照物权法第一百七十六条的规定，被担保的债权既有物的担保又有人的担保，当事人对实现担保物权的顺序有约定，实现担保物权的申请违反该约定的，人民法院裁定不予受理；没有约定或者约定不明的，人民法院应当受理。

第三百六十六条　同一财产上设立多个担保物权，登记在先的担保物权尚未实现的，不影响后顺位的担保物权人向人民法院申请实现担保物权。

第三百六十七条　申请实现担保物权，应当提交下列材料：

（一）申请书。申请书应当记明申请人、被申请人的姓名或者名称、联系方式等基本信息，具体的请求和事实、理由；

（二）证明担保物权存在的材料，包括主合同、担保合同、抵押登记证明或者他项权利证书，权利质权的权利凭证或者质权出质登记证明等；

（三）证明实现担保物权条件成就的材料；

（四）担保财产现状的说明；

（五）人民法院认为需要提交的其他材料。

第三百六十八条　人民法院受理申请后，应当在五日内向被申请人送达申请书副本、异议权利告知书等文书。

被申请人有异议的，应当在收到人民法院通知后的五日内向人民法院提出，同时说明理由并提供相应的证据材料。

第三百六十九条　实现担保物权案件可以由审判员一人独任审查。担保财产标的额超过基层人民法院管辖范围的，应当组成合议庭进行审查。

第三百七十条　人民法院审查实现担保物权案件，可以询问申请人、被申请人、利害关系人，必要时可以依职权调查相关事实。

第三百七十一条　人民法院应当就主合同的效力、期限、履行情况，担保物权是否有效设立、担保财产的范围、被担保的债权范围、被担保的债权是否已届清偿期等担保物权实现的条件，以及是否损害他人合法权益等内容进行审查。

被申请人或者利害关系人提出异议的，人民法院应当一并审查。

第三百七十二条　人民法院审查后，按下列情形分别处理：

（一）当事人对实现担保物权无实质性争议且实现担保物权条件成就的，裁定准许拍卖、变卖担保财产；

（二）当事人对实现担保物权有部分实质性争议的，可以就无争议部分裁定准许拍卖、变卖担保财产；

（三）当事人对实现担保物权有实质性争议的，裁定驳回申请，并告知申请人向人民法院提起诉讼。

◆《最高人民法院关于能否将国有土地使用权折价抵偿给抵押权人问题的批复》（全文）

◆《最高人民法院关于人民法院民事执行中拍卖、变卖财产的规定》

第三十一条第二款　拍卖财产上原有的租赁权及其他用益物权，不因拍卖而消灭，但该权利继续存在于拍卖财产上，对在先的担保物权或者其他优先受偿权的实现有影响的，人民法院应当依法将其除去后进行拍卖。

案例评议

桂平市农村信用合作联社、曾某援申请实现担保物权案①

◆ **裁判规则**

被申请人曾某援以其名下的船舶提供抵押担保向申请人桂平信用联社的分支机构厚禄信用社借款99万元，双方签订了《个人借款合同》和《抵押担保合同》并依法办理了抵押登记，由厚禄信用社取得涉案船舶《船舶抵押权登记证书》，上述合同系各方真实意思表示，亦未违反法律规定，为合法有效合同，厚禄信用社享有的担保物权已有效设立。申请人桂平信用联社作为贷款人厚禄信用社的法人单位，有权作为本案诉讼主体主张民事权利。厚禄信用社依约向被申请人发放贷款，被申请人违反约定的还款方式，未足额偿还借款本息，且现借款已届清偿期。根据《物权法》第一百九十五条的规定，申请人桂平信用联社请求拍卖或变卖担保物并将所得价款用于优先清偿上述债权，依据充分，法院予以支持。

◆ **评议**

抵押权的有效设立是其得以实现的前提，本案中当事人基于有效的抵押合同而获得了抵押权，这是基于法律行为而获得抵押权的一种典型模式，除此之外，当事人还可以基于主债权的转让而相应地获得抵押权这一从权利。抵押权其本质是抵押权人在抵押物的变价款中获得优先受偿的权利，所以当出现法定之债务人不履行到期债务或者发生当事人约定的实现抵押权的情形时，债权人可以就抵押财产获得优先受偿。需注意的是，该优先受偿是指抵押财产变价后

① 北海海事法院（2019）桂72民特25号特别程序民事裁定书。

就变价款享有的优先受偿，而非直接转移抵押财产所有权的优先受偿。在实现抵押权的司法实践中，还涉及一个抵押财产上设定多个抵押权的问题，当其中一个抵押权所担保的债权到期，其他抵押权担保的债权也视为到期，所有抵押权人共同参与分配变价款。

第四百一十一条　【动产浮动抵押中抵押财产的确定】

依据本法第三百九十六条规定设定抵押的，抵押财产自下列情形之一发生时确定：

（一）债务履行期限届满，债权未实现；

（二）抵押人被宣告破产或者解散；

（三）当事人约定的实现抵押权的情形；

（四）严重影响债权实现的其他情形。

本条来源

《物权法》第一百九十六条规定：“依照本法第一百八十一条规定设定抵押的，抵押财产自下列情形之一发生时确定：（一）债务履行期届满，债权未实现；（二）抵押人被宣告破产或者被撤销；（三）当事人约定的实现抵押权的情形；（四）严重影响债权实现的其他情形。”本条在此基础上将第二项“被撤销”改为“解散”，并相应修改了法条序号，形成了本条。

立法演变

物权编一审稿第二百零二条规定：“依照本法第一百八十七条规定设定抵押的，抵押财产自下列情形之一发生时确定：（一）债务履行期届满，债权未实现；（二）抵押人被宣告破产或者被撤销；（三）当事人约定的实现抵押权的情形；（四）严重影响债权实现的其他情形。”二审稿将一审稿“被撤销”改为“解散清算”，被撤销意味着行为自始不发生效力，抵押财产的确定不应以债权行为被撤销为时间节点，本编予以纠正。终稿将“解散清算”改为“解散”，其他保持不变。

条文释义

本条是关于动产浮动抵押中抵押财产确定的规定。在我国立法中，浮动抵押相较于其他抵押，最突出的特点在于企业、个体工商户、农业生产经营者将现有的以及将有的不动产作为抵押，只要抵押人按照正常的经营规则占有、使用、收益、处分这些抵押物，抵押权人并没有权利干涉，所以设定抵押权的财产一直处在变化之中。但是抵押权实现之时，需要有明确而且固定的抵押物才能实现。届时，浮动抵押财产因为法定的抵押权实现事由从泛指的财产转为特定的财产，这个过程也叫“抵押财产的结晶”，抵押财产所有人对其的处分权将受到抵押权的限制，由此才能实现物上担保的意义。当然这是建立在双方当事人有效设立浮动抵押基础上而讨论的抵押财产确定问题，根据现行法规定当事人需要采用书面形式设立浮动抵押，但是司法实践中当事人未采用书面形式或者未在书面中明确为浮动抵押合同，对此法院大多数采取比较灵活的方式审查抵押性质，例如审查抵押财产在确定前是否具有浮动性、抵押人是否可以自由处分抵押财产等。[①]

浮动抵押财产的确定是实现浮动抵押权的前提，本条通过列举式和概括式立法相结合，规定了四种抵押财产确定的情形。

一、债务履行期届满，债权未实现

债权人在债权届期尚未实现权利的，就可以请求实现浮动抵押权，而实现浮动抵押权就要确定浮动抵押财产的范围，将其特定化。所以第一种情形是债务履行期届满，债权未实现时，抵押财产确定。

二、抵押人被宣告破产或者解散

当抵押人因法定的破产程序被宣告破产或者因经营期届满等原因解散时，所有债权到期，抵押权也到期，法定程序结束后抵押人将不再是一个民事主体，所以抵押权人要在这时请求确定抵押财产，实现抵押权利。

三、当事人约定的实现抵押权的情形

当事人可以自行协商约定浮动抵押权实现的条件，只要条件一成就，浮动

---

① 黄宣植、刘绍斐：《我国浮动抵押制度的司法困境与对策》，载《西南政法大学学报》2018 年第 5 期，第 67 页。

抵押权人就可以实现抵押权，而要实现抵押权，就要确定浮动抵押财产的范围。本项规定并非指当事人直接协商浮动抵押财产确定的情形，而是协商抵押权实现的情形，这其中涉及间接逻辑的问题，当事人约定了实现抵押权的条件，条件满足时要实现抵押权，就要先确定抵押财产的范围，才能使抵押权人实现优先受偿的目的。

四、严重影响债权实现的其他情形

当债权人发现债务人有到期不能清偿债务的重大风险，例如债务人的经营情况严重恶化、串通第三人恶意转移财产等情形，为了保护债权人的合法权益，就要及时确定浮动抵押财产的范围。

我国浮动抵押制度借鉴了英国在司法实践中发展而来的浮动抵押制度，通过立法比较可以发现我们的结晶事由和英国立法有相似之处。当时英国法官马克诺对浮动抵押的经典定义是：浮动抵押是设定在活动的企业财产上一种活动的担保，抵押物时刻在变动状态，这种浮动抵押的本质是除非发生企业不运营或者抵押权人干涉运营情形，否则抵押关系一直在休眠状态。英国法对结晶事由的规定，包括了债务人到期不履行债务、抵押人因为清算或者停业导致企业停止运营、企业进入破产重整或者合并程序、债权人直接或派人介入抵押财产的控制、合同约定的自动结晶事由。我国浮动抵押制度在借鉴中对于是否也规定自动结晶有较大争议，适格的浮动抵押主体以其现在的和将来的生产资料作为抵押物，对于生产经营中涉及的其他利害关系人可能造成重大利益影响，如果允许抵押权人和抵押人自行约定结晶事由，可能会影响市场交易的公平自由。

案例评议

平安银行股份有限公司济南分行与山东恒宇精密薄板有限公司、山东三星新材料有限公司等金融借款合同纠纷案[①]

◆ **裁判规则**

被上诉人恒宇公司与上诉人平安银行签订的抵押担保合同约定，恒宇公司以现有及将有的全部自有钢材为案涉综合授信额度合同项下借款人恒宇公司所

① 山东省高级人民法院（2015）鲁商终字第247号民事判决书。

应承担的债务提供抵押担保，故该抵押合同属于《物权法》第一百八十一条所规定的动产浮动抵押合同，恒宇公司所提供的抵押属于动产浮动抵押，并依法完成抵押登记。《物权法》第一百九十六条规定了浮动抵押财产确定的情形，据此借款期限届满，但此时案涉债权未实现，案涉动产抵押物应于该日确定，即在该时间节点，涉案抵押物发生结晶，抵押物由浮动状态转化为确定状态，抵押由浮动抵押转化为固定抵押，抵押权人平安银行依法享有优先受偿权。

◆ **评议**

物权编规定了四种浮动抵押财产确定的情形，本案是因为债务履行期届满，债权未实现而确定了抵押财产。本条基本延续了物权法的规定。浮动抵押只有在确定抵押财产后才能明确标的物的范围，从而实现物上担保之功能。在司法实践中还需注意分辨确定抵押财产的时间和约定实现抵押权的时间，这两个时间节点有法定和合意之别，从其本质内涵看前者包含了后者，法律既规定了四种抵押财产确定的法定情形，也规定了当事人可以选择自行约定抵押权实现的情形，而本身这一情形亦是抵押财产确定的法定事由之一。这样的立法在司法实践中既可以满足法律指引人们行为的目的，也可以给予市场经济主体更多自由选择的空间，顺应市场交易的多样化发展需求。

第四百一十二条 【抵押权人收取抵押财产孳息的权利】

债务人不履行到期债务或者发生当事人约定的实现抵押权的情形，致使抵押财产被人民法院依法扣押的，自扣押之日起，抵押权人有权收取该抵押财产的天然孳息或者法定孳息，但是抵押权人未通知应当清偿法定孳息义务人的除外。

前款规定的孳息应当先充抵收取孳息的费用。

本条来源

《物权法》第一百九十七条规定：“债务人不履行到期债务或者发生当事人约定的实现抵押权的情形，致使抵押财产被人民法院依法扣押的，自扣押之日起抵押权人有权收取该抵押财产的天然孳息或者法定孳息，但抵押权人未通知应当清偿法定孳息的义务人的除外。前款规定的孳息应当先充抵收取孳息的费用。”我国《担保法》第四十七条、我国台湾地区“民法”第八百六十四条、《德国民法典》第一千一百二十二条、《法国民法典》第二千一百七十六条、《瑞士民法典》第八百零六条都有相同的规定。本条采取大多域外立法通例并延续了《物权法》《担保法》的规定。

立法演变

物权编一审稿第二百零三条规定：“债务人不履行到期债务或者发生当事人约定的实现抵押权的情形，致使抵押财产被人民法院依法扣押的，自扣押之日起抵押权人有权收取该抵押财产的天然孳息或者法定孳息，但抵押权人未通知应当清偿法定孳息的义务人的除外。前款规定的孳息应当先充抵收取孳息的费用。”二审稿将一审稿“但……”改为“但是……”，此后各稿延续了二审稿的规定。终稿除调整语句结构外，其他保持不变。

条文释义

本条是关于抵押权人收取抵押财产孳息的权利规定。孳息是指原物由于法定原因或者自然规律而产生的收益，根据其属性分为天然孳息和法定孳息。抵押权的本质在于抵押物不转移占有而抵押人可继续享有占有、收益等权能，学界也普遍认同原物的所有权人、用益物权人、善意占有人等有权收取物上孳息。① 所以在抵押期间抵押财产的所有权仍归于抵押人，由此产生的孳息自然也归抵押人所有，但是也有一些情形下抵押权人有权收取孳息。本条规定债务人不履行到期债务或者发生当事人约定的实现抵押权的情形，致使抵押财产被人民法院依法扣押的，自扣押之日起抵押权人有权收取孳息，但是抵押权人未通知应当清偿法定孳息的义务人的除外。本条释放的信息包括了抵押权人收取孳息的前提条件和必要条件。

前提条件：债务人不履行到期债务或者发生当事人约定的实现抵押权的情形时，抵押权人才可能有权收取孳息。在债务履行期届满或者当事人约定实现

① 参见史尚宽：《民法总论》，中国政法大学出版社2000年版，第274－276页。

抵押权的条件成就前，抵押权的效力并不及于孳息。抵押权具有不转移占有的特点，将抵押财产的使用价值和担保价值分离，抵押人可以继续占有使用抵押财产，抵押权人只享有抵押权实现时的交换价值。

必要条件：债务人不履行到期债务或者发生当事人约定的实现抵押权的情形，导致抵押财产被法院扣押后，抵押权人才有权收取孳息。这一规定与合同编第六百三十条的规定相呼应，标的物在交付前产生的孳息，归出卖人所有，交付之后产生的孳息，归买受人所有。孳息的归属以交付主义为认定标准，这种规定有利于保护原物所有人的合法权益。对于抵押权未实现时，抵押人有权占有、使用、收取孳息；抵押权实现时，抵押财产被法院扣押后，相当于通过法院这类执法机关代为占有抵押物而实现物的转移交付，抵押人因此不再是抵押物的直接占有人和用益物权人，所以孳息的归属也随之转移，自扣押之日起抵押权人有权收取该抵押财产的天然孳息或者法定孳息。这样的规定和多数国家的民法规定是相吻合的，例如《法国民法典》第二千四百七十一条规定抵押人受到清偿催告后才需要将抵押物产生的孳息、收益等转移给抵押权人。①

本条同时规定了抵押权人自扣押之日起收取孳息的对抗情形，该例外情形针对法定孳息而规定。如果抵押权人没有通知应当清偿法定孳息的义务人，抵押权的效力不及该法定孳息，这样的规定可见于我国台湾地区和瑞士等国家和地区，同时这一规定和合同编第五百四十六条②的规定也有同一个立法目的，即通过通知义务的设置，防止义务人错误履行义务。也就是说，"通知"只是一种对抗要件，而不是生效要件。抵押权人没有通知相关义务人，则该义务人继续向抵押人清偿法定孳息的行为有效，抵押权不能阻断这种有效清偿。

本条最后一款是关于收取的孳息涉及的清偿顺序。抵押物被扣押后所产生的孳息无疑是可用于清偿债务的抵押财产，但在充抵顺序上本条作了明确的规定：抵押权人依法收取的孳息首先充抵收取孳息的费用，然后依次充抵主债权的利息、主债权。

---

① 参见罗结珍译：《法国民法典》，北京大学出版社 2010 年版，第 546 页。

② 《民法典》第五百四十六条规定："债权人转让债权，未通知债务人的，该转让对债务人不发生效力。债权转让的通知不得撤销，但是经受让人同意的除外。"

法条关联

◆《最高人民法院关于人民法院民事执行中查封、扣押、冻结财产的规定》

第二十二条 查封、扣押的效力及于查封、扣押物的从物和天然孳息。

案例评议

中国民生银行股份有限公司深圳分行与天津九策实业集团有限公司、天津市九策高科技产业园有限公司等金融借款合同纠纷案①

◆ **裁判规则**

本案天津隆桥公司以其九处房产的租金收益向民生银行深圳分行设立应收账款质押，并办理了质押登记，但在这之前本案所涉的九处房产抵押给了另案债权人国联公司，国联公司在实现抵押权时将案涉租金收益作为抵押权标的通过法院予以强制执行。本案应收账款质权设立之时，抵押财产即案涉九处房产已被江苏高院另案查封，但尚未通知法定孳息即案涉租金的清偿义务人。在此情况下，另案抵押权的效力是否应当及于法定孳息，关键在于对物权法第一百九十七条第一款关于通知的法律后果如何判断。一方面，抵押权设立后，抵押财产的占有权、使用权和收益权仍由抵押人行使，因抵押财产的使用而产生的孳息亦当由抵押人所有。但是抵押权进入实现程序，法院通过查封对抵押财产施加以公权力之后，抵押人收取孳息的权利即被剥夺，抵押权人是否通知法定孳息的清偿义务人，并不影响该立法目的实现。另一方面，物权法第一百九十七条规定的对法定孳息清偿义务人的通知与合同法第八十条规定的债权让与时对债务人的通知，均具有防止发生债务人为错误给付之目的。合同法第八十条明确规定："……未经通知，该转让对债务人不发生效力……"参照该规定，对法定孳息清偿义务人之通知亦当解释为，未经通知对该法定孳息清偿义务人不发生抵押权效力及于孳息之法律效果。抵押财产被法院扣押后，即使抵押权人怠于通知，抵押权效力已经及于孳息，但清偿义务人因不知抵押财产被扣押的情况而将法定孳息支付给抵押人的，仍产生清偿的效力，抵押权人不得主张

① 最高人民法院（2016）最高法民终 542 号民事判决书。

清偿无效，即不得对抗清偿义务人。故物权法对法定孳息清偿义务人的通知规定，并非抵押权效力及于法定孳息的生效要件，而系对抗要件。所以本案应收账款质权虽有效设立，但另案抵押权及于法定孳息即租金的效力优先于本案应收账款质权的效力。

◆ **评议**

依据本法规定，当抵押权实现后，从抵押财产被法院扣押日起抵押权的效力及于其产生的天然孳息或者法定孳息。但在及于法定孳息的效力上，考虑到清偿法定孳息的义务人权益的合理平衡，当抵押权人未通知清偿法定孳息的义务人有关抵押财产被扣押的事实时，那么抵押权的效力并不及于孳息。本案的争议点主要在于本法规定“抵押权人未通知应当清偿法定孳息的义务人的除外”，这一“通知”的效力如何定性的问题，即为生效要件还是对抗要件的问题。这一问题在理论界有较大争议，例如有学者认为该通知并不是抵押权人可以就法定孳息优先受偿的要件，① 但也有学者认为该通知是抵押权效力及于法定孳息的生效要件，如果抵押权人没有履行通知义务，即使抵押财产已经依法被扣押，抵押权人也没有权利收取相应的法定孳息。② 同样在司法实践中对此也有不同观点，福建省高级人民法院判决书中认为“黄某伟本有权自讼争抵押物被查封之日起以通知承租人即案外人山东银座佳驿酒店有限公司的方式收取该抵押物的租金，但黄某伟未提供证据证明其已通知案外人山东银座佳驿酒店有限公司，故黄某伟无权收取讼争抵押物租金”，从而可看出该判决认为通知清偿法定孳息的义务人是抵押权人可以收取法定孳息的生效要件。③ 而从本案中最高人民法院明确在其判决书中说明此情形下通知义务人为对抗要件，对之后各级人民法院就同类型案件的裁判有较大影响，一些法院在裁判时直接援引了最高人民法院的裁判观点，④ 某种程度上可以说暂缓了该法律问题认识不一的窘境。

---

① 曹士兵：《中国担保制度与担保方法》，中国法制出版社2017年版，第260页。

② 程啸：《担保物权研究》，中国人民大学出版社2017年版，第321页。

③ 上诉人合肥旭升房地产开发有限公司、安徽省汽车工贸联营（集团）公司、合肥星通橡塑有限公司、芮某、芮某新与被上诉人黄某伟民间借贷纠纷一案，（2016）闽民终1401号民事判决书。

④ 深圳市中小企业信用融资担保集团有限公司与深圳拓奇智造家居新材料股份有限公司、惠州市好的板科技有限公司、黄某、葛某追偿权纠纷一案，（2017）粤0304民初第10528号民事判决书。

第四百一十三条　【抵押财产变价后价款的处理】

抵押财产折价或者拍卖、变卖后，其价款超过债权数额的部分归抵押人所有，不足部分由债务人清偿。

本条来源

《物权法》第一百九十八条规定：“抵押财产折价或者拍卖、变卖后，其价款超过债权数额的部分归抵押人所有，不足部分由债务人清偿。”《担保法》第五十三条、《俄罗斯联邦民法典》第三百五十条也作了同样的规定，本条延续了《物权法》第一百九十八条的规定。

立法演变

物权编一审稿第二百零四条规定：“抵押财产折价或者拍卖、变卖后，其价款超过债权数额的部分归抵押人所有，不足部分由债务人清偿。”此后各稿延续了一审稿的规定。

条文释义

物上设立抵押的目的在于符合法定情形时以该物担保债务的履行，抵押权的实现方式是以抵押物折价、拍卖、变卖后获得的价款偿还债务，但由于抵押物的所有权人是抵押人，其仅在担保范围内提供债务履行的保证，并不是债务连带责任人或者按份责任人，所以当抵押物变价后存在价款二分的情况，即变价款高于债权数额和变价款低于债权数额，两种情形对债权债务关系和抵押担保关系中的各方当事人都有影响。

本条就是关于抵押财产变价后价款的处理。

本条适用的前提条件是债务人在债务履行期届满之时未如数履行债务，所以债权人有权实现抵押权。那么债权人通过抵押财产折价或者拍卖、变卖后，获得的价款可能超过债权数额，也可能低于债权数额。抵押人是第三人的，抵押财产折价或者拍卖、变卖的价款超过债权数额时，超过部分归还抵押人；抵押人是债务人的，抵押财产折价或者拍卖、变卖的价款超过债权数额时，超过部分归还债务人。反之，抵押财产折价或者拍卖、变卖的价款低于债权数额的部分，抵押人是第三人的，第三人仅在其担保责任范围内履行义务，而不承担债务连带或者按份责任；而抵押人是债务人的，通过实现抵押权仍不足以清偿债务部分，将作为没有设立担保的普通债务由其继续清偿。

法条关联

◆《典当管理办法》

第四十三条 典当行应当按照下列规定处理绝当物品：

（一）当物估价金额在3万元以上的，可以按照《中华人民共和国担保法》的有关规定处理，也可以双方事先约定绝当后由典当行委托拍卖行公开拍卖。拍卖收入在扣除拍卖费用及当金本息后，剩余部分应当退还当户，不足部分向当户追索。

……

◆《企业破产法》

第一百零九条 对破产人的特定财产享有担保权的权利人，对该特定财产享有优先受偿的权利。

第一百一十条 享有本法第一百零九条规定权利的债权人行使优先受偿权利未能完全受偿的，其未受偿的债权作为普通债权；放弃优先受偿权利的，其债权作为普通债权。

第四百一十四条 【同一财产上数个抵押权人的受偿顺序】

同一财产向两个以上债权人抵押的，拍卖、变卖抵押财产所得的价款依照下列规定清偿：

（一）抵押权已经登记的，按照登记的时间先后确定清偿顺序；

（二）抵押权已经登记的先于未登记的受偿；

（三）抵押权未登记的，按照债权比例清偿。

其他可以登记的担保物权，清偿顺序参照适用前款规定。

本条来源

《物权法》第一百九十九条规定：“同一财产向两个以上债权人抵押的，拍卖、变卖抵押财产所得的价款依照下列规定清偿：（一）抵押权已登记的，按照登记的先后顺序清偿；顺序相同的，按照债权比例清偿；（二）抵押权已登记的先于未登记的受偿；（三）抵押权未登记的，按照债权比例清偿。”本条在该条的基础上对应地将第一项“先后顺序清偿”改为“时间先后确定清偿顺序”，将“顺序相同的，按照债权比例清偿”这一规定删去。同时增加“其他可以登记的担保物权，清偿顺序参照适用前款规定”的规定，该修改重点突出了物权规范中登记之公示的重要意义。

立法演变

物权编一审稿第二百零五条规定：“同一财产向两个以上债权人抵押的，拍卖、变卖抵押财产所得的价款依照下列规定清偿：（一）抵押权已登记的，按照登记的时间先后确定清偿顺序；（二）抵押权已登记的先于未登记的受偿；（三）抵押权未登记的，按照债权比例清偿。其他登记的担保物权，清偿顺序参照前款规定。”二审稿将一审稿“其他登记的”改为“其他可以登记的”，“参照前款规定”改为“参照适用前款规定”，此后各稿延续了二审稿的规定。终稿将“已登记”改为“已经登记”，规范法律用语，其他保持不变。

条文释义

本条是关于同一财产上数个抵押权人受偿顺序的规定。实践中常有同一财产上设立了数个抵押权的情况，当各个抵押权所担保的债权总和超过了抵押财产价值时，这种情形下以什么标准在数个抵押权人间合理分配拍卖、变卖抵押财产后的价款，成为关乎各个抵押权人利益的关键。本条为了使各个抵押权均发挥应有的最大作用，建立合理的抵押财产分配制度而防止权利间无序的竞争，就此问题分三种情况加以规定。

一、抵押权已登记的，按照登记的时间先后确定清偿顺序

物权的设立和变动都应以合法的方式加以公示，登记对于抵押权的设立就是一种公示方式，通过公示保证民事行为的稳定性和可信赖性。同样，在数个登记时间有先后之分的抵押权中，登记在先的抵押权拥有优先受偿权，可以从抵押财产拍卖、变卖后的价款中优先实现债权，剩余的抵押财产价款再用于清偿登记在后的抵押权担保的债权。

二、抵押权已登记的先于未登记的受偿

抵押登记具有公示意义，尚未登记的抵押关系因为合同的相对性特点仅生效于当事人之间，而未经登记的抵押权则可能尚未生效或生效但不能对抗善意第三人。同一财产上的数个抵押权，如果部分抵押权依法经过抵押登记，其他部分没有登记，如前所述，经过抵押登记的抵押权被赋予了更强的效力（对抗效力和排他效力），所以相较于未经登记的抵押权，享有更优先的受偿权利。这样规定既有利于保障市场经济中的交易安全，也有利于督促当事人规范抵押行为，更好地保护自身利益。

三、抵押权未登记的，按照债权比例清偿

按照本法担保体系逻辑，登记后的抵押权或因此生效或因此得以对抗善意第三人，而其他未经过登记的抵押权具有平等的担保物权效力。所以，当同一财产上的数个抵押权同样都是未经过登记的，各个抵押权人就抵押财产拍卖、变卖后的价款平等地享有受偿权利，不存在优先问题，所以以各自的债权比例作为清偿的依据。这是一种平等主义的体现，但也只能在数个抵押权均未经过登记时才可以以债权比例为标准分配清偿数额。第一个成立的抵押权和最后一个成立的抵押权以同样的分配标准获得债务清偿，一定程度上有违朴素的先来后到思维，如果有抵押权经过登记，还有违我国现行法下登记行为对物权效力大小的判断。所以本条第三项只是作为辅助清偿规则，前两项体现的登记主义才是抵押权先后实现的主要依据。

从上述三款可以看出，本条以登记与否、登记先后为标准判断同一个抵押财产上数个抵押权实现的顺序，这一标准也是世界各国通行的。登记时间不以人的意志为转移，抵押权是否登记、先后登记是一项客观的判断标准，以此构建的抵押权实现顺位也更能体现合理分配资源的目的。所以如何认定登记时间是司法实践中的关键环节，当前司法实践以抵押权登记簿为判断载体，其记载的登记时间就是实现抵押权时受偿顺序的判断依据。

法条关联

◆《海商法》

第十九条　同一船舶可以设定两个以上抵押权，其顺序以登记的先后为准。

同一船舶设定两个以上抵押权的，抵押权人按照抵押权登记的先后顺序，从船舶拍卖所得价款中依次受偿。同日登记的抵押权，按照同一顺序受偿。

◆《最高人民法院关于适用〈中华人民共和国民事诉讼法〉的解释》

第五百零八条 被执行人为公民或者其他组织，在执行程序开始后，被执行人的其他已经取得执行依据的债权人发现被执行人的财产不能清偿所有债权的，可以向人民法院申请参与分配。

对人民法院查封、扣押、冻结的财产有优先权、担保物权的债权人，可以直接申请参与分配，主张优先受偿权。

第五百零九条 申请参与分配，申请人应当提交申请书。申请书应当写明参与分配和被执行人不能清偿所有债权的事实、理由，并附有执行依据。

参与分配申请应当在执行程序开始后，被执行人的财产执行终结前提出。

第五百一十条 参与分配执行中，执行所得价款扣除执行费用，并清偿应当优先受偿的债权后，对于普通债权，原则上按照其占全部申请参与分配债权数额的比例受偿。清偿后的剩余债务，被执行人应当继续清偿。债权人发现被执行人有其他财产的，可以随时请求人民法院执行。

第五百一十一条 多个债权人对执行财产申请参与分配的，执行法院应当制作财产分配方案，并送达各债权人和被执行人。债权人或者被执行人对分配方案有异议的，应当自收到分配方案之日起十五日内向执行法院提出书面异议。

第五百一十二条 债权人或者被执行人对分配方案提出书面异议的，执行法院应当通知未提出异议的债权人、被执行人。

未提出异议的债权人、被执行人自收到通知之日起十五日内未提出反对意见的，执行法院依异议人的意见对分配方案审查修正后进行分配；提出反对意见的，应当通知异议人。异议人可以自收到通知之日起十五日内，以提出反对意见的债权人、被执行人为被告，向执行法院提起诉讼；异议人逾期未提起诉讼的，执行法院按照原分配方案进行分配。

诉讼期间进行分配的，执行法院应当提存与争议债权数额相应的款项。

◆《最高人民法院关于适用〈中华人民共和国民事诉讼法〉执行程序若干问题的解释》

第二十五条 多个债权人对同一被执行人申请执行或者对执行财产申请参与分配的，执行法院应当制作财产分配方案，并送达各债权人和被执行人。债权人或者被执行人对分配方案有异议的，应当自收到分配方案之日起十五日内向执行法院提出书面异议。

第二十六条　债权人或者被执行人对分配方案提出书面异议的，执行法院应当通知未提出异议的债权人或被执行人。

未提出异议的债权人、被执行人收到通知之日起十五日内未提出反对意见的，执行法院依异议人的意见对分配方案审查修正后进行分配；提出反对意见的，应当通知异议人。异议人可以自收到通知之日起十五日内，以提出反对意见的债权人、被执行人为被告，向执行法院提起诉讼；异议人逾期未提起诉讼的，执行法院依原分配方案进行分配。

诉讼期间进行分配的，执行法院应当将与争议债权数额相应的款项予以提存。

◆**《最高人民法院关于人民法院执行工作若干问题的规定（试行）》**

88. 多份生效法律文书确定金钱给付内容的多个债权人分别对同一被执行人申请执行，各债权人对执行标的物均无担保物权的，按照执行法院采取执行措施的先后顺序受偿。

多个债权人的债权种类不同的，基于所有权和担保物权而享有的债权，优先于金钱债权受偿。有多个担保物权的，按照各担保物权成立的先后顺序清偿。

一份生效法律文书确定金钱给付内容的多个债权人对同一被执行人申请执行，执行的财产不足清偿全部债务的，各债权人对执行标的物均无担保物权的，按照各债权比例受偿。

89. 被执行人为企业法人，其财产不足清偿全部债务的，可告知当事人依法申请被执行人破产。

90. 被执行人为公民或其他组织，其全部或主要财产已被一个人民法院因执行确定金钱给付的生效法律文书而查封、扣押或冻结，无其他财产可供执行或其他财产不足清偿全部债务的，在被执行人的财产被执行完毕前，对该被执行人已经取得金钱债权执行依据的其他债权人可以申请对该被执行人的财产参与分配。

91. 对参与被执行人财产的具体分配，应当由首先查封、扣押或冻结的法院主持进行。

首先查封、扣押、冻结的法院所采取的执行措施如系为执行财产保全裁定，具体分配应当在该院案件审理终结后进行。

92. 债权人申请参与分配的，应当向其原申请执行法院提交参与分配申请书，写明参与分配的理由，并附有执行依据。该执行法院应将参与分配申请书转交给主持分配的法院，并说明执行情况。

93. 对人民法院查封、扣押或冻结的财产有优先权、担保物权的债权人，可以申请参加参与分配程序，主张优先受偿权。

94. 参与分配案件中可供执行的财产，在对享有优先权、担保权的债权人依照法律规定的顺序优先受偿后，按照各个案件债权额的比例进行分配。

95. 被执行人的财产被分配给各债权人后，被执行人对其剩余债务应当继续清偿。债权人发现被执行人有其他财产的，人民法院可以根据债权人的申请继续依法执行。

◆**《最高人民法院关于人民法院执行公开的若干规定》**

第十一条 人民法院在办理参与分配的执行案件时，应当将被执行人财产的处理方案、分配原则和分配方案以及相关法律规定告知申请参与分配的债权人。必要时，应当组织各方当事人举行听证会。

◆**《城市房地产抵押管理办法》**

第四十三条 同一房地产设定两个以上抵押权时，以抵押登记的先后顺序受偿。

◆**《最高人民法院关于适用〈中华人民共和国企业破产法〉若干问题的规定（三）》**

第二条 破产申请受理后，经债权人会议决议通过，或者第一次债权人会议召开前经人民法院许可，管理人或者自行管理的债务人可以为债务人继续营业而借款。提供借款的债权人主张参照企业破产法第四十二条第四项的规定优先于普通破产债权清偿的，人民法院应予支持，但其主张优先于此前已就债务人特定财产享有担保的债权清偿的，人民法院不予支持。

管理人或者自行管理的债务人可以为前述借款设定抵押担保，抵押物在破产申请受理前已为其他债权人设定抵押的，债权人主张按照物权法第一百九十九条规定的顺序清偿，人民法院应予支持。

第四百一十五条　【同一财产上抵押权和质权的受偿顺序】

同一财产既设立抵押权又设立质权的，拍卖、变卖该财产所得的价款按照登记、交付的时间先后确定清偿顺序。

本条来源

本条相对于《物权法》而言是新增条款，《最高人民法院关于适用〈中华人民共和国担保法〉若干问题的解释》第七十九条规定了同一财产法定登记的抵押权与质权并存时，抵押权人优先于质权人受偿。

立法演变

物权编一审稿第二百零六条规定："同一财产既设立抵押权又设立质权的，拍卖、变卖该财产所得的价款按照登记、交付的时间先后确定清偿顺序。"此后各稿延续了一审稿的规定。

条文释义

抵押权和质权都是我国担保物权的种类之一。抵押权是指债务人或第三人以某一财产为债务履行提供担保，但不转移抵押财产的占有，当债务人届期不履行债务或者出现当事人约定实现抵押权情形时，债权人得以将抵押财产变价获得优先受偿的权利。质权是指债务人或者第三人以转移占有或者出质登记的形式将某一财产作为债务履行之担保，债权人同样也是通过变价实现优先受偿的权利。本条解决的问题就是抵押权和质权竞合时如何有序实现不同担保物权。在物权编实施之前，《物权法》没有对抵押权和质权竞合作出明确规定，只有《最高人民法院关于适用〈中华人民共和国担保法〉若干问题的解释》第七十九条规定了同一财产法定登记的抵押权与质权并存时，抵押权人优先于质权人受偿。但司法实践中同一财产上担保物权竞合的法律问题经常发生，为更好地发挥担保物权的融资功能，完善担保制度建设，使司法实践有更加精准的法律可依，制定了本条。

根据我国法律规定，针对不动产抵押和权利抵押我们采用登记要件主义，针对动产抵押我们采用登记对抗主义，登记作为设立抵押的重要公示方式，对于抵押权的实现有重大影响。而对于质押，根据质押物不同分别以转移交付和出质登记为质权设立的要件。由此可见，登记、交付是设立抵押权和质权重要的公示方法，所以以公示公信原则为依据，本次立法规定了同一财产上设立了抵押权和质权时，根据抵押权和质权的特点，就按照其登记、交付的时间先后来确定各个担保物权清偿的顺序。

案例评议

江西赣县农村商业银行股份有限公司、中国建设银行股份有限公司赣州赣县支行第三人撤销之诉案①

◆ **裁判规则**

动产抵押权未经登记，不得对抗善意第三人。动产抵押权登记后发生对抗效力，抵押权人可排除就同一动产享有担保物权的第三人对该动产优先受偿的权利要求。但在登记之前，抵押权人不得对已经取得具备对抗效力之担保物权的权利人主张优先受偿的权利。而质权自出质人交付质押财产时设立。动产质权自出质人交付质物时发生对抗效力，质权人自取得占有时起可排除享有担保物权的第三人对该动产优先受偿的权利要求。《物权法》虽未明确规定同一动产上依法成立的抵押权与质权竞存时的受偿顺序，但结合《物权法》关于动产抵押权与动产质权对抗效力产生时间的规定，应以动产抵押权和动产质权具备对抗效力的时间先后顺序，决定同一动产上抵押权和质权竞存时的顺位。抵押登记在先则抵押权顺位在先，动产占有在先则质权顺位在先。

◆ **评议**

《物权法》对于同一动产上既设立质押权又设立抵押权时如何确定受偿顺序的问题未作出规定，本次物权编就此问题进行了补充说明，规定“同一财产既设立抵押权又设立质权的，拍卖、变卖该财产所得的价款按照登记、交付的时间先后确定清偿顺序”。抵押权和质权有不同的设立条件，抵押权人和质权人在权利有效设立的时间节点中各自获得了对抗同一财产上其他担保物权人的权利效力，当然其他担保物权人早于其获得对抗效力的除外。本次规定主要以抵

① 最高人民法院（2017）最高法民终216号民事判决书。

押权和质权各自产生对抗效力的时间节点作为确定其清偿顺序的标准，也就是说抵押权顺位以抵押登记时间为准，质权顺位以动产交付时间为准，以此决定同一财产上抵押权和质权竞存时的清偿顺序。

第四百一十六条 【动产价款抵押的特殊优先权】

动产抵押担保的主债权是抵押物的价款，标的物交付后十日内办理抵押登记的，该抵押权人优先于抵押物买受人的其他担保物权人受偿，但是留置权人除外。

本条来源

本条相对于《物权法》而言是新增条款，借鉴了《美国统一商法典》关于价金担保权的超级优先权规定。

立法演变

物权编一审稿第二百零七条规定："动产抵押担保的主债权是抵押物的价款，标的物交付后十日内办理抵押登记的，该抵押权优先于其他担保物权受偿，但留置权除外。"二审稿将一审稿"抵押权优先于其他担保物权"改为"抵押权人优先于抵押物买受人的其他担保物权人受偿"，"但留置权除外"改为"但是留置权除外"。征求意见稿又在二审稿的基础上将"但是留置权除外"改为"但是留置权人除外"，此后采取征求意见稿的规定。

条文释义

本条借鉴了《美国统一商法典》关于价金担保权的超级优先权。本条在整个担保体系中是一项特别的规定，对于其他担保物权的受偿顺序而言是"例外"。这是我国首次通过立法文件把担保抵押物价款而在该抵押物上设定的抵押权定义为拥有超级优先权的抵押权。本条立法目的在于鼓励信用消费，通过赋予普通货物出卖人以价金担保获得超级优先受偿权来更好地保护市场交易中出卖人的权益，也就是说赋予抵押物出卖人作为抵押权人优先于留置权人以外的其他担保物权人的权利。

超级优先权制度是我国的制度创新，在当前我国的担保制度体系中提高其理论契合度和逻辑性是未来司法实践中重点工作所在。本条规定超级优先权适用于动产交易中，所担保的债权是出卖人价款请求权，可以保护动产交易中信用提供方的利益，但是也可能对该交易动产上的其他担保物权造成“可实现的不稳定性”，使得其他担保物权失去本应有的担保法律价值。所以从这个意义上看，在民事司法实践中应当慎重适用“超级优先权”。

第四百一十七条　【新增建筑物不属于抵押财产】

建设用地使用权抵押后，该土地上新增的建筑物不属于抵押财产。该建设用地使用权实现抵押权时，应当将该土地上新增的建筑物与建设用地使用权一并处分。但是，新增建筑物所得的价款，抵押权人无权优先受偿。

本条来源

《物权法》第二百条规定：“建设用地使用权抵押后，该土地上新增的建筑物不属于抵押财产。该建设用地使用权实现抵押权时，应当将该土地上新增的建筑物与建设用地使用权一并处分，但新增建筑物所得的价款，抵押权人无权优先受偿。”《担保法》第五十五条和《城市房地产管理法》第五十二条同样也规定了房地产抵押权的效力不能及于抵押权设定后新增的房屋。本条延续了上述的规定，并在《物权法》第二百条基础上将“但新增建筑物所得的价款”改为“但是，新增建筑物所得的价款”，形成本条规定。

立法演变

物权编一审稿第二百零八条规定：“建设用地使用权抵押后，该土地上新增的建筑物不属于抵押财产。该建设用地使用权实现抵押权时，应当将该土地上新增的建筑物与建设用地使用权一并处分，但新增建筑物所得的价款，抵押权人无权优先受偿。”一审稿完全延续《物权法》第二百条的规定，二审稿将“但新增建筑物所得的价款”改为“但是新增建筑物所得的价款”，此后各稿延续了二审稿的规定。终稿修改了标点符号，其他保持不变。

条文释义

本条规定建设用地使用权抵押后，新增建筑物不属于抵押财产。我国在处理土地使用权抵押和房屋等建筑物抵押的问题时，依据的都是“房随地走、地随房走”的原则，抵押权的效力范围辐射到土地使用权及地上不动产，所以实现抵押权时将房子和土地使用权一并抵押。

本条回答的是建设用地使用权抵押后，地上新增的建筑物是不是也是抵押物的问题。建设用地使用权抵押时都要对权利进行估价，以符合双方利益期待的价值额达成抵押协议。而所谓“新增”是指在建设用地使用权设定抵押后才建成的建筑物，抵押权并不及于该建筑物，否则将提高双方当事人预计的抵押物价值，造成双方权利义务失衡，增加抵押人的抵押负担。同时这也符合民法关于主从关系的规定，设立抵押权后才产生的从物并不从属于该抵押财产，不受抵押权之约束。

基于上述之逻辑，当实现抵押权时，为了更好地发挥抵押物和其上建筑物的经济价值，也为了避免土地使用权主体和地上建筑物所有人不一致而导致交易不便的问题，处分建设用地使用权的同时也会一并处置地上新增建筑物。一并处置并不意味着都作为抵押财产，抵押权人所能优先受偿的范围也仅仅在建设用地使用权抵押这部分，而不能及于新增建筑物处分后的价款。

法条关联

◆《城市房地产管理法》

第五十二条　房地产抵押合同签订后，土地上新增的房屋不属于抵押财产。需要拍卖该抵押的房地产时，可以依法将土地上新增的房屋与抵押财产一同拍卖，但对拍卖新增房屋所得，抵押权人无权优先受偿。

第四百一十八条　【集体所有的土地使用权抵押的特别规定】

以集体所有土地的使用权依法抵押的，实现抵押权后，未经法定程序，不得改变土地所有权的性质和土地用途。

本条来源

《物权法》第二百零一条规定："依照本法第一百八十条第一款第三项规定的土地承包经营权抵押的，或者依照本法第一百八十三条规定以乡镇、村企业的厂房等建筑物占用范围内的建设用地使用权一并抵押的，实现抵押权后，未经法定程序，不得改变土地所有权的性质和土地用途。"《担保法》第五十五条亦有同样的立法规定。本条在《物权法》第二百零一条基础上将"依照本法第一百八十条第一款第三项规定的土地承包经营权抵押的，或者依照本法第一百八十三条规定以乡镇、村企业的厂房等建筑物占用范围内的建设用地使用权一并抵押的"改为"以集体所有土地的使用权依法抵押的"。这种规定体现了和《宪法》《农村土地承包法》《土地管理法》一致的立法精神。

立法演变

物权编一审稿第二百零九条规定："以土地承包经营权、土地经营权抵押的，或者以乡镇、村企业的厂房等建筑物占用范围内的建设用地使用权一并抵押的，实现抵押权后，未经法定程序，不得改变土地所有权的性质和土地用途。"二审稿将一审稿"土地承包经营权、土地经营权抵押的，或者以乡镇、村企业的厂房等建筑物占用范围内的建设用地使用权一并"改为"集体所有土地的使用权依法"，此后各稿延续了二审稿的规定。

条文释义

我国法律对土地所有权的性质和土地用途有严格规定：集体所有的土地变成国家所有的土地，要经过法定的土地征收程序，包括办理农用地转用审批手续、提交有权主体批准、履行法定公告义务、给予公平合理的补偿。另外，国家编制土地利用总体规划，规定土地用途，将土地分为农用地、建设用地和未利用地，使用土地的单位和个人必须严格按照土地利用总体规划确定的用途使用土地。如果集体所有的土地改变其本来应有用途的，同样也需要经过严格的程序。[①] 基于此，本条在集体所有的土地使用权抵押问题上，明确了抵押权人实现抵押权后，没有经过法定程序不得改变土地使用权的性质和土地的用途。

---

① 详细规定可阅读《土地管理法》（2019 年 8 月 26 日第三次修正）。

法条关联

◆《农村集体土地使用权抵押登记的若干规定》

第十三条 因处分抵押财产转移乡村企业集体土地使用权的，应当由土地管理部门依法先办理征地手续，将抵押土地转为国有，然后再按抵押划拨国有土地使用权的办法进行处置。

◆《土地管理法》

第四条 国家实行土地用途管制制度。

国家编制土地利用总体规划，规定土地用途，将土地分为农用地、建设用地和未利用地。严格限制农用地转为建设用地，控制建设用地总量，对耕地实行特殊保护。

前款所称农用地是指直接用于农业生产的土地，包括耕地、林地、草地、农田水利用地、养殖水面等；建设用地是指建造建筑物、构筑物的土地，包括城乡住宅和公共设施用地、工矿用地、交通水利设施用地、旅游用地、军事设施用地等；未利用地是指农用地和建设用地以外的土地。

使用土地的单位和个人必须严格按照土地利用总体规划确定的用途使用土地。

第六十四条 集体建设用地的使用者应当严格按照土地利用总体规划、城乡规划确定的用途使用土地。

第四百一十九条 【主债权诉讼时效期间与抵押权的存续】

抵押权人应当在主债权诉讼时效期间行使抵押权；未行使的，人民法院不予保护。

本条来源

《物权法》第二百零二条规定：“抵押权人应当在主债权诉讼时效期间行使抵押权；未行使的，人民法院不予保护。”本条直接延续了该条的规定。

立法演变

物权编一审稿第二百一十条规定：“抵押权人应当在主债权诉讼时效期间行使抵押权；未行使的，人民法院不予保护。”此后各稿延续了一审稿的规定。

条文释义

抵押权的设立是为了保证主债权能够实现，所以债权人在债务履行期限届满时或者其他约定实现抵押权的情形发生之时，可以请求抵押人履行担保义务，从而实现抵押权。但是如果债权人在本可以行使抵押权时不行使或者逾期行使，那么当超过主债权诉讼时效期间时，债权人不会失去抵押权，但会失去请求法律强制实现抵押权的权利，届时就看抵押人是否自愿继续承担保证责任，即已成为自然债务。这一规定是因为抵押权具有从属性，从属于主债权，当主债权超过诉讼时效时，债权人会丧失胜诉权，也就是法律不会再强制保护债权，从属于主债权的抵押权同样也会因此不受法律保护。这样的规定同时体现了另一个立法考量，抵押财产会因被设立抵押权而权能受限，影响其使用、转让等，规定抵押权的行使期间后，既防止抵押人无期限地受抵押权的约束，也有利于督促抵押权人积极行使权利，从而提高抵押物的流动性，充分发挥其经济价值。

法条关联

◆《民法典》

第一百八十八条 向人民法院请求保护民事权利的诉讼时效期间为三年。法律另有规定的，依照其规定。

诉讼时效期间自权利人知道或者应当知道权利受到损害以及义务人之日起计算。法律另有规定的，依照其规定。但是，自权利受到损害之日起超过二十年的，人民法院不予保护，有特殊情况的，人民法院可以根据权利人的申请决定延长。

第一百八十九条 当事人约定同一债务分期履行的，诉讼时效期间自最后一期履行期限届满之日起计算。

第一百九十二条 诉讼时效期间届满的，义务人可以提出不履行义务的抗辩。

诉讼时效期间届满后，义务人同意履行的，不得以诉讼时效期间届满为由抗辩；义务人已经自愿履行的，不得请求返还。

第一百九十三条　人民法院不得主动适用诉讼时效的规定。

第一百九十四条　在诉讼时效期间的最后六个月内，因下列障碍，不能行使请求权的，诉讼时效中止：

（一）不可抗力；

（二）无民事行为能力人或者限制民事行为能力人没有法定代理人，或者法定代理人死亡、丧失民事行为能力、丧失代理权；

（三）继承开始后未确定继承人或者遗产管理人；

（四）权利人被义务人或者其他人控制；

（五）其他导致权利人不能行使请求权的障碍。

自中止时效的原因消除之日起满六个月，诉讼时效期间届满。

第一百九十五条　有下列情形之一的，诉讼时效中断，从中断、有关程序终结时起，诉讼时效期间重新计算：

（一）权利人向义务人提出履行请求；

（二）义务人同意履行义务；

（三）权利人提起诉讼或者申请仲裁；

（四）与提起诉讼或者申请仲裁具有同等效力的其他情形。

第一百九十六条　下列请求权不适用诉讼时效的规定：

（一）请求停止侵害、排除妨碍、消除危险；

（二）不动产物权和登记的动产物权的权利人请求返还财产；

（三）请求支付抚养费、赡养费或者扶养费；

（四）依法不适用诉讼时效的其他请求权。

第一百九十七条　诉讼时效的期间、计算方法以及中止、中断的事由由法律规定，当事人约定无效。

当事人对诉讼时效利益的预先放弃无效。

第一百九十八条　法律对仲裁时效有规定的，依照其规定；没有规定的，适用诉讼时效的规定。

案例评议

上海五色土抵押贷款顾问有限公司诉颜某莲抵押合同纠纷案①

◆ 裁判规则

抵押权包含了两项基本权能：1. 在抵押权存续期间，对抵押物的对外转让进行消极限制；2. 在主债权到期的情况下，可以通过与抵押人协议或法院诉讼的方式主动处分抵押物并优先受偿。就上述权能的实现方式而言，在无法与抵押人达成清偿协议的情况下，抵押权人实现抵押权需要获得法院支持，而其消极限制抵押物转让与协商实现抵押权并不必然需要法院的司法裁判。《物权法》规定超出主债权诉讼时效期间的抵押权不再受法院保护，但并未直接规定导致抵押权消灭。因此，未在主债权诉讼时效期间内行使权利并不属于法定的抵押权消灭情形。《民法总则》规定人民法院不得主动适用诉讼时效的规定，在抵押人或债务人未在诉讼中明确主张适用诉讼时效规定，并表示拒绝清偿自然债务的情况下，理论上即存在当事人协议实现抵押权，清偿自然债务的可能，法院不应依职权认定抵押权在主债权诉讼时效期间终止时直接消灭。本案当事人明确表示拒绝履行抵押清偿义务，不同意与抵押权人协议处分抵押房屋。在此前提下，本院可以认定抵押权人已经彻底丧失了实现系争抵押权的可能性，因此消极限制抵押物转让的权能就失去了保障抵押权实现的功能与意义，转化为单纯的对抵押人所有权的限制。由于系争抵押权的全部权能均应当消灭，抵押权亦已经无实体存在基础，故应认定系争抵押权应当整体归于消灭，并完成注销登记程序。

◆ 评议

某一财产设立了抵押权后，其权能受到担保物权的限制，在市场交易中使用和转让等都受到影响，为了充分发挥抵押财产的使用价值，合理平衡抵押权人和抵押人的权益，法律规定抵押权人应当在主债权诉讼时效期间行使抵押权，否则人民法院不再保护未行使的抵押权。这一规定表明抵押权人未在规定期间内行使抵押权时，已经丧失了请求抵押人履行义务的胜诉权，但由于物权法定原则，抵押权的消灭应当由法律明确规定，而非当事人自由约定或者其他任意

① 上海市第一中级人民法院（2017）沪01民终8835号民事判决书。

事由决定，所以抵押权人丧失胜诉权并不意味着抵押权消灭，只是成为一种自然债务。而自然债务能否实现的关键在于债务人是否愿意继续履行债务，类似“一票否决权”，如果债务人愿意履行债务，则债权有实现之可能；反之，则债权实际上已消灭。这一解释同样适用于未在主债权诉讼时效期间内行使的抵押权。基于此，本案法院最终认定五色土公司未在主债权诉讼时效期间内行使抵押权，抵押人颜某莲现已依诉主张对系争抵押权适用诉讼时效规定，且明确表示拒绝履行担保义务，故系争抵押权的胜诉权能够确认消灭，且抵押权已丧失正当存在的法律基础，应归于消灭。

第二节　最高额抵押权

第四百二十条　【最高额抵押权的含义】

为担保债务的履行，债务人或者第三人对一定期间内将要连续发生的债权提供担保财产的，债务人不履行到期债务或者发生当事人约定的实现抵押权的情形，抵押权人有权在最高债权额限度内就该担保财产优先受偿。

最高额抵押权设立前已经存在的债权，经当事人同意，可以转入最高额抵押担保的债权范围。

本条来源

《物权法》第二百零三条规定：“为担保债务的履行，债务人或者第三人对一定期间内将要连续发生的债权提供担保财产的，债务人不履行到期债务或者发生当事人约定的实现抵押权的情形，抵押权人有权在最高债权额限度内就该担保财产优先受偿。最高额抵押权设立前已经存在的债权，经当事人同意，可以转入最高额抵押担保的债权范围。”本条延续了该规定。《担保法》第五十九条亦对最高额抵押作出定义。

立法演变

物权编一审稿第二百一十一条规定："为担保债务的履行，债务人或者第三人对一定期间内将要连续发生的债权提供担保财产的，债务人不履行到期债务或者发生当事人约定的实现抵押权的情形，抵押权人有权在最高债权额限度内就该担保财产优先受偿。最高额抵押权设立前已经存在的债权，经当事人同意，可以转入最高额抵押担保的债权范围。"此后各稿延续了一审稿的规定。

条文释义

最高额抵押，是指债务人或者第三人在最高额限度内，为一定时期内可能连续发生的不特定债务提供履行担保，抵押权人在债务人到期不履行债务或者其他约定实现抵押权情形发生时，可以在约定的限额内享有债务优先受偿权。

最高额抵押和一般抵押有明显的不同之处：（1）抵押担保的债权是将来的债权。最高额抵押在设定时，所要担保的债权是还未实际发生的债权，而一般抵押在设定时是依附于已经发生的主债权而成立的，所以从这个角度看，最高额抵押突破了一般抵押对主债权的依附性。同时根据本法规定，当事人经过协商后可以将最高额抵押设立前已经产生的债权纳入担保范围内。在这里需要注意，有的设定抵押时债权数额已经确定，只是附了发生延缓条件，那么仍属于一般性抵押，而非最高额抵押。（2）最高额抵押在设立时预设了债权人优先受偿的最高额度。最高额抵押担保的债权是一定时间内可能连续发生的债权，具体的债权数额无法确定，可能债权数额会不断增加，也可能会不断减少，甚至为零，但是其抵押担保的范围是明确的，即约定的最高额限度。换言之，最高额抵押权担保的债权数额并不以实际最高额抵押权确定时的债权数额为限度，而是以事先约定的限度为标准。在限度内的，以实际确定债权数额为债权人优先受偿的范围；超过限度的，超出部分则非最高额抵押担保的范畴，债权人无法优先受偿。而对于一般抵押而言，抵押权设立时抵押标的物以及担保的债权都是特定的，不存在浮动之说。

许多国家和地区的立法都充分规定了最高额抵押制度，因为在这项制度中债权人的权益和担保人的权益得到合理平衡，而且能够简化一段时间内繁多交易手续，降低交易成本，提高交易效率，避免当事人在持续交易中需要连续设立抵押权的问题，这为双方当事人建立长期稳定的互利互信关系提供良好的保障。但是具体看各国的立法例，各有其明显的本土特色。就大陆法系来讲，《德国民法典》在最高额抵押范围上作出比较清晰的规定，如果抵押的债权包括利息，那利息也在最高额范围内。《日本民法典》则规定为一定范围内连续发生的不特定债权提供抵押担保的，这种抵押有最高额限制，该最高额包含了债权的本金、利息以及相关的违约金。我国台湾地区“民法”规定了最高额抵押权人只能在约定的最高额内就已经确定的债权行使权利，由此债权衍生出的迟延等利息、违约金等与该债权合计不得超过最高额限度，超过范围不能优先受偿。同时我国台湾地区对最高额抵押权的从属性也作了规定，第三人为债务人的债务提供履行担保的，脱离了被担保债权范围的部分债权，抵押权人就该部分不得行使相应的最高额抵押权。①

就我国司法实务看，最高额抵押担保合同中对于“最高额”的表达主要有三种方式，对应了三种不同情形的裁判结果。第一种是合同中规定“债权最高额”，这是一种比较典型的最高额担保形式，这种模式下最高额包括了债权本金、本金衍生出的系列债务（包括利息、罚息以及违约金和实现债权的种种费用等），这些债权的总和不超过约定的“债权最高额”时，债权人得以全额优先受偿；反之超过时，抵押人无需就该超过部分履行担保义务。第二种是合同中规定“本金最高额”，这种模式下最高额则包括了本金及本金衍生出的系列债务（包括利息、罚息以及违约金和实现债权的种种费用等），与前者不同的是，不管这些债权的总和有没有超过约定的“本金最高额”，抵押人都要就此履行全部义务。第三种是合同中规定“主债权最高额”，这种模式下主债权按照现行法应理解为本金，但当事人不约定为“债权最高额”，司法实务中就需根据双方当事人的真实意思表示进一步判断主债权的范畴。所以从这个角度看，今后对于最高额抵押的法律规定还有需要完善的地方，需要明确最高债权额的范畴，需要明确当事人自由约定最高债权额时的约定效力。

---

① 崔建远：《最高额抵押权的争议问题及解决》，载《国家检察官学院学报》2017 年 7 月第 25 卷第 4 期，第 23 页。

法条关联

◆《不动产登记暂行条例实施细则》

第七十一条 设立最高额抵押权的，当事人应当持不动产权属证书、最高额抵押合同与一定期间内将要连续发生的债权的合同或者其他登记原因材料等必要材料，申请最高额抵押权首次登记。

当事人申请最高额抵押权首次登记时，同意将最高额抵押权设立前已经存在的债权转入最高额抵押担保的债权范围的，还应当提交已存在债权的合同以及当事人同意将该债权纳入最高额抵押权担保范围的书面材料。

案例评议

招商银行股份有限公司福州长乐支行、魏某玲金融借款合同纠纷案①

◆ **裁判规则**

关于最高额抵押中的“最高额”该如何理解：

从立法及相关司法解释规定的文义来看，《物权法》将最高额抵押之“最高额”明确规定为“最高债权额”，并未表述为“最高债权本金额”；《担保法解释》亦将担保的债权表述为“债权余额”，而非“债权本金余额”。而“债权”包括主债权本金及衍生之利息、违约金、实现债权费用等，并不限于债权本金。故不论是设定最高额抵押之“最高债权额”，还是该最高额抵押所担保之“债权余额”，从文义上理解均包括债权本金及产生之利息等。即利息等亦应受最高债权额限度之约束。

从最高额抵押设定“最高债权额限度”的立法目的来看，最高额抵押有别于一般抵押，一般抵押权在设定时主债权即已确定；而最高额抵押系对将来特定期间内连续发生的债权提供担保，该将来连续发生债权在设定抵押权时并不确定，抵押人亦无法预见到其应承担的抵押担保责任大小，故法律对于该类抵押的抵押人担保责任进行了限定，设定了“最高债权额限度”。故最高额抵押的抵押人系承担有限之责任。而上诉人主张，利息等项不计入最高限额，则最高额抵押担保

① 福建省福州市中级人民法院（2018）闽01民终957号民事判决书。

之债权额将无限制，成为无最高限额，有悖最高额抵押限定抵押人责任之立法目的。

从《物权法》关于最高额抵押"最高债权额"及"担保范围"规定之区分来看，《物权法》关于"担保物权的担保范围包括主债权及其利息、违约金、损害赔偿金、保管担保财产和实现担保物权的费用。当事人另有约定的，按照约定"的规定，系对担保物权的担保范围作出一般规定。但最高债权额不同于担保范围，前者系通过约定最高金额确定抵押担保责任上限，后者系确定担保物权所担保的债权范围包括哪些具体项目。上诉人关于一审法院限定上诉人对抵押房产在最高额440000元限度内优先受偿，与当事人约定抵押担保范围相悖的上诉意见，系混淆最高债权额与担保范围之区分。

从《物权法》所确定的相关法律原则来看，《物权法》确立了物权法定及物权公示原则。因"最高债权额"系最高额抵押权的主要内容，其范围由法律规定，当事人无权通过合同约定的方式对其作出任意解释。如上所述，"最高债权额"之债权包括了债权本金及产生的利息等项，当事人在最高额抵押合同中将其限定为"最高债权本金额"，以至利息等项不计入最高限额，违反物权法定原则，当事人所作限定应认定无效。且，根据物权公示原则，第三人基于对最高额抵押权登记公示的"最高债权额"之信赖，可能接受对抵押物余值设定次顺位最高额抵押权，或抵押人仅有该抵押财产可供清偿债务时，该抵押人的其他债权人对于设定最高额抵押的"最高债权额"外的抵押物余值所享有的期待利益，均应受到法律保护。若利息等项不计入最高额，将严重损害第三人基于物权公示所产生的信赖利益，亦不利于保护交易安全。

◆ 评议

最高额抵押权相较于一般抵押权的特点在于其设立时，所需担保的债权并没有确定，范围限定在一定期间内和最高额。当抵押权人的债权出现法定确定事由时，债权才得以确定，而抵押权所担保的范围则是最高额内的确定债权。所以"最高额"的外延是重点需要厘清的概念，也就是说最高额抵押的"最高额"是指"本金最高额"还是指"债权最高额"。司法实务对此是具体问题具体分析，就最高人民法院的既往判例看，有采取"本金最高额"的说法，但该情形下有严格的适用条件：抵押关系当事人明确约定了"本金最高额"是最高额之要义，同时最高额抵押债权确定后的本金余额并未超过约定之最高额，除此之外当事人还要在最高额抵押合同中明确约定本金、利息以及实现债权费用等都属于担保的债权范围。① 另外一种情形则是“债权最高额”的适用，抵押关系当事人约定最高额抵押担保的“最高额”是“债权最高额”，如果最高额抵押债权确定时的债权债务总额（包括本金、利息等在内）超过约定的最高额，则抵押权人优先受偿的限度是最初约定的债权最高额，超过部分无权向抵押人主张优先受偿权。② 对于这个问题，最高额抵押权和一般抵押权的法律规定中尚无明确说明，抵押权属于担保物权，而依据法律的体系解释看，担保物权的一般规定也应适用于抵押权，本法规定“担保物权的担保范围包括主债权及其利息、违约金、损害赔偿金、保管担保财产和实现担保物权的费用。当事人另有约定的，按照约定”。因此最高额抵押担保的债权也应包括相应的利息。同时从立法目的看，最高额抵押权制度的设立是为了平衡抵押人和抵押权人的权益，若以“本金最高额”为任意适用原则，则抵押权担保的债权将可能远多于最高债权额，“最高额”也就失去其立法价值了，与最高额抵押合同设立之初的预期和立法本意相违背，所以应以“债权最高额”作为适用原则。

第四百二十一条　【最高额抵押权的转让】

最高额抵押担保的债权确定前，部分债权转让的，最高额抵押权不得转让，但是当事人另有约定的除外。

本条来源

《物权法》第二百零四条规定：“最高额抵押担保的债权确定前，部分债权转让的，最高额抵押权不得转让，但当事人另有约定的除外。”《不动产登记暂行条例实施细则》第七十四条作出相同的规定。本条在《物权法》第二百零四条基础上将“但……”改为“但是……”，其他延续了原规定。

① 可参考案例：兰州银行股份有限公司科技支行与甘肃华宁东方贸易有限公司、鞍山乐雪（集团）有限公司等金融借款合同纠纷，（2016）最高法民终 595 号；兴业银行股份有限公司广州越秀支行与广州科密办公科技有限公司、钟某强等金融借款合同纠纷案，（2016）粤 01 民终 11473 号。

② 可参考案例：海口明光大酒店有限公司、海口农村商业银行股份有限公司龙昆支行金融借款合同纠纷案，（2017）最高法民终 230 号。

立法演变

物权编一审稿第二百一十二条规定："最高额抵押担保的债权确定前，部分债权转让的，最高额抵押权不得转让，但当事人另有约定的除外。"二审稿将"但……"改为"但是……"，此后各稿延续了二审稿的规定。

条文释义

本条文解决的是最高额抵押担保的债权还没有确定时，是否可以转让最高额抵押权的问题，这同时也体现了最高额抵押权从属性的特殊性。对于普通抵押权而言，抵押权随着主债权的转让而转让。但于最高额抵押权而言就并非如此，最高额抵押权不随某一个债权的转让而转让，只能在担保基础关系整个转让时才得以转让。这也是由最高额抵押担保的特点决定的，其担保的是一段时间内连续发生的债权，而非某一个债权，所以在最高额抵押担保的债权还没确定前，债权范围不断变化。即使某一个债权转让，还有其他的潜在可能发生的债权，所以此时的最高额抵押权具有不可分性，也就是不随之而转让，这样才能发挥其担保债权实现的功能。这样的规定也和本编第四百零七条相呼应，抵押权不得与债权分离而单独转让或者作为其他债权的担保。作为最高额抵押权，其对应的担保债权是由基础关系衍生出的所有债权，所以不得与此分离而单独转让。当然，条文也考虑到民事领域的高度意思自治性，所以作出但书规定，当事人另有约定时，可以依当事人约定而为，以此维护市场经济的有序稳定发展。

归纳而言，适用本条文的前提条件有三个，且必须同时满足：第一个是最高额抵押担保关系中债权还没有确定；本编第四百二十三条规定了最高额抵押担保中抵押权人的债权确定的六种情形，这是司法实践认定的依据。同时在债权确定前，法律同样允许当事人自由转让某一债权，以此兼顾双方权益。在债权确定后，抵押权人就可以以普通抵押权的规则实现抵押权。第二个是要转让的债权是最高额抵押担保中的一部分债权；最高额抵押权最大的特点在于其担保的对象是一段时间内连续发生的不特定债权，在最终债权确定前，抵押权和某一债权并没有对应关系，而只是从属于基础关系衍生出的债权集合，所以某一债权转让，抵押权并不随之转让。第三个是当事人对此没有特殊约定（也就是当事人没有约定可以在最高额抵押担保的债权确定前，通过转让部分债权以转让最高额抵押权)；民事领域的行为以民事法律规范和当事人意思自治为准则，以此促进交易便捷和经济稳定发展，基于此，本条文也为当事人的自由意志留下发挥作用的空间。

法条关联

◆《不动产登记暂行条例实施细则》

第七十四条 最高额抵押权发生转移的，应当持不动产登记证明、部分债权转移的材料、当事人约定最高额抵押权随同部分债权的转让而转移的材料等必要材料，申请办理最高额抵押权转移登记。

债权人转让部分债权，当事人约定最高额抵押权随同部分债权的转让而转移的，应当分别申请下列登记：

（一）当事人约定原抵押权人与受让人共同享有最高额抵押权的，应当申请最高额抵押权的转移登记；

（二）当事人约定受让人享有一般抵押权、原抵押权人就扣减已转移的债权数额后继续享有最高额抵押权的，应当申请一般抵押权的首次登记以及最高额抵押权的变更登记；

（三）当事人约定原抵押权人不再享有最高额抵押权的，应当一并申请最高额抵押权确定登记以及一般抵押权转移登记。

最高额抵押权担保的债权确定前，债权人转让部分债权的，除当事人另有约定外，不动产登记机构不得办理最高额抵押权转移登记。

第四百二十二条 【最高额抵押权的变更】

最高额抵押担保的债权确定前，抵押权人与抵押人可以通过协议变更债权确定的期间、债权范围以及最高债权额。但是，变更的内容不得对其他抵押权人产生不利影响。

本条来源

《物权法》第二百零五条规定：“最高额抵押担保的债权确定前，抵押权人与抵押人可以通过协议变更债权确定的期间、债权范围以及最高债权额，但变更的内容不得对其他抵押权人产生不利影响。”《不动产登记暂行条例实施细则》对此也有相应规定，不过其要求如果最高额抵押权变更登记对其他抵押权人不利时，应当提供其他抵押权人的书面同意文件和身份证明。本条在《物权法》第二百零五条的基础上将“但……”改为“但是，……”，其他延续了原规定。

立法演变

物权编一审稿第二百一十三条规定：“最高额抵押担保的债权确定前，抵押权人与抵押人可以通过协议变更债权确定的期间、债权范围以及最高债权额，但变更的内容不得对其他抵押权人产生不利影响。”二审稿将“但……”改为“但是……”，征求意见稿则在“但是”后加了逗号。终稿同样是修改了标点符号，其他保持不变。

条文释义

最高额抵押制度的设立有利于市场经济中资金的便捷流通，也有利于交易各方建立长期的信用关系，但是该制度在实施中也有其不容忽视的弊端。其不利于充分发挥抵押物的全部经济价值，最高额抵押担保中抵押物的实际价值往往超过了所需担保的债权总额，而抵押物的剩余价值囿于抵押权人的独占性，并不能移作他用。从这个角度看，最高额抵押关系限制了抵押物的应有经济效用，也使得利害关系人间的权益不平衡。所以本条文基于此，规定了最高额抵押协议的变更制度，而变更的时间节点明确定为最高额抵押担保的债权还没有确定前，变更的原则明确定为不得对其他抵押权人有相应不利效果，以此限制性规定保护最高额抵押合同当事人及利害关系第三方的合法权益，维护交易的正常安全进行。具体而言，当事人可以变更以下三点：

第一，当事人可以协议变更债权确定的期间。相较一些国家或地区的立法例，例如《日本民法典》第三百九十八条规定最高额抵押权的确定期日从当事人约定或者变更之日起算，不能超过 5 年；我国台湾地区的“民法”则是规定了抵押权从设定之日起算，不能超过 30 年。① 我国现行物权法律规定中对当事

① 杨文辉：《最高额抵押权决算期之研究》，载《法学》2009 年第 3 期，第 104 页。

人约定的最高额抵押债权确定的期间没有限制，当事人可以自由约定。既可以缩短债权确定的期间，也可以延长债权确定的期间，变更期间的协议不需要经过第三方的同意。但由于最高额抵押权是抵押权的一种类型，所以登记是其公示方法，期间变更如果没有经过登记公示，则变更的不利效果不得及于其他后顺位经过登记的抵押权人。

第二，当事人可以协议变更债权范围。债权范围决定了最终抵押人应该承担多少担保责任，在不改变最高额抵押权依存的基础关系情况下，由于其担保的是不特定债权，所以在债权经过决算程序确定之前，法律允许当事人协议变更担保债权，以此满足当事人利益变更的需求。

第三，当事人可以协议变更最高债权额。当事人签订最高额抵押合同后，可以通过自由合意改变抵押合同约定的原最高额。最高债权额决定了抵押权人可以在多大范围内享有优先受偿债务的权利，也影响着同一抵押顺序的其他抵押权人和没有担保的普通债权人的债权实现额度，所以变更最高债权额必须是合意行为，而且不得对其他利害关系人造成不利的法律后果。

法条关联

◆《不动产登记暂行条例实施细则》

第七十二条 有下列情形之一的，当事人应当持不动产登记证明、最高额抵押权发生变更的材料等必要材料，申请最高额抵押权变更登记：

（一）抵押人、抵押权人的姓名或者名称变更的；

（二）债权范围变更的；

（三）最高债权额变更的；

（四）债权确定的期间变更的；

（五）抵押权顺位变更的；

（六）法律、行政法规规定的其他情形。

因最高债权额、债权范围、债务履行期限、债权确定的期间发生变更申请最高额抵押权变更登记时，如果该变更将对其他抵押权人产生不利影响的，当事人还应当提交其他抵押权人的书面同意文件与身份证或者户口簿等。

第四百二十三条　【最高额抵押权担保的债权被确定的情形】

有下列情形之一的，抵押权人的债权确定：

（一）约定的债权确定期间届满；

（二）没有约定债权确定期间或者约定不明确，抵押权人或者抵押人自最高额抵押权设立之日起满二年后请求确定债权；

（三）新的债权不可能发生；

（四）抵押权人知道或者应当知道抵押财产被查封、扣押；

（五）债务人、抵押人被宣告破产或者解散；

（六）法律规定债权确定的其他情形。

本条来源

《物权法》第二百零六条规定："有下列情形之一的，抵押权人的债权确定：（一）约定的债权确定期间届满；（二）没有约定债权确定期间或者约定不明确，抵押权人或者抵押人自最高额抵押权设立之日起满二年后请求确定债权；（三）新的债权不可能发生；（四）抵押财产被查封、扣押；（五）债务人、抵押人被宣告破产或者被撤销；（六）法律规定债权确定的其他情形。"本条在此基础上将"抵押财产被查封、扣押"改为"抵押权人知道或者应当知道抵押财产被查封、扣押"，以防抵押权人因为抵押财产被查封、扣押而致行使抵押权的权利落空；同时如本法第四百一十一条的修改，将"债务人、抵押人被宣告破产或者被撤销"改为"债务人、抵押人被宣告破产或者解散"。

立法演变

物权编一审稿第二百一十四条规定："有下列情形之一的，抵押权人的债权确定：（一）约定的债权确定期间届满；（二）没有约定债权确定期间或者约定不明确，抵押权人或者抵押人自最高额抵押权设立之日起满二年后请求确定债权；（三）新的债权不可能发生；（四）抵押权人知道或者应当知道抵押财产被查封、扣押；（五）债务人、抵押人被宣告破产或者被撤销；（六）法律规定债权确定的其他情形。"二审稿在此基础上将"被撤销"改为"解散清算”，此后各稿延续了二审稿的规定。终稿将“解散清算”改为“解散”，其他保持不变。

条文释义

最高额抵押中债权的确定制度是最高额抵押中一项重要的制度，指法定事由发生后，最高额抵押担保的债权由一定范围内不特定的债权转化为具体特定的债权。最高额抵押所担保的债权在抵押权设立时没有具体的数额，处于随时可能增减的状态，但最高额抵押权的效力不因为数额的增减而变化。但如果最高额抵押所担保的债权一直处在不确定中，作为担保物权的最高额抵押权无法实现担保债权优先受偿的设立目的，哪一些债权可以纳入优先受偿范围无法特定。进一步讲，抵押物的担保价值一直无法实现，也就一直受拘束，对于物价值的发挥和利益相关人权益的保护都是不利的，所以法律设定了特定事由以确定最高额抵押权。根据本条文规定，有下列情形之一的，抵押权人的债权确定：

一、约定的债权确定期间届满

抵押人和抵押权人在订立最高额抵押合同时可以自由约定债权确定的期间，期限届满之时，最高额抵押所担保的实际债权数额也随之确定。约定债权确定期间既是尊重民事领域的当事人意思自治，也是为了防止抵押物无限期处于受约束状态。

二、没有约定债权确定期间或者约定不明确，抵押权人或者抵押人自最高额抵押权设立之日起满二年后请求确定债权

抵押合同双方当事人在合同订立之时没有约定债权确定期间或者约定不明确时，法律赋予抵押权人和抵押人确定担保债权的请求权，以此平衡双方的利益。在日本民法中也有同样的规定，当事人对债权确定日期有约定时，适用其约定；当事人没有约定或者约定不清时，抵押权人可以随时请求确定抵押担保的债权，而抵押人从抵押权设定之日起三年后，有权请求确定抵押担保的债权，其行使请求权后经过两星期得以确定抵押担保的债权。[①] 实践中，这一条件在适用时应该注意把握其与第一项条件的结合适用，充分认识到两项条件的先后适用顺序。当事人约定了确定债权的期间，则依其约定；没有约定或者约定不

① 渠涛编译：《最新日本民法》，法律出版社 2006 年版，第 87 页。

清时，才适用第二项条件，以此更合理和充分地发挥最高额抵押权制度的功能。

三、新的债权不可能发生

最高额抵押担保的债权是一定范围内不特定的债权，即处于变动状态，如果一定范围内的债权没有再变动的可能，则可以认定为最高额抵押担保的债权已经确定。不特定的债权源于某一个基础法律关系，如果这个基础不在时，不特定的债权就转变成了特定的债权，即使此时约定的债权确定期间还未届满，也没有再发生债权的可能，所以法律规定此情形下应当允许确定最高额抵押权。

四、抵押权人知道或者应当知道抵押财产被查封、扣押

该项条件和原《物权法》的规定相比，增加了“抵押权人知道或者应当知道”的规定，之所以有这样的改变，主要在于原《物权法》《最高人民法院关于适用〈中华人民共和国担保法〉若干问题的解释》《最高人民法院关于人民法院民事执行中查封、扣押、冻结财产的规定》对该问题的规定不同，也就是说最高额抵押设定后，在债权确定前抵押物可能会被采取查封、扣押等措施，对于认定债权人可以优先受偿的范围，规定不同，导致实务中也存在不同做法，所以物权编对此问题作了新的规定。

《物权法》第二百零六条规定：“有下列情形之一的，抵押权人的债权确定：……（四）抵押财产被查封、扣押……”《最高人民法院关于适用〈中华人民共和国担保法〉若干问题的解释》第八十一条也规定：“最高额抵押权所担保的债权范围，不包括抵押物因财产保全或者执行程序被查封后或债务人、抵押人破产后发生的债权。”从这两条规定可以看出最高额抵押担保的债权得以确定的事由之一是抵押物被依法采取查封、扣押等保全措施。但同时《最高人民法院关于人民法院民事执行中查封、扣押、冻结财产的规定》第二十七条规定：“人民法院查封、扣押被执行人设定最高额抵押权的抵押物的，应当通知抵押权人。抵押权人受抵押担保的债权数额自收到人民法院通知时起不再增加。人民法院虽然没有通知抵押权人，但有证据证明抵押权人知道查封、扣押事实的，受抵押担保的债权数额从其知道该事实时起不再增加。”根据该规定，最高额抵押物被采取查封、扣押等保全措施后并不必然引起担保债权的确定，而是从抵押权人知道或者应该知道抵押物被采取查封、扣押等保全措施后，才得以确定最高额抵押担保的债权数额。法律规定的差异性导致了司法实践的差异性，此次立法考虑了最高额抵押制度的最初立法目的，如果每一次抵押权人在订立抵押合同时都要审查抵押物是否被采取查封、扣押等措施的话，就大大束缚了最高额抵押制度效能的发挥。另外从审查义务的合理分配来看，确定最高额抵押担保债权数额的时间节点定为抵押权人知道或者应该知道抵押物被采取查封、扣押等保全措施后，意味着执行法院或者相关申请执行方有责任通知抵押权人查封的事实，这也符合社会成本最小化的原则，将义务分配给成本最小的一方。所以综合考虑后，本次物权编将原规定“抵押财产被查封、扣押”修改为“抵押权人知道或者应当知道抵押财产被查封、扣押”。

五、债务人、抵押人被宣告破产或者解散

该项条件和原《物权法》的规定相比，将“债务人、抵押人被宣告破产或者被撤销”修改成了“债务人、抵押人被宣告破产或者解散”，债务人、抵押人被宣告破产或者解散清算就意味着债务人、抵押人进入了相应的破产程序抑或清算程序，根据现行《企业破产法》的规定，在破产申请受理时，未到期的债权也会被认定为已到期。本身债务到期就是最高额抵押权得以实现的法定事由，所以当债务人、抵押人被宣告破产或者解散时，也就应该确定最高额抵押担保的债权数额。

六、法律规定债权确定的其他情形

本项的规定为最高额抵押制度的发展提供了更多的空间，作为确定最高额抵押担保债权数额的事由不可能以穷尽式列举来表明，这是随着社会的发展不断丰富内涵的事由集合，因此这类“兜底性条款”的设置是必要的。

法条关联

◆《最高人民法院关于人民法院民事执行中查封、扣押、冻结财产的规定》

第二十七条 人民法院查封、扣押被执行人设定最高额抵押权的抵押物的，应当通知抵押权人。抵押权人受抵押担保的债权数额自收到人民法院通知时起不再增加。

人民法院虽然没有通知抵押权人，但有证据证明抵押权人知道查封、扣押事实的，受抵押担保的债权数额从其知道该事实时起不再增加。

◆《不动产登记暂行条例实施细则》

第七十三条 当发生导致最高额抵押权担保的债权被确定的事由，从而使最高额抵押权转变为一般抵押权时，当事人应当持不动产登记证明、最高额抵押权担保的债权已确定的材料等必要材料，申请办理确定最高额抵押权的登记。

案例评议

福建上杭农村商业银行股份有限公司、王某执行分配方案纠纷案①

◆ **裁判规则**

《物权法》规定："有下列情形之一的，抵押权人的债权确定：……（四）抵押财产被查封、扣押……"据此，当发生抵押财产被查封、扣押的情形时，最高额抵押权所担保债权确定。同时《最高人民法院关于人民法院民事执行中查封、扣押、冻结财产的规定》规定："人民法院查封、扣押被执行人设定最高额抵押权的抵押物的，应当通知抵押权人。抵押权人受抵押担保的债权数额自收到人民法院通知时起不再增加。人民法院虽然没有通知抵押权人，但有证据证明抵押权人知道查封、扣押事实的，受抵押担保的债权数额从其知道该事实时起不再增加。"据此，人民法院在查封、扣押设定有最高额抵押权的抵押物时，应当通知最高额抵押权人，最高额抵押权人自收到人民法院查封通知时起受抵押担保的债权数额确定。《物权法》与《最高人民法院关于人民法院民事执行中查封、扣押、冻结财产的规定》的规定并不冲突，《物权法》是对最高额抵押权所担保债权确定事由作出的规定，即出现该条规定的几项事由时，最高额抵押债权数额的确定就满足了实体要件；而《最高人民法院关于人民法院民事执行中查封、扣押、冻结财产的规定》则是对最高额抵押债权数额的确定明确了具体的时间节点，即最高额抵押权担保的债权数额自抵押权人收到人民法院通知时或从抵押权人知悉抵押物被查封的事实时起不再增加，可以理解为最高额抵押债权数额确定的程序要件。既有债权数额确定的原因事由，又有债权数额确定的时间节点，《物权法》与《最高人民法院关于人民法院民事执行中查封、扣押、冻结财产的规定》的规定结合起来就解决了何事、何时最高额抵押债权数额确定这一问题。

① 最高人民法院（2018）最高法民终 787 号民事判决书。

◆ 评议

《物权法》第二百零六条的第四项规定“抵押财产被查封、扣押”，而《最高人民法院关于人民法院民事执行中查封、扣押、冻结财产的规定》第二十七条则规定：“人民法院查封、扣押被执行人设定最高额抵押权的抵押物的，应当通知抵押权人。抵押权人受抵押担保的债权数额自收到人民法院通知时起不再增加。人民法院虽然没有通知抵押权人，但有证据证明抵押权人知道查封、扣押事实的，受抵押担保的债权数额从其知道该事实时起不再增加。”这两条规定体现了最高额抵押债权确定的时间节点的不同，导致司法实践中存在不同认识。有的法院以《物权法》的规定为准，认定最高额抵押债权自抵押财产被查封、扣押之后确定，例如（2015）浙民申字第214号、（2015）浙温商终字第582号、(2014）锡商申字第0008号等裁判文书中都有相关说理；而有的法院则以《最高人民法院关于人民法院民事执行中查封、扣押、冻结财产的规定》为准，认定即使抵押财产被查封、扣押，但抵押权人事实上并不知情而继续产生新的债权的，新的债权依然享有抵押权，例如（2015）鲁商终字第154号、(2015）岩民撤字第4号、(2012）浙杭商终字第723号等裁判文书中都有相关说理。从法律效力上看，当两个条文规定出现冲突时，基本法律的效力应该高于司法解释的效力，同时从其颁布时间看，新法也应该优于旧法，所以从这个角度看应该适用《物权法》的相关规定。同时从立法目的看，依据《最高人民法院关于人民法院民事执行中查封、扣押、冻结财产的规定》的规定，抵押权人从抵押财产被查封、扣押到收到人民法院通知需要一段时间，而恰恰在这段时间内基于利益驱使，抵押人和抵押权人极有可能恶意串通，形成虚假债权债务关系而就抵押财产实现优先受偿，此时最高额抵押债权尚未确定的话，原查封、扣押申请人的权益则存在受损风险，从而使原立法目的落空。而本次物权编整合了原有之法律、司法解释、司法经验等多方资源，以“抵押权人知道或者应当知道抵押财产被查封、扣押”为最高额抵押权担保的债权被确定的法定情形之一，明确立法以指导司法实践。

第四百二十四条　【最高额抵押权的法律适用】

最高额抵押权除适用本节规定外，适用本章第一节的有关规定。

本条来源

《物权法》第二百零七条规定："最高额抵押权除适用本节规定外，适用本章第一节一般抵押权的规定。"本条在此基础上，将"第一节一般抵押权的规定"改为"第一节的有关规定"。

立法演变

物权编一审稿第二百一十五条规定："最高额抵押权除适用本节规定外，适用本章第一节一般抵押权的规定。"二审稿延续了一审稿的规定。征求意见稿则将"第一节一般抵押权的规定"改为"第一节的有关规定"。

条文释义

抵押权分为一般抵押权和最高额抵押权，因此对应了一般性规定和针对最高额抵押的专门规定，最高额抵押既有一般抵押的特点，也有其自身的独特性。在司法实践中，对于本条的适用要准确把握最高额抵押和一般抵押的区别，对于最高额抵押权的处理首先适用本节的相关规定，本节没有规定的，再根据本章第一节一般抵押权的相关规定，以类推、目的解释等方法追求最合理化适用条文。本法只有五条关于最高额抵押制度的规定，相较纷繁复杂的实务而言远远不够，今后我们必须要在最高额抵押担保的范围、被担保债权确定后的法律效果等方面进一步完善最高额抵押制度，以期更好地实现制度的预设目的。

第十八章 质 权

本章概要

质权是指债务人为担保如期履行债务，以自己或第三人的特定动产或财产权利为标的向债权人提供担保，当债务人不履行到期债务或者发生当事人约定实现质权的情形时，债权人就该财产折价或者以拍卖、变卖所得价款优先受偿的权利。债务人或者第三人用以提供担保的财产叫质押财产，也叫质押物或质物，债权人叫质权人，提供担保的人叫出质人。

《民法典》规定质权因其标的不同，分为动产质权和权利质权，两种质权有其各自生效要件，动产质权以债务人或第三人将出质动产交付质权人占有为生效要件；权利质权以权利凭证交付质权人或者没有权利凭证的以办理出质登记为生效要件。在学理上质权还有其他分类：①根据设立方式的不同，分为以当事人通过法律行为设立的意定质权、依照法律规定而直接成立的法定质权。根据我国现行法律规定，质权只能通过当事人合意订立质权合同设立。这一特点相异于一些域外民法规定。例如，德国民法规定了提存权利人、使用租赁的出租人、用益租赁的出租人和承租人、承揽人的法定质权，同时德国商法也规定了行纪人、运输人、承运人、仓库保有人的法定质权，这种法定质权无需当事人合意即可成立。②根据质权内容的不同，分为以质权人占有质押物为内容的占有质权、以质权人占有质押物并可以使用收益为内容的用益质权、以质权人满足约定条件时有权获得质押物所有权为内容的归属质权。后者也即流质，根据《民法典》的规定，流质契约不能产生预设之效果，质权人仅能依法就质押财产获得优先受偿。③根据适用的法律不同，分为民事质权、商事质权、营业质权，分别适用民法、商法、当铺业法。

质权属于担保物权的一种，质权效力包括留置和优先受偿，以此担保债权如期实现。这与抵押权人不占有抵押物不同，质权人合法占有质押物，因此质权除了一般担保物权所具有的担保价值外，还具有留置效力，通过实际占有质押物而督促债务人及时清偿债务。从该留置效力看，质权在担保债权实现上比抵押权更具强力，但恰恰因为质权以转移占有质押物为生效要件，意味着出质人不能再占有使用质押物，也意味着质权人需谨慎保管质押物，所以质权并不广泛运用于诸多金融领域。这一点正如日本学者所言，质权主要用于以生活用品出质为主要内容的平民百姓的金融、以商品或有价证券出质为内容的商人的金融，这两个领域抵押权都无法发挥作用。[1]

第一节　动产质权

第四百二十五条　【动产质权的含义】

为担保债务的履行，债务人或者第三人将其动产出质给债权人占有的，债务人不履行到期债务或者发生当事人约定的实现质权的情形，债权人有权就该动产优先受偿。

前款规定的债务人或者第三人为出质人，债权人为质权人，交付的动产为质押财产。

本条来源

《物权法》第二百零八条规定："为担保债务的履行，债务人或者第三人将其动产出质给债权人占有的，债务人不履行到期债务或者发生当事人约定的实现质权的情形，债权人有权就该动产优先受偿。前款规定的债务人或者第三人为出质人，债权人为质权人，交付的动产为质押财产。"《担保法》第六十三条亦对动产质押作出相应的定义。本条完全延续了《物权法》第二百零八条的规定。

① ［日］我妻荣：《新订担保物权法》，申政武、封涛、郑芙蓉译，中国法制出版社 2008 年版，第 105 页。

立法演变

物权编一审稿第二百一十六条规定："为担保债务的履行，债务人或者第三人将其动产出质给债权人占有的，债务人不履行到期债务或者发生当事人约定的实现质权的情形，债权人有权就该动产优先受偿。前款规定的债务人或者第三人为出质人，债权人为质权人，交付的动产为质押财产。"此后各稿延续了一审稿的规定。

条文释义

质权，又称为质押权，质押根据质押物的不同分为动产质押以及权利质押。本条规定的是动产质押，指的是债务人或者第三人以其动产转移给债权人占有的方式，为债权提供履行担保的一种担保物权。当出现债务人不履行债务的情形时，债权人可以依法将该担保财产变价以获得优先受偿。①有日本学者认为质权的特点在于转移占有和优先受偿，② 这更多的是对质权中动产质权的归纳，而不能全面包括了权利质权的特点。从本条文的规定中可以看出动产质权具有如下特点：

第一，动产质权的标的是动产。从域外法的比较来看，各国的质权标的规定也各不相同。法国现行法规定质权标的既包括动产，也包括不动产，我们所说的财产权利则是一种无形动产，其质押属于动产质押。③ 德国现行法规定质权的标的则包括动产以及财产权利，作为权利的客体必须是可以转让的。④ 物权法定主义决定了物权的内容和设定都应当以法律的规定为依据，根据我国现行法律规定，质权的标的只有动产和财产权利，不动产不能作为质押物。提供质押物的可以是债务人，也可以是第三人，此时应当注意的是，当出质人提供的质押物并非自己所有或者无合法处分权时，质权人能否同动产所有权善意取得人一样善意取得质权。对此现行法律并没有明文规定，但基于动产质权的转移占有要件的特点，债权人实际上又难以审查出质人是否为质押物的权利人，为了保护质权人的质权得以实现和保障交易安全，应该允许此情形下质权人类

① 王利明：《物权法研究》，中国人民大学出版社 2016 年版，第 1298 页。
② ［日］近江幸治：《担保物权法》，祝娅等译，法律出版社 2001 年版，第 66 页。
③ 参见罗结珍译：《法国民法典》，北京大学出版社 2010 年版，第 512－515、525 页。
④ 陈卫佐译注：《德国民法典》，法律出版社 2010 年版，第 408 页。

推适用动产善意取得制度。

第二，动产质权以转移占有为公示方法。动产质权的成立要件之一是出质人将质押物转交质权人占有，这也是质权本质上区别于抵押权的特点。也就是说债权人必须通过占有动产质押物才能取得质权，并且该质权得以对抗第三人。质权人之所以要占有质押物，不仅是为了让第三人知道其在该物上享有质权，同时如果质权人不占有质押物，在事实上也无法排除他人就该质押物行使质权。① 根据现行法律规定，该占有应该是现实且持续的占有，而不能以占有改定的方式占有质押物。

第三，动产质权和其他担保物权一样，是一种优先权利。质权人不仅合法占有质押物，而且有权依法支配质押物的交换价值，当债务人不履行到期债务或者发生当事人约定的实现质权的情形，债权人有权就质押物获得比无质权担保的普通债权人更优先的受偿权。而权利往往伴随着义务，动产质权以转移占有为成立要件，这也决定了质押关系中质权人的权利和义务有别于抵押关系中抵押权人的权利和义务，质权人在质权设立后应当妥善保管质押物，当债务得到适当清偿后应当将质押物归还出质人。

案例评议

大连银行股份有限公司沈阳分行、抚顺市艳丰建材有限公司等案外人执行异议案②

◆ 裁判规则

金钱作为一种特殊的动产，具备一定形式要件后，可以用于质押。当事人签订《汇票承兑合同》，艳丰公司向大连银行沈阳分行缴存100%比例保证金作为案涉承兑汇票业务的担保，如艳丰公司未按期足额交付全部汇票金额，则大连银行沈阳分行有权以该保证金直接支付到期承兑汇票或偿还大连银行沈阳分行对持票人的垫款，也即大连银行沈阳分行对案涉保证金享有优先受偿权。上述合意具备质押合同的一般要件，符合《最高人民法院关于适用〈中华人民共和国担保法〉若干问题的解释》第八十五条关于金钱质押的规定。《物权法》

---

① 梅忠协：《民法要义》，张谷勘校，中国政法大学出版社1998年版，第601页。

② 最高人民法院（2015）民提字第174号民事判决书。

规定质权自出质人交付质押财产时设立，金钱质押作为特殊的动产质押，依照《最高人民法院关于适用〈中华人民共和国担保法〉若干问题的解释》第八十五条规定，生效条件包括金钱特定化和移交债权人占有两个方面。具体到本案，案涉4000万元资金已经通过存入保证金专用账户的形式予以特定化，大连银行沈阳分行能够对该保证金专用账户进行实际控制和管理，实现了移交占有，所以本案金钱质押已经设立。

本案出现了在同一执行标的即案涉4000万元保证金之上，大连银行沈阳分行主张质权而郑某旭主张债权的冲突。从权利属性和分类上来讲，质权属于担保物权，因此该权利具备物权的基本特征和法律效力。《物权法》规定，“本法所称物权，是指权利人依法对特定的物享有直接支配和排他的权利”，物权相较于债权而言具有优先性，此即意味着当同一标的物之上存在债权人主张债权与物权人主张物权冲突时，物权优先于债权实现。

◆ **评议**

当事人合意通过缔结质权合同的方式设定质权，只要其满足普通合同和质押合同的一般要件，符合《最高人民法院关于适用〈中华人民共和国担保法〉若干问题的解释》第八十五条关于金钱质押的规定，即为有效。本案的重点在于质押合同有效，但金钱是否可以质押的问题。质权的特点在于出质人丧失对质押物的占有但不丧失其所有权，金钱作为特殊的种类物，当出质人转移占有即视为转移所有权，但是置于特殊情景下，如将金钱存入某一特定银行账户后，可以视为种类物的特定化，此时金钱亦可作为质押物。实践中存在多样化的金钱特定化方式，例如，将金钱封存、存入银行提供的特定位置、存入特定的银行账户等。这一特定化过程需要注意避免与一般账户中的资金混同而失去其特定性，同时还要保证具有质权权利外观性，任何第三人都能知晓其为质押财产。① 此特定化程序也就符合了合同法关于合同标的的一般理论，即合同标的不特定的，原则上合同并不能成立。

---

① 可见案例：汇丰银行（中国）有限公司唐山分行、河北旭阳焦化有限公司案外人执行异议案，最高人民法院（2013）民申字第2060号民事判决书；广东发展银行股份有限公司郑州科技支行、民生证券有限责任公司其他合同纠纷案，最高人民法院（2013）民抗字第30号民事判决书；福建海峡银行股份有限公司宁德分行、张某等案外人执行异议案，福建省高级人民法院（2014）闽民终字第686号民事判决书。

第四百二十六条　【禁止质押的动产】

法律、行政法规禁止转让的动产不得出质。

本条来源

《物权法》一审稿、二审稿中均无本条规定，而后就草案向社会征求意见时，有人对此提出建议，最终在第二百零九条规定：“法律、行政法规禁止转让的动产不得出质。”本条完全延续了该条的规定。

立法演变

物权编一审稿第二百一十七条规定：“法律、行政法规禁止转让的动产不得出质。”此后各稿延续了一审稿的规定。

条文释义

动产质权以转移占有为成立要件，当债务人到期不能履行债务或者出现当事人约定实现质权的情形时，债权人依法将质押物变价获得优先受偿的权利。也就是说债权人实现质权以质押物可转移占有为前提，如果质押物为法律、行政法规禁止转让的动产，则质权实现之时因质押物违反禁止转让的强制性规范，质权人无法顺利通过折价、变卖、拍卖等获得优先受偿，所以本条明确规定法律、行政法规禁止转让的动产不得出质。

动产质权的标的是动产，但并非所有的动产都可用以质押，从本条规定可以看出，作为质押物的动产除了要求是出质人合法拥有的之外，还必须是可以转让的，即动产可以依法自由转让，根据民法的基本法理，法律没有禁止的行为都应当是允许作为的；而法律、行政法规没有明确规定禁止转让的动产，同理都可以作为质权的标的，所以可以作为质押物的财产范围很广，如出质人合法拥有的车辆、珠宝、古董等；而法律、行政法规明确不允许流通的动产不可以设置质权，如各类毒品、各类管制枪支等。

注意不允许流通和限制流通有区别，在质权中认定不允许流通的动产需依据法律、行政法规的规定，其他规范性文件不能作为判定动产是否为禁止转让的依据。这是对于援用法律位阶的严格限制，司法实践中应当严肃遵循。而对于限制流通的动产，如文物，根据《文物保护法》第二十五条规定，[①] 非国有不可移动文物不得转让、抵押给外国人，除此之外转让、抵押非国有不可移动文物或者改变非国有不可移动文物用途的，必须按照法定的程序报相应的文物行政部门备案。所以当以这类文物作为动产质权的标的时，实现质权之时质权人不能自由变卖文物，而是应按法定程序流通。

法条关联

◆《保险法》

第三十四条 以死亡为给付保险金条件的合同，未经被保险人同意并认可保险金额的，合同无效。

按照以死亡为给付保险金条件的合同所签发的保险单，未经被保险人书面同意，不得转让或者质押。

父母为其未成年子女投保的人身保险，不受本条第一款规定限制。

◆《文物保护法》

第五十二条 国家鼓励文物收藏单位以外的公民、法人和其他组织将其收藏的文物捐赠给国有文物收藏单位或者出借给文物收藏单位展览和研究。

国有文物收藏单位应当尊重并按照捐赠人的意愿，对捐赠的文物妥善收藏、保管和展示。

国家禁止出境的文物，不得转让、出租、质押给外国人。

◆《海关法》

第三十七条 海关监管货物，未经海关许可，不得开拆、提取、交付、发运、调换、改装、抵押、质押、留置、转让、更换标记、移作他用或者进行其他处置。

海关加施的封志，任何人不得擅自开启或者损毁。

人民法院判决、裁定或者有关行政执法部门决定处理海关监管货物的，应当责令当事人办结海关手续。

---

① 《文物保护法》第二十五条规定："非国有不可移动文物不得转让、抵押给外国人。非国有不可移动文物转让、抵押或者改变用途的，应当根据其级别报相应的文物行政部门备案。"

◆《博物馆条例》

第二十五条　博物馆藏品属于国有文物、非国有文物中的珍贵文物和国家规定禁止出境的其他文物的，不得出境，不得转让、出租、质押给外国人。

国有博物馆藏品属于文物的，不得赠与、出租或者出售给其他单位和个人。

◆《古生物化石保护条例》

第二十三条　国有收藏单位不得将其收藏的重点保护古生物化石转让、交换、赠与给非国有收藏单位或者个人。

任何单位和个人不得将其收藏的重点保护古生物化石转让、交换、赠与、质押给外国人或者外国组织。

第四百二十七条　【质押合同的形式和内容】

设立质权，当事人应当采用书面形式订立质押合同。

质押合同一般包括下列条款：

（一）被担保债权的种类和数额；

（二）债务人履行债务的期限；

（三）质押财产的名称、数量等情况；

（四）担保的范围；

（五）质押财产交付的时间、方式。

本条来源

《物权法》第二百一十条规定："设立质权，当事人应当采取书面形式订立质权合同。质权合同一般包括下列条款：（一）被担保债权的种类和数额；（二）债务人履行债务的期限；（三）质押财产的名称、数量、质量、状况；（四）担保的范围；（五）质押财产交付的时间。"《担保法》第六十四条和第六十五条对此作了大致相同的规定。本条在《物权法》第二百一十条的基础上将"采取书面形式订立质权合同"改成"采用书面形式订立质押合同"，其他表达作相应修改；将"质押财产的名称、数量、质量、状况"改成"质押财产的名称、数量等情况"；将"质押财产交付的时间"改成"质押财产交付的时间、方式"。

立法演变

物权编一审稿第二百一十八条规定："设立质权，当事人应当采取书面形式订立质押合同。质押合同一般包括下列条款：(一) 被担保债权的种类和数额；(二) 债务人履行债务的期限；(三) 质押财产的名称、数量、质量、状况；(四) 担保的范围；(五) 质押财产交付的时间、方式。"二审稿将一审稿"采取"改成"采用"，将"、质量、状况"改成"等情况"，此后各稿延续了二审稿的规定。

条文释义

本次立法将《物权法》规定的"质权合同"修改为"质押合同"，该修改主要出于法律用语准确化、明确化的考量。

本条规定了质押合同的相关内容，包括合同的书面形式以及合同包含的条款。所谓质押合同，是指出质人和质权人双方就质押达成合意后订立的合同。质押合同是合同类型之一，其订立、效力等应当符合合同编的规定，同时质押合同以质权的订立为内容，属于担保物权合同，其约定质权的内容应当符合物权编的规定。根据本条规定，当事人就质押达成合意后应当采取书面形式订立质押合同。而为了确保质押合同的规范性，本条文进一步规范了质押合同的内容。

一、被担保债权的种类和数额

作为担保物权的质权，依附于被担保的债权而存在，设定质权就是为了担保债权的实现，所以质押合同中关于被担保债权的条款是必备条款，缺乏该条款将导致质押合同不成立。这一条款应包含两项，其一是被担保债权的种类，即表明被担保债权是买卖之债、租赁之债还是借款等债务，进而列明债权关系中的当事人以及债权的数额，当事人是质押行为的指向，而数额是质权人得以优先受偿范围的认定标准，尤其是当事人对担保范围没有约定或者约定不清时，往往以此为依据判定出质人的担保范围。

二、债务人履行债务的期限

债务人履行债务的期限对于质权的实现具有重要意义，债权人得以就质押物优先受偿的一种法定事由是债务人不履行到期债务，所以该期限在质押合同中应当明确规定。债务的履行期限对于出质人而言是一种预期，可以明确知道其提供的质押物上质权的存续期限，在仅以债务履行期限是否届满为质权实现的判断条件时，出质人在债务履行期限还未届满前，可以拒绝债权人行使质权的请求。

三、质押财产的名称、数量等情况

本编将《物权法》原规定的“质押财产的名称、数量、质量、状况”修改成“质押财产的名称、数量等情况”，这样的修改体现了立法考量的周全性，《物权法》原先以完全列举的方式体现了在质押合同中应该写明的质押财产的各项情况，但随着质押财产越来越复杂，为了进一步改善当前的营商环境，更大程度上赋予当事人自主权，本条只对质押财产作概括性描述，其余的由当事人视具体情况而定。

四、担保的范围

担保范围的条款对于质押关系双方当事人而言都是至关重要的，明确担保的范围使出质人有准确的预期，其提供抵押财产后应该在多大范围内承担担保责任；也使质权人明确其在多大范围内得以就质押财产享有优先受偿的权利。超出约定的担保范围时，出质人没有义务继续履行担保责任，质权人也无权主张就质押财产的剩余价值继续优先受偿。在实践中，担保的范围一般包括主债权及其衍生之利息、违约金、实现债权费用（质押财产保管费用）等。

五、质押财产交付的时间、方式

本编将《物权法》原规定的将“质押财产交付的时间”修改成“质押财产交付的时间、方式”。根据本法第四百二十九条规定，质权自出质人交付质押财产时设立。质押财产交付是质权合同中重要内容之一，决定着质权何时设立。《物权法》只规定了当事人要约定“质押财产交付的时间”，这一次立法补充了交付的方式。在民法上交付的方式有很多种，包括现实交付、简易交付以及占有改定、指示交付等形式，在质押合同中双方当事人要明确以何种方式实现质押财产的交付。

第四百二十八条　【流质契约】

质权人在债务履行期限届满前，与出质人约定债务人不履行到期债务时质押财产归债权人所有的，只能依法就质押财产优先受偿。

本条来源

《物权法》第二百一十一条规定："质权人在债务履行期届满前，不得与出质人约定债务人不履行到期债务时质押财产归债权人所有。"《担保法》第六十六条同样对禁止流质契约作出规定。本条以另一种表述体现对流质契约的规定，即当事人约定债务人不履行到期债务时质押财产归债权人所有的，不能依其约定，而只能依法就抵押财产优先受偿。

立法演变

物权编一审稿第二百一十九条规定："质权人在债务履行期届满前，不得与出质人约定债务人不履行到期债务时质押财产归债权人所有。"二审稿延续了一审稿的规定，但征求意见稿作出了较大修改，第四百二十八条规定："质权人在债务履行期限届满前，与出质人约定债务人不履行到期债务时质押财产归债权人所有的，只能依法就质押财产优先受偿。"即使当事人作出流质契约，亦不能产生合意之结果，而只能依法就质押财产优先受偿。

条文释义

本条是关于流质契约的规定，在质押合同中当事人约定在债务人不履行到期债务时，出质人提供的质押财产所有权归属于质权人，即使当事人认为质押财产和债权价值相当，以此为由设立的流质契约也不能产生相应的法律效果，质押权人也只能就质押财产优先受偿，而非直接获得所有权。域外许多立法例都规定了流质契约的无效性。德国民法典中规定了一种不准许的清偿约定，即债务人不得在债务还未到期前提前以清偿为目的，将土地所有权的权利转让给债权人，或者以强制执行以外的方式将实施土地的让与的权利转让给债权人。瑞士民法也对此作了同样的规定。

十几年来，以降低担保物权的实现成本、提供当事人意思自治力为由，要求立法上解除对流质契约的禁止性规定的呼声不绝于耳。[①] 新条文没有直接说明当事人不得约定流质契约，而是规定流质契约无法实现预设效力，质权人只

① 高圣平：《论担保物权"一般规定"的修改》，载《现代法学》2017年第6期，第25页。

能以正常程序实现质权，以此表明法律否定签订流质契约的行为。这主要是考虑到双方当事人权益的合理平衡：在债权关系中债务人往往处于劣势或者窘境，债权人的强势地位和债务人的不利境地交织下，债权人可能迫使债务人或者提供质押的第三人签订流质契约，这种胁迫或者乘人之危的行为破坏了民法的诚实信用和公平公正原则。特别是在质押财产价值超过被担保债权价值时，当债务人不能清偿到期债务时，债权人可以凭借流质契约获得质押财产的所有权，以此获得不当利益；另外在担保物被拍卖、变卖后有剩余价值的，本应由债务人的其他债权人按比例分配，但如果未经拍卖等程序直接将担保物转让给债权人，对其他债权人的权益保护并不公平。所以为了保障民事关系各方当事人的正当利益，也为了减少民事纠纷的风险和经济社会的不稳定因素，法律严格要求质押当事人以正规的质权实现程序实现质权，而不允许协议产生流质契约之效果。

第四百二十九条 【质权的设立】

质权自出质人交付质押财产时设立。

本条来源

《物权法》第二百一十二条规定："质权自出质人交付质押财产时设立。"《担保法》第六十四条作出同样的规定。本条完全延续了《物权法》第二百一十二条的规定。

立法演变

物权编一审稿第二百二十条规定："质权自出质人交付质押财产时设立。"此后各稿延续了一审稿的规定。

条文释义

本条规定了质权设立的条件，即出质人将质押财产交付至质权人。

在理解本条之时，要区分质押合同和质权两个不同概念。质押合同是当事人为了设立质权而形成的协议，在当事人间分配了有关权利义务。质押合同生效与否应当依据合同编加以判断，如果合同符合相应的法定生效要件，则合同有效，当事人应当受合同关系的约束；但即使质押合同认定为有效，本身质押合同并不直接赋予质权人相应的质权，因为作为物权变动（创设了质权），除了有质押合同外，还要有合法的公示环节。所以质押合同的生效时间往往早于质权的生效时间，在出质人根据协议将质押财产转移占有至质权人后发生法律效力，质权得以设立，故本条规定表明了转移占有质押财产是质权的公示途径，也是质权的生效途径。合同成立后质押财产转移占有前，质权人只享有基于有效合同关系而产生的债权请求权，并不享有相应的物权请求权。需要注意的是，转移占有质押财产是指出质人必须根据质押合同的规定准时间、准地点地交付准确的质押财产；同时交付的效果是使质权人实际上取得该质押财产的占有。

例如，质权人甲、出质人乙两人订立了书面的质押合同，满足法定的生效要件。乙将质押财产交付甲实际占有，完成质权的设立。之后双方又协议约定质押合同存续期间，质押财产由乙继续占有并使用。对此结合本条的立法精神，动产质权以转移占有质押财产的形式保障债权人实现债权，出质人继续占有质押财产使得质权的担保功能大大降低。所以示例中关于质权人在质权设立后又将质押财产归还出质人占有时，根据质权设立的转移占有公示原则，其返还占有后不能对抗第三人，但质押关系双方当事人间质权仍然有效存在。再换一个角度看，如果出质人在质押合同成立后一直代质权人占有质押财产，未完成质押财产转移占有，则质权不成立。这种情况即以占有改定的交付方式完成质权人的占有，该方式不具有物权的公示效应，所以无法完成质权的设定。不过对于此问题，有些学者则持相反观点，认为占有改定亦可有效设定质权。①

第四百三十条　【质权人收取孳息的权利】

质权人有权收取质押财产的孳息，但是合同另有约定的除外。

前款规定的孳息应当先充抵收取孳息的费用。

本条来源

《物权法》第二百一十三条规定："质权人有权收取质押财产的孳息，但合

① 隋彭生：《论以占有改定设立动产质权——与通说商榷》，载《法学杂志》2009 年第 12 期，第 37 页。

同另有约定的除外。前款规定的孳息应当先充抵收取孳息的费用。”本条除了将“但……”改为“但是……”，其他延续了该条的规定。

立法演变

物权编一审稿第二百二十一条规定：“质权人有权收取质押财产的孳息，但合同另有约定的除外。前款规定的孳息应当先充抵收取孳息的费用。”二审稿将“但……”改为“但是……”，此后各稿延续了二审稿的规定。

条文释义

本条是关于质权人收取质押财产孳息的规定。

在质权法律关系中，质物会产生一定孳息。由于质物所有权归出质人所有，但又为质权人占有，为确定该质物孳息的收取、归属，物权编特规定本条款。

所谓孳息，即原物的次生收益，根据收益来源的区别，又分为天然孳息与法定孳息。在质权法律关系中，天然孳息指原物的自然孳生物，是一种依照物之用法所收取的出产物、收益物，[①] 如牲畜刚生下的幼崽、乳牛挤出的牛奶、绵羊剪下的羊毛等依据事物自然规律衍生的派生物等；法定孳息是指原物基于相关法律规定而产生的收益，该收益并非自然孳生，而是基于法律规定而与原物具有从属关系，如存款利息、物品租金等。

本条第一款是关于质物孳息收取权的规定。在质权法律关系中，质押物的孳息收取权可以通过合同专门约定，在合同未约定或约定不明的情况下，质押物的孳息应当由质权人收取。这是考虑到质押物通常为质权人占有，出质人在收取孳息上往往存在一定的客观障碍。但应当注意的是，该条仅是孳息收取权的规定，在所有权归属上，该孳息仍为出质人所有，只是在质押关系存在期间，质押物的孳息从属于原物，一并纳入质权法律关系中充当担保。

本条第二款是关于孳息充抵的规定，由于收取孳息时往往会产生相应的费用，如接生幼畜产生的费用等，而孳息所有权又归属出质人，为增加质权人的收取动力，法律特别规定质押物产生的孳息应当优先充抵收取孳息的费用，在扣除收取孳息费用后仍有剩余的，该剩余孳息与原物一并为债务提供担保。

---

① 隋彭生：《天然孳息的属性和归属》，载《西南政法大学学报》2009 年第 2 期，第 38 页。

第四百三十一条 【质权人擅自使用、处分质物的责任】

质权人在质权存续期间，未经出质人同意，擅自使用、处分质押财产，造成出质人损害的，应当承担赔偿责任。

本条来源

《物权法》第二百一十四条规定："质权人在质权存续期间，未经出质人同意，擅自使用、处分质押财产，给出质人造成损害的，应当承担赔偿责任。"本条与该条表达方式略有不同，新法的表达更符合法律体系的一致性。

立法演变

物权编一审稿第二百二十二条规定："质权人在质权存续期间，未经出质人同意，擅自使用、处分质押财产，给出质人造成损害的，应当承担赔偿责任。"二审稿延续了一审稿的规定，但征求意见稿在语句形式上作了调整，将"给出质人造成损害的"改成"造成出质人损害的"，使得本条规定形式与其他同类型的法律表达更一致。

条文释义

本条即关于质权人对质押财产处分权限的规定，表明了法律规范的意义，对一个事实状态赋予一种确定的具体法律后果。[①] 质权人在质权存续期间，未经出质人同意，擅自使用、处分质押财产，造成出质人损害的，应当承担赔偿责任。

从性质上来看，质权属于担保物权而非用益物权，质押的目的在于通过转移物的占有从而督促出质人偿还债务，并在清偿不能时折价抵债，实现担保债权；换言之，在质权法律关系中，出质人仅转移了物的占有权，而其使用、收益的权限并未移转。因此质权人未经出质人同意使用、处分质押物的，违反质权设立的目的，也实际侵犯了出质人对物的支配权。质权人应当就未经出质人允许而擅自使用、处分质押财产造成的损失承担相应的赔偿责任。

但该条并未摒除质权人对质押财产的处分空间。在双方存在合同约定或质

① 李永军：《对〈物权法〉第一编的反思》，载《当代法学》2010年第2期，第8页。

权人取得出质人同意的情况下，质权人可以通过处分质押物而获取收益，该收益优先用于清偿质权所担保的债务。

同时应当注意的是，如因双方对保管、贮存质押财产未有约定的，质权人可在为保管、贮存质押财产需要的范围内使用、处分质押财产，超出该范围造成出质人损失的，同样应当赔偿损失；此外，即使出质人未因质押财产被擅自使用、处分而产生实际损失，只要质权人违背质权合同目的擅自处分质押财产的，其产生的收益在扣除成本支出后就应当优先充抵担保债务，在充抵后仍有剩余的，出质人有权请求质权人返还不当得利。

法条关联

◆《典当管理办法》

第四十一条　典当行在当期内不得出租、质押、抵押和使用当物。

质押当物在典当期内或者续当期内发生遗失或者损毁的，典当行应当按照估价金额进行赔偿。遇有不可抗力导致质押当物损毁的，典当行不承担赔偿责任。

第四百三十二条　【质权人保管质物的义务与赔偿责任】

质权人负有妥善保管质押财产的义务；因保管不善致使质押财产毁损、灭失的，应当承担赔偿责任。

质权人的行为可能使质押财产毁损、灭失的，出质人可以请求质权人将质押财产提存，或者请求提前清偿债务并返还质押财产。

本条来源

《物权法》第二百一十五条规定："质权人负有妥善保管质押财产的义务；因保管不善致使质押财产毁损、灭失的，应当承担赔偿责任。质权人的行为可能使质押财产毁损、灭失的，出质人可以要求质权人将质押财产提存，或者要求提前清偿债务并返还质押财产。"《担保法》第六十九条亦对质权人的保管质物义务和赔偿责任作出规定。本条在《物权法》第二百一十五条的基础上将"要求"改为"请求"，其他延续了原规定。

立法演变

物权编一审稿第二百二十三条规定："质权人负有妥善保管质押财产的义务；因保管不善致使质押财产毁损、灭失的，应当承担赔偿责任。质权人的行为可能使质押财产毁损、灭失的，出质人可以要求质权人将质押财产提存，或者要求提前清偿债务并返还质押财产。"二审稿延续了一审稿的规定，征求意见稿仅是将"要求"改为"请求"。

条文释义

本条是关于质权人对质押财产的妥善保管义务及出质人补救权利的规定。

本条第一款是对质权人妥善保管义务的规定。质权人基于质权法律关系取得质押物的占有，相应地也要承担对质押物的妥善保管义务。所谓的"妥善保管"系一种善良管理人的保管标准，即依照一般的交易习惯，具有相当专业水平与交易诚意的人对待交易、财产所具有的注意程度。这种妥善保管不限于原物，对于原物孳息，质权人同样享有妥善保管义务。这种义务的设定主要是为了避免质权所具有的保障债权实现的价值动摇甚至落空。① 在质押关系存续期间，质权人应当妥善保管质押物，如因过失造成财产毁损、灭失、折价等损害的，质权人应当承担相应的赔偿责任。但如果质权人能够证明已经尽到妥善保管义务或对财产毁损不存在过错的，不需要承担责任。

本条第二款是出质人对财产损毁的预防请求权。在因质权人作为或不作为而导致可能使质押财产毁损、灭失的，出质人可以行使停止侵权请求权，要求质权人将质押物提存，或者请求提前清偿债务，并行使返还质押物请求权。

应当注意的是，如果提存理由成立的，因质权人的作为或不作为使财产面临毁损风险而必须提存的，质权人应当承担提存费用；如果出质人提前清偿债务的，也应当扣除未到期债务的利息。

① 潘瑞才：《试论质权人的物上代位权》，载《新疆警官高等专科学校学报》1997 年第 4 期，第 27 页。

第四百三十三条　【质权人保全质物的权利】

因不可归责于质权人的事由可能使质押财产毁损或者价值明显减少，足以危害质权人权利的，质权人有权请求出质人提供相应的担保；出质人不提供的，质权人可以拍卖、变卖质押财产，并与出质人协议将拍卖、变卖所得的价款提前清偿债务或者提存。

本条来源

《物权法》第二百一十六条规定："因不能归责于质权人的事由可能使质押财产毁损或者价值明显减少，足以危害质权人权利的，质权人有权要求出质人提供相应的担保；出质人不提供的，质权人可以拍卖、变卖质押财产，并与出质人通过协议将拍卖、变卖所得的价款提前清偿债务或者提存。"《担保法》第七十条同样对质权人保全质物的权利作出规定。本条在《物权法》第二百一十六条的基础上将"要求"改为"请求"，将"不能归责"改为"不可归则"，将"通过协议"改为"协议"，其他延续了该规定。

立法演变

物权编一审稿第二百二十四条规定："因不能归责于质权人的事由可能使质押财产毁损或者价值明显减少，足以危害质权人权利的，质权人有权要求出质人提供相应的担保；出质人不提供的，质权人可以拍卖、变卖质押财产，并与出质人通过协议将拍卖、变卖所得的价款提前清偿债务或者提存。"二审稿延续了一审稿的规定，征求意见稿仅是将"要求"改为"请求"。终稿将"不能归责"改为"不可归则"，将"通过协议"改为"协议"，规范法律用语，其他保持不变。

条文释义

本条是关于质押物保全的规定。

本条规定在质押物因不可归咎于质权人的原因而出现价值贬损时，质权人有权要求出质人增加担保，在出质人拒绝的情况下，质权人可以行使质押财产变价权，将质押财产变卖，以所得价款充当质物，具体而言，其存在以下内涵：

首先，该条设定了追加担保及抵押物变价的前提条件"因不可归责于质权人的事由可能使质押财产毁损或者价值明显减少，足以危害质权人权利的”，该段内容主要包括三个要件：第一，不可归责于质权人的事由，如在质权人尽到妥善保管义务的情况下发生不可抗力等；第二，可能使质押财产毁损或价值明显减少，这种可能应当是基于客观事实而推断出的盖然性判断而非质权人的主观臆断；第三，足以危害质权人权利的，指这种危害应当达到一定程度，如使得质押财产不能足额充抵债务的，如果质押财产系种类物而个别灭失的，显然不能对质押物行使保全。

其次，本条规定的“相应的担保”是指与质押物可能贬损的价值相当的追加担保，即出质人应当保证为其债务提供充足的担保。此处的相应应当作区别理解：如果出质人之前并非足额担保，则贬损之后的质押物与追加担保的价值之和应当不低于贬损之前的质押物价值；如果出质人提供的是超额担保，则质押物与追加担保的价值之和应当不低于担保债务。

最后，如果行使质押物变价权，获得的收益不能直接充抵债务，而应当将其提存，继续为债务提供担保。原因在于债务届满前的变价仅仅是质押权的一种保全，其获得价款系原质押物的等价物，与原质押物地位一致，起到充当原质押物的作用。

案例评议

中国光大银行股份有限公司上海真新支行与上海匡宇科技股份有限公司质押合同纠纷案[①]

◆ 裁判规则

本案系上诉人作为银行与被上诉人建立汇票承兑合同关系，被上诉人提供约定金额的银行承兑汇票作为质物为债务提供担保。上诉人作为质权人，在汇票到期日向承兑行提示承兑，系合理行使质权。但上诉人使用EMS中国邮政快递汇票时，误信银行内部系统内与实际不符的地址邮寄大额汇票，未采取适当措施，无论是否存在造成邮件损毁的直接侵权方或其他过错方，上诉人因其主观过错，造成金额为200万元票据权利的灭失，属于重大过失，涉案《质押合

① 上海金融法院（2019）沪74民终274号民事判决书。

同》并未免除上诉人故意和重大过失的损失赔偿责任，故上诉人应向作为无过错方的被上诉人承担相应赔偿责任。《物权法》第二百一十六条规定，因不能归责于质权人的事由可能使质押财产毁损或价值明显减少，出质人应向质权人提供相应担保。该法条同时规定，出质人不提供的，质权人可以拍卖、变卖质押财产或协议提前清偿债务或提存。首先，该条适用于不能归责于质权人的事由的情况，如质物自身问题等，本案中质权人行使权利存在过失；其次，该条适用于损害是客观存在且将要发生的情况，本案中的损害是各种偶然因素叠加的结果。上述法律条文规定情形与本案情况不符，不适用于本案。

◆ **评议**

物权编第四百三十三条适用的前提是质押财产毁损或者价值减少的结果并不能归责于质权人，而是由质押财产固有医素或者第三方等原因造成的。而且这种负面结果应该是客观存在的，必然对质权人完全行使质权造成阻碍，而不是仅为一种可能。例如，质权人主观上认为质押财产存在毁损或者价值减少的可能，则不能请求出质人提供相应的担保，或者出质人不提供的，则以质押财产变价价款优先受偿。本案中质权人即上诉人因其主观过错，造成金额为200万元票据权利的灭失，该结果可归责于质权人，因此不能适用物权编第四百三十三条。

第四百三十四条　【转质的赔偿责任】

质权人在质权存续期间，未经出质人同意转质，造成质押财产毁损、灭失的，应当承担赔偿责任。

本条来源

《物权法》第二百一十七条规定：“质权人在质权存续期间，未经出质人同意转质，造成质押财产毁损、灭失的，应当向出质人承担赔偿责任。”《最高人民法院关于适用〈中华人民共和国担保法〉若干问题的解释》第九十四条亦有对质权人转质责任的规定。本条在《物权法》第二百一十七条基础上将“向出质人”的规定删去。

立法演变

物权编一审稿第二百二十五条规定："质权人在质权存续期间，未经出质人同意转质，造成质押财产毁损、灭失的，应当向出质人承担赔偿责任。"二审稿将"向出质人"的规定删去，为各类与转质造成质押财产毁损、灭失有利害关系的当事人提供索赔的依据。此后各稿延续了二审稿的规定。

条文释义

本条是关于质权人转质责任的规定。

本条采取规定质权人加重责任的形式间接地认可了质权人的转质权。条文通过规定责任转质的法律后果，间接地在我国物权体系中认可了责任转质与承诺转质。具体含义阐释如下：

一、本条文是对转质的事实认可

转质，是指质权人在质权存续期间，就其占有的质押物向第三人再次设定质权，此时，原质权人又称为转质人，而代替质权人取得质物占有的权利人称为转质权人。简言之，转质就是在原质物上设定复数质押。根据转质权设立的动因不同，转质又分为责任转质与承诺转质。责任转质，是指质权人未经出质人同意而自行转质，此时转质人即质权人实际系以自身对质物享有的担保债权进行质押，因此转质权应当以原质权范围为限。在责任转质的情况下，质权人将自身所掌握之质物的担保价值即交换价值优先质押于第三人即转质权人，因此在质权的实现上，转质权人较质权人更具有优先性，即转质权优先于质权。同时因为转质权非经出质人同意而设立，此时质权人转质的实际上并非质押物而是自身对出质人的债权，换言之，本质上责任转质是质权人对自己的债权进行处分，质押物仅仅是其原债权的载体。因此当质押物出现毁损、灭失时，无论何缘由，质权人均需承担赔偿责任。承诺转质，系质权人取得出质人许可后，为担保自己或他人债务，以其占有的质物向第三人设定质权的担保形式。由于承诺转质系经出质人同意，即出质人已将质物的处分权授予质权人，此时该转质行为的法律后果由出质人承担，而非指向质权人责任，质权人除受转质权优先效力约束外，不因转质加重责任。本条文通过规定责任转质的法律后果，要求未经出质人同意而转质的质权人承担质押物毁损、灭失的赔偿责任，间接认可了转质的法律效力，同时由此可反向推导出经过出质人许可转质的，质权人不需要承担质押物毁损、灭失的加重责任（此时质押物的妥善保管义务转移到转质权人手上），在条文设置上更加简洁。转质法律规定各有不同，德国、法国等没有明确对转质作出规定；我国台湾地区只是规定了责任转质，没有规定承诺转质；瑞士则与我国台湾地区相反；还有的像日本，两种类型转质同时规定等。①

二、应当明确责任转质的法律效力

责任转质涉及出质人、质权人（转质人）、转质权人三方主体，他们之间的法律关系如下：

（1）转质权属于我国法律认可的一种复数质权，同属于物权，因此其不仅对转质人及转质权人具有约束力，对出质人同样具有法律效力。在责任转质发生后，出质人想要行使返还质物请求权，应当优先向转质权人清偿，该清偿以质押物的担保价值为限。如果质权人仅对质押物的部分担保价值设置质权，出质人清偿转质权后还应当就剩余价值向质权人清偿。

（2）在一般的质押场合，质权人对质押物的毁损、灭失承担过错责任。但在责任转质的场合，因该转质系质权人以自身享有的对出质人债权向转质权人提供担保，而擅自以质物进行的二次抵押，具有直接的故意，一旦发生毁损，即使该毁损系由不可抗力产生，质权人也应当承担故意侵权的责任，对质物的全部价值承担赔偿责任。应当注意的是，如果转质系质权人隐瞒事实，使转质权人误以为该质物为质权人所有而设定质权时，转质权人善意取得物的质权，即在质权人隐瞒事实转质的场合，属于质权的善意取得，而非责任转质；此外，质权人应当受到转质权的约束，即该转质系以其自身对出质人享有的债权向转质权人提供的担保，因此质权人负有保全该债权完好的义务，即不得抛弃质权，免除质权担保的债权，接受清偿、抵销等。

（3）就转质权人而言，其对质物取得新质权，取代原质权人地位，享有原质权人享有的权利，承担原质权人承担的义务。具体而言，其享有留置质物的权利，在其债权实现或发生约定事由之前，其可以对抗质权人的返还质物请求权；同时在其对质权人的债务届满及质权人对出质人的债务也届满的场合，其

① 胡康生：《中华人民共和国物权法释义》，法律出版社 2017 年版，第 466 页。

可以行使质押物变价权，就所得价款优先受清偿；最后，转质权人同样应当承担妥善保管义务，在因作为或不作为导致质押物有毁损、灭失的场合，无法对抗出质人的除去侵害请求权及返还质物请求权。

案例评议

刘某与张某元买卖合同纠纷案[①]

◆ 裁判规则

本案双方当事人签订的是转（质）押协议，内容也是转（质）押权利义务的约定，并特别约定了涉案车辆的取回权，故本案合同符合转质押特征，应为转质押合同纠纷。我国法律虽允许转质，但《最高人民法院关于适用〈中华人民共和国担保法〉若干问题的解释》规定质权人在质权存续期间，未经出质人同意，为担保自己的债务，在其所占有的质物上为第三人设定的质权无效。质权人对因转质而发生的损害承担赔偿责任。被告张某元将他人的抵押车辆转质给原告刘某，未经出质人同意，其转质行为无效，因此原、被告双方签订的转（质）押协议为无效合同。合同无效后，一方当事人应当将因该合同取得的财产返还给对方当事人。被告张某元在订立合同时隐瞒了转质车辆涉案的情况，导致车辆被公安机关扣押，致使原告返还车辆不能，非因原告自身原因不积极返还，故被告仍应将因该合同取得的价款返还原告，并应当赔偿原告因此所受到的损失。

◆ 评议

本案涉及责任转质的问题，责任转质是指质权人在质权存续期间，未经出质人同意，就以自己的责任用质押财产为第三方提供质押；承诺转质是指出质人同意后，质权人以质押财产设定质权，为自己或者他人的债务提供担保。在责任转质中，质权人需要就转质后质押财产因不可抗力造成的损失承担责任。司法实践和法学界对于责任转质存在诸多不同认识，根据《最高人民法院关于适用〈中华人民共和国担保法〉若干问题的解释》第九十四条的规定，有学者认为承诺转质有效而否定了责任转质；[②] 本案判决也因此否定了质权人未经出

---

① 山东省平度市人民法院（2015）平商初字第3731号民事判决书。

② 尹田：《物权法》，北京大学出版社2013年版，第583页；费安玲：《比较担保法》，中国政法大学出版社2004年版，第281页。

质人同意的转质行为。但也有学者肯定责任转质，认为《物权法》第二百一十七条规定了未经出质人同意时质权人的转质责任，其实也就是承认责任转质的效力。[①] 确实在此问题上容易引起歧义，但从《物权法》第二百一十七条内容分析看，可以认为该条为合理解释责任转质的有效留下了空间。而且从制度的发展维度看，《最高人民法院关于适用〈中华人民共和国担保法〉若干问题的解释》是2000年颁布的，《物权法》是2007年颁布的，后者并没有延续前者对于承诺转质和责任转质的分明态度，而是对转质作出模糊化处理，因此从明文否定到不再明文否定的过程中可以看出《物权法》条文为责任转质留下了解释的空间。[②] 本次物权编第四百三十四条除了完善法律用语外，保留了《物权法》第二百一十七条对转质的规定。从物权编的体系看，如果认为第四百三十四条仅是对于质权人损害质物责任的一种规定，则其条文功能与第四百三十一条“质权人在质权存续期间，未经出质人同意，擅自使用、处分质押财产，造成出质人造成损害的，应当承担赔偿责任”重复了，所以从另一个角度理解条文更合适，即法律对于责任转质的规定。综上，应当承认责任转质的有效性，该结果亦有利于促进质物交换价值的充分发挥。

第四百三十五条　【共同担保中质权人放弃质权的法律后果】

质权人可以放弃质权。债务人以自己的财产出质，质权人放弃该质权的，其他担保人在质权人丧失优先受偿权益的范围内免除担保责任，但是其他担保人承诺仍然提供担保的除外。

本条来源

《物权法》第二百一十八条规定：“质权人可以放弃质权。债务人以自己的财产出质，质权人放弃该质权的，其他担保人在质权人丧失优先受偿权益的范围内免除担保责任，但其他担保人承诺仍然提供担保的除外。”《担保法》第二

① 郭明瑞：《担保法》，法律出版社2010年版，第173页。

② “物权法不提倡转质，也没有禁止转质。为了保护出质人的利益，本条规定的原则是，未经出质人同意不允许转质，质权人转质的要承担赔偿责任。”胡康生主编：《中华人民共和国物权法释义》，法律出版社2007年版，第467页。

十八条亦对质权人放弃质权的法律后果作出规定。本条承袭前述规定之精神，在《物权法》第二百一十八条基础上将“但……”改为“但是……”，其他保持不变。

立法演变

物权编一审稿第二百二十六条规定：“质权人可以放弃质权。债务人以自己的财产出质，质权人放弃该质权的，其他担保人在质权人丧失优先受偿权益的范围内免除担保责任，但其他担保人承诺仍然提供担保的除外。”二审稿将“但……”改为“但是……”，此后各稿延续了二审稿的规定。

条文释义

本条是关于质权人放弃质权及其放弃质权的法律后果的规定。

在质权法律关系中，设定质权系出质人向其债权人就债务提供担保的一种方式，在债权不能实现时，享有质权的债权人有权就质物价值优先于其他债权人受清偿。质权人放弃质权，即放弃这种就质物价值优先受偿的权利。就质权人而言，其既具有就质物优先受偿的权利，亦具有放弃该种权利的权利。基于对私人财产及自由意志的尊重，法律允许该种处分行为，但质权的放弃应当以明示的方式作出，即使质权人怠于行使质权甚至危及质物价值，亦不能推定其放弃质权。而质权人放弃质权的，亦不需取得出质人的同意，在质权人作出放弃质权的表示后，该质权自动丧失。应当注意的是，基于民法诚实信用原则的精神，这种处分不得损害其他利害关系人，如质权人在对质物进行转质后就不得放弃质物等。

当同一债权上既有债务人以自己财产设定的质押担保又存在其他担保方式（如人保或物保）时，通常应当以债务人设定质权的财产优先清偿债务，其他担保人就剩余部分承担相应的担保责任。当质权人放弃质权时，原债务人出质的财产沦为普通财产，质权人的债权就该财产无优先受偿权，实际加重了其他担保人的责任，显失公平。因此，法律规定当质权人放弃质权时，即宣示债权人就该质押财产担保范围内的债权放弃优先受偿权，其他该债权的担保人可在该部分价值范围内免除担保责任。

案例评议

李某1、戴某、李某2民间借贷纠纷案①

◆ **裁判规则**

李某1作为担保人自愿在借条上签名，其为本案借款本息提供保证的意思表示真实。借贷双方及保证人因未约定保证方式，依照《担保法》第十九条规定，在保证方式没有约定或者约定不明确的情况下，李某1对本案借款本息均应承担连带保证责任。李某1提供担保时借款人李某2以自己占有、使用的小轿车提供了质押，但借款之后戴某在李某1不知情的情况下又将质押的车辆交还给了李某2，视为戴某自愿放弃质权，并丧失对质物小轿车的优先受偿权，按照《物权法》第二百一十八条规定，保证人李某1应在戴某丧失优先受偿权益的范围内免除担保责任，即应在质押小轿车的实际价值85000元内免除担保责任。

◆ **评议**

质权人放弃质权，意味着质权人放弃了其因为享有质权而享有相较于普通债权人就质押财产优先受偿的权利。本案中，质权人戴某以主动归还质押车辆的方式放弃质权，因为质押财产的交付占有而生效和存续的质权因此消灭。质权人在放弃享有的质权时不得损害其他利害关系人的正当权益，本案还有其他担保人李某1，质权人的放弃行为直接影响到其权益。根据现行法规定，债务人以自己的财产出质的，质权人放弃的质权如果担保的是全部主债权，则其他担保人免除全部担保责任；质权人放弃的质权如果担保的是部分主债权，则其他担保人在该放弃范围内免除担保责任。

第四百三十六条　【返还质物以及质权的实现】

债务人履行债务或者出质人提前清偿所担保的债权的，质权人应当返还质押财产。

---

① 湖南省常德市中级人民法院（2017）湘07民终85号民事判决书。

债务人不履行到期债务或者发生当事人约定的实现质权的情形，质权人可以与出质人协议以质押财产折价，也可以就拍卖、变卖质押财产所得的价款优先受偿。

质押财产折价或者变卖的，应当参照市场价格。

本条来源

《物权法》第二百一十九条规定："债务人履行债务或者出质人提前清偿所担保的债权的，质权人应当返还质押财产。债务人不履行到期债务或者发生当事人约定的实现质权的情形，质权人可以与出质人协议以质押财产折价，也可以就拍卖、变卖质押财产所得的价款优先受偿。质押财产折价或者变卖的，应当参照市场价格。"《担保法》第七十一条亦对返还质物以及质权的实现作出规定。本条完全延续了《物权法》第二百一十九条的规定。

立法演变

物权编一审稿第二百二十七条规定："债务人履行债务或者出质人提前清偿所担保的债权的，质权人应当返还质押财产。债务人不履行到期债务或者发生当事人约定的实现质权的情形，质权人可以与出质人协议以质押财产折价，也可以就拍卖、变卖质押财产所得的价款优先受偿。质押财产折价或者变卖的，应当参照市场价格。"此后各稿延续了一审稿的规定。

条文释义

本条是关于质权实现及质押财产返还的规定。

本条第一款规定了质权人返还质押财产的情形，即债务人已经履行债务或出质人提前清偿担保债权。当债务人清偿债务或出质人提前清偿担保债权时，视为担保债权已经实现，质押财产的担保功能已经完成，质权人由此丧失占有质物的法律依据，应当返还该财产。

本条第二款系对质权实现的规定。实现质权应当具备以下条件：第一，发生双方约定的质权实现情形，此时实现质权系履行合同义务；第二，在双方未对质权实现进行约定的场合，实现质权必须以主债务届期为前提，质权系为担保主债务而设定，主债务届期才能实现质权系应有之义；第三，应当以出质人不履行届期主债务为前提，该规定系为避免质权人直接就物抵债，侵犯债务人对质押财产的所有权而设定。

本条第三款系对债权实现方式的规定。实现债权应当依照法定程序进行，本条款规定三种实现方式：折价、拍卖、变卖。折价是指经出质人与质权人协商一致，将质物所有权直接转移给质权人充抵债务从而实现质权的一种方式；拍卖是指依照拍卖程序，以公开竞价的形式将质物出卖给出价最高者；变卖是指直接将质物按一定价格售卖的行为，为避免出质人利益受损，法律专门规定实现质权应当参照市场价格。

法条关联

◆《企业破产法》

第七十五条　在重整期间，对债务人的特定财产享有的担保权暂停行使。但是，担保物有损坏或者价值明显减少的可能，足以危害担保权人权利的，担保权人可以向人民法院请求恢复行使担保权。

在重整期间，债务人或者管理人为继续营业而借款的，可以为该借款设定担保。

◆《典当管理办法》

第三十六条　当物的估价金额及当金数额应当由双方协商确定。

房地产的当金数额经协商不能达成一致的，双方可以委托有资质的房地产价格评估机构进行评估，估价金额可以作为确定当金数额的参考。

典当期限由双方约定，最长不得超过6个月。

第三十七条　典当当金利率，按中国人民银行公布的银行机构6个月期法定贷款利率及典当期限折算后执行。

典当当金利息不得预扣。

第三十八条　典当综合费用包括各种服务及管理费用。

动产质押典当的月综合费率不得超过当金的42‰。

房地产抵押典当的月综合费率不得超过当金的27‰。

财产权利质押典当的月综合费率不得超过当金的24‰。

当期不足5日的，按5日收取有关费用。

第三十九条 典当期内或典当期限届满后5日内，经双方同意可以续当，续当一次的期限最长为6个月。续当期自典当期限或者前一次续当期限届满日起算。续当时，当户应当结清前期利息和当期费用。

第四十条 典当期限或者续当期限届满后，当户应当在5日内赎当或者续当。逾期不赎当也不续当的，为绝当。

当户于典当期限或者续当期限届满至绝当前赎当的，除须偿还当金本息、综合费用外，还应当根据中国人民银行规定的银行等金融机构逾期贷款罚息水平、典当行制定的费用标准和逾期天数，补交当金利息和有关费用。

第四十三条 典当行应当按照下列规定处理绝当物品：

（一）当物估价金额在3万元以上的，可以按照《中华人民共和国担保法》的有关规定处理，也可以双方事先约定绝当后由典当行委托拍卖行公开拍卖。拍卖收入在扣除拍卖费用及当金本息后，剩余部分应当退还当户，不足部分向当户追索。

（二）绝当物估价金额不足3万元的，典当行可以自行变卖或者折价处理，损溢自负。

（三）对国家限制流通的绝当物，应当根据有关法律、法规，报有关管理部门批准后处理或者交售指定单位。

（四）典当行在营业场所以外设立绝当物品销售点应当报省级商务主管部门备案，并自觉接受当地商务主管部门监督检查。

（五）典当行处分绝当物品中的上市公司股份应当取得当户的同意和配合，典当行不得自行变卖、折价处理或者委托拍卖行公开拍卖绝当物品中的上市公司股份。

第四百三十七条　【质权人及时行使质权的义务与赔偿责任】

出质人可以请求质权人在债务履行期限届满后及时行使质权；质权人不行使的，出质人可以请求人民法院拍卖、变卖质押财产。

出质人请求质权人及时行使质权，因质权人怠于行使权利造成出质人损害的，由质权人承担赔偿责任。

本条来源

《物权法》第二百二十条规定："出质人可以请求质权人在债务履行期届满后及时行使质权；质权人不行使的，出质人可以请求人民法院拍卖、变卖质押财产。出质人请求质权人及时行使质权，因质权人怠于行使权利造成损害的，由质权人承担赔偿责任。"本条在该条基础上将"因质权人怠于行使权利造成损害的"改为"因质权人怠于行使权利造成出质人损害的"，表明了质权人应承担义务的对象。

立法演变

物权编一审稿第二百二十八条规定："出质人可以请求质权人在债务履行期届满后及时行使质权；质权人不行使的，出质人可以请求人民法院拍卖、变卖质押财产。出质人请求质权人及时行使质权，因质权人怠于行使权利造成损害的，由质权人承担赔偿责任。"二审稿加上"给出质人"的规定，本条的权利主体是出质人，该修改使本条整体上更和谐。征求意见稿将"给出质人造成损害"改为"造成出质人损害"。

条文释义

本条是关于出质人对质权人及时行使质权请求权和质权人怠于行使质权责任的规定。

通常的说法是权利人不负有行使权利的义务，[①] 而设定该条款的原因就在于，质权人怠于行使质权将会使出质人及质押财产利害关系人的利益处于一种不稳定状态，如财产的市场价格存在波动，质物也存在不可抗力毁损等风险。因此为及时清偿债务，一旦主债务届期而债务人未履行债务的，质权人具有及时行使质权的义务，以免因市场价格下跌或意外灭失造成质权实现不能或不充分。同时为了督促质权人及时行使质权，法律还专门规定了质权人怠于行使质权的法律后果。具体而言：

第一，通常而言，质权人在主债务届期后，有权就质押物实现质权，就质

① 徐同远：《论出质人请求质权人及时行使质权》，载《私法研究》2011年第1期，第51页。

押物折价受偿或通过变价、拍卖所得价款优先受偿。与之对应的是出质人对质权人享有及时行使质权请求权，以免质押财产处于一种不稳定状态，影响利害关系人的相关权益。

第二，在出质人及时行使质权请求权遭拒的场合，出质人可以请求人民法院介入。该款的意义在于当私力救济不能时，法律赋予权利人诉诸公力救济的渠道。

本条第二款规定了质权人怠于行使质权的法律责任。因质权人怠于行使质权而使得质物市场价格下跌或灭失的，质权人应当承担相应的赔偿责任。

案例评议

夏某、梁某、钟某动产质权纠纷案①

◆ 裁判规则

从有关质权行使的法律规定分析。《担保法》对担保物权的行使期限没有规定。《最高人民法院关于适用〈中华人民共和国担保法〉若干问题的解释》规定“担保物权所担保的债权的诉讼时效结束后，担保权人在诉讼时效结束后的二年内行使担保物权的，人民法院应当予以支持”，而《物权法》第二百零二条规定：“抵押权人应当在主债权诉讼时效期间行使抵押权；未行使的，人民法院不予保护。”第二百二十条规定：“出质人可以请求质权人在债务履行期届满后及时行使质权；质权人不行使的，出质人可以请求人民法院拍卖、变卖质押财产。出质人请求质权人及时行使质权，因质权人怠于行使权利造成损害的，由质权人承担赔偿责任。”第二百三十七条规定：“债务人可以请求留置权人在债务履行期届满后行使留置权；留置权人不行使的，债务人可以请求人民法院拍卖、变卖留置财产。”物权法有选择地修改、吸收了《最高人民法院关于适用〈中华人民共和国担保法〉若干问题的解释》关于担保物权行使期限的规定，在这种制度安排下，动产质权并不因质权人在主债权诉讼时效期间内或主债权诉讼时效届满后两年内未行使而不受人民法院保护。分析条文之间的相互关系考察立法目的，系统理解法律有关质权行使的规定，应当认为，物权法实

① 广东省高级人民法院（2019）粤民再32号民事判决书。

施以后，动产质权不宜再适用《最高人民法院关于适用〈中华人民共和国担保法〉若干问题的解释》规定的行使期限。

从适用法律的价值取向和社会导向分析。本案中，债务履行期届满后，债务人未清偿债务，质权人因而一直占有质物，其自然地认为权利实现仍处于有保障的状态。这种认识符合一般人基于诚实信用对权利保护的认知，也符合《民法总则》规定的从事民事活动应当遵循的自愿、公平、诚信原则。债务人案涉借款履行期限届满后既不履行债务，也不向债权人提出行使质权的请求，而在债务履行期届满九年后以债权人未及时行使质权为由，起诉要求无偿取回全部质押财产，不符合一般人对公平正义的价值判断，也有违法律规定的公平原则、诚信原则。

从质押动产返还请求权的诉讼时效分析。未登记的动产物权的权利人请求返还财产，不属于《民法总则》第一百九十六条第二项规定的不适用诉讼时效的情形，即应当适用诉讼时效制度。综上，申请人主张其对涉案49幅画享有的质权仍应受人民法院保护的主要理据成立，依法应予支持。

◆ **评议**

本案的核心问题在于质权人长时间不行使质权，质权是否依然受法律保护。首先从物权编第四百一十九条看，“抵押权人应当在主债权诉讼时效期间行使抵押权；未行使的，人民法院不予保护。”这是关于抵押权行使期间的规定。而关于质权的规定，则在物权编第四百三十七条：“出质人可以请求质权人在债务履行期限届满后及时行使质权；质权人不行使的，出质人可以请求人民法院拍卖、变卖质押财产。出质人请求质权人及时行使质权，因质权人怠于行使权利造成出质人损害的，由质权人承担赔偿责任。”这是抵押权和质权生效是否需转移担保物占有的本质区别导致的行使期间的不同，从质权看，如果质权人因主债权诉讼时效期间届满未及时行使质权而导致该权利消灭，担保关系中的权利人要向义务人返还其已经占有的担保物，是不公平的结果。① 为了避免质权人长期占有质押财产而又不行使质权的问题，物权编第四百三十七条规定了出质人对质权人享有及时行使质权请求权和质权人怠于行使质权的责任。另外从一般社

① 王胜明主编：《中华人民共和国物权法解读》，中国法制出版社2007年版，第438页。

会公众理性和诚信的心理看，占有质押物是一种实现债权的担保，若因没有行使质权而丧失债权担保，并不利于营造良好的社会风气。

第四百三十八条　【质物变价后价款的归属】

质押财产折价或者拍卖、变卖后，其价款超过债权数额的部分归出质人所有，不足部分由债务人清偿。

本条来源

《物权法》第二百二十一条规定："质押财产折价或者拍卖、变卖后，其价款超过债权数额的部分归出质人所有，不足部分由债务人清偿。"《担保法》第七十一条亦对此作出相同规定，本条完全延续了《物权法》第二百二十一条的规定。

立法演变

物权编一审稿第二百二十九条规定："质押财产折价或者拍卖、变卖后，其价款超过债权数额的部分归出质人所有，不足部分由债务人清偿。"此后各稿延续了一审稿的规定。

条文释义

本条是关于质物变价、拍卖所得价款的清偿及分配的规定。

质权设立的目的在于担保债权的实现。一旦主债务届期而履行不能或出现约定情形，质权人有权就质物折价受偿或就变价、拍卖质物所得价款优先受偿。在质权人通过拍卖或变价售卖质物实现质权的场合，质权人通过受偿质物售卖价款实现担保债权。由于担保债权的总额是确定的而质物的价格实现则受市场价格等影响存在一定波动，因此会出现质物售卖价款大于或小于担保债权的情形，此时应当遵循以下处理方式。

第一，当价款大于担保债权时，由于出质人仅转移质押物的占有，物的所有权仍归属于出质人，故该价款的所有权归出质人所有，质权人仅在担保债权范围内对该笔债权享有优先受偿权，超出担保债权部分的价款仍归属于出质人。

第二，当价款小于担保债权时，由于出质人仅以自身财产设定质权，担保的效力仅及于财产本身，即出质人所担保的债权仅限于质押物的价值本身，超出质物价值部分的债务不属于出质人的担保范围，而应由债务人自行承担。如果债务人系以自身财产出质的，未能清偿部分的担保债权不再具有优先受偿性(因质权已经实现)。

第四百三十九条　【最高额质权】

出质人与质权人可以协议设立最高额质权。

最高额质权除适用本节有关规定外，参照适用本编第十七章第二节的有关规定。

本条来源

《物权法》第二百二十二条规定："出质人与质权人可以协议设立最高额质权。最高额质权除适用本节有关规定外，参照本法第十六章第二节最高额抵押权的规定。"本条将"本法"修改成"本编"，参照的具体章节作相应修改，将"参照"修改成"参照适用"，同时避免内容的重复，第十七章第二节即为最高额抵押权的规定，故而删除"最高额抵押权"。

立法演变

物权编一审稿第二百三十条规定："出质人与质权人可以协议设立最高额质权。最高额质权除适用本节有关规定外，参照本编第十七章第二节最高额抵押权的规定。"二审稿延续了一审稿的规定，但征求意见稿基于法律用语的简练性，删除了"最高额抵押权"的规定。

条文释义

本条是关于最高额质权的设定及其具体适用的规定。

最高额质权是指通过对一定期间内连续发生的多笔不特定债权预先设定一个限额，由债务人或第三人以自身财产提供质押担保，在债务人不履行届期主债务或发生合同约定事由时，质权人有权在前设最高限额范围内就该质押物优先受偿的一种特殊质权。

设定最高额质权系出于市场交易的需要，在一些继续性交易的场合，最高额质权能够有效地促进交易双方互信，从而实现交易，提升社会经济活力。法律通过允许设定最高额质权，简化质押担保的程序，方便市场成员的交易互信，充分发挥财产的担保价值。

最高额质权系应对现代交易习惯而特别创设的一种特殊质权，与最高额抵押权在设定、效力等方面都具有一致性。物权编采取参照适用的方式直接援引最高额抵押权的相关规定，有利于节省立法资源，避免立法重复。

第二节　权 利 质 权

第四百四十条　【可以质押的权利】

债务人或者第三人有权处分的下列权利可以出质：

（一）汇票、本票、支票；

（二）债券、存款单；

（三）仓单、提单；

（四）可以转让的基金份额、股权；

（五）可以转让的注册商标专用权、专利权、著作权等知识产权中的财产权；

（六）现有的以及将有的应收账款；

（七）法律、行政法规规定可以出质的其他财产权利。

本条来源

《物权法》第二百二十三条规定：“债务人或者第三人有权处分的下列权利可以出质：（一）汇票、支票、本票；（二）债券、存款单；（三）仓单、提单；（四）可以转让的基金份额、股权；（五）可以转让的注册商标专用权、专利权、著作权等知识产权中的财产权；（六）应收账款；（七）法律、行政法规规定可以出质的其他财产权利。”《担保法》第七十五条亦罗列了可质押的权利。本条在《物权法》第二百二十三条的基础上将“支票、本票”改为“本票、支票”，“应收账款”改为“现有的以及将有的应收账款”，2019 年新修订的《应收账款质押登记办法》第二条第一款规定应收账款包括现有的和未来的金钱债权，物权编此项修改与之保持思维一致，从法律层面肯定资金融通业务的扩大。其他保持不变。

立法演变

物权编一审稿第二百三十一条规定：“债务人或者第三人有权处分的下列权利可以出质：（一）汇票、支票、本票；（二）债券、存款单；（三）仓单、提单；（四）可以转让的基金份额、股权；（五）可以转让的注册商标专用权、专利权、著作权等知识产权中的财产权；（六）取得应收账款、不动产收益的权利；（七）法律、行政法规规定可以出质的其他财产权利。”二审稿将“支票、本票”改为“本票、支票”，“取得应收账款、不动产收益的权利”改为“现有的以及将有的应收账款”，此后各稿延续了二审稿的规定。

条文释义

本条是关于权利质权标的的规定。

在质权法律关系中，除了动产可以用于出质，私法上的一些财产性权利也能够成为质权的客体，这种以私法上的财产性权利出质的担保被称为权利质权。一些权利之所以能够成为质权标的，在于质权的本质系将质物的交换价值转让由质权人支配从而使得质权人能够在债务届期不得清偿时直接实现质物的交换价值从而清偿其所担保债权。当一些私法上的财产权利满足质权客体的条件时，自然也能成为质权的标的。就此而言，我国法律上的权利质权的客体具有以下几种特点：第一，应当是私法上的财产性权利，所有人可支配；第二，这种权利应当可以转让，一些具有人身性的财产权利不能用于出质；第三，这种权利应当是排除所有权以外的财产权利；第四，这种权利应当具有客观的凭证，如支票、存款单等权利凭证或基金、股权等为相关专门机构所管理的。

根据本条规定，我国能够作为权利质权标的的财产性权利有：（一）汇票、本票、支票；（二）债券、存款单；（三）仓单、提单；（四）可以转让的基金份额、股权；（五）可以转让的注册商标专用权、专利权、著作权等知识产权中的财产权；（六）现有的以及将有的应收账款；（七）法律、行政法规规定可以出质的其他财产权利。应当注意的是，随着社会经济的发展，一些财产性权利将会发展出更多种类、更加复杂的凭证、载体或存在方式，在此情形下，该条特别设定了第七项“法律、行政法规规定可以出质的其他财产权利”，成为权利质权标的的兜底条款，以应对将来更加繁荣复杂的经济形势对法律带来的冲击。

法条关联

◆《票据法》

第二条 在中华人民共和国境内的票据活动，适用本法。

本法所称票据，是指汇票、本票和支票。

第十九条 汇票是出票人签发的，委托付款人在见票时或者在指定日期无条件支付确定的金额给收款人或者持票人的票据。

汇票分为银行汇票和商业汇票。

第七十三条 本票是出票人签发的，承诺自己在见票时无条件支付确定的金额给收款人或者持票人的票据。

本法所称本票，是指银行本票。

第八十一条 支票是出票人签发的，委托办理支票存款业务的银行或者其他金融机构在见票时无条件支付确定的金额给收款人或者持票人的票据。

◆《民法典》

第九百零八条 存货人交付仓储物的，保管人应当出具仓单、入库单等凭证。

第九百零九条 保管人应当在仓单上签名或者盖章。仓单包括下列事项：

（一）存货人的姓名或者名称和住所；

（二）仓储物的品种、数量、质量、包装及其件数和标记；

（三）仓储物的损耗标准；

（四）储存场所；

（五）储存期限；

（六）仓储费；

（七）仓储物已经办理保险的，其保险金额、期间以及保险人的名称；

（八）填发人、填发地和填发日期。

◆《海商法》

第七十一条 提单，是指用以证明海上货物运输合同和货物已经由承运人接收或者装船，以及承运人保证据以交付货物的单证。提单中载明的向记名人交付货物，或者按照指示人的指示交付货物，或者向提单持有人交付货物的条款，构成承运人据以交付货物的保证。

◆《证券投资基金法》

第四十五条 基金的运作方式可以采用封闭式、开放式或者其他方式。

采用封闭式运作方式的基金（以下简称封闭式基金），是指基金份额总额在基金合同期限内固定不变，基金份额持有人不得申请赎回的基金；采用开放式运作方式的基金（以下简称开放式基金），是指基金份额总额不固定，基金份额可以在基金合同约定的时间和场所申购或者赎回的基金。

采用其他运作方式的基金的基金份额发售、交易、申购、赎回的办法，由国务院证券监督管理机构另行规定。

第四十六条 基金份额持有人享有下列权利：

（一）分享基金财产收益；

（二）参与分配清算后的剩余基金财产；

（三）依法转让或者申请赎回其持有的基金份额；

（四）按照规定要求召开基金份额持有人大会或者召集基金份额持有人大会；

（五）对基金份额持有人大会审议事项行使表决权；

（六）对基金管理人、基金托管人、基金服务机构损害其合法权益的行为依法提起诉讼；

（七）基金合同约定的其他权利。

公开募集基金的基金份额持有人有权查阅或者复制公开披露的基金信息资料；非公开募集基金的基金份额持有人对涉及自身利益的情况，有权查阅基金的财务会计账簿等财务资料。

◆《公司法》

第七十一条 有限责任公司的股东之间可以相互转让其全部或者部分股权。

股东向股东以外的人转让股权，应当经其他股东过半数同意。股东应就其股权转让事项书面通知其他股东征求同意，其他股东自接到书面通知之日起满三十日未答复的，视为同意转让。其他股东半数以上不同意转让的，不同意的股东应当购买该转让的股权；不购买的，视为同意转让。

经股东同意转让的股权，在同等条件下，其他股东有优先购买权。两个以上股东主张行使优先购买权的，协商确定各自的购买比例；协商不成的，按照转让时各自的出资比例行使优先购买权。

公司章程对股权转让另有规定的，从其规定。

第七十二条 人民法院依照法律规定的强制执行程序转让股东的股权时，应当通知公司及全体股东，其他股东在同等条件下有优先购买权。其他股东自人民法院通知之日起满二十日不行使优先购买权的，视为放弃优先购买权。

第七十三条 依照本法第七十一条、第七十二条转让股权后，公司应当注销原股东的出资证明书，向新股东签发出资证明书，并相应修改公司章程和股东名册中有关股东及其出资额的记载。对公司章程的该项修改不需再由股东会表决。

第一百三十七条 股东持有的股份可以依法转让。

第一百三十八条 股东转让其股份，应当在依法设立的证券交易场所进行或者按照国务院规定的其他方式进行。

第一百三十九条 记名股票，由股东以背书方式或者法律、行政法规规定的其他方式转让；转让后由公司将受让人的姓名或者名称及住所记载于股东名册。

股东大会召开前二十日内或者公司决定分配股利的基准日前五日内，不得进行前款规定的股东名册的变更登记。但是，法律对上市公司股东名册变更登记另有规定的，从其规定。

第一百四十条 无记名股票的转让，由股东将该股票交付给受让人后即发生转让的效力。

第一百四十一条 发起人持有的本公司股份，自公司成立之日起一年内不得转让。公司公开发行股份前已发行的股份，自公司股票在证券交易所上市交易之日起一年内不得转让。

公司董事、监事、高级管理人员应当向公司申报所持有的本公司的股份及其变动情况，在任职期间每年转让的股份不得超过其所持有本公司股份总数的百分之二十五；所持本公司股份自公司股票上市交易之日起一年内不得转让。上述人员离职后半年内，不得转让其所持有的本公司股份。公司章程可以对公司董事、监事、高级管理人员转让其所持有的本公司股份作出其他限制性规定。

第一百四十二条　公司不得收购本公司股份。但是，有下列情形之一的除外：

（一）减少公司注册资本；

（二）与持有本公司股份的其他公司合并；

（三）将股份用于员工持股计划或者股权激励；

（四）股东因对股东大会作出的公司合并、分立决议持异议，要求公司收购其股份；

（五）将股份用于转换上市公司发行的可转换为股票的公司债券；

（六）上市公司为维护公司价值及股东权益所必需。

公司因前款第（一）项、第（二）项规定的情形收购本公司股份的，应当经股东大会决议；公司因前款第（三）项、第（五）项、第（六）项规定的情形收购本公司股份的，可以依照公司章程的规定或者股东大会的授权，经三分之二以上董事出席的董事会会议决议。

公司依照本条第一款规定收购本公司股份后，属于第（一）项情形的，应当自收购之日起十日内注销；属于第（二）项、第（四）项情形的，应当在六个月内转让或者注销；属于第（三）项、第（五）项、第（六）项情形的，公司合计持有的本公司股份数不得超过本公司已发行股份总额的百分之十，并应当在三年内转让或者注销。

上市公司收购本公司股份的，应当依照《中华人民共和国证券法》的规定履行信息披露义务。上市公司因本条第一款第（三）项、第（五）项、第（六）项规定的情形收购本公司股份的，应当通过公开的集中交易方式进行。

公司不得接受本公司的股票作为质押权的标的。

◆《证券法》

第二条 在中华人民共和国境内，股票、公司债券、存托凭证和国务院依法认定的其他证券的发行和交易，适用本法；本法未规定的，适用《中华人民共和国公司法》和其他法律、行政法规的规定。

政府债券、证券投资基金份额的上市交易，适用本法；其他法律、行政法规另有规定的，适用其规定。

资产支持证券、资产管理产品发行、交易的管理办法，由国务院依照本法的原则规定。

在中华人民共和国境外的证券发行和交易活动，扰乱中华人民共和国境内市场秩序，损害境内投资者合法权益的，依照本法有关规定处理并追究法律责任。

第三十五条 证券交易当事人依法买卖的证券，必须是依法发行并交付的证券。

非依法发行的证券，不得买卖。

第三十六条 依法发行的证券，《中华人民共和国公司法》和其他法律对其转让期限有限制性规定的，在限定的期限内不得转让。

上市公司持有百分之五以上股份的股东、实际控制人、董事、监事、高级管理人员，以及其他持有发行人首次公开发行前发行的股份或者上市公司向特定对象发行的股份的股东，转让其持有的本公司股份的，不得违反法律、行政法规和国务院证券监督管理机构关于持有期限、卖出时间、卖出数量、卖出方式、信息披露等规定，并应当遵守证券交易所的业务规则。

第三十七条 公开发行的证券，应当在依法设立的证券交易所上市交易或者在国务院批准的其他全国性证券交易场所交易。

非公开发行的证券，可以在证券交易所、国务院批准的其他全国性证券交易场所、按照国务院规定设立的区域性股权市场转让。

第三十八条 证券在证券交易所上市交易，应当采用公开的集中交易方式或者国务院证券监督管理机构批准的其他方式。

第三十九条 证券交易当事人买卖的证券可以采用纸面形式或者国务院证券监督管理机构规定的其他形式。

◆《著作权法》

第九条　著作权人包括：

（一）作者；

（二）其他依照本法享有著作权的公民、法人或者其他组织。

第十条　著作权包括下列人身权和财产权：

（一）发表权，即决定作品是否公之于众的权利；

（二）署名权，即表明作者身份，在作品上署名的权利；

（三）修改权，即修改或者授权他人修改作品的权利；

（四）保护作品完整权，即保护作品不受歪曲、篡改的权利；

（五）复制权，即以印刷、复印、拓印、录音、录像、翻录、翻拍等方式将作品制作一份或者多份的权利；

（六）发行权，即以出售或者赠与方式向公众提供作品的原件或者复制件的权利；

（七）出租权，即有偿许可他人临时使用电影作品和以类似摄制电影的方法创作的作品、计算机软件的权利，计算机软件不是出租的主要标的的除外；

（八）展览权，即公开陈列美术作品、摄影作品的原件或者复制件的权利；

（九）表演权，即公开表演作品，以及用各种手段公开播送作品的表演的权利；

（十）放映权，即通过放映机、幻灯机等技术设备公开再现美术、摄影、电影和以类似摄制电影的方法创作的作品等的权利；

（十一）广播权，即以无线方式公开广播或者传播作品，以有线传播或者转播的方式向公众传播广播的作品，以及通过扩音器或者其他传送符号、声音、图像的类似工具向公众传播广播的作品的权利；

（十二）信息网络传播权，即以有线或者无线方式向公众提供作品，使公众可以在其个人选定的时间和地点获得作品的权利；

（十三）摄制权，即以摄制电影或者以类似摄制电影的方法将作品固定在载体上的权利；

（十四）改编权，即改变作品，创作出具有独创性的新作品的权利；

（十五）翻译权，即将作品从一种语言文字转换成另一种语言文字的权利；

（十六）汇编权，即将作品或者作品的片段通过选择或者编排，汇集成新作品的权利；

（十七）应当由著作权人享有的其他权利。著作权人可以许可他人行使前款第（五）项至第（十七）项规定的权利，并依照约定或者本法有关规定获得报酬。

著作权人可以全部或者部分转让本条第一款第（五）项至第（十七）项规定的权利，并依照约定或者本法有关规定获得报酬。

◆《专利法》

第十条 专利申请权和专利权可以转让。

中国单位或者个人向外国人、外国企业或者外国其他组织转让专利申请权或者专利权的，应当依照有关法律、行政法规的规定办理手续。

转让专利申请权或者专利权的，当事人应当订立书面合同，并向国务院专利行政部门登记，由国务院专利行政部门予以公告。专利申请权或者专利权的转让自登记之日起生效。

◆《商标法》

第四条 自然人、法人或者其他组织在生产经营活动中，对其商品或者服务需要取得商标专用权的，应当向商标局申请商标注册。不以使用为目的的恶意商标注册申请，应当予以驳回。

本法有关商品商标的规定，适用于服务商标。

第五条 两个以上的自然人、法人或者其他组织可以共同向商标局申请注册同一商标，共同享有和行使该商标专用权。

第五十六条 注册商标的专用权，以核准注册的商标和核定使用的商品为限。

◆《国务院关于收费公路项目贷款担保问题的批复》（全文）

◆《最高人民法院关于审理出口退税托管账户质押贷款案件有关问题的规定》①（全文）

---

① 本篇法规中第二条已被《最高人民法院关于废止2007年底以前发布的有关司法解释（第七批）的决定》废止。

案例评议

福建海峡银行股份有限公司福州五一支行诉长乐亚新污水处理有限公司、福州市政工程有限公司金融借款合同纠纷案①

◆ 裁判规则

污水处理项目特许经营权是对污水处理厂进行运营和维护，并获得相应收益的权利，讼争的污水处理项目特许经营权质押，实质上系污水处理项目收益权的质押。本案讼争污水处理项目《特许经营权质押担保协议》签订于2005年，尽管当时法律、行政法规及相关司法解释并未规定污水处理项目收益权可质押，但污水处理项目收益权与公路收益权性质上相类似。《最高人民法院关于适用〈中华人民共和国担保法〉若干问题的解释》明确公路收益权属于依法可质押的其他权利，与其类似的污水处理收益权亦应允许出质。污水处理项目收益权虽系将来金钱债权，但其行使期间及收益金额均可确定，其属于确定的财产权利。《物权法》颁布实施后，因污水处理项目收益权系基于提供污水处理服务而产生的将来金钱债权，依其性质亦可纳入依法可出质的“应收账款”的范畴。因此，讼争污水处理项目收益权作为特定化的财产权利，可以允许其出质。在《物权法》施行之前，因当时并未有统一的登记公示的规定，故参照当时公路收费权质押登记的规定，由其主管部门进行备案登记，有关利害关系人可通过其主管部门了解该收益权是否存在质押之情况，该权利即具备物权公示的效果。污水处理项目收益权属于将来金钱债权，质权人可请求法院判令其直接向出质人的债务人收取金钱并对该金钱行使优先受偿权，故无需采取折价或拍卖、变卖之方式。况且收益权均附有一定之负担，且其经营主体具有特定性，故依其性质亦不宜拍卖、变卖。

◆ 评议

权利质权是以依法可以转让的债权抑或是其他财产权利为质押对象的质权，相较于动产质权而言有其特殊性，首先该权利是所有权以外的财产权，也就是不仅仅以不违背现行法规定的财产权利为对象，而且必须是可以依法转让的财产权

---

① 福建省高级人民法院（2013）闽民终字第870号民事判决书。

利。权利质权的设定必须要经过登记或者交付权利凭证程序，从而对第三人产生对抗效力。本案污水处理项目收益权设定的质权属于应收账款类质权，根据《物权法》第二百二十八条的规定，应当在信贷征信机构办理出质登记。但由于本案发生之时，《物权法》尚未施行，所以没有统一登记规定，但当时主管部门通过协议并盖章的形式认可了该质押行为，应视为完成公示。值得注意的是，物权编第四百四十五条对《物权法》第二百二十八条作出较大修改，删除了关于具体出质登记部门的规定，改为“以应收账款出质的，质权自办理出质登记时设立”。

第四百四十一条　【票据等证券质权的设立】

以汇票、本票、支票、债券、存款单、仓单、提单出质的，质权自权利凭证交付质权人时设立；没有权利凭证的，质权自办理出质登记时设立。法律另有规定的，依照其规定。

本条来源

《物权法》第二百二十四条规定：“以汇票、支票、本票、债券、存款单、仓单、提单出质的，当事人应当订立书面合同。质权自权利凭证交付质权人时设立；没有权利凭证的，质权自有关部门办理出质登记时设立。”本条在此基础上将“当事人应当订立书面合同”的规定删去，避免与质权设立规定重复，本法第四百四十三条、第四百四十四条和第四百四十五条均删除了“当事人应当订立书面合同”的权利质权设立规定，体现了法典追求体系化的立法目标。同时本条删除对权利出质时的登记管理部门作出规定，统一在相应条文中规定“质权自办理出质登记时设立”，为动产统一登记提供制度支撑。

立法演变

物权编一审稿第二百三十二条规定：“以汇票、支票、本票、债券、存款单、仓单、提单出质的，质权自权利凭证交付质权人时设立；没有权利凭证的，质权自办理出质登记时设立。”二审稿将“支票、本票”改为“本票、支票”，此后各稿延续了二审稿的规定。终稿在此基础上补充规定“法律另有规定的，依照其规定”，为新型权利出质留下适用空间。

条文释义

本条是关于有价证券质权设立的规定。

前条规定的汇票、本票、支票等权利质权标的，在性质上通常被归类为有价证券，此类证券往往具有一定的权利凭证，能够作为交付的依据。但也存在权利凭证缺失的情形。为了明确此类权利质权的设立规定，法律对其设立的生效要件作出专门规定。在合同性质上，质押合同属于实践合同，因此通常质权的设立需要以交付为生效要件。对于权利质权而言，其本身不能交付，但可以通过权利凭证的形式转移对该种财产性权利的处分权，因而交付权利凭证也成为此类有价证券质权的生效要件。在没有权利凭证交付的场合，质权自办理出质登记时设立。

与《物权法》相比，对于有价证券质权的设立，物权编有两处变动，一是删去了“当事人应当订立书面合同”，原因在于《物权法》在第二百一十条已经规定设立质权的应当签订书面合同。此后有关权利质权的设定的条文表述中要求当事人应当签订书面合同的，属于重复性规定。物权编在第四百二十七条同样规定了质权设立应当以书面合同为前提，故在其他特殊质权的设立要件的表述中不再赘述；除此之外，物权法在特殊质权的生效中还规定“没有权利凭证的，质权自有关部门办理出质登记时设立”，而物权编将其统一表述为“没有权利凭证的，质权自办理出质登记时设立”，不再遵循物权法原本就各项权利出质需要分别到各部门去登记的做法，而试图探索建立统一的登记制度。

值得注意的是，终稿增加了“法律另有规定的，依照其规定”之规定。随着经济社会不断发展，新型的权利越来越多，可出质的权利范畴也在动态变化中，正如物权编第四百四十条列举可出质权利类型时，最后一项亦为“法律、行政法规规定可以出质的其他财产权利”，以相对弹性的法律规定解决未来可能出现的法律问题。所以本条亦延续该立法思维，为特殊的权利出质设立留下法律适用的空间。

法条关联

◆《票据法》

第二十七条　持票人可以将汇票权利转让给他人或者将一定的汇票权利授

予他人行使。

出票人在汇票上记载“不得转让”字样的，汇票不得转让。

持票人行使第一款规定的权利时，应当背书并交付汇票。

背书是指在票据背面或者粘单上记载有关事项并签章的票据行为。

第三十四条 背书人在汇票上记载“不得转让”字样，其后手再背书转让的，原背书人对后手的被背书人不承担保证责任。

第三十五条 背书记载“委托收款”字样的，被背书人有权代背书人行使被委托的汇票权利。但是，被背书人不得再以背书转让汇票权利。

汇票可以设定质押；质押时应当以背书记载“质押”字样。被背书人依法实现其质权时，可以行使汇票权利。

◆**《最高人民法院关于审理票据纠纷案件若干问题的规定》**

第四十七条 因票据质权人以质押票据再行背书质押或者背书转让引起纠纷而提起诉讼的，人民法院应当认定背书行为无效。

第四十八条 依照票据法第二十七条的规定，票据的出票人在票据上记载“不得转让”字样，票据持有人背书转让的，背书行为无效。背书转让后的受让人不得享有票据权利，票据的出票人、承兑人对受让人不承担票据责任。

第五十一条 依照票据法第三十四条和第三十五条的规定，背书人在票据上记载“不得转让”、“委托收款”、“质押”字样，其后手再背书转让、委托收款或者质押的，原背书人对后手的被背书人不承担票据责任，但不影响出票人、承兑人以及原背书人之前手的票据责任。

第五十二条 依照票据法第五十七条第二款的规定，贷款人恶意或者有重大过失从事票据质押贷款的，人民法院应当认定质押行为无效。

第五十三条 依照票据法第二十七条的规定，出票人在票据上记载“不得转让”字样，其后手以此票据进行贴现、质押的，通过贴现、质押取得票据的持票人主张票据权利的，人民法院不予支持。

第五十四条 依照票据法第三十四条和第三十五条的规定，背书人在票据上记载“不得转让”字样，其后手以此票据进行贴现、质押的，原背书人对后手的被背书人不承担票据责任。

第五十五条 依照票据法第三十五条第二款的规定，以汇票设定质押时，出质人在汇票上只记载了“质押”字样未在票据上签章的，或者出质人未在汇票、粘单上记载“质押”字样而另行签订质押合同、质押条款的，不构成票据质押。

◆《最高人民法院关于审理存单纠纷案件的若干规定》

第八条 对存单质押的认定和处理

存单可以质押。存单持有人以伪造、变造的虚假存单质押的，质押合同无效。接受虚假存单质押的当事人如以该存单质押为由起诉金融机构，要求兑付存款优先受偿的，人民法院应当判决驳回其诉讼请求，并告知其可另案起诉出质人。

存单持有人以金融机构开具的、未有实际存款或与实际存款不符的存单进行质押，以骗取或占用他人财产的，该质押关系无效。接受存单质押的人起诉的，该存单持有人与开具存单的金融机构为共同被告。利用存单骗取或占用他人财产的存单持有人对侵犯他人财产权承担赔偿责任，开具存单的金融机构因其过错致他人财产权受损，对所造成的损失承担连带赔偿责任。接受存单质押的人在审查存单的真实性上有重大过失的，开具存单的金融机构仅对所造成的损失承担补充赔偿责任。明知存单虚假而接受存单质押的，开具存单的金融机构不承担民事赔偿责任。

以金融机构核押的存单出质的，即便存单系伪造、变造、虚开，质押合同均为有效，金融机构应当依法向质权人兑付存单所记载的款项。

◆《个人定期存单质押贷款办法》（全文）

◆《单位定期存单质押贷款管理规定》（全文）

◆《储蓄国债（电子式）质押管理暂行办法》（全文）

案例评议

中国建设银行股份有限公司广州荔湾支行诉广东蓝粤能源发展有限公司等信用证开证纠纷案①

◆ **裁判规则**

设立提单权利质押应当同时具备两个要件：一是双方签订了设立提单权利质押的书面合同；二是满足物权公示要件，将权利凭证即提单交付质权人。建

① 最高人民法院（2015）民提字第126号民事判决书。

行荔湾支行持有提单，具备了提单权利质押设立的公示要件，故考察其是否享有提单权利质权，关键要考量是否具有合同依据。蓝粤能源与建行荔湾支行约定，一旦蓝粤能源违约或发生《贸易融资额度合同》中约定的可能危及建行荔湾支行债权的情形之一的，建行荔湾支行有权行使下述一项或几项权利，其中第四项约定有权“行使担保权利”，基于开证行持有提单的目的是担保其债权的实现；该“担保权利”可以认为其指的就是提单权利质押，建行荔湾支行行使提单质权的方式与行使提单项下动产质权的方式相同，即对提单项下货物折价、变卖、拍卖后所得的价款享有优先受偿权。其提单质权如果与其他债权人对提单项下货物所可能享有的留置权、动产质权等权利产生冲突的，可在执行分配程序中依法予以解决。

◆ **评议**

《物权法》对于提单的出质明确规定了设立要件，当事人必须就设立提单质权达成合意，并订立书面合同；提单质权还要以交付权利凭证或者办理出质登记作为其生效条件。本案的特殊之处在于当事人没有就提单质权签订专门的书面合同，所以法院从《贸易融资额度合同》项下权利义务分析认定有关合同既有设定担保的一般约定，又有以自己的意思处分提单的明确约定，最终确认符合《物权法》第二百二十四条规定的权利质权生效要件。值得注意的是，物权编对本条文作了修改，删除了关于“当事人应当订立书面合同”的规定。物权编第四百二十七条已经规定了“设立质权，当事人应当采用书面形式订立质押合同”，该条虽置于“动产质权”这一节规定下，但并未强调第四百二十七条仅适用于动产质权，相反更应该认为这是对一般质权设立的规定，所以本次修改主要考虑了法律用语的精简，避免重复，删除了权利质权设立中关于当事人应当订立书面合同的规定。

第四百四十二条　【票据等证券质权的实现】

汇票、本票、支票、债券、存款单、仓单、提单的兑现日期或者提货日期先于主债权到期的，质权人可以兑现或者提货，并与出质人协议将兑现的价款或者提取的货物提前清偿债务或者提存。

本条来源

《物权法》第二百二十五条规定："汇票、支票、本票、债券、存款单、仓单、提单的兑现日期或者提货日期先于主债权到期的，质权人可以兑现或者提货，并与出质人协议将兑现的价款或者提取的货物提前清偿债务或者提存。"本条在此基础上将"支票、本票"改为"本票、支票"，其他保持不变。

立法演变

物权编一审稿第二百三十三条规定："汇票、支票、本票、债券、存款单、仓单、提单的兑现日期或者提货日期先于主债权到期的，质权人可以兑现或者提货，并与出质人协议将兑现的价款或者提取的货物提前清偿债务或者提存。"二审稿将"支票、本票"改为"本票、支票"，此后各稿延续了二审稿的规定。

条文释义

本条是关于有价证券质权的实现方式的规定。

在一般的动产质权质押中，质权实现通常以就质物折价清偿或就质物变价、拍卖所得价款清偿等方式完成。但在有价证券质权中，由于用于出质的有价证券通常具有时效性，如汇票、本票、支票、债券等权利凭证上会记载其承载的权利得以实现的时间，而在仓单、提单上也会记载交付物品的日期。前者被称为兑换时间，后者被称为提货时间。无论何种时间，由于用于出质的有价证券具有时效性，则会出现此类时效先于主债务届满的情形，此时出质人必须按期实现有价证券上记载的权利，否则会导致质押合同的实现处于不稳定状态。为避免此类纠纷，法律允许质权人在掌握权利质权的情况下按期兑现或提货，在取得权利凭证上记载的相应权利后，质权人应当就该部分权利与出质人协商，或者将该部分权利的交换价值用于提前清偿主债务，或者就该部分内容提存，待主债务届期后履行担保责任。

第四百四十三条　【基金份额、股权质权的设立及效力】

以基金份额、股权出质的，质权自办理出质登记时设立。

基金份额、股权出质后，不得转让，但是出质人与质权人协商同意的除外。出质人转让基金份额、股权所得的价款，应当向质权人提前清偿债务或者提存。

本条来源

《物权法》第二百二十六条规定："以基金份额、股权出质的，当事人应当订立书面合同。以基金份额、证券登记结算机构登记的股权出质的，质权自证券登记结算机构办理出质登记时设立；以其他股权出质的，质权自工商行政管理部门办理出质登记时设立。基金份额、股权出质后，不得转让，但经出质人与质权人协商同意的除外。出质人转让基金份额、股权所得的价款，应当向质权人提前清偿债务或者提存。"本条在此基础上将"当事人应当订立书面合同"删去，同时将质权的设立改为"质权自办理出质登记时设立"，删去了具体办理出质的机构的规定，除此之外还有部分法律用语的修改。

立法演变

物权编一审稿第二百三十四条规定："以基金份额、股权出质的，质权自办理出质登记时设立。基金份额、股权出质后，不得转让，但经出质人与质权人协商同意的除外。出质人转让基金份额、股权所得的价款，应当向质权人提前清偿债务或者提存。"二审稿将"但……"改为"但是……"，此后各稿延续了二审稿的规定。终稿再次规范法律用语，删除"经"字，本编第四百四十四条和第四百四十五条同样作此修改。

条文释义

本条是关于基金份额、股权质权的设定及标的处分限制的规定。

本条第一款规定了权利质权的设立要件，即自办理出质登记时起权利质权得以设立。第二款系对基金份额、股权出质人对质物处分权的限制。非经双方合意，出质人不得单方面转让权利质权标的，即使经合意转让，所得价款的使用也受到限制，仅能用于提前清偿或者提存。具体分析如下。

第一，与物权法相比，物权编关于基金份额、股权质权设立的规定删去了具体的办理登记机构的规定，改为“自办理出质登记时设立”，体现了本次民法典编撰追求体系的一致性的原则。除此之外，还删去了应当签订书面合同的相关规定，避免重复性立法。因此对于以基金份额、股权等权利出质的特殊质权，自办理登记时起设立。

第二，限制出质人对基金份额、股权的处分，系因为该部分权利已经登记为质权人所占有，但在处分上质权人缺乏处分权限，其对质物的占有仅体现在权属登记上，而无法进行实体的变价、售卖等处分，换言之，虽然出质人以自身权利出质，但事实上的占有仍由出质人完成，质权人仅获得观念占有。如此情况下，出质人仍有可能直接转让质物，从而危及质权人利益，丧失担保功能。为此法律特别对出质人进行约束，禁止其单方面转让质物。唯有与质权人达成合意的情况下，出质人才能就该质物进行转让，因其已获得质权人的豁免。

第三，即使双方达成合意允许出质人转让权利，就其转让所得价款，仍受到限制。由于出质人系以权利的财产价值进行质押，为债务提供担保。因此在权利进行转让后，权利标的丧失，但该权利的交换价值通过转让所得的形式留存在价款之上，该价款仍应用于质押担保。此时出质人要么就该价款提前清偿债务，要么提存该价款，待主债务届期后实现质权。

法条关联

◆**《最高人民法院关于冻结、拍卖上市公司国有股和社会法人股若干问题的规定》**（全文）

◆**《财政部关于上市公司国有股质押有关问题的通知》**（全文）

◆**《中国人民银行、中国银行业监督管理委员会、中国证券监督管理委员会关于印发〈证券公司股票质押贷款管理办法〉的通知》**（全文）

◆**《最高人民法院执行工作办公室关于上市公司发起人股份质押合同及红利抵债协议效力问题请示案的复函》**（全文）

案例评议

承德钢铁集团有限公司与港通物流（北京）有限公司、北京云帆中天科贸有限责任公司等企业借贷纠纷案①

◆ **裁判规则**

以股权出质的，当事人应当订立书面合同。以证券登记结算机构登记的股权出质的，质权自证券登记结算机构办理出质登记时设立；以其他股权出质的，质权自工商行政管理部门办理出质登记时设立。本案承钢集团作为质权人，对案涉股权依法享有质权。当事人对“四方协议”条款理解存在歧义，除了应当按照合同所使用的词句进行理解外，还要综合考虑协议的有关条款、协议的目的、交易习惯以及诚实信用原则等因素来确定。综合考虑前述因素，可以确定协议的真实意思是，作为质权人的承钢集团与作为出质人的港通公司、云帆公司约定以质押股权折价，并以折价所得的价款清偿劳服公司的债务，即其性质属于对质押股权进行折价的约定。在“四方协议”未能得到履行，即各方未就质押股权的折价达成一致意见的情况下，不论是根据“四方协议”自身的约定，还是根据物权法有关质权人可以通过拍卖或变卖质押财产方式实现质权的规定，作为质权人的承钢集团均有权请求人民法院拍卖、变卖质押股权，并就所得价款优先受偿。

◆ **评议**

股权具备财产权性质，可转让其价值，符合质权客体的要求。以股权设立质权的，当事人应当签订书面质押合同，在合同中载明各方的权利义务；此外质权还需在证券登记结算机构或者工商行政管理部门办理出质登记才得以设立。股权设立质权后，当债务人届期不能清偿债务时，债权人可以就依法处分股权后的价款优先受偿。本案中当事人自由约定了“处分股权”的方式，即约定由选定的评估机构对质押股权进行评估，以评估结果作为确定股权价格的依据。同时在以股权设立质权的实务中应当注意，股权有效出质后，只有经过出质人和质权人的协商同意后才可以转让股权，而且转让股权的价款应该由质权人优先受偿或者提存。

① 最高人民法院（2017）最高法民终624号民事判决书。

第四百四十四条 【知识产权质权的设立及效力】

以注册商标专用权、专利权、著作权等知识产权中的财产权出质的，质权自办理出质登记时设立。

知识产权中的财产权出质后，出质人不得转让或者许可他人使用，但是出质人与质权人协商同意的除外。出质人转让或者许可他人使用出质的知识产权中的财产权所得的价款，应当向质权人提前清偿债务或者提存。

本条来源

《物权法》第二百二十七条规定："以注册商标专用权、专利权、著作权等知识产权中的财产权出质的，当事人应当订立书面合同。质权自有关主管部门办理出质登记时设立。知识产权中的财产权出质后，出质人不得转让或者许可他人使用，但经出质人与质权人协商同意的除外。出质人转让或者许可他人使用出质的知识产权中的财产权所得的价款，应当向质权人提前清偿债务或者提存。"《担保法》第七十九条亦对知识产权质权作出规定。本条在《物权法》第二百二十七条的基础上将"当事人应当订立书面合同"删去，同时将质权的设立改为"质权自办理出质登记时设立"，删去了具体办理出质的机构的规定，除此外还有部分法律用语的修改。

立法演变

物权编一审稿第二百三十五条规定："以注册商标专用权、专利权、著作权等知识产权中的财产权出质的，质权自办理出质登记时设立。知识产权中的财产权出质后，出质人不得转让或者许可他人使用，但经出质人与质权人协商同意的除外。出质人转让或者许可他人使用出质的知识产权中的财产权所得的价款，应当向质权人提前清偿债务或者提存。"二审稿将"但……"改为"但是……"，此后各稿延续了二审稿的规定。终审仅删除"经"字，其他保持不变。

条文释义

本条是关于知识产权质权的设定及标的处分限制的规定。

本条第一款规定了知识产权质权的设立要件，即自办理出质登记时起权利质权得以设立。第二款系对知识产权质权出质人对质物处分权的限制。非经双方合意，出质人不得单方面转让权利质权标的，即使经合意转让，所得价款的使用也受到限制，仅能用于提前清偿或者提存。具体分析如下。

第一，与物权法相比，物权编关于知识产权质权设立的规定删去了具体的办理登记机构的规定，改为“自办理出质登记时设立”，体现了本次民法典编撰追求体系的一致性的原则。除此之外，还删去了应当签订书面合同的相关规定，避免重复性立法。因此对于以知识产权质权出质的特殊质权，自办理登记时起设立。应当注意的是，以知识产权出质的，仅限于注册商标专用权、专利权、著作权等知识产权中的财产性权利，对于其中具有人身专属性的权利不得用于出质。

第二，限制出质人对知识产权质权标的的处分，但知识产权中的财产性权利被出质并登记后，出质人虽仍享有该部分权利的所有权，但其转让、许可使用的权能已遭法律限制。受知识产权特殊属性的影响，一旦知识产权进行转让、许可等处分，其交换价值将会大量贬损，导致质权人最终实现的质权贬值。因此该款规定出质人对于质物的处分应当与质权人达成一致。

第三，即使双方达成合意允许出质人转让权利，就其转让所得价款，仍受到限制。由于出质人系以知识产权的财产价值进行质押，为债务提供担保。因此在权利进行转让或者许可后，权利标的要么丧失要么大幅贬值，但该权利的交换价值通过转让所得的转让费或许可所得的许可费的形式留存在价款之上，该价款仍应用于质押担保。此时出质人要么就该价款提前清偿债务，要么提存该价款，待主债务届期后实现质权。

法条关联

◆《专利权质押登记办法》（全文）

◆《著作权质权登记办法》（全文）

◆《注册商标专用权质押登记程序规定》（全文）

第四百四十五条　【应收账款质权的设立及效力】

以应收账款出质的，质权自办理出质登记时设立。

应收账款出质后，不得转让，但是出质人与质权人协商同意的除外。出质人转让应收账款所得的价款，应当向质权人提前清偿债务或者提存。

本条来源

《物权法》第二百二十八条规定：“以应收账款出质的，当事人应当订立书面合同。质权自信贷征信机构办理出质登记时设立。应收账款出质后，不得转让，但经出质人与质权人协商同意的除外。出质人转让应收账款所得的价款，应当向质权人提前清偿债务或者提存。”本条将“当事人应当订立书面合同”删去，同时将质权的设立修改为“质权自办理出质登记时设立”，删去了具体办理出质的机构的规定，除此之外还有部分法律用语的修改。

立法演变

物权编一审稿第二百三十六条规定：“以取得应收账款、不动产收益的权利出质的，质权自办理出质登记时设立。取得应收账款、不动产收益的权利出质后，不得转让，但经出质人与质权人协商同意的除外。出质人转让取得应收账款、不动产收益的权利所得的价款，应当向质权人提前清偿债务或者提存。”二审稿将“取得应收账款、不动产收益的权利”改为“应收账款”，“但……”改为“但是……”，此后各稿延续了二审稿的规定，终稿仅删除“经”字，其他保持不变。

条文释义

本条是关于应收账款出质和限制转让的规定。

本条第一款规定了应收账款质权的设立要件，即自办理出质登记时起应收账款权利质权得以设立。第二款系对应收账款质权出质人对应收账款处分权的限制。非经双方合意，出质人不得单方面转让权利质权标的，即使经合意转让，所得价款的使用也受到限制，仅能用于提前清偿或者提存。具体分析如下。

第一，与物权法相比，民法典关于应收账款质权设立的规定删去了具体的办理登记机构的规定，改为“自办理出质登记时设立”，体现了本次民法典编撰追求体系的一致性的原则。除此之外，还删去了应当签订书面合同的相关规定，避免重复性立法。因此对于以应收账款权利出质的特殊质权，自办理登记时起设立。经登记后公众可经查询获悉其权属状况，使得该应收账款被质押的事实向公众披露，质权得以设立。

第二，限制出质人对应收账款的处分，系因为该部分权利已经登记为质权人所占有，但在处分上质权人缺乏处分权限，其对质物的占有仅体现在权属登记上，而无法进行实体的变价、售卖等处分，换言之，虽然出质人以自身权利出质，但事实上的占有仍由出质人完成，质权人仅获得观念占有。如此情况下，出质人仍有可能直接转让质物，从而危及质权人利益，丧失担保功能。为此法律特别对出质人进行约束，不得单方面转让质物。唯有与质权人达成合意的情况下，出质人才能就该质物进行转让，因其已获得质权人的豁免。这一规定相当于否定了担保物权的追及力，但从公示公信原则延伸出推论，“未协商同意不得转让”似乎显得更不符合逻辑。①

第三，即使双方达成合意允许出质人转让权利，就其转让所得价款，仍受到限制。由于出质人系以权利的财产价值进行质押，为债务提供担保。因此在权利进行转让后，权利标的丧失，但该权利的交换价值通过转让所得的形式留存在价款之上，基于物上代位性原则，该价款仍应用于质押担保。此时出质人要么就该价款提前清偿债务，要么提存该价款，待主债务届期后实现质权。

法条关联

◆**《应收账款质押登记办法》**（全文）

① 参见高圣平：《应收账款质权登记的法理——以〈应收账款质押登记办法〉的修改为中心》，载《当代法学》2015年第6期，第86－97页。

案例评议

大唐保定热电厂、保定市三丰生活锅炉厂确认合同效力纠纷案①

◆ 裁判规则

《物权法》规定，应收账款出质后，不得转让，但经出质人与质权人协商同意的除外。出质人转让应收账款所得的价款，应当向质权人提前清偿或者提存。上述规定不影响债权转让合同的效力。现行民法规范中的“不得”二字不是识别效力性强制性规定的标准，它有多种解释可能性，有的是指不发生物权变动的效果，有的是指转让合同、设立物权的合同不发生效力或者无效。将《物权法》第二百二十八条第二款解释为转让设立质押的应收账款债权无效，应收账款债权设定质押与应收账款债权转让具有不同的功能和特征，在强调债权的流通性及价值的背景下，不利于应收账款债权效益最大化的发挥。同时将已出质的应收账款债权转让合同认定为无效，有时并不利于质权人的利益。根据《物权法》第二百二十八条第二款的规定，出质人转让应收账款所得的价款，应当向质权人提前清偿或者提存。如果认定合同无效，则意味着质押人已经取得转让价款的返还。对于质权人而言，已经实现的债权（转让价款）与尚未实现的债权（应收账款债权）相比，显然前者更为有利。再从登记制度上看，在登记生效主义的物权变动模式下，应当尽量贯彻登记的公信力，如此，不将应收账款债权转让合同归于无效，同时依照物权变动的规则确定质权的归属与效力，在逻辑上更加清晰。

◆ 评议

本案涉及应收账款设定质权后，出质人又将应收账款转让至第三人时，转让合同是否有效的问题。根据物权编第四百四十五条第二款的规定，“应收账款出质后，不得转让，但是出质人与质权人协商同意的除外”，应收账款有效设立质押后，除了经过出质人和质权人协商同意的，其他情形下不得转让。对于本条款有两种解释：其一是如本案判决认定的属于管理性强制性规定，不会直接导致出质人与第三人签订的转让合同无效，但因为应收账款上设立的质权是物权，所以相应的质权人享有优先受偿权利，而受让应收账款方可以根据转让合

① 最高人民法院（2017）最高法民再5号民事判决书。

同的约定要求出质人承担责任；其二是认为属于效力性强制性规定，则后发生的应收账款转让合同因违反法律效力性强制规定而无效。出现这种应收账款既被质押又被转让的冲突主要是由于我国尚未构建完善的应收账款转让登记制度，所以实务中涉及应收账款权利义务的各方当事人应持谨慎审查态度。

第四百四十六条 【权利质权的法律适用】

权利质权除适用本节规定外，适用本章第一节的有关规定。

本条来源

《物权法》第二百二十九条规定："权利质权除适用本节规定外，适用本章第一节动产质权的规定。"本条为了避免内容的重复，本章第一节即为动产质权的规定，故而删除"动产质权"。

立法演变

物权编一审稿第二百三十七条规定："权利质权除适用本节规定外，适用本章第一节动产质权的规定。"二审稿延续了一审稿的规定，但征求意见稿基于法律用语的简练性，删除了"动产质权"这一重复性规定，此后各稿延续了征求意见稿的规定。

条文释义

本条是关于权利质权的适用规则补充的规定。

从性质上讲，权利质权与动产质权均属于质权，二者均为担保债权的有效实现，均依赖债务人或第三人将自身财产或财产性权利通过转移给债权人占有并公示的方式设定质权，均具有届期未清偿主债务质权人得以实现质权，就质物折价受偿或者就变价、拍卖所得价款优先受偿的法律后果，并不因为二者客体是有体动产还是财产权利而导致性质不同。[①] 因此除本节专门规定的特殊适用规则外，在其他适用规则方面，权利质权与动产质权具有一致性。

---

① 刘保玉：《完善我国质权制度的建议》，载《现代法学》2017 年第 6 期，第 59 页。

第十九章　留置权

本章概要

我国关于留置权的规定主要体现在物权编第十九章和合同编的部分条款。留置权是指债务人不履行到期债务时，债权人可以留置已经合法占有的财产，就该财产以折价或者拍卖、变卖的形式获得价款并优先受偿的权利。留置权可以分为民事留置和商事留置，前者源于罗马法上的恶意抗辩，后者源于中世纪意大利城市的商习惯。[①]《民法典》第四百四十八条规定："债权人留置的动产，应当与债权属于同一法律关系，但是企业之间留置的除外。"本条但书部分体现了商事留置和一般民事留置在成立要件上的区别。一般民事留置要求债权人所留置的动产必须与所要实现之债权属于同一法律关系，这是因为一般民事留置权的法理在于衡平原则，所以突出留置物与被担保债权之间的直接关联性，以此平衡留置关系当事人的权益，同时也保护自由经济市场的交易稳定性，以免债权人任意留置债务人的任何动产。而商事留置则不同，商主体之间的交易更为频繁和长久，债权债务关系不断发生也不断消灭，其行为具有逐利性，故而追求不断提高交易效率，如果要求留置物与被担保债权具有同一法律关系，债权人需要准确提供每一次留置的关联性证明，这将不利于交易迅捷和交易安全。故而各国商法典基本都达成共识，规定商主体为实现商事行为所产生的债权而留置动产的，不管实际上债权与动产是否存在牵连关系，都可以有效成立留置权。

留置权具备担保物权的基本特征：（1）从属性，从属于所担保之主债权；（2）整体性，留置物为不可分的独立物时，部分债务履行后仍以留置物整体价值作为债权担保，而不作相应减少；（3）物上代位性，留置权的效力及于留置

---

① 王保树：《中国商法》，人民法院出版社2010年版，第98页。

物因毁损、灭失所得赔偿金等代位物上。除此之外，留置权有其独特性。首先留置权是法定担保物权，即不需要基于债权人和债务人的合意，而可直接依法律规定而产生。此特点使留置权有别于依抵押合同或质押合同而成立的抵押权或质权，但其实留置权主要适用于合同之债，所以契约自由和利益平衡仍影响着留置权行使的过程。例如当事人约定不得留置的动产，不得留置；再如当留置财产是可分物时，留置财产的价值应当与债务金额相当。其次留置财产仅限于动产，《民法典》明确规定债权人可行使留置权的财产仅限于已经合法占有的债务人的动产。理论界和实务界对被留置的动产是否须为债务人所有存在一定的争议，但法律的明文规定似乎使该问题没有解释的余地。① 但所谓“债务人的动产”在此应理解为不限于债务人所有的动产，还应包括债务人基于某缘由转移占有的动产，否则在留置权的有效设立上将分配给债权人过多的审查义务（即查清动产之归属），债务人也可能以规避动产所有权以阻止留置权的实现。

第四百四十七条　【留置权的含义】

债务人不履行到期债务，债权人可以留置已经合法占有的债务人的动产，并有权就该动产优先受偿。

前款规定的债权人为留置权人，占有的动产为留置财产。

本条来源

《物权法》第二百三十条规定：“债务人不履行到期债务，债权人可以留置已经合法占有的债务人的动产，并有权就该动产优先受偿。前款规定的债权人为留置权人，占有的动产为留置财产。”《担保法》第八十二条亦对留置权作出规定，但其将留置权的适用限制于保管、运输、加工承揽等合同产生的债权。本条完全延续了《物权法》第二百三十条的规定。

① 陈华彬：《民法物权论》，中国法制出版社 2010 年版，第 501 页。

立法演变

物权编一审稿第二百三十八条规定："债务人不履行到期债务，债权人可以留置已经合法占有的债务人的动产，并有权就该动产优先受偿。前款规定的债权人为留置权人，占有的动产为留置财产。"此后各稿延续了一审稿的规定。

条文释义

本条系关于留置权的相关规定。

留置权是指债权人享有的在债务人届期未清偿债务时留置依照债权发生事由而占有的债务人财产，并就该财产优先清偿债务的权利。① 具体而言，其有以下几种特征。

第一，留置权是一种法定的担保物权。与抵押权及质权不同，留置权的设立只能依靠法律规定，而不能意思自治。但双方可以协议约定相关财产不得留置。留置权的设立是一项法定权利，而留置权的放弃或排除是一项意定权利。

第二，留置权具有不可分性。从性质上讲，留置权属于担保物权，因而具有了物权的共性，不可分性即是其一。留置权的不可分性意味着留置权应当就债权的整体发挥担保功能，只要债权存在，即使受到部分清偿、分割，留置权依然不会消灭；此外，留置权人可以就留置物整体进行留置，而没有在债务受到部分清偿时就必须返还部分留置物的义务。

第三，与担保物权一样，留置权从属于其所担保的债权。即留置权的成立、消灭及担保范围均受主债权的影响。留置权从属性更为严格的一点在于，在民事留置权中，只有因基础法律关系而被债权人占有的财产才能被留置，即留置权的设立应当严格从属于原债权。

法条关联

◆**《民法典》**

第七百八十三条　定作人未向承揽人支付报酬或者材料费等价款的，承揽

① 魏振瀛主编：《民法学》，北京大学出版社2000年版，第284页。

人对完成的工作成果享有留置权或者有权拒绝交付，但是当事人另有约定的除外。

第八百三十六条 托运人或者收货人不支付运费、保管费或者其他费用的，承运人对相应的运输货物享有留置权，但是当事人另有约定的除外。

第九百零三条 寄存人未按照约定支付保管费或者其他费用的，保管人对保管物享有留置权，但是当事人另有约定的除外。

第九百五十九条 行纪人完成或者部分完成委托事务的，委托人应当向其支付相应的报酬。委托人逾期不支付报酬的，行纪人对委托物享有留置权，但是当事人另有约定的除外。

◆《提存公证规则》

第二十五条 除当事人另有约定外，提存费用由提存受领人承担。

提存费用包括：提存公证费、公告费、邮电费、保管费、评估鉴定费、代管费、拍卖变卖费、保险费，以及为保管、处理、运输提存标的物所支出的其他费用。

提存受领人未支付提存费用前，公证处有权留置价值相当的提存标的物。

第二十六条 提存人可以凭人民法院生效的判决、裁定或提存之债已经清偿的公证证明取回提存物。

提存受领人以书面形式向公证处表示抛弃提存受领权的，提存人得取回提存物。

提存人取回提存物的，视为未提存。因此产生的费用由提存人承担。提存人未支付提存费用前，公证处有权留置价值相当的提存标的。

◆《最高人民法院关于国内水路货物运输纠纷案件法律问题的指导意见》

7. 国内水路货物运输合同履行完毕，托运人或者收货人没有按照约定支付运费、保管费或者其他运输费用，依照合同法第三百一十五条的规定，承运人对相应的运输货物享有留置权。人民法院在审查承运人的留置权时，应当重点审查承运人留置货物的数量是否是在合理的限度之内，以及承运人留置的货物是否是其合法占有的货物。债务人对留置货物是否具有所有权并不必然影响承运人留置权的行使，除非运输合同当事人对承运人的留置权另有特殊约定。

案例评议

东营市东明石油化工有限责任公司、中国民生银行股份有限公司东营分行票据追索权、留置权纠纷案①

◆ 裁判规则

在动产上可以产生抵押权、质押权，也可以产生留置权。抵押权经登记才生效，质押权经登记具有对抗第三人的效力，均可基于一定的公示方式而产生公信力。而留置权不存在需要登记公示的问题，却会产生优先于抵押权和质押权的法律效力，所以法律对留置权的适用规定了严格的构成要件。根据《物权法》以及《最高人民法院关于适用〈中华人民共和国担保法〉若干问题的解释》的规定，债权人行使留置权的前提是债务履行期限届满前其已合法占有债务人的动产，且留置的动产与债权之间存在牵连性。而且，动产的留置应当是基于公平原则，且不违反诚实信用原则，亦不能损害他人合法权益。动产的留置不得与债权人所承担的义务相抵触。首先，如果认定民生银行东营分行对东明石油公司另案质押的油品享有优先于另案质押权的留置权，会损害另案保证人的利益，有违公平原则。其次，民生银行东营分行在本案中主张留置权的目的是排除涉案油品上其自身享有的质权，违反了民法的诚实信用原则。在这种情况下，不但留置权不能优先于质权，该留置权也应当视为不存在。最后，根据《物权法》规定，在东明石油公司履行3000万元借款债务后，民生银行东营分行负有返还质押油品的义务。本案如果认定民生银行东营分行对应当返还的质押油品享有留置权，不仅与法律规定其应承担的上述义务相抵触，而且会造成维护当事人此笔交易安全之际，却破坏了债务人与其他债权人之间他笔交易的安全，对其他债权人合法权益造成损害。

◆ 评议

留置权有效设立必须是留置权人合法占有了债务人的动产，本案中民生银行东营分行间接占有了涉案油品（其与南储公司签订保管合同，由其直接占有涉案油品），这种间接占有形式亦可构成留置权要求的占有。同时留置权人占有

① 山东省高级人民法院（2019）鲁民终189号民事判决书。

的动产需要与债权属于同一法律关系，但是双方当事人均是企业的不受此限制。本案的核心思想在于法定担保物权的有效设立必须建立在当事人未设定意定担保物权的基础上，即债权人基于某一法律享有质权，且占有了质押财产，不能再就质押财产主张留置权，以此保护其他担保人的合法权益。而且如果债权人是基于排除担保物原有之质权而主张留置权，其与民法之诚实信用原则相悖。

第四百四十八条　【留置的限制】

债权人留置的动产，应当与债权属于同一法律关系，但是企业之间留置的除外。

本条来源

《物权法》第二百三十一条规定："债权人留置的动产，应当与债权属于同一法律关系，但企业之间留置的除外。"本条在此基础上将"但……"改为"但是……"，其他保持不变。

立法演变

物权编一审稿第二百三十九条规定："债权人留置的动产，应当与债权属于同一法律关系，但企业之间留置的除外。"二审稿将"但……"改为"但是……"，此后各稿延续了二审稿的规定。

条文释义

本条是关于留置权行使的限制性规定。

留置动产严重影响了市场交易规则，如果不对其加以限制将会造成市场交易不安全，引发市场秩序的混乱，影响交易信心。因此法律对债权人留置权的行使作出了专门的限制，即可以留置的动产必须与债权同属于一个法律关系之中，立法上之所以对其成立要件有此要求，是为了在债权人利益和债务人利益之间取得一种平衡以实现公正。① 留置权行使的前提是债权人占有动产，但债

① 孟强：《论我国〈物权法〉上的商事留置权》，载《政治与法律》2008 年第 10 期，第 38 页。

权人占有动产往往有多种途径，只有合法的、从属于原债权的占有动产关系才被允许行使留置权，即只有在债权人系因发生债权的法律事由而占有动产时，才可以对该动产行使留置权。

本条后半段规定了留置权排除的例外，即当债权人与债务人的性质均为企业时，相互之间行使留置权的，不受动产应与债权属同一法律关系的规定。学术上通常将这种企业之间相互留置的情形称为商事留置权。之所以会有商事留置权与个人留置权的区别，系因为个体在市场上作为交易主体时风险承担能力较为薄弱，而留置动产又是一种形式上破坏正常交易规则的行为，故而为保障个体市场交易安全，法律对其从严规定，仅在对方先期违约的情形下，交易相对方才能就与该债权相关的动产行使留置权，此时为了保障交易安全，即使交易相对方即留置权人占有被留置人的其他动产，也因不存在与债权相关的基础法律关系而不得留置。换言之，行使民事留置权的前提是债权的发生与债权人占有债务人动产之间有密切的牵连关系。而商事主体在市场风险承担上较个体主体有更大的优势，且商事主体之间本身往往就有连续的商事往来，彼此经济来往较为频繁，如果逐一确认动产与其各债权之间的牵连关系，将会耗费大量的资源。此时允许成立商事留置权，将能够增加商业交易信用，促进商事主体之间的交易信心。

案例评议

无锡西姆莱斯石油专用管制造有限公司与无锡市卓盛隆国际货运代理有限公司排除妨害、返还原物纠纷案①

◆ 裁判规则

债权人行使留置权的前提是债务履行期限届满前其已合法占有债务人的动产，且留置的动产与债权之间存在牵连性。留置权分为民事留置权和商事留置权。民事留置权注重人们在一次交往活动中形成的利益关系的平衡，其功能在于纠正单项交往活动造成的利益失衡格局，因此基于公平原则，强调留置物和被担保债权属于同一法律关系，二者之间需要具有直接的牵连关系。而商事留

① 江苏省高级人民法院（2016）苏民终51号民事判决书。

置权重在保护债权人的债权集合体，寻求商人在持续性多次商事交往活动中的利益平衡。基于商事交易连续且频繁的特征，如果要求债权人对某一个具体的债权举证证明具有直接牵连关系，并不符合商业活动的内在要求，尤其是在采取“往来账”结算方式的情况下，商人之间原有的债权债务的独立性丧失，故商事留置权仅强调留置物与被担保债权的一般关联性。但商事交易并非均为连续且频繁，也有个别交易。简单、个别商事交易中的法律关系并不难证明，而且留置权相较于抵押权或质权具有优先性，如取消个别交易中留置权法律关系牵连性的限制，会造成维护当事人此笔交易安全之际，却破坏了债务人与其他债权人之间他笔交易的安全，不符合保护整体交易安全和公平的原则。故个别商事交易中留置物与债权在法律关系上的直接牵连性仍应得到强调。

◆ **评议**

根据物权编规定，债务人不履行到期债务时，债权人可以留置已经合法占有的债务人的动产，并有权就该动产优先受偿。判断留置权是否成立的关键在于债权人是否合法占有债务人的动产，对此物权编规定债权人留置的动产，应当与债权属于同一法律关系，但是企业之间留置的除外。但书部分体现了民法对于商事留置权的牵连性适当放宽了要求，这主要是基于频繁的商业交易可能会导致留置权牵连性的举证较为困难的考量，有利于促进企业间的交易安全和商业繁荣。本案中债权人和债务人是商主体，但他们之间并不存在持续性、频繁性的交易，故而留置物和债权更应当具有直接的牵连性。俊业仓储公司基于单次性与西姆莱斯公司间的房屋租赁关系而主张对西姆莱斯公司存放的货物享有留置权，不符合立法对于留置权基于同一法律关系例外规定的本意，故而没有合法占有的基础支撑俊业仓储公司的留置权主张。

第四百四十九条　【不得留置的动产】

法律规定或者当事人约定不得留置的动产，不得留置。

本条来源

《物权法》第二百三十二条规定：“法律规定或者当事人约定不得留置的动

产，不得留置。”《担保法》第八十四条及最高人民法院相关的司法解释中都有当事人约定不得留置的情形，以体现民法中当事人意思自治的基本原则。本条完全延续了《物权法》第二百三十二条的规定。

立法演变

物权编一审稿第二百四十条规定：“法律规定或者当事人约定不得留置的动产，不得留置。”此后各稿延续了一审稿的规定。

条文释义

本条是关于不得留置的动产的规定。

民法典物权编对于留置权成立的消极构成要件的规定与《物权法》保持一致，明确了两种情形下的动产不得留置，一是法律对此类动产有所规定故不得留置，二是当事人有所约定故不得留置。

对于法律规定不得留置的情形应作狭义理解。即此处的法律是指由全国人民代表大会及其常委会制定、公布的法律。“法律规定”包含两层含义，一是法律直接规定某类动产不得留置，如《海关法》第三十七条规定的海关监管货物，未经海关许可不可留置；二是按照标的物性质不可留置的，如禁止流通物等。

留置权的排除同样可以通过意思自治实现。当事人可以在合同中约定不得留置相关标的物，例如承揽合同当事人明确约定承揽人不得因为定作人未支付报酬等价款而留置已完成之成果。《担保法》及相关司法解释也对此作出规定，物权编对此规定予以确认，力求体系一致性。

法条关联

◆**《海关法》**

第三十七条　海关监管货物，未经海关许可，不得开拆、提取、交付、发运、调换、改装、抵押、质押、留置、转让、更换标记、移作他用或者进行其他处置。

海关加施的封志，任何人不得擅自开启或者损毁。

人民法院判决、裁定或者有关行政执法部门决定处理海关监管货物的，应当责令当事人办结海关手续。

第四百五十条　【作为可分物的留置物】

留置财产为可分物的，留置财产的价值应当相当于债务的金额。

本条来源

《物权法》第二百三十三条规定："留置财产为可分物的，留置财产的价值应当相当于债务的金额。"对此《担保法》第八十五条亦作出相同的规定。本条直接延续了前述之规定。

立法演变

物权编一审稿第二百四十一条规定："留置财产为可分物的，留置财产的价值应当相当于债务的金额。"此后各稿延续了一审稿的规定。

条文释义

本条是关于可分物作为留置财产的特殊规定。

债权人留置债务人的财产，主要目的在于保障自己债权的实现，所以留置财产的价值应该大致与债权数额相当。但留置财产有不可分物和可分物之别，当其为不可分物时，强行分割标的物将损害其价值或者改变其性质，所以即使该留置财产价值远大于债权数额的，留置权人也可就整个留置财产行使权利。而当留置财产为可分物，即经分割、分离等，不会造成其经济价值减损或降低，抑或使其性质、性能发生变化的物，例如油盐酱醋、沙石等，如果留置财产价值远大于债权数额的，会造成留置权行使的不正当性，损害债务人合法权益，此时应对留置财产予以分割，使留置财产价值相当于债权数额，其他超出债权范围的动产应该返还债务人，否则应当承担相应的侵权责任。这也可以说是物权编为平衡债权人和债务人的权益而规定的比例原则，有利于促进物尽其用，也有利于防止留置权成为一项"霸道"权利。因为留置权是法定担保物权，不是债权人和债务人平等协商后设立的担保物权，留置财产价值和债权数额难以在事先人为地达到基本平衡状态，所以当二者价值失衡时则需要法律予以修正。

第四百五十一条　【留置权人的义务与赔偿责任】

留置权人负有妥善保管留置财产的义务；因保管不善致使留置财产毁损、灭失的，应当承担赔偿责任。

本条来源

《物权法》第二百三十四条规定："留置权人负有妥善保管留置财产的义务；因保管不善致使留置财产毁损、灭失的，应当承担赔偿责任。"本条延续了该规定。此外，《担保法》第八十六条也对留置权人保管义务有相似的规定。

立法演变

物权编一审稿第二百四十二条规定："留置权人负有妥善保管留置财产的义务；因保管不善致使留置财产毁损、灭失的，应当承担赔偿责任。"此后各稿延续了一审稿的规定。

条文释义

本条是关于留置权人保管义务及相应责任的规定。

在留置关系中，债权人为担保债权实现而留置债务人的财产，构成留置权。作为留置权人享有留置权的同时，根据一般法理还必须承担一定的义务。在债务人偿还债务或提供其他担保使留置权消灭之前，留置权人均直接、有权占有留置财产，但留置财产所有权属于债务人，因此，留置权人应当对留置财产负有妥善保管的注意义务。许多国家和地区均规定了留置权人的妥善保管义务，例如日本和我国台湾地区，明确规定留置权人应以善良管理人的义务保管留置财产。

正确认定"妥善保管"义务是适用本条之前提，本书认为应该以一个有知识、有经验的诚实管理人标准衡量留置权人是否尽到应有之妥善保管义务。整体来说，应根据留置财产时其样态及保管此物的相关要求，采取理性的方式占有留置财产。原则上未经债务人同意，不得擅自使用、租赁留置财产或者擅自把留置财产作为自己其他债务的担保财产。但是，留置权人出于保管的需要，为使特殊留置财产不因长期闲置而价值减损、性能削弱等，在合理限度内可以使用留置物，如为防止机动车、机械产品等生锈，适当使用该留置机动车或者机械产品。留置权人对留置财产未尽善良管理人注意的，即为保管不善，因此而导致留置财产毁损、灭失的，应当承担赔偿责任。如果留置权人为履行妥善保管义务而请求债务人协助，但债务人不予以协助的，债务人无权对因此造成的不利后果请求留置权人赔偿；若因第三人过错造成留置财产毁损、灭失，则由该第三人负赔偿责任。

第四百五十二条　【留置权人收取孳息的权利】

留置权人有权收取留置财产的孳息。

前款规定的孳息应当先充抵收取孳息的费用。

本条来源

《物权法》第二百三十五条规定："留置权人有权收取留置财产的孳息。前款规定的孳息应当先充抵收取孳息的费用。"《担保法》对此没有相应规定，但域外立法（如《日本民法典》第二百九十七条、我国台湾地区"民法"第九百三十五条等）有相似规定。本条完全延续了《物权法》第二百三十五条的规定。

立法演变

物权编一审稿第二百四十三条规定："留置权人有权收取留置财产的孳息。前款规定的孳息应当先充抵收取孳息的费用。"此后各稿延续了一审稿的规定。

条文释义

本条是关于留置权人收取孳息权利的规定。

在留置期间，债权人是留置物的直接占有人，有权收取留置财产产生的孳息，并对孳息负有保管义务，但非享有孳息的所有权。孳息是指原物所产生的收益，包括天然孳息和法定孳息。天然孳息是因原物的天然属性获得的收益，如树上的果子、动物的幼崽等；法定孳息是指因一定法律关系获得的收益，如房屋租金、股息等。本条所称孳息主要是指天然孳息，一般不包括法定孳息。

之所以规定留置权人有权收取孳息，主要是考虑到留置权人占有留置财产，由其收取孳息比较便捷，而且收取后的孳息可以作为留置标的物，更有利于担保债权的实现。[1] 收取孳息对留置权人而言是一项权利，如果不违反物权编第四百五十一条的妥善保管义务，留置权人有权决定是否收取孳息。

但本条对于如何收取和抵偿孳息等问题没有明确规定，一般来说，留置权人收取孳息后，应当先充抵收取孳息的费用，剩余部分孳息用于充抵主债权的利息，再清偿主债权。[2] 这也是一种孳息留置权，留置权人在留置期间基于留置权的效力，有权收取留置物的孳息，并就孳息享有优先受偿的权利。但应当注意，留置权人收取孳息时，未尽善良管理人的妥善保管义务而使孳息毁损、灭失的，应就此向债务人承担赔偿责任。留置权人收取孳息时采取明显不合理的措施导致不法结果的出现，也应对此承担责任。

第四百五十三条　【留置权的实现程序】

留置权人与债务人应当约定留置财产后的债务履行期限；没有约定或者约定不明确的，留置权人应当给债务人六十日以上履行债务的期限，但是鲜活易腐等不易保管的动产除外。债务人逾期未履行的，留置权人可以与债务人协议以留置财产折价，也可以就拍卖、变卖留置财产所得的价款优先受偿。

留置财产折价或者变卖的，应当参照市场价格。

本条来源

《物权法》第二百三十六条规定："留置权人与债务人应当约定留置财产后的债务履行期间；没有约定或者约定不明确的，留置权人应当给债务人两个月以上履行债务的期间，但鲜活易腐等不易保管的动产除外。债务人逾期未履行的，留置权人可以与债务人协议以留置财产折价，也可以就拍卖、变卖留置财产所得的价款优先受偿。留置财产折价或者变卖的，应当参照市场价格。"本条

---

① 参见蒋新苗等：《留置权制度比较研究》，知识产权出版社 2007 年版，第 109 页。

② 参见高圣平：《担保法新问题与判解研究》，人民法院出版社 2001 年版，第 663 页。

在此基础上规范法律用语，将“期间”改为“期限”、“两个月”改为“六十日”、“但……”改为“但是……”。此外，《担保法》第八十七条也有类似规定，《英国货物买卖法》第四十八条、我国台湾地区“民法”第九百三十六条等也有相应规定。

立法演变

物权编一审稿第二百四十四条规定：“留置权人与债务人应当约定留置财产后的债务履行期间；没有约定或者约定不明确的，留置权人应当给债务人两个月以上履行债务的期间，但鲜活易腐等不易保管的动产除外。债务人逾期未履行的，留置权人可以与债务人协议以留置财产折价，也可以就拍卖、变卖留置财产所得的价款优先受偿。留置财产折价或者变卖的，应当参照市场价格。”二审稿将“但鲜活易腐等……”改为“但是鲜活易腐等……”，此后各稿延续了二审稿的规定。终稿将“期间”改为“期限”、“两个月”改为“六十日”，使法律用语更规范，法律适用更严谨。

条文释义

本条是关于留置权人实现留置权的规定。

留置权是依法产生的担保物权，且倾向于保护债权人的利益，为了平衡债权人与债务人之间的利益关系，在债权人处分留置财产的权限上应当作进一步限制。所以本条规定，留置权人在留置财产后应该与债务人约定债务履行期限，没有约定或者约定不明的，物权编根据实践经验与公平原则确定了该期限为六十日以上。如果留置财产是鲜活易腐等不易保管的动产，例如水果、海鲜等，六十日以上的债务履行期限即意味着过高的保管成本，所以本条作为例外予以规定。而本条所称“债务履行期限”，是一种债务履行宽限期，对债务人来说是一种权利，此期限内其得以选择任意时间点履行债务；对留置权人是一种义务，此期限内不得行使留置权。债务人逾期未履行债务后，留置权人可以与债务人协议以留置财产折价，也可以就拍卖、变卖留置财产所得的价款优先受偿。

本条规定也是服务于留置权第二次效力的实现。留置权相较于其他担保物权具有二次效力特点，也就是说留置权既包括债权人得以留置债务人财产而督促其履行清偿债务义务的第一次效力，也包括债务人在一定的债务履行宽限期后仍未清偿债务时，债权人得以就留置财产变价后所得价款优先受偿的第二次效力。第二次效力是留置权最重要的效力体现。① 依据本条规定，实现第二次效力需要满足以下条件：其一，留置权人要持续性占有留置财产，若丧失占有即不能成立留置权；其二，宽限期后仍未实现债权。留置权人以留置财产折价受偿，即留置权人与债务人协商确定留置财产可折抵的债权数额以优先受偿；以拍卖留置财产受偿，即依照法定拍卖程序公开竞价后出卖留置财产以获得变价款，留置权人依此优先受偿；以变卖留置财产受偿，即以一般的买卖形式（例如向第三人转让留置财产等）获得变价款，避免繁杂的拍卖手续和较高的拍卖费用，留置权人仍就变卖所得款优先受偿。

本条第二款规定，留置财产折价或者变卖的，应当参照市场价格，以防出现留置权人与第三人恶意串通降低留置财产的价格等有失公平的情形。

法条关联

◆《企业破产法》

第七十五条　在重整期间，对债务人的特定财产享有的担保权暂停行使。但是，担保物有损坏或者价值明显减少的可能，足以危害担保权人权利的，担保权人可以向人民法院请求恢复行使担保权。

在重整期间，债务人或者管理人为继续营业而借款的，可以为该借款设定担保。

案例评议

南京高开特精密机械厂与常州市豪健压铸件有限公司承揽合同纠纷案②

◆ 裁判规则

一审法院认为高开特厂主张行使货物留置权，留置权应为主债权的从权利，当事人在行使留置权时，仍应积极实现主债权，及时通知债务人履行付款义务。本案因高开特厂怠于行使诉讼权利，导致其主张的加工费已超过诉讼时效，无法得到法律保护。同时债权人与债务人在合同中未约定留置财产时间的，债权

① 高圣平：《担保物权实现途径之研究——兼及民事诉讼法的修改》，载《法学》2008 年第 2 期，第 40 页。

② 江苏省南京市中级人民法院（2018）苏 01 民终 3024 号民事判决书。

人留置债务人财产后，应当确定两个月以上的期限，通知债务人在该期限内履行债务。高开特厂截至本案诉讼前，从未就留置权的行使通知过豪健公司，故其主张的留置权在主债务已超过诉讼时效的情况下，亦缺乏事实和法律依据。

二审法院认为合同法规定："定作人未向承揽人支付报酬或者材料费等价款的，承揽人对完成的工作成果享有留置权，但当事人另有约定的除外。"物权法规定："债务人不履行到期债务，债权人可以留置已经合法占有的债务人的动产，并有权就该动产优先受偿。"本案中，豪健公司未按约定向高开特厂支付加工款，《委托加工协议》中对留置权未进行特别约定，故高开特厂作为承揽人，对其已合法占有的毛坯件加工而成的工作成果依法享有留置权。物权法规定："留置权人与债务人应当约定留置财产后的债务履行期间；没有约定或者约定不明确的，留置权人应当给债务人两个月以上履行债务的期间，但鲜活易腐等不易保管的动产除外。债务人逾期未履行的，留置权人可以与债务人协议以留置财产折价，也可以就拍卖、变卖留置财产所得的价款优先受偿。"该款系针对留置权人实现留置权的规定，留置权是法定担保物权，只要具备法定发生原因，留置权即告成立，留置权人即可留置相应动产，该留置行为无需通知债务人，但在实现留置权时，应根据上述规定确定债务履行期间。综上，高开特厂主张其对6468件成品享有留置权。

◆ **评议**

一审法院和二审法院对于高开特厂对6468件成品是否享有留置权问题作出了不同判决，其核心问题在于留置权的行使与时效是什么关系？物权编第四百五十三条规定，留置权有效成立后，债务履行宽限期由当事人约定或者债权人指定。本身留置权属于法定担保物权，在法定条件下债权人即可留置某物而成立留置权，不需通知债务人。而立法规定宽限期是为了使债务人能在合理的期间内履行义务，相当于原债务履行期限届满后到留置财产被变价受偿间的缓冲期。债权和留置权是主从关系，这种从属关系指转移和消灭上的从属性，主债权经过诉讼时效期间后，导致胜诉权消灭而成为自然债务，但并非导致债权本身消灭，因而留置权继续存在；另外从留置权人占有留置物的特点看，债权诉讼时效经过的债权人仍占有标的物，仅因诉讼时效的经过而切断权利人合法持续占有的状态，从而丧失留置权有悖于留置权的担保信用价值。

第四百五十四条 【债务人有权请求留置权人行使权利】

债务人可以请求留置权人在债务履行期限届满后行使留置权；留置权人不行使的，债务人可以请求人民法院拍卖、变卖留置财产。

本条来源

《物权法》第二百三十七条规定："债务人可以请求留置权人在债务履行期届满后行使留置权；留置权人不行使的，债务人可以请求人民法院拍卖、变卖留置财产。"从用语上看，"履行期"代表某一个时间节点，"履行期限"代表某一段时间，所以本条出于法律用语严谨性考量，将"债务履行期届满后"改修为"债务履行期限届满后"。

立法演变

物权编一审稿第二百四十五条规定："债务人可以请求留置权人在债务履行期届满后行使留置权；留置权人不行使的，债务人可以请求人民法院拍卖、变卖留置财产。"二审稿延续了一审稿的规定，但征求意见稿则将"债务履行期届满后"改修为"债务履行期限届满后"，此后延续该规定。

条文释义

本条是关于债务人请求权的规定。

本条是基于民法公平原则及物尽其用理念综合考量的结果。留置权人留置债务人一定财产以保证在债权届期未受清偿时，通过给债务人履行债务施加压力，促使其尽快履行义务，如债务人仍不履行，留置权人可将留置财产变价以实现债权。在动产被留置期间，留置权人持续性占有留置财产，债务人无法占有并使用该动产，也就无法从中获得收益。同时，留置权人非留置物所有权人，仅能妥善保管留置财产。所以留置财产在被留置期间，正常的物之利用和流转等功能被闲置。如果留置权人不积极行使留置权，则留置物被闲置的时间更长，这不符合物尽其用的原则；而且从债务人角度看，留置权长期不实现，则留置财产随着时间推移会有自然损耗或者贬值，这种不利后果系因留置权人不及时行使权利造成，对债务人不公平。这也说明了实现担保物权程序是否高效、便捷、公平，直接影响担保物权人权利实现的成本以及担保制度顺利运行的成本。①

根据物权编第四百五十三条规定，留置权设立后，债权人（留置权人）应当与债务人约定一个期限作为留置财产后的债务履行期限；如没有约定或约定不明的，留置权人应当给债务人六十日以上作为债务履行期限，鲜活易腐等不易保管的动产除外。在该债务履行期限过后，债务人不履行义务的，留置权人可与债务人协议以留置财产折价，也可以拍卖、变卖留置财产并就所得价款优先受偿。与此对应，本条规定，在债务履行期限届满后债务人有权请求留置权人行使留置权；如果债务人请求留置权人行使留置权未果的，债务人可以请求人民法院以公权力介入来拍卖、变卖留置财产。

案例评议

卢某东、临沂市汽车营运有限公司修理合同纠纷案②

◆ **裁判规则**

如果留置权人长期不实现留置权，债务人可以依法请求留置权人行使留置权。留置权为物权，法律没有明文规定留置权的行使期限，如果留置权人长期持续占有留置财产而不实现，不符合“物尽其用”的原则，也会对社会、经济生活产生不利影响。而且，在有的情况下，留置财产会有自然损耗或者贬值的可能，如果长期不实现留置权，留置财产的价值会受影响，对债务人不利。因此，不能让留置权人无限期地留置财产而不行使留置权。《物权法》第二百三十七条规定：“债务人可以请求留置权人在债务履行期届满后行使留置权；留置权人不行使的，债务人可以请求人民法院拍卖、变卖留置财产。”根据该条规定，债务履行期限届满，如果债务人自知没有能力履行债务，可以请求留置权人及时实现留置权，如果留置权人不实现的，债务人有权请求人民法院拍卖或者变卖该留置财产，以消灭留置权。故在债务人不能履行债务、留置权人不实现留置权的情况下，为防止损失进一步扩大，债务人有权依法请求行使留置权，从而保护自己的利益。

---

① 李相波：《实现担保物权程序适用中的相关法律问题——以新〈民事诉讼法〉第 196 条、第 197 条为中心》，载《法律适用》2014 年第 8 期，第 17 页。

② 山东省临沂市中级人民法院（2018）鲁 13 民终 5035 号民事判决书。

◆ **评议**

留置权有效成立到实现留置权期间，留置物由留置权人占有，债务人作为所有权人无法继续占有、使用、收益。如果留置权人没有积极主动行使留置权，将限制留置物价值的发挥，因此法律赋予债务人在债务履行期届满后得以请求债权人行使留置权的权利。回归到物权编第四百五十四条的规定看，留置权人在债务人行使请求权后仍不积极实现留置权的，债务人不需通过诉讼程序即可请求人民法院就留置物拍卖或者变卖。这是因为此时已是债务履行期届满，债务人与留置权人对存在的债务共同认可，因而可直接以执行程序解决留置权实现之问题。

第四百五十五条　【留置物变价后价款的归属】

留置财产折价或者拍卖、变卖后，其价款超过债权数额的部分归债务人所有，不足部分由债务人清偿。

本条来源

《物权法》第二百三十八条规定："留置财产折价或者拍卖、变卖后，其价款超过债权数额的部分归债务人所有，不足部分由债务人清偿。"本条延续了该规定。此外，《担保法》第八十七条对此也有明确规定，留置财产变价后超过债权数额部分属于债务人所有，不足部分由债务人继续清偿。

立法演变

物权编一审稿第二百四十六条规定："留置财产折价或者拍卖、变卖后，其价款超过债权数额的部分归债务人所有，不足部分由债务人清偿。"此后各稿延续了一审稿的规定。

条文释义

本条是关于留置财产变价后价款分配的规定。

第一，当留置权人将留置财产折价或拍卖、变卖之后，所得价款如果超过了被担保债权的数额，则超出的部分归债务人所有，留置权人受领后应尽快将超过部分价款返还债务人，如不及时归还的，债务人就该部分价款对留置权人享有不当得利返还请求权。

第二，当留置权人将留置财产折价或拍卖、变卖后，所得价款仍不足以完全清偿债务的，因此时留置权已消灭，剩余债务成为无担保之普通债权。债权人有权就未清偿部分继续要求债务人履行偿还义务，债务人应足额支付。

此外，留置权人与债务人应当约定留置财产后的债务履行期限，如果没有约定或者约定不明确的，债权人应当给债务人一个法定最低宽限期（六十日以上）让其履行债务。债务人在宽限期内仍不履行债务的，留置权人即可与债务人协议将留置财产折价，或者拍卖、变卖留置财产，以此实现优先受偿。

第四百五十六条　【留置权与抵押权或者质权竞合】

同一动产上已经设立抵押权或者质权，该动产又被留置的，留置权人优先受偿。

本条来源

《物权法》第二百三十九条规定："同一动产上已设立抵押权或者质权，该动产又被留置的，留置权人优先受偿。"《海商法》第二十五条和《最高人民法院关于适用〈中华人民共和国担保法〉若干问题的解释》第七十九条都有留置权与抵押权或者质权竞合时留置权优先的规定，同时像《美国统一商法典》等域外也有相应的立法规定。本条延续了《物权法》第二百三十九条的规定。

立法演变

物权编一审稿第二百四十七条规定："同一动产上已设立抵押权或者质权，该动产又被留置的，留置权人优先受偿。"此后各稿延续了一审稿的规定。终稿将"已设立"改为"已经设立"，规范法律用语，其他保持不变。

条文释义

本条是关于留置权与抵押权或者质权竞合时，留置权优先的规定。

在同一标的物上同时存在两个或两个以上的同种类或不同种类的担保物权时，被称为担保物权的竞合。关于担保物权竞合的规定，就是为了解决一物上的担保物权冲突时，何种担保物权优先的问题。依据本条规定，同一动产上已经设立抵押权或者质权时，该动产又被留置的，留置权优先。具体来说：

首先是抵押权与留置权的竞合：第一，先设立抵押权，又设立留置权的情形下，留置权优先于抵押权。第二，先设立留置权后设立抵押权的，如设立抵押权的主体为留置财产的所有权人，则留置权的效力自然优先于抵押权。如设立抵押权的主体为留置权人，则该设立行为无效。反之，如留置权人在征得留置物所有权人同意的基础上，设立了抵押权，则该抵押权优先于留置权。

其次是留置权与质权的竞合：第一，先设立质权，又设立留置权的情形下，留置权优先于质权。第二，先设立留置权后设立质权的，如留置权人未经留置物所有权人同意就将动产出质给第三人，在第三人为善意的情况下，依善意取得规则取得质权，此时，后设立的质权优先于留置权。如留置物所有权人在留置权人同意的前提下将留置物出质，则留置权优先于质权。

留置权与抵押权或者质权竞合时留置权优先的规定，既总结了我国立法和司法实践的有益经验，又综合考量借鉴了域外立法的情况。该规定的产生也与留置权的独特性息息相关，作为担保物权的留置权具有双重效力这一鲜明特点，既有留置效力，又有优先受偿效力，[①] 而且其设立的法定性又不同于抵押权或者质权设立的合意性，所以留置权具有优先性。

法条关联

◆《海商法》

第二十五条 船舶优先权先于船舶留置权受偿，船舶抵押权后于船舶留置权受偿。

前款所称船舶留置权，是指造船人、修船人在合同另一方未履行合同时，

① 翟云岭、吕海宁：《求证留置权的本质效力》，载《法学》2011 年第 2 期，第 86 页。

可以留置所占有的船舶，以保证造船费用或者修船费用得以偿还的权利。船舶留置权在造船人、修船人不再占有所造或者所修的船舶时消灭。

案例评议

浙江某汽车销售服务有限公司与天津嘉业投资管理有限公司上海某投资管理分公司占有物损害赔偿纠纷案①

◆ 裁判规则

案涉《绍兴市汽车修理合同》虽由案外人吴某伟以车主高某名义与冠松4S店订立，但吴某伟系受蒋某华委托与冠松4S店订立合同，蒋某华事后亦予以认可，故该合同的当事人为蒋某华与冠松4S店，与车主高某无涉。冠松4S店修好车辆，因定作人未能及时付款，冠松4S店依法享有对涉案车辆的留置权。在定作人未付清修理费前，冠松4S店依法享有对该车的占有权，任何人未经法定程序不得侵占该车辆。上海某投资管理分公司乘其不备持抵押人交付的车钥匙将车辆从冠松4S店开走，侵犯其合法占有权，现冠松4S店请求被告赔偿相应的损失，应予支持。

◆ 评议

合法占有被破坏时，占有人有权请求损害赔偿。本案中冠松4S店在未如期收到维修费后基于《绍兴市汽车维修合同》合法占有涉案车辆，该行为形成有效留置，留置该财产以保证债务人不按照合同约定履行债务时仍可实现债权。留置权是物权编规定的担保方式，该权利不需依托当事人协商而可依法律规定而设立。涉案车辆在被留置前已被设立抵押权，根据物权编对该担保物权竞合的规定，某一财产先设定抵押权后又成立留置权的，留置权人优先受偿。这种优先效力不因留置权人在留置某一财产时是善意还是恶意的主观状态而变化，这种“恶意”指的是留置权人知道或者应该知道该财产上已设立抵押权或者质权，而不是指留置权人和债务人恶意串通设立留置权以排除抵押权和质权，因为这本质上已违反了民法诚实信用原则，因此而设立的留置权也不能成立，更遑论优先于抵押权和质权。

① 浙江省绍兴市中级人民法院（2016）浙06民终461号民事判决书。

第四百五十七条　【留置权的消灭】

留置权人对留置财产丧失占有或者留置权人接受债务人另行提供担保的，留置权消灭。

本条来源

《物权法》第二百四十条规定："留置权人对留置财产丧失占有或者留置权人接受债务人另行提供担保的，留置权消灭。"《荷兰民法典》第二百九十五条等域外立法对该条的前一种留置权消灭情形有类似规定，而《担保法》第八十八条仅对该条的后一种留置权消灭情形作出相同规定。本条完全延续了《物权法》第二百四十条的规定。

立法演变

物权编一审稿第二百四十八条规定："留置权人对留置财产丧失占有或者留置权人接受债务人另行提供担保的，留置权消灭。"此后各稿延续了一审稿的规定。

条文释义

本条是对留置权消灭的规定。

留置权的消灭，是指留置权因留置权人对留置财产失去支配力和控制力，以及因法律规定或当事人合意而消灭。依据本条之规定，留置权消灭的情形，包括留置权人对留置财产丧失占有或者留置权人接受债务人另行提供的担保。

一、留置权人对留置财产丧失占有

留置权的存续以持续占有留置财产为前提，留置权人在事实上丧失对留置标的物的控制的，留置权消灭。无论是留置权人主动将留置物交给原权利人还是留置权人被动失去占有，都可以造成留置权的消灭。在后一种情形中，留置财产被侵夺占有，留置权人不能基于返还请求权恢复占有时，留置权归于消灭；反之，如留置权人能通过请求使对方返还留置物，则留置权在短暂消灭后恢复。

二、留置权人接受债务人另行提供的担保

留置权人为实现自身债权而留置债务人之物，当债务人为担保债务之履行而向债权人另行提供担保时，新的担保替代了留置权，则原留置权归于消灭。这种规定也体现了物尽其用的立法本意，当债务人另行提供担保时，如果原留置权还保留，则过多地限制了债务人的物之利用，也有悖于公平原则和诚实信用原则。本条所称“担保”，既可以是物之担保，也可以是人之保证。一般而言，债务人另行提供的担保所能实现之债权应该与原债权数额相当。而且只要债务人提供的担保与原债权数额相当，留置权人就不得拒绝，这样才不会致使债务人另行提供担保以消灭留置权的权利无以为继。[①] 当然如果债务人和债权人另外就债权担保达成协议时，其提供的担保所能实现之债权依协议也可以高于或者低于原债权数额。

法条关联

◆《最高人民法院关于人民法院民事执行中查封、扣押、冻结财产的规定》

第十三条 查封、扣押、冻结担保物权人占有的担保财产，一般应当指定该担保物权人作为保管人；该财产由人民法院保管的，质权、留置权不因转移占有而消灭。

◆《最高人民法院关于适用〈中华人民共和国企业破产法〉若干问题的规定(二)》

第二十五条 管理人拟通过清偿债务或者提供担保取回质物、留置物，或者与质权人、留置权人协议以质物、留置物折价清偿债务等方式，进行对债权人利益有重大影响的财产处分行为的，应当及时报告债权人委员会。未设立债权人委员会的，管理人应当及时报告人民法院。

① 孙鹏：《完善我国留置权制度的建议》，载《现代法学》2017 年第 6 期，第 46 页。

第五分编

占　有

第二十章　占　有

本章概要

现代民法的“占有”概念溯其根源较为复杂，有罗马法的影子，又有日耳曼法的内涵。占有，其实是人对于物（动产/不动产）具有事实上管领力（控制、管理）的一种状态，所以正如萨维尼所说，对物的占有使得占有人可以在事实上对物实施某种行为，而且可以排除他人的干涉。①

学理上对于“占有”有诸多分类：(1) 根据占有是否有本权为基础，分为有权占有和无权占有。所谓“本权”指基于法律上的原因而享有占有的权利，占有是一种事实判断，而本权则是一种价值判断，故而基于本权的有权占有是应然的既存状态，而无本权基础的无权占有则是一种非应然的既存状态。区分有权占有和无权占有的意义在于明确占有人在权利人请求返还占有物时是否负有返还义务，有权占有人在面对包括所有权人在内的权利人时，得以拒绝归还占有物；无权占有人则负有返还义务。(2) 对于无权占有，还可以细分为善意占有和恶意占有。善意占有是指占有人不知道也不应当知道占有行为无本权基础的占有，即占有人基于权利外观等误以为自己是合法占有人；恶意占有是指占有人知道或者应当知道占有行为无本权基础仍为之占有。区分善意占有和恶意占有的意义在于区别对待不同占有人：善意占有人可以适用善意取得制度取得物之所有权和他物权，恶意占有人则不可以；善意占有人面对权利人请求返还原物及孳息时，可以要求支付必要的费用，恶意占有人则不可以；善意占有人在占有物毁损、灭失时，要返还权利人相应的物上代位物，恶意占有人除此之外还要就权利人未获得足额弥补的损害部分，承担赔偿责任。(3) 根据占有人是否直接事实上占有某物，分为直接占有和间接占有，间接占有必须依托于

① F. Savigny, Tratatto del possesso secondo i principi del diritto romano, Tradatto e annotato da R. Andri, 1857, p. 5.

媒介，使得直接占有人间接对物具有管领力。例如基于民法中的租赁合同关系、质押合同关系，承租人、质权人直接占有了标的物，所有权人则构成了间接占有。最初民法意义上的占有指的是直接占有，而后理论的深入和市场经济的发展，占有的内涵扩张到间接占有，使得占有改定的交易方式和间接占有的权利形式得到承认。(4) 以占有人对占有物是否具有所有的主观意识，是否会归还占有物，分为自主占有和他主占有。例如小偷偷了某物并以所有权人名义交易，此时构成自主占有；承租人基于租赁合同以承租人名义占有使用承租物，此时构成他主占有。自主占有人可主张权利推定，他主占有人则不可以。①

当第三人非法侵害（侵夺、妨害）占有人之占有时，占有人可以寻求法律救济。现行法律对占有保护的规定主要有两种：物权保护和债权保护。物权保护包括占有人的自力救济、占有保护请求权（包括《民法典》规定的返还原物请求权、排除妨害、消除危险请求权）；侵权保护主要是指损害赔偿请求权、不当得利返还请求权。

第四百五十八条　【有权占有的规则】

基于合同关系等产生的占有，有关不动产或者动产的使用、收益、违约责任等，按照合同约定；合同没有约定或者约定不明确的，依照有关法律规定。

本条来源

《物权法》第二百四十一条规定："基于合同关系等产生的占有，有关不动产或者动产的使用、收益、违约责任等，按照合同约定；合同没有约定或者约定不明确的，依照有关法律规定。"本条延续了该规定。

立法演变

物权编一审稿第二百四十九条规定："基于合同关系等产生的占有，有关不

① 崔建远等：《物权法》，清华大学出版社 2008 年版，第 90 页。

动产或者动产的使用、收益、违约责任等，按照合同约定；合同没有约定或者约定不明确的，依照有关法律规定。”此后各稿延续了一审稿的规定。

条文释义

本条是对有权占有的规范。

对于“占有”，如果是基于合同等债之关系而占有不动产或者动产的，例如基于运输合同、保管合同、仓储合同、承揽合同等，则为有权占有，使得占有人得以在法律上占有标的物的权利（基于合同等产生的）为本权；反之，如果占有人在无正当法律关系的基础上，或者原有法律关系无效或者被撤销的情形下占有不动产或者动产的，这种欠缺本权的占有则为无权占有。无权占有又因占有人的主观状态不同分为善意占有和恶意占有。占有制度的立法价值主要在于维护物的事实占有状态，防止他人不当干涉，从而保持社会秩序的稳定。同时占有在现行法律中具有重要的公示作用，例如动产所有权的转移需要完成法定之转移占有，设立质权同样也需要完成质押财产的转移占有，以此保障市场交易有序进行。

本条回答了有权占有情形下如何解决有关不动产或者动产的使用、收益、违约责任等问题，主要包含两层意思：第一，物权编明确保护当事人的意思自治，如果当事人已在合同中约定各方具体的权利义务，就合同项下该动产或者不动产的使用、收益、违约责任等达成意思表示真实的约定，则依其约定；第二，当事人没有约定或者约定不明确的，则依照有关法律规定。占有情形下有关不动产或者动产的使用、收益、违约责任等问题，在物权编第四百五十九条至第四百六十一条中予以规定。

第四百五十九条 【恶意占有人的赔偿责任】

占有人因使用占有的不动产或者动产，致使该不动产或者动产受到损害的，恶意占有人应当承担赔偿责任。

本条来源

《物权法》第二百四十二条规定：“占有人因使用占有的不动产或者动产，

致使该不动产或者动产受到损害的，恶意占有人应当承担赔偿责任。”各国或地区对于恶意占有人的损害赔偿责任的立法均无异议，但是对于善意占有人是否也要承担这种赔偿责任则有不同的立法模式，像《瑞士民法典》第九百三十八条明确规定善意占有人不承担责任，像《德国民法典》第九百五十五条、《意大利民法典》第一千一百四十八条等则没有明确规定，而以善意占有人的权利推定解决该问题。

立法演变

物权编一审稿第二百五十条规定：“占有人因使用占有的不动产或者动产，致使该不动产或者动产受到损害的，恶意占有人应当承担赔偿责任。”此后各稿延续了一审稿的规定。

条文释义

本条是对恶意占有人法律责任的规定。

占有旨在维护社会和平，是财产法律秩序的基础，当前各国立法都设置了相应的保护制度。① 本条以稳定社会经济秩序为导向，对于恶意占有人，其主观上以一种侵犯式的心理占有他人之物，有违公平公正理念，相反善意占有人可以使物处于正当的被保护状态，所以对二者进行明确区分。

本条所称“占有”，分为有本权之有权占有和欠缺本权之无权占有，善意占有和恶意占有是对无权占有的二次分类。善意占有是指占有人不知或无法预见自己无占有权时对物进行占有，即主观上为善意。恶意占有是指占有人主观上明知自己无占有权或对是否有占有权抱怀疑态度时仍进行占有。因此，二者之间区别在于主观上为善意还是恶意。有权占有情形下，当事人往往会对不动产或者动产占有期间产生的损害责任承担作出约定，所以实践中这类问题较容易解决。但无权占有情形下缺乏当事人的明确约定，则需依法判断权责，所以本条明确规定恶意占有人因使用不动产或者动产导致其受损害的，需要向权利人承担赔偿责任。而善意占有人依其善意认为之权利使用不动产或者动产，该结果是合理的，本条未规定其承担相同于恶意占有人的赔偿责任。所以司法实

① 汪渊智、杨继锋：《侵害占有的侵权责任》，载《法律适用》2008 年第 7 期，第 36 页。

务中适用本条需要先判断无权占有人是善意占有还是恶意占有，该判断时间节点应该以占有人导致不动产或者动产受损害时为准。

第四百六十条 【无权占有人的返还义务及善意占有人的必要费用返还请求权】

不动产或者动产被占有人占有的，权利人可以请求返还原物及其孳息；但是，应当支付善意占有人因维护该不动产或者动产支出的必要费用。

本条来源

《物权法》第二百四十三条规定："不动产或者动产被占有人占有的，权利人可以请求返还原物及其孳息，但应当支付善意占有人因维护该不动产或者动产支出的必要费用。"大陆法系对善意占有人取得孳息问题普遍规定限制条件式的返还权利人，例如《德国民法典》第九百八十八条、《瑞士民法典》第九百三十八条等。但本条没有采纳域外立法规定，而是在《物权法》第二百四十三条基础上将"但应当支付……"改为"但是，应当支付……"，其他保持不变。

立法演变

物权编一审稿第二百五十一条规定："不动产或者动产被占有人占有的，权利人可以请求返还原物及其孳息，但应当支付善意占有人因维护该不动产或者动产支出的必要费用。"二审稿将"但应当支付……"改为"但是应当支付……"，征求意见稿又将"但是应当支付……"改成"但是，应当支付……"。

条文释义

本条是对占有的返还请求权和善意占有人费用请求权的规定。

本条主要包含两方面内容：第一，权利人行使请求权的对象为无权占有人，无论是善意占有人还是恶意占有人，都应该对权利人承担返还原物及其孳息的责任，其中孳息包括天然孳息和法定孳息；第二，善意占有人有权向权利人请求支付因维护该不动产或者动产而支出的必要费用。制定本条的目的是，权利人享有对占有物的本权，不仅包括该物的所有权，还包括他物权和债权，如用益物权、担保物权、租赁等。基于前述本权，权利人可向无权占有人行使返还请求权，体现了法律对物权人的保护及诚实信用原则的维护。同时，当占有物的权利人之支付必要费用义务和善意占有人之返还原物及孳息义务没有先后履行顺序时，善意占有人可以在权利人履行必要费用偿还义务之前行使同时履行抗辩权，拒绝返还占有物，以此保护善意占有人的合法权益。不过从另一个角度看，本次立法亦未对恶意占有人是否可以向本权人请求支付对占有物支出的必要费用作出规定，容易导致本权人和占有人间权利义务的失衡。

本条所称善意占有人的“必要费用”，与“有益费用”相对，是指占有人为善意占有人时，其可以主张的因保存或管理该占有物时所需的费用，如修缮房屋、饲养动物、保养车辆的费用等。必要费用的计算，还需结合当时物价及具体标准加以判断，被主张人有证据表明该费用中包含非必要费用的，结算时应当予以扣除。必要费用所生利息，也不在请求偿还的范围之内。根据前述，善意占有人已取得的应当返还的占有物所生孳息，应当与必要费用相抵销，同时，善意占有人不得再请求其因收取孳息支出的费用。善意占有人支出的必要费用或有益费用的数额，应由其举证证明；而该项费用是否必要或有益，应根据具体情况判定。

第四百六十一条　【占有物毁损、灭失的赔偿责任】

占有的不动产或者动产毁损、灭失，该不动产或者动产的权利人请求赔偿的，占有人应当将因毁损、灭失取得的保险金、赔偿金或者补偿金等返还给权利人；权利人的损害未得到足够弥补的，恶意占有人还应当赔偿损失。

本条来源

《物权法》第二百四十四条规定：“占有的不动产或者动产毁损、灭失，该不动产或者动产的权利人请求赔偿的，占有人应当将因毁损、灭失取得的保险金、赔偿金或者补偿金等返还给权利人；权利人的损害未得到足够弥补的，恶意占有人还应当赔偿损失。”本条延续了该规定。

立法演变

物权编一审稿第二百五十二条规定："占有的不动产或者动产毁损、灭失，该不动产或者动产的权利人请求赔偿的，占有人应当将因毁损、灭失取得的保险金、赔偿金或者补偿金等返还给权利人；权利人的损害未得到足够弥补的，恶意占有人还应当赔偿损失。"此后各稿延续了一审稿的规定。

条文释义

本条是对权利人损害赔偿请求权的规定。

物权尤其是所有权赋予人们对物的广泛支配利益，为实现人格的自由发展提供了坚实的基础。[①] 制定本条就是为了充分发挥物权的作用，当占有人占有的动产或不动产毁损、灭失时，权利人的损害赔偿请求权因占有人主观为善意或恶意而不同，善意占有人承担返还责任，而恶意占有人承担赔偿责任。

具体而言，本条所称"毁损""灭失"具有不同含义，毁损是指物之原有价值减少，灭失则指物实体消灭或者其他情形导致已无法实际上恢复权利人之原占有状态，例如第三人善意取得而无法实现物之返还等。占有人因占有物的毁损、灭失而获得相应的保险金、赔偿金或者补偿金的，占有物的权利人有权请求赔偿，该赔偿范围取决于占有人的主观状态。占有人如果是善意占有，适用不当得利返还原则，其因物之毁损、灭失而获得相应的保险金等利益时，才对物之权利人承担返还利益之责任。反之，善意占有人未因此而获益时，则不需承担返还责任。此外，根据物权编第三百一十一条的规定，受让人善意取得不动产或者动产所有权的，原所有权人有权向无处分权人请求赔偿损失。所以在善意占有人无权处分占有物致使第三人善意取得所有权的情况下，善意占有人也应承担赔偿责任。而占有人为恶意占有时，通常被认为通过侵权行为改变物的占有，故参考侵权损害赔偿责任以弥补权利人的损害。也就是说恶意占有人返还因物之毁损、灭失而获得之利益后，仍不足以弥补权利人之损害时，应该继续承担赔偿损失责任。当然如果占有人是有权占有，即基于租赁、保管等

① 冉克平：《物权私法保护方式的体系纷争与调和》，载《现代法学》2015 年第 5 期，第 170 页。

正当法律关系占有标的物，则依相应的基础法律关系而解决占有物毁损、灭失问题。

第四百六十二条　【占有保护请求权】

占有的不动产或者动产被侵占的，占有人有权请求返还原物；对妨害占有的行为，占有人有权请求排除妨害或者消除危险；因侵占或者妨害造成损害的，占有人有权依法请求损害赔偿。

占有人返还原物的请求权，自侵占发生之日起一年内未行使的，该请求权消灭。

本条来源

《物权法》第二百四十五条规定：“占有的不动产或者动产被侵占的，占有人有权请求返还原物；对妨害占有的行为，占有人有权请求排除妨害或者消除危险；因侵占或者妨害造成损害的，占有人有权请求损害赔偿。占有人返还原物的请求权，自侵占发生之日起一年内未行使的，该请求权消灭。”本条延续了该规定。

立法演变

物权编一审稿第二百五十三条规定：“占有的不动产或者动产被侵占的，占有人有权请求返还原物；对妨害占有的行为，占有人有权请求停止侵害、排除妨碍或者消除危险；因侵占或者妨害造成损害的，占有人有权请求损害赔偿。占有人返还原物的请求权，自侵占发生之日起一年内未行使的，该请求权消灭。”终稿将“停止侵害、排除妨碍或者消除危险”三种请求类型改为“排除妨害或者消除危险”，延续了《物权法》对于占有保护的规定。

条文释义

本条是对占有人占有保护请求权的规定，占有虽为事实而不是权利，但同样可以移转和继承，并且可以因此而获得占有物的所有权，因此占有实际上与财产上的物权权利没有多大差异，这就是占有人享有占有保护请求权的法理基础。[①]

本条所称“侵占”，指在违背占有人的真实意思情形下排除其对标的物事实上的控制和支配，包括积极和消极的不法行为。而“妨害占有”则指未侵占标的物但实际上妨害了占有人管理标的物，导致侵害其使用可能性和相关利益。二者的区别在于前者占有人已经部分或者完全丧失了其对占有物的控制和支配，而后者占有人并没有丧失占有标的物，仅是不能事实上完全实现对标的物的控制和支配。

本条根据占有受侵害的不同情形，赋予权利人不同的请求权，包括占有物返还请求权、排除妨害请求权、消除危险请求权和损害赔偿请求权。前三者属于占有保护的物权保护方法，后者则属于占有保护的债权保护方法。

占有物返还请求权适用于，现占有人的违法侵占行为导致原占有人丧失对标的物之占有的情形，无论是有权占有还是无权占有，善意占有还是恶意占有，原占有人有权向现占有人请求返还占有物，恢复对占有物的事实管领状态。这种返还原物请求权适用一年的除斥期间限制，即原占有人应该在侵占发生之日起一年内行使该请求权，一年期限不得延长、中断或者中止，超过一年期限请求权将消灭。一年之限不宜理解为消灭时效，因为消灭时效可能因某一事实而中断或者中止，导致实际期限可能远长于一年，权利也会因此而处于长期不稳定状态。本条所列其他请求权则不能适用该除斥期间规定。

排除妨害请求权、消除危险请求权则是针对占有受妨害情形赋予占有人的不同请求权。适用本条时应注意所谓“妨害”，是指这种妨害具有不法性或者超过了占有人应有之容忍义务，而且行使请求权时妨害状态仍在继续。

占有虽然不是一种权利，但属于依法受保护的财产利益，当占有人因占有的不动产或者动产被侵占，或者占有被妨害而造成损害的，占有人有权请求损害赔偿。

法条关联

◆《民法典》

第一百九十六条　下列请求权不适用诉讼时效的规定：

---

① 陈华彬：《我国民法典物权编占有规则立法研究》，载《现代法学》2018年第1期，第50页。

（一）请求停止侵害、排除妨碍、消除危险；

（二）不动产物权和登记的动产物权的权利人请求返还财产；

（三）请求支付抚养费、赡养费或者扶养费；

（四）依法不适用诉讼时效的其他请求权。

第一百九十九条 法律规定或者当事人约定的撤销权、解除权等权利的存续期间，除法律另有规定外，自权利人知道或者应当知道权利产生之日起计算，不适用有关诉讼时效中止、中断和延长的规定。存续期间届满，撤销权、解除权等权利消灭。

图书在版编目（CIP）数据

民法典物权编释论：条文缕析、法条关联与案例评议／杨垠红，许小琴编著．—北京：中国法制出版社，2020
ISBN 978－7－5216－1069－7

Ⅰ．①民…　Ⅱ．①杨…②许…　Ⅲ．①物权法－法律解释－中国　Ⅳ．①D923.25

中国版本图书馆 CIP 数据核字（2020）第 080187 号

责任编辑：李璞娜　　　　封面设计：李宁

民法典物权编释论：条文缕析、法条关联与案例评议

MINFADIAN WUQUANBIAN SHILUN：TIAOWEN LÜXI、FATIAO GUANLIAN YU ANLI PINGYI

编著／杨垠红，许小琴
经销／新华书店
印刷／三河市国英印务有限公司
开本／710 毫米×1000 毫米　16 开　　　　印张／48.75　字数／620 千
版次／2020 年 9 月第 1 版　　　　2020 年 9 月第 1 次印刷

中国法制出版社出版
书号 ISBN 978－7－5216－1069－7　　　　定价：142.00 元

北京西单横二条 2 号
邮政编码 100031　　　　传真：010－66031119
网址：http：//www.zgfzs.com　　　　**编辑部电话：010－66066627**
市场营销部电话：010－66033393　　　　**邮购部电话：010－66033288**

（如有印装质量问题，请与本社印务部联系调换。电话：010－66032926）